ENERGY

KB170669

세상을 움직이려면
먼저 나 자신을 움직여야 한다.

– 소크라테스(Socrates)

# 에듀윌 중졸 검정고시
## 기본서 사회

eduwill

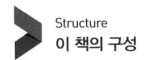

# 누구나 한 번에 합격할 수 있다!
# 이론부터 문제까지 해답은 기본서!

단원별로 이론을 학습하고 ▶ 문제로 개념을 점검하고 ▶ 모의고사로 사회를 완벽 정복!

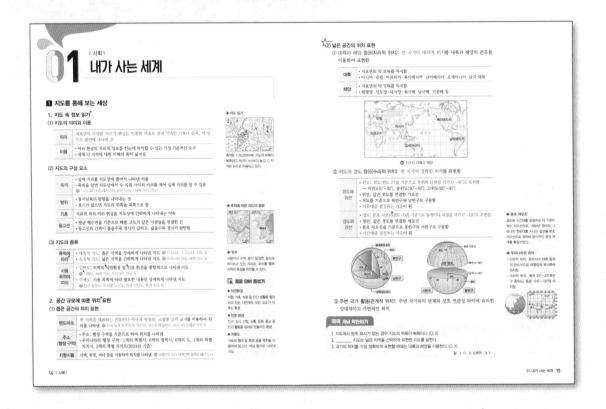

## 믿고 보는 단원별 이론

• 출제 범위에 해당하는 2015 개정 교육과정을 철저하게 반영하였습니다.
• 기초가 부족해도 충분히 이해할 수 있도록 내용을 쉽게 서술하였습니다.

## 이해를 돕는 보충 설명과 단어장

• 이론과 연관된 보충 개념을 보조단에 수록하여 바로바로 확인할 수 있습니다.
• 단어 설명을 교재 하단에 수록하여 정확한 개념의 이해를 돕습니다.

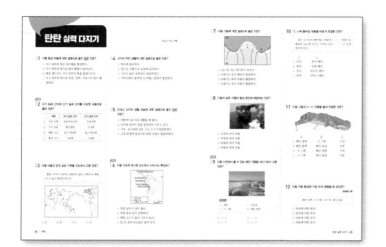

앞선 시험에 나온, 앞으로 시험에 나올!

## 탄탄 실력 다지기

기출문제 및 예상문제를 통해 이론을 효율적으로 복습할 수 있습니다.

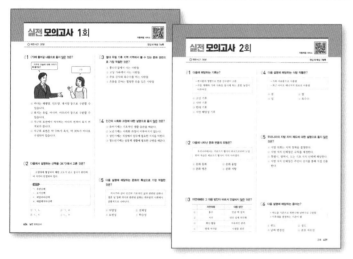

실전은 연습한 만큼 노련해지는 것!

## 최종 실력점검

그동안의 학습을 마무리하며 모의고사 2회분을 풀어 봄으로써 자신의 실력을 가늠하고 실전 감각을 향상시킬 수 있습니다.

## BONUS STAGE

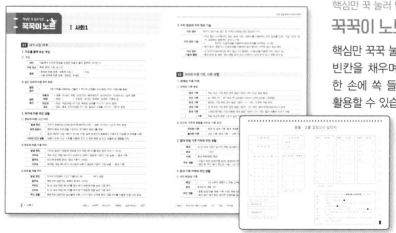

핵심만 꾹 눌러 담은!

## 꾹꾹이 노트

핵심만 꾹꾹 눌러 담아 완벽하게 정리하였습니다. 빈칸을 채우며 중요 내용을 다시 한 번 확인하고, 한 손에 쏙 들어오는 크기로 이동 시 들고 다니며 활용할 수 있습니다.

함께 수록한 OMR 답안카드를 활용하여 실제 시험처럼 답안지 작성 연습을 할 수 있습니다.

# ❙ 중졸 검정고시란

부득이한 이유로 정규 중학교 과정을 마치지 못한 사람들을 대상으로 실시하는 국가 자격 시험입니다.
중졸 검정고시에 합격한 사람은 중학교를 졸업한 사람과 동등한 자격을 인정받습니다.

## 시험 주관 기관

• 시 · 도 교육청: 시행 공고, 원서 교부 및 접수, 시험 실시, 채점, 합격자 발표를 담당합니다.
• 한국교육과정평가원: 문제 출제, 인쇄 및 배포를 담당합니다.

## 출제 범위

• 2015 개정 교육과정에서 출제됩니다.
• 2013년 1회부터 문제은행 출제 방식이 도입됨에 따라 과거 기출문제가 30% 내외 출제될 수 있습니다.

🖐 본서는 출제 범위를 철저하게 반영하였으니 안심하고 학습하세요!

## 시험 일정

| 구분 | 공고일 | 접수일 | 시험일 | 합격자 발표일 | 공고 방법 |
|------|--------|--------|--------|--------------|-----------|
| 제 1 회 | 2월 초순 | 2월 중순 | 4월 초 · 중순 | 5월 초 · 중순 | 시 · 도 교육청 홈페이지 |
| 제 2 회 | 6월 초순 | 6월 중순 | 8월 초 · 중순 | 8월 하순 | |

🖐 시험 일정은 시 · 도 교육청 협의에 따라 변경될 수 있어요.

## 출제 방향

중학교 졸업 정도의 지식과 그 응용 능력을 측정할 수 있는 수준으로 출제됩니다.

## 응시 자격

• 초등학교 졸업자 및 이와 동등 이상의 학력이 있는 사람
• 초 · 중등교육법 시행령 제29조의 규정에 의하여 학적이 정원 외로 관리되는 사람
• 3년제 고등공민학교 졸업자 및 졸업예정자
• 중학교에 준하는 각종 학교의 졸업자 또는 졸업예정자
• 보호소년 등의 처우에 관한 법률 시행령 제69조 제2호에 해당하는 사람

🖐 상기 자료는 2024년 서울시 교육청 공고문 기준이에요. 2025년 시험 응시 예정자는 최신 공고문을 꼭 확인하세요.

# ▌ 시험 접수부터 합격까지

## 시험 접수 방법

각 시 · 도 교육청 공고를 참조하여 접수 기간 내에 현장 혹은 온라인으로 접수합니다.

👆 접수 기간 내에 접수하지 못하면 시험을 응시할 수 없으니 주의가 필요해요!

## 시험 당일 준비물

• 수험표 및 신분증(만 17세 미만의 응시자는 청소년증, 주민등록번호가 포함된 여권 혹은 여권정보증명서)

• 샤프 또는 연필, 펜, 지우개와 같은 필기도구와 답안지 작성을 위한 컴퓨터용 수성사인펜,
  답안 수정을 위한 수정테이프, 아날로그 손목시계 🖐 ✊ 디지털 손목시계는 금지되어 있어요!

• 소화가 잘 되는 점심 도시락

## 입실 시간

• 1교시 응시자는 시험 당일 오전 8시 40분까지 지정 시험실에 입실합니다.

• 2~6교시 응시자는 해당 과목의 시험 시간 10분 전까지 시험실에 입실합니다.

## 시험 진행

🚩 이제부터 실력 발휘를 할 시간!

| 구분 | 1교시 | 2교시 | 3교시 | 4교시 | 점심 | 5교시 | 6교시 |
|---|---|---|---|---|---|---|---|
| 시간 | 09:00 ~ 09:40 (40분) | 10:00 ~ 10:40 (40분) | 11:00 ~ 11:40 (40분) | 12:00 ~ 12:30 (30분) | 12:30 ~ 13:30 | 13:40 ~ 14:10 (30분) | 14:30 ~ 15:00 (30분) |
| 과목 | 국어 | 수학 | 영어 | 사회 | | 과학 | 선택 * |

＊ 선택 과목에는 도덕, 기술 · 가정, 정보, 체육, 음악, 미술이 있습니다.

## 유의 사항

• 수험생은 시험 시간에 휴대 전화 등의 통신기기를 일절 소지할 수 없습니다. 만약 소지할 경우 사용 여부를 불문하고 부정행위로 간주됩니다.

• 수험생은 시험 종료 시간이 될 때까지 퇴실할 수 없습니다. 다만, 불가피한 사유로 퇴실할 경우 퇴실 후 재입실이 불가능하며 별도의 지정 장소에서 시험 종료 시까지 대기하여야 합니다.

## 합격자 발표

• 시 · 도 교육청 홈페이지에서 발표합니다.

• 100점 만점 기준으로 전 과목 평균 60점 이상을 취득해야 합니다.

• 평균 60점을 넘지 못했을 경우 60점 이상 취득한 과목은 과목 합격으로 간주되어, 이후 시험에서 본인이 원한다면 치르지 않을 수 있습니다.

How to study
# 선생님이 알려 주는 합격 전략

**Q** 2015 개정 교육과정이
적용된 출제 범위를 알고
싶어요.

새로운 교육과정이 적용되었지만 사회 과목의 출제 내용은 크게 변하지 않
았습니다. 이전 교육과정과 비교해 보면 대부분의 개념이 보완·유지되었
지요. 다만 일부 개념들이 새롭게 추가되었고, 구체적인 사례들이
최근 사회적 이슈들과 어울리는 내용으로 교체되었습니다.
전반적으로 큰 변화가 없기 때문에 기존에 강조되던
개념들은 지속적으로 출제될 것으로 예상됩니다.

**Q** 출제 난이도가 궁금해요.
공부를 놓은 지 오래되었는데
합격할 수 있을까요?

검정고시는 정상적으로 학교를 다니기 어려운 분들에게 추가적인 교육
의 기회를 제공하기 위하여 실시하는 시험입니다. 따라서 가능하면 쉽게
출제하여 어려운 여건에서 공부하시는 분들이 학업의 기회를 가질 수 있
도록 하며, 이러한 출제 방침은 앞으로도 계속될 거예요.

**Q** 지난 시험에서는
어떻게 출제되었나요?

2024년 1회 사회 시험은 이렇게 출제되었습니다.

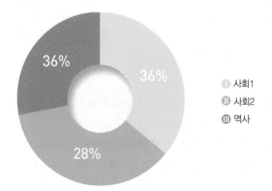

36% 36%

28%

Ⅰ 사회1
Ⅱ 사회2
Ⅲ 역사

특정 단원에 집중되는 것이 아니라 사회1, 사회2, 역사 영역에서 전체적으
로 고르게 출제되었으므로 전 영역을 균형 있게 학습해야 합니다. 더불어
깊이 있는 내용보다는 기본 개념을 얼마나 충실히 이해하고 있는가를 묻는
문항이 대부분이므로 개념에 대한 이해가 가장 중요합니다.

**Q** 합격하기 위해서는
어떻게 공부해야 할까요?

중졸 검정고시 사회는 학습량이 방대한 반면 실제 시험의 난이도는 쉬운 편입니다. 지리, 사회·문화, 정치, 법, 경제, 한국사 등 다양한 영역의 특성을 파악하고, 기본 개념을 확실히 학습한다면 반드시 합격할 수 있습니다.

### 💡 이렇게 공부해요!

• 방대한 학습량을 균형 있게 학습하는 것이 중요해요. 이해를 바탕으로 한 꼼꼼한 암기를 필요로 하는 과목인 만큼 중요 개념들을 추려 내어 집중적으로 학습하세요.

• 기출문제 풀이는 필수입니다. 단원별 빈출 문제의 개념 및 유형을 파악하여 보다 효과적으로 학습하세요.

• 사회는 우리가 살아가는 모습을 가장 잘 담아내고 있는 현실적이고 통합적인 과목입니다. 시사 상식으로도 충분히 풀어낼 수 있는 문제가 많이 출제되기 때문에 평소 사회적 이슈에 관심을 갖는 습관을 기르는 것이 좋아요.

**Q** 기본서 학습이 끝나면
어떻게 공부해야 할까요?

기본서 학습이 끝난 후에는 자신의 현재 수준과 고민에 맞는 방법을 선택하여 진행해 주세요. 합격에 한층 더 가까워질 거예요.

### 💡 이렇게 공부해요!

이론을 한 번 더 정리하고 싶다면?

에듀윌 핵심총정리로 공부해 보세요. 핵심총정리는 6과목의 주요 이론을 압축 정리하여 단 한 권으로 구성하였어요. 자주 출제되고 앞으로 출제될 중요 개념만을 모아 효율적으로 학습할 수 있답니다.

문제 푸는 연습을 더 하고 싶다면?

에듀윌 기출문제집을 풀어 보세요. 기출문제집은 최신 5개년 기출문제와 상세한 해설을 수록하였어요. 2015 개정 교육과정에 해당하지 않는 문제는 별도로 표시하여 학습의 편의를 높였답니다.

실전 감각을 높이고 싶다면?

에듀윌 모의고사를 풀어 보세요. 모의고사는 실제 시험과 동일한 난이도와 형식으로 문제를 구성하였어요. 시험 직전에 실전을 완벽하게 대비할 수 있도록 제작되었답니다.

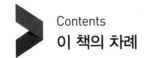

# Contents
# 이 책의 차례

- 이 책의 구성
- 시험 정보
- 선생님이 알려 주는 합격 전략

## I 사회 1

## II 사회 2

# 역사

## 최종 실력점검

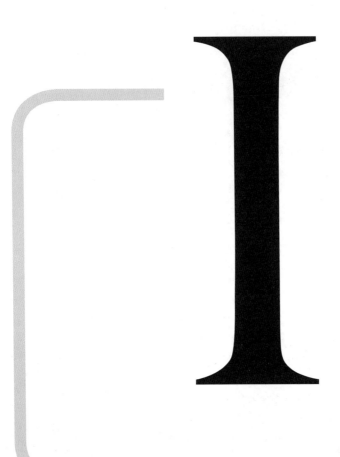

# 사회 1

I 사회1

# 내가 사는 세계

## 1 지도를 통해 보는 세상

### 1. 지도 속 정보 읽기

#### (1) 지도의 의미와 이용

| | |
|---|---|
| 의미 | 지표면의 다양한 지리적 현상을 일정한 비율로 줄여 약속된 기호나 문자, 색 등으로 평면에 나타낸 것 |
| 이용 | • 여러 현상의 지리적 정보를 한눈에 파악할 수 있는 가장 기본적인 도구<br>• 세계 각 지역에 대한 이해의 폭이 넓어짐 |

#### (2) 지도의 구성 요소

| | |
|---|---|
| 축척 | • 실제 거리를 지도상에 줄여서 나타낸 비율<br>• 축척을 알면 지도상에서 두 지점 사이의 거리를 재어 실제 거리를 알 수 있음<br>예 1:25,000 지도에서 지도상의 1cm = 실제 거리 250m |
| 방위 | • 동서남북의 방향을 나타내는 것<br>• 표시가 없으면 지도의 위쪽을 북쪽으로 함 |
| 기호 | 지표면 위의 여러 현상을 지도상에 간략하게 나타내는 약속 |
| 등고선 | • 평균 해수면을 기준으로 해발 고도가 같은 지점들을 연결한 선<br>• 등고선의 간격이 좁을수록 경사가 급하고, 넓을수록 경사가 완만함 |

#### (3) 지도의 종류

| | |
|---|---|
| 축척에<br>따라 | • 대축척 지도: 좁은 지역을 상세하게 나타낸 지도 예 1:5,000, 1:25,000 지도 등<br>• 소축척 지도: 넓은 지역을 간략하게 나타낸 지도 예 우리나라 전도, 세계 전도 등 |
| 사용<br>목적에<br>따라 | • 일반도: 지역의 자연환경 및 인문 환경을 종합적으로 나타낸 지도<br>예 지형도, 세계 전도, 우리나라 전도 등<br>• 주제도: 사용 목적에 따라 필요한 내용만 상세하게 나타낸 지도<br>예 인구 분포도, 지하철 노선도, 관광 안내도, 통계 지도 등 |

### 2. 공간 규모에 따른 위치 표현

#### (1) 좁은 공간의 위치 표현

| | |
|---|---|
| 랜드마크 | 한 지역을 대표하는 건물이나 역사적 상징물, 조형물 등의 표지를 이용하여 위치를 나타냄 예 미국 뉴욕의 자유의 여신상, 오스트레일리아 시드니의 오페라 하우스 |
| 주소<br>(행정 구역) | • 주소: 행정 구역을 기준으로 하여 위치를 나타냄<br>• 우리나라의 행정 구역: 1개의 특별시, 6개의 광역시, 6개의 도, 1개의 특별자치시, 3개의 특별 자치도(2024년 기준) |
| 지형지물 | 산맥, 하천, 바다 등을 이용하여 위치를 나타냄 예 서해안의 도시, 태백산맥 동쪽의 해안 도시 |

**➕ 지도 읽기**

축척은 1:50,0000이며, 지도의 위쪽이 북쪽이다. B산이 A산보다 높고, C 지역은 논으로 이용되고 있다.

**➕ 축척에 따른 지도의 종류**

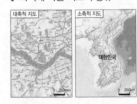

**➕ 위치**

사람이나 지역 등이 일정한 장소에 차지하고 있는 자리로, 위치를 통해 지역의 특징을 파악할 수 있다.

**🔍 꼼꼼 단어 돋보기**

● 자연환경

지형, 기후, 식생 등 인간 생활을 둘러싸고 있는 자연계의 모든 요소가 이루는 환경

● 인문 환경

인구, 도시, 산업, 교통, 문화, 종교 등 인간 활동을 결과로 만들어진 환경

● 지형도

지표의 형태 및 환경 등을 축척을 이용하여 등고선, 색상 등으로 나타낸 지도

## (2) 넓은 공간의 위치 표현

① 대륙과 해양 활용(**지리적 위치**): 한 국가의 대략적 위치를 대륙과 해양의 분포를 이용하여 표현함

| 대륙 | • 지표면의 약 30%를 차지함<br>• 아시아 · 유럽 · 아프리카 · 북아메리카 · 남아메리카 · 오세아니아 · 남극 대륙 |
|---|---|
| 해양 | • 지표면의 약 70%를 차지함<br>• 태평양 · 인도양 · 대서양 · 북극해 · 남극해 · 지중해 등 |

🔵 지구의 대륙과 해양

② 위도와 경도 활용(**수리적 위치**): 한 국가의 정확한 위치를 표현함

| 위도와<br>위선 | • 위도: 적도(위도 0°)를 기준으로 북위와 남위를 각각 0°~90°로 표현함<br>　→ 저위도(0°~30°), 중위도(30°~60°), 고위도(60°~90°)<br>• 위선: 같은 위도를 연결한 가로선<br>• 적도를 기준으로 북반구와 남반구로 구분함<br>• 기후대를 결정하는 기준이 됨 |
|---|---|
| 경도와<br>경선 | • 경도: 본초 자오선(경도 0°)을 기준으로 동경이나 서경을 각각 0°~180°로 표현함<br>• 경선: 같은 경도를 연결한 세로선<br>• 본초 자오선을 기준으로 동반구와 서반구로 구분함<br>• 시간대를 결정하는 기준이 됨 |

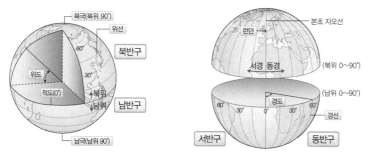

③ 주변 국가 활용(**관계적 위치**): 주변 국가와의 관계와 상호 연관성 파악에 유리한 상대적이고 가변적인 위치

**➕ 본초 자오선**

경도와 시간대를 결정하는 데 기준이 되는 자오선으로, 1884년 영국의 그리니치 천문대를 지나는 경선을 본초 자오선으로 정하며 공식적인 경선 체계를 확정지었다.

**➕ 우리나라의 위치**

• 지리적 위치: 유라시아 대륙 동쪽의 반도국으로 태평양의 북서쪽에 위치함
• 수리적 위치: 북위 33°~43°(북반구 중위도), 동경 124°~132°에 위치함

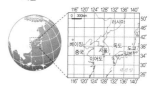

---

### 콕콕 개념 확인하기

1. 지도에서 방위 표시가 없는 경우 지도의 위쪽이 북쪽이다. (O, X)
2. _____ 지도는 넓은 지역을 간략하게 표현한 지도를 말한다.
3. 국가의 위치를 가장 정확하게 표현할 때에는 대륙과 해양을 이용한다. (O, X)

답　1. O　2. 소축척　3. X

## 2 위치에 따른 주민 생활

### ⭐1. 경도에 따른 시간 차이

**(1) 시차 발생 원인**

① 경도는 시간을 결정하는 기준으로, 지역마다 시간의 차이(시차)가 발생함

② 지구가 하루(24시간)에 한 바퀴(360°)씩 자전하여, 경도 15°마다 1시간의 차이가 발생함

③ 태양이 비추는 쪽은 낮이 되고, 반대편은 밤이 됨

**(2) 표준시와 날짜 변경선**

① 표준시

| 의미 | 각 나라에서 공통 시간으로 정하여 사용하는 시간 |
|---|---|
| 세계 표준시 | 영국의 그리니치 천문대를 지나는 본초 자오선을 기준으로 국가별로 표준시를 정함 |
| 여러 개의 표준시 사용 | • 국토가 동서로 넓은 국가가 해당됨<br>• 러시아, 캐나다, 미국, 오스트레일리아 등은 한 국가 내에서 여러 개의 표준시를 사용함<br>• 예외적으로 중국은 베이징을 기준으로 하는 한 개의 표준시를 사용함⁺ |
| 우리나라의 표준시 | • 동경 124°~132°에 위치하지만 동경 135°를 표준 경선으로 한 표준시를 사용함<br>• 영국(세계 표준시)보다 9시간 빠름 |

**✚ 중국의 단일 표준시**

중국은 국토가 동서로 넓은 형태이지만 정치적·경제적 이유로 베이징(북경)을 기준으로 하는 단일 표준시를 사용한다.

② 날짜 변경선

| 의미 | 날짜를 바꾸기 위해 그어 놓은 선 |
|---|---|
| 위치 | 동경 180°와 서경 180°가 만나는 지점으로, 본초 자오선의 정반대에 있는 경도 180°선 |
| 특징 | • 한 국가 안의 날짜가 달라지는 상황을 막기 위해 육지를 피해 구부러진 형태로 나타남<br>• 날짜 변경선을 기준으로 24시간의 시차가 발생함<br>• 시차의 계산: 날짜 변경선의 동쪽에서 서쪽으로 이동할 때는 하루를 더하고, 서쪽에서 동쪽으로 이동할 때는 하루를 뺌 |

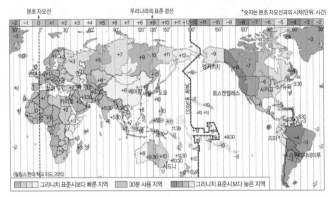

◆ 세계의 표준시

③ **시차와 인간 생활**: 비행기 도착 시간, 운동선수의 시차 적응 훈련, 국제 스포츠 대회의 생중계, 시차를 이용한 국가 간 업무 협력 등 인간 생활에 큰 영향을 미침

**🔍 꼼꼼 단어 돋보기**

● 자전

천체가 스스로 고정된 축을 중심으로 회전하는 것

## 2. 위도에 따른 기후 차이

### (1) 위도별 기후 차이

① 기온 차이의 발생 원인: 지구는 둥글기 때문에 위도에 따라 태양 에너지를 받는 양의 차이가 나타남 → 여러 기후대가 나타남

② 위도에 따른 기온 분포: 저위도에서 고위도로 갈수록 기온이 낮아짐

| | |
|---|---|
| 저위도 | • 적도 부근으로, 태양 에너지가 수직으로 비추기 때문에 기온이 가장 높음<br>• 열대 기후가 나타남 |
| 중위도 | 비교적 온화한 온대 기후·냉대 기후가 나타남 |
| 고위도 | • 극지방으로, 태양 에너지가 비스듬히 비추기 때문에 기온이 가장 낮음<br>• 한대 기후가 나타남 |

③ 위도별 주민 생활의 차이

| 구분 | 저위도 지역 | 중위도 지역 | 고위도 지역 |
|---|---|---|---|
| 의생활 | 얇고 간편한 옷 | 사계절의 변화가 뚜렷하여 다양한 의식주 문화가 발달함 | 온몸을 감싸는 두꺼운 옷 |
| 식생활 | 다양한 농작물을 재배함 | | 농업 발달에 불리함 |
| 주생활 | 개방적 구조, 큰 창문 → 통풍에 유리 | | 폐쇄적 구조, 작은 창문과 두꺼운 벽 → 보온에 유리 |

### (2) 위도별 계절 차이

① 계절 차이의 발생 원인: 지구 자전축이 23.5° 기울어진 채 공전하기 때문임

② 중위도 지역의 계절 차이: 북반구와 남반구는 계절이 반대로 나타남

| 구분 | 6~8월 | 12~2월 |
|---|---|---|
| 북반구 | 여름(태양과 가장 가까워짐) | 겨울(태양과 가장 멀어짐) |
| 남반구 | 겨울(태양과 가장 멀어짐) | 여름(태양과 가장 가까워짐) |

③ 저위도·고위도 지역의 계절 차이

| | |
|---|---|
| 저위도 | 일 년 내내 태양 에너지를 많이 받기 때문에 연중 높은 기온을 유지함 |
| 고위도 | • 일 년 내내 태양 에너지를 적게 받기 때문에 연중 낮은 기온을 유지함<br>• 여름: 해가 지지 않고 낮만 지속되는 백야 현상이 발생함<br>• 겨울: 해가 뜨지 않고 밤만 지속되는 극야 현상이 발생함 |

### (3) 계절 차이와 주민 생활

① 농업: 북반구는 남반구와 밀, 과일 등 작물의 수확 시기가 다르고, 남반구는 상대적으로 인구가 많은 북반구로 수출하기에 유리함

② 가옥: 북반구에서는 주로 남향집, 남반구에서는 주로 북향집을 선호함

③ 관광: 북반구와 남반구의 계절 차이를 이용한 관광 산업이 발달함

---

**콕콕 개념 확인하기**

1. 시차는 지구가 하루에 한 바퀴씩 _____하기 때문에 발생한다.
2. _____은/는 영국의 그리니치 천문대를 지나는 선이다.
3. _____은/는 동경 180°선과 서경 180°선이 만나는 지점이다.

답  1. 자전  2. 본초 자오선  3. 날짜 변경선

---

**＋ 위도별 태양 에너지의 양**

| 고위도 |
|---|
| 햇빛을 비스듬히 받아 넓은 지역에 열이 분산된다. |

| 중위도 |
|---|
| 햇빛을 약간 비스듬히 받는다. |

| 저위도 |
|---|
| 햇빛을 수직에 가깝게 받아 열이 좁은 지역에 집중된다. |

**＋ 중위도 지역의 계절 변화**

사계절의 변화는 지구의 공전에 따른 결과이며, 중위도 지역에서만 나타난다.

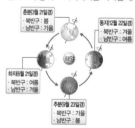

춘분(3월 21일경)
· 북반구 : 봄
· 남반구 : 가을

동지(12월 22일경)
· 북반구 : 겨울
· 남반구 : 여름

하지(6월 21일경)
· 북반구 : 여름
· 남반구 : 겨울

추분(9월 23일경)
· 북반구 : 가을
· 남반구 : 봄

태양

🔺 지구의 공전과 계절 변화

**＋ 북반구와 남반구의 인구 분포**

| 북반구 | 인구가 많음(전체의 약 90%) |
|---|---|
| 남반구 | 인구가 적음(전체의 약 10%) |

**🔍 꼼꼼 단어 돋보기**

● 백야

고위도 지방에서 한여름에 태양이 지평선 아래로 내려가지 않는 현상

## 3 지리 정보와 지리 정보 기술

### 1. 지리 정보의 의미와 수집 방법
#### (1) 지리 정보의 의미

| 의미 | 우리가 살아가는 공간 및 지역과 관련된 자연적·인문적인 모든 정보와 지식 |
|------|------------------------------------------------------------------|
| 중요성 | 교통·통신의 발달로 지리 정보의 필요성이 높아지고 있으며, 지리 정보가 공간적 의사 결정을 할 때 합리적 선택을 하도록 도움을 줌 |
| 구성 | • 공간 정보: 장소의 위치나 형태에 관한 정보 예 위도, 경도 등<br>• 속성 정보: 장소의 특성에 관한 정보 예 기후, 인구 등<br>• 관계 정보: 다른 장소와의 상호 작용 및 관계를 나타내는 정보 예 통학 등 |

#### (2) 지리 정보가 포함된 각종 도구[+]

| 종이 지도 | 지표면의 현상을 기호를 이용하여 종이에 표현한 지도 |
|----------|------------------------------------------------|
| 인터넷 전자 지도[+] | • 컴퓨터에 입력된 디지털 지리 정보를 인터넷으로 찾아볼 수 있는 지도<br>• 확대 및 축소가 용이하고, 원하는 지점과의 최단 경로 파악이 편리하여 시간과 비용을 절약할 수 있음 |
| 항공 사진 및 위성 사진 | • 항공기나 인공위성에서 실제 모습을 찍은 사진이나 영상 자료<br>• 지도에 비해 사실적·입체적이고, 주기적 관측이 가능하며, 직접 가보지 못한 곳의 지리 정보를 획득할 수 있음 |

### 2. 다양한 지리 정보 기술[+]과 활용
⭐ #### (1) 지리 정보 기술의 종류

| 지리 정보 시스템 (지리 정보 체계, GIS) | • 컴퓨터를 이용하여 다양한 공간 정보와 속성 정보를 입력·저장·처리·분석·표현하는 종합적인 관리 시스템<br>• 지리 정보의 신속한 처리와 수정 및 분석이 용이하며, 사용자의 요구에 맞게 효과적으로 활용이 가능함 |
|-----|-----|
| 위성 위치 확인 시스템(GPS) | • 인공위성을 이용하여 현재의 위치를 파악하는 시스템<br>• 위치를 정확하게 파악할 수 있으며, 다양한 위치 기반 서비스를 제공함 |
| 원격 탐사 | • 항공기나 인공위성을 이용하여 멀리 떨어진 지역이나 광범위한 지역의 공간 정보를 획득하는 방법<br>• 직접 접촉하지 않아도 지리 정보 수집이 가능하므로 접근이 어려운 지역의 지리 정보를 파악할 수 있음 |

#### (2) 지리 정보 기술의 활용
① 개인: 항공기·선박·자동차의 길 안내기(내비게이션)[+], 버스 정보 시스템(BIS), 생활 정보 및 장소 찾기, 스마트폰 애플리케이션을 이용한 지도 서비스 등
② 국가: 환경 문제 및 재해·재난 예방 관리, 입지 선정이나 상권 분석, 도시 계획 관리, 교통 관리, 선거와 사회 복지 분야 등
③ 지방 자치 단체: 지역에 맞는 정책 수립, 주민들에게 생활에 필요한 정보 제공 등

---

**콕콕 개념 확인하기**

1. 컴퓨터를 이용하여 다양한 공간 정보와 속성 정보를 종합적으로 관리하는 시스템을 _____
_____(이)라고 한다.

답  1. 지리 정보 시스템(지리 정보 체계, GIS)

---

[+] 지리 도구
과거에는 주로 종이 지도를 통해 지리 정보를 수집하였으나, 현재는 인터넷 전자 지도와 항공 사진, 위성 사진 등 다양한 도구를 활용한다.

[+] 인터넷 전자 지도

[+] 지리 정보 기술의 의미
다양한 지리 정보를 수집하고 이용하는 기술을 말한다.

[+] 길 안내기(내비게이션)
지도를 보여 주거나 지름길을 찾아 주어 자동차 운전을 도와주는 장치나 프로그램을 말한다.

# 탄탄 실력 다지기

정답과 해설 2쪽

**01** 지도의 구성 요소가 <u>아닌</u> 것은?

① 축척　　　　② 방위
③ 위치　　　　④ 등고선

**04** 지도의 종류가 <u>다른</u> 것은?

① 세계 전도
② 인구 분포도
③ 관광 안내도
④ 지하철 노선도

주목

**02** 지도에 대한 설명으로 옳지 <u>않은</u> 것은?

① 방위 표시가 없을 때에는 지도의 위쪽이 남쪽이다.
② 축척은 실제 거리를 지도상에서 줄여서 나타낸 비율이다.
③ 축척이 1 : 25,000이라면 지도상의 1cm가 나타내는 실제 거리는 250m이다.
④ 기호는 지표면에 나타나는 여러 현상을 지도상에 간단하게 표현한 것이다.

**05** 지도에 대한 해석으로 옳은 것은? **2018년 1회**

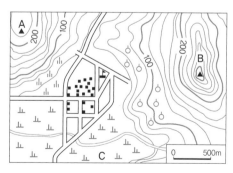

① 축척은 1 : 25,000이다.
② B산이 A산보다 높다.
③ 지도의 위쪽은 남쪽이다.
④ C 지역은 과수원으로 이용된다.

**03** 다음 설명에 해당하는 지도는?

> 지표의 형태 및 환경 등을 축척을 이용하여 등고선, 색상 등으로 나타낸 일반도이다.

① 지형도
② 기후도
③ 관광 지도
④ 인구 분포도

**06** 다음 설명에 해당하는 위치 표현 방법은?

2017년 2회

> • 어떤 지역을 대표하는 사물로 주위의 경관 중에서 눈에 잘 띄는 것이다.
> • 이집트의 피라미드, 서울의 광화문 등을 예로 들 수 있다.

① 위도
② 경도
③ 랜드마크
④ 행정 구역

**07** 친구를 집에 초대하려고 할 때 우리 집의 위치를 설명하는 가장 적절한 방법은?

① 경도와 위도를 알려 준다.
② 랜드마크를 이용하여 알려 준다.
③ 주변국과의 관계를 이용하여 알려 준다.
④ 대륙과 해양의 분포를 이용하여 알려 준다.

**08** 한 국가의 정확한 위치를 표현하는 방법으로 옳은 것은?

① 위도와 경도를 통해 나타낸다.
② 랜드마크를 이용하여 나타낸다.
③ 산맥과 하천을 이용하여 나타낸다.
④ 대륙과 해양의 분포를 이용하여 나타낸다.

**09** A~D 국가가 위치한 대륙을 바르게 연결한 것은?

2019년 2회

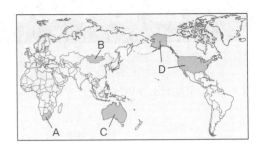

① A - 유럽
② B - 아프리카
③ C - 남아메리카
④ D - 북아메리카

주목
**10** (가)에 들어갈 내용으로 적절한 것은?

지구의 육지와 바다에 대해 이야기해 볼까요?

(가)

① 육지는 태평양, 인도양, 대서양 등으로 구분할 수 있습니다.
② 바다는 유럽, 아시아, 아프리카 등으로 구분할 수 있습니다.
③ 지구의 표면에서 바다가 차지하는 면적은 육지의 면적보다 큽니다.
④ 지구의 표면은 약 70%가 육지, 약 30%가 바다로 구성되어 있습니다.

**11** (가), (나)에 해당하는 용어를 바르게 연결한 것은?

> • ( (가) ): 위도 0°를 나타냄
> • ( (나) ): 영국 런던의 그리니치 천문대를 지나는 경도 0°선을 나타냄

| | (가) | (나) |
|---|---|---|
| ① | 적도 | 본초 자오선 |
| ② | 적도 | 날짜 변경선 |
| ③ | 날짜 변경선 | 적도 |
| ④ | 본초 자오선 | 적도 |

**12** 다음 지도를 통해 알 수 있는 우리나라의 위치에 대한 설명으로 옳지 <u>않은</u> 것은?

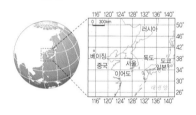

① 태평양에 접해 있다.
② 북반구의 저위도에 위치한다.
③ 아시아 대륙의 동쪽에 위치한다.
④ 북위 33°~43°, 동경 124°~132°에 위치한다.

주목

**13** ㉠, ㉡에 들어갈 말을 바르게 연결한 것은?

> 시차가 발생하는 이유는 지구가 하루에 한 바퀴씩 ( ㉠ )하여 경도 ( ㉡ )마다 1시간의 차이가 발생하기 때문이다.

| | ㉠ | ㉡ |
|---|---|---|
| ① | 자전 | 15° |
| ② | 공전 | 15° |
| ③ | 자전 | 23.5° |
| ④ | 공전 | 23.5° |

**14** 다음 내용에 공통적으로 영향을 주는 요인은?

2017년 1회

> • 세계 표준시
> • 날짜 변경선

① 위도      ② 경도
③ 기후      ④ 언어

**15** 다음 설명에 해당하는 국가는?

> 영토가 가로로 넓은 형태이지만 지역별로 시간대를 다르게 설정하지 않고 단일 표준시를 사용하는 국가도 있다.

① 중국
② 러시아
③ 캐나다
④ 오스트레일리아

**16** 우리나라의 표준시에 대한 설명으로 옳은 것은?

① 영국보다 9시간 느리다.
② 서경 135° 표준시를 사용한다.
③ 동경 135° 표준시를 사용한다.
④ 국토가 동서로 넓어 여러 개의 표준시를 사용한다.

**17** 다음 설명에 해당하는 용어는?

> • 본초 자오선의 정반대에 있는 경도 180°선
> • 구부러진 형태로 나타남

① 위선
② 경선
③ 적도
④ 날짜 변경선

주목

**18** ㉠에 들어갈 말로 적절한 것은?

> 지구는 둥글기 때문에 ( ㉠ )에 따라 태양 에너지를 받는 양이 다르다.

① 위도
② 경도
③ 날짜 변경선
④ 본초 자오선

**19** 위도와 기온 차이에 대한 설명으로 옳은 것은?

① 중위도 지역은 비교적 온화한 기후가 나타난다.
② 적도 지역은 햇빛이 비스듬히 비추어 기온이 낮다.
③ 저위도에서 고위도 지역으로 갈수록 기온이 높아진다.
④ 햇빛이 수직으로 닿는 고위도 지역은 일 년 내내 기온이 높다.

**20** 위도별 주민 생활의 모습으로 옳은 것은?

① 저위도 지역 – 얇고 간편한 옷
② 저위도 지역 – 폐쇄적 가옥 구조
③ 중위도 지역 – 농업 발달에 불리
④ 고위도 지역 – 개방적 가옥 구조

**21** 북반구와 남반구의 계절이 반대로 나타나는 지역은?

① 적도
② 저위도
③ 중위도
④ 고위도

주목

**22** 다음과 같은 모습을 볼 수 있는 이유는?

난 올해 크리스마스에 한국의 스키장에서 스키를 탈 거야.

난 올해는 오스트레일리아에서 보낼 거야. 날씨가 더우니 해변에서 서핑을 즐겨야지.

① 지구가 하루에 한 바퀴씩 자전하기 때문이다.
② 경도 15°마다 1시간의 차이가 발생하기 때문이다.
③ 지구 자전축이 23.5° 기울어진 채 공전하기 때문이다.
④ 지구 자전축이 23.5° 기울어진 채 자전하기 때문이다.

**23** 우리나라가 여름일 때, 겨울인 지역을 지도에서 고른 것은?

2020년 1회

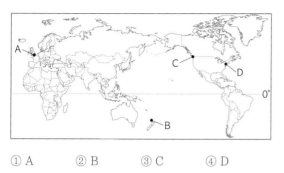

① A　　② B　　③ C　　④ D

**24** 계절 차이에 따른 생활 모습에 대한 설명으로 옳지 <u>않은</u> 것은?

① 북반구에서는 남향집을 선호한다.
② 저위도 지역은 계절의 변화가 뚜렷하다.
③ 극지방에서는 백야 현상이 나타나기도 한다.
④ 남반구와 북반구는 농산물의 수확 시기가 다르다.

주목

**25** 인터넷 전자 지도의 특징으로 옳은 것을 〈보기〉에서 고른 것은?

> 보기
> ㄱ. 최단 경로의 파악이 가능하다.
> ㄴ. 지도의 축소와 확대가 어렵다.
> ㄷ. 모바일 기기를 통해 보기가 쉽다.
> ㄹ. 원하는 지점을 찾는 데 오래 걸린다.

① ㄱ, ㄴ　　　　② ㄱ, ㄷ
③ ㄴ, ㄷ　　　　④ ㄴ, ㄹ

**26** 지리 정보 시스템(GIS)에 대한 설명으로 옳은 것은?

① 한번 입력된 지리 정보는 수정이 불가능하다.
② 사용자의 필요에 따라 지리 정보를 이용하기 어렵다.
③ 입지 선정, 교통 및 재해 관리 등에 활용될 수 있다.
④ 인공위성을 통해 현재 위치를 파악하는 시스템이다.

**27** 다음 사례와 관련 있는 지리 정보 기술은?

> • 버스 정류장에서 버스 도착 예정 시간을 확인한다.
> • 내비게이션을 활용하여 막히지 않는 빠른 길을 검색한다.

① 원격 탐사
② 지리 정보 시스템
③ 인터넷 전자 지도
④ 위성 위치 확인 시스템

## I 사회 1

# 02 우리와 다른 기후, 다른 생활

## 1 세계의 기후 지역

### 1. 세계의 기후

**(1) 기후의 의미와 특징**

| 기후 | 한 지역에 장기간에 걸쳐 일정하게 나타나는 평균적인 대기의 상태 |
|---|---|
| 날씨(기상) | 짧은 기간 동안 나타나는 대기의 상태 |
| 기후 요소 | 기후를 구성하는 요소 → 기온, 강수량, 바람 등 |
| 기후 요인 | 기후 요소에 영향을 주는 원인 → 위도, 대륙과 해양의 분포, 지형, 해류 등 |
| 영향 | 지역의 식생 분포, 의식주, 경제 활동 등에 영향을 줌 |

**(2) 세계의 기온과 강수량 분포**

① 기온 차이에 영향을 주는 기후 요인

| 위도 | 연평균 기온은 저위도(적도 부근)에서 고위도 지역(극지방)으로 갈수록 낮아짐 |
|---|---|
| 대륙과 해양의 분포 | 같은 위도라도 대륙이 해양보다 연교차가 큼 |
| 대륙의 동안과 서안 | 난류와 편서풍의 영향으로 대륙의 서안이 대륙의 동안보다 연교차가 작음 |

**➕ 대륙과 해양의 연교차 차이**

대륙이 해양보다 가열되고 냉각되는 속도가 빨라서 대륙이 해양보다 여름은 덥고 겨울은 추워 연교차가 더 크다.

② 강수량 차이에 영향을 주는 기후 요인

| 위도 | • 적도 부근에서 강수량이 많음<br>• 위도 20°~30°의 회귀선 부근과 극지방은 강수량이 적음 |
|---|---|
| 대륙과 해양의 분포 | 해안 지역이 내륙 지역보다 강수량이 많음 |
| 지형 | 산맥의 바람받이 지역이 바람 그늘 지역보다 강수량이 많음 |
| 해류 | 같은 해안이라도 난류가 흐르는 지역은 강수량이 많고, 한류가 흐르는 지역은 적음 |

**🔍 꼼꼼 단어 돋보기**

**● 연교차**
일 년 동안 측정한 기온, 습도 따위의 최댓값과 최솟값의 차이

**● 회귀선**
적도를 기준으로 하여 남북 각 23도 27분을 지나는 위선

**● 바람받이**
바람이 불어오는 곳. 즉 바람이 산의 경사를 따라 상승하는 곳

**● 바람 그늘**
바람받이 지역의 반대편 지역, 바람이 다시 하강하는 구간

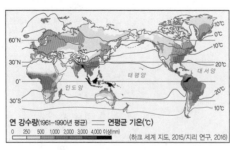

🔺 세계 연평균 기온과 연 강수량

## (3) 세계의 다양한 기후

① 세계의 기후 구분
- 세계의 기후는 기온과 강수량의 차이를 기준으로 구분함
- 저위도에서 고위도로 갈수록 열대, 건조, 온대, 냉대, 한대 기후 순으로 나타남

② 세계의 기후 분포

| | | |
|---|---|---|
| 열대 기후<sup>+</sup> | 분포 | 저위도(적도 부근)에 분포함 |
| | 기후 | • 가장 추운 달의 평균 기온이 18℃ 이상임<br>• 일 년 내내 기온이 높음 |
| | 식생 | 강수량이 많은 곳에 상록 활엽수림으로 된 밀림이 형성됨 |
| 건조 기후 | 분포 | 남·북위 20°~30° 일대(남·북회귀선 부근) |
| | 기후 | 연 강수량이 500mm 미만으로 강수량보다 증발량이 많음 |
| | 식생 | 강수량이 적기 때문에 나무가 잘 자라지 못함 |
| 온대 기후 | 분포 | 중위도에 분포함 |
| | 기후 | • 기후가 온화하고 강수량이 적당함<br>• 계절의 변화가 비교적 뚜렷함<br>• 가장 추운 달의 평균 기온이 −3~18℃임 |
| | 식생 | 낙엽 활엽수림이 분포함 |
| 냉대 기후 | 분포 | 온대 기후 지역보다 위도가 높은 북반구 중위도 지역에 분포함 |
| | 기후 | • 겨울이 춥고 길며, 기온의 연교차가 큼<br>• 가장 추운 달의 평균 기온이 −3℃ 미만, 가장 따뜻한 달의 평균 기온이 10℃ 이상임 |
| | 식생 | 냉대 침엽수림(타이가)이 분포함 |
| 한대 기후 | 분포 | 고위도(극지방)에 분포함 |
| | 기후 | • 가장 따뜻한 달의 평균 기온이 10℃ 미만임<br>• 강수량이 적음 |
| | 식생 | • 기온이 낮아 나무가 자라지 못하고, 대부분 눈과 얼음으로 덮여 있음<br>• 짧은 여름 동안 이끼나 풀이 자람 |
| 고산 기후 | 분포 | 적도 부근의 해발 고도가 높은 지역에 분포함 |
| | 기후 | 일 년 내내 봄과 같이 온화함 |

🔵 세계의 기후

**＋ 열대 기후 지역의 구분**

열대 기후는 열대 우림 기후, 사바나 기후, 열대 계절풍 기후로 구분한다.

---

### 📖 꼼꼼 단어 돋보기

**● 낙엽 활엽수림**

겨울에 잎이 떨어지고 봄에 새잎이 나는 나무 중 넓은 잎을 가진 나무들로 이루어져 있는 삼림

**● 타이가**

북반구의 냉대 기후 지역에 나타나는 침엽수림

**● 해발 고도**

평균 해수면을 기준으로 측정한 어느 곳의 높이

## 2. 인간의 거주에 영향을 미치는 기후 조건

### (1) 인간의 거주에 영향을 미치는 환경

| 자연환경 | • 문명이 발생한 시기부터 거주지의 선정에 큰 영향을 미친 1차적 요인<br>• 기후 조건(기온이나 강수량 등)은 의식주의 해결과 농업에 크게 영향을 미침<br>• 지형 조건(평야, 강 등)은 거주지 형성과 경제 활동에 영향을 줌 |
|---|---|
| 인문 환경 | 산업, 도시, 종교, 교육 등 인간의 거주에 큰 영향을 미치는 요인 |
| 최근의 변화 | 산업화와 도시화로 인해 더 많은 거주 공간이 필요해지면서 불리한 기후 조건을 극복함 ⓔ 과학 기술의 발달로 툰드라·건조 기후 지역에 도시를 건설함, 남극 대륙에 과학 연구 기지를 건설함, 건조 기후 지역에 해수 담수화 시설을 설치함 |

---

**쏙쏙 이해 더하기** | **불리한 기후 조건의 극복**

🔺 해수 담수화 시설

강수량이 부족한 건조 기후 지역에서는 바닷물에서 염분을 제거하여 담수로 만드는 해수 담수화 시설을 설치하여 물을 확보하고 있다.

---

### ⭐ (2) 인간의 거주에 유리한 기후

| 온대 및<br>냉대 기후 | • 사계절이 뚜렷하고 기온과 강수 조건이 농업 활동에 유리함<br>• 상공업과 도시가 발달함 ⓔ 서부 유럽 |
|---|---|
| 열대 계절풍<br>기후 | 벼농사에 유리하여 많은 사람들이 모여 살고 있음 ⓔ 동남아시아 |
| 열대 고산<br>기후 | 적도 부근의 해발 고도가 높은 지역으로 일 년 내내 온화한 기후가 나타남<br>ⓔ 안데스산맥의 고산 지대에 위치한 고산 도시 |

### (3) 인간의 거주에 불리한 기후

| 건조 기후 | 강수량이 부족하여 농업에 불리함 |
|---|---|
| 한대 기후 | 너무 춥기 때문에 농업에 불리함 |

---

**콕콕 개념 확인하기**

1. 한 지역에 장기간에 걸쳐 일정하게 나타나는 평균적인 대기의 상태를 _____(이)라고 한다.
2. 연평균 기온은 저위도에서 고위도로 갈수록 높아진다. (O, X)
3. 같은 해안이라도 (한류, 난류)가 흐르는 지역이 강수량이 적다.
4. 냉대 기후 지역에는 _____(이)라는 침엽수림이 분포한다.
5. _____ 기후는 일 년 내내 봄처럼 온화한 날씨가 계속된다.

답 1. 기후  2. X  3. 한류  4. 타이가  5. 고산

🔍 **꼼꼼 단어 돋보기**

● 담수
강이나 호수 등과 같이 염분이 없는 물

## 2 열대 우림 기후 지역의 주민 생활

### 1. 열대 우림 기후의 특징

#### (1) 열대 우림 기후 지역의 특징과 분포[+]

| 특징 | • 일 년 내내 기온이 높으며, 계절의 변화가 거의 없음<br>• 연중 강수량이 많고 매우 습함<br>• 매일 규칙적으로 한낮에 스콜이 내림 |
|---|---|
| 분포 | • 적도 부근에 분포함<br>• 아마존강 유역, 인도네시아를 비롯한 동남아시아 일대의 여러 섬, 아프리카의 콩고 분지 등 |

🔺 열대 기후 지역

#### (2) 열대 우림 기후 지역의 자연환경

| 식생 | 덥고 습한 날씨로 인해 다양한 종류의 상록 활엽수림이 빽빽하게 들어서 있는 열대 우림[+](밀림)이 형성됨 |
|---|---|
| 토양 | 땅에 떨어진 나뭇잎 등이 비와 열기로 분해되거나 물에 씻겨나가 양분이 빈약한 편임 |
| 생물 종 | 지구에 서식하는 동식물 종의 절반 이상이 분포하여 '생태계의 보고'로 불림 |

### ☆ 2. 열대 우림 기후 지역의 주민 생활

#### (1) 농업

| 이동식<br>화전 농업 | • 원주민의 전통적인 농업 방식<br>• 숲에 불을 질러 만든 땅에 카사바, 얌 등의 식량 작물을 재배하다가 토양의 양분이 떨어지면 다른 지역으로 이동함 |
|---|---|
| 플랜테이션 | • 과거 유럽의 식민 지배 이후 나타난 농업 형태<br>• 선진국의 자본 및 기술과 원주민의 노동력이 결합된 형태<br>• 커피, 카카오, 천연고무, 바나나 등의 상품 작물을 대규모로 재배함<br>• 변화: 식량 작물 재배지가 축소되며 식량이 부족해지자 단일 경작에서 다양한 작물을 경작하는 형태로 변화하였고, 현지 주민이 경영하고 있음 |
| 벼농사 | 아시아의 열대 우림 지역에서는 1년에 2~3번까지 경작이 가능함 |

#### (2) 주민 생활

| 의생활 | 날씨가 덥고 습하기 때문에 통풍이 잘 되는 단순한 형태의 얇은 옷을 입음 |
|---|---|
| 식생활 | • 음식이 쉽게 상할 우려가 있어 조리 시 기름이나 ●향신료를 많이 사용함<br>• 다양한 열대 과일을 먹음 |

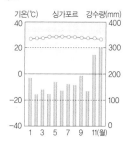

**[+] 열대 우림 기후 지역의 기후 그래프**

**[+] 스콜**

강한 햇빛을 받아 뜨거워진 공기가 상승하면서 내리는 대류성 강수 현상이다. 짧은 시간 동안 집중적으로 내리기 때문에 한낮의 더위를 식혀 준다.

**[+] 열대 우림의 가치**

다양한 동식물의 서식지로, 이산화 탄소를 흡수하고 산소를 공급함으로써 온실 효과를 억제하여 지구 온난화를 방지한다.

🔍 **꼼꼼 단어 돋보기**

● 향신료

고추, 후추, 마늘, 파 등 음식에 맵거나 향기로운 감칠맛을 더하는 조미료

| 주생활 | • 쉽게 구할 수 있는 나무나 풀잎으로 집을 지음<br>• 개방적인 가옥 구조로 문과 창문이 크고 벽이 얇음<br>• 강수량이 많아 빗물이 잘 흘러내릴 수 있도록 경사가 급한 지붕을 만듦<br>• 열기 등을 피하기 위해 고상 가옥과 수상 가옥을 지음 |
|---|---|

### (3) 열대 우림 기후 지역의 변화

| 열대 우림 면적<br>감소 | 개간, 자원 개발, 도시 및 도로 건설 등으로 무분별하게 삼림 벌채<br>→ 원주민의 생활 터전 파괴, 전통적인 생활 방식 변화 |
|---|---|
| 도시 발달 | 교통이 편리한 해안 지역에서 무역이 활발하게 이루어져 도시가 발달함<br>⑳ 태평양과 인도양을 잇는 교통의 요지이자 국제 중계 무역의 중심지인 싱가포르 |
| 관광 산업 발달 | 자연환경과 관련된 관광 상품을 개발하여 관광객을 유치함<br>⑳ 원주민의 생활 체험 등 |

**＋ 고상 가옥**

지표에서 전달되는 열기와 습기, 해충 등을 피하기 위해 지면에서 간격을 띄워 지은 집이다.

## 3 온대 기후 지역의 주민 생활

### 1. 온대 기후의 특징
### (1) 온대 기후 지역의 특징과 분포

| 특징 | • 계절에 따른 기온 차이가 큼 → 사계절이 뚜렷하게 나타남<br>• 기온이 온화하고 강수량이 적당하여 농업 발달에 유리함<br>• 일찍부터 상공업과 도시가 발달한 세계적인 인구 밀집 지역 |
|---|---|
| 분포 | 주로 중위도 지역에 분포함 |

**＋ 온대 기후 지역의 구분**

계절별 강수량 분포와 여름철 기온에 따라 서안 해양성 기후, 지중해성 기후, 온대 계절풍 기후로 구분한다.

### ☆ (2) 다양한 온대 기후 지역
#### ① 서안 해양성 기후

| 특징 | • 연중 바다에서 불어오는 편서풍의 영향으로 연중 강수량이 고름<br>• 북대서양 해류(난류)의 영향으로 여름이 서늘하고 겨울에는 따뜻하여 기온의 연교차가 작음 |
|---|---|
| 분포 | • 중위도의 대륙 서안에서 나타남<br>• 서부 유럽, 북아메리카의 북서 해안, 칠레 남부 해안, 뉴질랜드 등 |

**＋ 편서풍**

일 년 내내 서쪽에서 동쪽으로 부는 습윤한 바람으로, 중위도 지방에서 발생한다.

#### ② 지중해성 기후

| 특징 | • 여름에는 기온이 높고 강수량이 적음(고온 건조)<br>• 겨울에는 기온이 온화하고 강수량이 비교적 많음(온난 습윤) |
|---|---|
| 분포 | 남부 유럽의 지중해 연안, 미국 캘리포니아주의 태평양 연안 일대, 아프리카 북부와 남부 일부 지역, 오스트레일리아의 남서부 해안 등 |

#### ③ 온대 계절풍 기후

| 특징 | • 대륙 동안에 위치하여 계절풍의 영향을 많이 받음<br>• 여름에는 기온이 높고 습하며(고온 다습), 겨울에는 춥고 건조한 편임(한랭 건조)<br>• 기온의 연교차가 매우 큰 대륙성 기후가 나타남 |
|---|---|
| 분포 | 중위도의 대륙 동안에서 나타남 |

**＋ 계절풍**

계절에 따라 바람의 방향이 크게 바뀌는 바람으로 주로 대륙의 동안에서 발생한다.

**쏙쏙 이해 더하기** | 다양한 온대 기후

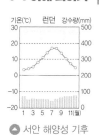
△ 서안 해양성 기후

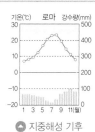
△ 지중해성 기후

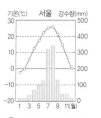
△ 온대 계절풍 기후

대륙의 서안인 영국 런던은 편서풍과 난류의 영향으로 연교차가 작은 서안 해양성 기후가 나타난다. 이탈리아 로마는 여름에는 고온 건조하고, 겨울에는 온난 습윤한 지중해성 기후가 나타난다. 대륙의 동안인 대한민국 서울은 계절풍의 영향으로 연교차가 큰 온대 계절풍 기후가 나타난다.

## 2. 온대 기후 지역의 주민 생활

### (1) 서안 해양성 기후

| 농업 | 혼합 농업 | • 곡물 재배와 가축 사육을 동시에 하는 전통적 농업 방식<br>• 일 년 내내 고른 강수량과 온화한 겨울철 기온으로 목초지 조성에 유리함 |
|---|---|---|
| | *원예 농업·*낙농업 | 대도시 주변에서 상업적 농업이 발달함 |
| 주민 생활 | | 흐린 날이 많아 맑은 날이면 해변, 공원에서 일광욕을 즐김 |

### (2) 지중해성 기후

| 농업 | 수목 농업 | 여름철 고온 건조한 기후에 잘 견디는 포도, 올리브, 오렌지 등을 재배함 |
|---|---|---|
| | 곡물 농업 | 겨울철 온난 습윤한 기후를 이용하여 밀 등을 재배함 |
| 주민 생활 | | • 집의 외벽을 흰색으로 칠해 햇빛이 흡수되는 것을 막음⁺<br>• 두꺼운 벽과 작은 창문을 만들어 외부의 열기를 차단함<br>• 풍부한 문화 유적과 여름철 맑고 건조한 날씨로 세계적인 관광지를 이룸 |

**✚ 지중해성 기후 지역의 흰색 가옥**

### (3) 온대 계절풍 기후

| 농업 | • 고온 다습한 여름철 계절풍으로 인해 벼농사가 발달함<br>• 동남아시아는 벼의 *2기작까지 가능함 |
|---|---|
| 주민 생활 | • 계절의 변화가 뚜렷하여 다양한 의식주 문화가 나타남<br>• 벼농사가 발달하여 쌀을 이용한 음식 문화가 발달함<br>• 추위와 더위에 대비한 시설이 발달함<br>예 우리나라의 겨울철 생활 공간인 온돌방과 여름철 생활 공간인 대청마루 |

## 콕콕 개념 확인하기

1. 열대 우림 지역에서는 전통적으로 ＿＿＿＿＿＿ 농업이 이루어진다.
2. ＿＿＿＿＿＿ 기후 지역에서는 혼합 농업이 발달하였다.
3. 온대 ＿＿＿＿ 기후에서는 벼농사가 발달하였다.

답  1. 이동식 화전  2. 서안 해양성  3. 계절풍

### 🔍 꼼꼼 단어 돋보기

● **원예 농업**
꽃, 채소, 과일 등을 재배하는 농업

● **낙농업**
가축에서 젖을 얻거나 그 젖으로 유제품을 만드는 산업

● **2기작**
동일한 땅에서 일 년에 종류가 같은 농작물을 두 번 심어 거두는 것

## 4 건조 기후와 툰드라 기후 지역의 주민 생활

### 1. 건조 기후의 특징

**(1) 사막 기후 지역의 특징과 분포**

① 사막 기후 지역의 특징

- 연 강수량이 250mm 미만인 지역으로, 식생 발달이 어려움
- 기온의 일교차가 매우 큼
- 모래사막과 암석 사막이 분포함(암석 사막이 80%를 차지함)

② 사막 기후 지역의 분포

| 남·북회귀선 부근 | • 적도 부근에서 상승한 공기가 하강하는 지역으로 구름이 형성되지 않아 매우 맑음<br>• 서남아시아, 사하라 사막, 오스트레일리아의 사막 지역 등 |
|---|---|
| 대륙의 내륙 | • 바다로부터 멀리 떨어져 있어 수증기의 공급이 적음<br>• 중국의 사막, 북아메리카 대륙의 내륙 사막 지역 등 |
| 한류가 흐르는 해안 | • 기온이 높지 않아 대기가 안정되어 있어 공기가 상승하기 어려움<br>• 칠레의 아타카마 사막 등 |

**(2) 스텝 기후 지역의 특징과 분포**

| 특징 | • 연 강수량이 250mm 이상~500mm 미만인 지역으로, 짧은 우기가 있음<br>• 우기에는 짧은 풀이 자라는 초원을 이루고, 건기에는 사막처럼 변함 |
|---|---|
| 분포 | 사막을 둘러싼 주변 지역이 해당함 |

✚ 건조 기후 지역의 구분
연 강수량 250mm를 기준으로 사막 기후와 스텝 기후로 구분한다.

---

**쏙쏙 이해 더하기** | 건조 기후 지역

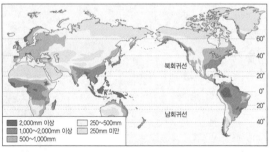

🔺 건조 기후 지역

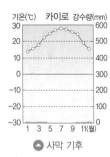

🔺 사막 기후

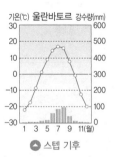

🔺 스텝 기후

이집트 카이로는 연 강수량이 250mm 미만인 사막 기후가 나타나고, 몽골 울란바토르는 연 강수량이 500mm 미만인 스텝 기후가 나타난다.

## ★ 2. 건조 기후 지역의 주민 생활

### (1) 사막 기후 지역

#### ① 농업

| 오아시스 농업 | 물을 구하기 쉬운 오아시스 주변에서 대추야자, 밀 등을 재배함 |
| --- | --- |
| 관개 농업 | 지하 관개 수로⁺를 이용하여 끌어들인 물을 생활용수로 사용하거나 목화, 밀 등을 재배하는 데 사용함 📌 이란의 카나트 |

**✚ 지하 관개 수로(카나트)**

물의 증발을 막기 위해 지하 수로를 만들어 멀리 떨어진 곳까지 물을 끌어오는 시설이다.

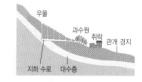

#### ② 주민 생활

| 의생활 | 모래바람과 강한 햇빛으로부터 피부를 보호하기 위해 몸을 감싸는 헐렁한 긴 옷을 입음 |
| --- | --- |
| 주생활 | • 주변에서 쉽게 구할 수 있는 재료를 이용한 흙집이나 흙벽돌집이 발달함<br>• 큰 일교차 때문에 벽이 두껍고 창문이 작음<br>• 강수량이 매우 적기 때문에 지붕의 경사가 평평함<br>• 건물 사이의 간격이 좁음 → 그늘이 형성됨 |

### (2) 스텝 기후 지역

#### ① 농업

| 유목 | • 염소나 양 등 가축을 데리고 물과 풀을 찾아 이동하는 방식<br>• 주로 아시아, 아프리카의 스텝 지역에서 이루어짐 |
| --- | --- |
| 대규모 목축업 | • 관개 시설을 확보하여 기업적으로 목축업이 이루어짐<br>• 주로 아메리카와 오스트레일리아의 스텝 지역에서 이루어짐 |

#### ② 주민 생활

| 의생활 | 가축의 가죽이나 털로 만든 옷을 입음 |
| --- | --- |
| 주생활 | 나무와 가축의 가죽을 이용하여 만든 이동식 가옥에서 거주함 📌 몽골의 게르⁺ |

### (3) 건조 기후 지역의 변화

| 유목민의 생활 변화 | 관개 농업의 발달로 정착 생활이 확대됨 |
| --- | --- |
| 사막화 현상 심화 | 오랜 가뭄과 농경지의 확대로 초원이 사막으로 변함<br>📌 아프리카의 사헬 지대 |
| 급격한 산업화 | • 서남아시아에서는 풍부한 석유 자원을 바탕으로 산업화를 이루어 현대적 도시를 건설함 📌 아랍 에미리트의 두바이<br>• 인공 수로나 해수 담수화 시설 등을 건설하여 불리한 자연 조건을 극복하기도 함 |

**✚ 몽골의 게르**

## 3. 툰드라 기후의 특징

### (1) 툰드라 기후 지역의 특징과 분포

| 특징 | • 가장 따뜻한 달의 평균 기온이 10℃ 미만으로, 식생이 자라기 어려움<br>• 짧은 여름 동안 기온이 0℃ 이상으로 올라감<br>• 찬 공기로 인해 구름이 형성되기 어려워 강수량이 적음 |
| --- | --- |
| 분포 | • 위도 60° 이상의 고위도 지역<br>• 유라시아 대륙 북부, 북아메리카 대륙 북부, 알래스카, 그린란드 등 북극해를 둘러싼 지역, 해발 고도가 높은 일부 산지 지역 등 |

**✚ 한대 기후 지역의 구분**

한대 기후는 가장 따뜻한 달의 평균 기온이 10℃ 미만인 툰드라 기후와 0℃ 미만인 빙설 기후로 나뉜다.

## (2) 툰드라 기후 지역의 주민 생활

| 농업과 목축업 | • 기온이 매우 낮기 때문에 농업은 불가능함<br>• 순록 유목: 짧은 여름 동안 이끼를 찾아 이동하며 순록을 기름 |
|---|---|
| 의생활 | 동물의 털과 가죽을 이용한 두꺼운 옷을 입음 |
| 식생활 | • 비타민과 무기질을 보충하기 위해 날고기와 날생선을 먹음<br>• 냉동, 염장, 건조 등의 방법으로 음식을 저장함 |
| 주생활 | • 찬바람을 차단하기 위한 폐쇄적 가옥 구조가 발달함<br>• 난방 열기, 여름철 기온 상승 등으로 가옥이 붕괴되는 것을 방지하기 위해 고상 가옥이 발달함 |
| 이동 수단 | 개와 순록이 이끄는 썰매나 스노모빌 등을 이용함 |

**+ 툰드라 기후 지역의 고상 가옥**
영구 동토층(일 년 내내 얼어 있는 땅)까지 기둥을 박아 지면에서 띄우거나 콘크리트로 단열한다.

## (3) 툰드라 기후 지역의 변화

| 자원 개발 | • 천연가스, 석유 등이 대규모로 개발됨<br>• 자원 수송을 위한 도로, 파이프라인 등이 건설되고 도시가 발달함 |
|---|---|
| 환경 파괴 | • 자원 개발로 도로, 철도 등이 건설되면서 환경이 파괴됨<br>• 지구 온난화로 땅이 많이 녹아 원주민의 생활 터전이 파괴됨 |
| 원주민의 생활 변화 | • 이끼류의 훼손 등으로 인해 순록을 유목하던 원주민들이 전통적인 생활 방식을 버리고 도시에 정착함<br>• 백야 현상이나 오로라 등을 이용한 관광 산업이 발달함에 따라 많은 원주민들이 관광 산업에 종사함 |

### 콕콕 개념 확인하기

1. 건조 기후는 강수량보다 증발량이 (많고, 적고), 기온의 일교차가 매우 (작다, 크다).
2. 스텝 기후 지역에서 가축을 이끌고 풀과 물을 찾아서 이동하는 것을 _____(이)라고 한다.
3. 툰드라 기후는 가장 따뜻한 달의 평균 기온이 10℃ 미만이다. (O, X)
4. 툰드라 기후 지역에서는 가옥의 붕괴를 막기 위해 _____ 가옥을 짓는다.

답 1. 많고, 크다  2. 유목  3. O  4. 고상

# 탄탄 실력 다지기

정답과 해설 4쪽

**01** 기후 요소에 영향을 미치는 요인이 <u>아닌</u> 것은?

① 지형      ② 위도
③ 해류      ④ 강수량

**주목**
**02** 세계의 기온 분포에 대한 설명으로 옳은 것은?

① 대륙은 해양보다 연교차가 작다.
② 해양이 대륙보다 연교차가 작다.
③ 대륙 동안보다 대륙 서안이 연교차가 크다.
④ 연평균 기온은 저위도에서 고위도로 갈수록 높아진다.

**03** 세계의 강수량 분포에 대한 설명으로 옳지 <u>않은</u> 것은?

① 적도 부근은 강수량이 많다.
② 한류가 흐르는 해안 지역은 강수량이 적다.
③ 해안 지역이 내륙 지역보다 강수량이 많다.
④ 위도 20°~30°의 회귀선 부근은 강수량이 많다.

**04** 다음 내용에 해당하는 기후는?

> • 타이가라고 불리는 침엽수림 지대가 널리 분포함
> • 가장 추운 달의 평균 기온이 −3℃ 미만임

① 열대 기후      ② 고산 기후
③ 냉대 기후      ④ 한대 기후

**05** 인간 거주에 영향을 미치는 환경에 대한 설명으로 옳지 <u>않은</u> 것은?

① 자연환경은 거주지 선정의 1차적 요인이다.
② 인문 환경에는 산업, 종교, 도시, 교육 등이 있다.
③ 기후 조건은 의식주 문화와 농업 등에 큰 영향을 준다.
④ 산업화·도시화로 인해 자연환경을 더욱 중요시하게 되었다.

**주목**
**06** 다음 내용에 해당하는 기후는?

> 적도 부근의 해발 고도가 높은 지역에서 나타나며, 일 년 내내 온화하여 사람이 살기에 유리하다.

① 열대 기후      ② 고산 기후
③ 온대 기후      ④ 냉대 기후

**07** 열대 우림 기후 지역의 특징으로 옳은 것은?

① 계절의 변화가 뚜렷하다.
② 침엽수림인 타이가 지대가 분포한다.
③ 매일 규칙적으로 한낮에 스콜이 내린다.
④ 덥고 습하여 동식물이 서식하기 어렵다.

**08** 다음에서 설명하는 기후는?　　　2020년 1회

> • 가장 추운 달의 평균 기온이 18℃ 이상이고 연중 강수량이 많은 기후이다.
> • 이 기후가 나타나는 지역에서는 지표면의 열기와 습기를 피하기 위해 지면에서 높이 띄운 가옥을 볼 수 있다.

① 고산 기후
② 스텝 기후
③ 지중해성 기후
④ 열대 우림 기후

**09** 다음과 같은 모습을 볼 수 있는 기후는?

① 열대 우림 기후
② 지중해성 기후
③ 온대 계절풍 기후
④ 서안 해양성 기후

**10** 다음 지도에 표시된 지역의 주민 생활에 대한 설명으로 옳지 <u>않은</u> 것은?

① 얇은 옷을 주로 입는다.
② 향신료를 많이 사용한다.
③ 지붕의 경사가 평평하다.
④ 전통적인 이동식 화전 농업을 한다.

**11** 다음 설명에 해당하는 농업 방식은?

> • 방식: 선진국의 자본 및 기술＋원주민의 노동력
> • 작물: 커피, 카카오, 천연고무 등의 상품 작물 재배

① 수목 농업
② 혼합 농업
③ 플랜테이션
④ 이동식 화전 농업

**12** 열대 우림 기후 지역의 오늘날 변화 모습으로 옳지 <u>않은</u> 것은?

① 열대 우림의 면적이 증가하고 있다.
② 원주민의 생활 터전이 파괴되고 있다.
③ 교통이 편리한 해안에 도시가 발달하고 있다.
④ 자연환경과 관련된 관광 상품을 개발하고 있다.

**13** 온대 기후 지역에 대한 설명으로 옳은 것은?

① 세계적인 인구 밀집 지역이다.
② 저위도 지역을 중심으로 분포한다.
③ 강수량이 적어 농업 발달에 불리하다.
④ 가장 추운 달의 평균 기온이 18℃ 이상이다.

**14** 다음 기후 그래프에 해당하는 기후는?

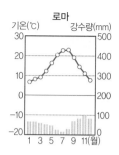

① 지중해성 기후
② 열대 우림 기후
③ 온대 계절풍 기후
④ 서안 해양성 기후

**15** 다음 기후 그래프에 해당하는 지역의 특징으로 옳은 것은?

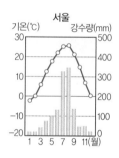

① 연교차는 작은 편이다.
② 대륙의 서안에서 나타나는 기후이다.
③ 여름철 계절풍으로 인해 벼농사가 발달하였다.
④ 편서풍으로 인해 계절별 강수량의 차이가 크다.

**16** 다음 설명에 해당하는 기후는?

> • 난류인 북대서양 해류의 영향으로 겨울에는 따뜻함
> • 흐린 날이 많아 맑은 날이면 일광욕을 즐김

① 냉대 기후
② 건조 기후
③ 지중해성 기후
④ 서안 해양성 기후

**17** 서부 유럽 지역에서 발달한 농업 유형을 〈보기〉에서 고른 것은?　　2018년 2회

> **보기**
> ㄱ. 낙농업　　　　　　ㄴ. 혼합 농업
> ㄷ. 플랜테이션　　　　ㄹ. 오아시스 농업

① ㄱ, ㄴ　　　　　　② ㄱ, ㄷ
③ ㄴ, ㄹ　　　　　　④ ㄷ, ㄹ

**18** 다음 기후 그래프에 해당하는 지역의 특징으로 옳지 않은 것은?

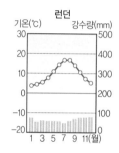

① 연교차는 작은 편이다.
② 대륙의 동안에서 나타나는 기후이다.
③ 겨울은 난류의 영향으로 따뜻한 편이다.
④ 편서풍으로 인해 연중 강수량이 고른 편이다.

**19** 지중해 연안 지역에 다음과 같은 가옥이 나타나는 이유는?

① 강한 바람을 막기 위해서
② 강한 햇빛을 반사시키기 위해서
③ 여름철 습기를 차단하기 위해서
④ 집의 열기가 빠져나가는 것을 막기 위해서

**20** 다음 기후 그래프 (가), (나) 지역에서 행해지는 농업의 형태는?

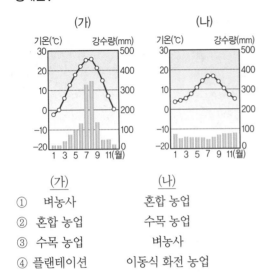

(가)    (나)

|   | (가) | (나) |
|---|---|---|
| ① | 벼농사 | 혼합 농업 |
| ② | 혼합 농업 | 수목 농업 |
| ③ | 수목 농업 | 벼농사 |
| ④ | 플랜테이션 | 이동식 화전 농업 |

**21** 다음에 해당하는 기후는?　　　　　2018년 2회

> • 여름철은 덥고 건조하며, 겨울철은 비교적 따뜻하고 비가 자주 내림
> • 올리브, 포도 등의 작물을 재배하는 수목 농업 발달

① 냉대 기후
② 툰드라 기후
③ 지중해성 기후
④ 열대 우림 기후

**22** ㉠, ㉡에 들어갈 내용을 바르게 연결한 것은?

> 건조 기후는 연 강수량이 250mm 미만인 ( ㉠ ) 기후와 연 강수량이 250~500mm 미만인 ( ㉡ ) 기후로 구분한다.

|   | ㉠ | ㉡ |
|---|---|---|
| ① | 스텝 | 밀림 |
| ② | 사막 | 밀림 |
| ③ | 스텝 | 사막 |
| ④ | 사막 | 스텝 |

**23** 사막 기후 지역에 대한 설명으로 옳은 것은?

① 일교차가 큰 편이다.
② 강수량이 증발량보다 많다.
③ 모래사막이 80%를 차지한다.
④ 나무가 많이 자라는 곳은 밀림을 이룬다.

**24** 사막이 주로 분포하는 지역이 아닌 것은?

① 대륙의 내륙 지역
② 남·북회귀선 지역
③ 한류가 흐르는 해안 지역
④ 유라시아 대륙의 서안 지역

**25** 사막 기후 지역의 생활 모습으로 옳지 않은 것은?

① 가옥의 지붕은 주로 평평하게 만든다.
② 큰 일교차 때문에 벽은 얇게, 창문은 크게 만든다.
③ 오아시스를 중심으로 밀, 대추야자 등을 재배한다.
④ 강한 햇빛으로부터 몸을 보호하기 위해 온몸을 감싼다.

**26** 사막 기후 지역의 생활 모습으로 가장 적절한 것은?　　　　　2018년 1회

① 오아시스 주변에서 대추야자와 밀 등을 재배한다.
② 순록이나 개가 끄는 썰매를 교통수단으로 이용한다.
③ 열기와 습기를 피하기 위해 고상 가옥을 짓고 생활한다.
④ 여름철 고온 다습한 기후를 이용하여 벼농사가 발달하였다.

**27** 다음 기후 그래프에 해당하는 기후는?

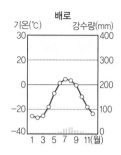

① 사막 기후
② 스텝 기후
③ 냉대 기후
④ 툰드라 기후

**28** 스텝 기후 지역의 생활 모습으로 옳지 <u>않은</u> 것은?

① 가축의 가죽이나 털로 만든 옷을 입는다.
② 관개 시설을 확보하여 대규모 목축업이 행해지고 있다.
③ 쉽게 구할 수 있는 재료를 이용한 흙벽돌집이 발달하였다.
④ 물과 풀을 찾아 가축을 데리고 다니는 유목이 행해지고 있다.

주목
**29** 다음 지도에 표시된 기후의 특징으로 옳은 것은?

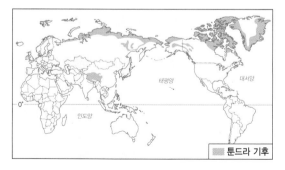

① 타이가 지대를 볼 수 있다.
② 사계절의 변화가 뚜렷하다.
③ 연중 기온이 높고 강수량이 많다.
④ 짧은 여름 동안에 이끼가 자란다.

**30** 툰드라 기후 지역에서 고상 가옥을 짓는 이유로 옳은 것은?

① 해충의 침입을 막기 위해서
② 열기와 습기를 피하기 위해서
③ 난방 열기에 땅이 녹는 것을 막기 위해서
④ 그늘이 많이 생길 수 있도록 하기 위해서

**31** 다음에 해당하는 지역의 기후는?    2019년 1회

- 일 년 중 대부분의 기간이 눈과 얼음으로 덮여 있음
- 짧은 여름 동안 이끼류 등이 자람
- 전통적으로 순록 유목이 이루어짐

① 사막 기후
② 툰드라 기후
③ 사바나 기후
④ 열대 우림 기후

**32** 툰드라 기후 지역의 오늘날 변화 모습으로 옳지 <u>않은</u> 것은?

① 순록 유목 생활이 증가하고 있다.
② 천연가스, 석유 등을 개발하고 있다.
③ 지구 온난화로 원주민의 생활 터전이 파괴되고 있다.
④ 오로라 현상 등 자연 현상을 이용한 관광 산업이 발달하고 있다.

# 03

I 사회 1

# 자연으로 떠나는 여행

## ❶ 산지 지형으로 떠나는 여행

### 1. 다양한 산지 지형

#### (1) 산지 지형의 형성 원인

| 구분 | 지구 내부의 힘 | 지구 외부의 힘 |
|------|------------|------------|
| 특징 | 맨틀의 움직임에 의해 지각판이 이동하면서 형성됨 | 태양 에너지에 의해 물, 공기가 순환하면서 형성됨 |
| 종류 | 조륙 운동(융기, 침강), 조산 운동(습곡, 단층), 화산 활동 | 하천, 바람, 파랑, 빙하의 침식·운반·퇴적·풍화 작용 |
| 주요 지형 | 산맥, 고원 등의 대지형 | 하천, 해안, 카르스트, 빙하, 사막 등의 소지형 |

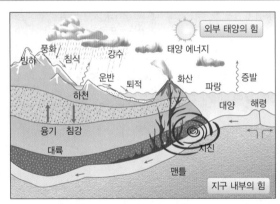

🔺 산지 지형의 형성 원인과 작용

#### (2) 세계의 산지

① 산맥

| 구분 | 고기 습곡 산지 | 신기 습곡 산지 |
|------|------------|------------|
| 특징 | • 고생대에 형성됨<br>• 오랜 침식으로 해발 고도가 낮고 완만하며 지각이 안정적임 | • 신생대에 형성됨<br>• 형성 시기가 오래되지 않아 해발 고도가 높고 험준하며 지각이 불안정함<br>• 판과 판의 경계(조산대)에 위치함 → 화산 활동, 지진 |
| 주요 산맥 | 스칸디나비아산맥, 우랄산맥, 애팔래치아산맥, 그레이트디바이딩산맥 | 알프스산맥, 히말라야산맥(알프스·히말라야 조산대), 로키산맥, 안데스산맥(환태평양 조산대) |

🔍 **꼼꼼 단어 돋보기**

● 융기
땅이 주변보다 높아지는 현상

● 침강
땅이 주변보다 낮아지는 현상

● 조산 운동
습곡이나 단층으로 땅이 솟아올라 산맥을 만드는 지각의 변동

● 풍화
지표의 암석이 부서지는 현상

▲ 세계의 주요 산맥

**② 고원**

| 의미 | 해발 고도가 높은 곳에 있으나 지형이 평탄하고 넓은 벌판 |
|---|---|
| 형성 과정 | 낮고 평탄한 지형이 융기하거나 용암이 쌓이면서 굳어져 형성됨 |
| 주요 고원 | 티베트고원, 브라질고원 등 |

**③ 화산**

| 형성 과정 | 지각판의 충돌로 땅속의 뜨거운 마그마가 땅 위로 솟아오르는 과정에서 형성됨 |
|---|---|
| 주요 화산 | 일본의 아소산, 미국의 하와이제도[+], 에콰도르의 코토팍시산 |

✚ 미국의 하와이제도의 형성
해저의 화산이 폭발하여 형성되었다.

## 2. 산지 지역의 주민 생활

**(1) 산지 지역의 특징**

① 기온이 낮고 경사가 급하기 때문에 농업에 불리함
② 서늘한 기후를 이용한 고랭지 농업과 목축업이 발달함
③ 수려한 자연 경관을 이용한 산악 스포츠 및 관광 산업이 발달함
④ 지하자원이 풍부한 곳에서는 광업이 발달함

**(2) 주요 산지의 주민 생활**

| 히말라야 산지 | • 방목: 양이나 야크 등을 목초지에 풀어놓고 기르는 방식<br>• 관광 산업의 발달로 셰르파와 같은 관광 산업 종사자의 비중이 증가함 |
|---|---|
| 알프스 산지 | • 이목: 여름에는 산지로, 겨울에는 평지로 이동하며 소, 염소 등을 기르는 방식 → 우유·버터·치즈 등 생산<br>• 스키장과 같은 관광 산업이 발달함 |
| 안데스 산지 | • 라마와 알파카 등을 방목하거나 감자, 옥수수 등을 재배함<br>• 고대 문명(잉카 문명)의 발상지로 관광 산업이 발달함<br>• 저위도 지역 중 온화한 고산 기후가 나타나는 곳에 키토, 보고타 등 고산 도시가 분포함 |

✚ 안데스 산지의 고산 도시

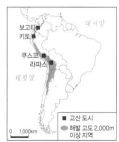

### 콕콕 개념 확인하기

1. 지구 외부의 힘에 의해 소지형이 형성된다. (○, ✕)
2. _____ 습곡 산지는 해발 고도가 낮다.
3. 히말라야산맥은 _____ 습곡 산지에 해당한다.

### 🔍 꼼꼼 단어 돋보기

● 셰르파
트래킹 목적의 관광객의 길을 안내하는 직업

답  1. ○  2. 고기  3. 신기

## 2 해안 지형으로 떠나는 여행

### 1. 다양한 해안 지형[+]

#### (1) 해안 지형의 형성 원인

① 해안의 의미: 바다와 육지가 만나는 곳

② 해안 지형

| 곶 | 육지가 바다 쪽으로 돌출된 곳 → 침식 작용이 활발함 |
| --- | --- |
| 만 | 바다가 육지 쪽으로 들어간 곳 → 퇴적 작용이 활발함 |

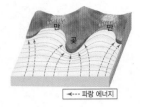
**해안 지형(곶과 만)**

③ 형성 원인: 파랑과 조류의 침식·운반·퇴적 작용에 의해 형성됨

| 침식 | 암석 해안[+] | • 주로 곶에서 볼 수 있는 지형으로, 파랑의 침식 작용으로 형성됨<br>• 해안 절벽(해식애), 시 스택(침식 작용으로 육지와 분리된 돌기둥), 시 아치(침식 작용으로 형성된 아치 모양 지형), 해식 동굴 등 |
| --- | --- | --- |
| 퇴적 | 모래 해안 | • 주로 만에서 볼 수 있는 지형으로, 파랑의 퇴적 작용으로 형성됨<br>• 모래사장(사빈), 석호(모래가 퇴적되어 형성된 호수) 등 |
| | 갯벌 해안 | • 조석 간만의 차가 큰 해안에서 밀물과 썰물(조류)의 퇴적 작용에 의해 형성됨<br>• 다양한 동식물이 서식하는 '생태계의 보고'임<br>• 오염 물질 정화, 자연재해 감소 등의 기능이 있음<br>• 염전이나 양식장으로 활용함 |

**암석 해안**

#### ☆(2) 독특한 해안 지형[+]

| 산호초 해안 | • 열대 기후 지역의 얕은 바다에서 산호가 자라 형성됨<br>• 다양한 바다 생물의 서식지 역할을 함<br>예 몰디브, 세이셸 등 |
| --- | --- |
| 피오르 해안 | 빙하의 침식으로 만들어진 골짜기(U자곡)에 바닷물이 들어오면서 형성된 좁고 긴 만 |
| 리아스 해안 | 하천의 침식으로 만들어진 골짜기에 바닷물이 차올라 형성됨 → 해안선이 복잡함 |
| 맹그로브 숲 | 열대 기후 지역의 해안에 나무들이 많이 자라 이룬 숲 |

**세계의 다양한 해안 지형**

🔺 그레이트 오션 로드
(암석 해안)

🔺 골드 코스트(모래 해안)

### 2. 해안 지역의 주민 생활

#### (1) 해안 지역의 특징

① 전 세계 인구의 약 40%가 해안 지역에 거주하고 있음

② 바다와 육지 모두를 이용할 수 있기 때문에 다른 지역과 교류하기에 유리함

③ 내륙에 비해 연교차가 작고 기후가 온화한 편임

④ 어업과 농업의 겸업이 가능함

🔺 그레이트배리어리프
(산호초 해안)

#### (2) 해안 지역의 주민 생활

| 과거 | 어업이나 양식업에 종사함 |
| --- | --- |
| 오늘날 | • 무역항이나 공업 도시로 성장하거나 관광 산업이 발달함<br>• 간척 사업이나 각종 오염 물질로 인해 생태계가 파괴되기도 함 |

🔺 송네 피오르(피오르 해안)

## ★(3) 관광 산업이 해안 지역에 미친 영향

| 긍정적 영향 | 일자리 증가와 수익 증대로 지역 경제 활성화 → 지역 주민의 삶의 질 향상 |
|---|---|
| 부정적 영향 | • 휴양지 개발로 갯벌 등 해안 생태계가 파괴됨<br>• 쓰레기 증가 등으로 환경 오염이 심화됨<br>• 지역 주민과 관광객의 문화적 갈등이 발생함 |
| 해결 방안 | • 지속 가능한 관광: 미래 세대와 현 세대 모두의 욕구를 충족하는 관광<br>• 생태 관광: 환경 피해를 최소화하면서 갯벌 등 해안 생태계를 즐기는 여행 방식<br>• 개발 수익이 지역 주민에게 돌아가게 하고 관광객은 지역과 지역 주민에 대한 배려의 자세를 가져야 함 |

### 콕콕 개념 확인하기

1. 바다가 육지 쪽으로 들어간 (곶, 만)에서는 파랑의 (침식, 퇴적) 작용이 활발하다.
2. _____은/는 조석 간만의 차가 큰 해안에서 밀물과 썰물의 퇴적 작용에 의해 형성된다.
3. 해안 절벽과 시 스택은 파랑의 _____ 작용으로 형성된 지형이다.
4. _____ 해안은 빙하의 침식 작용으로 만들어진 골짜기에 바닷물이 침수되어 생긴 만이다.
5. 산호초 해안은 주로 _____ 기후 지역에서 나타난다.

답 1. 만, 퇴적  2. 갯벌  3. 침식  4. 피오르  5. 열대

## 3 우리나라의 자연 경관

### 1. 우리나라의 산지 및 하천 지형

#### (1) 산지 지형

① 우리나라 산지 지형⁺의 특징

+ 우리나라의 산지 지형

| 산지가 많은 지형 | • 국토의 70% 이상이 산지임<br>• 오랜 침식으로 해발 고도가 낮고 경사가 완만한 편임 |
|---|---|
| 동고서저 지형 | • 오랜 기간 동안 침식을 받은 땅이 동쪽으로 치우쳐 융기함 → 태백산맥 등 대부분의 산맥이 동쪽에 치우쳐 있어 동쪽이 높고 서쪽으로 갈수록 낮아짐(동고서저 지형 형성)<br>• 북동부에는 높은 산지, 남서부에는 낮은 산지와 평야가 주로 분포함 |

② 우리나라 산지의 유형

| 돌산 | • 땅속 깊은 곳의 화강암이 오랜 기간 동안 침식 작용을 받아 정상부에 바위가 드러나 있음<br>• 바위 봉우리, 절벽 등 경관이 수려하여 암벽 등반, 관광지로 활용됨<br>⑩ 금강산, 설악산, 북한산, 월출산 등 |
|---|---|
| 흙산 | • 바위 위에 흙으로 두껍게 덮여 있으며, 오랜 기간 풍화와 침식을 받아 완만하고 평탄함<br>• 등반이나 둘레길 걷기 등 관광 활동이 이루어짐<br>⑩ 지리산, 덕유산, 오대산 등 |

### (2) 하천 지형

① 우리나라 하천 지형의 특징: 동고서저의 지형으로 대부분의 큰 하천이 황해나 남해로 흐름

② 우리나라 하천의 유형

| 황·남해로 흐르는 하천 | 하천의 길이가 길고 경사가 완만하여 유속이 느린 편임 |
|---|---|
| 동해로 흐르는 하천 | 하천의 길이가 짧고 경사가 급하여 유속이 빠른 편임 |

## ☆ 2. 우리나라의 해안 지형

### (1) 서·남해안

① 서·남해안의 특징: 해안선이 복잡하고 수심이 얕으며, 조석 간만의 차가 크기 때문에 넓은 갯벌이 발달함

② 서·남해안의 해안 지형

| 리아스+ 해안과 다도해 | 특징 | 섬이 많고 만이 발달하여 해안선이 복잡함 |
|---|---|---|
| | 형성 | 빙하기 이후 해수면 상승으로 바닷물이 육지로 들어오면서 골짜기는 만이 되고 산봉우리는 섬이 됨 |
| | 이용 | • 경관이 수려하여 해상 국립 공원으로 지정됨<br>• 한려 해상 국립 공원, 다도해 해상 국립 공원 |
| 갯벌 (간석지) | 형성 | 밀물과 썰물의 반복적 흐름에 따라 하천 운반 물질이 쌓여 형성됨 |
| | 이용 | • 염전이나 양식장으로 이용됨<br>• 생태 학습장이나 머드 축제 등 관광 자원으로 개발됨<br>• 간척 사업으로 농경지나 공업 단지가 조성되면서 생태계가 파괴됨<br>• '생태계의 보고'로, 오염 물질 정화 기능을 담당함 |

➕ 우리나라의 리아스 해안과 간척지

#### 쏙쏙 이해 더하기    다도해 형성 과정

빙하기의 해수면

빙하기 때의 육지가 침수되어 곳곳에 섬, 만, 반도가 형성됨
해수면 상승

하곡과 만에 하천의 퇴적 작용이 진행되면서 갯벌과 넓은 범람원이 형성됨

### (2) 동해안

① 동해안의 특징: 해안선이 단조롭고 수심이 깊으며, 조석 간만의 차가 작음

② 동해안의 해안 지형

| 모래사장 | • 동해로 흐르는 하천이 운반해 온 모래가 파랑에 의해 퇴적되어 형성된 모래 해안<br>• 해수욕장과 관광지로 이용됨 |
|---|---|
| 석호 | • 파랑의 퇴적 작용으로 모래가 만의 입구를 막아 형성된 호수<br>• 관광지로 이용됨 예 강릉의 경포호 |
| 암석 해안 | 파랑의 침식에 의해 형성된 암석 해안에 해식애(해안 절벽), 시 스택이 발달함 |

## 3. 우리나라의 화산 및 카르스트 지형

### (1) 화산 지형

#### ① 화산 지형의 유형

| 순상 화산 | 용암의 점성이 약해 유동성이 크기 때문에 경사가 완만한 화산체를 형성함 <br> 예 제주도 |
|---|---|
| 종상 화산 | 용암의 점성이 강해 유동성이 적기 때문에 경사가 급한 화산체를 형성함 <br> 예 울릉도, 독도 |

#### ② 제주도의 주요 화산 지형

| 한라산 | • 유동성이 큰 현무암질 용암으로 형성되어 전체적으로 완만함 <br> • 정상에는 화구호인 백록담이 있음 |
|---|---|
| 오름 | 화산 중턱에 형성된 소규모의 기생 화산 |
| 용암 동굴 | 용암이 흘러내리면서 표면의 용암이 먼저 굳어지고 내부의 용암은 계속 흘러가며 형성된 동굴 예 만장굴 |
| 주상 절리 | 용암이 냉각되는 과정에서 수축되면서 다각형의 기둥 모양으로 쪼개져 형성됨 |
| 성산 일출봉 | 얕은 바다에서의 용암 분출과 화산재 퇴적으로 형성 |

✚ 한라산 백록담

#### ③ 세계 자연 유산으로 등재된 제주도

| 등재 이유 | 섬 전체가 다양한 화산 지형으로 이루어진 화산 박물관임 |
|---|---|
| 유네스코 지정 자연환경 분야 3관왕 | • 생물권 보전 지역(2002): 곶자왈, 부속 섬, 오름 등 → 제주도 전체 지역으로 확대(2019) <br> • 세계 자연 유산(2007): 한라산, 성산 일출봉 등 <br> • 세계 지질 공원(2010): 한라산, 산방산, 주상 절리, 천지연 폭포, 만장굴 등 섬 전체 |
| 이용 | 독특하고 아름다운 자연 경관을 활용한 관광 산업이 발달함 |

✚ 카르스트 지형의 형성 과정

1. 스며든 빗물과 지하수가 만나 지하수면 근처에서 동굴이 만들어지기 시작함

### (2) 카르스트 지형

① 카르스트 지형의 형성: 석회암이 지하수나 빗물의 용식 작용을 받아 형성됨
② 분포 지역: 강원도 남부와 충청북도 북동부 일대의 석회암 지대에 분포함
③ 주요 지형

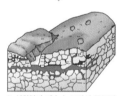

2. 석회암이 계속 녹으면서 동굴이 확장되고 동굴 생성물이 만들어짐

| 돌리네 | • 석회암이 빗물에 녹아 지표면이 움푹 파인 웅덩이 모양의 지형 <br> • 물이 잘 빠지기 때문에 주로 밭농사에 이용함 |
|---|---|
| 석회 동굴 | 동굴 내부에 종유석, 석순, 석주 등이 형성됨 → 관광 자원으로 활용됨 <br> 예 단양의 고수 동굴, 영월의 고씨 동굴, 삼척의 환선굴 등 |

3. 계곡이 깊어지면서 지하수면이 낮아져 여러 층의 복잡한 동굴이 형성됨

---

### 콕콕 개념 확인하기

1. 우리나라의 지형은 서쪽이 높고 동쪽으로 갈수록 낮아진다. (O, X)
2. 우리나라 해안 중 수심이 얕고 해안선이 복잡한 해안은 _____이다.
3. 한라산의 기슭에 형성된 소규모의 기생 화산을 _____(이)라고 한다.
4. 삼척의 환선굴과 단양의 고수 동굴은 _____ 지형이다.

답  1. X  2. 서·남해안  3. 오름  4. 카르스트

### 🔍 꼼꼼 단어 돋보기

● 용식

빗물이나 지하수가 암석을 용해하여 침식하는 현상

# 탄탄 실력 다지기

**01** 지형 형성 작용에 대한 설명으로 옳지 **않은** 것은?

① 지구 내부의 힘은 대지형을 형성한다.
② 지구 외부의 힘으로 화산 활동이 일어난다.
③ 태양 에너지는 지구 외부의 힘을 발생시킨다.
④ 지구 외부의 힘으로 하천, 빙하, 카르스트 등이 형성된다.

주목
**02** 고기 습곡 산지와 신기 습곡 산지를 비교한 내용으로 옳은 것은?

| | 구분 | 고기 습곡 산지 | 신기 습곡 산지 |
|---|---|---|---|
| ① | 주요 산맥 | 히말라야산맥 | 우랄산맥 |
| ② | 지각 운동 | 불안정함 | 안정됨 |
| ③ | 해발 고도 | 낮고 완만함 | 높고 험준함 |
| ④ | 형성 시기 | 신생대 | 고생대 |

**03** 다음 내용과 관계 깊은 지역을 지도에서 고른 것은?

형성 시기가 비교적 오래되지 않은 산맥으로 해발 고도가 높고 험준한 편이다.

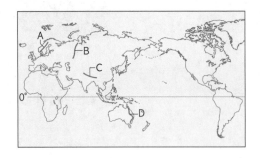

① A     ② B     ③ C     ④ D

**04** 산지의 주민 생활에 대한 설명으로 옳은 것은?

① 방어에 불리하다.
② 경사진 지형으로 농업에 유리하다.
③ 기온이 높아 목축업이 발달하였다.
④ 지하자원이 풍부한 산지에는 광업이 발달한다.

**05** 안데스 산지의 생활 모습에 대한 설명으로 옳지 **않은** 것은?

① 전통적으로 이목 생활을 해 왔다.
② 라마와 알파카 등을 방목하여 키우고 있다.
③ 키토, 보고타와 같은 고산 도시가 발달하였다.
④ 고대 문명의 발상지로 관광 산업이 발달하였다.

주목
**06** 다음 지도에 표시된 도시에서 나타나는 특징은?

① 연중 날씨가 매우 춥다.
② 연중 봄과 같이 온화하다.
③ 해발 고도가 높아 기온이 높다.
④ 일 년 내내 만년설로 덮여 있다.

**07** 다음 그림에 대한 설명으로 옳은 것은?

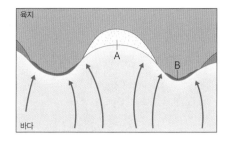

① A는 만, B는 곶이라고 부른다.
② A에서는 암석 해안이 발달한다.
③ B에서는 퇴적 작용이 활발하다.
④ A에서는 침식 작용이 활발하다.

**08** 다음과 같은 지형의 형성 원인에 해당하는 것은?

① 조류의 침식 작용
② 하천의 퇴적 작용
③ 파랑의 침식 작용
④ 파랑의 퇴적 작용

주목

**09** 다음 사진에서 볼 수 있는 해안 지형을 〈보기〉에서 고른 것은?

보기
ㄱ. 갯벌                ㄴ. 산호초
ㄷ. 시 스택           ㄹ. 해안 절벽

① ㄱ, ㄴ                ② ㄱ, ㄹ
③ ㄴ, ㄷ                ④ ㄷ, ㄹ

**10** ㉠, ㉡에 들어갈 내용을 바르게 연결한 것은?

골드 코스트의 해안에는 파랑의 ( ㉠ ) 작용으로 형성된 5km에 이르는 사빈과 같은 ( ㉡ )이 길게 펼쳐져 있다.

| | ㉠ | ㉡ |
|---|---|---|
| ① | 침식 | 암석 해안 |
| ② | 퇴적 | 모래 해안 |
| ③ | 침식 | 피오르 해안 |
| ④ | 퇴적 | 리아스 해안 |

**11** 다음 그림의 A~C 지형을 옳게 연결한 것은?

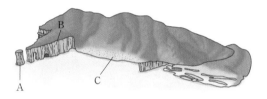

| | A | B | C |
|---|---|---|---|
| ① | 해안 절벽 | 시 스택 | 사빈 |
| ② | 해안 절벽 | 해식 동굴 | 석호 |
| ③ | 시 스택 | 해안 절벽 | 사빈 |
| ④ | 시 스택 | 해식 동굴 | 석호 |

**12** 다음 지형 형성에 가장 크게 영향을 준 요인은?

2018년 1회

해안 절벽, 시 스택, 시 아치, 해식 동굴

① 하천에 의한 퇴적
② 빙하에 의한 퇴적
③ 바람에 의한 침식
④ 파랑에 의한 침식

**13** 다음 내용을 통해 유추할 수 있는 이 지역의 변화 모습으로 옳지 않은 것은?

> 인도양에 있는 몰디브는 아름다운 자연환경을 바탕으로 관광지로 개발되면서 전 세계에서 관광객이 찾아오는 세계적인 휴양지가 되었다.

① 생태계 파괴
② 전통문화 보존
③ 쓰레기 배출량 증가
④ 지역 주민의 일자리 증가

**14** 우리나라 산지에 대한 설명으로 옳은 것은?

① 태백산맥이 서쪽에 치우쳐 있다.
② 국토의 약 30% 정도를 차지한다.
③ 오랜 침식으로 경사가 완만한 편이다.
④ 높은 산지는 국토의 남서부에 분포한다.

**15** 우리나라의 설악산과 지리산을 비교한 것으로 옳지 않은 것은?

① 설악산은 돌산이다.
② 지리산은 흙산이다.
③ 지리산은 현무암으로 이루어져 있다.
④ 설악산은 화강암으로 이루어져 있다.

**16** 다음에서 설명하는 지형은?                2019년 1회

> • 밀물 때 바닷물에 잠기고 썰물 때 드러남
> • 머드 축제 등 관광 자원으로도 이용함

① 갯벌                    ② 고원
③ 피오르                  ④ 용암 동굴

**17** 다음은 우리나라의 주요 산지와 하천을 나타낸 지도이다. 이에 대한 설명으로 옳지 않은 것은?

① 우리나라는 서고동저형의 지형이다.
② 동해로 흘러 가는 하천은 경사가 급하다.
③ 큰 하천들은 황해나 남해로 흘러 들어간다.
④ 남서부 지역에는 낮은 산지와 평야가 나타난다.

**18** 우리나라 서해안과 동해안의 특징이 바르게 연결된 것은?

|     | 구분   | 서해안   | 동해안   |
|-----|--------|----------|----------|
| ①   | 해안선 | 단조로움 | 복잡함   |
| ②   | 지형   | 사빈 발달 | 갯벌 발달 |
| ③   | 수심   | 얕음     | 깊음     |
| ④   | 조차   | 작음     | 큼       |

**19** 갯벌에 대한 설명으로 옳지 않은 것은?

① 각종 오염 물질 정화 기능
② 염전이나 양식장으로 이용
③ 간척 사업으로 생태계 보호
④ 머드 축제 등 관광 자원으로 개발

**20** 우리나라 동해안에 대한 설명으로 옳은 것을 〈보기〉에서 고른 것은?

> **보기**
>
> ㄱ. 다도해 　　　　 ㄴ. 갯벌 발달
> ㄷ. 사빈 발달 　　　 ㄹ. 석호 발달

① ㄱ, ㄴ 　　　　　 ② ㄱ, ㄷ
③ ㄴ, ㄷ 　　　　　 ④ ㄷ, ㄹ

**21** ㉠에 들어갈 용어는? 　　　　　 2020년 1회

> 제주도에는 ( ㉠ )이/가 식는 과정에서 다각형의 기둥 모양으로 쪼개진 주상 절리가 있다.

① 모래 　　　　　 ② 빙하
③ 용암 　　　　　 ④ 석회암

**주목**
**22** 우리나라의 화산 지형에 대한 설명으로 옳지 <u>않은</u> 것은?

① 울릉도 정상에는 화구호가 있다.
② 제주도, 울릉도, 독도 등에서 볼 수 있다.
③ 독특한 지형을 활용한 관광 산업이 발달하였다.
④ 제주도에서는 용암 동굴, 주상 절리 등을 볼 수 있다.

**23** 다음 경관을 모두 볼 수 있는 지역을 지도에서 고른 것은? 　　　　　 2018년 2회

> 백록담, 만장굴, 주상 절리, 성산 일출봉

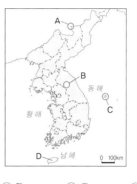

① A 　　　 ② B 　　　 ③ C 　　　 ④ D

**24** 우리나라의 다음과 같은 곳에서 나타나는 지형은?

> • 단양의 고수 동굴
> • 영월의 고씨 동굴
> • 삼척의 환선굴

① 오름
② 주상 절리
③ 용암 동굴
④ 카르스트 지형

**25** 다음 내용이 설명하는 지형은? 　　　　　 2019년 2회

> • 석회암이 빗물이나 지하수에 의하여 녹으면서 형성된 지형
> • 대표적으로 중국의 구이린, 베트남의 할롱베이 등에서 나타남

① 화산 지형
② 빙하 지형
③ 건조 지형
④ 카르스트 지형

# 04 Ⅰ 사회 1
## 다양한 세계, 다양한 문화

## 1 세계의 다양한 문화 지역

### 1. 문화와 문화 지역

#### (1) 문화와 문화 경관

① 문화와 문화 경관의 의미

| 문화 | 한 사회의 구성원들이 만들어 낸 의식주, 언어, 종교 등 모든 생활 양식이나 행동 양식의 총체 예 의식주, 종교, 언어, 풍습 등 |
|---|---|
| 문화 경관 | 어떤 장소에 특정 문화를 지닌 사람들이 오랜 기간 거주하면서 만든 그 지역만의 생활 모습 예 종교 경관, 언어 경관, 도시 경관 등 |

② 문화의 특성

| 다양성 | 지역마다 자연환경(기후, 지형, 토양 등)과 인문 환경(경제, 산업, 종교 등)이 다르기 때문에 다양한 문화가 존재함 |
|---|---|
| 변동성 | 문화는 다른 지역과의 교류를 통해 변화함 |

#### ☆(2) 세계의 다양한 문화 지역(문화권)

① 문화권의 의미와 특징

| 의미 | 의식주, 종교, 언어, 산업 등의 문화 경관이 비슷하게 나타나는 지리적 공간 범위 → 민족, 종교, 언어, 의식주 등을 기준으로 구분함 |
|---|---|
| 특징 | • 영구 고정된 것이 아니라 문화 전파 등에 따라 변화하기도 함<br>• 어떤 문화 요소를 기준으로 삼느냐에 따라 다양하게 구분됨 |

② 세계의 문화권

| 동(부)아시아 문화권 | • 우리나라, 일본, 중국이 해당함<br>• 계절풍 기후 지역으로 벼농사가 발달함<br>• 유교와 불교, 한자, 젓가락 문화가 공통적으로 나타남 |
|---|---|
| 동남아시아 문화권 | • 태평양과 인도양 사이에 위치함 → 해양과 대륙을 잇는 교통의 요지<br>• 다양한 민족과 종교(불교, 이슬람교, 크리스트교, 힌두교)가 분포함<br>• 중국과 인도의 영향을 많이 받음<br>• 벼농사가 발달함 |
| 남부 아시아 문화권 (인도 문화권) | • 힌두교와 불교의 발상지<br>• 카스트 제도의 영향이 남아 있음<br>• 종교 및 언어와 민족이 다양하고 복잡함 |
| 유럽 문화권 | • 크리스트교 문화가 발달함<br>• 시민 혁명을 바탕으로 민주주의가 발달함<br>• 산업 혁명의 발상지로 일찍부터 산업화를 이룸 |

### 꼼꼼 단어 돋보기

● 민족

일정한 지역에서 오랫동안 함께 거주하면서 언어와 종교, 생활 양식을 공유하는 집단

| 건조 문화권 (이슬람 문화권) | • 북부 아프리카와 서남아시아 일대의 건조 기후 지역이 해당함<br>• 이슬람교의 발상지로, 대부분의 주민이 아랍어를 사용하고 이슬람교를 믿음<br>• 유목과 오아시스 농업이 발달함 |
|---|---|
| 아프리카 문화권 | • 사하라 사막 이남 아프리카 지역이 해당함<br>• 부족 단위의 공동체 문화와 토속 신앙이 발달함<br>• 다양한 언어와 부족이 분포함<br>• 과거 유럽 식민 지배의 영향으로 부족의 구분과 국경선이 일치하지 않아 잦은 분쟁이 발생함 |
| 앵글로 아메리카 문화권 | • 과거 북서 유럽의 식민 지배를 받음<br>• 다인종·다민족 국가로 주로 영어를 사용하고 크리스트교(개신교)를 믿음<br>• 세계 경제의 중심지이자 세계적인 농산물 수출 지역임 |
| 라틴 아메리카 문화권 | • 과거 남부 유럽(포르투갈, 에스파냐)의 식민 지배를 받음<br>• 주로 포르투갈어(브라질)와 에스파냐어를 사용하고 크리스트교(가톨릭교)를 믿는 사람의 비율이 높음<br>• 원주민과 아프리카인, 유럽인 간의 문화 융합으로 혼혈 인종이 많고 다양한 문화가 나타남 |
| 오세아니아 문화권 | • 영국의 식민 지배로 유럽 문화가 전파됨<br>• 영어를 사용하고 크리스트교도(개신교도)의 비율이 높음<br>• 관광업 및 기업적 농업과 목축업이 발달함<br>• 대표적 원주민은 오스트레일리아의 애버리지니와 뉴질랜드의 마오리족이 있음 |
| 북극 문화권 | • 북극해 연안 지역으로 한대 기후 지역이 해당함<br>• 순록 유목, 수렵, 어로 활동을 하며 생활함<br>• 사모예드족, 라프족, 이누이트족 등이 거주함 |

▲ 세계의 문화권

## 2. 문화의 지역 차이

**(1) 자연환경에 따른 문화의 지역 차이**: 기후, 지형, 식생 등에 적응하는 방법이 지역마다 다르기 때문에 의식주를 비롯한 생활 양식의 모습이 다양하게 나타남

| 의복 문화 | 열대 기후 지역 | 얇고 통풍이 잘 되는 옷을 입음 |
|---|---|---|
| | 건조 기후 지역 | 강한 햇빛과 모래바람으로부터 몸을 보호하기 위해 온몸을 감싸는 헐렁한 옷을 입음 |
| | 한대 기후 지역 | 추위로부터 몸을 보호하기 위해 털옷이나 가죽옷을 입음 |

🔍 **꼼꼼 단어 돋보기**

● **라틴 아메리카**

과거 라틴족의 지배를 받았던 아메리카 지역을 이르는 말로, 멕시코, 아르헨티나, 브라질 등이 이에 속함

| 음식 문화 | 아시아의 계절풍 기후 지역 | 벼농사가 발달함 → 쌀을 주식으로 하는 음식이 발달함 |
|---|---|---|
| | 유럽과 건조 기후 지역 | 밀 농사와 목축업이 발달함 → 빵과 고기를 이용한 음식이 발달함 |
| | 라틴 아메리카의 고산 지역 | 냉량한 기후에서 잘 자라는 감자와 옥수수를 이용한 음식이 발달함 |
| 주거 문화 | 열대 기후 지역 | 개방적인 가옥 구조가 나타나고 고상 가옥이나 수상 가옥이 발달함 |
| | 건조 기후 지역 | • 사막 지역: 흙을 이용한 흙벽돌집이 발달함<br>• 유목 지역: 유목 활동에 유리한 이동식 가옥이 발달함 |
| | 냉대 기후 지역 | 통나무를 이용한 통나무집이 발달함 |
| | 한대 기후 지역 | 언 땅이 녹았을 때의 가옥 붕괴를 막기 위한 고상 가옥과 얼음집이 발달함 |

## ☆ (2) 사회·경제적 환경에 따른 문화의 지역 차이

① 종교에 따른 문화의 지역 차이: 종교는 인간의 가치관 및 생활 양식에 크게 영향을 미치기 때문에 독특한 문화 경관을 형성함

**➕ 세계의 종교 분포**

| 이슬람교 문화권 | • 둥근 돔이 있는 모스크에서 예배함<br>• 유일신 알라를 숭배하고 쿠란을 따르는 생활을 함<br>• 술과 돼지고기를 금기시함<br>• 여성들은 히잡, 부르카 등으로 몸과 얼굴을 가림<br>• 다섯 가지 의무를 지켜야 함 |
|---|---|
| 크리스트교 문화권 | • 믿음과 사랑을 강조하고 예수의 구원을 믿음<br>• 십자가와 종탑이 있는 성당이나 교회에서 예배하고, 결혼식이나 장례식 등 전반적인 생활에 종교가 영향을 미침 |
| 힌두교 문화권 | • 다양한 신들이 조각되어 있는 힌두교 사원이 있음(다신교)<br>• 윤회 사상을 믿고 갠지스강에서 목욕을 하거나 시신을 화장함<br>• 소를 신성시하여 소고기를 먹지 않음 |
| 불교 문화권 | • 인간의 평등과 자비, 개인의 수양을 강조함<br>• 사찰, 불상, 탑(부처의 사리 보관) 등을 볼 수 있음<br>• 육식을 금기시하고 주로 채식 위주의 식사를 함 |

**➕ 모스크**

**➕ 이슬람교도의 다섯 가지 의무**
라마단 기간의 금식, 성지 순례, 자선 활동, 신앙 고백, 하루 다섯 번의 예배를 말한다.

② 산업·경제 수준에 따른 문화의 지역 차이

| 산업 발달 수준이 높은 지역 | • 인구가 많고 산업 시설과 고층 건물이 밀집되어 있음<br>• 주민들은 현대적인 도시 생활을 함 |
|---|---|
| 산업 발달 수준이 낮은 지역 | • 비교적 잘 보존된 자연 경관이 나타남<br>• 주민들은 전통적인 생활을 함 |

### 콕콕 개념 확인하기

1. _____(이)란 한 사회의 구성원들이 만들어 낸 모든 생활 양식이나 행동 양식을 말한다.
2. _____ 문화권에서는 에스파냐어와 포르투갈어를 사용하고 혼혈 인종의 비율이 높다.
3. _____은/는 술과 돼지고기를 금기시하는 종교이다.

답　1. 문화　2. 라틴 아메리카　3. 이슬람교

**🔍 꼼꼼 단어 돋보기**

● 쿠란
이슬람교의 경전

## 2 세계화에 따른 문화 변화

### 1. 세계화와 문화 변용[+]

#### (1) 문화 접촉과 문화 전파[+]

| 문화 접촉 | • 지리적으로 인접한 지역의 서로 다른 문화가 지속적으로 접촉하는 현상<br>• 오늘날 문화 변화의 큰 요인으로 작용함 |
|---|---|
| 문화 전파 | 한 지역의 문화가 다른 지역으로 이동하거나 퍼져나가는 현상으로, 문화 접촉이 반복되면서 그 결과로 나타남 |

#### (2) 문화 전파에 따른 문화 변용

| 문화 동화 | 기존 문화가 외부 문화에 의해 완전히 흡수되거나 대체되는 현상<br>예) 아메리카 원주민이 백인 문화와 접촉하면서 자기 문화를 상실한 경우, 가로쓰기 형식의 도입으로 세로쓰기 형식이 사라진 경우 |
|---|---|
| 문화 공존 | 기존 문화와 외부 문화가 함께 존재하는 것<br>예) 우리나라에 있는 이슬람 사원, 차이나타운 |
| 문화 융합 | 기존 문화와 외부 문화가 만나 이전의 두 문화와는 다른 새로운 제3의 문화가 나타나는 현상 예) 우리나라 사찰에서 보이는 칠성각, 과달루페의 성모[+] |

### ☆2. 세계화에 따른 문화 변용

#### (1) 문화의 세계화

| 배경 | 인터넷, SNS를 통해 다양한 문화와 쉽게 접촉할 수 있게 됨 |
|---|---|
| 의미 | 세계화에 따라 각 지역의 문화가 점차 유사해지는 현상 |

#### (2) 세계화에 따른 문화의 획일화(동질화)

| 의미 | 한 지역의 문화가 다른 지역에서 비슷하게 나타나거나 전 세계적으로 같은 문화를 공유하는 현상 |
|---|---|
| 특징 | 주로 서구 문화로 획일화되는 경향이 강함 |
| 부정적 영향 | • 외래문화가 유입되면서 전통문화가 사라지기도 함<br>• 문화적 다양성과 정체성이 약화됨<br>• 국가 간·지역 간·세대 간 문화적 차이로 인한 갈등이 발생하기도 함 |

#### (3) 세계화에 따른 문화의 다양화(문화 융합)

| 의미 | 세계화에 따라 확산된 문화가 각 지역의 특성에 맞게 지역 문화와 섞이는 현상 |
|---|---|
| 긍정적 영향 | 지역 문화와 전통문화를 창조적으로 발전시킬 수 있음 |
| 사례 | 지역별로 특화된 햄버거와 피자, 우리나라의 돌침대, 김치 냉장고 등 |

---

### 콕콕 개념 확인하기

1. 한 지역의 문화가 다른 지역으로 이동하거나 퍼져나가는 현상을 _____(이)라고 한다.
2. 두 문화가 만나 기존과는 다른 새로운 문화가 나타나는 현상을 _____(이)라고 한다.
3. 문화의 _____ 현상은 세계화에 따라 각 지역의 문화가 점차 유사해지는 현상이다.

답  1. 문화 전파  2. 문화 융합  3. 세계화

---

**+ 세계화의 의미**

교통·통신의 발달로 정치, 경제, 문화 등의 분야에서 국경을 초월하여 국가 간 교류, 상호 작용이 활발하게 이루어지는 것을 말한다.

**+ 문화 변용의 의미**

서로 다른 문화 간에 문화 접촉과 문화 전파가 일어나면서 한쪽 또는 양쪽의 고유한 문화가 변화하는 현상을 말한다.

**+ 문화 접촉과 문화 전파의 등장 배경**

교통·통신의 발달로 인해 지역 간 교류가 확대되었다.

**+ 과달루페의 성모**

가톨릭교와 멕시코 원주민의 문화가 만나 새롭게 탄생한 멕시코의 '과다루페 성모'는 원주민을 닮은 검은 머리와 갈색 피부의 모습을 지니고 있다.

📖 꼼꼼 단어 돋보기

● 획일화
모두 한결같아서 다름이 없게 되어 가는 것

## 3 문화의 공존과 갈등

### 1. 문화의 공존

#### (1) 문화 공존의 의미와 특징

| 의미 | 서로 다른 문화를 가진 사람들이 한 지역 안에 모여 사는 다문화 현상 |
|---|---|
| 특징 | 서로 다른 문화가 한 지역 안에 공존하기도 하고, 문화 간 상호 작용을 통해 새로운 문화를 만들어 내기도 함 |

#### (2) 문화 공존 지역

| 싱가포르[+] | • 인도양과 태평양을 잇는 해상 교통의 요지<br>• 불교, 이슬람교, 힌두교, 크리스트교 등 다양한 종교가 공존함 |
|---|---|
| 말레이시아<br>(믈라카) | • 말레이어가 공용어이지만 중국어, 타밀어, 영어 등을 함께 사용함<br>• 국교는 이슬람교이지만 불교, 힌두교, 크리스트교 등 다양한 종교가 공존함 |
| 스위스[+] | 독일어·프랑스어·이탈리아어·레토로망스어를 공용어로 사용함 |
| 미국 | 백인, 흑인, 라틴 아메리카 및 아시아 이주민, 원주민 등 여러 인종과 민족이 다양한 문화를 이룸 |
| 인도 | • 헌법으로 다양한 언어를 공용어로 지정함<br>• 각 주에서 사용하는 15개의 언어가 지폐에 표기되어 있음 |
| 우리나라 | • 유교, 불교, 크리스트교, 민간 신앙 등이 공존함<br>• 다양한 외국인 마을이 분포함 |
| 브라질 | • 유럽계 백인, 아프리카계 흑인, 혼혈 인종, 원주민 등이 함께 문화를 이룸<br>• 혼혈 인종의 비중이 높기 때문에 인종 갈등이 적은 편임 |
| 터키 | 문명의 교차로로 크리스트교 문화와 이슬람교 문화가 공존함 |
| 뉴질랜드[+] | 마오리족 원주민에 대한 우대·보호 정책으로 백인과 원주민이 평화롭게 공존하고 있음 |

[+] **싱가포르**

싱가포르는 다양한 종교가 평화롭게 공존하고 있는 국가로, 여러 종교의 기념일을 법정 공휴일로 지정하였다.

[+] **스위스의 언어 분포**

[+] **뉴질랜드**

뉴질랜드는 마오리족과 원주민 협약을 체결하여 마오리족에게 국회 의석을 할당하고, 복지 수당의 혜택을 부여하고 있다.

**쏙쏙 이해 더하기** | 아야 소피아

터키의 수도 이스탄불에 있는 아야 소피아는 본래 그리스 정교의 성당으로 지어졌으나, 이슬람교도의 지배 아래 모스크로 이용되면서 이슬람식 첨탑이 세워졌다.

### 2. 문화 간의 갈등

#### ☆ (1) 문화 갈등의 의미와 배경

| 의미 | 서로 다른 특성을 가진 문화끼리 충돌하거나 서로 적대시하는 현상 |
|---|---|
| 배경 | • 다른 문화에 대한 이해가 부족하여 서로의 문화를 인정하지 않음<br>• 종교·민족·언어의 구분과 국경선이 불일치함<br>• 영토와 자원을 둘러싼 주변 국가와의 이해관계가 충돌함 |

## (2) 문화 갈등 지역

### ① 언어로 인한 갈등

| 벨기에 | 북부 네덜란드 언어권과 남부 프랑스 언어권 간의 갈등 |
|---|---|
| 캐나다 퀘벡주 | 프랑스어를 사용하는 퀘벡주의 독립 요구 → 캐나다 정부와 갈등 |
| 슬로바키아 | 반드시 슬로바키아어를 사용해야 하는 언어법 제정 → 슬로바키아 정부와 슬로바키아에 거주하는 10%의 헝가리인 간의 갈등 |
| 에스파냐 카탈루냐주 | 에스파냐어와 카탈루냐어 사용을 둘러싼 갈등 → 카탈루냐주의 분리·독립운동 전개 |

### ② 종교로 인한 갈등

| 팔레스타인 | 아랍인(이슬람교)과 유대인(유대교) 간의 갈등 |
|---|---|
| 카슈미르 | 인도(힌두교)와 파키스탄(이슬람교) 간의 갈등 |
| 북아일랜드 | 영국으로부터의 독립을 요구하는 가톨릭교도와 개신교도 간의 갈등 |
| 수단 | 북부(아랍계, 이슬람교)와 남부(흑인, 개신교·토속 신앙) 간의 갈등 |
| 나이지리아 | 북부(이슬람교)와 남부(개신교) 간의 갈등 |
| 스리랑카 | 불교를 믿는 싱할라족과 힌두교를 믿는 타밀족 간의 갈등 |
| 필리핀 | 주민 대부분인 가톨릭교도와 소수인 이슬람교도 간의 갈등 |

➕ **남수단의 분리·독립**
남부 지역이 2011년 남수단으로 분리·독립하여 남수단 공화국이 성립되었다.

---

### 쏙쏙 이해 더하기 │ 이스라엘–팔레스타인 분쟁

제2차 세계 대전이 끝나면서 국제 연합은 팔레스타인을 유대인 구역과 아랍인 구역으로 분할하였다. 이후 1948년, 팔레스타인 지역에 유대인이 이스라엘을 건국하면서 유대인과 아랍인 간에는 팔레스타인 지방의 영유권을 둘러싸고 심한 대립이 나타났으며, 이는 수차례에 걸친 중동 전쟁으로 이어졌다. 몇 차례의 전쟁을 겪으면서 이스라엘은 아랍인 구역을 장악하였으며, 이 과정에서 팔레스타인 사람들이 이스라엘을 떠나 주변 국가에서 난민 생활을 하게 되었다.

🔺 서남아시아 내 이스라엘의 위치

🔺 이스라엘–팔레스타인 분쟁 지도

---

## (3) 문화 갈등의 해결 방안

① 다른 문화의 고유한 가치를 인정하고 이해하려는 문화 상대주의➕ 태도가 필요함
② 국가 간 민간 교류나 양보와 타협을 통해 평화적으로 해결해야 함
③ 여러 개의 공용어를 지정하고 종교의 자유를 법으로 보장해야 함

➕ **문화 상대주의**
한 사회의 문화를 그 사회의 자연환경과 사회적·역사적 배경을 고려하여 이해하는 태도로, 문화 이해의 태도 중 가장 바람직한 태도이다.

---

### 콕콕 개념 확인하기

1. 싱가포르와 말레이시아는 문화 (공존, 갈등) 지역이다.
2. 인도의 _____ 지역은 힌두교도와 이슬람교도 간의 갈등 지역이다.

답   1. 공존   2. 카슈미르

# 탄탄 실력 다지기

정답과 해설 9쪽

**01** 문화에 대한 설명으로 옳지 <u>않은</u> 것은?

① 문화는 지역마다 같은 모습으로 나타난다.
② 자연환경은 의식주 생활에 영향을 미친다.
③ 종교, 산업 발달 등 인문 환경의 영향을 받는다.
④ 문화 경관이 비슷하게 나타나는 공간 범위를 문화권이라고 한다.

**[02~06]** 다음은 세계의 문화권을 나타낸 것이다. 이를 보고 물음에 답하시오.

**02** 다음 설명과 관련 있는 문화권은?

> • 크리스트교 문화의 발달
> • 시민 혁명과 산업 혁명의 발상지

① A          ② B          ③ C          ④ D

주목

**03** B 문화권에 대한 설명으로 옳지 <u>않은</u> 것은?

① 건조 기후가 나타난다.
② 주로 영어를 사용한다.
③ 주로 이슬람교를 믿는다.
④ 유목 및 오아시스 농업이 발달하였다.

**04** 다음 설명과 관련 있는 문화권은?

> • 힌두교와 불교의 발상지
> • 다양하고 복잡한 종교 및 언어 분포

① C          ② D          ③ E          ④ F

**05** E 문화권의 명칭으로 옳은 것은?

① 유럽 문화권
② 아프리카 문화권
③ 오세아니아 문화권
④ 라틴 아메리카 문화권

**06** F 문화권에 대한 설명으로 옳은 것은?

① 한대 기후 지역
② 세계 경제의 중심지
③ 원주민인 마오리족 분포
④ 포르투갈어와 에스파냐어 사용

[07~08] 다음은 세계의 종교 문화권을 나타낸 것이다. 이를 보고 물음에 답하시오.

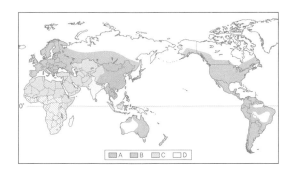

**주목**

**07** 다음 특징이 나타나는 종교 문화권은?

갠지스강에서 종교 의식으로 목욕을 하고, 소를 신성시하여 소고기를 먹지 않는다.

① A      ② B      ③ C      ④ D

**08** A 문화권의 특징으로 옳은 것은?

① 돼지를 금기시한다.
② 모스크에서 예배한다.
③ 쿠란을 따르는 생활을 한다.
④ 사찰, 불상, 탑을 볼 수 있다.

**09** 다음과 같은 모습을 볼 수 있는 종교는?

① 불교      ② 힌두교
③ 이슬람교      ④ 크리스트교

**10** 다음 설명과 관련 있는 지역은?

벼농사에 유리하여 쌀을 주식으로 하는 음식이 발달하였다.

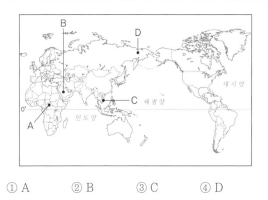

① A      ② B      ③ C      ④ D

**11** 다음과 같이 서로 다른 문화권의 전통 의상이 다르게 나타나는 가장 큰 이유는?

① 지형      ② 기후
③ 종교      ④ 언어

**12** 다음 빈칸에 들어갈 내용으로 적절하지 <u>않은</u> 것은?

> 경제 수준에 따라 문화 경관이 다르게 나타나는데, 산업이 발달한 지역에서는 (          )과 같은 문화 경관이 나타난다.

① 밀집된 고층 건물
② 밀집된 산업 시설
③ 현대적인 생활 방식
④ 잘 보존된 자연환경

**13** 다음에서 설명하는 용어는?

> 한 지역의 문화가 다른 지역으로 이동하거나 퍼져나가는 현상

① 문화 공존          ② 문화 동화
③ 문화 융합          ④ 문화 전파

<sub>주목</sub>
**14** 다음에 나타난 문화 변용의 종류는?

> 햄버거 빵 대신 밥으로 불고기를 감싸 만든 '라이스 버거'는 두 문화를 동시에 맛볼 수 있다.

① 문화 동화          ② 문화 갈등
③ 문화 융합          ④ 문화 공존

**15** 다음에 나타난 문화 변용에 대한 설명으로 옳은 것은?

> 근대 이후 아프리카의 많은 부족들은 유럽 강대국에 의해 오랜 기간 식민 지배를 받았고, 전통 종교는 사라지고 유럽의 종교가 자리 잡았다.

① 고유문화의 정체성을 유지하고 있다.
② 한 사회의 문화가 다른 사회의 문화로 대체되었다.
③ 다른 사회의 문화가 한 사회 속에서 각각 존재한다.
④ 서로 다른 문화가 결합하여 새로운 문화가 형성되었다.

<sub>주목</sub>
**16** 다음 사례와 관련 있는 문화의 개념은?

> • 세계의 젊은이들은 청바지를 즐겨 입는다.
> • 세계 대부분의 지역에서 커피를 마실 수 있다.

① 문화 공존
② 문화 융합
③ 문화 동화
④ 문화의 획일화

**17** 세계화에 따른 문화 변용에 대한 설명으로 옳지 <u>않은</u> 것은?

① 교통·통신의 발달로 세계화가 활발해지고 있다.
② 외래문화가 유입되면서 전통문화가 사라지기도 한다.
③ 주로 아시아 문화로 획일화되는 경향이 나타나고 있다.
④ 각 지역의 문화가 유사한 모습으로 변화하는 현상이 나타나고 있다.

**18** 다음 내용과 관련이 <u>적은</u> 지역은?

> 다양한 인종과 민족이 모여 살고 있음에도 서로의 문화를 존중하고 인정하는 지역에서는 다양한 문화가 공존한다.

① 스위스      ② 벨기에
③ 브라질      ④ 말레이시아

**19** 다음 지역들의 공통점으로 옳은 것은?

> - 벨기에
> - 슬로바키아
> - 캐나다의 퀘벡주

① 언어 공존 지역이다.
② 언어 갈등 지역이다.
③ 종교 공존 지역이다.
④ 종교 갈등 지역이다.

**20** 종교로 인한 문화 갈등이 발생하고 있는 지역은?

① 벨기에
② 슬로바키아
③ 카슈미르 지역
④ 캐나다 퀘벡주

**21** 다음 표시된 지역에 대한 설명으로 옳은 것은?

① 언어가 갈등의 주된 원인이다.
② 대표적인 문화 공존 지역이다.
③ 유대교와 이슬람교 사이의 종교 갈등 지역이다.
④ 힌두교와 이슬람교 사이의 종교 갈등 지역이다.

**22** 문화 갈등을 해결하기 위한 노력으로 적절하지 <u>않은</u> 것은?

① 문화 상대주의 태도를 갖는다.
② 헌법으로 하나의 종교를 지정한다.
③ 여러 개의 언어를 공용어로 지정한다.
④ 다양한 문화를 접할 수 있는 기회를 갖는다.

# 05 지구 곳곳에서 일어나는 자연재해

## 1 자연재해의 발생 지역과 주민 생활

### 1. 자연재해의 의미와 유형

**(1) 자연재해의 의미**

기상 변화, 지각 변동 등 자연환경이 인간과 인간 생활에 피해를 입히는 현상

**(2) 자연재해의 유형**

| | |
|---|---|
| 지형과 관련된 자연재해(지질 재해) | 지진, 화산 활동, 지진 해일(쓰나미), 산사태 등 |
| 기후와 관련된 자연재해(기상 재해) | 홍수, 가뭄, 열대 저기압, 폭설, 한파, 토네이도 등 |

### ☆2. 지형과 관련된 자연재해(지질 재해)

**(1) 화산 활동과 지진**

① 의미와 발생 지역

| | |
|---|---|
| 화산 활동 | 지하의 마그마가 지각을 뚫고 나와 분출하는 현상 |
| 지진 | 지구 내부의 힘이 지표면에 전달되면서 땅이 흔들리거나 갈라지는 현상 |
| 발생 지역 | 주로 환태평양 조산대, 알프스·히말라야 조산대와 같이 지각판의 경계에서 발생함 |

② 화산 활동 지역의 피해 및 주민 생활

| | |
|---|---|
| 피해 | • 화산이 폭발하면 용암이나 화산재가 분출하여 촌락·농경지를 파괴하고 구조물을 매몰시킴<br>• 대기로 올라간 화산재가 햇빛을 차단하거나 멀리까지 이동하여 항공기 운항에 지장을 주기도 함 |
| 주민 생활 | • 화산재가 쌓여 만들어진 토양은 비옥하여 농업 활동에 도움이 됨<br>⑩ 벼농사, 커피·포도 재배 등<br>• 독특한 화산 지형과 온천을 활용한 관광 산업이 발달함<br>⑩ 뉴질랜드, 일본, 아이슬란드, 이탈리아<br>• 땅속의 열에너지를 이용한 지열 발전소가 세워짐 ⑩ 아이슬란드 |

③ 지진 발생 지역의 피해 및 주민 생활

| | |
|---|---|
| 피해 | • 짧은 시간 동안 넓은 지역에 큰 피해를 입힘<br>• 건물, 도로, 통신망이 붕괴되고 막대한 인명 피해를 입힘<br>• 화재·산사태·지진 해일을 동반함 |
| 대책 | • 내진 설계를 의무화함<br>• 주기적인 지진 대피 훈련을 실시하고, 조기 관측 및 경보 전파 체계를 구축함<br>• 원자력 발전소는 주거지와 되도록 멀리 건설함 |

**✚ 아이슬란드의 온천과 지열 발전소**

**✚ 내진 설계**

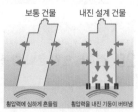

보통 건물     내진 설계 건물

횡압력에 심하게 흔들림    횡압력을 내진 기둥이 버티냄

지진과 같은 충격 흡수에 강한 자재를 사용하여 건물을 짓는 방식이다.

- 알프스·히말라야 조산대: 유라시아판과 아프리카판 및 인도·오스트레일리아판의 경계에 해당한다.
- 환태평양 조산대: 태평양판과 주변 판과의 경계로 '불의 고리'라고 불린다.

## (2) 지진 해일(쓰나미)

| 의미 | 지진이나 화산 활동이 바다 밑에서 일어나 바닷물이 육지까지 밀려오는 현상 |
|---|---|
| 발생 지역 | 화산 활동과 지진이 발생하는 태평양과 인도양 일대 |
| 피해 | 발생 지점으로부터 수천 km 떨어진 곳까지 매우 빠른 속도로 인명 피해와 각종 시설의 침수 등 재산상의 막대한 피해를 입힘 |

## 3. 기후와 관련된 자연재해(기상 재해)

### (1) 홍수

#### ① 의미와 발생 지역

| 의미 | 단기간 또는 장기간에 걸쳐 많은 비가 내려 하천이 흘러넘치는 현상 |
|---|---|
| 발생 원인 | • 장기간에 걸친 강우<br>• 짧은 시간 동안 집중적인 강우<br>• 기온 상승으로 한꺼번에 녹은 눈 |
| 발생 지역 | 고온 다습한 계절풍의 영향을 받는 아시아 지역, 큰 하천의 하류 및 저지대, 열대 저기압의 영향을 받는 지역, 북극해로 유입되는 하천 주변 지역 등 |

#### ② 홍수 발생 지역의 피해 및 주민 생활

| 피해 | • 농경지, 가옥, 도로 등 생활 터전이 물에 잠겨 인명·재산 피해가 큼<br>• 생태계가 파괴되고 산사태가 일어남 |
|---|---|
| 대책 | • 홍수에 대비하기 위해 터를 높게 하여 집을 지음(터돋움집)<br>• 일시적으로 주거지를 옮기기도 함 |
| 긍정적 영향 | • 한꺼번에 많은 물을 공급하여 가뭄을 해소함<br>• 토양에 영양분을 공급하여 땅이 비옥해지므로 농업에 유리함 |

### (2) 가뭄

#### ① 의미와 발생 지역

| 의미 | 장기간 비가 오지 않아 땅이 메마르고 물이 부족한 현상 |
|---|---|
| 발생 지역 | 건조 기후 지역과 그 주변 지역 ⓔ 아프리카 사헬 지대, 중국 내륙, 인도 서부 등 |
| 특징 | 피해 속도는 느리나, 피해 면적이 넓고 장기간에 걸쳐 점점 악화됨 |

### 🔍 꼼꼼 단어 돋보기

● 터돋움집
침수 피해를 막기 위해 집터를 높게 올려 지은 집

② 가뭄 발생 지역의 피해 및 주민 생활

| 피해 | • 용수 부족으로 농작물 수확량이 감소함<br>• 토양이 황폐화되고 사막화를 촉진시킴<br>• 산불이 발생함<br>• 우리나라의 경우 가을철에서 봄철까지 피해를 입음 |
|---|---|
| 대책 | • 용수 확보를 위해 지하수 개발 및 해수 담수화 시설을 건설함<br>• 물을 오랫동안 보존할 수 있는 방안을 모색함 |

## ☆(3) 열대 저기압

① 의미와 발생 지역

| 의미 | 열대 해상에서 발생하여 중위도 지역으로 이동하는 저기압 |
|---|---|
| 명칭 | 발생 지역에 따라 태풍, 사이클론, 허리케인으로 불림 |
| 발생<br>지역 | 해수면 온도가 높고 대기가 불안정하여 공기 중 수증기가 많이 발생하는 열대 해상 지역에서 발생함 |
| 특징 | 이동 경로 예측이 어렵고, 강한 바람과 비를 동반함 |

② 열대 저기압 발생 지역의 피해 및 주민 생활

| 피해 | • 집중 호우로 홍수나 해일이 발생함<br>• 항만 시설이나 선박, 양식장이 파괴되는 등 막대한 인명·재산 피해를 입힘 |
|---|---|
| 대책 | 미리 대피하거나 임시 휴일을 선포하여 피해를 줄임 |
| 긍정적<br>영향 | • 많은 비로 인해 더위가 해소되고 가뭄이 해결됨<br>• 바닷물을 순환시켜 적조 현상을 완화함<br>• 지구의 열 균형을 유지시킴 |

(세계 자원 연구소, 2007)

▲ 홍수·가뭄·열대 저기압 발생 지역

## (4) 폭설

① 의미와 발생 지역

| 의미 | 짧은 기간 동안 많은 양의 눈이 내리는 현상 |
|---|---|
| 발생 지역 | 주로 겨울철에 습한 공기가 많이 유입되는 지역에서 발생함 |

② 폭설 발생 지역의 피해 및 주민 생활

| 피해 | 가옥 및 건축물이 붕괴되거나 도로와 항공 교통이 마비됨 |
|---|---|
| 대책 | 폭설에 대비하기 위해 지붕의 경사를 급하게 만들고, 폭설 시 생활 공간을 확보하기 위한 가옥 구조가 발달함 |
| 긍정적 영향 | 스키장 건설이나 눈 축제 개최 등 관광 산업이 발달함 |

➕ 폭설이 발생하는 지역의 전통 가옥

겨울에 눈이 빨리 흘러내릴 수 있도록 지붕의 경사를 급하게 하여 건물 붕괴의 위험을 막는다.

➕ 눈 축제

일본의 삿포로 눈 축제와 캐나다의 퀘백 윈터 카니발이 대표적인 눈 축제이다.

🔍 **꼼꼼 단어 돋보기**

● 해수 담수화 시설

바닷물의 염분 등을 제거하여 순수한 물만을 걸러낼 수 있는 장비

## 2  자연재해를 줄이기 위한 노력

### 1. 인간 활동이 자연재해에 미치는 영향

**(1) 인간 활동과 자연재해**

① 인간의 활동에 따라 자연재해의 피해가 증가함

② 산업화·도시화 등으로 자연재해의 발생 빈도가 증가하고 피해 규모도 점점 커짐

**(2) 인간 활동과 홍수**: 홍수 피해를 증가시키는 요인

① 도시화와 무분별한 개발: 산지 개발이나 주택, 도로 등을 건설하면서 아스팔트 포장 면적이 증가하고 녹지 면적은 감소함

② 하천 직선화: 유속이 빨라져 하천의 하류 지역에 물이 불어남

③ 지구 온난화: 산업화·도시화로 대기 중 온실가스가 증가하면서 해수면 상승으로 이어져 홍수의 피해가 더욱 커짐

**쏙쏙 이해 더하기**   **도시화에 따른 빗물 흡수율 변화**

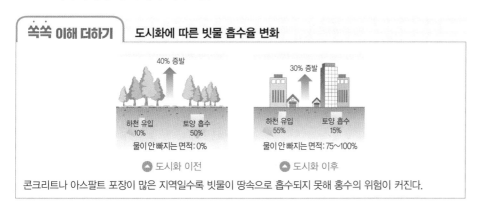

콘크리트나 아스팔트 포장이 많은 지역일수록 빗물이 땅속으로 흡수되지 못해 홍수의 위험이 커진다.

**(3) 인간 활동과 사막화**⁺

① 사막화의 의미와 발생 지역

| | |
|---|---|
| 의미 | 사막 주변의 초원 지대가 사막처럼 황폐해진 땅으로 변하는 현상 |
| 영향 | 식량 부족 문제나 기아 문제 등을 일으킴 |
| 발생 지역 | 아프리카 사헬 지대⁺, 중국 내륙 지역, 아랄해 주변, 북아메리카 서부 지역, 오스트레일리아 내륙 지역 등 |

② 사막화를 심화시키는 요인

| | |
|---|---|
| 지구 온난화 | 지구 온난화로 인해 극심한 가뭄이 지속됨 |
| 지나친 방목 및 관개 농업 | • 인구 증가로 식량 및 가축의 수요가 증가하면서 지나친 농경지 개간과 방목이 이루어져 삼림과 초원이 파괴됨<br>• 건조 기후 지역에서 농작물 생산을 위해 지하수를 지나치게 농경지까지 끌어와 관개 농업을 실시함 |

**✚ 사막화 진행 과정**

**✚ 사헬 지대**

아랍어로 '가장자리'라는 뜻으로, 사하라 사막에서 열대 아프리카로 넘어가는 중간 지대 성격을 띤 사하라 사막 남부의 초원 지대를 말한다.

▲ 사막화 피해 지역

## 2. 자연재해의 피해를 줄이기 위한 노력

### (1) 생활 수준에 따른 자연재해 대응

| 생활 수준이 높은 지역 | 철저한 대비 훈련을 실시하고 피해 방지를 위해 대비 체계에 큰 비용을 투자함 → 상대적으로 피해가 작은 편임 |
|---|---|
| 생활 수준이 낮은 지역 | 대비 체계가 부족하여 피해가 큰 편임 |

### (2) 지형과 관련된 자연재해 대응 방안

| 지진 | • 정밀한 예보 체계와 복구 체계를 구축하고 지진 대피 훈련을 실시함<br>• 건물의 내진 설계를 의무화함 |
|---|---|
| 화산<br>활동 | • 지속적으로 화산을 관측함<br>• 용암이 거주 지역을 덮치지 않도록 인공 벽이나 인공 하천을 만듦 |

### (3) 기후와 관련된 자연재해 대응 방안

| 홍수와<br>가뭄 | • 녹색 댐, 사방 댐, 다목적 댐, 저수지 등을 조성함<br>• 저류 시설과 배수 시설을 설치함<br>• 무분별한 개발을 제한하고 조림 사업을 통해 녹지 면적을 넓힘 |
|---|---|
| 열대<br>저기압 | • 이동 경로와 영향권을 예측하여 주민들을 미리 대피시킴<br>• 풍수해를 대비하여 시설물을 관리해야 함<br>• 갯벌을 보존함 |
| 폭설 | • 제설 장비를 확보하고 발생 시 신속한 제설 작업이 이루어져야 함<br>• 교통 대책이 마련되어야 함 |
| 사막화 | • 무분별한 방목과 농경지 개간을 금지함<br>• 나무와 풀 등을 심는 조림 사업을 통해 녹지 면적을 넓힘<br>• 유엔 사막화 방지 협약(UNCCD)을 통해 개발 도상국의 사막화 문제를 지원함 |

### 콕콕 개념 확인하기

1. 지표의 포장 면적이 (증가, 감소)하면 홍수 피해가 커진다.
2. 아프리카의 _____ 지대는 사막화 현상이 발생하는 지역이다.
3. 지진 발생 지역에서는 건물의 _____ 설계를 의무화해야 한다.
4. 숲을 조성하는 _____ 댐을 통해 홍수와 가뭄에 대비한다.

답  1. 증가  2. 사헬  3. 내진  4. 녹색

**➕ 생활 수준에 따른 자연재해**

자연재해의 피해는 자연 조건뿐만 아니라 생활 수준이나 개발 정도에 따라 달라진다.

**➕ 녹색 댐**

숲을 가꾸어 숲이 빗물을 흡수하거나 흘려 보내도록 하여 홍수와 가뭄을 조절한다.

**➕ 사방 댐**

집중 호우 시 계곡으로 흐르는 빗물의 유속을 줄여 주고 물만 빠져나갈 수 있도록 배수구를 만드는 방식이다.

**➕ 유엔 사막화 방지 협약(UNCCD)**

1992년 개최된 유엔 환경 개발 회의의 후속 조치로 사막화를 방지하기 위해 1996년 12월에 정식으로 발효되었다.

**🔍 꼼꼼 단어 돋보기**

● **저류 시설**

빗물 등을 일정 기간 동안 저장하는 시설

● **조림 사업**

인위적인 방법으로 숲을 조성하거나 기존의 숲을 다시 살리는 등의 관리를 하는 활동

**01** 발생 원인이 <u>다른</u> 자연재해는?

① 홍수 　　　　　② 태풍
③ 가뭄 　　　　　④ 쓰나미

주목

**02** 자연재해에 대한 설명으로 옳지 <u>않은</u> 것은?

① 열대 저기압은 열대 해상에서 발생한다.
② 기후와 관련된 자연재해는 폭설, 가뭄이 있다.
③ 가뭄은 짧은 기간 동안 좁은 지역에 피해를 입힌다.
④ 홍수는 계절풍의 영향을 받는 아시아 지역에서 주로 발생한다.

**03** ㉠에 들어갈 자연재해는?　　　　　2020년 1회

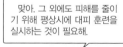

건물을 지을 때 내진 설계를 하는 것은 ( ㉠ )을/를 대비하기 위해서야.

맞아. 그 외에도 피해를 줄이기 위해 평상시에 대피 훈련을 실시하는 것이 필요해.

① 지진 　　　　　② 가뭄
③ 폭설 　　　　　④ 황사

**04** ㉠에 들어갈 자연재해는?　　　　　2019년 1회

2011년 ○월 ○일

( ㉠ )이/가 남기고 간 상처

　2011년 3월 일본 동북부 지역 앞 바다에서 강진이 발생하여 10m가 넘는 거대한 파도가 해안 지역을 덮쳤다. 이로 인해 막대한 인명, 재산 피해를 입었다.

① 가뭄 　　　　　② 폭설
③ 산성비 　　　　④ 지진 해일

**05** 열대 저기압에 대한 설명으로 옳지 <u>않은</u> 것은?

① 이동 경로 예측이 어렵다.
② 강한 바람과 비를 동반한다.
③ 열대 저기압은 발생하는 지역에 따라 이름이 다르다.
④ 중위도 지역의 해상에서 발생하여 적도 부근으로 이동한다.

**06** 화산 활동에 대한 설명으로 옳지 <u>않은</u> 것은?

① 주요 발생 지역은 대륙판의 중앙부이다.
② 판과 판의 경계 부근에서 자주 발생한다.
③ 주로 조산대에서 발생하는 자연재해이다.
④ 지진이 자주 발생하는 지역과 대체로 일치한다.

**07** 다음과 관련 있는 자연재해는?

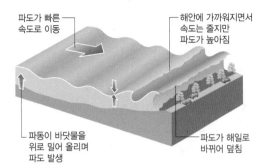

파도가 빠른 속도로 이동

해안에 가까워지면서 속도는 줄지만 파도가 높아짐

파동이 바닷물을 위로 밀어 올리며 파도 발생

파도가 해일로 바뀌어 덮침

① 홍수  ② 가뭄
③ 지진 해일  ④ 열대 저기압

**08** 다음 내용에 해당하는 자연재해는?  2017년 1회

- 최근 도시화로 저지대에 대규모 피해 발생
- 여름철에 주로 나타나며, 장마나 태풍에 의한 집중 호우의 영향으로 발생

① 화산  ② 한파
③ 홍수  ④ 지진

**09** 가뭄이 오랫동안 지속되는 지역에서 나타나는 현상으로 옳은 것은?

① 댐이 무너진다.
② 식수와 식량이 부족해진다.
③ 도로가 침수되어 교통이 통제된다.
④ 강한 바람으로 시설물이 파괴된다.

**10** 홍수의 영향으로 옳은 것은?

① 식량과 물이 부족해진다.
② 토양에 영양분을 공급한다.
③ 바닷물을 뒤섞어 적조 현상을 완화한다.
④ 농작물 수확량이 감소하고 산불이 발생한다.

주목
**11** 화산 활동이 발생하는 지역의 주민 생활 모습으로 적절하지 <u>않은</u> 것은?

① 내진 설계를 의무화하고 있다.
② 화산 주변에서 온천을 즐긴다.
③ 지열 발전을 통해 전기를 생산한다.
④ 비옥한 토양을 이용하여 농사를 짓는다.

**12** ㉠, ㉡에 들어갈 자연재해를 옳게 나열한 것은?

( ㉠ )은 마그마가 지각을 뚫고 나와 분출하는 현상이며, ( ㉡ )은 땅이 흔들리는 현상이다.

| | ㉠ | ㉡ |
|---|---|---|
| ① | 지진 | 가뭄 |
| ② | 지진 | 지진 해일 |
| ③ | 화산 활동 | 지진 |
| ④ | 화산 활동 | 지진 해일 |

**13** 다음 A, B에 대한 설명으로 옳지 <u>않은</u> 것은?

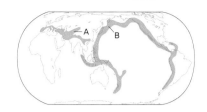

① A, B의 지각은 불안정하다.
② A는 '불의 고리'라고도 부른다.
③ B는 환태평양 조산대이다.
④ A는 알프스·히말라야 조산대이다.

**14** 다음 그림과 관련 있는 자연재해는?

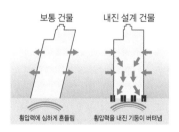

① 홍수
② 가뭄
③ 지진
④ 열대 저기압

**15** ㉠에 들어갈 자연재해는?

> ( ㉠ )에 대비하기 위해 지붕의 경사를 급하게 만들고, ( ㉠ ) 발생 시 생활 공간을 확보하기 위한 가옥 구조가 발달하였다.

① 홍수
② 가뭄
③ 폭설
④ 산사태

**16** 다음과 같은 특성이 나타나는 자연재해는?

2018년 1회

> • 농작물이 말라 죽는 피해가 발생한다.
> • 식수 및 농업용수 부족 현상이 나타난다.
> • 봄철에 공기가 건조하여 산불의 발생 빈도가 높아진다.

① 태풍
② 지진
③ 가뭄
④ 산사태

**17** 다음에서 설명하는 자연재해는?

2018년 2회

> • 적도 부근 해상에서 발생해 중위도 지방으로 이동하는 열대 저기압
> • 2005년 '나비'의 영향으로 많은 인명·재산 피해 발생

① 지진
② 태풍
③ 화산
④ 가뭄

**18** 도시 홍수의 피해를 증가시키는 인간 활동이 <u>아닌</u> 것은?

① 지구 온난화
② 하천 직선화
③ 삼림 면적 확대
④ 포장 면적 증가

**19** 사막화의 원인을 〈보기〉에서 모두 고른 것은?

> **보기**
>
> ㄱ. 인구 감소      ㄴ. 집중 호우
> ㄷ. 과도한 목축      ㄹ. 지구 온난화

① ㄱ, ㄴ          ② ㄱ, ㄹ
③ ㄴ, ㄷ          ④ ㄷ, ㄹ

**20** 자연재해와 이에 따른 대응 방안이 옳게 연결되지 <u>않은</u> 것은?

① 폭설 – 신속한 제설 작업을 한다.
② 홍수 – 무분별한 개발을 제한한다.
③ 가뭄 – 다목적 댐이나 저수지를 건설한다.
④ 화산 활동 – 해수 담수화 시설을 건설한다.

**21** 홍수와 가뭄에 대비하기 위한 공통 대책으로 옳은 것은?

① 대피 훈련을 실시한다.
② 인공 하천을 설치한다.
③ 내진 설계를 의무화한다.
④ 녹색 댐의 기능을 강화한다.

**22** 열대 저기압의 긍정적 영향과 부정적 영향을 바르게 연결한 것은?

| | 긍정적 영향 | 부정적 영향 |
|---|---|---|
| ① | 가뭄 해소 | 식수 부족 |
| ② | 바다의 적조 현상 완화 | 선박, 양식장 파괴 |
| ③ | 더위 해소 | 바다의 적조 현상 심화 |
| ④ | 지구의 열 균형 유지 | 바다의 적조 현상 심화 |

**23** 열대 저기압의 피해를 줄이기 위한 방안이 <u>아닌</u> 것은?

① 갯벌을 보존한다.
② 제설 작업을 신속하게 한다.
③ 풍수해에 대비하여 시설물을 관리한다.
④ 이동 경로를 예측하여 주민들을 대피시킨다.

**24** 다음 A 지역에 대한 설명으로 옳지 <u>않은</u> 것은?

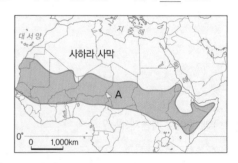

① 사헬 지대라고 불린다.
② 과도한 농경지 개간이 이루어지고 있다.
③ 사막 주변의 초원이 빠르게 사막으로 변하고 있다.
④ 관개 농업의 실시로 식량 부족 문제가 해결되고 있다.

# 06 자원을 둘러싼 경쟁과 갈등

I 사회1

## 1 자원 분포와 자원을 둘러싼 갈등

### 1. 자원의 의미와 특성

#### (1) 자원의 의미와 종류

① 자원의 의미: 자연으로부터 얻을 수 있는 것 중 인간의 기술로 개발과 이용이 가능하고 경제적으로 가치가 있는 것

② 범위에 따른 분류⁺

| 좁은 의미의 자원 | 천연자원⁺(광물 · 에너지 · 식량 자원) |
|---|---|
| 넓은 의미의 자원 | • 천연자원 + 인적 자원 + 문화 자원<br>• 인적 자원: 노동력, 기술, 창의력 등<br>• 문화 자원: 예술, 종교, 전통, 법, 제도 등 |

③ 재생 가능 여부에 따른 분류

| 재생 자원(순환 자원) | 태양열, 물 등과 같이 계속 만들어지는 재생이 가능한 에너지 |
|---|---|
| 비재생 자원(고갈 자원) | 석유, 석탄 등과 같은 화석 에너지로 재생이 불가능한 에너지 |

#### ☆(2) 자원의 특성

| 가변성 | 기술 발달, 사회 · 문화적 배경, 경제적 수준 등에 따라 자원의 가치가 변화하는 특성 |
|---|---|
| 유한성 | • 자원의 매장량이 한정되어 있어 사용하면 고갈되는 특성<br>• 자원의 가채 연수⁺가 계속 줄고 있음 |
| 편재성 | 자원이 지구상에 고르게 분포하지 않고 일부 지역에 분포하는 특성 → 국제적 이동 |

### 2. 자원의 분포와 소비

#### ☆(1) 에너지 자원

| 석탄 | • 산업 혁명 때 주요 자원으로 이용됨<br>• 중국, 미국, 인도, 인도네시아 등 지역적으로 고루 분포함<br>• 석유에 비해 비교적 여러 지역에 고르게 분포하여 국제 이동량이 적은 편임<br>• 제철 공업이 발달하고 화력 발전이 많은 중국, 인도, 미국 등에서 소비량이 많음 |
|---|---|
| 석유 | • 세계적으로 가장 많이 사용되고 있는 에너지 자원<br>• 편재성이 크고 사용 비중이 높기 때문에 국제 이동량이 매우 많음<br>• 사우디아라비아, 러시아 등에서 수출하고, 한국, 일본은 전량 수입함 |
| 천연<br>가스 | • 에너지 효율이 높은 편으로, 대기 오염 물질 배출량이 적은 청정에너지<br>• 냉동 액화 기술의 발달로 장거리 수송이 가능해지면서 선진국을 중심으로 이용량이 증가하고 있음<br>• 석유와 함께 매장되어 있음 |

**+ 자원의 범위**

**+ 천연자원**

| 광물<br>자원 | 철광석, 구리, 텅스텐, 보크사이트 등 |
|---|---|
| 에너지<br>자원 | 석탄, 석유, 천연가스, 원자력 등 |
| 식량<br>자원 | 쌀, 밀, 옥수수, 소, 돼지 등 |

**+ 가채 연수**

현재 파악된 매장량을 바탕으로 앞으로 그 자원을 몇 년간 사용할 수 있는지를 나타낸 지표를 말한다.

△ 자원별 가채 연수

**🔍 꼼꼼 단어 돋보기**

● 냉동 액화 기술

천연가스를 냉각시켜 액체로 만드는 기술

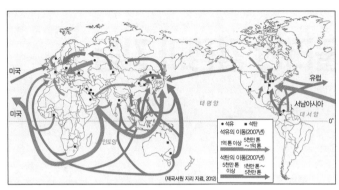

⬆ 석유와 석탄의 국제적 이동

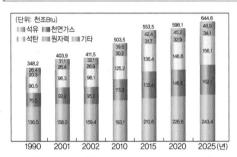

⬆ 세계 에너지원별 총에너지 소비 실적 및 전망

석유의 소비량이 가장 많은 만큼 석유 확보를 둘러싼 국가·지역 간 갈등이 심화되고 있다.

## (2) 식량 자원

| 쌀 | • 고온 다습한 아시아의 계절풍 기후 지역에서 주로 생산됨<br>• 생산지에서 대부분 소비되기 때문에 밀에 비해 국제 이동량이 적음 |
|---|---|
| 밀 | • 서늘하거나 건조한 곳에서도 잘 자라기 때문에 널리 재배되고 있음<br>• 생산지와 소비지가 달라 국제 이동량이 많음 |
| 옥수수 | • 브라질, 미국 등 주로 아메리카 대륙에서 수출함<br>• 육류 소비가 증가하면서 가축 사료로 많이 사용됨<br>• 최근 바이오 에너지⁺의 원료로 사용됨 |
| 수출국 | 상업적·기업적 농업이 발달한 미국, 오스트레일리아 등 |
| 수입국 | 인구가 많거나 경제 수준이 낮은 아시아, 아프리카의 국가들 |

✚ 바이오 에너지

생명체에서 얻을 수 있는 물질을 이용하여 만든 에너지로, 옥수수나 사탕수수 등의 녹말 작물을 발효시켜 만든 바이오 에탄올이 대표적이다.

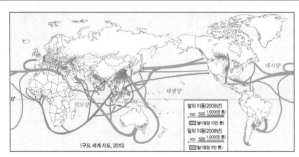

⬆ 쌀과 밀의 국제적 이동

### (3) 물 자원

| 분포 | • 강수량과 증발량의 영향을 크게 받아 지역적으로 불균등하게 분포함<br>• 적도 지방은 물 자원이 풍부하지만, 사막과 그 주변 지역은 물 부족 문제가 심각함 |
|---|---|
| 이용 | 각종 용수 공급 및 수력 발전에 이용함 |
| 소비 | 인구 증가로 1인당 사용 가능한 물의 양이 점점 감소함 |

## 3. 자원을 둘러싼 경쟁과 갈등

### (1) 석유 자원을 둘러싼 경쟁과 갈등

| 원인 | • 인구 증가와 경제 발전으로 석유의 수요가 증가함<br>• 석유의 편재성과 유한성으로 공급량이 원활하지 않음<br>• 자원 민족주의의 등장으로 갈등이 더욱 심화됨 |
|---|---|
| 갈등<br>유형 | • 석유 수입국과 보유국 간의 갈등<br>• 석유 소유권을 둘러싼 갈등: 석유 매장지가 여러 국가에 걸쳐 있거나 경계가 분명하지 않은 바다에 있는 경우 |
| 분쟁<br>지역 | 페르시아만, 카스피해, 북극해, 기니만, 동중국해, 남중국해, 오리노코강 유역 등 |
| 해결<br>방안 | 자원 외교, 해외 유전 개발 참여, 다양한 국가에서 자원 수입(수입국 다변화), 개발 기술 연구 등 |

**➕ 자원 민족주의**

자원 보유국들이 자국에서 생산되는 자원을 무기화하여 자국의 이익을 극대화하려는 것으로, 석유 수출국 기구(OPEC)의 결성을 통해 석유 생산량과 가격을 조절하는 경우가 이에 해당한다.

**➕ 자원 외교**

자원을 안정적으로 공급받기 위해 자원 생산국과 외교적으로 긴밀한 관계를 구축하는 것을 말한다.

**쏙쏙 이해 더하기  카스피해 분쟁 지역**

카스피해를 바다로 본다면 해안선에 따라 영역을 나누고 영해 범위 안에서 자원을 이용할 수 있지만, 호수로 본다면 모든 연안국이 해상과 해저 자원에 대한 권리를 균등하게 나누어야 하기 때문에 갈등을 겪고 있다.

### (2) 식량 자원을 둘러싼 경쟁과 갈등

| 원인 | 식량 부족<br>문제 | • 기후 변화에 따라 농작물 생산량이 감소함<br>• 개발 도상국의 인구 급증으로 인해 곡물 수요가 증가함<br>• 육류 소비 증가에 따른 사료 작물에 대한 수요가 증가함<br>• 바이오 에너지 사용량 증가에 따라 연료용 곡물 수요가 증가함 |
|---|---|---|
| | 식량 자원을<br>둘러싼 갈등 | • 국제 식량 대기업(곡물 메이저)에 의한 식량 분배의 불균형으로 곡물 가격이 상승 → 애그플레이션 발생<br>• 생산과 이동이 원활하지 못한 경우 식량 자원 확보를 위한 국가 간 갈등이 심화됨 |
| 해결<br>방안 | | • 새로운 품종을 개발하거나 해외 농장을 임대하여 식량을 확보해야 함<br>• 식량 부족 국가에 대한 국제적 원조를 확대하여 기아 문제를 해결해야 함 |

**🔍 꼼꼼 단어 돋보기**

**● 곡물 메이저**

세계 곡물 유통 시장에서 막강한 영향력을 가진 다국적 기업

**● 애그플레이션**

농업(agriculture)과 인플레이션(inflation, 물가 상승 현상)을 합친 말로, 농산물 가격 상승에 따른 물가 상승 현상

### (3) 물 자원을 둘러싼 경쟁과 갈등

| 원인 | • 인구 증가, 산업 발달로 물 소비량이 증가함<br>• 물의 자정 능력이 한계에 도달함<br>• 기후 변화로 강수량보다 증발량이 많음 |
| --- | --- |
| 분쟁 지역 | 메콩강, 티그리스·유프라테스강, 나일강, 다뉴브강 등 국제 하천[+] 주변 |
| 해결 방안 | 댐이나 해수 담수화 시설을 건설하고, 지하수를 개발함 |

**[+] 국제 하천을 둘러싼 갈등**

| 메콩강 | 강 상류에 중국이 댐을 건설하면서 강 하류에 위치한 타이, 베트남, 라오스 등이 용수 확보에 어려움을 겪고 있음 |
| --- | --- |
| 티그리스·유프라테스강 | 강 상류에 위치한 터키가 댐을 건설하자 강 하류에 위치한 시리아와 이라크는 강의 사용권을 주장하고 있음 |
| 나일강 | 강 상류에 위치한 에티오피아가 댐을 건설하면서 나일강으로 흐르는 물을 통제하여 강 하류에 위치한 이집트와 수단이 물 부족 문제를 겪고 있음 |

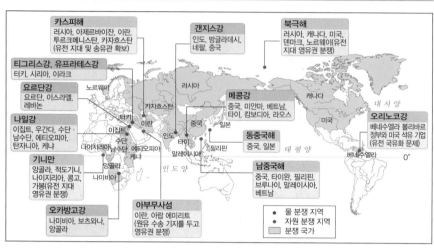

⬆ 세계의 주요 자원 갈등 지역

**콕콕 개념 확인하기**

1. 자원의 _____(이)란 자원이 일부 지역에 분포하는 특성이다.
2. _____은/는 냉동 액화 기술의 발달로 이용량이 증가한 에너지 자원이다.
3. _____(이)란 자원 보유국들이 자국에서 생산되는 자원을 무기화하여 자국의 이익을 극대화하려는 것이다.

답  1. 편재성  2. 천연가스  3. 자원 민족주의

## 2 자원 개발과 주민 생활의 변화

### 1. 풍부한 자원 개발로 경제가 성장한 지역

#### (1) 자원 개발의 긍정적 영향

| 경제 성장[+] | • 광업 발달로 일자리가 증가함<br>• 자원 수출로 소득이 증대됨 |
| --- | --- |
| 생활 수준 향상 | • 자원 개발의 이익으로 도로나 항만 등의 사회 기반 시설 및 교육·의료 시설을 확충함<br>• 다른 산업 개발에 투자가 가능해짐 |

**[+] 천연자원은 부족하지만 경제가 성장한 국가**

대한민국, 일본, 싱가포르, 룩셈부르크 등은 인적 자원을 개발하여 경제가 성장한 국가들이다.

## (2) 풍부한 자원을 바탕으로 경제가 성장한 국가들

| 미국, 캐나다, 오스트레일리아[+] | 넓은 영토, 풍부한 자원, 뛰어난 기술력을 바탕으로 경제가 성장함 |
|---|---|
| 사우디아라비아, 쿠웨이트, 아랍 에미리트[+] | • 석유 개발 이전: 유목 등 전통적인 농업 생활을 함<br>• 석유 개발 이후: 석유 개발로 인해 경제가 크게 성장함 → 석유 수출로 얻은 이익을 사회 기반 시설에 투자하여 국민의 생활 수준을 높임 (유목민 감소, 전통적인 사고방식 변화 등) |
| 노르웨이 | • 북해의 유전이 개발되면서 석유, 천연가스 등을 수출하여 경제가 크게 성장함<br>• 자원 수출로 창출된 이익을 국가가 직접 관리하여 복지 정책 등에 투자함 |

**[+] 오스트레일리아**

전 세계 철광석 생산의 27%, 석탄 수출의 약 30%를 차지할 만큼 자원 생산 및 수출이 많은 국가이다.

**[+] 아랍 에미리트의 두바이**

과거 작은 어촌에 불과하였으나 현재는 석유 자원 개발로 세계적인 금융·관광 도시로 성장하였다.

## 2. 자원 개발로 어려움을 겪는 지역
### (1) 자원 개발의 부정적 영향

| 빈부 격차 심화 | 자원 수출로 벌어들인 외화를 특정 계층이 독점하여 발생함 |
|---|---|
| 환경 오염 | 무리한 자원 개발로 대기·수질·토양 오염 등이 발생하여 삶의 질이 악화됨 |
| 산업 발전의 불균형 | 자원 개발과 관련된 산업만 발전하게 되어 산업이 균형 있게 발전하지 못함 |
| 높은 수출 의존도 | 해당 자원이 고갈될 경우 주민 생활이 어려워짐 |

### (2) 자원은 풍부하지만 어려움을 겪는 국가들[+]

| 나이지리아 | • 석유와 천연가스의 생산량이 많으나 자원 개발 이후 빈부 격차 및 갈등이 심화됨<br>• 석유 생산 및 운송 과정에서 환경 문제가 발생하여 주민들의 건강이 악화되고 생활 터전이 파괴됨 |
|---|---|
| 콩고 민주 공화국 | • 첨단 기기에 들어가는 콜탄이 풍부함<br>• 자원을 둘러싸고 오랜 기간 내전을 거치면서 주민 생활이 어려워지고, 열대 우림의 생태 환경이 파괴됨 |
| 시에라리온 | • 세계적인 다이아몬드 생산국<br>• 자원 개발로 내전이 발생하고 빈부 격차가 심화됨 |

**[+] 자원은 풍부하지만 어려움을 겪는 국가**

자원에 대한 인식 및 자본과 기술이 부족한 국가를 말한다.

🔺 풍부한 자원을 바탕으로 경제가 성장한 국가들          🔺 자원은 풍부하지만 어려움을 겪는 국가들

### 3. 우리의 삶과 연결된 자원

#### (1) 일상생활에서 소비되는 자원

| 과거 | 지역 사회가 생활용품을 함께 만들어 소비함 |
|---|---|
| 현재 | 제품을 만드는 데 세계 여러 지역의 다양한 자원이 필요함 |
| 영향 | 자원이 생산·소비되는 과정에서 세계인들의 삶이 연결되어 있음 |

#### (2) 윤리적 소비

| 의미 | 나의 소비 행위가 다른 지역의 삶에 미칠 영향을 고려하여 바람직한 방향으로 소비하는 것 |
|---|---|
| 사례 | 공정 무역 제품 소비하기, 환경에 해를 끼치는 상품에 대한 불매 운동 실천하기 등 |

## 3 지속 가능한 자원 개발

### 1. 자원의 지속 가능한 활용

#### (1) 자원의 지속 가능한 활용 방안
① 석유, 석탄 등 재생 불가능한 화석 연료 사용량을 줄여야 함
② 냉난방 절제, 대중교통 이용 등 일상생활 속에서 에너지 절약을 실천해야 함
③ 에너지 소비 효율 등급 표시 제도⁺ 및 탄소 포인트 제도, 탄소 성적 표시 제도 등 에너지 사용 절감 정책을 확충해야 함
④ 화석 연료를 대체할 신·재생 에너지 개발 및 이용 확대가 이루어져야 함

#### ☆(2) 신·재생 에너지의 특징
① 종류

| 신에너지 | 연료 전지, 석탄 액화 가스, 수소 등 새로운 기술에 의해 개발된 에너지 |
|---|---|
| 재생 에너지 | 태양 에너지, 바이오 에너지, 지열 에너지, 수력 에너지 등 |

② 장단점

| 장점 | • 고갈되지 않고 지구상에 비교적 고르게 분포함<br>• 오염 물질 배출이 적어 환경친화적임 |
|---|---|
| 단점 | • 저장이나 수송이 어려우며, 자연환경의 영향을 크게 받음<br>• 개발 초기에 많은 비용이 발생하여 경제성이 낮음<br>• 기술력의 차이에 따라 개발 속도와 공급 비중이 달라짐 |

③ 신·재생 에너지의 개발 조건

| 태양광 에너지 | 일사량이 풍부하고 건조한 지역 ⑩ 에스파냐, 사우디아라비아 등 |
|---|---|
| 풍력 에너지 | 바람이 강하며 지속적으로 부는 산지나 해안 지역 ⑩ 네덜란드, 덴마크 등 |
| 수력 에너지 | 유량이 풍부하고 낙차가 큰 하천 지역 ⑩ 브라질 등 |

➕ 에너지 소비 효율 등급 표시 제도

제품의 에너지 소비 효율 또는 에너지 사용량에 따라 1~5등급으로 구분하여 표시하는 제도이다. 소비자는 등급 라벨을 보고 에너지 절약 상품을 쉽게 판단할 수 있다.

### 🔍 꼼꼼 단어 돋보기

● 탄소 포인트 제도
가정이나 상업 시설에 온실가스 감축 실적에 따라 포인트를 발급하여 혜택을 제공하는 제도

● 탄소 성적 표시 제도
제품의 생산, 수송, 사용, 폐기의 전 과정에서 발생하는 온실가스 배출량을 제품에 표기하는 제도

| 조력 에너지[+] | 조석 간만의 차가 큰 해안 지역 **예** 우리나라 등 |
| --- | --- |
| 조류 에너지 | 바닷물의 유속이 빠른 지역 |
| 지열 에너지 | 지하의 고온 증기를 이용하기 때문에 판의 경계에 있어 지각 활동이 활발한 지역 **예** 뉴질랜드, 일본, 아이슬란드 등 |
| 바이오 에너지 | 동물의 배설물이나 옥수수 등의 식물을 분해해서 얻는 에너지로, 원료를 대량 생산할 수 있는 지역 **예** 독일 등 |

**[+] 조력 에너지와 조류 에너지**
조력 에너지는 밀물과 썰물을 이용하고, 조류 에너지는 좁은 해협의 조류를 이용한다.

## 2. 지속 가능한 자원의 개발

### (1) 지속 가능한 자원 개발의 효과
① 친환경 에너지 분야와 관련된 새로운 일자리가 창출됨
② 화석 연료를 대체할 고갈 가능성이 없는 에너지를 공급할 수 있게 됨
③ 에너지 자립 마을 형성: 전력과 난방 등의 에너지 자급이 가능하고 에너지 관련 시설을 이용한 관광 산업을 발달시킬 수 있음

### (2) 신·재생 에너지 개발의 문제점

| 풍력 에너지 | 산지에 발전소를 조성할 시 삼림이 파괴되고 심각한 소음 문제가 발생함 |
| --- | --- |
| 수력 에너지 | • 댐 건설로 상류에 수몰 지구가 발생함<br>• 상류와 하류의 생태계 순환 단절로 하천 생태계가 파괴됨 |
| 조력 에너지 | • 방조제 건설로 갯벌 등 해안 생태계가 파괴됨<br>• 어획량이 감소하면서 어민 생활에 부정적 영향을 미침 |
| 지열 에너지 | 지하수를 무리하게 끌어다 쓸 경우 땅이 꺼지거나 주민들이 사용할 지하수가 줄어듦 |
| 바이오 에너지 | • 옥수수 등 곡물 가격이 상승하여 개발 도상국은 식량 부족 문제를 겪게 될 수 있음<br>• 생산 과정에서 열대림이 파괴되거나 토양 및 수질 오염이 발생함 |

### 콕콕 개념 확인하기

1. ＿＿＿＿＿＿＿＿＿은/는 콜탄의 세계적인 생산국으로 이를 둘러싼 내전이 발생하고 있는 국가이다.
2. 신·재생 에너지는 지구상에 고르게 분포하며 자연환경의 영향을 받지 않는다. (O, X)
3. ＿＿＿＿＿ 에너지는 조석 간만의 차가 큰 해안에서 개발하는 것이 유리하다.
4. ＿＿＿＿＿ 에너지는 동물의 배설물이나 옥수수 등의 식물을 분해해서 얻는 에너지이다.

**답** 1. 콩고 민주 공화국 2. X 3. 조력 4. 바이오

# 탄탄 실력 다지기

정답과 해설 13쪽

**01** 다음 A에 해당하는 자원으로 옳은 것은?

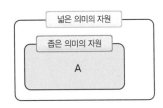

① 기술      ② 석탄
③ 예술      ④ 노동력

**02** 비재생 자원에 해당하는 것은?

① 수력 발전      ② 지열 발전
③ 화력 발전      ④ 태양열 발전

**03** 다음은 주요 자원의 가채 연수를 나타낸 것이다. 이를 통해 파악할 수 있는 자원의 특성은?

| 구분 | 석탄 | 석유 | 천연가스 |
|------|------|------|---------|
| 가채 연수 | 230년 | 40년 | 60년 |

① 상대성      ② 편재성
③ 유한성      ④ 가변성

**04** 다음에 나타난 자원의 특성으로 옳은 것은?

> 석유는 세계 매장량의 절반이 서남아시아의 페르시아만에 분포하고 있다.

① 가변성      ② 유한성
③ 편재성      ④ 무한성

**05** 다음과 같이 이동하는 에너지 자원에 대한 설명으로 옳은 것은?

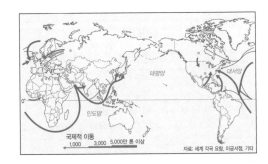

① 편재성이 작은 자원
② 오염 물질이 적은 청정에너지
③ 산업 혁명 시기에 공업 원료로 사용
④ 세계적으로 가장 많이 사용되는 자원

**06** 에너지 자원 중 석탄에 대한 설명으로 옳은 것은?

2019년 1회

① 화력 발전소의 연료로 사용된다.
② 고갈 위험이 없는 무한한 자원이다.
③ 오염 물질 배출이 없는 친환경 에너지이다.
④ 발전 과정에서 발생한 방사성 폐기물 처리 비용이 많이 든다.

**07** 다음 설명에 해당하는 에너지 자원으로 가장 적절한 것은?

> 다른 화석 에너지에 비해 대기 오염 물질 배출량이 적어 청정에너지로 불린다.

① 석유
② 석탄
③ 천연가스
④ 수력 에너지

주목

**08** (가)에 해당하는 작물로 옳은 것은?

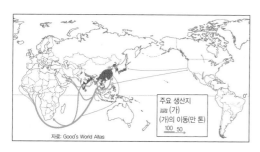

① 콩
② 쌀
③ 밀
④ 옥수수

**09** 식량 자원인 밀에 대한 설명으로 옳은 것은?

① 대부분 생산지에서 소비된다.
② 쌀에 비해 재배지가 적은 편이다.
③ 서늘하거나 건조한 곳에서도 잘 자란다.
④ 바이오 에너지의 원료로 사용되고 있다.

**10** 다음 설명에 해당하는 식량 작물은?

> • 가축 사료로 사용
> • 최근 바이오 에너지의 원료로 사용

① 콩
② 쌀
③ 밀
④ 옥수수

**11** 다음 설명에 해당하는 용어는?

> 자원 보유국들이 자국에서 생산되는 자원을 무기화하여 자국의 이익을 극대화하려는 것이다.

① 자원 외교
② 자원 개발
③ 자원 상대주의
④ 자원 민족주의

**12** 물 자원을 둘러싼 자원 분쟁 지역이 <u>아닌</u> 것은?

① 메콩강
② 나일강
③ 오리노코강
④ 유프라테스강

**13** 다음 지도에 나타난 지역에서 갈등이 일어나는 이유로 옳은 것은?

① 석탄을 둘러싼 갈등
② 석유를 둘러싼 갈등
③ 물 자원을 둘러싼 갈등
④ 식량 자원을 둘러싼 갈등

**14** 다음 내용에 해당하는 곳은?

러시아, 미국, 캐나다, 덴마크, 노르웨이 등 주변 5 개국들이 영유권을 주장하고 있다.

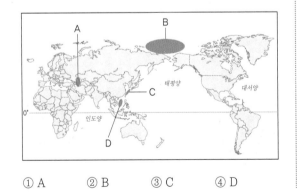

① A          ② B          ③ C          ④ D

**15** 지도에 표시된 지역의 공통적인 분쟁 원인은?

2017년 1회

① 물                    ② 카카오
③ 옥수수               ④ 철광석

**16** 자원을 둘러싼 분쟁이 발생하는 원인으로 옳지 <u>않은</u> 것은?

① 대부분의 자원은 재생이 가능하다.
② 자원은 그 매장량이 한정되어 유한성이 있다.
③ 자원은 일부 지역에 매장되어 편재성이 있다.
④ 인구의 증가로 자원에 대한 수요가 증가하고 있다.

**17** 물 자원을 안정적으로 확보하기 위한 방안으로 보기 <u>어려운</u> 것은?

① 댐을 건설한다.
② 지하수를 개발한다.
③ 해수 담수화 시설을 건설한다.
④ 인공 벽 및 인공 하천을 만든다.

**18** 풍부한 천연자원을 바탕으로 경제가 성장한 국가를 〈보기〉에서 고른 것은?

> **보기**
>
> ㄱ. 우리나라          ㄴ. 노르웨이
> ㄷ. 나이지리아        ㄹ. 오스트레일리아

① ㄱ, ㄴ          ② ㄱ, ㄷ
③ ㄴ, ㄷ          ④ ㄴ, ㄹ

**주목**

**19** 다음 국가들의 공통점으로 가장 적절한 것은?

> • 나이지리아
> • 시에라리온
> • 콩고 민주 공화국

① 천연자원이 부족하지만 경제가 성장한 국가이다.
② 풍부한 자원을 바탕으로 경제가 성장한 국가이다.
③ 자원 개발로 주민들의 생활 수준이 개선된 국가이다.
④ 자원은 풍부하지만 오히려 주민 생활이 어려워진 국가이다.

**20** 다음 설명에 해당하는 국가는?

> 석유 개발 이후 석유 수출로 얻은 이익을 사회 기반 시설에 투자하여 국민의 생활 수준이 높아졌다.

① 캐나다
② 시에라리온
③ 나이지리아
④ 사우디아라비아

**21** 다음 설명에 해당하는 국가는?

> 다이아몬드 개발을 둘러싸고 내전이 발생하고 빈부 격차가 심화되고 있다.

① 미국
② 시에라리온
③ 나이지리아
④ 콩고 민주 공화국

**22** 자원이 풍부한 국가에 대한 설명으로 옳지 <u>않은</u> 것은?

① 자원 개발로 생활 수준이 향상된다.
② 무리한 자원 개발로 환경이 훼손되기도 한다.
③ 자원을 수출하는 모든 국가는 경제 발전을 이룬다.
④ 자원의 소유권을 둘러싸고 내전이 발생하기도 한다.

**23** 다음 국가들과 관련 있는 신·재생 에너지는?

> • 일본
> • 뉴질랜드
> • 아이슬란드

① 조력 에너지
② 지열 에너지
③ 풍력 에너지
④ 수력 에너지

**24** 다음 내용에 해당하는 발전 방법은? 2018년 1회

- 산지나 해안 등 바람이 강하고 자주 부는 지역이 입지에 유리하다.
- 제주도, 대관령 등의 지역에 발전 단지가 조성되어 있다.

① 조력 발전
② 지열 발전
③ 수력 발전
④ 풍력 발전

**25** 다음 설명에 해당하는 신·재생 에너지는?

> 일사량이 풍부한 건조 지역에서 얻을 수 있는 에너지이다.

① 수력 에너지
② 지열 에너지
③ 조력 에너지
④ 태양광 에너지

**26** 다음 사진을 통해 추론할 수 있는 변화로 옳은 것은?

① 환경 오염이 심해질 것이다.
② 오염 물질 배출량이 줄어들 것이다.
③ 화석 연료의 사용 비중이 증가할 것이다.
④ 에너지 자원의 수급이 불안정해질 것이다.

**27** 조력 에너지에 대한 설명으로 옳지 <u>않은</u> 것은?

① 자원이 고갈될 우려가 없다.
② 우리나라 서해안에 발전소가 있다.
③ 낙차가 큰 하천 지역에서 개발하기 유리하다.
④ 조석 간만의 차를 이용하여 전기를 생산한다.

**28** 신·재생 에너지 사용에 따른 문제점으로 옳지 <u>않은</u> 것은?

① 수력 에너지 – 댐 건설로 수몰 지역 발생
② 지열 에너지 – 자연환경 파괴와 소음 문제 발생
③ 조력 에너지 – 방조제 건설로 해안 생태계 파괴
④ 바이오 에너지 – 국제 곡물 가격 상승으로 인한 식량 부족

# 07 I 사회1 개인과 사회생활

## 1 사회화와 청소년기

### 1. 사회화의 의미

#### (1) 사회화의 의미와 기능

① 사회적 존재로서의 인간

- 동물과 다른 인간의 특성: 인간은 도구를 제작하고 언어와 문자 등 상징 체계를 사용하며, 학습 능력을 지님
- 사회적 존재: 인간은 다른 사람과 관계를 맺고 살아가는 존재로, 사회 구성원과 지속적인 상호 작용을 통해 인간다운 존재로 성장함

② 사회화의 의미와 특징

| 의미 | 자신이 속한 사회의 언어, 규범, 행동 양식, 가치관 등을 배우고 내면화하는 과정 |
| --- | --- |
| 특징 | • 사회화의 내용이나 방식은 시대와 사회마다 달라질 수 있음<br>• 태어나는 순간부터 평생에 걸쳐 이루어짐 |

③ 사회화의 기능

| 개인적 측면 | • 개성과 자아, 소속감을 형성함<br>• 사회생활에 필요한 행동 양식을 습득함 |
| --- | --- |
| 사회적 측면 | 한 사회의 문화를 공유하고 다음 세대에 전승하여 사회를 유지하고 발전시킴 |

#### (2) 재사회화

| 의미 | 사회의 변화에 적응하기 위해 새로운 지식이나 기술을 배우는 과정 |
| --- | --- |
| 특징 | 현대 사회의 변화 속도가 빨라지면서 재사회화의 중요성이 커지고 있음 |
| 사례 | 노인들이 스마트폰 사용법을 배우는 경우, 직장인의 외국어 공부, 이민자의 한글 교육 등 |

### 📑 자료 스크랩  재사회화의 사례

A시 자치구들이 지역 주민들을 위한 다채로운 평생 학습 프로그램을 마련하여 호응을 얻고 있다. A시 자치구들에 따르면 ○○구는 경력 단절 여성들의 재취업을 돕기 위한 평생 학습 프로그램을 운영한다. ○○구는 경력 단절 여성의 재사회화로 자신감 제고는 물론 재취업을 통해 경제 활동의 주체로 참여할 수 있도록 지원하고 있다. 지난해에는 4개 과정 5개 반을 운영해 55명이 수료하고 자격증 취득자 46명을 배출하는 성과를 거뒀다. 또한 자격증 취득 이후 지역 내 유관 기관을 적극 활용하는 등 일회성 차원이 아니라 지속적인 취업이 이루어질 수 있도록 지원할 방침이다.

– ○○신문 –

### 🔍 꼼꼼 단어 돋보기

● 자아

다른 사람과 구별되는 자기 자신에 대한 인식이나 생각

## 2. 사회화 기관과 사회화 과정

### (1) 사회화 기관

① 1차적 사회화 기관

| 특징 | 비형식적이고 의도적이지 않으며 자연 발생적임 | |
|---|---|---|
| 종류 | 가정 | • 가장 기초적인 사회화 기관으로, 의식주와 관련된 기초적인 생활 습관과 언어 등을 배움<br>• 유아기와 유년기에 기본 인성을 형성하는 데 큰 영향을 줌 |
| | 또래<br>집단 | • 놀이를 통해 공동체의 규칙과 질서 의식 등을 배움<br>• 청소년기의 사회화에 큰 영향을 미침 |

② 2차적 사회화 기관

| 특징 | 형식적이며 의도적으로 형성됨 | |
|---|---|---|
| 종류 | 학교 | • 사회생활에 필요한 지식과 규범 등을 배움<br>• 공식적이고 지속적이며 체계적인 사회화 기관 |
| | 직장 | • 직장 생활에 필요한 새로운 지식과 기술, 규범 등을 배움<br>• 성인기의 사회화에 큰 영향을 미침 |
| | 대중<br>매체 | • 다양한 정보와 지식을 제공함<br>• 현대 사회에서 큰 영향력을 발휘함 |

**➕ 사회화 과정과 사회화 기관**

| 구분 | 사회화 기관 | |
|---|---|---|
| 유아기 | 가정 | |
| 아동기 | 또래 집단,<br>학교 | |
| 청소년기 | | 대중 매체 |
| 성인기 | 직장 | |
| 노년기 | | |

**🗐 자료 스크랩** **사회화 기관으로서의 대중 매체**

식품의약품안전처는 비만이나 질병 발생의 원인이 되는 일부 패스트푸드, 피자, 아이스크림 등 고열량·저영양 식품에 대한 TV 광고를 어린이들이 주로 시청하는 오후 5시부터 오후 7시까지 금지한다고 밝혔다. 이러한 제도는 프랑스, 노르웨이, 벨기에, 네덜란드에서도 실시하고 있다. – ○○신문 –

### (2) 사회화 과정➕

① 사회화 과정의 특징: 사회화 과정을 통해 사회 구성원으로 성장함 → 생애 각 시기별로 영향을 받는 사회화 기관과 사회화의 내용이 다름

② 주요 내용

| 유아기 | 가정에서 기초적인 생활 습관과 언어를 배움 |
|---|---|
| 아동기 | 또래 집단과의 놀이를 통해 집단생활의 규범을 배움 |
| 청소년기 | 학교에서 공동체 생활에 필요한 지식과 규범을 체계적으로 배움 |
| 성인기 | 직장에서 업무와 관련된 지식 및 행동 양식을 배움 |
| 노년기 | 취미나 자기 계발을 위해 대중 매체 등에서 새로운 지식과 행동 양식을 배움 |

## 3. 청소년기의 사회화

### (1) 청소년기의 특징➕

① 신체적·심리적 측면
- 2차 성징 등 급격한 신체적 변화를 겪음
- 감정의 기복이 심하고 충동적으로 행동하기도 함
- 독립심이 강해지고 또래 집단의 영향을 많이 받음
- 추상적이고 논리적이며 합리적인 사고가 가능해짐

**➕ 청소년기의 특징을 나타낸 표현**

| 질풍노도의<br>시기 | '빠르게 부는 바람과 무섭게 소용돌이치는 파도'와 같이 충동적이고 감정적으로 불안한 시기 |
|---|---|
| 과도기 | 의존적인 아동기와 독립적인 성인기 사이에 있는 중간 시기 |
| 주변인의<br>시기 | 아동과 성인 중 어디에도 속하지 못하고 주변을 맴도는 시기 |
| 심리적<br>이유기 | 부모로부터 정서적으로 독립하여 자기 스스로 판단하려는 시기 |

**🔍 꼼꼼 단어 돋보기**

● 사회화 기관
개인의 사회화에 도움을 주는 집단 또는 기관

● 과도기
한 상태에서 다른 새로운 상태로 바뀌어 가는 중간 단계의 시기

② 사회적 측면
- 원만하고 친밀한 인간관계를 통해 건전한 사회성을 형성함
- 기존 질서에 저항하기도 함

## (2) 청소년기의 사회화

① 자아 정체성의 의미와 형성

| | |
|---|---|
| 의미 | • 다른 사람과 구별되는 자신의 고유성을 깨닫고 자신의 특성과 역할을 명확히 이해하는 상태<br>• '나는 누구인가?'라는 질문에 대한 답 |
| 형성 | 사회화 기관에서의 배움이나 자아를 찾으려는 스스로의 노력 등 다양한 상호 작용 속에서 형성 |
| 청소년기의<br>자아 정체성 | 청소년기는 자아 정체성 형성에 중요한 시기로, 개인의 삶뿐만 아니라 사회에도 큰 영향을 미침 |

② 올바른 자아 정체성 형성을 위한 노력

| | |
|---|---|
| 구체적인 삶의<br>목표 설정 | 현재 자신의 모습을 점검하고, 자신이 바라는 미래를 위한 구체적인 계획을 수립해야 함 |
| 자신의 특성<br>이해 | 주체성을 지니고 자기 자신을 인식하기 위해 노력해야 함 |
| 긍정적·<br>적극적인<br>삶의 태도 | • 어려운 상황에서도 절망하지 않고 극복할 수 있는 방법을 찾으며 적극적으로 도전해야 함<br>• 자신의 존재를 소중히 여기며 자신감을 증진시켜야 함 |
| 사회와<br>주변에 대한<br>이해 | • 사회화 과정에서 바람직한 행동과 사고방식을 학습해야 함<br>• 또래 집단과의 교류, 어른의 조언 등을 통해 올바른 삶의 방향을 탐색해야 함 |

### 콕콕 개념 확인하기

1. 자신이 속한 사회의 행동 양식 등을 배우는 과정을 _____(이)라고 한다.
2. 사회의 변화에 적응하기 위해 새로운 지식이나 기술을 배우는 과정을 _____(이)라고 한다.
3. _____은/는 가장 기초적인 사회화 기관이다.
4. _____은/는 현대 사회에서 큰 영향력을 발휘하는 2차적 사회화 기관이다.
5. 청소년기는 _____ 형성에 중요한 시기이다.

답  1. 사회화  2. 재사회화  3. 가정  4. 대중 매체  5. 자아 정체성

## 2 사회적 지위와 역할

### 1. 사회적 지위의 의미와 유형

#### (1) 사회적 지위의 의미와 특징
① 의미: 한 개인이 자신이 속한 집단이나 사회 내에서 차지하고 있는 위치
② 특징: 모든 개인은 사회적 지위를 가지며, 여러 집단 속에서 다양한 지위를 지님

## (2) 사회적 지위의 유형

| 귀속 지위 | • 태어나면서부터 자연적으로 갖게 되는 지위<br>• 전통 사회에서 중시함<br>⑩ 여자, 아들, 양반, 노비, 청소년, 노인 등 |
|---|---|
| 성취 지위 | • 개인의 노력에 의해 후천적으로 얻게 되는 지위<br>• 현대 사회에서 중시함<br>⑩ 아버지, 어머니, 남편, 아내, 학생, 교사 등 |

## 2. 사회적 역할의 의미와 특징

| 의미 | 사회적 지위에 따라 기대되는 일정한 행동 양식 |
|---|---|
| 특징 | • 지위에 따른 역할은 같지만, 실제로 역할을 수행하는 개인의 구체적인 행동은 개인마다 다를 수 있음<br>• 역할을 제대로 수행하면 사회적으로 보상을 받지만, 잘못 수행하거나 충실히 수행하지 못하면 제재나 비난을 받음<br>• 동일한 지위라도 사회적 상황이 바뀌면 역할이 달라짐 |

## ⭐ 3. 역할 갈등[+]

### (1) 역할 갈등의 의미와 특징

| 의미 | 한 사람이 가지는 여러 지위에 따른 역할들이 서로 충돌하여 발생하는 갈등 |
|---|---|
| 발생 원인 | • 사회가 복잡해지고 개인이 다양한 사회적 관계를 맺고 있기 때문임<br>• 여러 지위에 따른 역할을 동시에 수행해야 하는 경우에 발생함 |
| 특징 | 현대 사회가 복잡해지면서 역할 갈등도 증가함 |
| 유형 | • 역할 모순: 여러 지위에 따른 역할들이 충돌하는 경우<br>⑩ 같은 날 회사원으로서 중요한 회의에 참석해야 할지, 어머니로서 아이의 학예 발표회에 갈지 갈등하는 경우<br>• 역할 긴장: 하나의 지위에 기대되는 역할들이 서로 대립하는 경우<br>⑩ 어머니가 아이의 잘못된 행동을 지도할 때 엄하게 대해야 할지, 상냥하게 대해야 할지 갈등을 겪는 경우 |

**[+] 역할 갈등의 사례**

경찰인 아들이 법을 위반한 부모를 처벌해야 할 때 경찰의 역할과 아들의 역할 사이에서 갈등을 느낀다.

### (2) 역할 갈등의 해결

① 해결의 필요성: 역할 갈등을 해결하지 못하면 개인은 정서적으로 불안해지고 사회는 혼란해질 수 있음

② 해결 방안

| 개인적 측면 | • 갈등을 일으키는 지위와 역할을 분석하여 기준을 정해 중요한 역할을 판단함<br>• 우선순위를 정한 후 가장 중요한 역할부터 수행함 |
|---|---|
| 사회적 측면[+] | 역할 갈등 상황을 감소시키거나 사전에 이를 방지할 수 있는 제도를 마련함 |

**[+] 사회적 측면에서의 역할 갈등 해결 사례**

맞벌이 부부를 위해 직장 내 보육 시설을 마련하면 부모의 역할과 직장인 역할 간의 역할 갈등을 해결하는 데 도움이 된다.

### 콕콕 개념 확인하기

1. 한 개인이 사회적 관계 속에서 차지하는 위치를 _____(이)라고 한다.
2. 어머니, 아버지는 귀속 지위에 해당한다. (O, X)
3. 한 사람이 가지는 여러 지위에 따른 역할들이 서로 충돌하는 것을 _____(이)라고 한다.

답 1. 사회적 지위 2. X 3. 역할 갈등

## ❸ 사회 집단과 차별

### 1. 사회 집단[+]

#### (1) 사회 집단의 의미와 기능
① 의미: 둘 이상의 사람이 모여 소속감을 가지고 지속적으로 상호 작용을 하는 집단
② 기능: 개인에게 사회적 지위와 역할을 부여하고, 개인과 사회의 매개체 역할을 담당함

➕ 사회 집단의 구분
소속감이 없거나 지속적인 상호 작용을 하지 않으면 사회 집단이 아니다. 예를 들어, 버스 안의 승객은 둘 이상의 사람이 모여 있으나 지속적인 상호 작용을 하지 않으므로 사회 집단이 아니다.

#### (2) 개인과 사회 집단의 관계
① 상호 의존 관계: 개인은 사회 집단 내에서 역할을 수행하며 사회적 존재로 성장하고, 사회 집단은 개인의 역할 수행 결과에 따라 변화·발전함
② 개인과 사회 집단의 바람직한 역할

| 개인 | 자신이 맡은 역할을 이행하고 사회 집단에 적극적으로 참여함 |
|---|---|
| 집단 | 사회 구성원들의 의견을 반영하여 사회 집단의 목표를 정함 |

#### ☆(3) 사회 집단의 유형
① 소속감 유무에 따른 분류

| 내집단<br>(우리 집단) | • 의미: 자신이 속해 있으면서 소속감과 '우리'라는 공동체 의식을 가진 집단 🐾 우리 반<br>• 특징: 자아 정체성을 확립하고 행동의 기준을 판단하는 데 도움을 줌 |
|---|---|
| 외집단<br>(그들 집단) | • 의미: 자신이 소속되어 있지 않아 이질감이나 적대감을 가지는 집단<br>　🐾 다른 반<br>• 특징: 내집단의 결속력을 높여 주는 데 기여함 |

② 접촉 방식에 따른 분류

| 1차 집단 | • 의미: 친밀하게 접촉하면서 인격적인 관계가 형성되는 집단<br>　🐾 가족, 또래 집단 등<br>• 특징: 자아 형성의 근원이 되며, 사회 유지에 기여함 |
|---|---|
| 2차 집단 | • 의미: 형식적이고 수단적인 만남을 바탕으로 형성된 집단 🐾 학교, 회사 등<br>• 특징: 사회가 복잡해질수록 그 비중이 커짐 |

③ 결합 의지에 따른 분류

| 공동 사회 | • 의미: 자신의 결합 의지와 상관없이 본능적·자연적으로 형성된 집단<br>　🐾 가족, 친족 등<br>• 특징: 친밀한 인간관계가 이루어짐 |
|---|---|
| 이익 사회 | • 의미: 목표 달성을 위해 자신의 선택에 따라 의도적으로 형성된 집단<br>　🐾 회사, 정당 등<br>• 특징: 수단적 인간관계가 주로 이루어짐 |

④ 준거 집단

| 의미 | 개인이 어떤 행동이나 판단을 할 때 기준으로 삼는 집단 |
|---|---|
| 특징 | • 소속 집단과 준거 집단이 일치할 경우 소속 집단에 대해 만족과 자부심을 느낌<br>• 소속 집단과 준거 집단이 불일치할 경우 소속 집단에 대해 불만을 느끼거나 갈등을 겪기도 함 |

🔍 꼼꼼 단어 돋보기

● 준거
사물의 정도나 성격 따위를 알기 위한 근거나 기준

## 2. 사회 집단 내의 차별과 갈등

### (1) 차이

① **차이의 의미**: 사람마다 서로 다른 특성을 보이는 것 → 존중해야 할 대상임

② **발생 원인**: 사람마다 처한 상황이나 조건이 다르기 때문에 발생함

③ **사례**: 외모, 성격, 종교, 성별, 국적 등의 객관적인 차이

### (2) 차별

① **차별의 의미**: 차이를 인정하지 않고 자신과 다르다는 이유로 부당하게 대우하는 것 → 정당하지 않으므로 없애야 할 대상임

② **발생 원인**: 이해관계의 충돌 및 편견이나 오해 등으로 발생함

③ **영향**
- 인간의 존엄성 등 인권을 침해하고, 개인의 잠재 능력을 발휘할 수 있는 기회가 제한됨
- 사회 갈등을 유발하고 사회 통합이 저해됨

④ **사례**: 고용 및 승진에 있어서 여성과 장애인 등 사회적 소수자를 차별하는 경우

### (3) 차별을 해결하기 위한 노력

① **개인적 차원**
- 차이를 인정하고 다양성을 존중하는 태도를 함양함
- 다른 사람의 권리를 존중해야 함

② **사회적 차원**: 차별을 금지하고 사회적 소수자를 보호할 수 있는 법과 제도를 마련함

---

**콕콕 개념 확인하기**

1. 사회 집단은 _____을/를 기준으로 공동 사회와 이익 사회로 구분한다.
2. 어떤 행동이나 판단을 할 때 기준으로 삼는 집단을 _____(이)라고 한다.
3. _____(이)란 자신과 다르다는 이유로 부당하게 대우하는 것을 말한다.

답  1. 결합 의지  2. 준거 집단  3. 차별

---

**＋ 성차별의 사례**

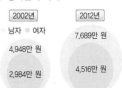

| 2002년 | 2012년 |
| --- | --- |
| 남자 ● 여자 | |
| 4,948만 원 | 7,689만 원 |
| 2,984만 원 | 4,516만 원 |
| −1,964만 원(1.66배) | −3,173만 원(1.70배) |
| | (금융 감독원) |

🔺 주요 20대 기업, 10년간 남녀 평균 연봉 비교

**＋ 사회적 소수자 보호 관련 법률**

「남녀 고용 평등과 일·가정 양립 지원에 관한 법률」, 「장애인 차별 금지 및 권리 구제 등에 관한 법률」 등이 있다.

# 탄탄 실력 다지기

정답과 해설 15쪽

**01** 다음 글을 통해 알 수 있는 내용으로 가장 적절한 것은?

> 빅토르는 아주 어릴 때부터 프랑스 아베롱 숲에서 동물과 함께 자란 '야생의 아이'이다. 10살 무렵에 사람에게 발견된 빅토르는 이타르 박사와 함께 생활하며 교육을 받았다. 그러나 빅토르는 사람이 가르쳐 주는 언어를 제대로 배우지 못하였고, 야생에서의 생활 습관도 대부분 고치지 못하여 사회에 적응하지 못하였다.

① 인간은 혼자서도 인간답게 살아갈 수 있다.
② 인간은 생물학적 본능에 의해서만 행동한다.
③ 인간은 동물에 비해 유리한 신체 조건을 가지고 있다.
④ 인간은 사회 속에서 서로 관계를 맺고 살아갈 때 사회적 존재로 성장한다.

**02** 사회화의 사회적 측면에서의 기능을 〈보기〉에서 고른 것은?

> **보기**
> ㄱ. 개성과 소속감을 형성한다.
> ㄴ. 자기 자신만의 독특한 자아를 형성한다.
> ㄷ. 사회 질서 유지 및 사회 발전에 기여한다.
> ㄹ. 한 사회의 문화를 다음 세대로 전승시킨다.

① ㄱ, ㄴ  ② ㄱ, ㄹ
③ ㄴ, ㄷ  ④ ㄷ, ㄹ

**주목**

**03** 다음 사례와 관련된 것은?

> • 노인들이 스마트폰 사용법을 배우는 경우
> • 직장인이 외국어를 공부하는 경우

① 사회화
② 재사회화
③ 2차적 사회화
④ 자아 정체성 형성

**주목**

**04** 2차적 사회화 기관을 〈보기〉에서 고른 것은?

> **보기**
> ㄱ. 가정          ㄴ. 직장
> ㄷ. 또래 집단      ㄹ. 대중 매체

① ㄱ, ㄴ  ② ㄱ, ㄷ
③ ㄴ, ㄹ  ④ ㄷ, ㄹ

**05** 다음 사회화 기관에 대한 설명으로 옳은 것은?

> 비슷한 나이의 친구 집단으로, 친구들과의 상호 작용을 통해 성장한다.

① 2차적 사회화 기관이다.
② 청소년기의 사회화에 큰 영향을 미친다.
③ 가장 기초적인 생활 습관을 배우는 곳이다.
④ 사회생활에 필요한 지식, 기술, 규범 등을 배운다.

**06** 다음 내용에 해당하는 사회화 기관은?

> • 사회생활에 필요한 지식과 규범 등을 배움
> • 공식적이고 체계적인 사회화 기관

① 직장　　　　　　② 가정
③ 학교　　　　　　④ 또래 집단

**07** 다음 내용에 해당하는 사회화 기관은?

> • 다양한 정보와 지식을 제공한다.
> • 현대 사회에서 큰 영향력을 발휘한다.

① 직장　　　　　　② 학교
③ 대중 매체　　　　④ 또래 집단

**08** 다음과 같은 사회화 과정이 이루어지는 시기는?

> 가정에서 기초적인 생활 습관과 언어를 배운다.

① 유아기　　　　　② 노년기
③ 성인기　　　　　④ 청소년기

**09** 청소년기의 특징으로 옳지 <u>않은</u> 것은?

① 2차 성징이 나타난다.
② 감정의 기복이 심한 시기이다.
③ 인격과 가치관이 완성된 시기이다.
④ 추상적이고 논리적인 사고가 가능한 시기이다.

주목
**10** 다음과 관련 있는 시기에 대한 설명으로 옳은 것은?

> • 심리적 이유기
> • 질풍노도의 시기

① 정서적으로 안정되어 있다.
② 유아기에서 아동기로 넘어가는 단계이다.
③ 자아 정체성 형성에 가장 중요한 시기이다.
④ 심리적으로 부모에게 의존하려는 경향이 강하다.

**11** 자아 정체성에 대한 설명으로 옳은 것은?

① 주로 성인기에 형성된다.
② 주로 대중 매체를 통해 형성된다.
③ 한번 형성된 자아 정체성은 변하지 않는다.
④ 자신의 특성을 명확히 이해하는 상태를 말한다.

**12** 사회적 지위에 대한 설명으로 옳지 <u>않은</u> 것은?

① 개인은 동시에 여러 지위를 가질 수 있다.
② 한 개인이 집단 내에서 차지하는 위치를 말한다.
③ 오늘날에는 성취 지위보다 귀속 지위가 중요하다.
④ 성취 지위는 개인의 능력이나 노력으로 얻게 된다.

주목

**13** 다음 밑줄 친 ㉠~㉣ 중 사회적 지위의 성격이 <u>다른</u> 것은?

> 저는 ○○중학교 1학년 ㉠학생입니다. 집에서는 ㉡막내딸이지만, 학급에서는 ㉢반장의 역할을 맡아서 반을 이끌고 있습니다. 저의 장래희망은 ㉣선생님이 되는 것입니다.

① ㉠                     ② ㉡
③ ㉢                     ④ ㉣

**14** 다음 내용에 해당하는 지위가 <u>아닌</u> 것은?

> 태어나면서부터 자연적으로 갖게 되는 지위

① 학생                   ② 장녀
③ 남자                   ④ 양반

**15** 다음의 지위에 대한 설명으로 옳은 것은?

> 아버지, 어머니, 남편, 아내, 학생, 교사

① 귀속 지위에 해당한다.
② 전통 사회에서 중시하는 지위이다.
③ 개인의 능력이나 노력으로 얻게 되는 지위이다.
④ 태어나면서부터 자연적으로 갖게 되는 지위이다.

**16** 다음 글에 나열된 사회적 지위 중 성격이 <u>다른</u> 것은?

2017년 1회

> 나는 ㉠큰아들로 태어나 … ㉡학생회장으로서 리더십을 발휘하였고 … ㉢사회교사로 근무하다가 현재는 ㉣대학교수로 활동하고 있습니다.

① ㉠                     ② ㉡
③ ㉢                     ④ ㉣

**17** (가)에 속하지 <u>않는</u> 것은?

2018년 1회

> 사회적 지위는 태어나면서부터 갖게 되는 (가) 와 자신이 노력하여 그 결과로 얻게 되는 성취 지위로 나눌 수 있다.

① 여자                   ② 인종
③ 의사                   ④ 남자

**18** 다음에서 설명하고 있는 용어는?

> • 사회적 지위에 따라 기대되는 행동 양식이다.
> • 수행 결과에 따라 보상이나 제재를 받게 된다.

① 지위
② 사회 집단
③ 역할 갈등
④ 사회적 역할

**19** 역할 갈등이 발생하는 원인으로 가장 적절한 것은?

① 자신의 역할을 파악하지 못했기 때문에
② 개인이 하나의 지위만을 가질 수 있기 때문에
③ 개인이 가진 지위에 따른 역할들이 충돌하기 때문에
④ 역할을 제대로 수행하지 못하면 제재가 가해지기 때문에

**20** 다음 사례에 대한 설명으로 옳지 <u>않은</u> 것은?

> A씨는 유치원에 다니는 딸을 둔 어머니이자 직장인이다. 그런데 회사에서 근무를 하던 도중 유치원에 다니는 딸이 다쳐서 병원에 있다는 연락을 받게 되었다. 곧 중요한 회의를 앞두고 있는 상황이라 A씨는 병원에 가야 할지, 회의에 참석해야 할지를 두고 고민하고 있다.

① 우선순위를 정하여 해결해야 한다.
② 여러 가지 역할을 동시에 수행해야 하는 상황이다.
③ 한 사람이 하나의 지위만을 갖고 있기 때문에 발생한다.
④ 어머니라는 역할과 직장인이라는 역할 사이의 갈등이다.

**21** 사회 집단의 조건을 〈보기〉에서 고른 것은?

> 보기
>
> ㄱ. 소속감
> ㄴ. 한 사람 이상
> ㄷ. 일정한 모임 장소
> ㄹ. 지속적인 상호 작용

① ㄱ, ㄴ
② ㄱ, ㄹ
③ ㄴ, ㄷ
④ ㄷ, ㄹ

**22** 사회 집단에 해당하는 것은?

① 야구장에 모인 관중
② 학교에서 수업 중인 학생들
③ 지하철로 출근하는 사람들
④ 콘서트를 보기 위해 모인 관람객

주목
**23** 사회 집단의 종류와 특징을 <u>잘못</u> 연결한 것은?

① 내집단 – 자신이 속해 있는 집단
② 외집단 – 이질감과 적대감을 느끼는 집단
③ 1차 집단 – 친밀한 관계가 이루어지는 집단
④ 2차 집단 – 본능적·자연적으로 형성된 집단

**24** 다음과 같이 분류하는 사회 집단의 기준은?

> • 공동 사회: 자연적으로 형성된 집단
> • 이익 사회: 의도적으로 형성된 집단

① 소속감
② 결합 의지
③ 접촉 방식
④ 형성 시기

**25** 사회 집단에 대한 설명으로 옳지 <u>않은</u> 것은?

① 구성원의 접촉 방식에 따라 내집단과 외집단으로 구분할 수 있다.
② 자신의 의지와 상관없이 자연적으로 형성된 집단은 공동 사회이다.
③ 어떤 목적을 위해 선택적 의지에 따라 구성된 집단을 이익 사회라고 한다.
④ 두 사람 이상이 모여 소속감을 가지고 지속적인 상호 작용을 하는 집단을 사회 집단이라고 한다.

**26** 다음 빈칸에 들어갈 수 있는 사회 집단은?

> (          )이란 개인이 어떤 행동이나 판단을 할 때 기준으로 삼는 집단을 말한다.

① 내집단
② 1차 집단
③ 2차 집단
④ 준거 집단

**27** 다음 글의 A에 대한 설명으로 옳은 것은?

> A는 요리사가 되는 것이 꿈이다. 그래서 요리 관련 특성화 고등학교에 가고 싶어 했지만 부모님의 완강한 반대로 인문계 고등학교에 진학하였다. 하지만 교과 공부에 흥미를 느끼지 못하고 다니는 학교에 대한 불만만 쌓여 갔다.

① 내집단을 가지지 못하고 있다.
② 외집단에 대해 만족하지 못하고 있다.
③ 준거 집단보다 소속 집단을 중시하고 있다.
④ 소속 집단과 준거 집단이 일치하지 않고 있다.

**28** 차별에 해당하는 것은?

① 어린이에게 선거권을 주지 않는다.
② 미성년자에게 담배를 팔지 않는다.
③ 임신과 출산을 이유로 회사를 그만두게 한다.
④ 지하철과 버스에 임산부 배려석을 따로 만든다.

**29** 차별을 해결하기 위한 방안으로 적절하지 <u>않은</u> 것은?

① 차이를 인정하는 태도가 필요하다.
② 사회적 편견이나 고정 관념을 갖지 않는다.
③ 차별 금지를 위한 법이나 정책을 마련한다.
④ 차별은 개인적인 노력을 통해서만 해결해야 한다.

# 08 문화의 이해

## 1 문화의 의미와 특징

### 1. 문화의 의미와 구성 요소

#### (1) 문화의 의미
① 좁은 의미: 문학이나 예술 및 공연과 관련 있는 것, 혹은 세련되고 교양 있는 것
  예 문화인, 문화 시민, 문화가 있는 날 등
② 넓은 의미: 한 사회의 구성원들이 주어진 환경에 적응하면서 만든 생활 양식
  예 한국 문화, 음식 문화, 청소년 문화 등

+ **문화인 것과 문화가 아닌 것**
  · 문화인 것: 후천적으로 학습된 행동, 반복적이고 지속적인 생활 양식
  · 문화가 아닌 것: 본능이나 유전적 요인에 의한 행동, 개인적인 습관, 일시적 행동 예 배가 고프면 먹을 것을 찾는 행동, 다리를 떠는 습관 등

#### (2) 문화의 구성 요소
① 물질 문화: 인간의 기본적인 욕구 충족과 생존에 필요한 도구나 기술
  예 옷, 음식, 집, 기계 등
② 비물질 문화

| 관념 문화 | 삶의 방향을 제시해 주고 삶을 풍요롭게 해 주는 지식이나 가치<br>예 종교, 철학, 예술, 학문, 언어 등 |
|---|---|
| 제도 문화 | 사회 질서를 유지하기 위한 제도 및 행동의 기준<br>예 법, 예절, 정치, 교육 등 |

### 2. 문화의 특징

#### (1) 문화의 특성
① 보편성: 어느 시대, 어느 사회에서나 공통의 문화 현상이 존재함 예 의복, 장례, 종교 등
② 특수성
  · 의미: 각 사회의 문화가 서로 다른 모습으로 나타남 예 나라마다 다른 의복 문화
  · 원인: 각 사회마다 서로 다른 자연환경 및 역사적·사회적 배경을 지녔으며, 각기 다른 방식으로 환경과 시대적 흐름에 적응하면서 발전하였기 때문임

+ **문화의 보편성과 특수성**
  의식주 문화, 장례와 혼례 문화 등이 어느 사회에서나 존재하는 것을 문화의 보편성이라고 하고, 지역마다 그 문화가 다른 모습으로 나타나는 것을 문화의 특수성이라고 한다.

#### ☆(2) 문화의 속성

| 학습성 | 문화는 타고나는 것이 아니라 후천적으로 배우는 것임<br>예 어린아이가 반복적인 학습을 통해 젓가락을 사용할 수 있게 된 것 |
|---|---|
| 공유성 | · 문화는 한 사회의 구성원들이 공통적으로 가지고 있는 생활 양식임<br>· 사회 구성원들의 행동을 이해하고 예측할 수 있음<br>예 우리나라에서 생일에 미역국을 먹는 것 |
| 변동성 | 문화는 시대의 흐름에 따라 새로운 문화가 추가되거나 사라지는 등 끊임없이 변화함 예 카드 대신 전자 우편이나 문자 메시지로 새해 인사를 전하는 것 |
| 축적성 | 문화는 언어와 문자 등을 통해 다음 세대로 전승되면서 점차 풍부해짐<br>예 의료 지식의 축적으로 의료 기술이 발달하는 것 |
| 전체성 | 문화 요소들은 서로 밀접하고 긴밀하게 연결되어 하나의 전체를 이루고 있음<br>예 인터넷의 발달이 생활 전반에 영향을 끼친 것 |

1. 넓은 의미의 문화는 세련되고 교양 있는 것을 의미한다. (O, X)
2. 문화의 _____(이)란 어느 시대, 어느 사회에서나 공통의 문화 현상이 존재하는 것을 말한다.
3. 문화의 _____(이)란 문화가 다음 세대로 전승되면서 더욱 풍부해짐을 의미한다.

답  1. X  2. 보편성  3. 축적성

## ② 문화 이해의 태도

### ☆ 1. 문화를 이해하는 태도

#### (1) 문화의 우열이 있다고 보는 태도

① 자문화 중심주의

| 의미 | 자기 문화의 우수성만을 내세우고 다른 문화를 무시하는 태도 |
|---|---|
| 사례 | 중국의 중화사상, 19세기 서구 열강들의 백인 우월주의, 나치의 인종주의 등 |
| 장점 | • 자기 문화의 주체성과 정체성을 지킬 수 있음<br>• 구성원의 결속을 강화시키고 사회 통합에 기여함 |
| 문제점 | • 국수주의로 발전하여 국제적 고립을 초래함<br>• 문화 제국주의를 정당화하는 근거가 됨<br>• 다른 문화에 대한 이해가 부족하여 문화 간 갈등이 발생할 수 있음 |

② 문화 사대주의

| 의미 | 자기 문화를 낮게 평가하고 다른 사회의 문화만을 우수하다고 믿는 태도 |
|---|---|
| 사례 | 조선 사대부의 중국 숭배 사상(「천하도」⁺, 「혼일강리역대국도지도」⁺ 등), 무분별한 영어 표현 사용 등 |
| 장점 | 선진 문화를 수용하는 데 용이하여 자기 문화를 발전시키는 데 기여함 |
| 문제점 | • 외래문화를 무비판적으로 수용함으로써 자기 문화의 주체성과 정체성을 상실할 우려가 있으며, 지나칠 경우 다른 문화에 종속될 수 있음<br>• 사회 구성원 간 소속감이 약화됨 |

#### (2) 바람직한 문화 이해의 태도

① 문화의 상대성: 모든 문화는 서로 다른 자연환경과 사회적 상황에 맞게 적응하여 발전한 것이기 때문에 나름의 의미와 가치를 가지며 우열을 가릴 수 없음

② 문화 상대주의

| 의미 | 한 사회의 문화를 그 사회의 자연환경과 사회적·역사적 배경 등을 고려하여 이해하는 태도 |
|---|---|
| 사례 | 인도인들이 손으로 음식을 먹는 행위를 그 사회의 특수한 배경에서 비롯된 것으로 보고 존중하는 태도 등 |

✚ 조선 시대의 지도에 나타난 문화 사대주의

🔺 「천하도」

🔺 「혼일강리역대국도지도」
조선 시대에 제작된 세계 지도로, 중국을 세계의 중심으로 보는 문화 사대주의의 태도가 나타나 있다.

### 🔍 꼼꼼 단어 돋보기

● 국수주의
자기 문화에 대한 우월감을 바탕으로 다른 문화를 배척하려는 태도

● 문화 제국주의
자기 문화가 우월하다는 생각을 넘어 다른 나라에까지 적용시키려는 사상

| | |
|---|---|
| 특징 | • 문화의 우열이 없다고 보고 문화를 평가의 대상으로 여기지 않음<br>• 어느 문화든지 나름의 고유한 의미와 가치를 가진다고 보고 문화의 다양성을 인정함<br>• 세계화 시대에 다양한 문화가 공존할 수 있는 기반이 되며, 문화 갈등을 예방할 수 있음 |
| 문제점 | 인류의 보편적 가치를 무시하는 문화까지도 인정하는 극단적 문화 상대주의<sup>+</sup>에 빠질 우려가 있음 |

**+ 극단적 문화 상대주의의 사례**

남편이 죽으면 부인도 따라 죽는 인도의 '사티'라는 관습, 중국의 전족 문화, 아프리카 소수 민족의 식인 풍습, 이슬람 문화의 '명예 살인'이라는 관습 등 보편 윤리에 어긋나는 문화를 인정하려는 태도를 말한다. 이는 그 사회의 고유한 문화이지만 인류의 보편 타당한 가치에 어긋나므로 인정해서는 안 된다.

## 2. 문화 이해의 관점

① 총체론적 관점
- 의미: 문화를 그 사회의 여러 부분과 관련 지어 전체적으로 파악하고 이해하는 관점
- 필요성: 문화를 전체적인 맥락 속에서 제대로 이해할 수 있음

② 상대론적 관점
- 의미: 문화를 그 사회가 처한 환경과 상황, 역사적 배경 등을 고려하여 상대방의 입장에서 이해하는 관점
- 필요성: 다른 문화의 장점을 수용하여 기존 문화를 발전시키고 새로운 문화를 창조할 수 있음

③ 비교론적 관점
- 의미: 한 사회의 문화를 다른 사회의 문화와 비교하여 보다 객관적으로 이해하는 관점
- 필요성: 비교를 통해 다른 문화와 자기 문화의 특징을 보다 잘 이해할 수 있게 됨

**쏙쏙 이해 더하기**   문화를 바라보는 태도

(가) 옛날 중국 사람들은 일종의 문화적 선민사상을 가지고 있어 자기들의 문화는 우수하고, 주변의 다른 민족들은 모두 오랑캐 또는 야만인이라고 생각하고 멸시하였다.

(나) 세종 대왕이 훈민정음을 창제할 당시 양반들과 신하들은 거세게 반발하였다. 특히 최만리는 훈민정음 창제를 반대하는 상소문을 올려, 훌륭한 글자인 한자를 두고 한글을 만드는 것은 중국을 섬기는 우리나라로서 잘못된 태도라고 주장하였다.

(다) 이슬람교를 믿는 외국인 유학생이 늘면서 A 대학은 학생 식당에 이슬람 요리 코너를 마련하였다. 이슬람 요리는 돼지고기를 비롯해 못 먹는 음식이 많은 이슬람 학생들이 마음 편히 먹을 수 있도록 이슬람 율법에 따라 요리한 것이다. 또한 이슬람 성지가 있는 서쪽을 보며 하루에 다섯 번씩 기도해야 하는 이슬람 학생들을 위해 학교 내에 기도실을 갖추는 대학들도 늘고 있다.

• (가)에서 중국인들은 자문화만을 우월하다고 믿고 다른 문화를 부정하는 자문화 중심주의의 태도를 보였다.
• (나)에서 최만리는 중국 문화를 선진 문화라고 생각하고 무조건 따르려는 문화 사대주의의 태도를 보였다.
• (다)에서는 대학가에서 이슬람교도 유학생의 문화를 배려하는 문화 상대주의의 태도가 나타나고 있음을 보여 준다.

**콕콕 개념 확인하기**

1. 자기 문화를 가장 우수하다고 생각하는 태도를 _____(이)라고 한다.
2. 다른 사회의 문화만을 우수한 것으로 여기는 태도를 _____(이)라고 한다.
3. 한 사회의 문화를 그 사회의 자연환경과 사회적·역사적 배경 등을 고려하여 이해하려는 태도를 _____(이)라고 한다.

답   1. 자문화 중심주의   2. 문화 사대주의   3. 문화 상대주의

## 3 대중 매체와 대중문화

### 1. 대중 매체

#### (1) 대중 매체의 의미와 기능

| | |
|---|---|
| 의미 | 불특정 다수에게 동일한 정보를 대량으로 동시에 전달하는 수단 |
| 기능 | 정보를 전달하고 오락을 제공하는 등 일상생활에 많은 영향을 줌 |
| 특징 | 현대 사회에서 그 중요성이 증대되고 있음 |

#### ☆(2) 대중 매체의 종류

| | | |
|---|---|---|
| 기존의<br>대중 매체 | 특징 | • 정보 전달의 일방향성: 정보의 생산자와 소비자가 명확하게 구분됨<br>• 대중은 정보를 수동적·무비판적으로 수용함 |
| | 종류 | • 인쇄 매체: 신문, 잡지 등<br>• 음성 매체: 라디오 등<br>• 영상 매체: 텔레비전 등 |
| 뉴<br>미디어 | 특징 | • 정보 전달의 쌍방향성: 정보의 생산자와 소비자의 경계가 불분명하고, 대중이 정보의 소비자뿐만 아니라 생산자의 역할을 수행함<br>• 대중은 정보를 선별적으로 수용할 수 있음 |
| | 종류 | 인터넷, 스마트폰, 소셜 네트워크 서비스(SNS)[+]등 |

**+ 소셜 네트워크 서비스(SNS, 누리 소통망)**

인맥 구축을 목적으로 개설된 커뮤니티형 웹 사이트이다. 다양한 1인 미디어와 정보 공유 등을 포괄하는 개념이며, '사회 관계망 서비스'라고도 부른다.

#### (3) 대중 매체의 변화

① 신속한 정보 전달: 필요한 정보를 적은 비용으로 신속하게 널리 전달함
② 대중 매체의 융합: 형태나 기능 면에서 대중 매체 간 경계가 모호해지고 융합되고 있음
③ 정보 전달 방식의 변화: 뉴 미디어의 등장으로 정보를 전달하고 공유하는 방식이 일방향 의사소통에서 쌍방향 의사소통으로 변화함

### 2. 대중문화

#### (1) 대중문화의 의미와 특징

① 형성 배경

| | |
|---|---|
| 정치적 측면 | 민주주의의 발달로 대중의 지위가 상승함 |
| 경제적 측면 | 산업화 이후 대중이 경제적으로 풍요로워짐 |
| 사회적 측면 | 대중 매체가 발달하고 대중의 교육 기회가 확대됨 |

② 의미와 변화

| | |
|---|---|
| 의미 | 대중이 일상생활에서 쉽게 접하고 누리는 문화 |
| 변화 | 뉴 미디어의 등장으로 대중문화의 규모와 영향력이 커짐 |

③ 특징

| | |
|---|---|
| 대중화 | 일상생활에서 누구나 접하고 즐길 수 있음 |
| 상업화 | 상업성을 띠기 쉬우며, 대량 생산되어 대량 소비됨 |
| 획일화 | 확산 속도가 빠르고 공유되는 범위가 넓어 다수의 대중에게 일방적으로 전달되므로 사람들의 사고나 취향이 획일화되기 쉬움 |

④ 속성

| 일상성 | 일상적으로 접하기 때문에 객관적으로 바라보기 어려움 |
|--------|--------------------------------------------------|
| 양면성 | 긍정적 측면과 부정적 측면이 모두 존재함 |

## ☆(2) 대중문화의 영향

① 긍정적 영향

| 문화의 대중화 | 과거 소수 특권 계층이 누리던 문화를 누구나 부담 없이 누리게 됨 |
|--------------|-------------------------------------------------------------|
| 문화적 평등 실현 | • 누구나 쉽게 문화적 혜택을 향유함<br>• 문화 생산 과정에 대중의 취향을 반영함 |
| 삶의 질 향상 | 오락과 휴식을 제공하며, 새롭고 다양한 정보를 전달하여 삶의 질 향상에 기여함 |
| 사회 문제의 개선 | 사회 문제에 대한 사람들의 관심을 불러일으켜 문제를 개선하는 데 도움을 줌 |

② 부정적 영향

| 문화의 질적 저하 | 문화가 지나치게 상업화되면 선정적·쾌락적인 문화가 확산될 수 있음 |
|-----------------|-------------------------------------------------------------|
| 문화의 다양성 저하 | 동일한 정보를 동시에 전달하기 때문에 획일적 문화가 확산되어 개성을 상실할 수 있음 |
| 정보의 조작 가능성+ | 문화의 생산자가 의도하는 방향으로 정보가 조작될 수 있음 |

**+ 대중 매체와 정보의 조작**

대중 매체가 옳은 정보만을 전하는 것은 아니다. 따라서 대중은 정보를 무분별하게 수용하기보다 정확한 정보를 선별하는 능력을 길러 조작·왜곡된 정보를 걸러내야 한다.

## (3) 대중문화를 대하는 바람직한 태도

① 비판적 자세: 대중문화를 수용할 때에는 비판적으로 평가하고 검토하는 자세가 필요함

② 적극적·능동적 자세: 대중문화의 문제점을 지적하고 잘못된 정보는 적극적으로 요구하여 바로잡아야 함

③ 주체적 자세: 주체적인 문화 생산자로서 바람직한 문화를 창조하고 미디어를 올바르게 활용해야 함

### 콕콕 개념 확인하기

1. 불특정 다수에게 동일한 정보를 대량으로 동시에 전달하는 수단을 _____(이)라고 한다.
2. 인터넷과 같은 매체는 쌍방향 의사소통이 가능하다. (O, X)
3. 대중이 일상생활에서 쉽게 접하고 누리는 문화를 _____(이)라고 한다.

답 1. 대중 매체  2. O  3. 대중문화

**주목**

**01** 문화에 해당하는 것은?

① 졸려서 잠을 자기 시작하였다.
② 배가 고파서 먹을 것을 찾았다.
③ 날씨가 추워지자 기침을 하였다.
④ 설날에 세배를 지내고 성묘를 하였다.

**02** 넓은 의미의 문화에 대한 설명으로 옳은 것은?

① 예술과 관련된 활동이다.
② 생물적 본능에 의한 행동이다.
③ 교양 있고 세련된 생활 모습이다.
④ 주어진 환경에 적응하면서 만든 생활 양식이다.

**03** 다음에 해당하는 사례로 적절하지 <u>않은</u> 것은?

2020년 1회

> 인간이 환경에 적응하면서 만들어 온 공통된 생활 양식을 문화라고 한다.

① 친구와 악수를 한다.
② 젓가락으로 음식을 먹는다.
③ 횡단보도에서 우측통행을 한다.
④ 매운 냄새를 맡으면 재채기가 나온다.

**04** 다음 글에서 설명하는 문화의 속성은?

> 의식주 문화, 장례와 혼례 문화 등이 지역마다 다른 모습으로 나타나는 현상을 말한다.

① 공유성        ② 특수성
③ 학습성        ④ 전체성

**05** 다음 그림과 같은 문화의 특성이 나타나는 근본적인 이유는?

① 경제적 수준이 다르기 때문에
② 기본적 욕구가 다르기 때문에
③ 신체적 구조가 다르기 때문에
④ 역사적 배경이나 사회적 상황이 다르기 때문에

**06** 다음 사례에 나타난 문화의 속성은?

> 어릴 때 한국에서 미국으로 입양된 A씨는 매운 음식을 잘 먹지도 못하고 젓가락을 사용할 줄도 모른다.

① 공유성        ② 변동성
③ 학습성        ④ 전체성

**주목**

**07** 다음 사례에서 알 수 있는 문화의 속성은?

> 우리나라에서는 시험에 합격하라는 의미에서 시험 전에 수험생에게 엿이나 찹쌀떡을 선물한다.

① 공유성        ② 변동성
③ 학습성        ④ 전체성

**08** 다음 내용에 해당하는 문화의 속성은?      **2019년 2회**

> • 문화는 고정된 것이 아니라 시간의 흐름에 따라 그 모습이 달라진다.
> • 옛날에는 한복을 주로 입었지만 요즘은 양복을 주로 입는다.

① 학습성        ② 보편성
③ 변동성        ④ 공유성

**09** 문화의 변동성에 해당하는 사례를 〈보기〉에서 고른 것은?

> **보기**
> ㄱ. 백김치가 고추의 전래로 인해 색이 변화하였다.
> ㄴ. 우리나라에서 생일에 미역국을 먹는 것은 누구나 유추할 수 있다.
> ㄷ. 쌍둥이라고 하더라도 다른 나라에서 자라면 서로 다른 언어를 사용한다.
> ㄹ. 과거에는 편지를 썼지만 오늘날에는 주로 전자 우편이나 문자 메시지를 쓴다.

① ㄱ, ㄴ        ② ㄱ, ㄹ
③ ㄴ, ㄷ        ④ ㄷ, ㄹ

**10** 다음 대화에서 영희가 가지고 있는 문화 이해 태도는?

한국은 밥을 먹을 때 숟가락이나 젓가락을 이용하는데, 인도는 그렇지 않은 거 같아.

맞아. 인도는 밥을 먹을 때 손을 이용해서 먹어. 그 모습이 지저분하고 점잖아 보이지 않아.

철수                                     영희

① 문화 사대주의
② 문화 상대주의
③ 자문화 중심주의
④ 극단적 문화 상대주의

**11** 다음과 같은 문화 이해 태도의 문제점은?

> 옛날 중국 사람들은 자기들의 문화는 우수하고, 주변의 다른 민족들은 모두 오랑캐 또는 야만인이라고 생각하여 멸시하였다.

① 국제적 고립을 초래한다.
② 문화적 주체성을 상실할 수 있다.
③ 구성원들의 소속감을 약화시킨다.
④ 외래문화를 무조건 수용하게 된다.

**12** 다음에서 설명하는 문화 이해 태도는?      **2016년 1회**

> 자기 문화를 무시하거나 낮게 평가하고, 다른 사회의 문화를 더 좋은 것으로 여겨 그것을 동경하는 태도이다.

① 문화 사대주의
② 문화 상대주의
③ 문화 제국주의
④ 자문화 중심주의

**주목**

**13** 다음 사례에 나타난 문화 이해 태도에 대한 설명으로 옳은 것은?

> 티베트는 돌아가신 부모의 시신을 새가 뜯어 먹도록 놓아두는 조장(鳥葬)이라는 장례 문화가 발달하였다. 이러한 풍습은 척박한 고산 지대로 땔깜을 구하기 어려운 티베트의 자연환경이 배경으로 작용하였다.

① 문화 상대주의
② 문화 사대주의
③ 문화 절대주의
④ 자문화 중심주의

**14** 문화 상대주의에 대한 설명으로 옳지 <u>않은</u> 것은?

① 문화를 평가하지 않는다.
② 세계화 시대에 필요한 태도이다.
③ 다른 문화를 올바르게 이해할 수 있다.
④ 자기 문화의 주체성을 상실할 수 있다.

**주목**

**15** 다음 사례의 문화를 바라보는 가장 바람직한 태도는?

> • 중국의 전족 문화
> • 이슬람 문화의 명예 살인

① 문화의 우열이 있기 때문에 인정할 수 없다.
② 자기 문화의 우수성을 나타내기 때문에 인정해야 한다.
③ 그 사회가 처한 환경과 역사적 맥락에서 인정해야 한다.
④ 인류의 보편적 가치를 훼손하는 것이므로 인정할 수 없다.

**16** 문화를 올바르게 이해하기 위한 태도로 적절하지 <u>않은</u> 것은?

① 각각의 문화는 고유성과 가치를 지닌다.
② 인류 보편 가치를 무시하는 것은 인정하지 않는다.
③ 문화는 절대적인 기준에 따라 평가하는 것이 좋다.
④ 문화는 그것이 형성된 상황이나 맥락에서 이해해야 한다.

**17** 다음 내용에 해당하는 문화 이해의 관점은?

> 문화를 그 사회의 여러 부분과 관련 지어 전체적으로 파악하고 이해하려는 관점

① 비교론적 관점
② 상대론적 관점
③ 절대론적 관점
④ 총체론적 관점

**18** 다음 빈칸 (가)~(다)에 들어갈 용어가 바르게 연결된 것은?

> 정보 통신 기술의 발달에 따라 새롭게 등장한 인터넷, 이동 통신은 (가) 소통에서 벗어나 (나) 소통을 가능하게 하였다. 이러한 대중 매체를 (다) 라고 한다.

|   | (가) | (나) | (다) |
|---|------|------|------|
| ① | 쌍방향 | 일방향 | 영상 매체 |
| ② | 쌍방향 | 일방향 | 뉴 미디어 |
| ③ | 일방향 | 쌍방향 | 뉴 미디어 |
| ④ | 일방향 | 쌍방향 | 인쇄 매체 |

**19** 대중 매체의 특징으로 옳지 <u>않은</u> 것은?

① 대중문화의 형성에 큰 영향을 미친다.
② 대량의 정보를 다수의 사람에게 전달한다.
③ 현대 사회에서 그 중요성이 줄어들고 있다.
④ 책, 신문, 텔레비전 등이 대중 매체에 해당한다.

**주목**

**20** 다음 밑줄 친 대중 매체에 해당하는 것은?

> 기존의 대중 매체를 대신하여 최근에 <u>뉴 미디어</u>가 등장하였다.

① 신문          ② 잡지
③ 라디오        ④ 인터넷

**21** 다음에 나타난 매체의 특징으로 옳은 것은?

2017년 2회

> • 인터넷상에서 UCC(사용자 제작 콘텐츠)를 제작하여 전 세계 사람들과 공유한다.
> • SNS(소셜 네트워크 서비스)를 이용하여 정보를 만들고 유통한다.

① 쌍방향 의사소통이 가능하다.
② 시간과 공간의 제약을 크게 받는다.
③ 인쇄 매체에 비해 정보의 전달 속도가 늦다.
④ 대중문화의 형성과 발달에 미치는 영향이 적다.

**22** 대중문화의 특징에 대한 설명으로 옳지 <u>않은</u> 것은?

① 대중 매체를 통해 형성되고 확산된다.
② 대중이 쉽게 접하고 누리는 문화를 말한다.
③ 대중이 경제적으로 풍요로워지면서 등장하였다.
④ 대중문화를 즐기기 위해서 많은 비용이 필요하다.

**23** 다음과 같은 현상으로 인해 나타날 수 있는 대중문화의 문제점으로 가장 적절한 것은?

> 자극적인 소재와 연출이 인터넷에서 화제가 되면서 인지도가 높아지고, 시청률도 높아지기 때문에 막장 드라마가 만들어진다.

① 사회 문제에 무관심해진다.
② 정보가 조작될 가능성이 크다.
③ 비슷한 정서와 취향을 가지게 된다.
④ 지나친 상업화로 문화의 질이 떨어질 수 있다.

**24** 대중문화의 올바른 수용 자세로 볼 수 <u>없는</u> 것은?

① 대중문화의 상업성을 경계한다.
② 대중문화를 선택적으로 받아들인다.
③ 대중 매체의 내용을 비판적으로 평가한다.
④ 대중 매체가 주는 모든 정보를 무조건 수용한다.

I 사회 1

# 09 정치 생활과 민주주의

## **1** 정치의 의미와 정치 발전

### 1. 정치와 정치 생활

#### (1) 정치의 의미와 기능

① 정치의 의미

| 좁은 의미 | 정치인들이 ˙정치권력을 획득·유지·행사하는 활동 ⓓ 국회 의원의 입법 활동, 정부의 정책 수립 활동, 선거 등 |
|---|---|
| 넓은 의미 | 사회 집단 안에서 발생하는 구성원 간의 대립과 갈등을 조정하고 문제를 해결하는 활동 ⓓ 학급 회의, 주민 회의, 노사 간 협상 등 |

② 정치의 기능
- 개인이나 집단 간의 갈등과 대립을 해결함으로써 사회 질서를 유지하여 사회 통합에 기여함
- 갈등과 대립을 해결하는 과정에서 사회 문제를 알리고 해결책을 찾아 사회의 발전 방향을 제시함
- 사회 구성원들의 권리 보장 수준이 향상되면서 행복이 증진됨

#### (2) 국가와 시민의 역할

| 국가의 역할 | • 시민의 동의와 지지를 바탕으로 정당한 권력을 행사해야 함<br>• 갈등과 분쟁을 민주적인 과정을 통해 해결해야 함<br>• 시민의 삶의 질 향상과 복리 증진을 위한 제도를 마련해야 함<br>• 시민이 정치에 참여할 수 있는 실질적인 제도를 마련해야 함 |
|---|---|
| 시민의 역할 | • 정치 현상에 관심을 가지고 적극적으로 정치에 참여해야 함<br>• 정치권력을 올바르게 행사하도록 국가 기관을 감시하고 견제해야 함<br>• 공동체 의식을 가지고 사익과 공익의 조화를 추구해야 함 |

### ★ 2. 민주 정치의 발전 과정

#### (1) 고대 그리스 아테네의 민주 정치

① 고대 아테네 민주 정치의 모습

| 민회 | • 최고 의결 기관으로 모든 시민이 직접 참여하여 법률 제정, 국방, 세금 부과 등 중요한 일을 결정함<br>• 도편 추방제 실시: 독재자의 출현을 방지하기 위해 시민의 자유를 위협하는 사람의 이름을 도자기 조각에 적어 투표한 후 일정 표 수가 넘는 인물을 10년 동안 국외로 추방함 |
|---|---|
| 공직자 선출 | • 아테네 시민이라면 누구나 공직자가 될 수 있었음<br>• 추첨제와 ˙윤번제를 통해 선출하고, 임기는 보통 1년임 |
| 재판 | 추첨을 통해 선정된 500명 정도의 배심원이 다수결을 통해 판결을 내림 |

---

**✚ 고대 그리스 아테네**
아테네는 영토가 작고 인구수가 적은 도시 국가였고, 노예와 외국인이 대부분의 노동을 담당하였기 때문에 시민들이 정치에 참여할 수 있는 여유가 있었다.

**🔍 꼼꼼 단어 돋보기**

● **정치권력**
정치적 기능을 수행하기 위한 권력

● **윤번제**
돌아가며 차례로 하는 방식

② 고대 아테네 민주 정치의 특징

| 직접 민주 정치 | 모든 시민이 직접 참여하여 국가의 중요한 일을 결정함 |
|---|---|
| 제한적 민주 정치 | 성인 남자에게만 시민권이 주어짐(여성, 노예, 외국인 등은 정치에서 제외됨) |

## (2) 근대 시민 혁명과 근대 민주 정치

### ① 근대 시민 혁명의 배경
- 대다수의 시민은 신분제에 의한 차별과 절대 군주로부터의 억압을 받고 있었음
- 천부 인권 사상 및 *계몽사상, *사회 계약설 등의 영향으로 시민 의식이 성장하면서 시민이 자유와 권리를 요구하기 시작함

### ② 근대 시민 혁명의 전개(세계 3대 시민 혁명)

| 영국 명예혁명 (1688) | • 과정: 의회가 전제 군주를 폐위하고, 평화롭게 정권 교체를 이룸<br>• 관련 문서: 권리 장전(의회의 동의 없는 과세 금지, 언론의 자유 등을 명시함)<br>• 의의: 의회 정치와 *입헌주의의 전통 확립 |
|---|---|
| 미국 독립 혁명 (1775 ~1783) | • 과정: 영국의 지배를 받고 있던 미국이 영국의 차별과 억압에 대항하며 독립 혁명을 일으킴<br>• 관련 문서: 미국 독립 선언(국민 주권, 시민의 자유와 권리 및 저항권 등을 명시함)<br>• 의의: 국민이 대통령을 선출하는 세계 최초의 민주 공화국이 수립됨 |
| 프랑스 혁명 (1789) | • 과정: 차별받았던 시민들이 절대 왕정에 대항하여 봉건 체제를 무너뜨림<br>• 관련 문서: 인권 선언(인간의 자유와 평등 및 천부 인권, 국민 주권 등을 명시함)<br>• 의의: 자유와 평등을 보장하기 위한 제도 규정 |

### ③ 근대 시민 혁명의 결과: 17~18세기 시민 혁명을 통해 인간의 존엄성 및 자유권, 평등권을 명시한 선언들이 발표되고, 이 사상들이 반영된 헌법에 따라 시민이 정치에 참여하게 됨

### ④ 근대 민주 정치의 특징

| 대의 민주 정치 | 시민의 대표로 구성된 의회를 중심으로 정치가 이루어짐 |
|---|---|
| 제한적 민주 정치 | 성별, 신분, 재산 등에 따라 정치 참여가 제한됨 → 노동자, 여성, 농민 등은 정치에서 제외됨 |

## (3) 보통 선거의 확립과 현대 민주 정치

### ① 참정권 확대 운동의 전개

| 영국의 차티스트 운동 (1838~1848) | 영국의 노동자들이 인민 헌장을 통해 보통·비밀 선거를 요구함 → 실패하였으나 이후 점진적으로 선거권 확대에 영향을 끼침 |
|---|---|
| 여성 참정권 운동 (20세기 초) | 여성이 성차별에 맞서 선거권을 요구함 |
| 흑인 참정권 운동 | 흑인이 인종 차별에 맞서 선거권을 요구함 |

### ② 참정권 확대 운동의 결과: 20세기 중반 대부분의 민주 국가에서 보통 선거 제도가 확립되었음

**+ 보통 선거 제도**

성별, 신분, 재산 등에 관계없이 일정한 나이 이상의 모든 사람에게 선거권을 부여하는 제도이다.

### 🔍 꼼꼼 단어 돋보기

● **계몽사상**

인간의 합리적 이성으로 불합리한 제도를 타파하고 진보를 이룰 수 있다고 보는 사상

● **사회 계약설**

평등한 개인들이 계약을 맺어 국가를 구성하고 자신들의 권리를 국가에 위임하였다고 보는 사상

● **입헌주의**

국가 구성원의 합의로 제정된 헌법에 따라 국가를 운영하려는 정치사상

③ 현대 민주 정치의 특징

| 대중 민주주의 | 보통 선거의 실시로 일반 대중이 정치에 자유롭게 참여함 |
| 대의 민주주의✛ | 국민이 선출한 대표가 국민의 의사를 대신 결정함 |
| 전자 민주주의의 발달 | 정보 통신 기술의 발달로 국민이 인터넷, 모바일 기기 등을 통해 정치 과정에 직접 참여할 수 있게 됨 |
| 복지 국가의 실현 | 인간의 존엄성 보장과 모든 사회 구성원의 행복 증진을 목표로 함 |

✛ 대의 민주주의의 한계 보완
대의 민주주의의 한계를 보완하기 위해 직접 민주 정치의 요소(국민 투표, 국민 소환, 국민 발안 등)를 도입하고 있다.

## 콕콕 개념 확인하기

1. 고대 아테네의 _____은/는 최고 의결 기관이다.
2. 고대 아테네에서는 여성, 노예, 외국인에게도 시민권이 주어졌다. (O, X)
3. 근대 민주주의는 _____ 혁명의 결과로 성립되었다.
4. 19~20세기에 참정권 확대 운동이 전개되어 _____이/가 확립되었다.

답 1. 민회 2. X 3. 시민 4. 보통 선거 제도

# 2 민주주의의 이념과 기본 원리

## 1. 민주주의의 의미와 이념

### (1) 민주주의의 의미
① 정치 형태로서의 민주주의: 주권이 국민에게 있고 정치권력이 국민의 동의와 지지를 바탕으로 행사되는 정치 형태
② 생활 양식으로서의 민주주의: 일상생활에서 발생하는 다양한 문제를 민주적으로 해결하려는 생활 태도 ⑩ 다수결, 대화와 타협, 배려와 관용, 비판과 토론 등

### ☆(2) 민주주의의 이념
① 인간의 존엄성

| 의미 | 모든 사람은 인간이라는 이유만으로 성별, 신분, 인종, 종교에 상관없이 소중하고 존엄한 존재로 대우받을 가치가 있음 → 민주주의의 근본이념 |
| 실현 조건 | 자유와 평등의 보장 |

② 자유

| 일반적 의미 | 외부의 간섭을 받지 않고 스스로 판단하고 행동하는 것 |
| 소극적 자유 | 외부로부터 부당한 억압이나 자기 의사에 반하는 부당한 지배를 받지 않는 것 |
| 적극적 자유 | 국가에 최소한의 인간다운 삶을 요구하거나, 정치 과정에 참여할 수 있는 것 → 현대 사회에서 중요시함 |
| 종류 | 신체의 자유, 표현의 자유, 정치 과정에 참여할 자유 등 |

③ 평등

| 형식적 평등 | 모든 사람이 법 앞에 평등하며 기회의 균등을 보장받는 것 |
|---|---|
| 실질적 평등[+] | 개인의 후천적 능력과 차이에 따른 합리적 차별을 인정하고 고려한 것 → 현대 사회에서 중요시함 |

**✚ 실질적 평등을 위한 제도**
국민 기초 생활 보장 제도, 장애인 고용 촉진 제도 등이 있다.

## ☆ 2. 민주 정치의 기본 원리

| 국민 주권의 원리 | 의미 | 국가의 최고 권력인 주권이 국민에게 있음 |
|---|---|---|
| | 의의 | 국민의 동의와 지지를 바탕으로 행사되는 국가 권력에 정당성을 부여함 |
| | 관련 조항 | 헌법 제1조 ② 대한민국의 주권은 국민에게 있고, 모든 권력은 국민으로부터 나온다. |
| 국민 자치의 원리 | 의미 | 주권을 가진 국민이 스스로 국가를 다스려야 함 |
| | 실현 방법 | • 직접 민주 정치: 국민이 직접 정치에 참여하는 정치 형태<br>• 간접 민주 정치[+]: 대표를 선출하여 간접적으로 참여하는 정치 형태 |
| | 관련 조항 | 헌법 제72조 대통령은 필요하다고 인정할 때에는 외교·국방·통일 기타 국가 안위에 관한 중요 정책을 국민 투표에 붙일 수 있다. |
| 권력 분립의 원리[+] | 의미 | 국가 권력을 입법권, 행정권, 사법권으로 분리하고 서로 독립된 기관에 나누어 맡김 |
| | 목적 | 국가 권력의 집중과 남용을 막고 국민의 기본권을 보장함 |
| | 관련 조항 | • 헌법 제40조 입법권은 국회에 속한다.<br>• 헌법 제66조 ④ 행정권은 대통령을 수반으로 하는 정부에 속한다.<br>• 헌법 제101조 ① 사법권은 법관으로 구성된 법원에 속한다. |
| 입헌주의의 원리 | 의미 | 국민의 기본권 보장과 국가의 통치가 헌법에 따라 이루어지도록 하는 원리 |
| | 목적 | 국가 권력의 집중과 남용을 막고 국민의 자유와 권리를 보장함 |
| | 관련 조항 | 헌법 제69조 "나(대통령)는 헌법을 준수하고 국가를 보위하며 … 성실히 수행할 것을 국민 앞에 엄숙히 선서합니다." |
| 법치주의의 원리 | 의미 | 국가 운영이 국회에서 제정한 법률에 근거하여 수행되도록 하는 원리 |
| | 목적 | 국가 권력에 의한 독단적 지배를 막을 수 있음 |

**✚ 간접 민주 정치(대의 민주 정치)**
현대에는 국가의 영토가 넓어지고 인구가 많아지면서 모든 국민이 한 곳에 모여 국가의 정책을 결정하는 것이 어려워졌다. 따라서 국민이 선출한 대표에게 국가의 의사 결정과 운영을 맡기는 간접 민주 정치 형태가 등장하게 되었다.

**✚ 권력 분립의 원리**

민주 국가에서의 권력 분립은 일반적으로 삼권 분립 형태로 나타난다. 삼권 분립이란 국가 권력을 입법부, 행정부, 사법부으로 나누어 서로 독립된 국가 기관에 맡기고, 각 국가 기관에 다른 국가 기관을 견제할 수 있는 권한을 부여하는 것이다.

### 🗐 자료 스크랩  민주주의의 기본 원리(링컨의 게티스버그 연설)

신의 가호 아래 이 나라는 자유의 새로운 탄생을 보게 될 것이며, 국민의(of the people), 국민에 의한(by the people), 국민을 위한(for the people) 정부는 지상에서 절대 사라지지 않을 것입니다.

### 콕콕 개념 확인하기

1. 민주주의의 근본이념은 _____ 실현이다.
2. (실질적 평등, 형식적 평등)은 개인의 후천적 능력과 차이에 따른 합리적 차별을 고려하는 것이다.
3. _____의 원리란 국가의 최고 권력인 주권이 국민에게 있음을 의미한다.
4. _____의 원리란 헌법에 따라 국가 권력이 행사되어야 함을 의미한다.

답  1. 인간의 존엄성  2. 실질적 평등  3. 국민 주권  4. 입헌주의

## 3 민주 정치와 정부 형태

### ⭐ 1. 민주 국가의 정부 형태[+]

[+] 정부 형태와 구분 기준

입법부와 행정부의 관계 — 대통령제 ⟷ 의원 내각제 — 행정부 수반 선출 방법

| 구분 | 대통령제 | 의원 내각제 |
|---|---|---|
| 발달 배경 | 영국으로부터 독립하게 된 미국이 상징적 권위와 실질적 통치권을 지닌 대통령을 선출하며 발달함 | 영국에서 절대 군주의 권력을 제한하는 과정에서 발달함 |
| 국가 | 우리나라, 미국, 브라질 등 | 영국, 일본, 독일, 캐나다 등 |
| 형태 | 입법부와 행정부가 엄격하게 분리됨 | 입법부와 행정부가 긴밀한 관계를 맺고 있음 |
| 입법부와 행정부의 관계 | • 입법부: 국민의 선거를 통해 선출된 의원들로 구성됨<br>• 행정부: 국민의 선거를 통해 선출된 대통령이 행정부를 구성함 | • 입법부(의회): 국민의 선거를 통해 선출된 의원들로 구성됨 → 의회가 행정부를 구성함<br>• 행정부(내각): 의회 다수당의 지도자가 총리(수상)가 되어 내각을 구성함 |
| 공통점 | • 선거를 통해 국민의 대표를 선출함<br>• 권력 분립 제도와 사법부의 독립을 보장하고 있음 | |
| 차이점 | • 헌법에 의해 대통령의 임기와 권한이 보장됨<br>• 의회는 행정부를 불신임할 수 없고, 행정부는 의회를 해산할 수 없음<br>• 대통령은 법률안 거부권[+]을 행사할 수 있음<br>• 행정부의 법률안 제출은 불가능함<br>• 의회 의원은 행정부의 장관을 겸직할 수 없음 | • 명목상의 국가 원수가 존재하나 총리가 실질적인 권력을 행사함<br>• 의회는 내각 불신임권[+]을 행사할 수 있음<br>• 내각은 의회 해산권[+]을 행사할 수 있음<br>• 총리는 법률안 제출권을 행사할 수 있음<br>• 의회 의원은 내각의 각료(장관)를 겸직할 수 있음 |
| 장점 | • 법률안 거부권을 통해 다수당의 횡포를 견제할 수 있음<br>• 대통령의 임기가 정해져 있어 비교적 일관된 정책 수행이 가능함 | • 의회와 내각이 국민의 요구에 민감하게 반응하여 책임 있는 정치를 실현할 수 있음<br>• 의회와 내각의 협조로 효율적인 정책 수행이 가능함 |
| 단점 | • 의회와 행정부가 대립할 경우 해결이 곤란함<br>• 대통령의 권한이 강력하여 독재의 가능성이 높음 | • 의회와 내각을 한 정당이 독점하면 다수당의 횡포가 우려됨<br>• 군소 정당이 난립하면 국정을 안정적으로 운영하기 어려움 |

[+] 법률안 거부권
국회(의회)가 의결한 법률안을 행정부(대통령)가 그에 대한 승인을 거부함으로써 법률로서의 성립을 저지하는 권한이다.

[+] 내각 불신임권
내각이 정치를 잘못하면 의회가 책임을 물어 내각을 사퇴시킬 수 있는 권한이다.

[+] 의회 해산권
의회의 내각 불신임에 맞서는 내각의 권한으로, 의회를 해산할 수 있는 권한이다.

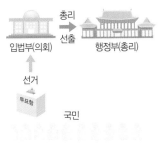

입법부(의회)　행정부(대통령)

선거　선거

투표함　투표함

국민

▲ 대통령제

입법부(의회)　총리 선출　행정부(총리)

선거

투표함

국민

▲ 의원 내각제

## 2. 우리나라의 정부 형태

### (1) 정부 형태

| 형태 | 대통령제를 기본으로 의원 내각제 요소를 부분적으로 도입함 |
|------|------------------------------------------------|
| 조직 | • 국민이 직접 선거를 통해 대통령과 국회 의원을 각각 선출함<br>• 대통령의 임기는 5년으로 단임제임 |
| 특징 | • 대통령이 행정부 수반이자 국가 원수임<br>• 대통령(행정부)은 국회를 해산할 수 없고, 국회는 대통령을 불신임할 수 없음<br>• 대통령(행정부)은 법률안 거부권을 행사할 수 있음 |

### (2) 의원 내각제 요소 도입

| 목적 | 행정부와 국회 간의 긴밀한 협조를 통한 효율적인 국정 운영 |
|------|------------------------------------------------|
| 내용 | 행정부의 법률안 제출권 행사, 국회 의원의 행정부 장관 겸직 가능, 국무총리 제도, 대통령의 국무총리 임명에 대한 국회의 동의권 행사 등 |

### 📑 자료 스크랩  헌법에 나타난 우리나라의 정부 형태

제52조 국회 의원과 정부는 법률안을 제출할 수 있다. → 의원 내각제 요소
제53조 ② 법률안에 이의가 있을 때에는 대통령은 … 국회로 환부하고, 그 재의를 요구할 수 있다. → 대통령
　　　　제 요소
제63조 ① 국회는 국무총리 또는 국무 위원의 해임을 대통령에게 건의할 수 있다. → 의원 내각제 요소
제66조 ④ 행정권은 대통령을 수반으로 하는 정부에 속한다. → 대통령제 요소
제67조 ① 대통령은 국민의 보통·평등·직접·비밀 선거에 의하여 선출한다. → 대통령제 요소
제86조 ① 국무총리는 국회의 동의를 얻어 대통령이 임명한다. → 의원 내각제 요소

### 콕콕 개념 확인하기

1. _____제는 국민의 선거를 통해 선출된 대통령이 행정부를 구성하는 정부 형태이다.
2. _____제는 의회 다수당의 지도자가 총리가 되어 내각을 구성하는 정부 형태이다.

답　1. 대통령　2. 의원 내각

### 🔍 꼼꼼 단어 돋보기

● 단임
한 차례의 임기에 한하여 직무를 맡는 것

● 행정부 수반
행정부의 가장 높은 자리에 있는 사람

# 탄탄 실력 다지기

정답과 해설 20쪽

**01** 다음에서 공통적으로 설명하고 있는 것은?

> • 정치권력을 획득·유지·행사하는 활동
> • 사회 구성원 간의 대립과 갈등을 조정하는 과정

① 정치      ② 경제

③ 문화      ④ 종교

**02** 좁은 의미의 정치에 해당하는 것을 〈보기〉에서 고른 것은?

> **보기**
> ㄱ. 학급 회의      ㄴ. 국무 회의
> ㄷ. 남북 정상 회담      ㄹ. 아파트 주민 회의

① ㄱ, ㄴ      ② ㄱ, ㄹ

③ ㄴ, ㄷ      ④ ㄷ, ㄹ

**03** 정치 생활에서 시민의 역할로 옳은 것은?

① 개인의 이익을 우선시한다.

② 법과 제도를 통해 사회 질서를 확립한다.

③ 국가 권력에 무조건 복종하는 태도를 지닌다.

④ 정치 현상에 관심을 가지고 적극적으로 참여한다.

**04** 다음 밑줄 친 '이것'에 해당하는 고대 아테네의 정치 제도는?

> 이것은 시민의 자유를 위협하는 사람의 이름을 도자기 조각에 적어 투표한 후 일정 표 수가 넘는 인물을 10년 동안 국외로 추방한 제도를 말한다.

① 윤번제      ② 추첨제

③ 소환제      ④ 도편 추방제

주목

**05** 고대 아테네 민주 정치의 모습으로 옳지 <u>않은</u> 것은?

① 성인이라면 모두 시민권을 행사할 수 있었다.

② 시민들은 민회에 모여 중요한 일을 결정하였다.

③ 시민이면 누구나 추첨제와 윤번제를 통해 공직자가 될 수 있었다.

④ 재판은 추첨을 통해 선정된 500명 정도의 배심원이 다수결을 통해 판결을 내렸다.

**06** 다음 사례에 대한 설명으로 옳지 <u>않은</u> 것은?

> • 영국에서는 권리 장전이 공포되었다.
> • 미국에서는 독립 선언문이 공포되었다.
> • 프랑스에서는 인권 선언이 채택되었다.

① 근대 민주 정치가 등장하는 계기가 되었다.

② 의회를 중심으로 대의 민주 정치가 확립되었다.

③ 재산에 관계없이 모든 사람이 정치에 참여하였다.

④ 왕권을 제한하고 시민의 자유와 권리가 확대되었다.

**07** 다음 사건들의 결과로 옳은 것은?

> • 영국 명예혁명
> • 미국 독립 혁명
> • 프랑스 혁명

① 현대 민주 정치가 등장하였다.
② 직접 민주 정치가 확립되었다.
③ 모든 시민이 직접 정치에 참여하였다.
④ 절대 왕정으로부터 벗어나 근대 민주 정치가 확립되었다.

**08** 다음 운동들의 결과로 가장 적절한 것은?

> • 차티스트 운동
> • 여성 참정권 확대 운동

① 절대 왕정 수립
② 복지 국가의 등장
③ 보통 선거 제도의 확립
④ 직접 민주 정치의 확립

**09** 현대 민주 정치의 모습으로 옳지 <u>않은</u> 것은?

① 대의 민주주의
② 직접 민주주의
③ 전자 민주주의
④ 대중 민주주의

**10** 다음과 같은 이유로 등장한 민주 정치의 형태는?

> 현대에는 국가의 영토가 넓어지고 인구가 많아지면서 모든 국민이 한 곳에 모여 국가의 정책을 결정하는 것이 어려워졌다.

① 전제 군주제
② 입헌 군주제
③ 직접 민주 정치
④ 간접 민주 정치

**11** 다음 내용을 실현하기 위한 전제 조건으로 옳은 것은?

> 모든 사람은 인간이라는 이유만으로 소중하고 존엄한 존재로 대우받을 가치가 있다.

① 보통 선거
② 대화와 토론
③ 자유와 평등
④ 견제와 균형

**12** 민주주의의 이념에 대한 설명으로 옳지 <u>않은</u> 것은?

① 평등이란 차별받지 않고 동등하게 대우받는 것이다.
② 자유란 부당한 간섭을 받지 않고 스스로 행동하는 것이다.
③ 인간의 존엄성이 실현되기 위해서는 자유와 평등이 보장되어야 한다.
④ 현대 사회에서는 개인의 능력과 차이를 고려하는 형식적 평등이 중요시되고 있다.

**13** 다음과 같은 제도를 실시한 이유는?

> • 장애인 고용 촉진 제도
> • 국민 기초 생활 보장 제도

① 형식적 평등의 실현
② 실질적 평등의 실현
③ 소극적 자유의 보장
④ 적극적 자유의 보장

**14** 다음에서 설명하는 민주 정치의 기본 원리는?

2018년 2회

- 대한민국의 주권은 국민에게 있고, 모든 권력은 국민으로부터 나온다.(헌법 제1조 제2항)
- 정치권력은 국민의 동의와 지지를 바탕으로 형성되고 행사되어야 한다.

① 법치주의　　　　② 입헌주의
③ 국민 주권　　　　④ 권력 분립

**15** 다음 헌법 조항에 나타난 민주 정치의 기본 원리는?

2017년 1회

제1조 ② 대한민국의 주권은 국민에게 있고, 모든 권력은 국민으로부터 나온다.

① 법치주의　　　　② 국민 주권
③ 국민 복지　　　　④ 권력 분립

**16** 다음 설명에 해당하는 민주 정치의 기본 원리는?

국민의 기본권 보장과 국가의 통치가 헌법에 따라 이루어지도록 하는 원리를 말한다.

① 입헌주의의 원리
② 국민 자치의 원리
③ 권력 분립의 원리
④ 국민 주권의 원리

**17** 다음 내용을 가장 잘 설명하는 민주 정치의 기본 원리는?

2019년 1회

- 입법부 – 법을 제정한다.
- 행정부 – 법을 집행한다.
- 사법부 – 법을 적용하고 판단한다.

① 입헌주의의 원리
② 권력 분립의 원리
③ 국민 주권의 원리
④ 국민 자치의 원리

**18** 현대 민주 정치에서 다음과 같은 제도를 실시하는 이유는?

- 국민 발안 제도
- 국민 소환 제도
- 국민 투표 제도

① 복지 국가의 실현
② 전자 민주주의의 실현
③ 대의 민주주의의 한계 보완
④ 직접 민주주의의 한계 보완

**19** 다음과 같은 정치 형태의 특징은?

① 의원 내각제의 정부 형태이다.
② 의원이 내각의 각료를 겸직할 수 있다.
③ 의회에서 선출된 수상이 내각을 구성한다.
④ 국민에 의해 선출된 대통령이 행정부를 구성한다.

**20** 다음과 같은 정치 형태는?

① 대통령제      ② 입헌 군주제
③ 의원 내각제      ④ 전제 군주제

**21** 의원 내각제에 대한 설명으로 옳은 것은?

① 대통령의 독재 가능성이 높다.
② 내각은 의회를 해산할 수 있다.
③ 총리는 법률안 거부권을 행사할 수 있다.
④ 의회 의원은 행정부의 장관을 겸직할 수 없다.

**22** 다음 그림의 정부 형태에서 ㉠, ㉡에 들어갈 권한을 바르게 연결한 것은?

|  | ㉠ | ㉡ |
|---|---|---|
| ① | 의회 해산권 | 내각 불신임권 |
| ② | 내각 불신임권 | 의회 해산권 |
| ③ | 내각 불신임권 | 법률안 거부권 |
| ④ | 법률안 거부권 | 법률안 제출권 |

**23** 그림과 같이 구성되는 정부 형태에 해당하는 국가는?

2017년 2회

① 영국      ② 일본
③ 미국      ④ 캐나다

**24** 다음과 같은 특징이 나타나는 정부 형태는?

2019년 2회

> • 의회 다수당의 대표가 총리가 되어 행정부인 내각을 구성한다.
> • 의회는 내각을 불신임하여 사퇴시킬 수 있고, 총리는 의회를 해산할 수 있다.

① 대통령제      ② 의원 내각제
③ 지방 자치제      ④ 귀족 정치제

**25** 다음 내용을 통해 알 수 있는 우리나라 정부 형태의 특징으로 옳은 것은?

> • 행정부에게 법률안 제출권이 있다.
> • 국회 의원이 장관을 겸직하는 것이 가능하다.

① 의회에서 내각을 선출하고 있다.
② 엄격한 대통령제를 실시하고 있다.
③ 입법부와 사법부의 융합을 추구한다.
④ 의원 내각제의 요소를 부분적으로 도입하고 있다.

# 10 Ⅰ 사회 1
## 정치 과정과 시민 참여

## 1 정치 과정과 정치 주체

### 1. 민주 사회의 정치 과정

#### (1) 다양한 이익의 표출
① 사회의 다원화
- 다양한 직업과 사회 집단이 등장하면서 사회가 복잡해지고 전문화됨
- 개인과 집단이 추구하는 가치나 이익이 다양해짐

② 민주주의의 발달
- 시민의 자유와 권리가 신장됨
- 시민의 참여를 보장하는 다양한 제도가 마련되면서 시민들은 자신의 요구를 더욱 자유롭게 주장할 수 있게 됨

#### (2) 정치 과정의 의미와 단계
① 정치 과정의 의미와 필요성

| 의미 | 다양한 이해관계가 표출되고 집약되어 정책으로 결정되고 집행되는 과정 |
|------|----------------------------------------------------------|
| 필요성 | 다양한 이익들이 표출되는 과정에서 발생하는 대립과 갈등을 조정하고 해결하기 위해 정치 과정이 필요함 |

② 정치 과정의 단계

| 다양한 이익 표출 | 개인이나 집단이 요구 사항을 자유롭게 표현하는 것 |
|------|----------------------------------------------------------|
| 이익 집약 | 정당이나 언론 등이 표출된 이익을 모아 여론으로 수렴하고 대안을 제시하는 것 |
| 정책 결정 | 국회나 정부가 시민의 다양한 요구를 바탕으로 관련 법률을 제정하고 정책을 결정하는 것 |
| 정책 집행 | 정부가 결정된 정책을 구체적으로 실행하는 것 |
| 정책 평가 | 정책이 집행된 후에 어떤 문제가 발생하는지 시민이 파악하고 평가하는 것 |
| 환류(피드백) | 시민의 평가를 반영하여 정책을 수정 또는 보완하는 것 |

⬥ 정치 과정의 단계

### 꼼꼼 단어 돋보기

● 여론
사회 구성원 다수의 지지를 받고 있는 공통된 의견

● 환류
어떤 흐름이 진행되다가 다시 원 상태로 되돌아와 흐르는 현상

**(3) 정치 과정의 의의**
　① 시민의 요구와 의견이 정책에 반영됨
　② 시민이 국가의 정책 결정 및 집행 과정을 견제하고 감시할 수 있음
　③ 다양한 갈등과 사회 문제를 해결하는 과정을 통해 사회 통합에 기여함

**(4) 민주적인 정치 과정**
　① 정책과 일상생활: 정책은 우리의 일상생활 전반에 큰 영향을 미침
　② 민주적인 정치 과정 달성을 위한 정치 주체의 역할

| 시민 | 적극적인 자세로 정치 과정에 참여해야 함 |
| --- | --- |
| 국가 | 정책 결정 시 시민의 의사를 반영하고 공익을 고려해야 함 |

## 2. 정치 과정의 참여 주체

**(1) 정치 과정의 참여 주체 변화**
　① 과거: 국가 기관을 중심으로 정치 과정이 이루어짐
　② 오늘날
　　• 시민의 의사를 정책에 반영하기 위한 절차가 중시됨
　　• 국가 기관을 비롯한 여러 개인과 집단들이 정치 과정에 참여함

**(2) 정치 주체의 종류**
　① 공식적 정치 주체: 국회, 정부, 법원 등의 국가 기관
　② 비공식적 정치 주체: 정당, 이익 집단, 시민 단체, 언론, 시민(개인) 등

**✚ 정치 주체**
정치 과정에서 영향력을 행사하는 국가 기관이나 개인 및 집단을 말한다.

## 3. 정치 주체의 특징

**(1) 공식적 정치 주체**
　① 입법부(국회)
　　• 국민의 다양한 의사를 반영하여 법률을 제정하고 개정하는 국가 기관
　　• 국가의 중요 정책을 점검함 **예** 예산 심의·의결, 국정 감사 등
　② 행정부(정부)
　　• 법률을 집행하고 공익을 적극적으로 실현하는 국가 기관
　　• 정책을 결정하고, 현실에 맞게 다양한 정책을 집행함
　③ 사법부(법원)
　　• 법률을 해석하고 적용함으로써 분쟁을 해결하는 국가 기관
　　• 국민의 권리와 이익을 보호함

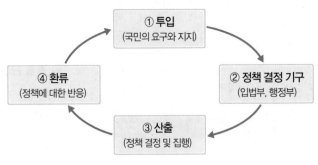

● 공식적 정치 주체를 통한 정치 과정

## ★ (2) 비공식적 정치 주체

### ① 정당

| 의미 | 정치적 견해를 함께하는 사람들이 정권 획득을 위해 결성한 집단 | |
|---|---|---|
| 특징 | 공익을 추구하고 정치적 책임을 짐 | |
| 역할 | 국민의 대표자 배출 | 선거에 후보자를 추천하여 국민의 대표자를 배출함 |
| | 여론 형성 | • 국민의 다양한 요구를 집약하여 여론을 형성함<br>• 여론을 바탕으로 우선순위를 정해 정책을 마련함 |
| | 정부와 의회의 매개체 | • 정부와 의회를 연결해 주는 매개체의 역할을 함<br>• 정부 각 부처의 활동을 조정함 |
| | 국민의 정치 교육 담당 | 국민에게 정치적 쟁점과 관련한 다양한 지식을 알려줌 |
| | 정부 활동 감시 및 정책 대안 제시 | • 정부의 활동을 감시하며 비판하고 견제함<br>• 정부의 정책에 대한 합리적인 대안을 제시함 |

### ② 이익 집단

| 의미 | 이해관계를 같이하는 사람들이 •사익을 실현하기 위해 만든 집단 |
|---|---|
| 사례 | 노동조합, 대한 의사 협회, 변호사 협회 등 |
| 등장 배경 | 다원화된 현대 사회에서 정당의 한계점을 보완하기 위함 |
| 순기능 | • 다양한 집단의 이익을 대변하여 정부와 국회에 압력을 행사함<br>• 전문적인 지식을 가진 이익 집단은 사회 문제에 대한 적절한 해결책을 제시함 |
| 역기능 | 집단의 이익만을 추구할 경우 공익과 충돌하거나 사회 혼란을 야기할 수 있음 |

### ③ 시민 단체

| 의미 | 공익 추구를 목표로 시민들이 자발적으로 만든 집단 |
|---|---|
| 사례 | 경제 정의 실천 시민 연합, 환경 운동 연합 등 |
| 특징 | 가장 적극적인 정치 참여 방법 |
| 역할 | • 정책이 올바르게 결정되고 집행되는지 감시하고 비판함<br>• 사회 문제를 해결하기 위한 대안을 제시함<br>• 환경, 경제 등 다양한 분야에서 활동하며 시민의 정치 참여를 유도하고 여론을 형성함 |

---

**쏙쏙 이해 더하기** | 정당, 이익 집단, 시민 단체의 비교

| 구분 | 정당 | 이익 집단 | 시민 단체 |
|---|---|---|---|
| 정권 획득 추구 | ○ | X | X |
| 공익 추구 | ○ | X | ○ |
| 정치적 책임 | ○ | X | X |
| 공통점 | 정책 결정에 영향력을 행사함 | | |

🔍 **꼼꼼 단어 돋보기**

● 사익

공적 이익(공익)과 대비되는 개인적 이익

④ 언론[+]

| 의미 | 신문이나 인터넷 등 대중 매체를 통해 정보를 전달하는 정치 주체 |
|---|---|
| 특징 | 여론 형성의 주도적 역할을 함 |
| 역할 | • 정부 정책에 대한 해설과 비판을 제공함<br>• 정치 과정 전반에 관한 정보를 국민에게 전달함<br>• 국민의 의사를 정책 결정자에게 전달함 |

⑤ 개인

| 특징 | 가장 기본적이고 중요한 정치 참여 주체 |
|---|---|
| 정치 과정<br>참여 방법 | • 선거, 투표: 정치에 참여하는 가장 기본적인 방법<br>• 기타: 청원, 공청회나 토론회 참석, 언론 투고, 집회나 서명 운동, SNS를 통한 의견 제시, 이익 집단·시민 단체·정당 가입 등 |

**콕콕 개념 확인하기**

1. _____(이)란 다양한 이해관계가 표출되고 집약되어 정책으로 결정되고 집행되는 과정이다.
2. 오늘날에는 주로 국가 기관을 중심으로 정치 과정이 이루어지고 있다. (○, ✕)
3. _____은/는 정책을 결정하고 집행하는 국가 기관이다.
4. 언론은 비공식적인 정치 참여 주체이다. (○, ✕)
5. _____은/는 이해관계를 같이하는 사람들이 사익을 실현하기 위해 만든 단체이다.

답  1. 정치 과정  2. ✕  3. 행정부  4. ○  5. 이익 집단

# 2 선거와 선거 제도

## 1. 선거

### (1) 선거의 의미와 의의

① 의미: 대의 민주주의 제도에서 국민이 대표자를 선출하는 절차
② 의의: 가장 기본적인 정치 참여 수단으로 '민주주의의 꽃'이라고 불림

### ☆(2) 선거의 기능

| 대표자 선출 | 국민의 의사를 대신하여 국정을 담당할 대표자를 선출함 |
|---|---|
| 정치권력에<br>정당성 부여 | 국민의 동의와 지지를 바탕으로 선출된 대표자에게는 권력의 정당성이 부여됨 |
| 대표자 통제 | 대표를 교체할 수 있기 때문에 대표자를 심판하고 통제할 수 있음 |
| 국민의 주권 의식<br>신장 | 국민이 주권자로서의 권리와 의무를 실천하는 수단임 |
| 여론 형성 | 선거를 통해 자신의 의사를 표현하여 여론을 형성함 |

### (3) 선거 참여의 중요성

① 선거의 결과에 따라 정책과 사회 공동체의 발전 방향이 달라지기도 함
② 시민의 의사와 관계없는 정책이 결정되지 않도록 선거에 참여해야 함

**+ 언론의 사회적 책임과 자유**

언론은 사실에 근거하여 객관적이고 공정한 보도를 해야 하며, 이를 위해 언론의 자유가 보장되어야 한다.

**+ 선거에 참여하는 올바른 자세**

후보자의 공약을 꼼꼼히 살펴보고, 능력과 도덕성 등을 판단하여 선거에 참여해야 한다.

**🔍 꼼꼼 단어 돋보기**

● 청원
행정 기관에 대하여 불만이나 요구 사항을 진술하고 시정을 요구하는 제도

● 주권자
국가의 의사를 최종적으로 결정할 수 있는 권한인 주권을 가진 사람

## 2. 공정한 선거를 위한 제도

### (1) 민주 선거의 4대 원칙[+]

| 보통 선거 | • 일정 연령 이상 모든 국민에게 제한 없이 선거권을 부여하는 원칙<br>• 성별이나 재산, 교육 수준 등에 따라 선거권을 제한해서는 안 됨 |
|---|---|
| 평등 선거 | 모든 사람의 투표권의 개수와 가치에 차등을 두지 않고 같아야 한다는 원칙 |
| 직접 선거 | 선거권자가 대리인을 거치지 않고 자신이 직접 나가서 투표해야 하는 원칙 |
| 비밀 선거 | • 투표자가 누구에게 투표하였는지 알 수 없게 하는 원칙<br>• 유권자가 외부의 간섭을 받지 않고 자신의 양심에 따라 투표하도록 하기 위함 |

### (2) 선거구 법정주의

| 의미 | 국회에서 정한 법률에 따라 선거구를 정하는 것 |
|---|---|
| 목적 | • 특정 정당이나 후보에게 유리한 결과가 나오는 것(게리맨더링)을 방지함<br>• 국민의 의사를 올바르게 반영함 |
| 선거구<br>획정 방식 | • 행정 구역을 바탕으로 인구수와 생활권 등을 고려하여 선거구를 획정함<br>• 선거구의 유권자 수가 지나치게 차이가 나지 않도록 함 |

### 쏙쏙 이해 더하기   게리맨더링(Gerrymandering)

게리맨더링은 특정 정당이나 후보에게 유리하도록 선거구를 임의대로 정하는 것을 말한다. 1812년 미국 매사추세츠 주지사였던 엘브리지 게리(E. Gerry)가 자신의 소속당인 공화당에 유리하도록 선거구를 정하였다. 부자연스럽게 분할된 선거구의 모양과 유사한 그리스 신화 속 괴물 샐러맨더와 주지사 게리의 이름이 합성되어 '게리맨더링'이라는 용어가 붙여졌다.

### (3) 선거 공영제

| 의미 | 선거 운동을 국가 기관이 관리하고, 선거 비용의 일부를 국가나 지방 자치 단체에서 부담하는 제도 |
|---|---|
| 목적 | • 후보자들에게 선거 운동의 기회를 균등하게 보장함[+]<br>• 선거 운동의 과열을 방지하고 공정한 선거가 되도록 함 |

### (4) 선거 관리 위원회

| 의미 | 공정한 선거를 위해 만들어진 헌법상의 독립 기관 |
|---|---|
| 역할[+] | • 선거와 국민 투표의 공정한 관리를 담당함<br>• 정당과 정치 자금에 관한 사무를 담당함<br>• 공정 선거와 선거 참여를 위한 각종 홍보 활동을 담당함 |

[+] 민주 선거의 4대 원칙과 반대 개념
• 보통 선거 ↔ 제한 선거
• 평등 선거 ↔ 차등 선거
• 직접 선거 ↔ 대리 선거
• 비밀 선거 ↔ 공개 선거

[+] 후보자 간 선거 운동의 기회를 균등하게 보장하는 이유
경제적 여건과 상관없이 유능한 후보자에게 당선의 기회를 보장하기 위해서이다.

[+] 선거 관리 위원회의 세부 역할
후보자 등록, 선거 운동 및 투표·개표 과정 관리, 선거법 위반 행위의 예방 및 단속 등을 담당한다.

### 꼼꼼 단어 돋보기

● 선거구
선거를 행하는 단위 구역(주로 행정 구역으로 구분함)

1. _____은/는 가장 기본적인 정치 참여 수단으로, 민주주의의 꽃이라고도 불린다.
2. 선거구 법정주의란 _____에서 정한 법률에 따라 선거구를 정하는 것을 말한다.
3. _____은/는 선거와 국민 투표의 공정한 관리를 담당하는 국가 기관이다.

답  1. 선거  2. 국회  3. 선거 관리 위원회

# 3 지방 자치와 주민 참여

## 1. 지방 자치 제도

### (1) 지방 자치 제도의 의미와 특징

| | |
|---|---|
| 의미 | 지역의 문제를 지역 주민이 스스로 처리하는 제도 |
| 목적 | 지역 주민의 복리를 증진시킴 |
| 역할 | 중앙 정부의 국가 기능을 지방 정부가 분담함 |
| 성공 요건 | • 지역 주민의 적극적인 참여가 전제되어야 함<br>• 중앙 정부의 권한을 지방 정부로 이양해야 함<br>• 지방 정부의 충분한 재정이 확보되어야 함 |

### (2) 지방 자치 제도의 의의

| | |
|---|---|
| 권력 분립 실현 | 국가 권력이 중앙 정부에 집중되어 나타날 수 있는 문제를 예방함 |
| 주민 자치 실현 | 지역 주민의 자발적 참여를 통해 민주주의를 실현함 → '풀뿌리 민주주의'라고 불림 |
| 주민 참여 기회 확대 | 주민이 정치에 참여할 수 있는 기회가 확대되어 지역의 주인으로서 민주주의를 배우고 실천함 → '민주주의의 학교'라고 불림 |
| 지역에 맞는 정책 추진 | 지역의 실정에 맞는 업무와 정책을 추진할 수 있음 |

### (3) 우리나라의 지방 자치 제도
① 지방 자치 단체의 구성: 광역 자치 단체(특별시, 광역시, 도), 기초 자치 단체(시, 군, 구)

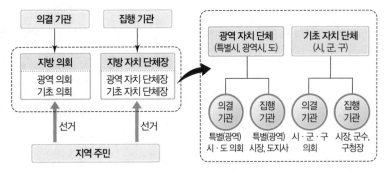

⬆ 우리나라 지방 자치 단체의 구성

🔍 **꼼꼼 단어 돋보기**

● 중앙 정부
국가 전체의 일을 처리하는 행정부

② 지방 자치 단체의 역할

| 구분 | 지방 의회(의결 기관) | 지방 자치 단체장(집행 기관) |
|---|---|---|
| 역할 | • 자치 법규인 조례의 제정 및 개정<br>• 지역의 현안 논의 및 정책 결정<br>• 집행 기관에 대한 견제 및 감시<br>• 예산 심의 및 의결 | • 자치 법규인 규칙의 제정 및 개정<br>• 지역의 행정 업무 및 정책 집행<br>• 지역 내에서 자치권 행사<br>• 예산 수립 및 집행 |
| 사례 | 서울시 의회, 경기도 의회 등 | 서울시장, 경기도지사 등 |
| 조직 | 주민의 직접 선거로 선출 → 임기는 4년이며 연임이 가능함 | |

**✚ 자치 법규**
지방 자치 단체가 제정하는 법 규범으로, 조례와 규칙이 있다. 자치 법규는 해당 지역 내에서만 영향력을 가진다.

## 2. 주민 참여

### (1) 지역 사회의 정치 과정과 주민 참여

① 지역 사회의 정치 과정: 지역 사회의 문제를 파악한 후 주민들의 의견을 수렴하여 정책을 마련함

② 주민 참여

| 필요성 | • 지역의 대표가 주민의 요구를 파악하고 역할을 올바르게 수행할 수 있음<br>• 지역 정책이 주민의 의사를 반영하게 됨 |
|---|---|
| 바람직한<br>참여 자세 | • 자발적·적극적으로 지역 사회의 문제 해결에 참여해야 함<br>• 지방 자치 단체의 권력 남용을 방지하기 위해 주민이 직접 감시하고 비판해야 함 |

### ☆ (2) 주민의 정치 참여 방법

| 지방 선거<br>참여 | 지역의 대표를 선출함 → 가장 기본적이고 보편적인 주민 참여 방법 |
|---|---|
| 주민 투표 | 지역의 주요 정책이나 결정 사항에 관해 주민이 직접 투표로 결정함 |
| 주민 소환 | 선출된 공직자가 주민의 의사에 반하는 직무를 수행할 경우 투표를 통해 해임함 |
| 주민 발의 | 주민이 지역에 필요한 조례안을 만들어 지방 의회에 제출함 |
| 주민 소송 | 부당한 재정 활동을 한 지방 자치 단체장에 대해 소송을 제기함 |
| 주민 참여<br>예산제 | 주민이 지역의 예산 편성 과정에 참여하여 의견을 제시함 |
| 기타 | • 주민 공청회나 주민 회의 등에 참여하여 의견을 제시함<br>• 지방 행정 기관에 주민 청원을 하거나 민원을 제출함<br>• 시위나 집회, 서명 운동에 참가하여 여론 형성을 유도함 |

**✚ 주민 공청회**
지역 정책이나 대안을 공개적으로 설명하고 그에 관해 지역 주민들의 의견을 듣는 제도를 말한다.

### 콕콕 개념 확인하기

1. _____은/는 '풀뿌리 민주주의'라고도 한다.
2. 지방 자치 단체의 의결 기관은 (지방 의회, 지방 자치 단체장)이다.
3. 지방 자치 단체장은 자치 법규인 (규칙, 조례)을/를 제정할 수 있다.
4. _____제는 선출된 공직자가 주민의 의사에 반하는 직무를 수행할 경우 투표로 해임할 수 있는 주민 정치 참여 방법이다.

답  1. 지방 자치 제도  2. 지방 의회  3. 규칙  4. 주민 소환

# 탄탄 실력 다지기

## 01 정치 과정에 대한 설명으로 옳은 것은?

① 한번 결정된 정책은 수정이 불가능하다.
② 모든 정치 과정의 최종 목표는 경제 성장이다.
③ 시민들은 자신의 이익을 실현하기 위해 이익을 표출한다.
④ 정치 과정의 모든 단계에서 국가 기관의 역할이 더욱 강조되고 있다.

## 02 다음 설명에 해당하는 정치 과정의 단계는?

> 표출된 이익을 모아 여론으로 수렴하고 대안을 제시하는 과정을 말한다.

① 이익 집약
② 정책 결정
③ 정책 집행
④ 정책 평가

주목

## 03 다음의 과정이 나타나는 정치 과정 단계는?

> 국회에서는 저출산·고령화를 극복하기 위한 방안으로 '저출산·고령 사회 기본법'을 통과시켰다.

① 이익 표출
② 이익 집약
③ 정책 결정
④ 정책 집행

## 04 다음 〈보기〉의 정치 과정을 순서대로 바르게 배열한 것은?

보기
ㄱ. 이익 표출
ㄴ. 이익 집약
ㄷ. 정책 결정
ㄹ. 정책 집행
ㅁ. 정책 평가

① ㄱ-ㄴ-ㄷ-ㄹ-ㅁ
② ㄱ-ㄴ-ㅁ-ㄹ-ㄷ
③ ㄴ-ㄱ-ㄷ-ㄹ-ㅁ
④ ㄴ-ㄱ-ㄹ-ㄷ-ㅁ

## 05 다음 A에 들어갈 정치 참여 주체를 〈보기〉에서 고른 것은?

보기
ㄱ. 정부
ㄴ. 국회
ㄷ. 정당
ㄹ. 언론

① ㄱ, ㄴ
② ㄱ, ㄷ
③ ㄴ, ㄷ
④ ㄷ, ㄹ

06 다음 설명에 해당하는 정치 과정의 참여 주체는?

- 법률을 제정하는 국가 기관
- 국가의 중요 정책을 점검하는 국가 기관

① 국회　　　　　　② 정부
③ 법원　　　　　　④ 정당

07 다음에 나타난 정치 참여 주체의 공통점으로 옳은 것은?

- 정당
- 이익 집단
- 시민 단체

① 정권 획득이 목적이다.
② 정책 결정의 주체이다.
③ 공익을 추구하는 단체이다.
④ 정치 과정에 참여하여 정책 결정에 영향력을 행사한다.

08 정당에 대한 설명으로 옳지 않은 것은?

① 각종 선거에 후보자를 추천한다.
② 정부의 활동을 감시하고 견제한다.
③ 사익을 추구하고 정치적 책임을 진다.
④ 정치권력을 획득할 목적으로 만든 집단이다.

주목

09 다음과 같은 단체의 특징으로 옳은 것은?

- 노동조합
- 대한 의사 협회

① 공익을 추구하는 단체이다.
② 정권 획득을 목표로 만든 단체이다.
③ 여론 형성의 주도적 역할을 담당한다.
④ 공익과 충돌하거나 정책 결정에 혼란을 주기도 한다.

10 다음 설명에 해당하는 정치 과정의 참여 주체는?

- 정부 정책을 감시하고 비판함
- 시민의 정치 참여를 유도함
- 공익을 추구함

① 법원　　　　　　② 사법부
③ 이익 집단　　　　④ 시민 단체

11 다음 설명에 해당하는 정치 주체는?　　　2017년 2회

　　정치적 견해를 같이하는 사람들이 정치권력의 획득을 목표로 결성한 조직이다. 선거에 후보자를 추천하고, 국민의 심판을 통해 정치적 책임을 진다.

① 언론　　　　　　② 정당
③ 이익 집단　　　　④ 시민 단체

**12** 언론에 대한 설명으로 옳지 <u>않은</u> 것은?

① 정책에 대한 해설과 비판을 제공한다.
② 국민의 의사를 정책 결정자에게 전달한다.
③ 여론을 형성하는 주도적 역할을 수행한다.
④ 공정한 보도를 위해 언론의 자유를 제한해야 한다.

주목

**13** 개인적 차원의 정치 참여 방법으로 적절하지 <u>않은</u> 것은?

① 법률 제정
② 선거, 투표에 참여
③ 공청회나 토론회 참석
④ 정당이나 시민 단체에 가입

**14** 선거에 대한 설명으로 옳지 <u>않은</u> 것은?

① 대표자를 통제하는 수단이다.
② '민주주의의 꽃'이라고 불린다.
③ 대표자에게 정치적 정당성을 부여한다.
④ 직접 민주주의를 실현하기 위한 제도이다.

주목

**15** 민주 선거의 원칙에 부합하는 진술은?

① 세금을 많이 내는 사람은 2표를 줘야 해.
② 대졸 이상인 사람에게만 투표권을 줘야 해.
③ 누구한테 투표하였는지 모르게 투표소를 가려 놓아야 해.
④ 몸이 안 좋은 가족을 대신해서 투표를 할 수 있게 해야 해.

**16** 다음에 해당하는 민주 선거의 원칙은?　　2017년 1회

> • 일정한 나이 이상의 국민이면 누구나 선거권을 갖는다.
> • 우리나라에서는 만 19세 이상이면 누구나 투표할 수 있다.

① 보통 선거　　　　② 평등 선거
③ 직접 선거　　　　④ 비밀 선거

**17** 다음 A 국가에서 지켜지지 않은 민주 선거의 원칙은?

> A 국가는 국회 의원 선거에서 남성에게는 2표, 여성에게는 1표를 부여한다.

① 비밀 선거　　　　② 직접 선거
③ 평등 선거　　　　④ 보통 선거

**18** 민주 선거의 기본 원칙으로 옳지 <u>않은</u> 것은?
　　2019년 2회

① 유권자가 행사하는 투표권의 가치는 같아야 한다.
② 일정 나이 이상의 전 국민에게 선거권을 부여한다.
③ 모든 유권자는 필요한 경우 대리인을 통해 투표할 수 있다.
④ 유권자가 누구에게 투표했는지 다른 사람이 알지 못하도록 한다.

**19** 다음과 같은 상황을 방지하기 위해 실시하는 제도는?

> 게리맨더링은 특정 정당이나 후보에게 유리하도록 선거구를 임의대로 정하는 것을 말한다. '게리맨더링'이란 용어는 1812년 미국 매사추세츠 주지사였던 게리가 자신의 소속당인 공화당에 유리하도록 분할한 선거구의 모양이 그리스 신화에 나오는 괴물인 샐러맨더와 비슷하여 붙여진 이름이다.

① 선거 공영제
② 선거구 법정주의
③ 평등 선거의 원칙
④ 보통 선거의 원칙

**20** ㉠에 들어갈 알맞은 말은?

> 우리나라에서는 공정한 선거를 위해 국회에서 정한 ( ㉠ )에 따라 선거구를 정하고 있다.

① 헌법　　　　　② 법률
③ 조례　　　　　④ 규칙

**21** 다음 설명에 해당하는 것은?

> 선거 운동을 국가 기관이 관리하고, 선거 비용의 일부를 국가나 지방 자치 단체에서 부담하는 제도를 말한다.

① 게리맨더링
② 선거 공영제
③ 선거구 법정주의
④ 보통 선거의 원칙

**22** 선거 관리 위원회에 대한 설명으로 옳지 않은 것은?

① 선거법 위반 행위를 예방하고 단속한다.
② 공정한 선거를 위해 선거구를 획정한다.
③ 선거 참여를 위한 각종 활동을 홍보한다.
④ 정당과 정치 자금에 관한 사무를 처리한다.

**23** 다음의 제도들이 공통적으로 추구하는 목적은?

2017년 2회

> • 선거 공영제
> • 선거구 법정주의
> • 선거 관리 위원회

① 공정한 선거
② 인물 중심의 선거
③ 선거 절차의 간소화
④ 다원적 이익 표출의 제한

**24** 다음 설명에 해당하는 제도는?

> • 풀뿌리 민주주의
> • 민주주의의 학교

① 선거 제도
② 정당 제도
③ 청원 제도
④ 지방 자치 제도

**25** 지방 자치 제도의 의의로 옳지 <u>않은</u> 것은?

① 권력 분립의 실현
② 주민 자치의 실현
③ 주민 참여 기회의 확대
④ 중앙 정부의 권한 확대

**26** 우리나라의 지방 자치 제도에 대한 설명으로 옳은 것은?

① 지방 의회는 지역 정책을 집행한다.
② 지방 자치 단체장은 조례를 제정한다.
③ 특별시, 광역시, 도는 기초 자치 단체에 해당한다.
④ 지방 자치 단체장은 주민이 선거를 통해 직접 선출한다.

**27** 기초 자치 단체장에 해당하는 것을 〈보기〉에서 고른 것은?

> **보기**
> ㄱ. 서울특별시장　　　ㄴ. 평창군수
> ㄷ. 강남구청장　　　　ㄹ. 강원도지사

① ㄱ, ㄴ　　　　　② ㄱ, ㄷ
③ ㄴ, ㄷ　　　　　④ ㄷ, ㄹ

**28** 다음 지방 자치 단체에 대한 설명으로 옳지 <u>않은</u> 것은?

> 서울시장, 경기도지사, 제주도지사

① 규칙 제정 및 개정권을 가지고 있다.
② 지역의 행정 업무 및 정책을 집행한다.
③ 지방의 예산 심의 및 의결권을 가지고 있다.
④ 광역 자치 단체에 해당하는 지방 단체 단체장이다.

**29** 다음 설명에 해당하는 주민 참여 제도는?

> 주민이 지역에 필요한 조례안을 만들어 지방 의회에 제출한다.

① 주민 청원
② 주민 발의
③ 주민 소환
④ 주민 참여 예산제

주목
**30** ㉠에 들어갈 주민 참여 제도는?

> ○○구청장은 주민의 의사에 반하는 직무를 수행하고 있다. 이에 대해 ○○구 지역 주민들은 ( ㉠ )을/를 통해 ○○구청장을 해임할 수 있다.

① 주민 청원
② 주민 발의
③ 주민 소환
④ 주민 참여 예산제

# 11 Ⅰ 사회 1
# 일상생활과 법

## 1 법의 의미와 목적

### 1. 법의 의미

#### (1) 사회 규범

① 의미: 사회 구성원들이 사회생활에서 지켜야 할 규칙

② 종류

| | |
|---|---|
| 관습 | 한 사회에서 오랫동안 반복되어 온 행동 양식이 사회적 기준이 된 것<br>**예** 제사, 성년식, 인사 예절 등 |
| 종교 규범 | 종교에서 지켜야 할 것을 정해 놓은 교리<br>**예** 크리스트교의 십계명 등 |
| 도덕 | 인간이라면 마땅히 지켜야 할 도리<br>**예** 효도, 어른 공경 등 |
| 법 | 사회 구성원의 합의를 전제로 국가에서 정한 강제적인 사회 규범<br>**예** 도로 교통법, 청소년 보호법 등 |

#### (2) 법 규범

① 법의 특성

| | |
|---|---|
| 강제성 | 법을 어기면 국가로부터 제재를 받음 |
| 명확성 | 다른 사회 규범에 비해 내용이 구체적이며 명확함 |

② 법과 도덕의 비교

| 구분 | 법 | 도덕 |
|---|---|---|
| 목적 | 정의의 실현+ | 선(善)의 실현 |
| 강제성 | 있음 | 없음 |
| 판단 기준 | 행위의 결과 | 행위의 동기 |
| 위반 시 | 국가에 의한 제재 | 사회적 비난과 양심의 가책 |

**+ 정의의 실현**
다른 사람의 권리를 침해한 사람은 처벌하고, 열심히 노력한 사람에게는 합당한 보상과 대우를 받도록 해야 한다.

**쏙쏙 이해 더하기** | 법과 도덕의 관계

| A 영역 | 순수한 법 영역 **예** 주민 등록법, 도로 교통법 등 |
|---|---|
| B 영역 | 순수한 도덕 영역 **예** 살인하지 말라. |
| C 영역 | 도덕을 바탕으로 만든 법의 영역<br>**예** '살인한 자는 사형, 무기 징역 또는 5년 이상의 징역에 처한다.' |

③ 일상생활 속의 법

| 가족생활 관련 법규 | 민법, 가족 관계 등록법 등 |
|---|---|
| 학교생활 관련 법규 | 초·중등 교육법, 학교 폭력 예방법 등 |
| 경제 활동 관련 법규 | 근로 기준법 등 |

## 2. 법의 목적과 기능

### (1) 법의 목적

① 정의의 실현

| 정의의 의미 | 모든 사람이 각자 받아야 할 정당한 몫을 얻는 것 → 법이 추구하는 가장 중요한 목적 |
|---|---|
| 실현 방법 | 모두에게 평등한 법을 만들고 공평하게 적용해야 함 |

② 공공복리 추구

| 공공복리의 의미 | 소수가 아닌 사회 구성원 전체가 행복과 이익을 누리는 것 |
|---|---|
| 실현 방법 | 모든 사회 구성원이 행복한 생활을 할 수 있는 법을 만들어야 함 |

### (2) 법의 기능

| 국민의 권리 보호 | 국민의 권리가 침해되었을 때 구제받을 수 있는 방법을 알려줌 |
|---|---|
| 분쟁 예방 및 해결 | • 사회 구성원이 지켜야 할 행위를 제시하고 법적 결과를 예측할 수 있게 하여 불필요한 분쟁을 예방함<br>• 분쟁이 발생하였을 경우 공정한 판단 기준인 법을 통해 분쟁을 합리적으로 해결할 수 있음<br>• 분쟁을 해결함으로써 사회 질서가 유지됨 |

**쏙쏙 이해 더하기**   정의의 여신상 +

| 서양의 정의의 여신상 | 우리나라의 정의의 여신상 |
|---|---|
| • 가린 눈: 공평한 법의 적용을 의미함<br>• 저울: 법의 공정성을 의미함<br>• 칼: 법의 강제성을 의미함 | • 뜬 눈: 사회적 약자를 돕겠다는 의미를 지님<br>• 저울: 법의 공정성을 의미함<br>• 법전: 법의 권위를 의미함 |

**+ 정의의 여신상**

법과 정의의 밀접성을 이해하고 정의를 인격화시킨 것으로, 법을 대표하는 상징물로 여겨진다.

**콕콕 개념 확인하기**

1. _____은/는 국가에서 정한 강제적인 사회 규범이다.
2. 법의 목적은 _____의 실현이다.

답  1. 법  2. 정의

## ★ 2 다양한 생활 영역과 법

### 1. 사법(私法)

#### (1) 사법의 의미와 특징

| 의미 | 개인과 개인 사이의 사적 생활을 규율하는 법 |
|---|---|
| 특징 | • 일상생활에 관한 내용을 규정하여 사람들 사이에서 발생할 수 있는 분쟁을 예방하고 해결함<br>• 개인의 자유와 권리를 중시한 근대 이후부터 강조됨 |

#### (2) 사법의 종류

| 민법 | • 가족 관계 및 개인 간의 재산 관계 등을 규정한 법<br>• 혼인, 유언, 상속, 재산권, 계약, 손해 배상 등에 관한 내용을 다룸 |
|---|---|
| 상법 | 개인이나 기업 간의 상거래 활동 등 경제생활 관계를 규율하는 법 |

### 2. 공법(公法)

#### (1) 공법의 의미와 특징

| 의미 | 개인과 국가 기관 또는 국가 기관 사이의 공적인 생활 관계<sup>+</sup>를 규율하는 법 |
|---|---|
| 특징 | • 국가나 공공 단체 등이 공권력을 행사하는 것과 관련된 내용을 규정함<br>• 국가를 통치하는 중요한 수단임 |

**✚ 공적인 생활 관계**
군 복무, 세금 납부, 행정 업무, 선거 등을 말한다.

#### (2) 공법의 종류

| 헌법 | • 한 국가의 최고법<br>• 국민의 권리와 의무, 국가의 통치 구조 및 운영 원리 등을 규정한 법 |
|---|---|
| 형법 | • 범죄의 유형과 형벌의 내용에 관하여 규정한 법<br>• 사회 질서를 유지하고 국민의 권리를 보호함 |
| 행정법 | 행정 기관의 작용으로 침해당한 국민의 권리를 구제하도록 규정한 법 |
| 소송법 | 재판의 절차를 정해 놓은 법 ⑩ 형사 소송법, 민사 소송법 |
| 기타 | 세법, 병역법, 선거법 등 |

### 3. 사회법

#### (1) 사회법의 의미와 특징

| 의미 | 국가가 사적 영역에 개입하여 사회적 약자를 보호하기 위해 만든 법 |
|---|---|
| 등장<br>배경 | • 산업 혁명 이후 자본주의가 발달하며 개인의 경제적 자유가 최대한 보장됨 → 빈부 격차, 노동자와 사용자 간의 대립, 환경 오염 등 각종 사회 문제가 발생함<br>• 국가가 사적 생활에 개입하여 사회 문제를 적극적으로 해결해야 한다는 요구가 커짐 |
| 목적 | • 사회적·경제적 약자의 권리를 보호함<br>• 사회 구성원의 최소한의 인간다운 생활을 보장함 |
| 특징 | • 사법과 공법의 중간적인 성격을 지님<br>• 현대 복지 국가에서 그 중요성이 커짐 |

산업 혁명으로 기계를 이용한 대량 생산이 가능해지면서 산업 현장에서 성인보다 낮은 임금의 아동 노동이 적극 활용되었다. 이르면 4살부터 일하기 시작한 아이들은 하루에 16시간가량 일하고, 일하는 도중에 다쳐도 제대로 보상받지 못하였다.

## (2) 사회법의 종류

### ① 노동법

| 의미 | 노동자와 사용자 간의 관계를 조정하고 대립을 완화하기 위해 만든 법 |
|------|------|
| 내용 | 노동자의 권리와 근로 조건 등을 규정함 |
| 종류 | 근로 기준법,[+] 노동조합 및 노동관계 조정법,[+] 남녀 고용 평등법, 최저 임금법 등 |

### ② 경제법

| 의미 | 기업 간의 공정한 경쟁을 유도하고, 경제적 약자인 소비자와 중소기업의 권익을 보호하기 위해 만든 법 |
|------|------|
| 내용 | 개인과 기업, 기업과 기업 간의 경제생활 관계를 규정함 |
| 종류 | 독점 규제 및 공정 거래에 관한 법률, 소비자 기본법 등 |

### ③ 사회 보장법

| 의미 | 실업, 질병, 재해, 노령, 빈곤 등으로 어려움에 처한 사람들을 돕고, 모든 국민의 인간다운 생활을 보장하기 위해 만든 법 |
|------|------|
| 내용 | 사회 보장에 관한 국민의 권리와 국가 및 지방 자치 단체의 책임을 정하고 사회 보장 제도에 관한 기본적인 사항을 규정함 |
| 종류 | 국민 기초 생활 보장법,[+] 국민 건강 보험법, 국민연금법, 장애인 복지법, 노인 복지법 등 |

**＋ 근로 기준법**

헌법에 따라 근로 조건의 기준을 정해 노동자의 기본 생활을 보장하는 법이다.

**＋ 노동조합 및 노동관계 조정법**

노동자가 사용자에 비해 약자이기 때문에 침해당할 수 있는 권리에 대해 규정한 법이다.

**＋ 국민 기초 생활 보장법**

빈곤한 사람들에게 생계, 주거, 의료 등 필요한 비용을 지급하여 최저 생활을 보장하고 자활을 조성하기 위한 법이다.

### 콕콕 개념 확인하기

1. 개인과 개인 사이의 사적 생활을 규율하는 법을 _____(이)라고 한다.
2. 사법 중 가족 관계 및 개인 간의 재산 관계 등을 규정한 법을 _____(이)라고 한다.
3. 헌법과 소송법은 공법에 속한다. (O, X)
4. 범죄의 유형과 형벌의 내용을 규정한 법을 _____(이)라고 한다.
5. _____은/는 사회적·경제적 약자의 권리를 보호하기 위해 등장한 법이다.
6. 노동법과 경제법은 사법에 속한다. (O, X)

답 1. 사법 2. 민법 3. O 4. 형법 5. 사회법 6. X

## ❸ 공정한 재판

### 1. 재판의 의미와 종류

#### (1) 재판의 의미와 역할

| 의미 | 구체적 분쟁이 발생하였을 경우 법원이 법을 적용하여 옳고 그름을 판단하는 과정 |
|------|------|
| 역할 | • 국민의 이익을 보호하고 사회 정의와 인권 보호를 실현함<br>• 분쟁을 해결하고 사회 통합에 기여함<br>• 분쟁을 예방하고 사회 질서를 유지함 |

➕ 법의 적용 과정

법적 사실의 발생

↓

관련 법 조항의 해석

↓

판결

#### ☆(2) 재판의 종류

| 민사 재판 | 개인 간의 관계에서 발생한 분쟁을 해결하는 재판 |
|------|------|
| 형사 재판 | 강도, 절도, 폭행 등 범죄가 발생하였을 때 형벌의 종류와 형량을 결정하는 재판 |
| 가사 재판 | 이혼, 혼인, 상속 등 가족 관계에서 벌어진 다툼을 해결하는 재판 |
| 행정 재판 | 행정 기관의 잘못으로 개인의 권리가 침해당하였을 때 국가를 상대로 이를 고쳐줄 것을 요구하는 재판 |
| 선거 재판 | 선거 자체의 효력, 당선의 유·무효를 가리기 위한 재판 |
| 소년 보호 재판 | 19세 미만의 소년이 저지른 범죄 등에 대해 판단하는 재판 |
| 헌법 재판 | 재판에 적용되는 법이 헌법에 비추어 어긋나는지를 판단하는 재판 |

### 2. 민사 재판과 형사 재판

#### (1) 민사 재판

① 민사 재판의 절차

| 원고의 소장 제출 | 분쟁이 발생하여 원고가 소장을 법원에 제출하면 법원이 소장을 피고에게 전달함 |
|------|------|
| ↓ | |
| 피고의 답변서 제출 | 재판 시작 전에 피고는 답변서를 법원에 제출함 |
| ↓ | |
| 원고와 피고의 증거 제출 및 변론 | 원고와 피고는 증거를 법원에 제출하고, 법정에서 자기의 주장을 말함 |
| ↓ | |
| 판사의 판결 선고 | 판사는 원고와 피고의 변론과 증거를 토대로 제3자의 입장에서 누구의 주장이 옳은지, 누구에게 책임이 있는지 판결을 내림 |

② 민사 재판의 참여자

| 판사 | 판결을 내리는 사람 |
|------|------|
| 원고 | 소송을 제기한 사람(재판을 청구한 사람) |
| 피고 | 소송을 당한 사람(재판을 청구당한 사람) |
| 소송 대리인 | 원고나 피고의 편에 서서 법률적인 도움을 주는 사람(변호사) |

🔍 **꼼꼼 단어 돋보기**

● 소장

법원에 소송을 제기하기 위해 제출하는 문서

● 변론

각자의 주장을 펼치고 상대방의 주장에 항변하는 과정

원고　　원고 측　　피고 측　　피고
　　　소송 대리인　　소송 대리인

🔺 민사 재판의 법정 모습

## (2) 형사 재판

### ① 형사 재판의 절차

| 고소 또는 고발[+] | 사건이 발생하여 고소나 고발이 이루어지면 재판이 시작됨 |
|---|---|

⬇

| 검사와 경찰의 수사 | 검사와 경찰이 사건을 수사하여 •피의자를 찾아냄 |
|---|---|

⬇

| 검사의 공소 제기(기소) | 검사가 피의자의 범죄 혐의가 인정되면 피의자를 상대로 법원에 재판을 청구함 |
|---|---|

⬇

| 검사 진술 및 피고인[+] 변론 | 재판에서 검사는 형벌에 대한 의견을 진술하고, 피고인은 변호인 (변호사)의 도움을 받아 변론함 |
|---|---|

⬇

| 판사의 판결 선고 | 판사는 피고인의 유무죄를 가리며, 유죄일 경우 형벌의 종류와 형량을 결정함 |
|---|---|

**+ 고소와 고발**

고소는 범죄 피해자가 범죄 사실을 수사 기관에 신고하는 것이며, 고발은 제3자가 범죄 사실을 수사 기관에 신고하는 것을 말한다.

**+ 피고인**

형사 재판이 열리면 피의자를 피고인이라고 함

### ② 형사 재판의 참여자

| 판사 | 판결을 내리는 사람 |
|---|---|
| 검사 | 범죄 사실을 수사하고 기소하여 피고인의 처벌을 요구하는 사람 |
| 피고인 | 범죄 혐의가 있어 형사 재판을 받는 사람 |
| 변호인 | 피고인의 편에서 변호해 주는 사람 |

🔺 형사 재판의 법정 모습

### 🔍 꼼꼼 단어 돋보기

● **피의자**
범죄 혐의가 있는 사람

● **기소**
법원에 재판을 요구하는 행위

### (3) 국민 참여 재판 제도

① 국민 참여 재판 제도의 의미와 특징

| 의미 | 형사 재판에서 피고인이 원할 경우 국민이 배심원으로 재판에 참여하는 제도 |
|------|------------------------------------------------------------------|
| 목적 | 사법 제도의 민주적 정당성과 투명성 강화 및 사법 제도에 대한 국민의 신뢰를 확보함 |
| 특징 | • 피고인의 신청으로만 이루어짐<br>• 배심원의 평결은 구속력이 없으며 판사에게 권고하는 수준임 |

② 배심원단의 구성과 역할
- 구성: 무작위로 뽑힌 만 20세 이상의 국민으로 구성됨
- 역할: 배심원단은 피고인의 유무죄를 결정하고 형벌에 대한 의견을 모아 평결함

## 3. 공정한 재판을 위한 제도

### (1) 사법권의 독립

| 의미 | | 재판이 다른 국가 기관이나 특정 집단의 압력을 받지 않고 오직 법에 의해서만 공정하게 이루어지게 하는 것 |
|------|------|------------------------------------------------------------------|
| 필요성 | | 국민의 권리를 보호하기 위함 |
| 전제 조건 | 법원의 독립 | 법원을 입법부, 행정부로부터 독립시켜 판결하도록 함 |
| | 법관의 독립 | 법관이 외부의 압력을 받지 않고 오직 헌법과 법률, 양심에 따라 재판을 할 수 있도록 법관의 신분을 보장함 |

### ☆ (2) 심급 제도

① 심급 제도의 의미와 원칙

| 의미 | 하나의 사건을 급을 달리하는 법원에서 여러 번 재판을 받을 수 있도록 하는 제도 |
|------|------------------------------------------------------------------|
| 목적 | 법관이 잘못된 판결을 내릴 가능성을 최소화하고, 공정한 재판을 통해 국민의 기본권을 보장함 |
| 원칙 | 우리나라에서는 일반적으로 3심제를 원칙으로 함[+] |

② 상소 제도

| 의미 | 상급 법원에 다시 재판을 청구하는 것 |
|------|------------------------------------------------------------------|
| 항소 | 재판 당사자가 1심 판결에 불복하여 상급 법원에 2심 재판을 청구하는 것 |
| 상고 | 재판 당사자가 2심 판결에 불복하여 대법원에 3심 재판을 청구하는 것 |

▲ 우리나라의 심급 제도

**[+] 3심제를 원칙으로 하는 이유와 예외**

3심으로 제한하는 이유는 분쟁에 휘말린 국민이 신속한 결정을 통해 안정된 생활을 하도록 하기 위해서이다. 예외적으로 특허 재판은 특허 법원과 대법원에서 이루어지는 2심제, 선거 재판은 단심제 또는 2심제로 운영된다.

🔍 **꼼꼼 단어 돋보기**

● 평결
평론하거나 평가하여 결정한 내용

### (3) 공개 재판주의

| 의미 | 소송 당사자 이외의 일반 시민들도 재판의 과정을 볼 수 있도록 공개하는 원칙 |
|------|----------------------------------------------------------------------|
| 목적 | 소송 당사자의 인권 침해나 불공정한 판결을 방지함 |
| 예외 | 국가의 안전 보장 또는 재판받는 사람의 인권 보장 등을 위해 예외적으로 재판을 비공개로 진행하기도 함 |

### (4) 증거 재판주의[+]

| 의미 | 법원은 반드시 구체적이고 명확한 증거에 의해 판결을 내려야 한다는 원칙 |
|------|----------------------------------------------------------------------|
| 목적 | 재판의 신뢰성을 높이고 소송 당사자를 보호함 |

[+] **형사 재판과 증거 재판주의**
형사 재판에서 피고인의 자백이 유일한 증거라면 자백만으로 판결할 수 없기 때문에 증거가 매우 중요하다.

## 4. 일상생활 속의 분쟁[+] 해결

### (1) 재판을 통한 분쟁 해결 방법
① 민사 소송: 타인의 위법한 행위로 손해를 입은 경우 민사 소송을 통해 손해 배상을 청구할 수 있음
② 형사 소송: 타인의 위법한 행위가 형사상 범죄 행위에 해당할 경우 형사 소송을 통해 형벌을 부과할 수 있음

### (2) 재판 이외의 분쟁 해결 방법
① 장점: 재판보다 시간과 비용이 적게 듦
② 종류

| 합의 | 분쟁 당사자 간의 대화를 통해 분쟁을 해결함 |
|------|----------------------------------------------|
| 조정 | 제3자가 개입하여 분쟁 해결에 도움을 주는 것으로, 관련 당사자가 반드시 조정안을 따를 필요는 없음 |
| 중재 | 제3자가 해결안을 제시하는 것으로, 관련 당사자는 해결안을 강제적으로 따라야 함 |

[+] **일상생활 속 분쟁 사례**
학교 폭력, 저작권 침해와 관련된 분쟁, 층간 소음과 관련된 분쟁 등이 있다.

### 콕콕 개념 확인하기

1. 민사 재판에서 재판을 청구당한 사람을 _____(이)라고 한다.
2. _____이/가 공소를 제기함으로써 형사 재판이 시작된다.
3. 하나의 사건을 급을 달리하는 법원에서 여러 번 재판을 받을 수 있도록 하는 제도를 _____ 제도라고 한다.
4. 재판 당사자가 2심 판결에 불복하여 대법원에 3심 재판을 청구하는 것을 (항소, 상고)라고 한다.
5. 우리나라의 국민 참여 재판은 (민사, 형사) 재판에 국민이 배심원으로 참여하는 제도이다.

답  1. 피고  2. 검사  3. 심급  4. 상고  5. 형사

**01** 다음 내용에 해당하는 사회 규범은?

> • 강제성을 가진 사회 규범
> • 위반 시 국가의 제재를 받음

① 법          ② 관습
③ 도덕        ④ 종교 규범

**02** 법과 도덕을 비교한 것으로 옳지 <u>않은</u> 것은?

| | 구분 | 법 | 도덕 |
|---|---|---|---|
| ① | 목적 | 정의의 실현 | 선의 실현 |
| ② | 강제성 | 있음 | 없음 |
| ③ | 판단 기준 | 행위의 동기 | 행위의 결과 |
| ④ | 위반 시 | 국가에 의한 제재 | 사회적 비난 |

**03** A 영역에 해당하는 것은?

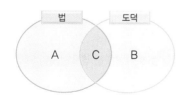

① 도로 교통법
② 살인하지 말라.
③ 부모님께 효도하라.
④ 살인한 자는 무기 징역에 처한다.

주목
**04** 다음과 같은 사회 규범에 대한 설명으로 옳은 것은?

> 사람을 체포 또는 감금하여 가혹한 행위를 가한 자는 7년 이하의 징역에 처한다.

① 오랫동안 반복되어 온 행동 양식이다.
② 다른 사회 규범에 비해 내용이 명확하다.
③ 도덕을 바탕으로 만들어지는 경우는 없다.
④ 양심에 따라 자발적으로 지키는 규범이다.

**05** 다음 내용과 관련 있는 법의 목적은?

> • 범죄를 저지른 사람을 처벌하는 것
> • 성과가 좋은 직원에게 성과급을 주는 것

① 정의의 실현
② 분쟁의 해결
③ 공공복리 추구
④ 사회 질서 유지

**06** 다음과 같이 법을 분류하는 기준은?

> • 사법
> • 공법
> • 사회법

① 제정 주체
② 강제성의 유무
③ 법의 효력 범위
④ 규율하는 생활 영역

**07** 사법(私法)에 대한 설명으로 옳지 <u>않은</u> 것은?

① 민법, 상법 등이 이에 속한다.
② 사적 생활을 규율하는 법이다.
③ 근대 이후부터 강조되는 법이다.
④ 공권력과 관련된 내용을 규정하고 있다.

주목
**08** 다음과 같은 상황에 적용할 수 있는 법의 종류는?

> 할아버지가 돌아가신 후 할아버지의 재산을 나누는 과정에서 아버지와 큰아버지 사이에 다툼이 발생하였다.

① 상법              ② 민법
③ 소송법            ④ 경제법

**09** 다음에서 설명하는 법은?                    2021년 1회

> • 범죄의 종류와 처벌의 기준을 정한 법이다.
> • 공적인 생활 영역을 다루는 공법으로 분류된다.

① 민법              ② 형법
③ 상법              ④ 소비자 기본법

**10** 다음 설명에 해당하는 법은?                    2019년 2회

> • 개인과 국가의 관계나 국가 기관과 관련된 일을 다루는 법이다.
> • 헌법, 형법, 행정법 등이 이에 속한다.

① 공법              ② 사법
③ 사회법            ④ 관습법

**11** 다음 설명에 해당하는 법의 종류가 <u>아닌</u> 것은?

> 개인과 국가 또는 국가 기관 간의 공적 관계를 규율하는 법의 영역

① 헌법              ② 경제법
③ 행정법            ④ 소송법

**12** 다음 설명에 해당하는 법의 종류를 〈보기〉에서 고른 것은?

> 국가가 사적 영역에 개입하여 사회적 약자를 보호하기 위해 만든 법을 말한다.

보기
ㄱ. 상법       ㄴ. 경제법
ㄷ. 선거법     ㄹ. 노동법

① ㄱ, ㄴ      ② ㄱ, ㄷ
③ ㄴ, ㄷ      ④ ㄴ, ㄹ

**13** 사회법에 대한 설명으로 옳지 <u>않은</u> 것은?

① 공법과 사법의 중간적 성격이다.
② 근대 이전부터 중요시된 법이다.
③ 노동법, 사회 보장법 등이 이에 해당한다.
④ 사회적 약자의 권리 보호를 목적으로 한다.

**14** 다음과 같은 상황을 계기로 등장한 법의 종류가 <u>아닌</u> 것은?

> 산업 혁명으로 기계를 이용한 대량 생산이 가능해지면서 성인보다 낮은 임금의 아동 노동이 활용되었다. 이르면 4살부터 일하기 시작한 아이들은 하루에 16시간가량 일하고, 일하는 도중에 다쳐도 제대로 보상받지 못하였다.

① 근로 기준법
② 형사 소송법
③ 최저 임금법
④ 노동조합 및 노동관계 조정법

**15** 제시된 법들의 공통적인 목적으로 가장 적절한 것은?

2018년 2회

> • 노동법 – 최저 임금법, 근로 기준법
> • 경제법 – 독점 규제 및 공정 거래에 관한 법률, 소비자 기본법
> • 사회 보장법 – 국민연금법, 국민 기초 생활 보장법

① 공정한 선거 보장
② 행정부의 권력 견제
③ 재판의 절차와 방법 간소화
④ 최소한의 인간다운 생활 보장

**16** 재판에 대한 설명으로 적절하지 <u>않은</u> 것은?

① 사회 정의를 실현하는 역할을 한다.
② 국민의 인권을 보호하는 역할을 한다.
③ 법을 적용하여 옳고 그름을 판단하는 과정이다.
④ 모든 분쟁은 재판을 통해 해결하는 것이 가장 바람직하다.

**17** 밑줄 친 ㉠을 다루는 재판은?

2019년 1회

> A씨는 이웃집 개에게 다리를 물렸다. 병원에서 치료를 받은 후 개 주인에게 치료비를 요구하자 개 주인은 못 주겠다고 하였다. 이에 A씨는 법원에 개 주인을 상대로 ㉠손해 배상 청구 소송을 제기하였다.

① 민사 재판     ② 선거 재판
③ 가사 재판     ④ 행정 재판

**18** 다음 사건에 해당하는 재판의 종류는?　　2017년 1회

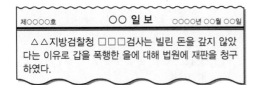

제○○○○호　　　　○○ 일 보　　　○○○○년 ○○월 ○○일

　　△△지방검찰청 □□□검사는 빌린 돈을 갚지 않았
다는 이유로 갑을 폭행한 을에 대해 법원에 재판을 청구
하였다.

① 가사 재판　　　　② 형사 재판
③ 행정 재판　　　　④ 선거 재판

**19** 다음 설명에 해당하는 재판의 종류는?

　　이혼, 혼인, 상속 등 가족 관계에서 벌어진 다툼을
해결하는 재판

① 가사 재판　　　　② 형사 재판
③ 행정 재판　　　　④ 헌법 재판

**20** 다음 내용에 해당하는 재판의 참여자가 <u>아닌</u> 것은?

　　개인과 개인 사이에서 일어난 권리와 의무에 대한
분쟁을 해결하기 위한 재판이다.

① 판사　　　　② 검사
③ 원고　　　　④ 피고

**21** ㉠, ㉡에 들어갈 용어를 바르게 연결한 것은?

　　( ㉠ )은/는 범죄 피해자가 직접 수사 기관에
신고하는 것이며, ( ㉡ )은/는 제3자가 범죄 사실을
수사 기관에 신고하는 것을 말한다.

　　㉠　　　　㉡
① 고소　　　고발
② 고소　　　기소
③ 고발　　　고소
④ 고발　　　기소

주목
**22** 다음 그림과 같은 법정 모습을 볼 수 있는 재판은?

① 민사 재판　　　　② 형사 재판
③ 가사 재판　　　　④ 헌법 재판

**23** 다음과 같은 제도를 실시하는 목적으로 가장 적절한 것은?

- 심급 제도
- 공개 재판주의
- 증거 재판주의

① 공정한 재판을 위해서
② 신속한 재판을 위해서
③ 효율적인 재판을 위해서
④ 여론을 재판에 반영하기 위해서

**25** 재판 이외의 분쟁 해결 방안으로 적절한 것을 〈보기〉에서 고른 것은?

보기
ㄱ. 조정　　　　　　ㄴ. 중재
ㄷ. 민사 소송　　　　ㄹ. 형사 소송

① ㄱ, ㄴ　　　　　　② ㄱ, ㄷ
③ ㄴ, ㄹ　　　　　　④ ㄷ, ㄹ

**24** 심급 제도에 대한 설명으로 옳은 것은?

① 신속한 재판을 위한 제도이다.
② 우리나라는 일반적으로 2심제를 채택하고 있다.
③ 2심 판결에 불복하여 3심 재판을 청구하는 것을 항소라고 한다.
④ 급을 달리하는 법원에서 여러 번 재판을 받을 수 있도록 하는 제도이다.

# 12 Ⅰ 사회 1
# 사회 변동과 사회 문제

## 1 현대 사회의 변동 양상

### 1. 사회 변동

#### (1) 사회 변동의 의미와 원인

| 의미 | 정치, 경제, 사회 제도, 가치관 등이 시간의 흐름에 따라 부분적 또는 전체적으로 변화하는 현상 |
| --- | --- |
| 원인 | 교통·통신 및 과학 기술의 발달, 가치관이나 이념의 변화, 정부의 정책, 인구 변화, 문화 전파 등 |

**쏙쏙 이해 더하기**　**인류 사회의 변동 과정**

**╋ 정보 사회**
정보가 유력한 자원이 되고, 정보의 가공과 처리에 의한 가치의 생산을 중심으로 사회나 경제가 운영·발전해 가는 사회를 말한다.

#### (2) 현대 사회 변동의 특징

| 가속성 | 기술의 발달로 사회 변화의 속도가 빨라지고 변화에 따른 새로운 삶의 방식이 급격하게 변함 |
| --- | --- |
| 동시성 | 교통과 정보 통신 기술의 발달로 세계가 거의 동시에 변화함 |
| 광범위성 | 정치, 경제, 사회, 문화 등 특정 영역의 변화가 물질적인 변화뿐만 아니라 생활 양식과 사고방식까지 변화시킴 |

**쏙쏙 이해 더하기**　**발명 시계**

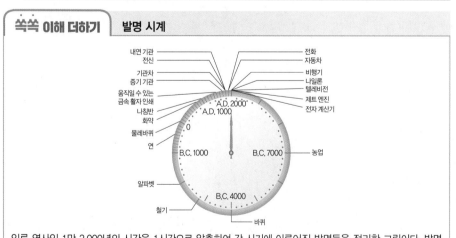

인류 역사인 1만 2,000년의 시간을 1시간으로 압축하여 각 시기에 이루어진 발명들을 정리한 그림이다. 발명 시계를 통해 사회 변동의 속도가 점점 빨라지고 있음을 알 수 있다.

## 2. 현대 사회의 변동

### (1) 산업화

| | |
|---|---|
| 의미 | 농업 중심의 사회에서 제조업, 광공업, 서비스업의 비율이 증가하여 산업 사회로 변화하는 현상 |
| 특징 | • 대량 생산으로 대량 소비가 가능해짐<br>• 생산성 증대에 따라 생활 수준이 향상됨<br>• 의료 기술 발달에 따라 인구가 급격하게 증가함<br>• 교육 기회의 확대로 대중 사회가 형성됨<br>• 이촌 향도 현상으로 도시화가 진행됨 |
| 문제점 | • 빈부 격차, 도시와 농촌의 격차가 심화됨<br>• 노동자와 사용자 간의 갈등이 심화됨<br>• 인간 소외 현상이 발생함<br>• 환경 오염, 교통 문제 등이 발생함 |

### (2) 정보화

| | |
|---|---|
| 의미 | 지식과 정보가 중심이 되어 사회의 변화를 이끌어 가는 현상 |
| 특징 | • 다품종 소량 생산 체제가 확립됨<br>• 정보 통신 관련 산업이 발달함<br>• 재택근무와 인터넷 뱅킹이 확산됨<br>• 전자 민주주의가 실현됨<br>• 가상 공간에서의 새로운 인간관계가 형성됨 |
| 문제점 | 정보 격차[+] 심화, 권력 기관에 의한 감시와 통제, 인터넷 중독, 사이버 범죄[+], 생산 과정의 자동화로 인한 일자리 감소 등의 문제가 발생함 |

**＋ 정보 격차**

새로운 정보에 접근할 수 있는 능력을 보유한 사람과 그렇지 못한 사람 사이의 경제적·사회적 격차를 말한다.

**＋ 사이버 범죄의 유형**

사이버 폭력, 개인 정보 유출로 인한 사생활 침해, 지식 재산권 침해, 해킹, 전자 상거래 사기 등이 있다.

### (3) 세계화

| | |
|---|---|
| 의미 | 경제, 사회, 문화 등 여러 분야에서 국경을 넘어 교류가 이루어지고 생활 공간이 전 세계로 확대되는 현상 |
| 특징 | • 국가 간 문화 교류가 활성화되고 세계 문화가 등장함<br>• 국가 간 상호 의존성이 증대됨<br>• 현대적인 생활 양식이 확대됨<br>• 민주주의 이념이 확산됨 |
| 문제점 | • 국가 간 빈부 격차가 심화됨<br>• 강대국의 영향력 강화로 인해 약소국의 자율성이 침해됨<br>• 소수 민족 및 지역 문화가 파괴됨<br>• 문화의 획일화 현상이 나타남 |

---

### 콕콕 개념 확인하기

1. _____은/는 사회의 다양한 요소들이 시간이 흐름에 따라 부분적 또는 전체적으로 변화하는 현상이다.
2. 오늘날에는 한 분야에서 발생한 사회 변동이 다른 분야에 영향을 미치지 않는다. (O, X)
3. 농업 중심의 사회에서 공업 중심의 사회로 변화하는 현상을 _____(이)라고 한다.
4. 지식과 정보가 중심이 되어 사회의 변화를 이끌어 가는 현상을 _____(이)라고 한다.
5. 여러 분야에서 생활 공간이 전 세계로 확대되는 현상을 _____(이)라고 한다.

답  1. 사회 변동  2. X  3. 산업화  4. 정보화  5. 세계화

**🔍 꼼꼼 단어 돋보기**

● 인간 소외 현상

기계나 산업이 중심이 되면서 오히려 인간의 존엄성이 약화되는 현상

## 2 한국 사회의 변동 양상

### 1. 한국 사회의 변동 과정

**(1) 변동의 모습**
- ① 경제적 변동: 1960년대 이후 정부 주도의 경제 성장 정책으로 빠르게 산업 사회로 진입함
- ② 정치적 변동: 시민들의 저항을 통해 권위주의적 통치가 약화되고 민주주의가 정착됨
- ③ 사회적 변동: 개인의 능력과 창의력을 중시하고 여성의 사회 참여가 확대됨

**(2) 변동의 특징 및 문제점**
- ① 특징: 급격한 사회 변동을 통해 빠른 경제 성장을 이룸
- ② 문제점: 환경 오염 발생, 지역 간 격차와 빈부 격차 심화, 지역 감정 심화 등

**쏙쏙 이해 더하기** | 한국 사회의 변동

| 농경 사회 | → | 산업 사회 | → | 정보 사회 |
|---|---|---|---|---|
| 1960년대 이전 | | 1960년대 중반 이후 | | 1990년대 |

한국 사회는 '한강의 기적'이라고 불릴 정도로 50년 남짓한 짧은 기간에 산업화와 정보화가 이루어졌다.

### ☆ 2. 저출산·고령화⁺ 현상

**(1) 저출산·고령화의 의미와 배경**
- ① 저출산·고령화의 의미: 출산율이 낮아지고, 전체 인구 중 65세 이상 노년 인구가 차지하는 비율은 높아지는 현상
- ② 저출산·고령화의 배경

| 저출산 | • 여성의 사회 진출 증가와 결혼 평균 연령의 상승<br>• 양육비, 사교육비 등의 자녀 양육의 경제적 부담 증가<br>• 가족에 대한 가치관 변화 |
|---|---|
| 고령화 | • 의학 기술의 발달과 생활 수준 향상으로 평균 수명 증가<br>• 출산율 감소에 따른 노인 비율 증가<br>참고 저출산 현상이 고령화의 원인이 됨 |

**(2) 저출산·고령화의 문제점 및 해결 방안**
- ① 저출산·고령화의 문제점
  - • 생산 가능 인구가 줄어들어 노동력 부족으로 경제 성장 악화
  - • 노인 연금 및 복지 비용 등 노인 부양 부담 증가
  - • 각종 노인 문제 및 세대 간 갈등 발생
- ② 저출산·고령화의 해결 방안

| 저출산 | • 출산과 육아를 사회가 함께 책임져야 한다는 의식의 전환이 필요함<br>• 양육비·보육비 지원, 육아 휴직 확대 등 출산 장려 정책을 시행함 |
|---|---|
| 고령화 | • 개인적 차원의 연금 등 노후 대비 자금을 마련함<br>• 노년층에게 일자리 제공 및 다양한 노인 복지 정책을 마련함<br>• 사회 구성원들과의 정서적 유대감 형성을 위한 사회적 관계망을 확충함 |

**➕ 고령화의 구분**

| 고령화 사회 | 65세 이상 인구 비율이 7% 이상~ 14% 미만인 사회 |
|---|---|
| 고령 사회 | 65세 이상 인구 비율이 14% 이상~20% 미만인 사회 |
| 초고령 사회 | 65세 이상 인구 비율이 20% 이상인 사회 |

**🔍 꼼꼼 단어 돋보기**

● **생산 가능 인구**
생산 활동이 가능한 만 15세부터 64세까지의 인구

우리나라 합계 출산율의 변화

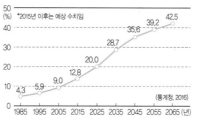

우리나라 65세 이상 노인 인구 구성 비율의 변화

우리나라는 산업화 이후 경제 성장과 산아 제한 정책 및 여성의 사회 진출 등으로 인구 성장률이 둔화되었다. 최근에는 고용 불안, 결혼 연령 상승 등으로 저출산 및 고령화 현상이 매우 빠른 속도로 진행되고 있다.

## 3. 다문화 사회

### (1) 다문화 사회의 의미와 등장 배경

① 의미: 각기 다른 민족, 인종, 종교, 문화를 가진 사람들이 함께 살아가는 사회

② 등장 배경: 외국인 근로자, 결혼 이민자, 외국인 유학생, 북한 이탈 주민 등의 유입 증가[+]

### (2) 다문화 사회의 영향

① 긍정적 영향
- 새로운 문화의 유입으로 문화 경험의 기회가 확대됨
- 외국인 근로자의 유입으로 노동력 부족 문제가 해결됨

② 부정적 영향
- 서로 다른 가치관과 생활 양식 등 문화적 차이에 대한 무지와 이해 부족으로 문화 갈등이 발생함
- 피부색이나 언어, 국적이 다르다는 이유에서 비롯한 편견이 사회적 차별로 확장되어 인권 침해 문제가 발생함
- 국내 노동자와 외국인 근로자 사이의 일자리 경쟁이 심화됨
- 언어 차이로 인해 이주민들의 사회 부적응 문제가 발생함

### (3) 다문화 사회의 대응 방안

① 의식적 차원
- 문화의 다양성을 이해하는 문화 상대주의 태도를 지녀야 함
- 차이를 인정하고 차별하지 않는 자세를 지녀야 함

② 제도적 차원[+]
- 이주자들의 권리 보장을 위한 법과 제도를 마련함
- 결혼 이민자의 국내 정착을 돕기 위한 정책을 마련함
- 서로의 문화적 차이를 존중하기 위한 다양한 다문화 프로그램을 시행함

**[+] 우리나라 다문화 사회의 현황**

현재 외국인 거주자 수는 전체 인구의 약 4.0%를 차지하고 있으며 점점 증가하고 있다.

늘어나는 이주 외국인

**[+] 우리나라의 다문화 정책**

한국어 교육 프로그램 운영, 다문화 가족 지원법 제정, 이주 외국인의 구직 활동 지원 등을 통해 다문화 사회의 공존을 위해 노력하고 있다.

### 콕콕 개념 확인하기

1. 한국 사회는 (급격한, 완만한) 사회 변동을 겪었다.
2. 전체 인구 중 65세 이상 노년 인구의 비중이 높아지는 현상을 _____(이)라고 한다.
3. 각기 다른 민족, 종교, 문화 등을 가진 사람들이 함께 살아가는 사회를 _____ 사회라고 한다.

답  1. 급격한  2. 고령화  3. 다문화

## 3 현대의 사회 문제

### 1. 현대 사회 문제

#### (1) 사회 문제의 의미와 특징

| 의미 | 사회 구성원 대다수가 문제로 여기며 바람직한 방향으로 개선되어야 한다고 생각하는 사회 현상 |
|------|----------------------------------------------------------------------------|
| 원인 | 사회 변동이나 가치관의 변화, 사회 제도 또는 구조의 모순으로 발생함 |
| 특징 | • 발생 원인이 사회에 있으며, 인간의 노력으로 해결이 가능함<br>• 사회 문제는 어느 사회에나 존재하지만 시대나 장소에 따라 달라짐 |

> **쏙쏙 이해 더하기**  사회 문제의 상대성
>
> 과거에는 식량 생산력이 낮아 굶주림에서 벗어나는 것이 굉장히 중요하였다. 오늘날에도 세계의 일부 지역에서는 여전히 기아 해결이 중요한 사회 문제이지만 과거에 비해 식량 생산력이 현저하게 증대되면서 비만이 중요한 사회 문제로 대두되고 있다. 현대 사회에서는 비만을 질병으로 보아 비만세를 부과하는 나라가 생길 정도이다.

#### (2) 사회 문제가 미치는 영향

| 긍정적 영향 | 한 사회의 잘못된 부분이 드러나 이를 해결할 경우 사회 발전과 사회 통합에 기여함 |
|-----------|------------------------------------------------------------------|
| 부정적 영향 | 사회 구성원들에게 고통을 주고 사회가 혼란해짐 |

#### ☆(3) 다양한 현대 사회 문제

| 인구 문제 | 선진국 | 저출산·고령화로 인한 노동 가능 인구의 감소 → 경제 성장 둔화, 노인 부양비 등 사회 복지 비용이 증가함 |
|---------|--------|-----------------------------------------------------------------|
| | 개발 도상국 | 높은 출산율로 인한 급격한 인구 증가 → 식량 부족 및 기아와 빈곤 문제, 일자리와 각종 시설 부족 등을 초래함 |
| 노동 문제 | | 실업 문제, 노사 갈등, 비정규직 근로자 증가, 고용 불안, 임금 격차[+] 확대 등 |
| 환경 문제 | | 지구 온난화, 산업화에 따른 대기·수질·토양 오염, 사막화 등 |
| 기타 | | 사회 양극화, 전쟁과 테러, 정보화에 따른 문제, 일상생활 관련 문제 등 |

**+ 임금 격차**
비정규직 근로자, 여성 근로자에 대한 임금 차별 문제는 사회 불평등으로 이어진다.

### 2. 현대 사회 문제의 해결 방안

#### (1) 현대 사회 문제 해결의 필요성

① 사회 문제가 해결되지 못할 때: 사회 갈등 및 사회 불안과 혼란을 초래함
② 사회 문제가 잘 해결될 때: 사회 발전과 통합의 계기가 됨

#### (2) 현대 사회 문제의 해결 방안

| 인구 문제 | 선진국 | 출산 장려 정책 시행, 사회 복지 제도 마련 등 |
|---------|--------|----------------------------------|
| | 개발 도상국 | 출산 억제 정책 시행, 경제 개발 등 |
| 노동 문제 | | 일자리 창출, 기업의 투자 확대, 다양한 취업 정보 제공과 취업 기회 확대, 부당 노동 행위 규제, 임금 격차 해소를 위한 제도 마련, 노사 관계 개선을 위한 노력 등 |

| 환경 문제 | • 개인적 차원: 쓰레기 분리배출, 물건 재사용, 일회용품 사용 줄이기, 에너지 절약 생활화<br>• 국가적 차원: 오염 방지 시설 건설, 친환경 기술 개발·투자, 환경 문제의 해결을 위한 국가 간 협력 확대 등 |
|---|---|

### (3) 현대 사회의 문제 해결을 위한 자세

① **개인적 차원**: 공동체 의식을 바탕으로 사회 문제 해결에 적극적으로 참여해야 함
② **제도적 차원**: 사회 문제 해결에 적합한 제도와 정책을 마련함
③ **국제적 차원**: 전 지구적 차원에서 사회 문제의 해결을 위한 구체적이고 실질적인 협력 방안을 마련함

---

**쏙쏙 이해 더하기** | **세계의 인구 문제**

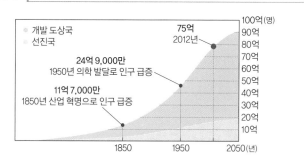

선진국과 개발 도상국에서는 서로 다른 양상의 인구 문제가 나타나고 있다. 선진국의 경우 저출산·고령화 현상이 나타나는 반면, 개발 도상국의 경우 출산율은 높으나 사망률이 급격하게 낮아지면서 인구가 빠르게 증가하는 현상이 나타나고 있다.

---

**콕콕 개념 확인하기**

1. _____은/는 사회 구성원 대다수가 문제로 여기며 바람직한 방향으로 개선되어야 한다고 생각하는 사회 현상이다.
2. 사회 문제는 인간의 노력으로 해결이 가능하다. (O, X)
3. (선진국, 개발 도상국)에서는 노동력 부족 문제가 발생한다.
4. (선진국, 개발 도상국)에서는 출산 억제 정책을 시행하고 있다.

답  1. 사회 문제  2. O  3. 선진국  4. 개발 도상국

# 탄탄 실력 다지기

**01** 다음에서 설명하고 있는 개념은?

> 정치, 경제, 가치관 등이 시간의 흐름에 따라 변화하는 현상을 말한다.

① 사회화 　　　　 ② 사회 갈등
③ 사회 변동 　　　 ④ 사회 조직

**02** 다음 발명 시계를 통해 알 수 있는 사회 변동의 특징으로 가장 적절한 것은?

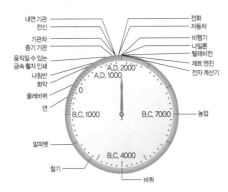

① 세계가 거의 동시에 변동하고 있다.
② 사회 변동의 속도가 빨라지고 있다.
③ 시간이 지날수록 변동이 단순화되고 있다.
④ 한 영역의 변화가 광범위하게 다른 영역까지 변화시키고 있다.

**03** 산업화에 대한 설명으로 옳지 <u>않은</u> 것은?

① 제조업의 비율이 증가하는 현상이다.
② 교육 기회의 확대로 대중 사회가 형성되었다.
③ 환경 오염, 빈부 격차 등의 문제가 발생하였다.
④ 도시에서 농촌으로 인구 집중 현상이 나타났다.

주목
**04** 다음 내용과 관련된 현대 사회의 변동 모습으로 가장 적절한 것은?

> • 다품종 소량 생산 체제 확립
> • 전자 민주주의의 실현
> • 가상 공간에서의 새로운 인간관계 형성

① 산업화 　　　　 ② 세계화
③ 정보화 　　　　 ④ 도시화

**05** 정보화의 문제점으로 적절하지 <u>않은</u> 것은?

① 사생활 침해
② 인터넷 중독
③ 정보 격차 심화
④ 노사 간 갈등 심화

**06** 다음 사례와 관련된 사회 변동의 특징으로 옳지 <u>않은</u> 것은?

> • 우리나라에서 동남아시아의 열대 과일을 먹을 수 있다.
> • 다양한 할리우드 영화가 우리나라에서 개봉한다.

① 세계 문화가 등장하였다.
② 민주주의 이념이 확산되고 있다.
③ 국가 간 빈부 격차가 해소되고 있다.
④ 국가 간 상호 의존성이 증대되고 있다.

**07** 한국 사회의 정치적 변동에 대한 설명으로 옳은 것은?

① 정치 발전이 이루어지지 않았다.
② 정부 주도하에 민주화가 이루어졌다.
③ 시민들의 저항을 통해 권위주의가 약화되었다.
④ 시민들이 권위주의적인 정부에 쉽게 순응하였다.

주목
**08** 현재 한국 사회의 모습으로 옳지 <u>않은</u> 것은?

① 다문화 사회로 진입
② 산업화 사회로 진입
③ 저출산 사회로 진입
④ 고령화 사회로 진입

**09** 우리나라에서 나타나고 있는 저출산 현상의 원인으로 옳은 것은?

① 노인 인구 증가
② 평균 수명 증가
③ 의료 기술의 발달
④ 여성의 사회 진출 증가

**10** 다음에서 ㉠에 들어갈 주제로 가장 적절한 것은?

2021년 1회

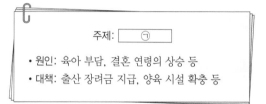

> 주제: ㉠
>
> • 원인: 육아 부담, 결혼 연령의 상승 등
> • 대책: 출산 장려금 지급, 양육 시설 확충 등

① 저출산          ② 난민 유입
③ 인종 차별        ④ 지역 분쟁

**11** 고령화에 따른 사회 문제로 가장 적절한 것은?

① 생산 가능 인구가 증가한다.
② 노인 빈곤 문제가 나타난다.
③ 노동력 증가로 경제가 성장한다.
④ 노인을 위한 복지 비용이 감소한다.

**12** 다음 밑줄 친 '현상'의 해결 방안으로 적절하지 <u>않은</u> 것은?

> 전체 인구에서 65세 이상 노년 인구가 차지하는 비율이 높아지는 <u>현상</u>을 말한다.

① 노인 복지 정책을 축소해야 한다.
② 노년층의 일자리를 확충해야 한다.
③ 개인적으로 노후에 대비해야 한다.
④ 사회 구성원들과의 정서적 유대감을 강화한다.

**13** 다음을 통해 변화된 사회의 모습은?　　　2016년 1회

> • 외국인 노동자의 국내 유입 증가
> • 국제결혼을 통한 이주자의 국내 유입 증가

① 고령화 사회　　　② 정보화 사회
③ 산업화 사회　　　④ 다문화 사회

**14** 다문화 가정 학생 수가 증가하는 이유로 가장 적절한 것은?

① 노인 관련 산업 성장
② 결혼 이민자의 증가
③ 외국인 근로자의 유출
④ 출산율의 지속적인 감소

**15** 다음 사례를 통해 알 수 있는 다문화 사회의 영향으로 가장 적절한 것은?

> 경기도 안산시의 원곡동 일대는 공업 단지의 20% 이상이 외국인 근로자로 채워졌다.

① 새로운 문화가 유입된다.
② 일자리가 증가하게 된다.
③ 노동력 부족 문제를 해결할 수 있다.
④ 다양한 문화적 경험을 할 수 있게 된다.

**16** 다문화 사회의 갈등에 대한 설명으로 옳지 <u>않은</u> 것은?

① 언어의 차이로 의사소통에 문제가 생길 수 있다.
② 문화 상대주의의 태도로 인해 갈등이 심해지고 있다.
③ 차별로 인한 이주민의 인권 침해 문제가 발생하고 있다.
④ 국내 노동자와 외국인 근로자 사이의 일자리 경쟁이 심화된다.

주목
**17** 사회 문제의 특징으로 옳지 <u>않은</u> 것은?

① 발생 원인이 사회에 있다.
② 인간의 노력으로 해결이 불가능하다.
③ 시대나 장소에 따라 다르게 나타날 수 있다.
④ 사회 구성원들에게 긍정적 영향을 미치기도 한다.

**18** 선진국에서 나타나는 사회 문제로 옳은 것은?

① 급격한 인구 증가 문제
② 일자리와 각종 시설 부족
③ 식량 부족 및 기아와 빈곤
④ 고령화에 따른 노동력 부족 문제

**19** 다음 사례와 관련된 사회 문제의 유형은?

- 실업 문제
- 임금 격차 확대
- 비정규직 근로자 증가

① 인구 문제
② 노동 문제
③ 환경 문제
④ 정보 격차 문제

**20** 사회 문제를 해결하기 위한 자세로 옳지 <u>않은</u> 것은?

① 공동체보다 개인의 이익을 우선시해야 한다.
② 개인은 사회 문제 해결에 적극 참여해야 한다.
③ 사회 문제 해결에 적합한 정책을 마련해야 한다.
④ 국제적인 차원에서 서로 협력하고 노력해야 한다.

어떠한 일도 갑자기 이루어지지 않는다.
한 알의 과일, 한 송이의 꽃도 그렇게 되지 않는다.

나무의 열매조차 금방 맺히지 않는데,
하물며 인생의 열매를 노력도 하지 않고
조급하게 기다리는 것은 잘못이다.

– 에픽테토스(Epictetus)

# 사회 2

# 01 II 사회2
# 인권과 헌법

## 1 인권 보장과 기본권

### 1. 인권 보장
#### ☆ (1) 인권의 의미와 특징
① 의미: 인간이라면 누구나 마땅히 누려야 할 기본적인 권리
② 특징

| 천부 인권 | 태어나면서 하늘로부터 부여받은 당연한 권리 |
|---|---|
| 보편적 권리 | 인종·성별·사회적 지위·종교 등과 관계없이 모든 사람이 동등하게 누리는 권리 |
| 불가침의 권리 | 누구도 함부로 침해할 수 없고, 남에게 양도할 수 없는 권리 |
| 자연권 | 국가의 법으로 정하기 이전에 자연적으로 주어진 권리 |

### (2) 인권 보장의 역사와 중요성 +
① 인권 보장의 역사적 전개: 많은 사람의 오랜 노력과 희생으로 인권의 의미와 범위가 확대됨

| 근대 이전 | 근대 시민 혁명 | 현대 |
|---|---|---|
| • 고대의 노예나 중세의 농노 등은 인간으로 대우받지 못하고 차별을 받음<br>• 신분제 체제 속에서 왕과 소수 귀족은 많은 특권을 누린 반면, 대다수 평민은 억압과 차별을 받음 | 시민 혁명을 통해 절대 왕정의 억압으로부터 벗어나 시민의 자유와 평등을 제도적으로 보장받기 시작함 | 국제 연합(UN)에서 채택된 세계 인권 선언을 통해 인권 보장을 인류의 보편적 가치로 선포하고, 인권 보장의 국제적 기준을 제시함 |

② 인권 보장의 중요성: 인간이 최소한의 인간다운 삶을 살 수 있고, 인간의 존엄성을 실현하기 위해서는 인권이 제대로 보장되어야 함

**+ 현대 인권 보장의 중요성**
오늘날에도 자유를 억압당하거나 인종, 성별 등에•의해 차별을 받는 등 인권을 제대로 보장받지 못하는 경우가 있다. 인권이 제대로 보장되지 못할 경우 인간은 인간답게 살아갈 수 없기 때문에 인권 보장은 무엇보다 중요하다.

**+ 세계 인권 선언**
전문과 본문 30개 조항으로 이루어져 있으며 국가의 인권 보장 의무를 담고 있다. 국가를 초월하여 인류 전체의 인권 의식 성장에 크게 기여하였으며, 국제 인권법의 토대가 되었다.

### 🗐 자료 스크랩 　　 세계 인권 선언
제1조　모든 사람은 태어날 때부터 자유롭고, 존엄하며, 평등하다.
제2조　모든 사람은 인종, 피부색, 성별, 언어, 종교 등 어떤 이유로도 차별받지 않으며, 이 선언에 나와 있는 모든 권리와 자유를 누릴 자격이 있다.
제3조　모든 사람은 자기 생명을 지킬 권리, 자유를 누릴 권리, 그리고 자신의 안전을 지킬 권리가 있다.
제7조　모든 사람은 법 앞에 평등하며, 차별 없이 법의 보호를 받을 수 있다.
제22조　모든 사람은 사회의 일원으로서 사회 보장을 받을 권리가 있다.

## 2. 헌법에 보장된 기본권

### (1) 기본권(인권)과 헌법의 관계

| 헌법의 의미 | 국가의 최고법으로 국가의 통치 조직 및 운영 원리를 규정하고, 국민의 기본권의 내용과 이를 보장하기 위한 제도를 명시함 |
|---|---|
| 헌법의 역할 | • 인권이 침해되었을 때 이를 구제할 수 있는 최후의 보호 수단<br>• 국가의 모든 법과 제도는 헌법에 따라 만들어짐<br>• 헌법을 통해 추상적인 인권을 구체적으로 규정하여 실질적으로 보장함 |
| 헌법에 기본권을 정해 놓은 이유 | • 국가의 부당한 침해로부터 국민의 자유와 권리를 지키기 위함<br>• 국가가 국민의 기본권을 보장할 의무가 있음을 분명히 밝히기 위함 |

### (2) 헌법에서 보장하는 기본권

① 국가마다 헌법에 규정된 기본권이 다를 수 있으나, 기본권은 보편적인 권리이기 때문에 그 내용은 비슷함

② 헌법에 보장된 기본적 인권: 우리 헌법은 인간의 존엄과 가치 및 행복 추구권을 토대로 자유권, 평등권, 사회권, 참정권, 청구권을 국민의 기본권으로 보장하고 있음

### ☆(3) 기본권의 종류

① 인간의 존엄과 가치 및 행복 추구권

| 의미 | 모든 인간이 인간이라는 이유만으로 그 가치를 보장받고 존중받으며 행복을 추구할 수 있는 권리 |
|---|---|
| 성격 | • 모든 기본권이 궁극적으로 지향하는 근본 가치이자 목표에 해당하는 권리<br>• 다른 기본권을 포함하는 포괄적 기본권 |
| 내용 | • 인간의 존엄과 가치: 헌법 질서의 최고 구성 원리<br>• 행복 추구권: 인간으로서 행복(물질적 풍요+정신적 만족)을 추구할 수 있는 권리 |

② 자유권

| 의미 | 국민이 국가 권력으로부터 간섭받지 않고 자유롭게 행동할 수 있는 권리 |
|---|---|
| 성격 | 국가의 역할을 제한함으로써 보장받는 권리로, 소극적 성격을 띰 |
| 내용 | 신체의 자유, 언론·출판·집회·결사의 자유, 양심의 자유, 종교의 자유, 직업 선택의 자유, 거주 이전의 자유 등 |

③ 평등권

| 의미 | 국민이 사회생활에서 불평등한 대우와 차별을 받지 않을 권리 |
|---|---|
| 성격 | 다른 기본권 보장을 위한 전제 조건의 성격을 띰 |
| 내용 | 법 앞에서의 평등, 성별·종교·사회적 신분에 의해 차별받지 않을 권리 |

④ 참정권

| 의미 | 국민이 국가의 의사 결정 과정에 참여하여 국가를 통제할 수 있는 권리 |
|---|---|
| 성격 | • 국민이 국가 기관을 견제할 수 있음<br>• 국민 주권주의를 실현할 수 있는 수단 |
| 내용 | 선거권, 국민 투표권, 공무 담임권 |

### 📖 꼼꼼 단어 돋보기

**● 기본권**

헌법에 의해 보장되는 국민의 기본적인 인권

**● 공무 담임권**

국민이 국가나 지방 자치 단체의 구성원이 되어 공무를 담당할 수 있는 권리

⑤ 청구권[+]

| 의미 | 다른 기본권들이 침해되었을 때 국민이 국가에 대해 일정한 행위를 요구할 수 있는 권리 |
|---|---|
| 성격 | 다른 기본권 보장을 위한 수단적 권리 |
| 내용 | 청원권, 재판 청구권, 형사 보상 청구권, 국가 배상 청구권 등 |

⑥ 사회권

| 의미 | 모든 국민이 인간의 존엄과 가치를 유지하면서 살기 위해 국가에 최소한의 인간다운 생활의 보장을 요구할 수 있는 권리 |
|---|---|
| 성격 | • 국가에 요구하는 적극적 권리<br>• 현대 복지 국가에서 강조되는 권리 |
| 내용 | 인간다운 생활을 할 권리, 교육을 받을 권리, 근로의 권리, 사회 보장을 받을 권리, 쾌적한 환경에서 살 권리 등 |

[+] 청구권의 종류
• 청원권: 국가 기관에 문서로서 자신의 요구와 의견을 진술할 수 있는 권리
• 형사 보상 청구권: 형사 피의자 또는 피고인이 법률이 정한 불기소 처분을 받거나 무죄 판결을 받았을 때 국가에 보상을 청구할 수 있는 권리
• 국가 배상 청구권: 국가 또는 공무원의 직무상 불법 행위 등으로 손해를 입은 국민이 국가나 공공 단체에 배상을 청구할 수 있는 권리

**🔲 자료 스크랩**  **국민의 기본권을 보장하는 헌법 조항**

제10조 모든 국민은 인간으로서 존엄과 가치를 가지며, 행복을 추구할 권리를 가진다. 국가는 개인이 가지는 불가침의 기본적 인권을 확인하고 이를 보장할 의무를 진다. → 인간의 존엄과 가치 및 행복 추구권

제12조 ① 모든 국민은 신체의 자유를 가진다. → 자유권

제11조 ① 모든 국민은 법 앞에 평등하다. 누구든지 성별·종교 또는 사회적 신분에 의하여 정치적·경제적· 사회적·문화적 생활의 모든 영역에 있어서 차별을 받지 아니한다. → 평등권

제24조 모든 국민은 법률이 정하는 바에 의하여 선거권을 가진다. → 참정권

제26조 ① 모든 국민은 법률이 정하는 바에 의하여 국가 기관에 문서로 청원할 권리를 가진다. → 청구권

제34조 ① 모든 국민은 인간다운 생활을 할 권리를 가진다. → 사회권

## ☆(4) 기본권의 제한

① **기본권 제한의 목적:** 국가 안전 보장, 질서 유지, 공공복리를 위하여 필요한 경우에 한함

② 기본권 제한의 한계

| 방법의 제한 | 국민의 대표 기관인 국회가 제정한 법률로써만 제한할 수 있음 |
|---|---|
| 내용의 제한 | 국민의 자유와 권리의 본질적인 내용은 침해할 수 없음 |

③ **기본권 제한의 한계 설정 목적:** 국가 권력의 남용을 방지하기 위해서임

④ **관련 헌법 조항:** 헌법 제37조 ② 국민의 모든 자유와 권리는 국가 안전 보장·질서 유지 또는 공공복리를 위하여 필요한 경우에 한하여 법률로써 제한할 수 있으며, 제한하는 경우에도 자유와 권리의 본질적인 내용을 침해할 수 없다.

**쏙쏙 이해 더하기**  **기본권 제한의 사례**

국회는 자동차 운전 중에 휴대 전화로 영상물을 보거나 조작하는 행위를 금지하는 도로 교통법 개정안을 통과시켰다. 이에 경찰은 운전 중 영상물을 표시 및 조작할 경우 범칙금을 부과하기로 하였다. 또 '삼진 아웃제'에 따라 이를 3회 이상 위반할 경우 운전면허를 취소하기로 하였다. 한국 교통 연구원 조사 결과 운전 중 휴대 전화를 보는 경우는 음주 상태로 운전하는 것과 같은 것으로 나타났다.

운전 중에 휴대 전화를 보는 행위는 개인의 자유권에 해당하지만, 교통사고를 유발하여 다른 사람의 생명권과 같은 기본권을 침해할 수 있고 교통질서를 어지럽힐 수 있는 행위이다. 이러한 이유로 국가에서는 질서 유지나 공공복리를 위해 도로 교통법이라는 법률을 통해 개인의 자유를 제한하고 있다.

1. _____은/는 국제 연합(UN)에서 채택된 선언으로 인권 보장의 국제적 기준을 제시하였다.
2. 기본권 중에서 선거권, 국민 투표권, 공무 담임권은 _____에 해당한다.
3. _____은/는 다른 기본권들이 침해되었을 때 국민이 국가에 대해 일정한 행위를 요구할 수 있는 수단적 권리이다.
4. _____은/는 국민이 국가에 최소한의 인간다운 생활의 보장을 요구할 수 있는 권리이다.
5. 국가 안전 보장, 질서 유지, _____을/를 위해 필요한 경우에 _____(으)로써 기본권을 제한할 수 있다.

답  1. 세계 인권 선언  2. 참정권  3. 청구권  4. 사회권  5. 공공복리, 법률

## 2 인권 침해와 구제

### 1. 인권 침해

#### (1) 인권 침해의 의미와 특징

| | |
|---|---|
| 의미 | 국가 기관 또는 단체, 다른 사람에 의해 개인의 인권이 훼손되는 것 |
| 발생 원인 | 선입견과 편견, 잘못된 관습이나 불합리한 법과 제도 등 |
| 특징 | 일상생활 전반에 걸쳐 다양한 형태로 나타남 |
| 사례 | 장애인, 여성 등 사회적 소수자⁺를 차별하는 경우, 외모나 인종 등을 이유로 차별하는 경우 등 |

**✚ 사회적 소수자**
신체적 또는 문화적 특징 때문에 사회의 다른 구성원에게 차별을 받고 있으며, 차별받는 집단에 속해 있다고 인식하는 사람들의 집단을 말한다.

#### (2) 인권 보호를 위한 노력

① 자신뿐만 아니라 다른 사람의 인권 문제에도 관심을 가져야 함
② 인권 침해 시 구제받을 수 있는 방법과 절차를 미리 알고 있어야 함
③ 인권을 침해당한 경우 적극적으로 대응하고 해결해야 함

> **쏙쏙 이해 더하기** | **인권 침해의 사례**
>
> • 몸이 불편한 A씨는 이동할 때 휠체어를 이용해야 한다. 그런데 그가 다니는 ○○대학교에는 계단만 있고, 경사로가 없다. → 장애인의 이동권 침해
> • 올해 40세인 B씨는 ◇◇회사에 지원하고자 하였는데, 신입 사원 채용 공고에 '35세까지만 지원 가능'이라는 문구가 있어 입사 지원을 포기하였다. → 나이에 따른 차별

### ☆ 2. 인권 보장을 위한 국가 기관

#### (1) 법원

| | |
|---|---|
| 성격 | 법을 적용하여 각종 분쟁을 해결함으로써 국민의 침해된 권리를 구제하고 인권을 보장하는 국가 기관 |
| 역할 | • 재판⁺을 통한 분쟁 해결: 타인이나 국가 기관에 의해 권리를 침해당한 사람이 소송을 제기하면 재판을 통해 구제해 줌<br>• 위헌 법률 심사 제청: 재판의 전제가 된 법률이 헌법에 위반된다고 판단될 때 헌법 재판소에 위헌 법률 심사를 요구함 |

**✚ 재판**
재판은 침해된 권리를 구제하기 위한 가장 보편적인 수단이다.

## (2) 헌법 재판소

| 성격 | 헌법 질서 유지와 국민의 기본권을 보장하는 독립된 헌법 기관 |
|---|---|
| 의의 | 법원과는 별도로 헌법과 관련된 분쟁을 심판함 |
| 역할 | • 헌법 소원 심판: 공권력 또는 법률에 의해 헌법상 기본권을 침해당한 국민이 권리 구제를 청구할 경우 이를 심판함<br>• 위헌 법률 심판: 법률이 헌법에 위반되는지에 대해 법원이 제청할 경우 이를 심판함 |

## (3) 국가 인권 위원회

| 성격 | • 개인의 인권 보호 및 향상에 관한 모든 사항 등을 다루는 인권 전담 기구<br>• 입법, 사법, 행정 어디에도 속하지 않은 독립된 국가 기관 |
|---|---|
| 역할 | • 인권 침해 사례의 조사 및 구제: 국민이 인권 침해와 관련된 진정을 하면 조사하여 구제해 줌<br>• 인권 침해 관련 법령·제도의 개선 권고: 인권 침해의 소지가 있는 법령이나 제도의 문제점을 조사하여 개선할 것을 권고하거나 의견을 제시함 |

### 쏙쏙 이해 더하기 | 국가 인권 위원회가 시정한 인권 침해의 사례

2003년 5월, 한 청소년이 공공시설 및 교통 시설 이용 시 청소년 할인을 받기 위해서는 학생증을 제시해야 하기 때문에 학생이 아닌 청소년은 할인을 받지 못하고 있다며, 이를 개선해 달라고 국가 인권 위원회에 진정을 제기하였다. 국가 인권 위원회는 학생이 아니라는 이유로 같은 청소년에게 할인 혜택을 주지 않는 것은 합리적 이유가 없는 차별 행위라고 보아 기존 법령이나 제도를 개선하도록 권고하였다. 이에 따라 2003년부터 서울시에서는 모든 청소년을 대상으로 청소년증 발급이 시작되었다.

## (4) 국민 권익 위원회

| 성격 | 공직 사회의 부패 예방 등을 통해 국민의 권리를 보호하고 불합리한 행정 제도를 개선하는 국가 기관 |
|---|---|
| 역할 | • 행정 기관의 잘못된 법 집행 등으로 인해 권리를 침해당한 국민의 고충 민원을 조사하여 개선되도록 유도함<br>• 행정 기관의 잘못된 행정 처분을 취소시키거나 무효화하는 행정 심판의 권한이 있음 |

## (5) 그 밖의 인권 구제 기관

| 언론 중재 위원회 | 잘못된 언론 보도로 인권 침해가 발생한 경우 구제받을 수 있도록 도와 줌 |
|---|---|
| 대한 법률 구조 공단 | 법을 잘 모르거나 경제적으로 어려워 법의 보호를 충분히 받지 못하는 사람들에게 무료 법률 상담을 해 주거나 소송 절차를 도와 줌 |
| 한국 소비자원 | 소비자의 권리가 침해된 경우 구제받을 수 있도록 도와 줌 |

## 3. 인권 침해의 구제
### (1) 인권 침해에 대한 구제 방법
① 국가 기관에 의한 인권 침해와 구제 방법

| 입법부에 의한 침해 | 위헌 법률 심판 등 |
|---|---|
| 행정부에 의한 침해 | 행정 심판, 행정 소송 등 |
| 사법부에 의한 침해 | 상소 제도 |
| 기타 | 헌법 소원 신청, 국가 인권 위원회 또는 국민 권익 위원회에 진정 등 |

➕ 행정 심판

행정 기관의 부당한 행정 처분에 대해 상급 행정 기관에 고쳐 달라고 요구하는 제도이다.

➕ 행정 소송

행정 기관의 부당한 행정 처분에 대해 법원에 재판을 청구하는 제도이다.

### 🔍 꼼꼼 단어 돋보기

● 제청
어떤 안건을 제시하여 결정해 달라고 청구함

● 진정
실정이나 사정을 진술함

● 권고
어떤 일을 하도록 권함

② 타인에 의한 인권 침해
- 고소 또는 고발: 수사 기관에 처벌을 요구함
- 민사 소송: 인권 침해로 인한 손해 배상을 요구함

## (2) 인권 침해에 대한 대응 자세
① 일상생활에서 인권 침해가 일어나지는 않는지 살펴보아야 함
② 인권을 침해당할 경우 이를 구제받기 위한 방법에 대해 적극적으로 알아보아야 함

### 콕콕 개념 확인하기

1. 국가 기관 또는 단체, 다른 사람에 의해 개인의 인권이 훼손되는 것을 _____(이)라고 한다.
2. _____은/는 헌법 소원 심판이나 위헌 법률 심판 등을 통해 침해된 인권을 구제해 주는 국가 기관이다.
3. _____은/는 인권 침해 행위를 직접 조사하고 시정 사항을 해당 기관에 권고하는 국가 기관이다.

답 1. 인권 침해 2. 헌법 재판소 3. 국가 인권 위원회

## 3 노동권 침해와 구제

### 1. 근로자의 권리[+]

#### (1) 근로자의 의미와 범위
① 의미: 임금을 받기 위해 ●사용자에게 노동을 제공하는 사람
② 범위
- 직업의 종류와 근로 시간에 상관없이 사용자에게 고용되어 일하는 모든 사람
- 회사나 공장에서 일하는 사람, 공무원, 아르바이트생 등이 있음

참고 전업주부, 스스로 사업을 하는 자영업자 등은 근로자의 범위에 포함되지 않음

### 자료 스크랩     청소년 근로자의 권리 보호

1계명 만 15세 이상의 청소년만 근로가 가능해요.
3계명 근로 계약서를 반드시 작성해야 해요.
4계명 성인과 동일한 최저 임금을 적용받아요.
5계명 하루 7시간, 일주일에 40시간 이하로 근무해야 해요.[+]
9계명 일을 하다 다치면 산업 재해 보상 보험으로 치료와 보상을 받을 수 있어요.

– 고용 노동부, 「청소년 아르바이트 십계명」 –

#### (2) 근로자의 권리
① 근로자 보호의 필요성: 근로자는 사용자보다 약자의 지위에 있음
② 헌법에 보장된 근로자의 권리

| 근로의 권리 | 일할 능력과 의사가 있는 사람이 노동할 기회를 요구할 수 있는 권리 |
|---|---|
| 최저 임금 보장 | 임금의 최저 수준을 법률로 정하여 보장하고 근로자를 보호함<br>예 최저 임금법 |
| 근로 기준 규정 | 근로 조건의 기준을 법률로 정해 근로자의 기본 생활을 보장함<br>예 근로 기준법 |

[+] 근로자의 권리
인간답게 살 수 있는 최소한의 임금 보장, 쾌적한 환경에서 일할 권리 등이 있다.

[+] 청소년 근로자의 근로 시간(근로 기준법 제69조)
15세 이상 18세 미만인 사람의 근로 시간은 1일에 7시간, 1주에 35시간을 초과하지 못한다. 다만, 당사자 사이의 합의에 따라 1일에 1시간, 1주에 5시간을 한도로 연장할 수 있다.

### 꼼꼼 단어 돋보기

● 사용자
근로자를 채용하거나 해고하고 근로에 대해 책임을 지는 사람

③ 노동 3권(근로 3권)

| 목적 | | 경제적 약자인 근로자가 사용자와 대등한 위치에서 근로 조건을 결정할 수 있도록 하기 위함 |
|---|---|---|
| 종류 | 단결권 | 근로자들이 근로 조건의 유지 및 개선, 경제적 향상을 위해 단체(노동조합)를 설립할 수 있는 권리 |
| | 단체 교섭권 | 노동조합을 통해 사용자와 근로 조건을 교섭·협의할 수 있는 권리 |
| | 단체 행동권 | 단체 교섭이 원만하게 이루어지지 않을 경우 사용자에 대항하여 단체 행동(파업, 태업 등 쟁의 행위)을 할 수 있는 권리 |

**□ 자료 스크랩**  **헌법에 보장된 근로자의 권리**

제32조 ① 모든 국민은 근로의 권리를 가진다. 국가는 사회적·경제적 방법으로 근로자의 고용의 증진과 적정 임금의 보장에 노력하여야 하며, 법률이 정하는 바에 의하여 최저 임금제를 시행하여야 한다.
③ 근로 조건의 기준은 인간의 존엄성을 보장하도록 법률로 정한다.
제33조 ① 근로자는 근로 조건의 향상을 위하여 자주적인 단결권·단체 교섭권 및 단체 행동권을 가진다.

## 2. 노동권 침해의 구제
### (1) 노동권 침해 사례

| 부당 해고[+] | 정당한 이유 없이 해고하는 행위 |
|---|---|
| 부당 노동 행위[+] | 사용자에 의해 근로자의 노동 3권이 침해되는 행위 |
| 임금 체불·미지급 | 임금을 제때 주지 않거나 아예 주지 않는 것, 최저 임금보다 적게 주는 것 |
| 기타 | 근로 계약서 미작성, 근로 조건 위반, 직장 내 폭언이나 성희롱 등 |

### (2) 노동권 침해의 구제 방법

| 부당 해고 및 부당 노동 행위 | • 노동 위원회[+]에 권리 구제를 요청함 • 법원에 소송을 제기함 |
|---|---|
| 임금 체불·미지급 | • 고용 노동부에 진정서를 제출함 • 법원에 민사 소송을 제기함 |

3개월 이내에 구제 신청 　 불복 시 10일 이내에 재심 신청 　 불복 시 15일 이내에 행정 소송 제기

피해 당사자(근로자, 노동조합) → 지방 노동 위원회 → 중앙 노동 위원회 → 법원

◎ 노동 위원회의 구제 절차

**콕콕 개념 확인하기**

1. _____은/는 임금을 받기 위해 사용자에게 노동을 제공하는 사람을 말한다.
2. 노동 3권 중 _____은/는 근로자들이 노동조합을 설립할 수 있는 권리를 말한다.
3. 부당 해고를 당하였을 때에는 _____에 권리 구제를 요청할 수 있다.

답  1. 근로자  2. 단결권  3. 노동 위원회

**＋ 해고**
사용자가 근로자를 해고하려면 적어도 30일 전에 문서를 통해 해고 사유와 시기를 알려야 한다.

**＋ 부당 노동 행위의 사례**
노동조합의 가입 등을 이유로 사용자가 근로자에게 불이익을 주는 행위, 노동조합의 운영을 방해하는 행위, 노동조합과의 단체 교섭을 정당한 이유 없이 게을리하거나 거부하는 행위 등이 있다.

**＋ 노동 위원회**
노동자와 사용자 사이에 발생하는 분쟁을 조정하고 부당 해고 및 부당 노동 행위 심판 등의 활동을 하는 행정 기관이다.

**🔍 꼼꼼 단어 돋보기**

● 노동조합
근로자가 단결하여 근로자의 경제적·사회적 지위 향상을 위해 만든 단체

# 탄탄 실력 다지기

정답과 해설 28쪽

## 01 ㉠에 들어갈 알맞은 말은?

> 오늘날에는 모든 사람이 인종, 성별, 지위 등과 관계없이 동등하게 존중받으며 살아가고 있다. 이처럼 인간이라면 누구나 가지는 기본적 권리를 ( ㉠ )(이)라고 한다.

① 인권
② 연대
③ 자유
④ 주권

**주목**

## 02 다음 설명에 해당하는 인권의 특징은?

> 인종·성별·종교 등과 관계없이 모든 사람이 동등하게 누리는 권리

① 자연권
② 천부 인권
③ 보편적 권리
④ 불가침의 권리

## 03 인권에 대한 설명으로 옳지 않은 것은?

2020년 1회

① 자연권 또는 천부 인권이라고도 한다.
② 국가의 법으로 보장되기 이전부터 주어진 권리이다.
③ 성인만 가질 수 있는 기본적이고 보편적인 권리이다.
④ 인간이라는 이유만으로 누구에게나 차별 없이 부여된다.

## 04 다음 밑줄 친 '이 문서'에 해당하는 것은?

> <u>이 문서</u>는 인권 보장을 인류의 보편적 가치로 선포하고, 인권 보장의 국제적 기준을 명시하였다.

① 권리 장전
② 바이마르 헌법
③ 세계 인권 선언
④ 프랑스 인권 선언

## 05 헌법에 대한 설명으로 옳지 않은 것은?

① 한 국가의 모든 법과 제도는 헌법에 따라 만들어진다.
② 국가 기관이 인권을 침해할 수 없도록 법으로써 보장한다.
③ 대부분의 민주주의 국가에서는 헌법에 인권을 규정하지 않는다.
④ 인권이 침해되었을 때 이를 구제할 수 있는 최후의 보호 수단이다.

**06** 다음과 같은 법 조항을 규정한 목적으로 가장 적절한 것은?

> 대한민국 헌법 제10조
> 모든 국민은 인간으로서의 존엄과 가치를 가지며, 행복을 추구할 권리를 가진다. 국가는 개인이 가지는 불가침의 기본적 인권을 확인하고 이를 보장할 의무를 진다.

① 공정한 재판을 위해서
② 국가 권력의 균형을 위해서
③ 국가 권력의 강화를 위해서
④ 국민의 권리를 보호하기 위해서

**07** 다음 설명에 해당하는 국민의 기본권은?

2019년 2회

> • 국가로부터 인간다운 생활을 보장받을 수 있는 권리이다.
> • 교육을 받을 권리, 근로의 권리, 쾌적한 환경에서 살 권리 등이 이에 속한다.

① 자유권  ② 평등권
③ 참정권  ④ 사회권

**08** 두 사람이 공통적으로 침해를 당했다고 주장하는 기본권은?

2017년 2회

○○미용 고등학교에서 신입생 지원 자격을 여학생만으로 제한하여 그 학교에 입학하지 못했어요.

나도 능력과 상관없이 여자라는 이유로 승진에서 불이익을 받은 경험이 있어요.

① 참정권  ② 평등권
③ 청구권  ④ 자유권

[09~11] 다음은 우리나라 헌법 조항에 나타난 기본권의 내용이다. 물음에 답하시오.

> (가) 제12조 ① 모든 국민은 신체의 자유를 가진다.
> (나) 제24조 모든 국민은 법률이 정하는 바에 의하여 선거권을 가진다.
> (다) 제26조 ① 모든 국민은 법률이 정하는 바에 의하여 국가 기관에 문서로 청원할 권리를 가진다.
> (라) 제34조 ① 모든 국민은 인간다운 생활을 할 권리를 가진다.

**09** (가) 조항에 해당하는 기본권의 명칭은?

① 자유권  ② 평등권
③ 사회권  ④ 청구권

**주목**

**10** (다) 조항에 해당하는 기본권의 특징으로 옳은 것은?

① 모든 기본권의 근본이념이다.
② 국가의 간섭을 받지 않을 권리이다.
③ 모든 기본권의 전제가 되는 기본권이다.
④ 다른 기본권 보장을 위한 수단적 권리이다.

**11** (가)~(라) 조항 중 참정권에 해당하는 조항은?

① (가)  ② (나)
③ (다)  ④ (라)

**12** 다음에서 설명하고 있는 기본권에 해당하는 권리가 아닌 것은?

> • 현대 복지 국가에서 강조되고 있다.
> • 국가에 대하여 인간다운 생활의 보장을 요구할 수 있는 권리이다.

① 교육을 받을 권리
② 투표권을 행사할 권리
③ 인간다운 생활을 할 권리
④ 쾌적한 환경에서 살 권리

**[13~14]** 다음 헌법 조항을 읽고 물음에 답하시오.

> 제37조 ② 국민의 모든 자유와 권리는 국가 안전 보장, 질서 유지 또는 공공복리를 위하여 필요한 경우에 한하여 ( ㉠ )(으)로써 제한할 수 있으며, 제한하는 경우에도 ㉡ 자유와 권리의 본질적인 내용을 침해할 수 없다.

**13** ㉠에 들어갈 용어로 옳은 것은?

① 법률
② 헌법
③ 명령
④ 규칙

**14** 밑줄 친 ㉡과 같이 기본권 제한의 한계를 정한 이유로 가장 적절한 것은?

① 국민을 통제하기 위해서
② 국가 권력의 권위를 높이기 위해서
③ 국가 권력의 남용을 방지하기 위해서
④ 타인의 기본권을 침해하는 행위를 방지하기 위해서

**15** ㉠에 들어갈 내용으로 옳지 않은 것은?

2020년 1회

> ◆ 기본권의 제한과 한계 ◆
>
> 1. 기본권 제한의 요건: ( ㉠ )을/를 위해 필요한 경우
> 2. 기본권 제한의 한계: 기본권의 본질적인 내용은 침해할 수 없다.

① 공공복리
② 사적 이익
③ 질서 유지
④ 국가 안전 보장

**16** 인권 침해 사례에 해당하지 않는 것은?

① 도서관에는 장애인이 이용할 수 있는 화장실이 없다.
② 같은 일을 하는 남직원이 여직원보다 월급이 더 많다.
③ 회사에서 나이가 적다는 이유로 더 많은 일들을 한다.
④ 장애인 주차 구역으로 지정된 곳은 비장애인 사용을 금지한다.

**17** 다음 설명에 해당하는 인권 보장 기관은?

> • 각종 분쟁을 해결하는 사법 기관
> • 국민의 침해된 권리를 구제해 주는 역할

① 법원
② 헌법 재판소
③ 국민 권익 위원회
④ 국가 인권 위원회

**18** 국가 인권 위원회에 대한 설명으로 옳은 것은?

① 행정부 소속의 국가 기관이다.
② 법원과 같은 강제력을 갖고 있다.
③ 인권 보호를 위한 법률을 제정한다.
④ 인권 침해의 소지가 있는 경우에 개선을 권고한다.

**20** 다음과 같은 헌법 재판소의 권한으로 옳은 것은?

> 국회가 만든 법률이 헌법에 위반되는지 심판하여 국민의 기본권을 보장한다.

① 탄핵 심판
② 헌법 소원 심판
③ 위헌 법률 심판
④ 정당 해산 심판

**21** ㉠, ㉡에 들어갈 내용을 바르게 연결한 것은?

> 행정 기관의 잘못된 법 집행으로 기본권이 침해되었을 경우에는 ( ㉠ )에 ( ㉡ )을/를 신청할 수 있다.

| | ㉠ | ㉡ |
|---|---|---|
| ① | 국가 인권 위원회 | 행정 심판 |
| ② | 국가 인권 위원회 | 행정 소송 |
| ③ | 국민 권익 위원회 | 행정 심판 |
| ④ | 국민 권익 위원회 | 행정 소송 |

**19** 다음과 같은 인권 침해가 발생하였을 때 침해된 권리를 구제받을 수 있는 국가 기관으로 가장 적절한 것은?

인터넷 실명제로 표현의 자유가 침해되고 있습니다. 헌법 소원 심판을 청구합니다.

인터넷 실명제는 익명 표현의 자유를 과도하게 제한하여 헌법에 어긋납니다.

인터넷 실명제 반대

① 법원
② 헌법 재판소
③ 국가 인권 위원회
④ 국민 권익 위원회

**22** 다른 사람에 의한 인권 침해 시 구제 방안으로 옳은 것은?

① 민사 소송을 제기한다.
② 행정 소송을 제기한다.
③ 행정 심판을 청구한다.
④ 헌법 소원 심판을 신청한다.

**23** 다음과 같은 사례에서 피해를 구제받을 수 있는 기관은?

> A씨는 어제 새로 산 옷을 부착된 라벨에 표시된 세탁 방법에 따라 한 번 세탁했는데 옷이 망가져서 입을 수 없게 되었다.

① 감사원
② 한국 소비자원
③ 언론 중재 위원회
④ 국민 권익 위원회

**24** 근로자에 해당하지 않는 것은?

① 회사원
② 공무원
③ 자영업자
④ 아르바이트생

**25** 근로자의 권리를 보호하는 법이 아닌 것은?

① 노동 3권
② 최저 임금법
③ 근로 기준법
④ 소비자 기본법

**26** 노동권 침해 사례에 해당하지 않는 것은?

① 부당 해고를 하는 경우
② 임금 체불을 하는 경우
③ 최저 임금을 지급하는 경우
④ 근로 계약서를 작성하지 않는 경우

주목
**27** 침해된 노동권을 구제받기 위한 방법으로 옳지 않은 것은?

① 고용 노동부에 신고한다.
② 법원에 민사 소송을 제기한다.
③ 노동 위원회에 구제 신청을 한다.
④ 국민 권익 위원회에 행정 심판을 제기한다.

# 02 헌법과 국가 기관

Ⅱ 사회2

## 1 국회

### 1. 국회

#### (1) 대의 민주 정치의 의미와 등장 배경

| 의미 | 국민이 뽑은 대표들로 구성된 의회에서 법이나 정책을 만들도록 하는 간접 민주 정치 제도 |
|---|---|
| 등장 배경 | 현대 국가는 영토가 넓고 인구가 많으며 사회가 복잡하기 때문에 직접 민주 정치가 실시되기 어려움 |

#### (2) 국회의 의미와 위상

① 의미: 국민이 선거를 통해 선출한 대표(국회 의원)로 구성된 국가 기관
② 위상

| 국민의 대표 기관 | 국민이 직접 뽑은 대표가 국민의 이익을 대변함 |
|---|---|
| 입법 기관 | 국가의 조직과 통치의 기초가 되는 법률을 만들거나 고침 |
| 국가 권력의 견제 기관 | 행정부와 사법부를 비롯한 국가 기관들을 감시하고 견제함으로써 국가 권력의 남용을 방지함 |

### ☆ 2. 국회의 구성과 조직

#### (1) 국회의 구성

① 국회 의원의 유형

| 지역구 국회 의원 | 국민의 직접 선거를 통해 각 지역구에서 다수의 득표로 당선된 국회 의원 |
|---|---|
| 비례 대표 국회 의원 | 각 정당이 얻은 득표수에 비례하여 당선된 국회 의원 → 여론을 공정하게 반영하기 위해 실시함 |

② 국회 의원의 특징

| 임기 | 임기는 4년이며, 연임이 가능함 |
|---|---|
| 특권[+] | 불체포 특권과 면책 특권을 가짐 |
| 의무 | 권한 남용 금지, 청렴의 의무 등이 있음 |

③ 국회의 구성

| 의장단 구성 | 국회 의원 중에서 국회 의장 1인과 부의장 2인을 국회 의원들이 선출함 |
|---|---|
| 의원 수 | 헌법 규정에 따라 최소 200명 이상의 국회 의원으로 구성해야 함 |

**+ 국회 의원의 특권**
- 불체포 특권: 현행범인 경우를 제외하고는 국회의 동의 없이 체포 또는 구금되지 않을 권리
- 면책 특권: 국회에서 직무상 행한 발언에 대하여 국회 밖에서 책임을 지지 않는 권리

## (2) 국회의 조직

### ① 본회의

| | |
|---|---|
| 의미 | 국회 의원들이 모여 국회의 의사를 최종적으로 결정하는 회의 |
| 의사 결정 | 재적 의원+ 과반수의 출석과 출석 의원 과반수의 찬성으로 결정(가결)함 |
| 회의 진행 원칙 | 회의는 공개하는 것이 원칙임 |
| 종류 | • 정기회: 매년 1회 정기적으로 열리는 회의<br>• 임시회+: 필요에 따라 수시로 열리는 회의 |

### ② 위원회

| | |
|---|---|
| 의미 | 본회의에서 결정할 안건을 미리 조사하고 심의하는 기구 |
| 필요성 | 본회의에서 모든 안건을 처리하기 어려우므로 효율적인 의사 진행을 위해 설치함 |
| 종류 | • 상임 위원회: 경제, 재정, 통일, 외교, 국방 등 각 분야의 전문성을 가진 국회 의원들이 모여 관련 안건을 미리 조사·심의하기 위해 조직된 상설 위원회<br>• 특별 위원회: 특별한 안건이 있을 때 일시적으로 구성되는 위원회 |

### ③ 교섭 단체

| | |
|---|---|
| 의미 | 일정 수 이상의 국회 의원이 소속된 단체로, 사전에 국회 운영에 대해 협의하는 단체 |
| 역할 | 국회 운영 일정 등 국회 의원의 다양한 의사를 사전에 통합하고 조정함 |
| 필요성 | 국회의 효율적인 운영 |

## 3. 국회의 권한

### (1) 입법에 관한 권한: 국회의 가장 대표적인 역할

| | |
|---|---|
| 법률의 제정 및 개정 | 법률안을 위원회에서 미리 심의한 이후 본회의에서 법률을 제정하거나 개정함 |
| 헌법 개정안 제안 및 의결 | 헌법 개정안을 제안하고 의결함 → 최종적으로는 국민 투표를 거쳐 결정됨 |
| 외국과의 조약 체결 동의 | 대통령이 외국과 맺은 조약에 대해 최종적으로 동의함 → 조약은 법률과 동일한 효력을 가짐 |
| 관련 헌법 조항 | 헌법 제40조 입법권은 국회에 속한다. |

---

**쏙쏙 이해 더하기**  **법률의 제정 및 개정 절차**

---

**+ 재적 의원**

국회 의원 명단에 등록되어 있는 모든 국회 의원을 말한다.

**+ 임시회의 개최**

대통령 또는 국회 재적 의원 4분의 1 이상의 요구가 있을 경우 열린다.

**꼼꼼 단어 돋보기**

● 자구

문자와 어구를 아울러 이르는 말

## (2) 재정에 관한 권한

| 예산안 심의 및 확정 | 국민의 의사를 반영하여 정부가 마련한 예산안을 심의하고 확정함 |
|---|---|
| 예산 결산 심사 | 정부가 예산을 합리적으로 집행하였는지 확인함 |
| 조세의 종목 및 세율 결정 | 조세의 종류와 세율을 법률로 정함 |

## (3) 일반 국정에 관한 권한

| 국정 감사 및 국정 조사✦ | 행정부의 정책 결정과 집행에 대해 잘못된 부분을 찾아 고치도록 함 |
|---|---|
| 탄핵 소추 의결 | 대통령, 국무총리, 국무 위원 등이 헌법이나 법률을 위반하였을 때 파면을 요구하는 탄핵 소추를 의결함 |
| 중요 공무원의 임명 동의 | 대통령이 국무총리, 대법원장, 헌법 재판소장 등 법률이 정한 중요 공무원을 임명할 때 동의권을 행사함 |
| 기타 | 중요 공무원 임명 시 인사 청문회를 실시함 |

✚ **국정 감사와 국정 조사**
국정 감사는 국정 전반에 대해, 국정 조사는 특정 사안에 대해 감시하고 비판하는 것을 말한다.

---

### 콕콕 개념 확인하기

1. _____은/는 국민의 대표 기관이다.
2. _____ 국회 의원은 정당별 득표율에 따라 선출된다.
3. _____은/는 본회의에서 결정할 안건을 미리 조사하고 심의하는 기구이다.
4. 국회의 가장 중요한 역할은 _____을/를 제정하거나 개정하는 일이다.

답  1. 국회  2. 비례 대표  3. 위원회  4. 법률

---

## 2 행정부와 대통령

### 1. 행정부의 의미

#### (1) 행정과 행정부
① 행정: 국회에서 만든 법률을 집행하고 정책을 수립하여 실행하는 활동
② 행정부

| 의미 | 행정을 담당하는 국가 기관 |
|---|---|
| 역할 | 공익을 실현하기 위해 외교, 국방, 노동, 환경, 교육 등 분야별로 여러 가지 정책을 세우고 실행함 |

#### (2) 행정 국가화 현상

| 의미 | 다른 국가 기관에 비해 행정부의 기능과 역할이 상대적으로 비대해지는 현상 |
|---|---|
| 등장 배경 | 현대 복지 국가로 접어들면서 행정부의 역할이 강조되고 전문화되고 있음 |
| 영향 | 권력 분립의 원리가 손상됨 |
| 대응 방법 | • 국가적 차원: 행정부를 통제할 수 있는 제도를 마련해야 함<br>• 개인적 차원: 국민이 행정부의 역할에 대해 감시해야 함 |

## 2. 행정부의 조직과 구성

### (1) 대통령

| 의미 | 행정부의 최고 책임자 |
|---|---|
| 역할 | 국무 회의의 의장으로 행정부의 최종적인 권한과 책임을 지님 |
| 선출 | 국민이 직접 선거를 통해 선출함 |
| 임기+ | 임기는 5년이며, 중임할 수 없음 |

**+ 대통령의 임기를 제한하는 이유**

평화적인 정권 교체의 실현과 독재의 출현을 방지하기 위해서이다.

### (2) 국무총리

| 의미 | 행정 각 부처를 총괄하는 행정부의 2인자 |
|---|---|
| 선출 | 국회의 동의를 얻어 대통령이 임명함 |
| 역할 | • 대통령의 명을 받아 행정부의 각 부서를 관리함<br>• 대통령을 보좌하며 대통령 자리가 공석일 때 권한을 대행함 |

### (3) 국무 회의

| 의미 | 행정부의 최고 심의 기관 |
|---|---|
| 구성 | 대통령, 국무총리, 각 부서 장관을 비롯한 국무 위원으로 구성 |
| 역할 | 정부의 일반 정책, 법률의 개정안과 제정안, 예산안 등 행정부의 중요한 사안을 심의함 |

### (4) 행정 각부

| 의미 | 구체적인 행정 업무를 처리하는 부서 |
|---|---|
| 행정 각부 장관의 역할 | 부서의 업무를 지휘하며, 국무 위원으로서 국무 회의에 참석하여 국정 전반에 관한 의견을 제시하기도 함 |

### (5) 감사원

| 의미 | 대통령 직속 기관으로 행정부 최고 감사 기관이자 독립적인 지위를 가진 헌법 기관 |
|---|---|
| 선출 | 감사원장은 국회의 동의를 얻어 대통령이 임명함 |
| 역할 | • 국가의 세입 및 세출을 결산하고 감독함<br>• 행정 기관이나 공무원의 업무 처리 등 행정 전반을 감찰함 |

## 3. 대통령의 지위와 권한

### (1) 대통령의 지위

| 국가 원수 | • 대내적: 국가의 최고 지도자<br>• 대외적: 국가의 대표자 |
|---|---|
| 행정부 수반 | 행정부의 수반으로서 행정부를 지휘하고 감독함 |

**🗐 자료 스크랩**　　　**헌법에 명시된 대통령의 지위**

제66조 ① 대통령은 국가의 원수이며, 외국에 대하여 국가를 대표한다.

제66조 ④ 행정권은 대통령을 수반으로 하는 정부에 속한다.

**🔍 꼼꼼 단어 돋보기**

● 중임

직책이나 임무를 거듭하여 맡는 것

● 수반

행정부의 가장 높은 자리에 있는 사람

## (2) 대통령의 권한

### ① 행정부 수반으로서의 권한

| 행정부 지휘<br>및 감독 | • 국무 회의의 의장으로 중요 정책을 결정함<br>• 행정부를 구성하고 지휘·감독함 |
|---|---|
| 국군 통수 | 국군의 최고 사령관으로서 국군을 통솔하고 지휘함 |
| 고위 공무원<br>임명 및 해임 | 국무총리, 국무 위원, 행정 각부 장관 등 행정부의 고위 공무원을<br>임명하거나 해임함 |
| 대통령령⁺ 발포 | 대통령령을 만들어 발포할 수 있음 |
| 법률안 제출 | 국민의 생활에 필요하다고 생각되는 법률안을 국회에 제출함 |
| 법률안 거부권 | 국회가 의결한 법률안에 대해 거부함으로써 국회를 견제할 수 있음 |

**＋ 대통령령**
대통령은 법률 집행에 필요한 사항 등에 대해 대통령령을 만들 수 있다.

### ② 국가 원수로서의 권한

| 대외적 국가 대표 | • 외국과의 조약 체결 및 비준권을 가짐<br>• 외교 사절을 임명하거나 파견하고 맞이할 권한을 가짐 |
|---|---|
| 국가와 헌법 수호 | • 국가가 긴급한 상황에 놓였을 때 긴급 명령이나 계엄을 선포함<br>• 민주적 기본 질서에 위배되는 정당의 해산을 헌법 재판소에 요구함 |
| 국정 조정 | • 국회에 임시회 소집을 요구하고 직접 국회에 출석하여 발언함<br>• 헌법 개정 또는 국가의 중요 정책 결정 시 국민 투표에 부침 |
| 헌법 기관 구성 | 국무총리, 대법원장, 헌법 재판소장, 감사원장 등 국회의 동의를 얻<br>어 국가 기관의 장을 임명하여 헌법 기관을 구성함 |

---

### 콕콕 개념 확인하기

1. _____은/는 국가 원수이자 행정부 수반이다.
2. _____은/는 행정 각 부처를 총괄하는 행정부의 2인자이다.
3. 대통령의 임기는 5년이며, 중임이 가능하다. (O, X)
4. _____은/는 행정부의 최고 심의 기관이다.
5. 대통령은 _____(으)로서 외국과의 조약을 체결할 수 있는 권한이 있다.

답  1. 대통령  2. 국무총리  3. X  4. 국무 회의  5. 국가 원수

---

## 3 법원과 헌법 재판소

### 1. 법원의 지위와 사법권의 독립

#### (1) 사법과 법원

① 사법: 법적 분쟁 발생 시 법을 적용하고 판단하는 국가의 작용

② 법원(사법부)

| 의미 | 법을 해석하여 적용하는 국가 기관 |
|---|---|
| 역할 | 재판을 통해 개인 간의 다툼을 해결하고 사회 질서를 유지하며, 국민의 권리<br>보장을 담당함 |

## ☆(2) 사법권의 독립

| 의미 | 재판이 독립적으로 이루어지는 것 |
|---|---|
| 목적 | 공정한 재판을 통해 국민의 기본권을 보호하기 위함 |
| 전제 조건 | • 법원의 독립: 법원의 조직이나 운영에 있어서 외부의 간섭을 받지 않는 것<br>• 법관의 독립: 법관이 다른 권력의 간섭을 받지 않고 오직 헌법과 법률에 의해 양심에 따라 독립하여 판결하는 것 |

### 📑 자료 스크랩  헌법에 명시된 사법권의 독립

제101조 ① 사법권은 법관으로 구성된 법원에 속한다.
          ③ 법관의 자격은 법률로 정한다.
제103조 법관은 헌법과 법률에 의하여 그 양심에 따라 독립하여 심판한다.
제104조 ③ 대법원장과 대법관이 아닌 법관은 대법관 회의의 동의를 얻어 대법원장이 임명한다.
제105조 ③ 대법원장과 대법관이 아닌 법관의 임기는 10년으로 하며, 법률이 정하는 바에 의하여 연임할 수 있다.

## 2. 법원의 조직과 권한

### (1) 법원의 조직[+]

① 대법원
- 사법부의 최고 법원으로 최종적인 재판을 담당함
- 고등 법원의 판결에 불복한 상고 사건을 재판함(3심)
- 특허 법원의 판결에 불복한 상고 사건을 재판함
- 명령과 규칙의 최종 심사권을 가짐
- 대통령 및 국회 의원, 광역 자치 단체장 선거 등의 선거 재판에서 최종심을 담당함

② 고등 법원
- 주로 1심 판결에 불복한 항소 사건을 재판함(2심)
- 지방 의회 의원 및 기초 자치 단체장의 선거 재판의 최종심을 담당함

③ 지방 법원
- 주로 민사 또는 형사 사건의 1심 사건을 재판함
- 지방 법원 단독 판사의 1심 판결에 불복한 항소 사건을 재판함

④ 특수 법원
- 특허 법원: 특허권과 관련된 사건을 재판함
- 가정 법원: 가사 사건과 소년 보호 사건을 재판함
- 행정 법원: 잘못된 행정 작용에 관한 소송 사건을 재판함
- 군사 법원: 군사 재판(군인의 형사 사건)을 관할함

### (2) 법원의 권한

| 재판 | 법률을 해석하고 적용하여 법적 분쟁을 해결함 |
|---|---|
| 위헌 법률 심판 제청 | 재판을 하다가 법률이 헌법에 위반되는지 여부가 문제가 될 경우 헌법 재판소에 법률 심판을 제청할 수 있음 → 입법부 견제 수단 |
| 명령·규칙·처분 심사 | 국가 기관에서 만든 명령이나 규칙이 헌법과 법률에 위반되는지 최종적으로 심사함 → 행정부 견제 수단 |
| 기타 | 등기, 가족 관계 등록에 관한 업무 등을 담당함 |

**+ 법원의 조직**

대법원(최고 법원)과 그 아래의 고등 법원과 특허 법원. 고등 법원 아래의 지방 법원. 가정 법원. 행정 법원으로 구성된다.

**+ 지원**

지방 법원 아래에 설치한 것으로, 지방 법원의 사무를 나누어 처리한다.

### 🔍 꼼꼼 단어 돋보기

● 등기
부동산의 소유를 분명하게 표시하기 위해 국가 기관에 이를 등록하는 행위

## 3. 헌법 재판소의 지위와 권한

### (1) 헌법 재판소의 위상과 구성

| 위상 | • 헌법 재판을 담당하는 독립된 국가 기관<br>• 헌법 수호 기관, 기본권 보장 기관 |
|---|---|
| 역할 | 법률이나 국가 기관의 작용이 헌법에 위배되거나 국민의 기본권을 침해하였는지를 심판하는 헌법 재판을 담당함 |
| 구성 | • 9명의 헌법 재판관으로 구성되며, 정치적 중립을 보장하기 위해 국회, 대통령, 대법원장이 각각 3명씩 지명함<br>• 임기는 6년이고, 연임이 가능함<br>• 헌법 재판소장은 국회의 동의를 얻어 대통령이 임명함 |

**➕ 헌법 수호 기관**
법률, 명령, 규칙 등 모든 하위 법령과 대통령, 국회 등 국가 기관의 활동이 헌법에 위배되는 것을 방지하여 헌법을 수호한다.

**➕ 기본권 보장 기관**
국민의 기본권을 침해하였는지 판단하여 기본권을 보장한다.

### ⭐ (2) 헌법 재판소의 권한

| 헌법 소원 심판 | • 공권력이나 법률이 국민의 기본권을 침해하였는지 심판함<br>• 요청 주체: 기본권을 침해당한 국민이 직접 청구함 |
|---|---|
| 위헌 법률 심판 | • 재판의 전제가 되는 법률의 헌법 위반 여부를 심판함<br>• 요청 주체: 법원이 제청함 |
| 탄핵 심판 | • 위법 행위를 한 고위 공직자에 대한 파면 여부를 심판함<br>• 요청 주체: 국회가 고위 공직자에 대한 탄핵 소추를 의결하고 청구함 |
| 위헌 정당 해산 심판 | • 민주적 기본 질서에 어긋난 정당의 해산 여부를 심판함<br>• 요청 주체: 정부가 요청함 |
| 권한 쟁의 심판 | 국가 기관이나 지방 자치 단체 간의 권한 분쟁을 심판함 |

**➕ 헌법 재판소의 결정**
권한 쟁의 심판을 제외하고 모든 심판의 결정은 재판관 6인 이상의 찬성으로 결정된다.

---

**쏙쏙 이해 더하기** | **국가 기관 간의 견제와 균형**

오늘날 대부분의 민주 국가에서는 국가 기관의 권력 남용을 방지하고 국민의 기본권을 보장하기 위해 국가 권력을 나누어 서로 다른 기관이 담당하도록 하고 서로 견제할 수 있는 권한을 부여하고 있다.

---

**콕콕 개념 확인하기**

1. _____(이)란 법을 적용하고 판단하는 국가의 작용을 말한다.
2. _____ 법원에서는 주로 1심 판결에 불복한 항소 사건에 대한 재판을 담당한다.
3. 헌법 재판소는 법관의 자격을 가진 _____명의 재판관으로 구성된다.
4. 헌법 소원 심판은 기본권을 침해당한 _____이/가 직접 신청함으로써 시작된다.
5. _____ 심판이란 재판의 전제가 되는 법률의 헌법 위반 여부를 심판하는 것이다.

답 1. 사법 2. 고등 3. 9 4. 국민 5. 위헌 법률

**01** (가)에 들어갈 용어로 옳은 것은?

> 현대 국가는 영토가 넓고 인구가 많으며 사회가 복잡하기 때문에 ___(가)___ 가 실시되고 있다.

① 심급 제도
② 상소 제도
③ 대의 민주 정치
④ 직접 민주 정치

**02** 다음과 같은 권한을 행사하는 국가 기관은?

2018년 2회

> • 법의 제정 및 개정
> • 예산안 심의와 확정
> • 국정 감사와 국정 조사

① 법원      ② 국회
③ 행정부     ④ 헌법 재판소

주목

**03** 우리나라의 국회 구성 방식에 대한 설명으로 옳은 것은?

① 국회 의장은 대통령이 선출한다.
② 국회 의원의 일부는 대통령이 지명한다.
③ 지역구 국회 의원과 비례 대표 국회 의원으로 구성된다.
④ 최소 300명 이상의 국회 의원으로 국회를 구성해야 한다.

**04** 본회의에 대한 설명으로 옳지 <u>않은</u> 것은?

① 정기회와 임시회가 있다.
② 회의는 공개하는 것을 원칙으로 한다.
③ 국회의 의사를 최종적으로 결정하는 회의이다.
④ 재적 의원의 전원 출석과 출석 의원 3분의 2 이상의 찬성으로 의결한다.

**05** 다음은 국회의 위원회에 대한 설명이다. ㉠, ㉡에 들어갈 용어를 바르게 연결한 것은?

> 위원회는 항상 활동하는 ( ㉠ ) 위원회와 특별한 안건이 생겼을 때 조직되는 ( ㉡ ) 위원회로 구성된다.

| | ㉠ | ㉡ |
|---|---|---|
| ① | 상임 | 임시 |
| ② | 상임 | 특별 |
| ③ | 임시 | 특별 |
| ④ | 특별 | 임시 |

**06** (가)에 들어갈 국회 운영 제도로 옳은 것은?

> 일정 수 이상의 국회 의원이 소속된 단체로, 사전에 국회 운영에 대해 협의하는 단체를 ☐(가)☐ 라고 한다.

① 본회의　　　　② 교섭 단체
③ 특별 위원회　　④ 상임 위원회

주목
**07** 국회의 입법 기관으로서의 권한이 아닌 것은?

① 법률을 제정하거나 개정한다.
② 헌법 개정안을 제안하고 의결한다.
③ 법률이 헌법을 위반하였는지 여부를 결정한다.
④ 대통령이 외국과 맺은 조약을 최종적으로 동의한다.

**08** 우리나라 국회의 기능으로 옳지 않은 것은?
　　　　　　　　　　　　　　　　　　2019년 2회

① 국정 감사를 실시한다.
② 법률을 제정하고 개정한다.
③ 국군을 지휘하고 통솔한다.
④ 행정부가 제출한 예산안을 심의·확정한다.

**09** 다음과 같은 국가의 작용을 담당하는 국가 기관은?

> • 군인들이 나라를 지킨다.
> • 경찰이 순찰을 돌면서 시민의 안전을 지켜준다.

① 국회
② 법원
③ 행정부
④ 헌법 재판소

**10** ㉠에 들어갈 용어로 알맞은 것은?

> 현대 복지 국가로 접어들어 행정부의 역할이 강조되면서 ( ㉠ ) 현상이 나타나고 있다.

① 인권 침해
② 사법부 독립
③ 행정 국가화
④ 국민 주권주의

**11** 다음에서 설명하는 국가 기관의 수반은?　　2017년 1회

> • 법률을 집행하여, 국가의 목적이나 공익을 실현한다.
> • 교육, 외교, 국방 등 분야별로 행정을 담당한다.

① 대통령
② 국회의장
③ 대법원장
④ 헌법 재판소장

**12** 행정부의 조직과 구성에 대한 설명으로 옳지 <u>않은</u> 것은?

① 행정부의 최고 책임자는 국무총리이다.
② 감사원은 행정부의 최고 감사 기관이다.
③ 행정부의 최고 심의 기관은 국무 회의이다.
④ 행정 각부는 구체적인 행정 업무를 처리하는 부서이다.

주목

**13** 다음 설명에 해당하는 국가 기관은?

• 국가의 세입 및 세출을 결산하고 감독함
• 공무원의 업무 처리 등 행정 전반을 감찰함

① 국회　　　　　　② 법원
③ 감사원　　　　　④ 행정 각부

**14** 다음 헌법 조항의 ㉠에 들어갈 알맞은 말은? 2020년 2회

제66조 ① [ ㉠ ] 은/는 국가의 원수이며, 외국에 대하여 국가를 대표한다.
④ 행정권은 [ ㉠ ] 을/를 수반으로 하는 정부에 속한다.

① 대통령　　　　　② 감사원장
③ 국무총리　　　　④ 대법원장

**15** 대통령의 국가 원수로서의 권한을 〈보기〉에서 고른 것은?

보기
ㄱ. 국군 통수권
ㄴ. 결산 심사권
ㄷ. 외국과의 조약 체결
ㄹ. 긴급 명령 및 계엄 선포

① ㄱ, ㄴ　　　　　② ㄱ, ㄷ
③ ㄴ, ㄷ　　　　　④ ㄷ, ㄹ

**16** 다음 사례에서 알 수 있는 대통령의 지위로 가장 적절한 것은?

• ○월 ○일: 대통령은 우리나라에서 근무 중인 외국 대사들을 초청하여 평화적 외교 관계를 앞으로도 지속해 나가자고 제안하였다.
• □월 □일: 대통령은 중국을 방문하여 중국 주석과 정상 회담을 하면서 한국과 중국의 경제 협력 방안을 논의하고 중국의 투자 확대를 요청하였다.

① 국가 원수로서의 지위
② 국무 위원으로서의 지위
③ 행정부 수반으로서의 지위
④ 국무 회의 의장으로서의 지위

**17** 대한민국 대통령에 대한 설명으로 옳지 <u>않은</u> 것은?
2020년 1회

① 행정부 수반이자 국가 원수로서의 지위를 가진다.
② 법을 해석하고 적용하여 최종적인 재판을 담당한다.
③ 국무 회의의 의장이 되어 국가 중요 정책을 심의한다.
④ 대한민국을 대표하여 외국과 조약을 체결할 권한을 가진다.

**18** 현행 우리나라 대통령에 대한 설명으로 옳지 <u>않은</u> 것은?

2019년 1회

① 행정부의 수반이다.
② 국군을 지휘하고 통솔한다.
③ 국민의 대표 기관인 국회에서 선출한다.
④ 국가 원수로서 대외적으로 우리나라를 대표한다.

**19** 다음과 같은 국가 작용의 명칭은?

> 법적 분쟁 발생 시 법을 적용하고 판단하는 국가의
> 작용

① 입법                    ② 행정
③ 사법                    ④ 재판

주목

**20** 다음 내용의 궁극적인 목적은?

> • 법관의 임기와 신분은 헌법으로 보장한다.
> • 법원의 조직이나 운영이 외부의 간섭을 받지 않는다.

① 법관의 지위를 높이기 위해서
② 법관의 권한을 최소화하기 위해서
③ 분쟁 해결을 신속하게 진행하기 위해서
④ 공정한 재판을 위한 사법권의 독립을 보장하기 위
해서

**21** 다음 설명에 해당하는 법원은?

2019년 2회

> • 우리나라의 최고 법원이다.
> • 주로 최종 재판인 3심 판결을 담당한다.

① 대법원                  ② 가정 법원
③ 특허 법원                ④ 행정 법원

**22** 법원에 대한 설명으로 옳은 것은?

① 고등 법원은 군인의 형사 재판을 담당한다.
② 행정 법원은 가사 사건과 소년 보호 사건을 재판
한다.
③ 대법원은 고등 법원에서 올라온 상고 사건을 재판
한다.
④ 가정 법원은 지방 법원에서 올라온 항소 사건을
재판한다.

**23** 다음의 역할을 담당하는 국가 기관은?

2020년 1회

> • 위헌 법률 심판
> • 탄핵 심판
> • 정당 해산 심판
> • 권한 쟁의 심판

① 국회                    ② 감사원
③ 대법원                  ④ 헌법 재판소

**24** 다음 내용에 해당하는 헌법 재판소의 권한은?

2018년 1회

> - 국가 권력이 국민의 기본권을 침해하고 있는지 여부를 심판한다.
> - 기본권을 침해당한 개인이 권리를 구제받기 위해 청구했을 때 심판한다.

① 탄핵 심판
② 헌법 소원 심판
③ 권한 쟁의 심판
④ 위헌 정당 해산 심판

**26** 헌법 재판소의 위상과 구성에 대한 설명으로 옳지 <u>않은</u> 것은?

① 9명의 재판관으로 구성된다.
② 재판관은 국민이 선거를 통해 직접 선출한다.
③ 헌법 재판을 담당하는 독립된 국가 기관이다.
④ 헌법 재판소장은 국회의 동의를 얻어 대통령이 임명한다.

주목
**25** 다음 설명에 해당하는 법원의 권한은?

> 법원은 재판 중인 사건에 적용할 법률이 헌법에 어긋나는지 여부가 문제가 될 때 헌법 재판소에 심판을 청구할 수 있다.

① 탄핵 소추 의결권
② 명령·규칙·처분 심사권
③ 헌법 소원 심판 제청권
④ 위헌 법률 심판 제청권

주목
**27** 다음과 같은 제도를 시행하는 목적으로 옳은 것은?

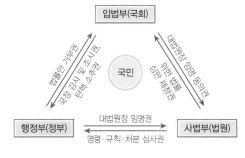

① 공정한 재판을 위해서
② 개인의 기본권을 제한하기 위해서
③ 국가 권력을 행정부에 집중시키기 위해서
④ 국가 기관의 권력 남용을 방지하기 위해서

# 03 경제생활과 선택

## 1 합리적 선택과 경제 체제

### 1. 경제 활동

#### (1) 경제 활동의 의미와 대상
① 의미: 재화와 서비스를 생산, 분배, 소비하는 모든 활동
② 대상

| | |
|---|---|
| 재화 | • 의미: 인간의 욕구를 충족시켜 주는 눈에 보이는 물건<br>• 무상재: 대가를 지불하지 않고 얻을 수 있는 재화 예 공기<br>• 경제재: 대가를 지불해야만 얻을 수 있는 재화 예 옷, 신발 등 |
| 서비스 | 인간의 필요와 욕구를 충족시켜 주는 사람의 행위<br>예 의사의 진료, 가수의 공연 등 |

#### (2) 경제 활동의 유형

| | |
|---|---|
| 생산 | 재화와 서비스를 만들거나 그 가치를 증대시키는 활동 예 상품의 제조, 운반, 판매 등 |
| 분배 | 생산 활동에 참여한 사람들에게 그 대가를 나누어 주는 활동<br>예 임금, 이자, 지대 등을 받는 것 |
| 소비 | 재화와 서비스를 구매하여 욕구를 충족시키는 활동 예 상품 구매 등 |

#### ☆(3) 경제 활동의 주체

| | |
|---|---|
| 가계 | • 소비 활동의 주체<br>• 노동, 토지, 자본 등의 생산 요소를 기업에 제공하고 그 대가로 임금, 지대, 이자 등의 소득을 얻음<br>• 소득 중 일부를 저축하고, 국가에 세금을 납부함<br>• 최소의 비용으로 최대의 만족을 얻는 것을 목표로 함 |
| 기업 | • 생산 활동의 주체<br>• 가계로부터 노동, 토지, 자본 등의 생산 요소를 제공받아 생산 활동을 함<br>• 가계에 생산 요소의 대가로 임금, 지대, 이자 등을 지불함<br>• 최소의 비용으로 최대의 이윤을 얻는 것을 목표로 함 |
| 정부 | • 생산 및 소비 활동의 주체<br>• 공공재와 사회 간접 자본을 생산하여 공급함<br>• 공공사업 운영에 필요한 재화와 서비스를 소비함<br>• 경제 활동에 관련된 법이나 규칙을 만들어 시장 경제 질서를 유지함<br>• 국민 경제를 안정적으로 운영하는 것을 목표로 함 |
| 외국 | • 무역 활동의 주체<br>• 수출과 수입을 함<br>• 세계화로 인해 중요성이 커지고 있음 |

**➕ 공공재와 사회 간접 자본**

공공재와 사회 간접 자본의 경우 생산 비용은 많이 들고 이윤이 적어, 기업에게만 공급을 맡기면 충분히 공급되지 않아 정부에서 생산한다. 국방, 치안, 공원 등은 공공재에, 도로, 항만, 공항, 철도, 전기, 통신, 댐 등은 사회 간접 자본에 해당한다.

**🔍 꼼꼼 단어 돋보기**

● 지대
토지 사용의 대가

△ 경제 활동의 주체

## 2. 희소성과 합리적 선택

### (1) 자원의 희소성

① 의미: 인간의 욕구에 비하여 이를 충족시켜 줄 수 있는 자원의 양이 상대적으로 부족한 상태

② 특징

- 상대성: 희소성은 자원의 절대적인 양이 아닌 인간의 필요와 욕구에 따라 달라지며, 시대나 장소에 따라 달라질 수 있음
- 가격 결정 요인: 희소성에 따라 가격이 결정됨
- 선택 문제의 발생 요인

### (2) 합리적 선택

① 경제적 선택의 문제: 자원의 희소성으로 인해 항상 선택의 문제에 놓임

② 합리적 선택: 최소의 비용으로 최대의 편익을 얻을 수 있는 선택

③ 합리적 선택 시 고려할 점

| 비용 | 어떤 경제적 선택을 하는 데 지불되는 대가 ⓓ 돈, 시간, 자원 등 |
|---|---|
| 편익 | • 어떤 경제적 선택을 통해 얻게 되는 만족이나 이익<br>• 금전적·비금전적인 것 모두 해당함 |
| 기회<br>비용✚ | • 의미: 어떤 선택을 함으로써 포기하는 가치 중 가장 가치가 큰 것<br>• 모든 선택에는 기회비용이 따르기 때문에 이를 고려한 선택이 이루어져야 함<br>• 동일한 선택을 하였더라도 그에 대한 기회비용은 사람마다 다르게 나타남 |

④ 합리적 선택의 방법

- 비용이 같다면 편익이 큰 것을, 편익이 같다면 비용이 작은 것을 선택해야 함
- 편익이 기회비용보다 커야 함
- 기회비용은 최소화되도록 선택해야 함

✚ 기회비용의 구성

어떤 선택에 따른 행동을 하는 데 직접 지출되는 비용＋선택으로 인해 포기한 것으로 얻을 수 있었던 가치

---

**쏙쏙 이해 더하기** | **합리적 의사 결정의 과정**

| 1단계 | 문제 인식 | 자신에게 필요한 경제 문제를 인식함 |
|---|---|---|
| 2단계 | 대안 탐색 | 실제로 선택 가능한 대안에 대한 자료 및 정보를 수집하여 탐색함 |
| 3단계 | 대안 평가 | 비용과 편익을 포함한 평가 기준을 세워 대안을 구체적으로 비교하고 평가함 |
| 4단계 | 대안 선택 및 실행 | 대안을 선택하고 실행함 |
| 5단계 | 평가 및 반성 | 결정된 대안을 평가하고 다음 선택에 반영함 |

## 3. 경제 문제와 *경제 체제

### (1) 경제 문제
① 의미: 경제 주체가 경제생활 중에 결정해야 하는 문제
② 발생 원인: 자원의 희소성
③ 기본적인 경제 문제
- 생산물의 종류와 수량의 문제: '무엇을, 얼마나 생산할 것인가?'
- 생산 방법의 문제: '어떻게 생산할 것인가?'
- 분배 방식의 문제: '누구를 위하여 생산할 것인가?'

### (2) 경제 체제
① 시장 경제 체제(자본주의)

| 의미 | 시장에서 자유 경쟁을 통해 모든 경제 활동이 이루어지는 경제 체제 |
|---|---|
| 특징 | • 경제 활동의 자유를 보장함<br>• 시장 가격에 의해 경제 문제가 해결됨<br>• 사유 재산 제도와 사적 이익 추구를 보장함 |
| 장점 | • 개인의 창의성 발휘가 가능함<br>• 자원의 효율적 활용이 가능함<br>• 사회 전체의 생산성이 향상됨 |
| 문제점 | 빈부 격차 발생, 환경 오염 심화 등 |

② 계획 경제 체제

| 의미 | 국가의 계획과 명령에 의해 경제 문제를 해결하는 경제 체제 |
|---|---|
| 특징 | • 국가가 주요 생산 수단을 소유함<br>• 사유 재산은 원칙적으로 부정됨<br>• 경제 활동의 자유가 제한됨<br>• 사회적으로 공동의 목표를 추구함 |
| 장점 | • 국가가 정한 주요 목적을 신속하게 달성할 수 있음<br>• 소득 불평등이 완화됨 |
| 문제점 | 개인의 근로 의욕 저하, 경제적 효율성 악화 등 |

③ 혼합 경제 체제

| 의미 | 시장 경제 체제와 계획 경제 체제가 혼합된 경제 체제 |
|---|---|
| 등장 배경 | 시장 경제 체제에서 각종 문제가 발생하면서 정부의 개입이 필요해짐 |
| 특징 | • 오늘날 대부분의 국가들은 혼합 경제 체제를 운영하고 있음<br>• 국가에 따라 혼합 정도가 다름 |

### (3) 우리나라의 경제 체제
① 원칙: 시장 경제 체제를 기본 원칙으로 하되, 정부 개입을 어느 정도 인정하는 혼합 경제 체제
② 목적
- 시장 경제 체제 요소: 사유 재산 제도와 경제 활동의 자유 보장이 목적임
- 계획 경제 체제 요소: 경제적 약자 보호와 경제 질서 유지가 목적임

🔍 **꼼꼼 단어 돋보기**

● 경제 체제
사회의 기본적인 경제 문제를 해결해 가는 제도

제119조 ① 대한민국의 경제 질서는 개인과 기업의 경제상의 자유와 창의를 존중함을 기본으로 한다.
      ② 국가는 균형 있는 국민 경제의 성장 및 안정과 적정한 소득의 분배를 유지하고, 시장의 지배와
      경제력의 남용을 방지하며, 경제 주체 간의 조화를 통한 경제의 민주화를 위하여 경제에 관한
      규제와 조정을 할 수 있다.

**콕콕 개념 확인하기**

1. _____은/는 기업에 생산 요소를 제공하는 경제 주체이다.
2. 인간의 욕구에 비해 자원의 양이 상대적으로 부족한 상태를 _____(이)라고 한다.
3. 한 번 희소한 자원은 영원히 희소하다. (O, X)
4. 어떤 선택을 함으로써 포기하는 가치 중 가장 가치가 큰 것을 _____(이)라고 한다.
5. 합리적 선택이란 최소의 _____(으)로 최대의 _____을/를 얻을 수 있는 선택을 말한다.

답 1. 가계 2. 자원의 희소성 3. X 4. 기회비용 5. 비용, 편익

## 2 기업의 역할과 사회적 책임

### 1. 기업의 의미와 역할

#### (1) 기업의 의미와 목적

| | |
|---|---|
| 의미 | 생산 활동을 하는 경제 주체 |
| 목적 | 최소 비용으로 최대 이윤을 추구하는 것(이윤의 극대화) |

#### ☆(2) 기업의 역할

| | |
|---|---|
| 상품 생산 | 생산 요소를 투입하여 사회에 필요한 재화와 서비스를 생산함 |
| 일자리 제공과 소득 창출 | 가계로부터 생산 요소(노동, 토지, 자본)를 제공받고, 그 대가로 임금, 이자, 지대를 가계에 지불하여 국민에게 일자리와 소득을 제공함 |
| 세금 납부 | 국가에 세금을 납부하여 정부의 재정에 기여함 |
| 기타 | • 주주에게 이윤을 배당함<br>• 기술 혁신을 위한 연구 개발에 투자하여 경제 성장을 촉진함 |

### 2. 기업의 사회적 책임과 기업가 정신

#### (1) 기업의 사회적 책임

| | |
|---|---|
| 의미 | 기업 윤리를 토대로 법규를 준수하며 경제 사회 구성원의 역할을 다하는 윤리적 책임 의식 |
| 등장 배경 | 기업의 지나친 이윤 추구로 환경 오염, 독과점 등 각종 사회 문제가 발생하면서 기업의 사회적 역할에 대한 요구가 커짐 |
| 의의 | 장기적으로 기업의 이미지를 높여 기업의 발전에 도움이 됨 |

🔍 **꼼꼼 단어 돋보기**

● 독과점

소수의 특정 기업이 생산과 시장을 지배하고 이익을 독차지하는 상태

## (2) 기업의 사회적 책임 실천 방안

| 사회에 대한 책임 | 근로 기준법, 공정 거래법 등 법률을 준수하며 건전한 이윤을 추구함 |
|---|---|
| 소비자에 대한 책임 | 안전한 제품을 생산하고 소비자의 권익이 침해되지 않도록 해야 함 |
| 노동자에 대한 책임 | 노동자에게 정당한 임금과 안전한 작업 환경을 제공해야 함 |
| 환경에 대한 책임 | 생산 활동으로 발생하는 환경 오염을 최소화해야 함 |
| 사회적 목적 추구 | 장애인 고용, 재능 기부, 낙후된 지역의 시설 설치 등의 활동을 통해 기업의 이익을 사회에 환원함 |

> **쏙쏙 이해 더하기** | **기업의 사회적 책임 실천 사례**
>
> • ○○ 기업은 소비자가 신발 한 켤레를 구매한 경우 아프리카 어린이에게 신발 한 켤레를 기부한다.
> • △△ 기업은 인도의 고무나무 농장에서 자연 친화적으로 채취한 천연고무를 이용하여 샌들을 만들고 있다. 그리고 판매 수익금의 일부로 케냐, 세네갈 등에 나무를 심고 있다.

## ☆(3) 기업가 정신[+]

| 의미 | 미래의 위험을 무릅쓰고 혁신을 통해 새로운 것을 창조하려는 기업가의 도전적 자세 |
|---|---|
| 필요성 | 기업이 이윤을 얻고 다른 기업과의 경쟁에서 살아남기 위해 기업가 정신이 필요함 |
| 실천 방안 | 새로운 생산 기술 개발 및 시장 개척, 새로운 경영 방식 도입, 신제품 개발 등 |
| 의의 | • 기업의 생산성을 향상시키고, 고용을 창출하는 등 경제 활성화에 이바지함<br>• 소비자는 과거에 볼 수 없었던 편리한 상품을 접할 수 있음<br>• 노사 관계의 안정에도 이바지함 |

**✚ 기업가 정신**

경제학자인 슘페터는 기술 혁신을 통한 '창조적 파괴'를 기업가 정신의 본질이라고 보았다. 새로운 발명품, 새로운 시장 개척, 새로운 생산 방식의 도입 등을 통해 기업가 정신을 발휘할 수 있다고 주장하였다.

## 3 경제생활과 금융 생활

### 1. 자산 관리
### ☆(1) 생애 주기에 따른 경제생활

| 유소년기 (10대) | 부모의 소득에 의존하면서 대부분 소비 활동이 이루어짐 |
|---|---|
| 청년기 (20대) | • 취업을 통해 소득이 생기는 시기<br>• 무분별한 소비를 절제하고, 신용 관리를 해야 함 |
| 중·장년기 (30~50대) | • 소득과 소비가 모두 많은 시기<br>• 결혼, 출산, 양육, 주택 마련 등으로 소비가 크게 증가함<br>• 은퇴 준비와 노후 대비 자금 마련이 필요함 |
| 노년기 (60대 이후) | • 경제적 은퇴로 소득은 거의 없거나 감소하는데 소비 생활은 지속됨<br>• 이전에 마련해 둔 자금이나 연금 등으로 여생을 보내야 함 |

**🔍 꼼꼼 단어 돋보기**

● 생애 주기

시간의 흐름에 따라 개인의 경제생활이 변해 가는 단계

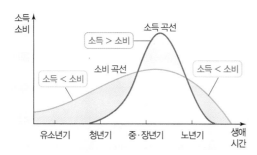

▲ 생애 주기 곡선에 따른 소득과 소비의 변화

## (2) 자산과 자산 관리

### ① 자산의 종류

| 금융 자산 | 현금, 예금, 주식, 채권, 보험, 펀드 등 눈에 보이지 않는 자산 |
|---|---|
| 실물 자산 | 주택이나 토지와 같은 부동산, 귀금속이나 골동품과 같은 동산 등 눈에 보이는 자산 |

### ② 자산 관리의 의미와 필요성

| 의미 | 자신이 벌어들인 소득을 바탕으로 생애 주기에 따른 소득과 소비를 고려하여 자산을 운용하는 것 |
|---|---|
| 필요성 | • 일생 동안 소득을 얻을 수 있는 기간이 한정적이므로 안정적인 생활 수준을 유지하기 위해 필요함<br>• 평균 수명의 연장으로 노후 대책이 필요함<br>• 질병, 사고 등 미래의 위험을 대비해야 함 |

## 2. 합리적 자산 관리[+]

### (1) 자산 관리 시 고려해야 할 요인

| 안전성 | 투자한 자산의 원금이 안전하게 보전될 수 있는 정도 |
|---|---|
| 수익성 | 투자한 자산으로부터 기대할 수 있는 수익의 정도 |
| 유동성 | 보유하고 있는 자산을 쉽게 현금화할 수 있는 정도 |

### (2) 자산의 종류

| 예금 | • 정해진 이자를 기대하고 은행 등 금융 기관에 돈을 맡기는 방식<br>• 안전성은 높지만 수익성이 낮음 |
|---|---|
| 주식 | • 주식회사가 투자자에게 자금을 투자한 대가로 발행하는 증서<br>• 수익성은 높지만 안전성이 낮음<br>• 기업의 실적에 따라 배당금을 받음 |
| 채권 | • 국가, 지방 자치 단체, 기업 등이 투자자로부터 필요한 자금을 빌리면서 미래의 정해진 시점에 일정한 이자와 원금을 지급하기로 약속한 증서<br>• 신용도가 높은 곳에서 발행하므로 안전성이 높은 편임 |
| 펀드 | 투자 전문가에게 돈을 맡겨 수익을 내면 그 수익을 투자자에게 분배하는 간접 투자 상품 |
| 부동산 | • 토지, 집 등과 같이 움직여서 옮길 수 없는 자산<br>• 거래가 이루어지는 데 시간이 많이 걸려 유동성이 낮음 |

**+ 합리적 투자 방법**

소득이나 투자 목적 등을 고려하여 다양한 자산에 분산 투자하여 수익을 확보하고 투자로 인한 위험을 줄여야 한다.

**🔍 꼼꼼 단어 돋보기**

**● 배당금**

기업이 주식 소유자들의 지분에 따라 나누어 주는 이익

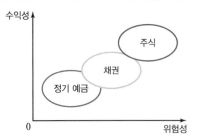

그래프는 투자 상품별 수익성과 위험성의 관계를 보여 주고 있다. 정기 예금은 채권과 주식에 비해 수익성과 위험성이 모두 낮은 편이고, 주식은 수익성이 가장 높으나 그에 따라오는 원금 손실의 위험이 존재한다. 따라서 수익성과 안전성은 서로 상충 관계에 있음을 알 수 있다.

## 3. 신용 관리

### (1) 신용의 의미와 장단점

① 의미: 미래의 어느 시점에 갚기로 약속하고 상품을 사거나 돈을 빌릴 수 있는 능력

② 장단점

| | |
|---|---|
| 장점 | 현금 없이 거래가 가능하고, 현재 소득보다 많은 소비가 가능함 |
| 단점 | 충동 구매나 과소비를 할 우려가 있음 |

**✚ 신용 거래의 사례**
신용 카드 사용을 통한 물건 구입, 은행 대출 등이 있다.

### (2) 신용 관리의 필요성

| | |
|---|---|
| 신용 관리의 필요성 | 신용이 나쁘면 휴대 전화 가입 제한, 신용 카드 발급 제한, 대출 거절, 취업 제한 등 경제 활동이 제한됨 |
| 신용 관리 방법 | • 소득을 초과하는 소비를 자제해야 함<br>• 소득이나 상환 능력의 범위 내에서 신용을 이용함<br>• 자신의 신용 등급을 항상 점검하고 관리함 |

**✚ 구체적 신용 관리 방법**
• 상환 능력을 고려하여 신중히 대출을 받는다.
• 세금, 휴대 전화 요금, 공과금, 카드 결제 대금 등을 연체하지 않는다.
• 항상 가계부를 쓴다.
• 주거래 은행과 꾸준하게 거래한다.

### 콕콕 개념 확인하기

1. 미래의 위험을 무릅쓰고 혁신을 통해 새로운 것을 창조하려는 기업가의 도전적인 자세를 _____(이)라고 한다.

2. _____(이)란 보유하고 있는 자산을 쉽게 현금화할 수 있는 정도를 말한다.

3. _____은/는 정해진 이자를 기대하고 금융 기관에 돈을 맡기는 자산을 말한다.

4. _____은/는 수익성은 높지만 안전성이 낮은 자산이다.

5. _____(이)란 미래의 어느 시점에 갚기로 약속하고 돈을 빌릴 수 있는 능력을 말한다.

답  1. 기업가 정신  2. 유동성  3. 예금  4. 주식  5. 신용

정답과 해설 33쪽

**주목**

**01** 다음 밑줄 친 ㉠~㉣의 사례로 옳지 않은 것은?

> 경제 활동이란 인간이 살아가는 데 필요한 ㉠ 재화와 ㉡ 서비스를 ㉢ 생산, ㉣ 분배, 소비하는 활동이다.

① ㉠: 휴대 전화
② ㉡: 의사의 진료
③ ㉢: 가수의 콘서트를 관람함
④ ㉣: 한 달 동안 일한 대가로 월급을 받음

**02** 다음에 해당하는 경제 활동의 주체는?　　2018년 1회

> • 재화와 서비스를 소비하는 소비 활동의 주체이다.
> • 생산 요소를 제공한 대가로 임금, 지대, 이자 등을 받는다.

① 가계　　　　　② 기업
③ 정부　　　　　④ 외국

**03** 다음 내용에 해당하는 경제 주체는?　　2018년 2회

> • 생산과 소비의 주체
> • 세금을 바탕으로 국방, 치안, 도로 등의 공공재 생산
> • 공공 업무 수행에 필요한 재화와 서비스를 소비

① 정부　　　　　② 기업
③ 가계　　　　　④ 외국

**[04~06]** 다음 그림을 보고 물음에 답하시오.

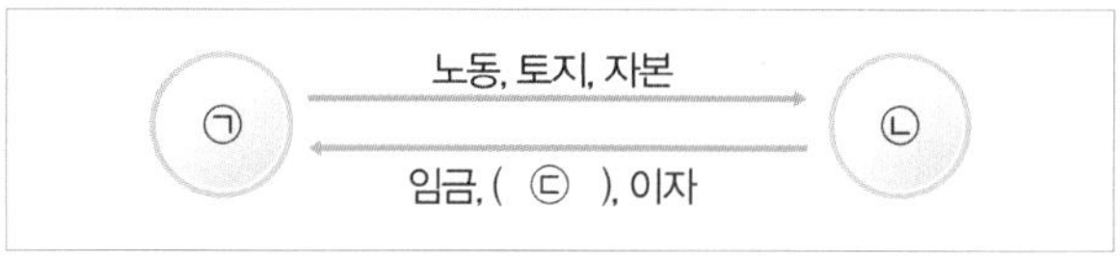

**04** ㉠에 들어갈 경제 주체는?

① 가계　　　　　② 기업
③ 정부　　　　　④ 외국

**05** ㉡에 들어갈 경제 주체에 대한 설명으로 옳은 것은?

① 공공재를 생산한다.
② 주로 생산의 주체이다.
③ 주로 소비의 주체이다.
④ 최대 비용으로 최대 이윤을 얻는 것을 목표로 한다.

**06** ㉢에 들어갈 경제 개념은?

① 지대　　　　　② 대출
③ 이윤　　　　　④ 공공재

**07** 그림이 의미하는 경제 개념으로 가장 적절한 것은?

2017년 1회

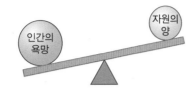

① 경제 성장
② 국제 수지
③ 국내 총생산
④ 자원의 희소성

**08** 다음의 내용을 통해 알 수 있는 것은?  2020년 1회

> 더위를 식혀 주는 에어컨의 경우, 한대 기후 지역에서는 희소성이 없으나 열대 기후 지역에서는 희소성이 있다.

① 한 번 희소한 자원은 영원히 희소하다.
② 지역에 따라 자원의 희소성이 달라질 수 있다.
③ 시대가 달라져도 자원의 희소성은 달라지지 않는다.
④ 자원의 희소성은 자원의 절대적인 양에 의해서만 결정된다.

**09** (가)에 들어갈 경제 개념으로 적절한 것은?

2017년 2회

> [ (가) ]은 어떤 것을 선택함으로써 포기하는 가치 중에 가장 큰 것이다. 음식점에서 짜장면과 짬뽕 사이에서 고민하다가 짜장면을 선택했다면 짬뽕을 먹었을 때의 만족감이 그 예에 해당한다.

① 편익
② 희소성
③ 기회비용
④ 매몰 비용

**10** 다음 사례에서 주식 투자를 선택할 경우의 기회비용은?

> ○○○는 현금 100만 원으로 주식에 투자하면 1년에 30만 원의 수익을 얻을 수 있고, 은행에 예금하면 1년에 20만 원의 이자 수익을 얻을 수 있다.

① 10만 원
② 20만 원
③ 30만 원
④ 50만 원

**11** 합리적 선택의 요건을 충족시키는 내용이 <u>아닌</u> 것은?

① 기회비용이 가장 작은 것을 선택한다.
② 기회비용이 편익보다 큰 것을 선택한다.
③ 비용이 같다면 편익이 큰 것을 선택한다.
④ 편익이 같다면 비용이 작은 것을 선택한다.

**12** 다음 설명에 해당하는 경제 문제는?

> '누구를 위하여 생산할 것인가?'

① 분배 방식의 문제
② 생산 방법의 문제
③ 생산물의 종류 문제
④ 생산물의 수량 문제

**주목**

**13** 다음 설명에 해당하는 경제 체제는?

> • 사유 재산 제도 보장
> • 경제 활동의 자유 보장

① 상업 경제 체제
② 시장 경제 체제
③ 계획 경제 체제
④ 혼합 경제 체제

**14** 계획 경제 체제의 문제점을 〈보기〉에서 고른 것은?

> **보기**
>
> ㄱ. 환경 오염 심화
> ㄴ. 빈부 격차 발생
> ㄷ. 경제적 효율성 악화
> ㄹ. 개인의 근로 의욕 저하

① ㄱ, ㄴ
② ㄱ, ㄹ
③ ㄴ, ㄷ
④ ㄷ, ㄹ

**주목**

**15** 다음 헌법 조항과 관련하여 알 수 있는 우리나라의 경제 체제는?

> 제119조
> ① 대한민국의 경제 질서는 개인과 기업의 경제상의 자유와 창의를 존중함을 기본으로 한다.
> ② 국가는 균형 있는 국민 경제의 성장 및 안정과 적정한 소득의 분배를 유지하고, 시장의 지배와 경제력의 남용을 방지하며, 경제 주체 간의 조화를 통한 경제의 민주화를 위하여 경제에 관한 규제와 조정을 할 수 있다.

① 자본주의
② 시장 경제 체제
③ 계획 경제 체제
④ 혼합 경제 체제

**16** 다음 내용에 해당하는 경제 활동의 주체는?

**2019년 1회**

> • 재화와 서비스를 생산하는 생산 활동의 주체
> • 적은 비용으로 상품을 생산하여 최대의 이윤을 얻기 위해 노력함

① 가계
② 기업
③ 정부
④ 외국

**17** 다음 글에 나타난 기업의 역할로 옳은 것은?

> △△ 기업은 수도권이 아닌 ○○ 지역에 대형 마트를 세웠다. 대형 마트가 들어선 이후 ○○ 지역의 실업률이 감소하였다.

① 상품 생산
② 일자리 제공
③ 연구 개발 투자
④ 국가에 세금 납부

**주목**

**18** 기업이 사회적 책임을 실천하는 사례가 <u>아닌</u> 것은?

① 공정 거래법을 준수한다.
② 장애인은 고용하지 않는다.
③ 환경 오염을 최소화하면서 생산한다.
④ 근로자에게 정당한 임금을 지급한다.

**주목**

**19** 다음 내용에 해당하는 자세로 적절하지 <u>않은</u> 것은?

> 미래의 불확실성을 무릅쓰고 혁신을 통해 새로운 가치를 창조하려는 기업가의 도전하는 자세를 말한다.

① 새로운 상품을 개발한다.
② 새로운 생산 방법을 도입한다.
③ 새로운 경영 기법을 도입한다.
④ 가격이 하락하면 생산을 줄인다.

**20** 다음 밑줄 친 부분에 해당하는 개념은?

> 평균 수명의 연장으로 노후 대책이 필요해지면서 생애 주기에 따른 소득과 소비를 고려하여 자산을 운영하는 것이 중요해졌다.

① 소비 관리        ② 소득 관리
③ 자산 관리        ④ 저축 관리

**21** 금융 자산이 <u>아닌</u> 것은?

① 예금        ② 현금
③ 주식        ④ 부동산

**주목**

**22** 다음 그림의 A 시기에 대한 설명으로 옳은 것은?

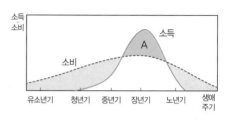

① 소득과 소비가 가장 많은 시기이다.
② 은퇴를 하여 주로 연금에 의존하는 시기이다.
③ 부모에게 경제적 의존을 많이 하는 시기이다.
④ 소득이 많아 자산 관리가 필요 없는 시기이다.

**23** 다음 설명에 해당하는 시기는?

> 경제적 은퇴로 수입은 거의 없거나 감소하고, 소비 생활은 지속되는 시기이다.

① 청년기        ② 노년기
③ 유소년기      ④ 중·장년기

**24** ㉠~㉢에 들어갈 내용을 바르게 연결한 것은?

> 자산의 원칙에는 투자한 자산이 안전하게 보호될 수 있는지를 의미하는 ( ㉠ ), 투자한 자산으로부터 기대할 수 있는 수익의 정도인 ( ㉡ ), 그리고 보유한 자산을 얼마나 쉽게 현금으로 바꿀 수 있는지를 의미하는 ( ㉢ )이 있다.

| | ㉠ | ㉡ | ㉢ |
|---|---|---|---|
| ① | 안전성 | 유동성 | 수익성 |
| ② | 안전성 | 수익성 | 유동성 |
| ③ | 유동성 | 수익성 | 안전성 |
| ④ | 수익성 | 안전성 | 유동성 |

**25** ㉠~㉢에 들어갈 내용을 바르게 연결한 것은?

> 자산 관리의 원칙 중에서 원금 보장 정도를 안전성
> 이라 한다. 대표적인 금융 자산으로는 예금, 주식, 채
> 권이 있는데, ( ㉠ ), ( ㉡ ), ( ㉢ )의 순으로
> 안전성이 높다.

|   | ㉠ | ㉡ | ㉢ |
|---|---|---|---|
| ① | 채권 | 예금 | 주식 |
| ② | 채권 | 주식 | 예금 |
| ③ | 주식 | 채권 | 예금 |
| ④ | 예금 | 채권 | 주식 |

주목
**26** 다음 대화의 빈칸에 공통으로 들어갈 자산의 종류는?

> ( )은 은행 등의 금융 기관에 일정한 기간 동안 돈을 맡기고 이자를 받는 상품이지. 큰 수익을 얻을 수는 없지만 원금을 잃을 가능성이 적단다.

> 엄마, ( )이 뭐예요?

① 채권          ② 예금

③ 보험          ④ 주식

**27** ㉠에 들어갈 내용으로 적절한 것은?

> 부동산은 투자 자산으로 선호도가 높으나 ( ㉠ )
> 이 매우 낮다.

① 수익성          ② 안전성

③ 유동성          ④ 위험성

**28** 신용과 관련된 내용으로 옳은 것은?

① 신용 거래는 과소비를 막을 수 있다.

② 신용이 나쁘면 모든 경제 활동을 할 수 없다.

③ 신용 거래는 현재 소득보다 적은 소비만 가능하다.

④ 신용이 좋지 않으면 취업이나 대출에 있어서 제한
을 받는다.

Ⅱ 사회2

# 04 시장 경제와 가격

## 1 시장의 의미와 종류

### 1. 시장

#### (1) 시장의 의미와 형성

| 의미 | 상품을 사려는 사람(수요자)과 팔려는 사람(공급자)이 만나 거래가 이루어지는 곳 → 구체적인 장소만을 의미하는 것이 아니라 거래 활동 자체를 의미함 |
|------|------|
| 형성 | 자급자족 경제 → 농경 시작 → 물물 교환 → *분업 발생 → 시장 형성 → 화폐 출현 |

#### (2) 시장의 형성 과정

① 자급자족 경제: 생활에 필요한 물건을 스스로 만들어 사용함
② 농경 시작: 농사를 짓기 시작하고 생산력이 증대되며 잉여 생산물이 발생함
③ 물물 교환 등장: 잉여 생산물을 다른 물건과 교환해서 쓰기 시작함
④ 분업 발생: 교환이 활발해지자 사람들은 더 잘 만들 수 있는 물건을 집중 생산함
⑤ 시장 형성: 교환의 편리를 위해 사람들이 모여 거래하면서 시장이 형성됨
⑥ 화폐* 출현: 화폐를 사용하면서 시장은 더욱 발달함

➕ 화폐의 발달
물품 화폐 → 금속 화폐 → 지폐 → 신용 화폐 → 전자 결제

#### (3) 시장의 기능

| 상품의 거래 비용 감소 | 상품을 거래하기 위한 시간과 노력, 즉 거래 비용이 줄어듦 |
|------|------|
| 상품의 정보 제공 | 상품의 종류와 가격 등의 정보를 얻을 수 있음 |
| 상품의 생산성 증대 | 분업과 *특화의 촉진으로 특정 분야를 전문화하여 생산하는 사람이 늘어나 질 좋은 상품의 생산성이 증대됨 |

### 2. 시장의 종류

#### (1) 거래 상품에 따른 구분

| 생산물 시장 | 일상생활에 필요한 재화와 서비스가 거래되는 시장 예 농수산물 시장, 꽃 시장 등 |
|------|------|
| 생산 요소 시장 | 생산에 필요한 노동, 토지, 자본 등의 생산 요소가 거래되는 시장 예 취업 박람회, 부동산 시장, 노동 시장 등 |

#### (2) 거래 형태에 따른 구분

| 눈에 보이는 시장 | 구체적 장소가 존재하며 거래 모습이 눈에 보이는 시장 예 재래시장, 백화점, 대형 할인점, 동네 슈퍼마켓 등 |
|------|------|
| 눈에 보이지 않는 시장 | 구체적 장소가 없으며 거래 모습이 드러나지 않는 시장 예 주식 시장, 외환 시장, 전자 상거래 등 |

🔍 **꼼꼼 단어 돋보기**

● 분업
여러 사람이 나누어 맡는 것

● 특화
잘하는 일이나 분야에 전념하여 전문화하는 것

## (3) 개설 주기에 따른 구분

| 상설 시장[+] | 매일 열리는 시장 **예** 남대문 시장, 동대문 시장 등 |
|---|---|
| 정기 시장 | 특정 날짜에만 열리는 시장 **예** 3일장, 5일장 등 |

## (4) 판매 대상에 따른 구분

| 도매 시장 | 소매상인을 대상으로 하는 시장 |
|---|---|
| 소매 시장 | 소비자를 대상으로 하는 시장 |

## (5) 새로운 시장의 확대

| 원인 | 정보 통신 기술의 발달 |
|---|---|
| 양상 | 전자 상거래의 비중은 매년 증가하고 있으며, 해외 직구로 상품을 사기도 함 |

### 쏙쏙 이해 더하기  전자 상거래의 장단점

| 장점 | • 상품이나 서비스의 비교가 쉬우며 시·공간의 제약을 받지 않고 자유롭게 상품 구매가 가능함<br>• 중간 유통 단계가 생략되어 물건의 가격이 저렴함 |
|---|---|
| 단점 | • 거래 시 개인 정보가 노출될 우려가 있음<br>• 상품을 위조할 경우 식별이 어려움 |

### 콕콕 개념 확인하기

1. 재화나 서비스를 사려는 사람과 팔려는 사람이 모여 거래하는 곳을 _____(이)라고 한다.
2. _____ 시장은 노동, 토지, 자본 등이 거래되는 시장이다.

답  1. 시장   2. 생산 요소

**＋ 상설 시장**

옛날에는 일정한 시간과 장소를 정해 거래가 이루어지는 정기 시장이 열렸으나 산업화와 도시화로 거래 규모가 커지고 거래량이 늘어나면서 매일 거래가 이루어질 수 있는 상설 시장이 생겨났다.

## 2 시장 가격의 결정

### 1. 수요 법칙

| 수요 | 일정한 가격으로 상품을 구입하고자 하는 욕구 |
|---|---|
| 수요량 | 일정한 가격 수준에서 수요자가 구입하려고 하는 상품의 수량 |
| 수요 법칙 | 가격이 상승하면 수요량이 감소하고, 가격이 하락하면 수요량이 증가하는 현상 → 가격과 수요량은 반비례(−) 관계 |
| 수요 곡선<br>(우하향 곡선) | |

## 2. 공급 법칙

| 공급 | 일정한 가격에 상품을 팔고자 하는 욕구 |
|---|---|
| 공급량 | 일정한 가격 수준에서 공급자가 판매하려고 하는 상품의 수량 |
| 공급 법칙 | 가격이 상승하면 공급량이 증가하고, 가격이 하락하면 공급량이 감소하는 현상 → 가격과 공급량은 비례(+) 관계 |
| 공급 곡선 (우상향 곡선) | |

## ☆3. 시장 가격의 결정

### (1) 균형 가격과 균형 거래량

| 균형[+] | 시장에서 수요량과 공급량이 일치하는 상태 |
|---|---|
| 균형 가격과 균형 거래량의 형성 | 시장에서 수요량과 공급량이 일치하여 균형을 이루는 지점에서 균형 가격(시장 가격)과 균형 거래량이 결정됨 |

**+ 시장 균형**
시장 균형일 때 균형 가격에서 수요자가 구입할 의사와 능력이 있는 수량이 공급자가 공급할 의사와 능력이 있는 수량과 일치한다. 이 가격에서 수요자는 원하는 만큼의 재화를 살 수 있고, 공급자는 원하는 만큼의 재화를 팔 수 있다.

### (2) 초과 수요와 초과 공급

| 초과 수요 | 어떤 가격 지점에서 수요량이 공급량보다 많은 상태 → 수요자 간의 경쟁으로 상품 가격 상승 |
|---|---|
| 초과 공급 | 어떤 가격 지점에서 공급량이 수요량보다 많은 상태 → 공급자 간의 경쟁으로 상품 가격 하락 |

---

**쏙쏙 이해 더하기**　시장 가격의 결정

- $P_1$에서 가격 결정: 수요량 < 공급량 → 초과 공급 발생 → 가격 하락
- $P_2$에서 가격 결정: 수요량 > 공급량 → 초과 수요 발생 → 가격 상승
- 균형 가격 지점: 수요량 = 공급량 → 시장 가격(균형 가격)과 균형 거래량이 결정됨

---

**콕콕 개념 확인하기**

1. 일정한 가격으로 상품을 구입하려는 욕구를 _____(이)라고 한다.
2. 상품 가격이 상승하면 수요량이 _____하고, 가격이 하락하면 수요량이 _____한다.
3. 상품 가격이 상승하면 공급량이 _____하고, 가격이 하락하면 공급량이 _____한다.
4. 초과 수요가 발생할 경우 수요자 간의 경쟁으로 상품의 가격이 _____한다.
5. _____은/는 공급량이 수요량보다 많은 상태를 말한다.

답　1. 수요　2. 감소, 증가　3. 증가, 감소　4. 상승　5. 초과 공급

## 3 시장 가격의 변동

### 1. 수요의 변동
#### (1) 수요량의 변동과 수요의 변동

| 수요량의 변동 | • 가격 변동에 따라 수요량이 변화하는 것<br>• 수요 곡선상의 점의 이동으로 표현됨 |
| --- | --- |
| 수요의 변동 | • 가격 이외의 요인이 변화하여 수요 자체가 변화하는 것<br>• 수요 곡선 자체의 이동으로 표현됨 |
| 그래프 | 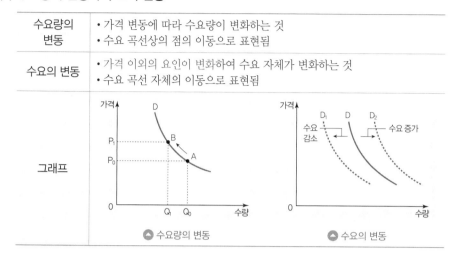<br>▲ 수요량의 변동       ▲ 수요의 변동 |

#### (2) 수요의 변동 요인

| 소득의 변화 | | • 소득이 증가하면 수요가 증가함<br>• 소득이 감소하면 수요가 감소함 |
| --- | --- | --- |
| 소비자의 기호 변화 | | • 소비자의 기호가 증가하면 수요가 증가함<br>• 소비자의 기호가 감소하면 수요가 감소함 |
| 관련 재화의 가격 변화 | 대체재의 가격 변화 | • 대체재의 가격이 상승하면 수요가 증가함<br>• 대체재의 가격이 하락하면 수요가 감소함 |
| | 보완재의 가격 변화 | • 보완재의 가격이 상승하면 수요가 감소함<br>• 보완재의 가격이 하락하면 수요가 증가함 |
| 인구수의 변화 | | • 인구가 증가하면 수요가 증가함<br>• 인구가 감소하면 수요가 감소함 |
| 미래 가격에 대한 예상 | | • 미래에 상품 가격 상승이 예상되면 수요가 증가함<br>• 미래에 상품 가격 하락이 예상되면 수요가 감소함<br>• 신제품 출시가 예상되면 기존 상품에 대한 수요가 감소함 |

**＋ 대체재**
한 상품을 대신하여 사용할 수 있는 경쟁 관계의 재화를 말한다.
**예** 닭고기와 돼지고기, 커피와 녹차 등

**＋ 보완재**
함께 소비할 때 더 큰 만족을 얻을 수 있는 재화를 말한다.
**예** 자동차와 휘발유, 커피와 설탕 등

**🖹 자료 스크랩**    **대체재의 가격 변화에 따른 수요 변동**

구제역으로 국내산 삼겹살 가격이 크게 오르자 국내산 삼겹살 대신에 값이 싼 수입산 삼겹살의 매출이 크게 증가하였다. 수입산 삼겹살뿐만 아니라, 오리고기, 소고기 등 다른 육류 제품의 매출도 증가하는 추세이다.
－ ○○신문 －

**🖹 자료 스크랩**    **보완재와 수요의 관계**

지난해 판매된 수많은 편의점 상품들 중 최고의 히트 상품으로 꼽을 수 있는 것이 다름 아닌 '얼음컵'이라고 한다. 얼음컵의 히트가 진정 놀라운 이유는 얼음컵을 사는 손님들이 단순히 얼음컵만 구매하지 않았다는 점이다. 어떤 손님은 얼음컵과 함께 생수를 구매하였고, 다른 손님은 맥주나 커피를 함께 샀으며, 또 다른 손님은 탄산음료를 얼음컵과 함께 구입하였다. 얼음에 부어 마시면 시원함과 청량감을 더 느낄 수 있는 음료나 주류 매출량이 얼음컵 붐(boom)과 함께 신장세를 나타낸 것이다.
－ ○○신문 －

☆(3) 수요 변동에 따른 결과(단, 공급이 일정할 경우)

| 구분 | 수요 증가 | 수요 감소 |
|---|---|---|
| 변동 요인 | • 소득 증가<br>• 기호 증가<br>• 대체재의 가격 상승<br>• 보완재의 가격 하락<br>• 인구 증가<br>• 상품 가격의 상승 예상 등 | • 소득 감소<br>• 기호 감소<br>• 대체재의 가격 하락<br>• 보완재의 가격 상승<br>• 인구 감소<br>• 상품 가격의 하락 예상 등 |
| 변동 결과 | 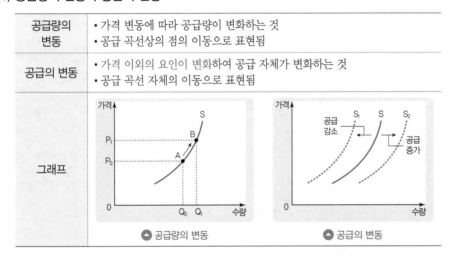수요 곡선이 오른쪽으로 이동<br>→ 균형 가격 상승, 균형 거래량 증가 | 수요 곡선이 왼쪽으로 이동<br>→ 균형 가격 하락, 균형 거래량 감소 |

## 2. 공급의 변동

### (1) 공급량의 변동과 공급의 변동

| 공급량의<br>변동 | • 가격 변동에 따라 공급량이 변화하는 것<br>• 공급 곡선상의 점의 이동으로 표현됨 |
|---|---|
| 공급의 변동 | • 가격 이외의 요인이 변화하여 공급 자체가 변화하는 것<br>• 공급 곡선 자체의 이동으로 표현됨 |
| 그래프 | ▲ 공급량의 변동          ▲ 공급의 변동 |

### (2) 공급의 변동 요인

| 생산 기술의<br>변화 | 생산 기술이 발전하면 생산 비용이 줄어들어 공급이 증가함 |
|---|---|
| 생산 요소의<br>가격 변화 | • 생산 요소(●원자재 가격, 임금, 이자)의 가격이 하락하면 공급이 증가함<br>• 생산 요소의 가격이 상승하면 공급이 감소함 |
| 공급자 수의<br>변화 | • 공급자의 수가 증가하면 공급이 증가함<br>• 공급자의 수가 감소하면 공급이 감소함 |
| 미래 가격에<br>대한 예상 | • 미래에 상품 가격 하락이 예상되면 공급이 증가함 → 공급자들이 가격이<br>더 내리기 전에 팔려고 하기 때문임<br>• 미래에 상품 가격 상승이 예상되면 공급이 감소함 |

🔍 **꼼꼼 단어 돋보기**

● 원자재
생산의 원료가 되는 기본적인 재료

⭐(3) 공급 변동에 따른 결과(단, 수요가 일정할 경우)

| 구분 | 공급 증가 | 공급 감소 |
|------|-----------|-----------|
| 변동 요인 | • 생산 기술의 발전<br>• 생산 요소의 가격 하락<br>• 공급자 수 증가<br>• 상품 가격의 하락 예상 등 | • 생산 요소의 가격 상승<br>• 공급자 수 감소<br>• 상품 가격의 상승 예상 등 |
| 변동 결과 | <br>공급 곡선이 오른쪽으로 이동<br>→ 균형 가격 하락, 균형 거래량 증가 | <br>공급 곡선이 왼쪽으로 이동<br>→ 균형 가격 상승, 균형 거래량 감소 |

## 3. 시장 가격의 기능

### (1) 경제 활동의 신호등 역할

① 의미: 시장 가격은 소비자에게는 무엇을 얼마만큼 소비할 것인지, 생산자에게는 무엇을 얼마만큼 생산할 것인지를 알려 주는 신호등과 같은 역할을 함

② 시장 가격의 변동

| 시장 가격 상승 | • 소비자는 소비를 줄이고자 하므로 소비량이 감소함<br>• 생산자는 생산을 늘리고자 하므로 공급량이 증가함 |
|------|------|
| 시장 가격 하락 | • 소비자는 소비를 늘리고자 하므로 소비량이 증가함<br>• 생산자는 생산을 줄이고자 하므로 공급량이 감소함 |

### (2) 효율적인 자원 배분⁺

① 의미: 시장 가격은 한 사회에서 필요로 하는 적정한 양의 상품이 생산되어 효율적으로 배분되도록 함

② 경제 주체의 합리적인 경제 활동

| 생산자 | 가장 적은 비용으로 생산할 수 있는 생산자가 상품을 생산함 |
|------|------|
| 소비자 | 가장 큰 만족감을 얻을 수 있는 소비자가 상품을 구입함 |

➕ **시장 가격의 효율적인 자원 배분**
소비자들은 상품의 질이 같다면 가장 저렴한 것을 선택하기 때문에 생산자는 값싸고 질 좋은 상품을 생산하기 위해 노력하며, 결국에는 가장 효율적으로 상품을 생산하는 생산자가 시장에 남게 된다.

### 콕콕 개념 확인하기

1. 어떤 재화와 함께 소비할 때 만족이 더 커지는 재화를 _____(이)라고 한다.
2. 수요가 증가하면 수요 곡선이 (왼쪽, 오른쪽)으로 이동한다.
3. 소득이 증가하면 수요가 _____한다.
4. 수요가 감소하면 균형 가격은 _____한다.
5. 공급이 증가하면 균형 가격은 _____하고, 균형 거래량은 _____한다.

답 1. 보완재 2. 오른쪽 3. 증가 4. 하락 5. 하락, 증가

**01** 시장에 대한 설명으로 옳은 것은?

① 공급자만 있어도 시장은 형성된다.
② 화폐의 등장으로 시장이 더욱 활성화되었다.
③ 반드시 구체적인 장소가 있어야 시장이 형성된다.
④ 생산 요소는 상품이 아니므로 시장에서 거래가 되지 않는다.

**02** 화폐 발달의 순서를 바르게 배열한 것은?

(가)      (나)      (다)      (라)

① (가) – (나) – (다) – (라)
② (나) – (라) – (다) – (가)
③ (다) – (라) – (가) – (나)
④ (라) – (다) – (나) – (가)

주목

**03** 생산 요소 시장에 해당하는 것을 〈보기〉에서 고른 것은?

> 보기
>
> ㄱ. 꽃 시장      ㄴ. 노동 시장
> ㄷ. 가구 시장      ㄹ. 부동산 시장

① ㄱ, ㄴ           ② ㄱ, ㄷ
③ ㄴ, ㄷ           ④ ㄴ, ㄹ

**04** 다음 (가), (나)에 대한 설명으로 옳은 것은?

> (가) 재래시장
> (나) 인터넷 쇼핑몰

① (가)는 도매상인을 대상으로 판매하는 시장이다.
② (가)와 같은 유형의 시장에는 주식 시장이 있다.
③ (나)과 같은 유형의 시장에는 대형 할인점이 있다.
④ (나)는 '눈에 보이지 않는 시장'으로 구체적 장소가 없다.

**05** 시장에서의 거래로 인해 나타나게 된 경제 생활의 변화로 옳지 <u>않은</u> 것은?

① 분업이 가능하게 되었다.
② 자급자족 생활이 증가하게 되었다.
③ 상품의 정보를 쉽게 얻을 수 있게 되었다.
④ 거래에 들어가는 시간과 비용이 감소하였다.

**06** 수요와 관련된 내용으로 옳지 <u>않은</u> 것은?

① 수요 법칙 – 가격이 상승하면 수요량이 감소한다.
② 수요 – 일정한 가격으로 상품을 구입하려고 하는 욕구를 말한다.
③ 수요량 – 가장 높은 가격에서 구입하고자 하는 상품의 수량을 말한다.
④ 수요 곡선 – 가격과 수요량의 관계를 나타낸 것으로, 우하향 곡선의 형태를 띤다.

**07** 수요 법칙에 부합하는 사례가 <u>아닌</u> 것은?

① 커피 가격이 내리자 수요량이 증가하였다.
② 맥주 가격이 내리자 수요량이 증가하였다.
③ 컴퓨터 가격이 오르자 수요량이 증가하였다.
④ 스마트폰 가격이 오르자 수요량이 감소하였다.

**08** 공급 법칙에 대한 설명으로 옳은 것은?

① 가격과 공급량은 반비례 관계이다.
② 우하향하는 공급 곡선으로 나타난다.
③ 상품의 가격이 상승하면 공급량이 증가한다.
④ 상품의 가격이 하락하면 공급량이 증가한다.

**09** 다음과 같은 현상을 그래프로 바르게 나타낸 것은?

스마트폰 가격이 오르자 공급량이 증가하였다.

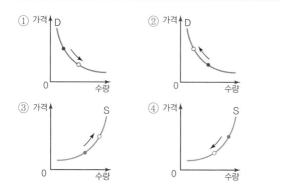

**10** 균형 가격에 대한 설명으로 옳은 것은?

① 초과 수요일 때 결정되는 가격이다.
② 초과 공급일 때 결정되는 가격이다.
③ 시장에서 결정되기 때문에 시장 가격이라고도 한다.
④ 수요와 공급이 모두 변동할 때 결정되는 가격이다.

**11** 다음 그래프에 대한 설명으로 옳은 것은?

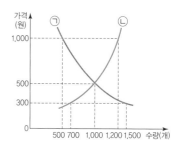

① ㉠은 공급 곡선이다.
② ㉡은 수요 곡선이다.
③ 가격이 500원일 때 초과 수요가 나타난다.
④ 가격이 1,000원일 때 초과 공급이 나타난다.

**12** 다음 그래프의 균형 가격과 균형 거래량은?

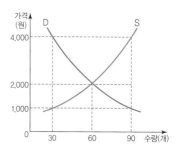

| | 균형 가격 | 균형 거래량 |
|---|---|---|
| ① | 1,000원 | 30개 |
| ② | 1,000원 | 60개 |
| ③ | 2,000원 | 60개 |
| ④ | 4,000원 | 30개 |

**13** 표는 아이스크림의 수요량과 공급량을 나타낸 것이다. 아이스크림의 균형 가격은? (단, 다른 조건은 일정함)

2018년 2회

| 가격(원) | 수요량(개) | 공급량(개) |
|---|---|---|
| 800 | 500 | 100 |
| 900 | 400 | 200 |
| 1,000 | 300 | 300 |
| 1,100 | 200 | 400 |

① 800원
② 900원
③ 1,000원
④ 1,100원

**14** 다음 그래프에서 가격이 600원에서 300원으로 하락할 때 나타나는 현상으로 옳은 것은?

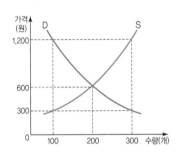

① 200개의 초과 수요가 발생한다.
② 200개의 초과 공급이 발생한다.
③ 수요량이 200개에서 100개로 감소한다.
④ 공급량이 300개에서 200개로 감소한다.

**15** 다음 내용과 관련된 재화가 <u>아닌</u> 것은?

한 상품을 대신하여 사용할 수 있는 경쟁 관계의 재화를 말한다.

① 사과와 배
② 홍차와 녹차
③ 커피와 설탕
④ 소고기와 돼지고기

**16** 다음 사례에 나타난 수요의 변화 요인은?

삼겹살의 가격이 하락하자 상추의 수요가 증가하였다.

① 소득 변화
② 인구수 변화
③ 대체재의 가격 변화
④ 보완재의 가격 변화

**17** 수요의 변화에 영향을 미치는 요인을 〈보기〉에서 고른 것은?

보기
ㄱ. 임금의 변화
ㄴ. 소득의 변화
ㄷ. 인구수의 변화
ㄹ. 생산 기술의 변화

① ㄱ, ㄴ
② ㄱ, ㄷ
③ ㄴ, ㄷ
④ ㄴ, ㄹ

주목
**18** 다음 사례에 나타난 토마토 시장의 변화를 나타낸 그래프로 옳은 것은? (단, 다른 조건의 변화는 없음)

뉴스에서 암 예방에 토마토가 좋다는 연구 결과가 발표되었다. 이에 따라 방송 전보다 토마토의 소비가 증가하였다.

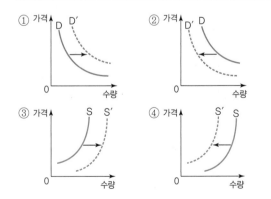

**19** 그래프와 같이 수요 곡선이 이동했을 때, 균형 가격과 균형 거래량의 변화로 옳은 것은? (단, 다른 조건은 일정함)     2018년 1회

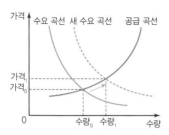

| | 균형 가격 | 균형 거래량 |
|---|---|---|
| ① | 상승 | 감소 |
| ② | 하락 | 증가 |
| ③ | 상승 | 증가 |
| ④ | 하락 | 감소 |

**20** ㉠, ㉡에 들어갈 내용을 바르게 연결한 것은?

> 스마트폰의 생산 기술이 발전하여 스마트폰의 공급이 증가하면 균형 가격은 ( ㉠ )하고, 균형 거래량은 ( ㉡ )한다.

| | ㉠ | ㉡ |
|---|---|---|
| ① | 상승 | 증가 |
| ② | 상승 | 감소 |
| ③ | 하락 | 증가 |
| ④ | 하락 | 감소 |

**21** 다음과 같은 요인으로 인해 나타나는 결과는?

> 공급자의 수 감소, 임금 상승

① 수요의 증가
② 수요의 감소
③ 공급의 증가
④ 공급의 감소

**22** 다음 그래프와 같은 변화를 가져오는 요인으로 옳은 것은?

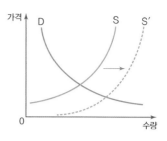

① 소득의 감소
② 인구의 증가
③ 기업의 수 증가
④ 원자재 가격 상승

**23** 시장 가격의 변화에 따른 소비자와 생산자의 행동 변화로 옳은 것은?

① 가격이 상승하면 생산자는 생산량을 줄인다.
② 가격이 상승하면 소비자는 구매량을 늘린다.
③ 가격이 하락하면 생산자는 생산량을 줄인다.
④ 가격이 하락하면 소비자와 생산자는 각각 구매량과 생산량을 줄인다.

주목
**24** 시장 가격의 역할을 〈보기〉에서 고른 것은?

> 보기
> ㄱ. 빈부 격차를 해소시켜 준다.
> ㄴ. 자원을 효율적으로 배분한다.
> ㄷ. 경제 활동의 신호등 역할을 한다.
> ㄹ. 국민의 소득을 균등하게 분배한다.

① ㄱ, ㄴ      ② ㄱ, ㄷ
③ ㄴ, ㄷ      ④ ㄷ, ㄹ

# 05 국민 경제와 국제 거래

## 1 국내 총생산과 국민 경제

### ☆ 1. 국내 총생산(GDP)

#### (1) 국내 총생산의 의미와 의의

| | |
|---|---|
| 의미 | • 일정 기간 동안 한 나라 안에서 생산된 최종 생산물의 가치를 시장 가격으로 합한 것<br>• 일정 기간 동안: 보통 1년을 기준으로 하며, 그해에 새롭게 생산된 것만 포함<br>• 한 나라 안에서: 생산자의 국적에 상관없이 한 나라의 국경 안에서 생산된 것만 포함<br>• 최종 생산물의 가치: 최종 생산물만 포함하며, 생산 과정에 투입된 중간 생산물은 포함하지 않음<br>• 시장 가격으로 계산: 시장에서 거래되는 것만 포함 |
| 측정 방법 | 최종 생산물의 시장 가치의 합 또는 각 생산 단계의 부가 가치의 합 |
| 의의 | 한 나라의 전체적인 생산 수준 및 경제 활동 규모를 알 수 있음 |

---

**쏙쏙 이해 더하기** | **국내 총생산(GDP)의 측정 방법**

| 생산 과정 | 농부의 밀 생산 | 제분업자의 밀가루 생산 | 제빵업자의 빵 생산 |
|---|---|---|---|
| 가격 | 50만 원 | 100만 원 | 200만 원 |
| 부가 가치 | 50만 원 | 50만 원 | 100만 원 |

국내 총생산 = 최종 생산물의 가격 = 200만 원
= 부가 가치의 합 = 50만 원 + 50만 원 + 100만 원 = 200만 원

---

#### (2) 1인당 국내 총생산

| | |
|---|---|
| 의미 | 국내 총생산(GDP)을 그 나라의 인구수로 나눈 것 |
| 의의 | 한 나라 국민들의 평균적인 소득 수준과 경제생활 수준을 알 수 있음 |

#### (3) 국내 총생산의 한계

| | |
|---|---|
| 정확한 경제 활동 규모 파악이 어려움 | 대가를 받지 않는 가사 노동이나 봉사 활동 등은 포함되지 않기 때문에 경제 활동 규모를 정확히 나타내지 못함 |
| 삶의 질 수준 파악이 어려움 | • 환경 오염 등 삶의 질을 떨어뜨리는 문제를 해결하는 데 드는 비용이 국내 총생산에 포함됨<br>• 여가 생활을 통해 삶의 질이 향상되어도 그 가치는 포함되지 않음 |
| 소득 분배 상태 파악이 어려움 | 한 나라의 소득 분배 상태나 빈부 격차에 관한 정보를 나타내지 못함 |

🔍 **꼼꼼 단어 돋보기**

● 부가 가치
생산 과정에서 새롭게 부가된 가치

## 2. 경제 성장

### (1) 경제 성장의 의미 및 측정 방법

| 의미 | 한 나라의 생산 능력과 경제 규모가 커지는 것, 즉 국내 총생산이 지속적으로 증가하는 현상 |
|---|---|
| 측정 방법 | 경제 성장률을 통해 경제 성장의 정도를 파악함 |

$$\text{경제 성장률(\%)} = \frac{\text{금년도 실질 국내 총생산} - \text{전년도 실질 국내 총생산}}{\text{전년도 실질 국내 총생산}} \times 100$$

✚ 실질 국내 총생산

물가 변동을 제거하기 위해 기준이 되는 연도의 가격을 적용하여 계산한 국내 총생산을 말한다. 실질 국내 총생산의 증가율이 경제 성장률을 의미한다.

### (2) 경제 성장의 영향

| 긍정적 영향 | • 일자리가 창출되고 국민 소득이 증가함<br>• 국민들이 질 높은 교육과 의료 혜택 및 문화 혜택 등을 누릴 수 있음<br>• 물질적 풍요 등 전반적인 생활 수준이 향상됨 |
|---|---|
| 부정적 영향 | • 환경 오염, 자원 고갈 등의 문제가 발생함<br>• 빈부 격차, 여가 부족 등의 문제가 발생함 |

### (3) 달성 방안

① 경제 성장의 필요 요건: 생산 요소와 사회 간접 자본 확충, 인적 자본 축적 등
② 경제 성장을 위한 노력

| 소비자 | 합리적인 소비와 저축을 함 |
|---|---|
| 기업가 | 기업가 정신을 발휘하여 생산성을 높임 |
| 근로자 | 생산성 향상을 위해 지속적으로 자기 계발 노력을 함 |
| 정부 | 합리적인 법과 제도를 마련함 |

### (4) 경기 변동

| 의미 | 한 나라의 경제 상황이 좋아졌다가 나빠지기를 반복하는 현상, 즉 호황과 불황을 반복하는 현상 |
|---|---|
| 국내 총생산과 경기 변동의 관계 | • 국민 소득 증가 → 소비와 생산 및 투자 활동 활발 → 국내 총생산 증가 → 경제 성장률 증가 → 호황<br>• 국민 소득 감소 → 소비와 생산 및 투자 활동 위축 → 국내 총생산 감소 → 경제 성장률 감소 → 불황 |

### 콕콕 개념 확인하기

1. _____은/는 일정 기간 동안 한 나라 안에서 생산된 최종 생산물의 가치를 합한 것을 말한다.
2. 한 나라 국민의 평균적인 소득 수준과 경제생활 수준은 _____을/를 통해 파악할 수 있다.
3. 한 나라의 생산 능력과 경제 규모가 커지는 현상, 즉 국내 총생산이 지속적으로 증가하는 현상을 _____(이)라고 한다.
4. 경제 성장을 달성하기 위해 (기업가, 소비자)는 기업가 정신을 발휘하여 생산성을 높여야 한다.

답 1. 국내 총생산(GDP)  2. 1인당 국내 총생산  3. 경제 성장  4. 기업가

🔍 꼼꼼 단어 돋보기

● 호황

생산이나 소비 등 경제 활동이 활발한 시기

● 불황

경제 활동이 침체되는 시기

## 2 물가 상승과 실업

### 1. 물가 상승

#### (1) 물가와 물가 지수

| 물가 | 여러 상품의 가격을 종합하여 평균한 것 |
|---|---|
| 물가 지수 | 기준 연도의 물가를 100으로 하여 비교 연도의 물가 수준을 표현한 값 |
| 종류 | 소비자 물가 지수, 생산자 물가 지수 등 |

**＋ 체감 물가**

체감 물가는 우리가 자주 구매하는 생활필수품의 가격을 중심으로 생각하기 때문에 정부가 발표하는 소비자 물가 지수와 차이가 있다.

#### ☆(2) 인플레이션

① 의미: 물가가 일정 기간 동안 지속적으로 오르는 현상

② 발생 원인

| 총수요>총공급 | 총수요가 증가하는데 총공급이 이에 미치지 못할 경우 물가가 상승함 |
|---|---|
| 생산비 상승 | 임금이나 원자재의 가격 상승 등으로 생산비가 오를 경우 물가가 상승함 |
| 통화량 증가 | 시중에 공급되는 통화량이 많아지면 화폐의 가치가 하락하고 물가가 상승함 |

**＋ 총수요의 증가**

가계의 소비, 기업의 투자, 정부의 재정 지출이 증가할 경우 총수요가 증가한다.

③ 인플레이션의 영향

| 화폐 가치 하락 | 일정 금액으로 살 수 있는 상품의 양이 감소함 |
|---|---|
| 소득과 부의 불공정한 분배 | • 유리: 실물 자산 보유자(부동산, 물건 등의 소유자), 채무자(돈을 빌린 사람), 수입업자<br>• 불리: 금융 자산 보유자(현금 및 은행 예금 보유자, 연금 생활자), 임금 근로자, 채권자(돈을 빌려준 사람), 수출업자 |
| 국제 거래에 영향 | 국내 상품의 가격이 외국 상품에 비해 상대적으로 비싸짐 → 수출은 감소하고, 수입은 증가하여 무역 적자가 발생함 |
| 경제 성장의 어려움 | 저축을 기피하고 부동산 투기와 같은 불건전한 거래가 증가함 |

---

**📄 자료 스크랩** **극심한 인플레이션의 사례**

• 제1차 세계 대전에서 패한 독일은 막대한 전쟁 배상금을 마련하기 위해 화폐를 마구 발행하였다. 그 결과 독일에서는 1921년의 물가 지수가 1000이라고 할 때, 1924년의 물가 지수는 1조에 달하여 3년 사이 물가가 무려 100억 배 상승하였다.
• 1973~1974년, 1978~1980년에 두 차례의 석유 파동이 발생하였다. 석유 파동으로 원유의 전량을 수입에 의존하던 우리나라는 물가가 가파르게 상승하여 큰 타격을 입었다.

---

#### (3) 물가 안정을 위한 노력

| 정부 | • 재정 지출 축소와 세금 확대를 통한 총수요 감소 정책 시행<br>• 공공 요금 인상 억제 |
|---|---|
| 중앙은행 | 통화량 감축 및 이자율 인상을 통해 소비 억제 및 저축 유도 |
| 기업 | 기술 혁신 등을 통해 생산 비용 절감 |
| 근로자 | 과도한 임금 인상 요구 자제 |
| 소비자 | 건전하고 합리적인 소비 생활, 과소비와 충동구매 자제 |

**🔍 꼼꼼 단어 돋보기**

● 석유 파동

국제 석유 가격이 상승하면서 세계 각국에 일어난 경제적 혼란

## 2. 실업

### (1) 실업과 실업률

① 실업의 의미
- 일할 능력과 의사가 있음에도 불구하고 일자리를 갖지 못한 상태
- 일할 능력과 일할 의사가 없는 학생, 노약자나 전업주부, 구직 단념자 등은 실업자에 포함되지 않음

② 실업과 관련된 개념(경제 활동 인구의 구성)

| 노동 가능 인구 | 생산 활동이 가능한 만 15세 이상 인구 |
| --- | --- |
| 경제 활동 인구 | 노동 가능 인구 중 일할 능력과 의사가 있는 사람(취업자 + 실업자) |
| 비경제 활동 인구 | 노동 가능 인구 중 일할 능력이나 일할 의사가 없는 사람 |

③ 실업률: 경제 활동 인구 중 실업자가 차지하는 비율

$$실업률(\%) = \frac{실업자 \ 수}{경제 \ 활동 \ 인구} \times 100$$

✚ 경제 활동 인구의 구성

### (2) 실업의 영향

| 개인적 측면 | 생계유지의 어려움, 자아실현의 기회 상실 |
| --- | --- |
| 사회적 측면 | 인적 자원의 낭비, 생계형 범죄 증가, 빈곤층 증가, 사회 보장비 지출의 증가로 정부의 재정 부담 증가 |

### (3) 실업의 유형에 따른 정부의 대책

| 유형 | 원인 | 대책 |
| --- | --- | --- |
| 경기적 실업 | 경기 침체로 기업이 고용을 줄여 발생함 | 재정 지출을 늘리는 공공사업 실시 등 |
| 구조적 실업 | 산업 구조의 변화로 발생함 | 직업 훈련 프로그램 개발, 직업 교육 시행 등 |
| 계절적 실업 | 계절에 따라 발생함 | 농촌에 농공 단지 조성, 공공 근로 사업 확대 등 |
| 마찰적 실업 | 더 나은 일자리를 구하기 위해 일시적으로 발생함 | 고용 지원 센터와 직업 정보 센터 운영, 취업 박람회 개최 등 |

### (4) 고용 안정을 위한 노력

① 기업: 연구·개발을 통해 고용 창출 방안 마련
② 근로자: 자기 계발을 통해 생산성 향상에 힘씀

### (5) 바람직한 노사 관계

① 노사 관계: 기업가와 근로자는 서로 다른 입장의 차이로 대립하기도 함
② 바람직한 노사 관계의 확립

| 필요성 | 대립적인 노사 관계는 기업의 생산성 감소, 근로자의 고용 불안 등을 초래하기 때문에 협력하는 노사 관계가 이루어져야 함 |
| --- | --- |
| 방법 | • 기업가와 근로자는 상호 공존하는 관계임을 인식해야 함<br>• 기업가와 근로자 간의 원활한 의사소통을 위한 협의체를 마련해야 함 |

🔍 **꼼꼼 단어 돋보기**

● 노사 관계
노동자(근로자)와 사용자(기업가)의 관계

1. 물가가 지속적으로 오르는 현상을 _____(이)라고 한다.
2. 인플레이션이 발생하면 채권자는 (유리, 불리)해지고 채무자는 (유리, 불리)해진다.
3. 인플레이션이 발생하면 정부는 재정 지출을 (확대, 축소)해야 한다.
4. 일할 능력과 의사가 있는데도 일자리를 구하지 못하는 상태를 _____(이)라고 한다.
5. _____적 실업은 더 나은 일자리를 구하기 위해 일시적으로 발생하는 실업이다.

답  1. 인플레이션  2. 불리, 유리  3. 축소  4. 실업  5. 마찰

# 3 국제 거래와 환율

## 1. 국제 거래

### (1) 국제 거래의 의미와 필요성

| 의미 | 국가 간에 국경을 넘어 상품, 서비스, 생산 요소들이 이동하는 것 |
|---|---|
| 필요성 | • 생산비의 차이: 국가마다 보유한 자본, 기술, 노동 등의 차이가 있고, 자연 환경이 다르기 때문에 자원의 종류와 양에도 차이가 있음<br>• 분업 및 특화: 각 나라마다 비교 우위를 갖고 있는 상품을 특화하여 생산하고 교환하면 두 나라 모두 거래의 이익을 얻을 수 있음 |

**➕ 비교 우위**

한 나라가 다른 나라에 비해 특정 재화나 서비스를 상대적으로 낮은 비용으로 생산할 수 있는 상태를 말한다.

### (2) 국제 거래의 특징

| 거래의<br>제약 존재 | • 상품의 수출과 수입 과정에서 관세를 내고 통관 절차를 거쳐야 함<br>• 나라마다 법과 제도가 달라 국내 거래보다 자유롭지 못함 |
|---|---|
| 환율 고려 | 나라마다 서로 다른 화폐를 사용하므로 화폐 간 교환 비율인 환율을 고려해야 함 |

### (3) 국제 거래의 영향

| 긍정적<br>영향 | • 소비자의 상품 선택의 폭이 넓어짐<br>• 외국 기업과 경쟁에서 이기기 위해 기술 개발과 생산성 향상에 힘써 국내 기업의 경쟁력이 강화됨<br>• 세계 시장을 대상으로 판매하기 때문에 상품 시장이 확대됨 |
|---|---|
| 부정적<br>영향 | • 경쟁력을 갖추지 못한 국내 기업은 피해를 입음<br>• 무역 의존도가 높은 국가는 해외의 경제 상황에 크게 영향을 받음<br>• 무역 마찰 가능성이 증가함 |

**➕ 우리나라 무역액의 변화**

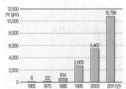

**➕ 무역 마찰**

국가 간에 상품 수출입의 불균형으로 인해 발생하는 분쟁을 말한다.

## 2. 세계화와 국제 거래

### (1) 세계화에 따른 국제 거래의 확대

| 배경 | • 교통·통신 수단이 발달함<br>• 세계 무역 기구(WTO)의 출범으로 자유 무역이 확대됨<br>• 지역 경제 협력체의 구성과 자유 무역 협정(FTA) 체결이 증가함 |
|---|---|
| 양상 | • 국제 거래의 규모 증가: 세계 무역액이 대체로 증가함<br>• 국제 거래의 대상 확대: 과거에는 상품이 주로 거래되었으나 오늘날에는 상품뿐만 아니라 서비스, 자본, 노동력, 기술, 지식 등으로 거래 대상이 확대됨 |

**🔍 꼼꼼 단어 돋보기**

● 관세
수입품에 부과하는 세금

● 통관 절차
국경을 통과하는 상품에 대해 관세청에서 실시하는 검사 절차

### (2) 국제 거래를 통한 경제 협력의 모습

| 세계 무역 기구 (WTO) | 의미 | 국가 간 무역 장벽[+]을 제거하고 자유 무역을 확대하기 위해 1995년에 설립된 국제기구 |
|---|---|---|
| | 역할 | 관세 인하, 무역 장벽 제거, 불공정 무역 행위 규제, 무역 분쟁 조정 |
| | 영향 | 자유 무역의 확대, 국가 간 상호 의존 관계 심화 |
| 지역 경제 협력체 | 의미 | 지리적으로 인접한 국가들이 결성한 경제 공동체 |
| | 사례 | 유럽 연합(EU), 북아메리카 자유 무역 협정(NAFTA), 아시아·태평양 경제 협력체(APEC), 동남아시아 국가 연합(ASEAN) 등 |
| | 영향 | • 긍정적 영향: 국가 간 자원의 효율적 이용이 가능해짐<br>• 부정적 영향: 회원국 간에만 무역 장벽을 완화하고 혜택을 주기 때문에 상대적으로 비회원국에 대한 차별이 나타날 수 있음 |
| 자유 무역 협정 (FTA) | 의미 | 개별 국가 간 교역을 할 때 무역 장벽을 완화하거나 제거하려는 목적으로 체결된 협정 |
| | 특징 | 협정을 체결한 국가 간에는 이익을 볼 수 있음 |

**＋ 무역 장벽**

국가 간의 상품이나 서비스의 이동을 방해하는 장벽을 의미한다.

| 관세 장벽 | 관세를 높게 매겨 수입품의 가격을 높이는 방법 |
|---|---|
| 비관세 장벽 | 관세를 제외한 수량 제한, 수입 절차상의 제한, 기술 장벽 등의 모든 무역 장벽 |

---

**쏙쏙 이해 더하기** | **다양한 지역 경제 협력체**

> **아시아·태평양 경제 협력체(APEC)**
> 아시아·태평양 21개국
>
> **북미 자유 무역 협정(NAFTA)**
> 미국·캐나다·멕시코
>
> **유럽 연합(EU)**
> 유럽 27개국
>
> **걸프 협력 회의(GCC)**
> 서남아시아 6개국
>
> **동남아시아 국가 연합(ASEAN)**
> 동남아시아 10개국
>
> **남미 공동 시장(MERCOSUR)**
> 남아메리카 5개국

## 3. 환율

### (1) 환율의 의미와 표시 방법

| 의미 | 외국 화폐와 자국 화폐의 교환 비율 |
|---|---|
| 표시 방법 | 외국 화폐 1단위와 교환되는 자국 화폐의 양으로 표현함<br>예 1달러를 사기 위해 1,000원이 필요하다면, 환율은 '1,000원/달러' 또는 '1달러:1,000원'으로 표시함 |

### (2) 환율의 결정[+]

| 외화의 수요 | • 의미: 외화가 해외로 나가는 것<br>• 외화의 수요 요인: 상품의 수입, 자국민의 해외여행 및 해외 유학, •외채 상환, 내국인의 해외 투자 등 |
|---|---|
| 외화의 공급 | • 의미: 외화가 국내로 들어오는 것<br>• 외화의 공급 요인: 상품의 수출, 외국인의 국내 여행 및 국내 유학, 차관 도입, 외국인의 국내 투자 등 |

**＋ 환율의 결정**

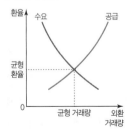

외환 시장에서 외화(외국 화폐)의 수요와 공급에 의해 결정된다.

**꼼꼼 단어 돋보기**

● 외채

외국에서 빌려온 빚

## (3) 환율의 변동

| | |
|---|---|
| 환율 상승 | • 외화의 수요가 증가하는 경우: 상품의 수입 증가, 자국민의 해외여행 및 해외 유학 증가, 해외 투자 증가, 외국에 외채를 갚는 경우 등<br>• 외화의 공급이 감소하는 경우 |
| 환율 하락 | • 외화의 공급이 증가하는 경우: 상품의 수출 증가, 외국인의 국내 여행 및 국내 유학 증가, 외국인의 국내 투자 증가, 외국에서 외채를 빌려오는 경우 등<br>• 외화의 수요가 감소하는 경우 |
| 그래프 | <br>🔺 외화의 수요 이동　　🔺 외화의 공급 이동 |

## ⭐ 4. 환율 변동의 영향

| 구분 | 환율 상승 | 환율 하락 |
|---|---|---|
| 화폐 가치 | •원화 가치 하락 | 원화 가치 상승 |
| 수출 | 우리 수출품의 가격 하락 → 수출 증가 | 우리 수출품의 가격 상승 → 수출 감소 |
| 수입 | 수입품의 가격 상승 → 수입 감소 | 수입품의 가격 하락 → 수입 증가 |
| 물가 | 수입 원자재 가격 상승 → 생산비 증가 → 국내 물가 상승 | 수입 원자재 가격 하락 → 생산비 감소 → 국내 물가 안정 |
| 외채 상환 부담 | 증가 | 감소 |
| 자국민의 해외여행 | 불리 | 유리 |
| 외국인의 국내 여행 | 유리 | 불리 |

### 콕콕 개념 확인하기

1. 국가 간에 국경을 넘어 상품, 서비스가 이동하는 것을 _____(이)라고 한다.
2. 각국이 _____이/가 있는 상품을 특화하여 교역하면 서로 경제적 이득을 얻을 수 있다.
3. _____은/는 국가 간 무역 장벽을 제거하고 자유 무역을 확대하기 위해 만든 국제기구이다.
4. 두 나라 사이의 화폐 교환 비율을 _____(이)라고 한다.
5. 환율이 하락하면 수출은 (증가, 감소)하고, 수입은 (증가, 감소)한다.

답　1. 국제 거래　2. 비교 우위　3. 세계 무역 기구(WTO)　4. 환율　5. 감소, 증가

🔍 **꼼꼼 단어 돋보기**

● 원화
원을 화폐 단위로 하는 한국의 화폐

# 탄탄 실력 다지기

정답과 해설 37쪽

**01** 다음에서 설명하는 경제 지표는?     2020년 1회

> • 한 나라의 경제 규모와 생산 능력을 알려 주는 지표이다.
> • 한 나라의 국경 안에서 일정 기간(보통 1년) 동안 새롭게 생산된 최종 생산물의 시장 가치의 합을 말한다.

① 환율
② 실업률
③ 물가 지수
④ 국내 총생산

---

**주목**

**02** 국내 총생산(GDP)에 대한 설명으로 옳지 않은 것은?

① 최종 생산물의 가치만을 측정한다.
② 시장에서 거래된 것만을 대상으로 한다.
③ 한 나라 안에서 생산된 것만을 포함한다.
④ 자국민이 외국에서 생산한 생산물을 포함한다.

---

**주목**

**03** 다음 표에서 국내 총생산(GDP)은?

| 생산 과정 | 농부의 밀 생산 | 제분업자의 밀가루 생산 | 제빵업자의 빵 생산 |
|---|---|---|---|
| 가격 | 50만 원 | 100만 원 | 200만 원 |

① 50만 원
② 100만 원
③ 200만 원
④ 350만 원

---

**04** 다음 밑줄 친 '이것'의 한계로 적절하지 않은 것은?

> 이것은 일정 기간 동안 한 나라 안에서 생산된 모든 최종 생산물의 시장 가치를 합한 것이다.

① 국민의 삶의 질을 파악하기 어렵다.
② 소득 분배 상태를 파악하기 어렵다.
③ 국가 간 경제 규모를 비교할 수 없다.
④ 가사 노동이나 봉사 활동이 포함되지 않는다.

---

**05** 다음 표는 각국의 국내 총생산(GDP)과 1인당 국내 총생산을 나타낸 것이다. 이에 대한 분석으로 옳은 것은?

| 구분 | 국내 총생산(GDP) | 1인당 국내 총생산 |
|---|---|---|
| 갑국 | 7,000달러 | 100달러 |
| 을국 | 5,000달러 | 300달러 |

① 을국의 인구수는 갑국보다 많다.
② 갑국이 을국보다 복지 수준이 높다.
③ 전체 생산 수준은 을국이 갑국보다 크다.
④ 을국 국민들의 평균 소득은 갑국보다 높다.

---

**06** 경제 성장이 우리 삶에 미치는 긍정적 영향을 〈보기〉에서 고른 것은?

> **보기**
> ㄱ. 일자리가 증가한다.
> ㄴ. 환경 오염이 줄어든다.
> ㄷ. 빈부 격차가 줄어든다.
> ㄹ. 전반적인 생활 수준이 향상된다.

① ㄱ, ㄴ
② ㄱ, ㄹ
③ ㄴ, ㄷ
④ ㄷ, ㄹ

**07** 경제 성장을 위한 경제 주체별 노력으로 적절하지 <u>않은</u> 것은?

① 소비자 – 저축만을 해야 한다.
② 근로자 – 자기 계발 노력을 해야 한다.
③ 기업가 – 기업가 정신을 발휘해야 한다.
④ 정부 – 합리적인 법과 제도를 마련해야 한다.

**08** 다음에서 설명하는 경제 용어는?　　　　　2018년 2회

• 물가가 지속적으로 오르는 현상
• 화폐 가치가 하락하여 경제생활에 영향을 줌

① 기회비용　　　　② 국제 수지
③ 수요 법칙　　　　④ 인플레이션

**09** 다음 상황에 대한 분석으로 옳은 것은?

전년도를 기준 연도로 할 때 A국의 올해 물가 지수는 150이다.

① 전년도에 비해 물가가 50% 상승하였다.
② 전년도에 비해 화폐 가치가 상승하였다.
③ 전년도에 비해 물가가 150% 상승하였다.
④ 전년도에 비해 물가가 150% 하락하였다.

주목
**10** 다음 사례에서 나타난 인플레이션의 발생 원인은?

제1차 세계 대전 이후 독일은 전쟁 배상 비용을 모두 화폐 발행을 통해 확보하였다. 이로 인해 독일의 화폐 가치가 크게 떨어졌고, 3년 사이에 물가가 100억 배 가까이 상승하는 현상이 나타났다.

① 총수요 증가
② 통화량 증가
③ 생산비 상승
④ 국내 총생산 증가

**11** 다음 사례에 나타난 인플레이션의 발생 원인은?

올해는 세계 원유 가격과 임금이 오르면서 전반적인 물가도 상승하였다.

① 총수요 증가
② 통화량 증가
③ 생산비 상승
④ 국내 총생산 증가

**12** 신문에서 설명된 상황이 발생했을 때 가장 유리한 사람은? (단, 다른 조건은 일정하다고 가정함)
　　　　　　　　　　　　　　　　　　2017년 2회

○○ 일보　　○○○○년 ○○월 ○○일

최근 우리나라 시장에서 물가가 매우 높은 수준으로 꾸준히 상승하였습니다.

① 은행에 예금한 사람
② 부동산이나 금과 같은 실물 자산 소유자
③ 1년 동안 고정된 액수를 월급으로 받는 직장인
④ 매달 고정적인 연금을 받아 생활하는 70대 노인

**13** 물가 안정을 위한 정부와 중앙은행의 노력에 해당하는 것은?

① 세금을 인하한다.
② 과도한 재정 지출을 줄인다.
③ 이자율을 낮춰 저축을 유도한다.
④ 시중에 유통되는 통화를 늘린다.

**14** 실업과 관련된 인구와 설명이 바르게 연결되지 <u>않은</u> 것은?

① 노동 가능 인구 – 만 15세 이상 인구
② 실업자 – 일할 능력과 의사가 없어 일자리를 구하지 못하는 사람
③ 비경제 활동 인구 – 노동 가능 인구 중 일할 능력과 의사가 없는 사람
④ 경제 활동 인구 – 노동 가능 인구 중 일할 능력과 의사를 가지고 있는 사람

**15** 실업자에 해당하는 사람은?

① 전업주부
② 구직 단념자
③ 대학교에 다니고 있는 학생
④ 취업을 목표로 이력서를 쓰고 있는 대학 졸업생

**16** 다음 밑줄 친 부분에 해당하는 내용으로 적절하지 <u>않은</u> 것은?

> 실업은 개인뿐만 아니라 <u>사회적으로도 많은 영향을 끼친다.</u>

① 경제가 성장한다.
② 생계형 범죄가 증가한다.
③ 사회 보장비 지출이 증가한다.
④ 인적 자원의 낭비가 발생한다.

**주목**

**17** 다음 설명에 해당하는 실업의 유형은?

> 스키 강사인 A씨는 겨울이 끝나자 일자리를 찾지 못해 집에서 쉬고 있다.

① 경기적 실업         ② 계절적 실업
③ 구조적 실업         ④ 마찰적 실업

**18** 두 사람의 대화 내용에 해당하는 실업의 종류는?

2017년 1회

하던 일이 적성에 맞지 않아 회사를 그만 두고 새로운 일을 찾고 있어.

나도 직장을 그만 뒀어. 월급이 적더라도 여가 시간이 많은 곳을 찾는 중이야.

① 계절적 실업         ② 구조적 실업
③ 마찰적 실업         ④ 경기적 실업

**19** 두 사람의 대화 내용에 해당하는 실업의 종류는?

2019년 2회

산업 구조 변화 등과 같은 경제 구조 변화로 실업이 발생할 수 있어요.

맞아요. 우리나라에서도 석탄 산업이 쇠퇴하면서 많은 관련 종사자들이 직업을 잃게 되었어요.

① 자발적 실업　　② 구조적 실업
③ 계절적 실업　　④ 마찰적 실업

**20** 다음에 나타난 실업의 대책으로 옳은 것은?

> B씨는 다니던 회사보다 더 많은 월급을 받기 위해 회사를 그만두고, 현재 다른 회사를 찾아보고 있다.

① 직업 교육 확대
② 취업 정보 센터 운영
③ 공공 근로 사업 확대
④ 농촌에 농공 단지 조성

**21** 실업이 미치는 영향으로 가장 적절한 것은?

2019년 1회

① 심리적으로 안정되고 자신감이 상승한다.
② 직업을 통한 자아실현의 기회가 확대된다.
③ 소득이 줄어들어 경제적으로 어려워질 수 있다.
④ 소비가 증가하여 기업의 생산 활동이 활발해진다.

**22** 바람직한 노사 관계의 확립을 위한 방안으로 옳지 <u>않은</u> 것은?

① 경제 성장과 고용 안정을 위해 서로 협력해야 한다.
② 기업가와 근로자는 공존하는 관계임을 인식해야 한다.
③ 기업가와 근로자 간 의사소통을 위한 협의체를 마련해야 한다.
④ 노사 관계에서 갈등이 발생할 경우 정부를 통해서만 해결해야 한다.

**23** 다음 설명에 해당하는 용어는?

> 국가 간에 국경을 넘어 상품, 서비스, 생산 요소들이 이동하는 것

① 국내 거래
② 국제 거래
③ 보호 무역
④ 시장 경제 체제

주목
**24** 다음 내용을 통해 알 수 있는 국제 거래의 특징으로 옳은 것은?

> 나라마다 사용하는 화폐가 다르기 때문에 기업이 수출이나 수입 시 화폐 간 교환 비율에 따라 이익과 손해가 달라진다.

① 환율을 고려해야 한다.
② 관세라는 세금이 부과된다.
③ 국내 거래에 비해 자유롭다.
④ 각 나라의 법률과 제도가 달라 제한이 많다.

**25** 국가 간 국제 거래가 발생하는 근본적인 이유는?

① 화폐의 차이
② 생산비의 차이
③ 경제 체제의 차이
④ 복지 수준의 차이

**26** 다음 대화에서 빈칸에 들어갈 내용으로 옳은 것은?

A: 지금 태국산 망고를 먹고 있는데 아주 달고 맛있어.
B: 그런데 태국산 망고가 우리나라까지 멀리 이동한 이유는 무엇일까?
A: (                    )

① 태국과 우리나라의 자연환경이 같기 때문이야.
② 태국과 우리나라가 보유한 생산 요소의 종류가 같기 때문이야.
③ 우리나라는 손해를 보지만 태국은 이익을 볼 수 있기 때문이야.
④ 무역을 통해 태국과 우리나라 모두 이익을 얻을 수 있기 때문이야.

**27** 국제 거래로 인한 부정적인 영향에 해당하지 <u>않는</u> 것은?

① 무역 마찰이 증가한다.
② 상품 시장이 축소된다.
③ 해외의 경제 상황에 영향을 받는다.
④ 경쟁력을 갖추지 못한 국내 기업은 피해를 본다.

**28** 다음과 같은 현상이 나타나게 된 배경으로 옳지 <u>않은</u> 것은?

다국적 기업의 활동이 늘어나면서 미국 뉴욕의 건물에 한국 기업의 광고가 나오고 있다.

① 교통 수단의 발달
② 자유 무역의 축소
③ 국가 간 거래 규모의 확대
④ 세계 무역 기구(WTO)의 등장

**29** 다음 내용과 관련 있는 것은?

개별 국가 간 교역을 할 때 무역 장벽을 완화하거나 제거하려는 목적으로 체결된 협정

① FTA　　　　　② WTO
③ NAFTA　　　　④ ASEAN

**30** 다음 내용과 관련 있는 것은?

국가 간 무역 장벽을 제거하고 자유 무역을 확대하기 위해 1995년에 설립된 국제기구

① 유럽 연합(EU)
② 세계 무역 기구(WTO)
③ 동남아시아 국가 연합(ASEAN)
④ 북아메리카 자유 무역 협정(NAFTA)

**31** 다음 자료에 나타난 국제기구의 공통점은?

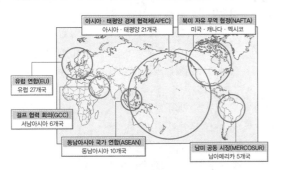

① 국내 거래가 축소되면서 등장하였다.
② 모든 기구에 우리나라가 가입되어 있다.
③ 세계화로 인해 점차 감소하는 추세이다.
④ 회원국 사이의 무역 장벽 완화가 목표이다.

**32** 외화의 공급 요인에 해당하는 것을 〈보기〉에서 고른 것은?

> 보기
> ㄱ. 상품 수출
> ㄴ. 차관 도입
> ㄷ. 자국민의 해외여행
> ㄹ. 자국민의 해외 투자

① ㄱ, ㄴ　　　　② ㄱ, ㄷ
③ ㄴ, ㄷ　　　　③ ㄷ, ㄹ

**33** ㉠에 들어갈 내용으로 옳은 것은?

> 외국 화폐와 자국 화폐의 교환 비율을 ( ㉠ )(이)
> 라고 한다.

① 환율　　　　② 분업
③ 특화　　　　④ 비교 우위

주목
**34** 다음과 같은 상황에서 나타날 수 있는 국내 경제 변화로 옳은 것은?

> 우리나라 환율이 1달러당 1,200원에서 1,000원으로 하락하였다.

① 원화 가치는 상승한다.
② 국내 물가가 상승한다.
③ 외국인의 국내 여행이 증가한다.
④ 수출이 증가하고 수입이 감소한다.

**35** 환율이 상승할 때 유리한 사람을 〈보기〉에서 고른 것은?

> 보기
> ㄱ. 수출업자
> ㄴ. 수입업자
> ㄷ. 해외여행을 준비하는 내국인
> ㄹ. 국내 여행을 준비하는 외국인

① ㄱ, ㄴ　　　　② ㄱ, ㄹ
③ ㄴ, ㄷ　　　　④ ㄷ, ㄹ

# 06 국제 사회와 국제 정치

Ⅱ 사회2

## 1 국제 사회의 특성과 행위 주체

### 1. 국제 사회의 의미와 특성

**(1) 국제 사회의 의미**

① 의미
- 독립적인 주권을 지닌 국가들로 구성된 사회
- 세계 여러 국가들이 서로 교류하면서 공존하는 사회

② 오늘날의 국제 사회: 세계화의 급속한 진전으로 각국은 서로 상호 관계를 맺으며, 정치·경제·사회·문화를 포함한 많은 영역에서 폭넓게 교류함

---

**쏙쏙 이해 더하기** | 국제 사회를 바라보는 관점

| '약육강식의 정글'로 보는 관점 | 국제 사회를 힘의 논리가 작용하는 공간으로 보는 관점 |
|---|---|
| '가꿀 수 있는 정원'으로 보는 관점 | 국제 사회는 도덕과 규범이 작동하며 국제 사회 구성원이 협력하여 평화를 유지할 수 있다고 보는 관점 |

---

**(2) 국제 사회의 특성**

① 힘의 논리 작용
- 각국은 원칙적으로 평등한 주권을 지녔지만 실제로는 힘의 논리가 작용함
- 군사력과 경제력이 큰 강대국이 국제 사회에서 더 큰 영향력을 행사함

② 자국의 이익 추구
- 각국은 국제 관계에서 자국의 이익을 최우선으로 추구함
- 오랫동안 협력했던 국가들도 이익 관계에 따라 적대적 관계로 바뀔 수 있음
- 자국의 이익을 추구하는 과정에서 국가 간에 갈등이 심해질 경우 전쟁이 일어나기도 함

③ 중앙 정부의 부재
- 대립과 갈등을 해결할 강제성을 지닌 중앙 정부가 없어 조정이나 해결이 쉽지 않음
- 국제법, 국제기구, 세계 여론 등이 국가 행위에 일정한 제약을 주나, 현실적으로 국제법을 어긴 국가에 대한 제재가 어려움

④ 국제 협력의 강화
- 대부분의 국가들은 국제법을 준수하고 국제기구의 결정을 존중하는 등 국제 사회의 질서 유지를 위해 노력함
- 한 나라의 노력만으로 해결할 수 없는 문제들이 늘어나 국제 협력이 점차 확대되고 있음

<br>

**꼼꼼 단어 돋보기**

● 주권
국가의 의사를 최종적으로 결정하는 권력

● 약육강식
약한 자는 강한 자에게 먹힌다는 뜻으로, 강자가 약자를 지배하고 다스리는 세상 이치

## 2. 국제 사회의 행위 주체

### (1) 국가

| 의미 | 일정한 영토와 국민을 바탕으로 하는 주권을 가진 행위 주체 |
| --- | --- |
| 특징 | • 가장 기본적인 국제 사회의 행위 주체<br>• 국제법에 따라 독립적인 지위를 가지고 외교 활동을 함<br>• 외교를 통해 자국의 이익을 최우선으로 추구함 |
| 역할 | • 여러 정부 간 국제기구에 가입하여 회원국으로 활동함<br>• 빈곤 국가 원조나 재난 국가 구호 활동을 전개함 |

### (2) 정부 간 국제기구

| 의미 | 각국 정부를 회원으로 하는 국제기구 |
| --- | --- |
| 종류 | 국제 연합(UN), 유럽 연합(EU), 경제 협력 개발 기구(OECD), 세계 무역 기구(WTO), 국제 통화 기금(IMF) 등 |
| 역할 | 제3자로서 국가 간 이해관계를 조정함 |

### (3) 국제 비정부 기구(정부 간 비정부 기구, NGO)

| 의미 | 개인이나 민간단체를 회원으로 국경을 넘나들며 활동하는 자발적 시민 단체 |
| --- | --- |
| 종류 | 국제 적십자사, 그린피스, 국경 없는 의사회, 국제 사면 위원회(국제 앰네스티) 등 |
| 역할 | • 권력을 추구하지 않고, 환경 보호나 인권 보장과 같은 다양한 영역에서의 공익을 추구함<br>• 오늘날 시민 사회의 영향력이 강화되면서 그 역할이 확대됨 |

### (4) 다국적 기업

| 의미 | 여러 국가에 자회사, 지점, 공장 등을 두고 생산과 판매 활동을 하는 기업 |
| --- | --- |
| 영향 | • 다국적 기업의 활동으로 국가 간 교류가 늘어나고 상호 의존성이 높아짐<br>• 세계화로 인해 다국적 기업의 규모가 커지고 있으며, 세계 정치·경제 및 국제 관계에 큰 영향을 미치기도 함 |

### (5) 기타

| 국제적으로 영향력 있는 개인 | 전직 국가 원수, 국제 연합 사무총장, 노벨상 수상자, 종교인, 운동선수 등 |
| --- | --- |
| 국가 내부적 행위체 | • 의미: 한 국가에 속해 있지만 독자적으로 활동하는 행위 주체<br>• 종류: 각 국가의 지방 정부, 소수 인종, 소수 민족 등 |

**+ 국제 연합(UN)**

국제 연합(UN)은 대표적인 정부 간 국제기구로, 제2차 세계 대전 이후 전쟁 방지와 국제 평화 유지를 위해 설립되었다. 주요 기관에는 총회, 안전 보장 이사회 등이 있고, 유엔 아동 기금(UNICEF), 유엔 난민 기구(UNHCR), 유엔 교육 과학 문화 기구(UNESCO) 등의 전문 기구를 두고 있다.

**+ 그린피스**

1972년 국제 환경 보호 단체로 시작하여 지금은 핵 실험 반대, 기후 변화 억제 등을 위해 활동하는 단체이다.

**+ 국경 없는 의사회**

전쟁·기아·질병·자연재해 등으로 인해 의료 혜택을 받지 못하는 사람들을 구호하기 위해 설립된 단체이다.

---

### 콕콕 개념 확인하기

1. 세계 여러 나라가 서로 교류하고 의존하면서 공존하는 사회를 _____(이)라고 한다.
2. 국제 사회는 _____이/가 존재하지 않아 갈등이 발생하였을 때 해결이 쉽지 않다.
3. 국제 사회의 가장 기본적인 행위 주체는 _____이다.
4. 각 국가의 정부를 회원으로 하는 국제 사회의 행위 주체는 _____이다.
5. 개인이나 민간단체를 회원으로 국경을 넘나들며 활동하는 자발적 시민 단체는 _____이다.

답 1. 국제 사회 2. 중앙 정부 3. 국가 4. 정부 간 국제기구 5. 국제 비정부 기구(NGO)

## 2 국제 사회의 다양한 모습과 공존 노력

### 1. 국제 사회의 갈등과 협력

#### (1) 국제 사회의 변화

| 제2차 세계 대전 이후 | 냉전 체제 형성 |
| --- | --- |
| 1990년대 이후 | • 냉전 체제 종식 후 이념보다 자국의 경제적 이익을 중시함<br>• 다양한 분야에서 갈등과 경쟁, 협력이 나타남 |

#### (2) 국제 사회의 경쟁과 갈등

① 경쟁의 원인과 양상

| 원인 | 자국의 이익을 추구하는 과정에서 경쟁이 심화됨 |
| --- | --- |
| 양상 | • 세계 시장을 차지하기 위한 다국적 기업 간의 경쟁<br>• 경제 발전, 기술 개발, 자원 확보, 시장 개척 등을 위한 국가 간 경쟁 |

② 갈등의 원인과 양상

| 원인 | • 자국의 이익을 추구하는 과정에서 끊임없이 경쟁함 → 지나친 경쟁은 갈등으로 이어짐<br>• 가치관이나 이념의 차이 등으로 인해 갈등이 발생함 |
| --- | --- |
| 양상 | • 영역, 자원, 민족, 언어, 종교 등 여러 가지 원인이 복잡하게 얽혀 나타나는 경우가 많음<br>• 영토나 자원을 둘러싼 갈등, 민족과 종교의 갈등, 환경 문제 등 |

③ 갈등 사례

| 영토와 자원 갈등 | 남중국해 분쟁, 동중국해 분쟁 등 각종 자원을 둘러싼 갈등 |
| --- | --- |
| 민족과 종교 갈등 | 카슈미르 분쟁, 중국 내 소수 민족 독립 주장(티베트 독립 운동), 이스라엘과 팔레스타인의 분쟁 |
| 환경 문제 | 온실가스 배출 등의 환경 문제를 둘러싼 갈등, 오염 물질 배출 규제와 관련된 선진국과 개발 도상국 간의 갈등 |
| 기타 | 스마트폰 제조사 간 특허 소송, 북한의 핵무기 개발, 다국적 기업 간의 시장 확보를 둘러싼 갈등 |

---

**쏙쏙 이해 더하기** | 국제 사회의 갈등 사례

| 남중국해 분쟁 | 난사 군도와 시사 군도를 포함하는 남중국해가 석유, 천연가스 등이 풍부한 것으로 알려지면서 중국, 베트남, 필리핀, 말레이시아 등 주변국들이 영유권 다툼을 벌이고 있음 |
| --- | --- |
| 카슈미르 분쟁 | 인도(힌두교)와 파키스탄(이슬람교) 간의 갈등 지역으로 현재 양국이 분할 통치하고 있음 |
| 이스라엘–팔레스타인 분쟁 | 제2차 세계 대전 이후 유대교를 믿는 유대인들이 팔레스타인 지역에 이스라엘을 건국하자 그곳에 거주해 온 이슬람교를 믿는 아랍인(팔레스타인)이 반발하면서 갈등이 시작됨 |
| 북한의 핵무기 개발 문제 | 북한의 핵무기 개발 추진으로 남북한뿐만 아니라 미국, 일본, 중국, 러시아 등 주변국 간의 군사적 긴장이 심화되고 있음 |

**꼼꼼 단어 돋보기**

● 냉전 체제

제2차 세계 대전 이후 미국을 중심으로 하는 자유주의 진영과 소련을 중심으로 하는 사회주의 진영으로 나뉘어 이념을 중심으로 대립하던 체제

**(3) 국제 사회의 협력**

| 필요성 | • 국제 사회의 경쟁과 갈등은 국제 문제나 국제 분쟁으로 이어짐<br>• 국제 문제는 특정 국가의 노력만으로는 해결이 불가능함 |
|---|---|
| 국제 사회의<br>협력 모습 | • 지역 경제 협력체를 구성하여 상호 이익을 증진함<br>• 다양한 국제 문제에 대처하기 위해 국제 행위 주체 간 협력을 강화함<br>• 공적 개발 원조(ODA)*를 통해 개발 도상국의 발전에 기여함 |

## 2. 국제 사회의 공존

**(1) 외교 정책을 통한 노력**

① 외교의 의미와 중요성

| 외교와<br>외교 정책 | • 외교: 한 국가가 국제 사회에서 자국의 이익을 위해 평화적으로 수행하려<br>는 모든 행위<br>• 외교 정책: 외교적 목적을 달성하기 위해 다른 국가들에 대해 취하는 정책 |
|---|---|
| 외교의<br>중요성 | • 자국의 대외적 위상과 국제적 영향력을 향상시킬 수 있음<br>• 국가 간 우호를 증진시킬 수 있음<br>• 자국의 경제적 이익을 실현할 수 있음<br>• 국가 간 분쟁 해결 및 예방에 기여할 수 있음 |
| 외교 활동 | • 정상 외교: 국가 원수 간의 만남<br>• 공식적 외교 사절로서 외교관의 활동<br>• 민간 외교: 시민들이 비정부 기구나 자원 봉사를 통해 국제 문제를 해결함 |

② 외교 활동의 변화

| 전통적<br>외교 | • 주로 국가 안보를 위한 정치적 목적으로 외교가 이루어짐<br>• 외교관이 상대방 국가에 자국의 입장을 전달하거나 협상하는 공식적 활동<br>이 이루어짐 |
|---|---|
| 오늘날의<br>외교 | • 정치적 목적뿐만 아니라 다양한 분야에서 외교가 이루어짐<br>• 외교관뿐만 아니라 국가 정상 간의 외교나 민간 외교 등 다양한 주체를<br>통한 외교가 이루어짐 |

**(2) 공존을 위한 다양한 노력**

① 국제 사회의 노력: 국제법을 준수하고 다양한 국제기구에 참여함
② 개인적 차원의 노력: *세계 시민 의식을 함양하여 국제 사회의 공존을 위해 노력함

## 3 우리나라의 국제 관계와 외교 활동

## 1. 우리나라와 주변국 간의 갈등

**(1) 우리나라와 일본의 갈등**

① 일본의 독도* 영유권 주장

| 내용 | • 일본은 1905년 독도를 불법적으로 자국 영토로 편입하였던 시마네현 고시<br>를 근거로 독도가 일본의 영토라고 주장함<br>• 일본 역사 교과서에 독도를 일본 영토로 기술함<br>• 독도 문제를 국제 사법 재판소를 통해 힘의 논리로 해결하고자 함 |
|---|---|
| 목적 | 독도의 풍부한 해양 자원을 이용하고, 군사적·전략적 요충지로서의 이점을<br>활용하고자 함 |
| 우리의<br>입장 | 역사적·지리적·국제법상으로 명백한 우리 영토이고, 현재 우리나라가 확고<br>한 주권을 행사하고 있으므로 외교적 교섭이나 사법적 해결의 대상이 아님 |

**➕ 공적 개발 원조(ODA)**

개발 도상국의 경제 개발과 복지 증진을 위해 선진국이 개발 도상국에게 자원과 기술 등을 지원하는 제도이다.

**➕ 세계 시민 의식 함양을 위한 자세**

• 사회 정의와 같은 보편적 가치를 존중해야 한다.
• 국제 사회 문제를 해결하기 위해 적극적으로 행동해야 한다.
• 세계의 다양한 문화를 편견 없이 존중해야 한다.

**➕ 독도의 가치**

• 우리나라가 주변 바다에 대한 영유권을 주장할 수 있는 중요한 기점이다.
• 군사적·전략적 요충지이다.
• 풍부한 해양 자원이 있는 곳이다.
• 다양한 지질 경관이 나타나고 동식물이 서식하는 천연 보호 구역이다.

**🔍 꼼꼼 단어 돋보기**

● 세계 시민 의식

공동체 의식을 바탕으로 국제 사회의 문제에 관심을 두고 그 문제를 해결하기 위해 적극적으로 행동하는 책임 의식

　　　**독도가 우리의 영토인 역사적 근거**

- 지증왕 13년에 이사부가 우산국을 복속하였다. – 『삼국사기』
- 우산과 울릉은 서로 거리가 멀지 않기 때문에 날씨가 맑은 날에는 바라볼 수 있다. – 『세종실록지리지』
- 울릉도가 독도를 관할하게 한다. – 「대한 제국 칙령 제41호」
- 일본의 영역에서 울릉도와 독도가 제외된다고 규정하였다. – 「연합국 최고 사령관 각서(SCAPIN)」

② 일본의 역사 왜곡 문제

| | |
|---|---|
| 역사 교과서 왜곡 문제 | 일본의 식민 지배와 침략을 정당화하고 미화하고 있음 |
| 일본군 '위안부' 문제 | 일본군 '위안부'를 강제 동원한 사실을 은폐하고, 이에 대한 반성과 사죄가 부족함 |
| 강제 징용 및 강제 징병 문제 | 일제 강점기 때 조선인의 징용 및 징병의 강제성을 은폐하고 있음 |
| 야스쿠니 신사✚ 참배 문제 | 일본의 고위 정치인들이 제2차 세계 대전의 전쟁 범죄자들의 위패가 있는 야스쿠니 신사에 참배하고 있음 |
| 동해 표기 문제 | 우리나라는 '동해'와 '일본해'로 함께 표기하자고 하였으나, 일본은 '일본해'로 단독 표기할 것을 주장함 |

✚ 야스쿠니 신사
19세기 이후 일본이 벌인 주요 전쟁에서 숨진 군인 등을 제사 지내는 곳이다. 이곳에는 전범들이 합사되어 있어, 이곳을 참배하는 행위는 침략 전쟁을 미화하는 것이기 때문에 국제적 갈등 요소가 되고 있다.

## (2) 우리나라와 중국의 갈등

① 중국의 동북공정

| | |
|---|---|
| 의미 | 동북 3성(랴오닝성, 지린성, 헤이룽장성)의 역사, 민족 등에 대해 체계적으로 연구하여 중국 국경 안에서 이루어진 모든 역사를 중국의 역사로 편입시키려는 사업 |
| 내용 | 현재 중국의 영토(만주 지역)에서 활동하였던 고조선, 고구려, 발해를 중국사로 편입시켜 해석함 |
| 목적 | • 한반도 통일 시 발생할 수 있는 영토 분쟁을 방지하기 위함<br>• 소수 민족의 분리 독립을 막아 중국의 현재 영토와 국경 지역을 확고히 하고자 함 |
| 우리의 입장 | 고조선, 고구려, 발해는 당시 중국과는 별개의 독립된 국가였고 우리나라의 역사임 |

② 기타 문제

| | |
|---|---|
| 해양 자원을 둘러싼 갈등 | 중국 어선이 우리나라 배타적 경제 수역을 침범하고 불법으로 어업 활동을 하여 중국 어선과 우리나라 해양 경찰 사이에 마찰이 발생함 |
| 한류 저작권 침해 문제 | 우리나라의 방송 프로그램, 게임 등에 대한 불법 복제 문제가 심각함 |

## (3) 그 밖의 갈등

| | |
|---|---|
| 우리나라와 러시아의 갈등 | 러시아가 북한 핵 문제 해결과 관련하여 한국·미국·일본 3개국의 협조에 민감하게 반응하고, 북한에 대한 제재에 반대하는 입장을 취하면서 갈등이 발생함 |
| 우리나라와 프랑스의 갈등 | 고려 시대에 만든 우리의 문화재인 『직지심체요절』의 반환을 둘러싸고 갈등이 발생함 |

## 2. 우리나라와 주변국 간 갈등의 해결

### (1) 정부의 역할

| 국가 차원의 공식적 대응 | 일본의 독도 영유권 주장에 대한 철회를 촉구하고, 주변국의 역사 왜곡에 대해 시정을 요구함 |
|---|---|
| 외교 활동 | 우리의 주장을 국제 사회에 널리 알리고 국제 연대를 통해 적극적으로 외교 활동을 전개함 |
| 연구 기관 운영 | 국제 사회에 논리적인 근거를 제시하기 위해 관련 연구 기관을 운영함 |

### (2) 시민 사회의 활동

| 학계 | • 연구 활동을 통해 우리 정부의 입장을 뒷받침함<br>• 관련 분야 학자들의 국가 간 공동 연구를 진행함 |
|---|---|
| 시민 단체⁺ | 서명 운동, 홍보 동영상 제작, 각종 행사 주관 등 다양한 활동을 통해 시민의 관심을 유도함 |
| 개인 | 국가 간 갈등 문제에 꾸준한 관심을 가지고 해결을 위해 적극적으로 참여함 |

> **콕콕 개념 확인하기**
>
> 1. 한 국가가 국제 사회에서 자국의 이익을 평화적으로 수행하려는 모든 행위를 _____(이)라고 한다.
> 2. 역사적·지리적·국제법상으로 우리나라 영토인 _____에 대해 일본이 영유권을 주장하면서 우리나라와 갈등이 발생하고 있다.
> 3. 중국은 _____을/를 통해 현재 중국의 영토에서 활동하였던 우리의 역사를 중국사로 편입시키고자 한다.
> 4. _____(이)란 국제 사회의 문제에 관심을 두고 그 문제를 해결하기 위해 적극적으로 행동하는 책임 의식을 말한다.
>
> 답  1. 외교  2. 독도  3. 동북공정  4. 세계 시민 의식

✚ **한국을 바르게 홍보하는 반크**

반크(VANK)는 사이버 민간단체로 한국과 한국인을 모르는 외국인에게 전자 우편을 보내 한국을 바르게 홍보하여 세계 속의 한국 이미지를 변화시키려는 목적으로 설립되었다. 특히 미국 정부, 세계 최대의 지도 출판사, 유네스코 등에 '일본해'의 표기를 '동해' 표기로 시정하라는 취지의 전자 우편을 보낸 활동으로 유명하다.

**01** 국제 사회의 특징으로 옳지 <u>않은</u> 것은?

① 국제 협력이 점차 확대되고 있다.
② 자기 나라의 이익을 최우선으로 한다.
③ 갈등을 해결할 중앙 정부가 존재한다.
④ 힘의 논리가 작용하여 강대국의 영향력이 크다.

주목
**02** 다음 글을 통해 알 수 있는 국제 사회의 특징으로 가장 적절한 것은?

> 국제 연합(UN) 안전 보장 이사회는 5개 상임 이사국(미국, 영국, 프랑스, 러시아, 중국) 중 한 국가라도 거부권을 행사할 경우 의결은 이루어지지 않는다.

① 강력한 중앙 정부가 존재한다.
② 국제 사회에 힘의 논리가 작용한다.
③ 국가 간 분쟁 및 갈등이 감소하고 있다.
④ 자국의 이익보다 약소국의 이익을 중시한다.

**03** 다음에서 설명하는 국제 사회의 행위 주체는?

> 국제 사회에서 가장 기본이 되는 행위 주체이다.

① 국가
② 다국적 기업
③ 정부 간 국제기구
④ 국제 비정부 기구

**04** 다음 국제 사회의 행위 주체에 대한 설명으로 옳은 것은?

> • 국제 연합(UN)
> • 유럽 연합(EU)
> • 세계 무역 기구(WTO)

① 각국의 정부를 회원으로 한다.
② 가장 기본적인 행위 주체이다.
③ 개인이나 민간단체를 회원으로 한다.
④ 특정 국가의 이익을 최우선으로 한다.

**05** 다음에 나타나 있는 국제 사회의 행위 주체는?

> 아이티에서 대지진이 일어나자 국경 없는 의사회, 국제 적십자사 등 1,700여 명에 이르는 구조 팀이 구호 대열에 동참하였다.

① 국가
② 정부 간 국제기구
③ 국제 비정부 기구
④ 국가 내부적 행위체

**06** ㉠에 해당하는 사례로 적절한 것을 〈보기〉에서 고른 것은?

> 국제기구는 정부를 회원으로 하는 정부 간 국제기구와 개인과 민간단체를 회원으로 하는 ( ㉠ )(으)로 나눌 수 있다.

**보기**

ㄱ. 국제 연합
ㄴ. 그린피스
ㄷ. 국제 사면 위원회
ㄹ. 경제 협력 개발 기구

① ㄱ, ㄴ  　　　② ㄱ, ㄹ
③ ㄴ, ㄷ  　　　④ ㄷ, ㄹ

**07** 다음 밑줄 친 부분에 해당하는 사례로 볼 수 없는 것은?

> 오늘날에는 세계화, 정보화에 따라 국제 사회의 행위 주체가 점차 다양해지고 있다.

① 다국적 기업
② 노벨상 수상자
③ A대학교의 학생
④ 한 국가 내의 소수 민족

**08** 오늘날 국제 사회의 양상에 대한 설명으로 옳지 않은 것은?

① 국가 간 협력이 확대되면서 국가 간 경쟁이 줄어들고 있다.
② 갈등의 원인은 여러 가지가 복잡하게 얽혀 있는 경우가 많다.
③ 국가 간 가치관이나 신념의 차이로 인해 갈등이 발생하기도 한다.
④ 각국은 자국의 경제적 이해관계를 추구하는 과정에서 끊임없이 경쟁한다.

**09** 다음에 나타난 국제 관계의 모습으로 적절한 것은?

> 미국 시장에서 우리나라 ○○ 휴대 전화의 판매량이 급증하고 있어 눈길을 끌고 있다. 전통적으로 미국 시장에서 강세를 보였던 미국의 △△ 휴대 전화 역시 신제품을 통한 만회를 노리고 있어 두 기업 간에 어느 기업이 우위를 차지할지 귀추가 주목되고 있다.

① 외교  　　　② 경쟁
③ 갈등  　　　④ 공존

**10** 과거에 비해 오늘날 비중이 높아지고 있는 국가 간 갈등의 원인이 아닌 것은?

① 영토 문제  　　　② 이념 갈등
③ 자원 확보  　　　④ 환경 문제

**11** 다음과 같은 국제 사회의 갈등에 대한 설명으로 옳은 것은?

> 남중국해는 중국, 베트남, 필리핀, 말레이시아 등 주변국 간의 영유권 분쟁이 나타나고 있는 지역이다.

① 환경 문제를 둘러싼 갈등이다.
② 자원 확보를 둘러싼 갈등이다.
③ 시장 확보를 둘러싼 갈등이다.
④ 종교적 갈등으로 인한 갈등이다.

**12** 다음 지역에서 국제 갈등이 발생하는 원인은?

① 환경 문제
② 언어의 차이
③ 종교의 차이
④ 자원 확보 문제

**13** 다음 설명에 해당하는 용어로 알맞은 것은?

> 한 국가가 국제 사회에서 자국의 이익을 위해 평화적으로 수행하려는 모든 행위

① 경쟁　　　　　　② 갈등
③ 외교　　　　　　④ 협력

**14** 외교에 대한 설명으로 옳지 <u>않은</u> 것은?

① 외교 활동은 다양하다.
② 민간 차원의 외교가 증가하고 있다.
③ 힘의 논리를 실현하기 위한 방법이다.
④ 자국의 이익을 확보하기 위한 평화적인 방법이다.

**15** 국제 사회의 공존을 위한 노력으로 옳지 <u>않은</u> 것은?

① 국제 사회는 국제법을 준수한다.
② 개별 국가는 국제 연합과 같은 국제기구에 가입한다.
③ 강대국의 힘을 이용하여 국제 사회의 공존을 유지한다.
④ 개인은 세계 시민 의식을 가지고 국제 사회의 문제에 관심을 가진다.

**16** 일본이 독도 영유권을 주장하는 이유로 가장 적절한 것은?

① 원래 일본의 영토이기 때문에
② 중국의 동북공정에 맞서기 위해서
③ 일본 내 소수 민족의 독립을 막기 위해서
④ 독도를 통해 군사적·경제적 이익을 얻기 위해서

주목

**17** 일본과의 독도 영유권 주장에 대한 우리의 대응 방안으로 적절하지 않은 것은?

① 연구 기관은 논리적인 근거를 마련한다.
② 시민 단체는 독도 관련 행사를 마련한다.
③ 독도 문제에 대해 꾸준한 관심을 가진다.
④ 정부는 국제 사법 재판소를 통해 해결한다.

**18** 다음과 같은 일본의 역사 인식 태도를 보여 주는 사례로 가장 적절한 것은?

> 교과서에서 식민지 지배와 침략 전쟁을 정당화하고 역사를 왜곡하고 있다.

① 직지심체요절 반환 문제
② 야스쿠니 신사 참배 문제
③ 한·중·일 공동 역사 연구
④ 배타적 경제 수역 침범 문제

**19** 우리나라와 중국의 갈등 사례에 해당하지 않는 것은?

① '위안부' 문제
② 동북공정 문제
③ 한류 저작권 침해 문제
④ 배타적 경제 수역 침범 문제

주목

**20** 중국의 동북공정에 대한 내용으로 옳지 않은 것은?

① 역사 교과서에 독도를 중국의 영토라고 주장하고 있다.
② 중국 내 소수 민족의 독립을 막기 위해 추진하고 있다.
③ 한반도 통일 시 발생할 수 있는 영토 분쟁을 막기 위해 추진하고 있다.
④ 현재 중국의 영토에 있었던 우리의 역사를 모두 중국의 역사라고 주장하고 있다.

Ⅱ 사회2

# 07 인구 변화와 인구 문제

## 1 인구 분포

### 1. 세계의 인구 분포

#### (1) 세계 인구 분포의 특징

| | |
|---|---|
| 반구별 분포 | 전 세계 인구의 90% 이상이 북반구에 분포함 |
| 위도별 분포 | • 기후가 온화한 북위 20°~40° 중위도 지역은 인구 밀도가 높음<br>• 적도 및 극지방은 인구 밀도가 낮음 |
| 지형별 분포 | • 해발 고도가 낮은 하천 주변의 평야 지대나 해안 지역은 인구 밀도가 높음<br>• 내륙 지역은 인구가 희박함 |
| 대륙별 분포[+] | • 아시아에 세계 인구의 약 60%가 분포함<br>• 오세아니아는 인구가 희박함 |

☆ **(2) 인구 분포에 영향을 미치는 요인**

① 인구 분포에 영향을 미치는 요인

| | |
|---|---|
| 자연적 요인 | • 과거 농경 사회에서 중시하는 요인<br>• 지형, 기후, 식생, 토양 등 자연환경 |
| 인문·사회적 요인 | • 산업화 이후 중시하는 요인<br>• 산업, 경제, 교통, 문화, 종교, 정치 발전 수준 등<br>• 최근에는 인문·사회적 요인의 영향력이 커지고 있음 |

**+ 대륙별 인구 분포**

북아메리카 6.6 ─ ┌─ 오세아니아 0.5
남아메리카 6.9

유럽 10.1
아프리카 16.1
총 74억 명
아시아 59.8(%)

(국제 연합, 2016)

② 인구 밀집 지역

| | |
|---|---|
| 자연적 요인에 해당하는 지역 | • 냉·온대 기후 지역의 하천 주변<br>• 벼농사에 유리한 기후 지역 **예** 아시아 계절풍 기후 지역<br>• 농업 활동에 유리한 비옥한 평야 지대 **예** 갠지스강, 메콩강 일대<br>• 풍부한 천연자원이 매장되어 있는 지역 |
| 인문·사회적 요인에 해당하는 지역 | • 산업이 발달하고 일자리가 풍부한 지역 **예** 서부 유럽<br>• 편의 시설이 풍부하고 교통이 편리한 지역<br>• 정치적으로 안정된 지역 |

③ 인구 희박 지역

| | |
|---|---|
| 자연적 요인에 해당하는 지역 | • 열대·건조·한대 기후 지역<br>• 험준한 산지(히말라야산맥, 로키산맥), 사막(사하라 사막), 극지방, 토양이 척박한 지역 |
| 인문·사회적 요인에 해당하는 지역 | • 산업화가 이루어지지 않고 일자리가 부족한 지역<br>• 편의 시설이 부족하고 교통이 불편한 지역<br>• 전쟁이나 분쟁이 발생하는 지역 **예** 수단, 콩고 민주 공화국 |

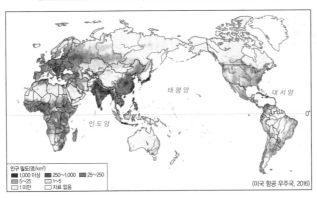

• 세계 인구는 전 세계에 불균등하게 분포되어 있다.
• 북반구 중위도(20°~40°)의 아시아, 서부 유럽, 미국 북동부에 인구가 밀집되어 있다.
• 온대 기후 지역의 하천 주변과 해안 지역에 세계 인구의 절반 이상이 거주하고 있다.

## 2. 우리나라의 인구 분포

### (1) 산업화 이전의 우리나라 인구 분포

| 특징 | 1960년대 이전은 농업 사회로 자연적 요인의 영향이 컸음 |
|---|---|
| 인구 밀집 지역 | 평야가 발달하여 농업에 유리한 남서부 지역 |
| 인구 희박 지역 | 산지와 고원이 많아 농업에 불리한 북동부 지역 |

### (2) 산업화 이후의 우리나라 인구 분포

| 특징 | 1960년대 이후 산업화와 도시화에 따라 이촌 향도 현상이 활발해지면서 인문·사회적 요인이 커짐 |
|---|---|
| 인구 밀집 지역 | 산업이 발달하고 각종 시설이 풍부한 수도권이나 남동 해안 지역, 대도시 지역 |
| 인구 희박 지역 | 태백산맥, 소백산맥 일대의 산지 지역, 인구 유출이 심한 농어촌 지역 |

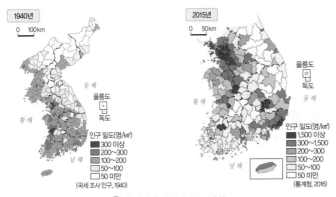

🔺 우리나라의 인구 분포 변화

### 콕콕 개념 확인하기

1. 세계 인구의 90%는 (북반구, 남반구)에 거주한다.
2. 산업화 이전에 우리나라의 인구는 넓은 평야가 발달한 (남서부, 북동부) 지역에 밀집하였다.
3. 열대·건조·한대 기후 지역은 인구 (밀집, 희박) 지역이다.

답 1. 북반구 2. 남서부 3. 희박

### 🔍 꼼꼼 단어 돋보기

● 이촌 향도
촌락의 인구가 일자리를 얻기 위해 도시로 이동하는 현상

## 2 인구 이동

### 1. 인구 이동의 원인과 유형

#### (1) 인구 이동의 원인

| 흡인 요인 | • 사람들을 끌어들이는 긍정적 요인<br>• 풍부한 일자리, 높은 임금, 풍부한 생활 편의 시설, 편리한 교통, 쾌적한 주거 환경 등 |
|---|---|
| 배출 요인 | • 사람들을 다른 지역으로 밀어내는 부정적 요인<br>• 부족한 일자리, 낮은 임금, 부족한 편의 시설, 불편한 교통, 환경 오염, 빈곤, 전쟁과 분쟁 등 |

#### (2) 인구 이동의 유형

| 이동 범위 | 국내 이동, 국제 이동 |
|---|---|
| 이주 기간 | 일시적 이동(여행, 유학, 단기 취업 등), 영구적 이동(이민 등) |
| 이동 원인 | 경제적 이동, 정치적 이동, 종교적 이동 등 |
| 이동 의지 | 자발적 이동, 강제적 이동 |

### 2. 세계 인구의 이동

#### (1) 과거의 인구 이동

① 특징: 종교적 이동과 강제적 이동의 비중이 큼

② 사례

| 경제적 이동 | • 중국인(화교)들이 동남아시아 및 전 세계로 이동<br>• 유럽인들이 식민지 개척을 위해 아메리카와 오스트레일리아로 이동 |
|---|---|
| 종교적 이동 | 16세기 이후 종교의 자유를 위해 영국의 청교도가 북아메리카로 이동 |
| 강제적 이동 | • 신대륙의 부족한 노동력을 보충하기 위해 노예 무역을 통해 아프리카 흑인들을 유럽·아메리카로 강제 이주<br>• 20세기 전반 소련이 고려인을 중앙아시아로 강제 이주 |

#### ☆ (2) 오늘날의 인구 이동

① 특징

• 경제적 이동과 자발적 이동의 비중이 커짐

• 여행·관광·유학 등 국가 간 일시적 이동이 증가함

② 사례

| 경제적 이동 | • 주로 개발 도상국에서 산업이 발달한 선진국으로의 이동이 활발함<br>• 라틴 아메리카에서 미국 서남부 지역으로의 이동<br>• 북부 아프리카에서 서부 유럽으로의 이동<br>• 중국, 동남아시아, 중앙아시아 등지에서 우리나라로의 이동 |
|---|---|
| 정치적 이동 | • 분쟁이나 전쟁으로 인한 난민의 이동<br>• 주로 아프리카 대륙, 서남아시아 등지에서 발생 |
| 환경적 이동 | 해수면 상승이나 사막화 등 대규모 자연재해가 발생한 국가에서 환경 난민의 이동 |

**➕ 인구 이동**

사람들이 기존에 살던 지역을 떠나 다른 지역으로 옮겨 가는 것을 말한다.

🔍 **꼼꼼 단어 돋보기**

● **청교도**

16세기 영국에서 생긴 개신교의 한 교파

● **난민**

전쟁이나 박해 등을 피해 다른 지역으로 이동하는 사람들

● **환경 난민**

지역 개발과 자연재해 등으로 인해 경작하던 토지나 주거 지역을 잃은 난민

### (3) 세계 인구의 이동[+]

| 산업화 이전 | 농업 중심 사회로 인구 이동이 적음 |
|---|---|
| 산업화 시기 | 주로 개발 도상국에서 이촌 향도 현상이 발생함 |
| 산업화 이후 | 주로 선진국에서 역도시화 현상[+]이 발생함 |

[+] **세계 인구의 이동**
경제적 이동의 비중이 크다.

[+] **역도시화 현상**
역도시화는 도시에서 주변의 촌락이나 중소 도시로 인구가 이동하는 현상을 말한다. 역도시화 현상은 도시의 쇠퇴 현상으로, 유턴(U-turn) 현상이라고도 한다.

## 3. 우리나라의 인구 이동

### (1) 국내 이동

| 일제 강점기 | 일자리를 찾아 광공업이 발달한 북부 지방으로 이동 |
|---|---|
| 6·25 전쟁 | 피난을 위해 남부 지방으로 대규모 이동 |
| 1960년대 이후 | 산업화에 따라 수도권과 대도시, 신흥 공업 도시로 이동하는 이촌 향도 현상 발생 |
| 1990년대 이후 | 대도시 인구의 일부가 쾌적한 환경을 찾아 주변 지역으로 이동하는 역도시화 현상 발생 |

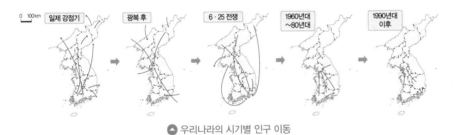

⬆ 우리나라의 시기별 인구 이동

### (2) 국제 이동

| 일제 강점기 | 일제의 탄압을 피해 만주나 연해주로 이동, 징병과 징용 등에 의한 해외 이주 |
|---|---|
| 광복 후 | 해외 동포들의 귀국 |
| 1960년대 이후 | 취업을 위해 서남아시아, 독일, 미국 등으로 청장년층의 이동 |
| 1990년대 이후 | 유학이나 해외 취업 등 일시적 이동 증가, 교육이나 은퇴 등을 위해 이민 |

### (3) 외국인의 국내 유입[+]

| 외국인 근로자 | 일자리를 찾아 중국, 베트남 등지에서 유입되어 인력이 부족한 기업의 생산을 담당하고 있음 |
|---|---|
| 결혼 이민자 | 주로 농어촌 지역의 국제결혼의 증가로 다문화 사회로 진입함 |

[+] **외국인의 국내 유입**
빠르게 증가하는 추세로, 총인구의 약 4.0%를 차지한다.

## 4. 인구 이동에 따른 변화

### ☆(1) 인구 유입 지역

| 해당 국가 | 북아메리카와 서부 유럽, 오세아니아의 선진국 |
|---|---|
| 긍정적 측면 | • 노동력이 증가하여 경제가 활성화됨<br>• 이주민의 다양한 문화 유입으로 문화의 다양성이 증대됨 |
| 부정적 측면 | • 원주민과 이주민 간의 일자리 경쟁이나 문화적 갈등이 발생함<br>• 난민 문제를 둘러싼 갈등이 심화됨 |

### (2) 인구 유출 지역

| 해당 국가 | 아시아, 아프리카, 중남부 아메리카의 개발 도상국 |
|---|---|
| 긍정적 측면 | • 본국으로 송금하는 외화는 경제 발전에 기여함<br>• 실업률이 낮아짐 |
| 부정적 측면 | • 노동 가능 인구의 유출로 노동력이 감소하여 지역 경제가 침체됨<br>• 주로 남성의 해외 유출로 성비 불균형 문제가 발생할 수 있음 |

**콕콕 개념 확인하기**

1. 낮은 임금, 열악한 주거 환경, 전쟁 등은 인구의 (흡인, 배출) 요인이다.
2. 노예 무역에 의해 아프리카인들이 아메리카 대륙으로 이동한 것은 _____ 이동이다.
3. 최근에는 개발 도상국에서 선진국으로 일자리를 찾아 떠나는 (경제적, 정치적) 이동이 많다.
4. 우리나라는 1960년대 이후 산업화와 도시화에 따른 (이촌 향도, 역도시화) 현상이 나타났다.

답  1. 배출  2. 강제적  3. 경제적  4. 이촌 향도

## ③ 인구 문제

### 1. 세계의 인구 성장

#### (1) 인구 성장

① 배경
  • 산업 혁명 이후 생활 수준의 향상
  • 의학 기술의 발달로 영아 사망률 감소 및 평균 수명 연장

② 특징

| 선진국 | 유럽, 북아메리카 등은 출생률과 사망률이 모두 낮음 → 인구 증가 속도가 완만하거나 정체됨 |
|---|---|
| 개발 도상국 | • 현재 세계의 인구 증가는 개발 도상국이 주도함<br>• 아프리카, 중남부 아메리카, 아시아 지역은 출생률이 높고 사망률이 낮음 → 폭발적인 인구 증가 |

**쏙쏙 이해 더하기**    세계의 인구 성장

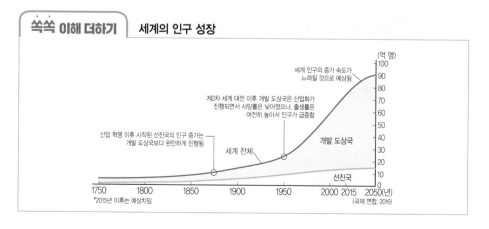

## 2. 선진국의 인구 문제와 대책

### (1) 저출산

| | |
|---|---|
| 원인 | • 여성의 사회 진출 증가 및 여성의 결혼 평균 연령 상승<br>• 결혼 및 출산에 대한 가치관의 변화 |
| 문제점 | • 생산 가능 인구 감소로 노동력 부족, 생산성 하락 → 경제 성장률 하락<br>• 외국인 노동자 유입에 따른 문화 갈등 발생 |
| 대책 | • 출산 장려 및 보육 정책 실시: 각종 비용 지원, 출산 휴가와 육아 휴직 보장, 보육 시설 확충 등<br>• 가정이나 직장에서 양성평등주의 가치관 확립<br>• 외국인 노동자 유입 확대에 따른 문화 갈등 예방안 마련 |

### (2) 고령화[+]

| | |
|---|---|
| 의미 | 전체 인구에서 65세 이상의 노인 인구가 차지하는 비율이 높아지는 현상 |
| 원인 | 의학 기술 발달 등으로 평균 수명 연장 |
| 문제점 | • 생산 가능 인구 감소로 경기가 침체됨<br>• 의료 및 노인 부양비 등 국가 재정 부담 증가<br>• 노인 소외 현상 및 정년 연장 등과 관련된 세대 갈등 심화<br>• 외국인 노동자 유입에 따른 문화 갈등 발생 |
| 대책 | • 사회 보장 제도 마련: 연금 제도 등<br>• 노인 복지 정책 강화: 노인 복지 시설 마련, 노인 일자리 창출 등<br>• 외국인 노동자 유입 확대에 따른 문화 갈등 예방안 마련 |

[+] 고령화 단계

| | |
|---|---|
| 고령화<br>사회 | 65세 이상 인구 비율이<br>전체 인구의 7% 이상 |
| 고령<br>사회 | 65세 이상 인구 비율이<br>전체 인구의 14% 이상 |
| 초고령<br>사회 | 65세 이상 인구 비율이<br>전체 인구의 20% 이상 |

## 3. 개발 도상국의 인구 문제와 대책

### (1) 급속한 인구 증가

| | |
|---|---|
| 원인 | • 제2차 세계 대전 이후 의료 기술의 보급으로 사망률 감소<br>• 인구 부양력이 인구 증가 속도를 따라가지 못함 |
| 문제점 | 낮은 인구 부양력 → 빈곤 및 기아, 일자리와 주택 부족 문제 발생 |
| 대책 | • 인구 부양력을 높이기 위한 경제 성장 정책 실시<br>• 가족계획 사업과 출산 억제 정책 시행 |

### (2) 도시로의 인구 집중

| | |
|---|---|
| 원인 | 산업화 이후 이촌 향도 현상에 의해 도시로의 인구 집중 |
| 문제점 | • 각종 도시 문제 발생(교통 혼잡, 범죄 증가, 사회 기반 시설 부족 등)<br>• 농촌의 노동력 부족 현상 |
| 대책 | • 도시의 인구 및 기능 분산 정책 실시(중소 도시 육성 등)<br>• 농촌의 생활 환경 개선 및 지역 발전 정책 실시 |

### (3) 성비 불균형

| | |
|---|---|
| 원인 | 중국, 인도 등 일부 아시아 지역의 남아 선호 사상 |
| 문제 | 여성에 대한 성차별, 남성이 결혼 적령기에 배우자를 만나기 힘듦 |
| 대책 | 양성평등 가치관 확립, 여성의 정치적·사회적 지위 강화, 태아 감별 금지 |

🔍 **꼼꼼 단어 돋보기**

● 인구 부양력

한 지역의 인구가 사용 가능한 자원(식량, 주택 등)에 의해 생활할 수 있는 능력

개발 도상국

(연령)
80세 이상
75~79
70~74
65~69
60~64
55~59
50~54
45~49
40~44
35~39
30~34
25~29
20~24
15~19
10~14
5~9
0~4

남 여

(%)7 6 5 4 3 2 1 0    0 1 2 3 4 5 6 7(%)

- 피라미드형
- 급속한 인구 증가 → 유소년층 비율이 높음

선진국

(연령)
80세 이상
75~79
70~74
65~69
60~64
55~59
50~54
45~49
40~44
35~39
30~34
25~29
20~24
15~19
10~14
5~9
0~4

남 여

(%)5 4 3 2 1 0    0 1 2 3 4 5(%)

- 방추형
- 인구 증가 둔화, 고령화 현상 → 유소년층이 적고 노년층이 많음

## 4. 우리나라의 인구 문제

### (1) 시기별 인구 문제와 정책

| 구분 | 인구 문제 | 인구 정책 |
|---|---|---|
| 1960년대 | 6·25 전쟁 이후 베이비 붐 현상, 사망률 감소 → 인구 급증 | 출산 억제 정책 |
| 1970~1980년대 | 가족계획 사업+ → 합계 출산율 감소 | |
| 1990년대 이후 | 출생률 감소, 출생 성비 불균형 및 저출산·고령화 문제 발생 | 출산 장려 정책 |
| 오늘날 | 출생 성비 불균형 해소, 심각한 저출산·고령 사회 진입 | |

✚ **가족계획 사업**

급격한 인구 증가로 인한 사회 문제를 해결하고 가정의 복지 향상을 위해 계획적으로 자녀 수와 출산 간격을 조정하는 계획을 말한다.

쏙쏙 **이해 더하기** | 우리나라의 시대별 인구 정책 포스터

1970년대

1980년대

1990년대

2000년대

2015년

🔍 **꼼꼼 단어 돋보기**

● 베이비 붐

출생률이 급격하게 증가하는 어떤 시기의 공통된 사회적 경향

● 합계 출산율

가임 나이인 15세~49세의 여성 1명이 평생 동안 낳을 수 있는 평균 자녀 수

## (2) 저출산·고령화

### ① 원인

| | |
|---|---|
| 저출산 | • 여성의 사회 진출 증가와 결혼 평균 연령 상승<br>• 결혼과 자녀에 대한 가치관의 변화<br>• 자녀 양육비 및 육아·가사 노동에 대한 부담 증가 |
| 고령화<sup>+</sup> | • 의학 기술의 발달과 경제 발전으로 평균 수명 증가<br>• 출산율 하락에 따른 노인 비율 증가 |

### ② 문제점

- 생산 가능 인구 감소로 노동력 부족 → 경제 성장 악화
- 노인 연금 및 복지 비용 등 노인 부양 부담 증가
- 노인 문제(노년층의 빈곤·질병 등) 및 세대 간 갈등 발생

### ③ 대책

| | |
|---|---|
| 저출산 | • 출산과 육아를 사회가 함께 책임져야 한다는 의식의 전환 필요, 가족 친화적 가치관 확립<br>• 양육비 및 보육비 지원, 육아 휴직 확대 등 각종 출산 장려 정책 시행 |
| 고령화 | • 개인적 차원의 연금 등 노후 대비 마련<br>• 노년층에게 일자리 제공, 정년 연장 등 다양한 노인 복지 정책 마련 |

▲ 우리나라의 저출산·고령화 현상

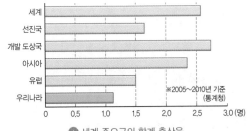

▲ 세계 주요국의 합계 출산율

※2005~2010년 기준 (통계청)

### 콕콕 개념 확인하기

1. 선진국에서는 (출산 장려, 출산 억제) 정책을 시행하고 있다.
2. 개발 도상국은 (높은, 낮은) 출생률과 (높은, 낮은) 사망률을 보이고 있다.
3. 아시아의 일부 국가에서는 남아 선호 사상으로 인한 _____ 문제가 나타나고 있다.
4. 우리나라는 6·25 전쟁 이후 사회가 안정되면서 1980년대까지만 해도 (출산율, 사망률)이 매우 높았다.
5. 우리나라는 2017년에 _____ 사회로 진입하였다.

답  1. 출산 장려  2. 높은, 낮은  3. 성비 불균형  4. 출산율  5. 고령

**+ 대한민국의 고령화**

우리나라는 세계에서 고령화 진행이 빠른 국가 중 하나이다. 우리나라는 2000년에 고령화 사회로, 2017년에 고령 사회로 진입하였다. 2025년에는 초고령 사회에 진입할 것으로 전망된다.

**01** 세계의 인구 분포에 대한 설명으로 옳지 <u>않은</u> 것은?

① 냉·온대 기후 지역은 인구 밀집 지역이다.
② 적도 및 극지방 등은 사람이 거의 살지 않는다.
③ 세계의 인구는 지구상에 고르게 분포하고 있다.
④ 벼농사가 발달하는 지역은 인구 밀집 지역이다.

**02** 세계의 인구 분포에 대한 설명으로 옳은 것은?

① 전 세계에 균등하게 분포되어 있다.
② 북위 20°~40°에 많은 인구가 분포한다.
③ 하천 유역보다 산지 지역의 인구 밀도가 높다.
④ 오세아니아 대륙에 전체 인구의 60% 이상이 거주한다.

**03** (가) 지역의 인구 밀도가 낮은 원인은?

**2017년 2회**

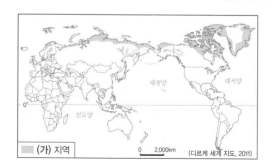

(가) 지역

0 　2,000km

(디르케 세계 지도, 2011)

① 험준한 산지
② 열대 밀림 지역
③ 매우 추운 기후
④ 매우 건조한 기후

**04** 인구 분포에 영향을 미치는 요인 중 성격이 <u>다른</u> 요인은?

① 기후　　　　② 교통
③ 식생　　　　④ 지형

**05** 사회·경제적 요인에 의해 인구가 집중 분포하는 지역은?

① 산업이 발달한 지역
② 냉·온대 기후 지역
③ 농업에 유리한 하천 지역
④ 자원이 매장되어 있는 지역

**06** 인구 희박 지역을 〈보기〉에서 고른 것은?

> **보기**
>
> ㄱ. 적도 부근 지역
> ㄴ. 북반구 중위도 지역
> ㄷ. 온대 기후의 하천 주변
> ㄹ. 한대 및 건조 기후 지역

① ㄱ, ㄴ　　　　② ㄱ, ㄹ
③ ㄴ, ㄷ　　　　④ ㄷ, ㄹ

[07~08] 인구 분포를 나타낸 다음 지도를 보고 물음에 답하시오.

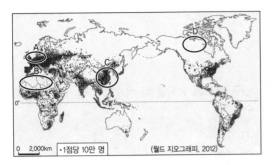

**07** 다음과 같은 특징이 나타나는 지역을 위의 지도에서 고른 것은?

> 일찍이 벼농사가 발달하여 인구가 집중된 곳

① A          ② B          ③ C          ④ D

주목
**08** 다음과 같은 특징이 나타나는 지역을 위의 지도에서 고른 것은?

> 산업이 발달하고 일자리가 풍부하여 인구가 밀집된 곳

① A          ② B          ③ C          ④ D

**09** 다음과 같은 인구 분포가 나타나게 된 직접적인 영향으로 옳은 것은?

> 1960년대 이전 우리나라의 인구는 대체로 남서부 지역에 밀집되어 있었으며, 북동부 지역은 희박하였다.

① 북동부 지역에 평야가 발달하였기 때문이다.
② 남서부 지역에 평야가 발달하였기 때문이다.
③ 북동부 지역에 공업이 발달하였기 때문이다.
④ 남서부 지역은 기온이 낮은 편이기 때문이다.

주목
**10** 산업화 이후 우리나라의 인구 밀집 지역으로 옳지 않은 것은?

① 남서부 지역
② 남동 임해 공업 지역
③ 부산, 광주 등의 대도시
④ 서울을 중심으로 하는 수도권

**11** 인구의 흡인 요인을 〈보기〉에서 고른 것은?    2019년 2회

> **보기**
> ㄱ. 전쟁과 분쟁
> ㄴ. 풍부한 일자리
> ㄷ. 좋은 교육 시설
> ㄹ. 열악한 주거 환경

① ㄱ, ㄴ          ② ㄱ, ㄹ
③ ㄴ, ㄷ          ④ ㄷ, ㄹ

**12** 세계 인구의 국제 이동에 대한 설명으로 옳지 않은 것은?

① 과거에는 강제적 이동의 비중이 컸다.
② 오늘날에는 경제적 이동의 비중이 크다.
③ 오늘날에는 종교적 이동의 비중이 크다.
④ 오늘날에는 관광, 유학 등의 일시적 이동이 증가하고 있다.

**13** 다음 내용과 관련 있는 이동의 유형은?

> 레바논에 마련된 임시 난민 대피소에서 만난 수백 명의 시리아 주민들이 내전을 피해 레바논으로 탈출하고 있는 것으로 알려졌다.

① 국내 이동
② 자발적 이동
③ 경제적 이동
④ 정치적 이동

**14** 다음 지도는 인구의 국제 이동을 표시한 것이다. 이에 대한 설명으로 옳은 것은?

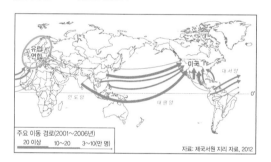

① 환경 난민의 이동
② 강제적 요인에 의한 이동
③ 경제적 요인에 의한 이동
④ 전쟁으로 인한 난민의 이동

**15** 세계 인구의 이동에 대한 설명으로 옳지 <u>않은</u> 것은?

① 산업화 이전에는 인구 이동이 적었다.
② 개발 도상국에서는 주로 유턴 현상이 나타난다.
③ 개발 도상국에서는 농촌 인구가 일자리를 찾아 도시로 이동한다.
④ 선진국에서는 쾌적한 환경을 찾아 도시의 인구가 주변 지역으로 이동하는 현상이 나타난다.

**16** 다음과 같은 인구의 국내 이동이 나타나는 국가는?

> 쾌적한 환경을 찾아 도시의 인구가 도시 주변 지역이나 농촌으로 떠나는 인구 이동

① 인구 밀도가 높은 베트남
② 내전이 지속되고 있는 시리아
③ 1인당 국민 소득이 높은 캐나다
④ 이촌 향도 현상이 진행되고 있는 중국

**17** 우리나라의 인구 이동에 대한 설명으로 옳지 <u>않은</u> 것은?

① 일제 강점기에는 만주나 연해주로 이동하였다.
② 광복 직후에는 해외로 나갔던 동포들이 귀국하였다.
③ 1960년대 이후에는 서울, 부산 등 대도시로 인구가 이동하였다.
④ 1990년대 이후에는 광공업이 발달한 북부 지방으로 이동하였다.

**18** 다음 설명에 해당하는 지도는? (단, 지도는 우리나라의 시기별 인구 이동을 나타낸 것임)

> 산업화에 따라 수도권과 대도시로 이동하는 이촌 향도 현상이 발생하였다.

①
②
③
④

**19** 다음과 같은 인구 이동의 결과로 밑줄 친 국가에서 나타나는 현상으로 옳은 것은?

> 개발 도상국에서 임금 수준이 높은 <u>선진국</u>으로 인구 이동이다.

① 노동력이 부족해진다.
② 노동 가능 인구가 줄어든다.
③ 성비 불균형 문제가 발생한다.
④ 이주민과 기존 주민 간의 문화적 갈등이 발생한다.

**20** (가)에 들어갈 용어는?                    2018년 2회

1960년대 우리나라 인구 이동의 특징은 무엇일까?

농촌의 인구가 일자리를 찾아 도시로 이동하는 (가) 현상이 뚜렷하게 나타나기 시작했어.

① 지역화                ② 역도시화
③ 이촌 향도            ④ 국제 이주

**21** 다음 그래프와 같이 세계의 인구 증가가 나타나게 된 이유는?

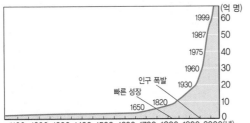

① 산업 혁명 이후 사망률이 증가했기 때문이다.
② 의학 기술의 발달로 평균 수명이 연장되었기 때문이다.
③ 산업 혁명 이후 개발 도상국의 인구가 빠르게 증가했기 때문이다.
④ 제2차 세계 대전 이후부터 선진국의 인구가 빠르게 증가했기 때문이다.

**22** 다음 그래프에 나타난 사회 변화의 모습으로 알맞은 것은?

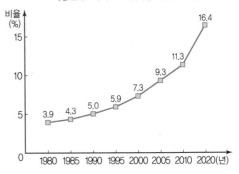

〈총인구 대비 65세 이상 인구 비율〉

① 다문화 사회로의 진입
② 산업화 사회로의 진입
③ 고령화 사회로의 진입
④ 정보화 사회로의 진입

**23** 고령화의 원인을 〈보기〉에서 고른 것은?

> **보기**
> ㄱ. 총인구의 증가
> ㄴ. 생활 수준의 향상
> ㄷ. 평균 수명의 감소
> ㄹ. 의료 기술의 발달

① ㄱ, ㄴ                ② ㄱ, ㄷ
③ ㄴ, ㄹ                ④ ㄷ, ㄹ

**24** 다음과 같은 인구 구조가 나타나는 국가의 인구 문제를 〈보기〉에서 고른 것은?

(국제 연합 인구 통계, 2010)

보기

ㄱ. 출산율 감소
ㄴ. 노동력 부족
ㄷ. 일자리 부족
ㄹ. 인구 부양력 부족

① ㄱ, ㄴ      ② ㄴ, ㄷ
③ ㄴ, ㄹ      ④ ㄷ, ㄹ

**25** 다음과 같은 인구 구조가 나타나는 지역의 인구 문제로 옳은 것은?

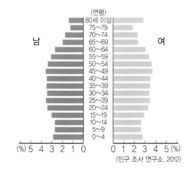

(인구 조사 연구소, 2012)

① 빈곤과 기아에 시달린다.
② 인구 과잉 문제가 나타난다.
③ 각종 도시 문제가 나타난다.
④ 노인 부양 비용이 증가한다.

**26** 우리나라에서 다음 자료와 같은 대책이 나오게 된 공통적인 원인으로 옳은 것은?

① 청년 실업률 증가
② 저출산·고령화 사회 진입
③ 도시의 일자리 부족 문제 발생
④ 농촌 지역의 노동력 부족 문제 발생

**27** 다음에 나타난 인구 문제를 해결하기 위한 방안으로 옳지 <u>않은</u> 것은?

우리나라는 세계 최저 수준의 합계 출산율을 기록하고 있다.

① 육아 휴직 확대
② 가족계획 사업 시행
③ 양육비 및 보육비 지원
④ 가족 친화적 가치관 확립

# 08 사람이 만든 삶터, 도시

II 사회2

## 1 세계의 다양한 도시

### 1. 도시의 특징

#### (1) 도시의 의미와 특징

① 의미: 많은 사람이 살아가는 거주 공간이자 정치 · 경제 · 문화의 중심지
② 특징
  • 높은 인구 밀도: 상대적으로 좁은 지역에 많은 사람이 모여 있음
  • 집약적 토지 이용⁺: 한정된 공간을 효율적으로 활용함
  • 2 · 3차 산업 발달: 사람들의 직업과 생활 모습이 다양함
  • 정치 · 경제 · 문화의 중심지: 각종 편의 시설 및 기능이 집중됨
  • 촌락과의 상호 관계: 촌락과 서로 다양한 기능을 제공하며 상호 보완 관계를 맺고 있음

✚ 도시의 기준

도시의 기준은 나라마다 다르지만 일반적으로 인구수를 기준으로 한다. 우리나라는 인구 2만 명 이상이 거주하는 곳을 도시라고 한다.

✚ 집약적 토지 이용

많은 자본과 노동력을 들여 일정한 토지에서 가능한 한 생산력을 높이려는 토지 이용을 말한다.

#### (2) 도시와 촌락

| 구분 | 도시 | 촌락 |
|---|---|---|
| 인구 밀도 | 높음 | 낮음 |
| 주민 직업 구성 | 다양함 | 단순함 |
| 주민 연령 구성 | 청장년층의 비율이 높음 | 노년층의 비율이 높음 |
| 주요 산업 | 2 · 3차 산업 발달 | 1차 산업 발달 |
| 환경의 영향 | 인문 환경의 영향이 큼 | 자연환경의 영향이 큼 |
| 토지 이용 | • 높은 건물, 도로, 생활 편의 시설 등<br>• 집약적 토지 이용 | • 논, 밭, 임야 등<br>• 단순한 토지 이용(조방적 토지 이용⁺) |

✚ 조방적 토지 이용

상대적으로 토지 이용의 집약도가 낮아 면적에 비해 낮은 수익을 얻는 토지 이용을 말한다.

#### (3) 도시의 형성과 발달

① 도시의 형성: 주로 정치 · 경제 · 산업 · 교통의 중심지에서 형성
② 도시 발달 과정

| 고대 | 기원전 3500년경 티그리스 · 유프라테스강 유역의 문명 발상지에서 역사상 최초의 도시가 형성됨 |
|---|---|
| 중세 | 교역과 교환이 활발한 시장을 중심으로 상업 도시가 발달함 |
| 근대 | 산업 혁명 이후 석탄 산지를 중심으로 공업 도시가 빠르게 성장 |
| 현대 | • 20세기 이후 공업뿐만 아니라 첨단 산업 · 서비스업 · 교육 · 문화 등 여러 기능을 종합적으로 수행하는 도시가 발달함<br>• 세계 인구의 절반 이상이 도시에 거주하고 있음 |

## 2. 세계 주요 도시

### (1) 세계 도시

| 의미 | 전 세계적으로 중심지 역할을 수행하는 도시 |
|---|---|
| 특징 | 다국적 기업의 본사나 국제기구의 본부, 국제 금융 기관이 위치함 → 경제, 사회, 문화 등 여러 분야에서 영향력이 큼 |
| 사례 | 미국 뉴욕, 프랑스 파리, 영국 런던, 일본 도쿄 등 |

### (2) 생태 도시

| 의미 | 생태 환경을 잘 가꾸어 자연과 인간이 공존할 수 있는 환경친화적인 도시 |
|---|---|
| 사례 | 독일 프라이부르크, 브라질 쿠리치바, 스웨덴 예테보리, 우리나라 순천 등 |

### (3) 역사·문화 도시

| 의미 | 역사·문화적 가치가 큰 문화 유적이 많은 도시 |
|---|---|
| 사례 | 그리스 아테네, 이탈리아 로마, 중국 시안, 터키 이스탄불 등 |

✚ 그리스 아테네의 파르테논 신전

### (4) 기타

| 고산 도시 | 에콰도르 키토, 페루 쿠스코 등 |
|---|---|
| 항구 도시 | 오스트레일리아 시드니 등 |
| 해상 교통이 발달한 물류 도시 | 싱가포르, 중국 상하이, 네덜란드 로테르담 등 |

---

**콕콕 개념 확인하기**

1. _____은/는 많은 사람들이 모여 사는 곳이자 정치·경제·문화의 중심지 역할을 하는 곳이다.
2. 도시는 _____차 산업의 비중이 높다.
3. 뉴욕, 파리, 런던, 도쿄는 _____ 도시이다.

답 1. 도시  2. 2·3  3. 세계

---

## 2 도시 구조와 도시 경관

### 1. 도시 내부의 지역 분화

#### (1) 지역 분화
① 의미: 도시 내부의 기능과 역할이 분리되면서 비슷한 기능끼리 모이는 현상
② 원인: 접근성, 지대, 지가의 차이
③ 특징
  • 교통이 편리한 지역일수록 접근성이 높고, 접근성이 높은 지역일수록 지대가 높음
  • 최적의 장소를 찾아 비슷한 기능(주거, 업무, 상업, 공업 기능)들끼리 모임

**🔍 꼼꼼 단어 돋보기**

● 접근성
도시의 어느 지점으로부터 그 지역에 도달할 수 있는가의 정도

● 지대
토지를 이용한 대가로 지급하는 비용

● 지가(땅값)
토지의 가격

④ 분화 모습

| 상업·업무 기능 | 높은 지대를 감당할 수 있기 때문에 도시의 중심부인 도심에 형성 |
| --- | --- |
| 공업·주거 기능 | 땅값이 저렴하고 넓은 토지 확보가 가능한 도심에서 떨어진 주변 지역에 형성 |

## (2) 집심 현상과 이심 현상

① 집심 현상: 상업·업무 기능이 도시 중심부(도심)로 집중되는 현상
② 이심 현상: 주택이나 학교, 공장 등이 주변 지역으로 빠져나가는 현상

## 2. 도시의 다양한 경관

### (1) 도시 경관

| 특징 | 도시 중심부에서 주변 지역으로 갈수록 건물의 높이가 낮아짐 |
| --- | --- |
| 변화 | • 도시 규모가 작을 때: 다양한 기능이 섞여 있음<br>• 도시 규모가 클 때: 같은 종류의 기능들끼리 모임 |

### ☆ (2) 도시의 내부 구조+

+ 도시의 내부 구조

| 도심 | • 도시의 중심에 위치하여 접근성과 지가가 높음<br>• 관청, 백화점, 은행, 호텔 등이 위치하며, 중심 업무 지구(CBD)를 이룸<br>• 인구 공동화 현상이 나타남 |
| --- | --- |
| 중간 지역 | • 도심을 둘러싸고 있는 지역<br>• 도심과 주변 지역 사이에 상가, 주택과 학교, 공장 등이 섞여 나타남 |
| 부도심 | • 도심과 중간 지역을 연결하는 교통의 요지에 위치하여 도심의 기능을 분담함<br>• 도심과 비슷한 경관이 나타남 |
| 주변 지역 | • 도시와 농촌의 경관이 혼재하고 있음<br>• 저렴한 지가, 넓은 땅의 확보가 가능하여 대규모 아파트 단지, 공장, 학교 등이 입지하고 있음 |
| 개발 제한 구역<br>(그린벨트) | 도시의 무질서한 팽창 현상을 막고, 도시 주민들에게 녹지 공간을 제공하기 위해 설정함 |
| 위성 도시 | • 대도시 주변 교통의 요지에 위치하는 중소 도시<br>• 대도시에 집중된 인구와 기능을 분산함 |

**쏙쏙 이해 더하기** 　인구 공동화 현상

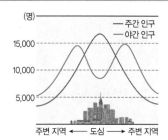

도시의 땅값이 높아지면서 주거 기능이 외곽 지역으로 빠져나가게 되는데, 이로 인해 도심의 경우 낮에는 사람이 증가하지만, 밤에는 사람들이 도시 외곽 지역에 위치한 주거 지역으로 이동하면서 텅비게 된다.

**🔍 꼼꼼 단어 돋보기**

● 도시 경관
겉으로 드러나는 도시의 모습

## 3 도시화와 도시 문제

### 1. 도시화

#### (1) 도시화의 의미와 특징

| | |
|---|---|
| 의미 | • 도시의 수가 증가하거나 도시에 거주하는 인구 비율이 높아지는 현상<br>• 도시적 생활 양식이 확대되는 과정 |
| 특징 | • 일반적으로 산업화와 함께 진행됨<br>• 인구가 증가하고 도시의 면적이 넓어짐 |

#### ☆(2) 도시화 과정: 도시화율을 기준으로 3단계로 구분함

| | |
|---|---|
| 초기 단계 | • 도시화율이 낮고 도시화 속도가 느림<br>• 농업 중심의 사회로 인구가 전 국토에 고르게 분포함 |
| 가속화 단계 | • 산업화의 계기로 이촌 향도 현상이 발생하면서 급격한 도시화가 이루어짐<br>• 현재 개발 도상국이 해당함 |
| 종착 단계 | • 도시화율이 매우 높고 도시 성장률이 둔화됨<br>• 대도시권이 확대되고 역도시화가 나타나기도 함<br>• 현재 선진국이 해당함 |

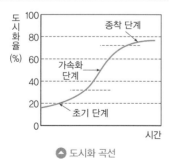

▲ 도시화 곡선

#### ☆(3) 선진국과 개발 도상국의 도시화 과정

| | |
|---|---|
| 선진국 | 18세기 산업 혁명 이후 200여 년간 인구가 촌락에서 도시로 점진적으로 유입되면서 도시화가 완만하게 진행됨 → 현재 종착 단계에 해당함 |
| 개발 도상국 | 제2차 세계 대전 이후 단기간 내에 급속한 산업화가 이루어지면서 이촌 향도 현상으로 도시화가 빠르게 진행됨 → 현재 가속화 단계에 해당함 |

**꼼꼼 단어 돋보기**

● 도시화율

전체 인구 중에서 도시에 거주하는 인구가 차지하는 비율

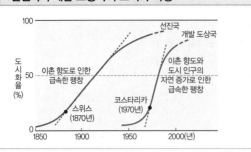

## ☆ 2. 도시 문제

### (1) 도시 문제의 종류와 원인

| 종류 | 주택 부족, 일자리 부족, 교통 혼잡, 환경 오염, 쓰레기 문제 등 |
|---|---|
| 원인 | • 도시 과밀화: 도시화 과정에서 한정된 공간에 인구와 기능이 지나치게 도시로 집중됨<br>• 급격한 도시 인구 성장에 따른 기반 시설 부족 |

### (2) 선진국의 도시 문제와 해결 방안

| 도시 문제 | • 도심의 노후화와 *슬럼 형성, 비싼 집값, 교통 체증, 범죄 문제<br>• 제조업 쇠퇴로 실업률 상승 |
|---|---|
| 해결 방안 | 도시 재개발 추진, 도시 내 일자리 창출 등 |

### (3) 개발 도상국의 도시 문제와 해결 방안

| 도시 문제 | • 과도시화: 시설이 갖추어지지 않은 상태에서 많은 사람들이 도시로 이동하여 각종 도시 기반 시설이 부족해짐<br>• 무허가 주택이나 불량 주거 지역 형성<br>• 환경 문제, 도시 내 빈부 격차 문제, 일자리 부족 등 |
|---|---|
| 해결 방안 | 도시 기반 시설 확충, 주거 환경 개선 등 |

### (4) 우리나라의 도시화와 도시 문제

➕ 우리나라 도시화율의 변화

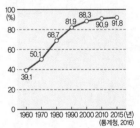

| 1960년대 중반 | 수도권과 남동 임해 공업 지역을 중심으로 산업화 시작 → 이촌 향도 현상으로 도시화가 가속화됨 |
|---|---|
| 1970년대 | 인구의 절반 이상이 도시에 거주 → 각종 도시 문제 발생(주택 부족, 환경 문제 등) |
| 1990년대 | 대도시 주변에 위성 도시 발달 |
| 현재 | 우리나라의 인구 10명 중 9명은 도시에 거주하는 종착 단계 → 수도권과 남동 해안 지역에 인구 집중으로 국토 불균형 문제 발생 |

### 콕콕 개념 확인하기

1. 도시의 수가 증가하거나 도시에 거주하는 인구 비율이 높아지는 현상을 _____(이)라고 한다.
2. 선진국의 도시화는 제2차 세계 대전 이후에 본격적으로 시작되었다. (O, X)
3. 도시화의 _____ 단계에는 산업화가 빠르게 진행되면서 도시화 역시 빠르게 진행된다.
4. 우리나라는 현재 도시화의 _____ 단계에 있다.

답  1. 도시화  2. X  3. 가속화  4. 종착

### 꼼꼼 단어 돋보기

● 슬럼
도시 빈민들이 모여 거주하는 지역으로 삶의 질이 낮은 지역

## 4 살기 좋은 도시

### 1. 도시 문제의 해결 방안

(1) **도시 문제 해결의 필요성**: 도시 문제가 발생하여 삶의 질[+]이 떨어짐

⭐(2) **도시 문제의 해결 방안**

| | |
|---|---|
| 주택 문제 | 공공 주택 건설, 도시 재생 사업 추진 등 |
| 교통 문제 | 도로 환경 개선, 혼잡 통행료 부과, 대중교통 수단 확충, 대중교통과 자전거 이용 장려 등 |
| 환경 문제 | 쓰레기 분리수거, 친환경 에너지 사용 정책, 생태 하천 복원 등 |
| 인구 밀집 문제 | 대도시 주변에 신도시 조성, 지역 균형 발전 정책 추진 등 |

**[+] 삶의 질**

일상생활에서 느끼는 행복감 정도를 의미한다.

(3) **도시 문제의 해결 사례**

| | |
|---|---|
| 브라질 쿠리치바 | 굴절 버스, 버스 전용 차선 등을 도입하여 교통 혼잡 문제를 해결함 |
| 에스파냐 빌바오 | 철강 산업 쇠퇴로 침체된 지역에 구겐하임 미술관을 유치하여 관광 도시로 발전함 |
| 우리나라 울산 | 오염이 심했던 태화강을 정비하여 생태 공원을 조성함 |
| 인도 벵갈루루 | 소프트웨어 산업 육성을 통해 IT 산업의 중심 도시로 발전함 |

### 2. 살기 좋은 도시

(1) **살기 좋은 도시의 의미와 조건**

| | |
|---|---|
| 의미 | 거주민의 삶의 질이 높은 도시 |
| 조건 | • 쾌적한 자연환경을 갖춤<br>• 다양한 문화가 공존함<br>• 정치적으로 안정되고 범죄율이 낮음<br>• 일자리가 풍부하고 다양한 생활 편의 시설을 갖춤 |

**[+] 더 나은 삶 지수(OECD 행복 지수)**

경제 협력 개발 기구(OECD) 회원국과 브라질, 러시아를 대상으로 주거 환경, 소득, 일자리, 공동체 생활, 교육, 환경, 정치 참여 등 11개 영역을 조사하여 삶의 질을 측정한 지표이다.

(2) **세계 여러 지역의 살기 좋은 도시**

| | |
|---|---|
| 오스트레일리아 멜버른 | 각종 도시 기반 시설과 쾌적한 환경을 갖추고 있어 세계에서 가장 살기 좋은 도시로 선정됨 |
| 오스트리아 빈 | 예술과 음악의 도시, 쾌적한 환경을 갖춘 도시 |
| 브라질 쿠리치바 | 친환경 에너지 정책 도시 |
| 우리나라의 순천 | 생태 환경이 발달한 도시 |
| 캐나다 밴쿠버 | 우수한 사회 보장 제도와 쾌적한 환경을 갖춘 도시 |

### 콕콕 개념 확인하기

1. 살기 좋은 도시란 거주민의 _____이/가 높은 도시를 말한다.
2. 공공 주택 건설, 도시 재생 사업 추진 등은 _____ 문제를 해결하기 위한 방안이다.
3. 우리나라의 순천은 _____ 환경이 발달한 도시이다.

답  1. 삶의 질  2. 주택 문제  3. 생태

**01** 도시에 대한 설명으로 옳은 것은?

① 노년층이 많이 거주하고 있다.
② 토지가 주로 농경지로 이용된다.
③ 주민들은 주로 1차 산업에 종사하고 있다.
④ 생활 편의 시설과 각종 기능이 집중되어 있다.

주목

**02** 도시와 촌락을 비교한 내용으로 옳지 <u>않은</u> 것은?

| | 구분 | 도시 | 촌락 |
|---|---|---|---|
| ① | 인구 밀도 | 높음 | 낮음 |
| ② | 직업 | 다양함 | 단순함 |
| ③ | 주요 산업 | 1차 산업 | 2·3차 산업 |
| ④ | 토지 이용 | 도로, 아파트 등으로 이용 | 농경지 등으로 이용 |

**03** 도시의 발달 과정을 시대순으로 나열한 것은?

ㄱ. 세계 도시 등장
ㄴ. 산업 혁명 이후 등장
ㄷ. 문명 발상지에서 발달
ㄹ. 상업의 중심지에서 발달

① ㄱ - ㄴ - ㄷ - ㄹ
② ㄴ - ㄷ - ㄹ - ㄱ
③ ㄷ - ㄹ - ㄴ - ㄱ
④ ㄹ - ㄱ - ㄷ - ㄴ

**04** 다음 설명에 해당하는 도시는?

산업 혁명 이후 석탄 산지를 중심으로 발달한 도시이다.

① 고대 도시
② 중세 상업 도시
③ 근대 공업 도시
④ 현대 최첨단 도시

주목

**05** 다음 사례에 해당하는 도시의 특징은?

• 독일 프라이부르크
• 브라질 쿠리치바
• 우리나라 순천

① 해상 교통이 발달한 물류 도시이다.
② 일 년 내내 온화한 날씨가 나타난다.
③ 자연과 인간이 공존하는 생태 도시이다.
④ 세계적으로 중심지 역할을 수행하는 도시이다.

**06** 다음 설명에 해당하는 도시는?

> 다국적 기업의 본사나 국제기구의 본부, 국제 금융 기관이 위치하고 있는 세계 도시

① 뉴욕, 파리
② 키토, 쿠스코
③ 로마, 아테네
④ 시드니, 로테르담

**07** 도시 내부의 지역 분화에 영향을 끼치는 요인이 <u>아닌</u> 것은?

① 지대
② 지가
③ 기후
④ 접근성

**08** 다음에서 설명하는 지역은?　　　　2018년 1회

> • 도시 중심부에 위치하며 접근성이 좋아 땅값이 비싸다.
> • 주요 관공서, 은행 본점, 대기업 본사 등이 집중된다.

① 도심
② 위성 도시
③ 중간 지역
④ 개발 제한 구역

**09** 다음과 같은 현상을 뜻하는 용어는?

> 도심의 땅값이 높아지면서 주거 기능이 외곽 지역으로 빠져나가게 되는데, 이 때문에 도심은 낮에는 많은 사람들로 붐비지만 밤에는 도시 외곽 지역에 위치한 주거 지역으로 사람들이 이동하면서 텅비게 된다.

① 도시화
② 역도시화
③ 이촌 향도
④ 인구 공동화

**10** 도심에서 외곽 지역으로 이동할 때 나타나는 변화로 옳은 것은?

① 땅값이 비싸진다.
② 백화점이 많아진다.
③ 건물의 높이가 높아진다.
④ 주택, 학교, 공장 등이 많아진다.

**11** 부도심에 대한 적절한 설명을 〈보기〉에서 고른 것은?
　　　　2017년 1회

> **보기**
> ㄱ. 도심의 일부 기능을 분담한다.
> ㄴ. 행정 기능을 분담하는 위성 도시이다.
> ㄷ. 대도시 내부의 교통 요지에 발달한다.
> ㄹ. 도시와 농촌의 모습이 혼재되어 나타난다.

① ㄱ, ㄴ
② ㄱ, ㄷ
③ ㄴ, ㄹ
④ ㄷ, ㄹ

**12** 다음에 해당하는 지역은? 2019년 1회

> • 도시의 무질서한 팽창을 막기 위해 설정함
> • 농업은 가능하나 주택, 공장 건설 등은 제약을 받음

① 도심
② 부도심
③ 위성 도시
④ 개발 제한 구역

**[13~14]** 다음 도시 내부 구조를 나타낸 그림을 보고 물음에 답하시오.

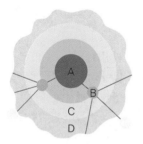

**13** A 지역에 대한 설명으로 옳은 것은?

① 주택과 상점 등이 주로 입지한다.
② 땅값이 비싸고 고층 건물이 많다.
③ 대규모의 아파트 단지, 공장이 입지한다.
④ 도시와 농촌의 모습이 혼재되어 나타난다.

**14** 다음에서 설명하는 지역을 위의 그림에서 찾으면?

> 도시의 무질서한 팽창을 막고, 녹지 공간을 확보하기 위해 설정하였다.

① A     ② B     ③ C     ④ D

**15** (가)에 해당하는 사례로 가장 적합한 도시는?

2017년 2회

> [ (가) ]은/는 대도시 주변에 위치하면서 대도시의 인구와 기능을 분담하는 역할을 한다.

① 성남        ② 부산
③ 전주        ④ 울산

**16** 다음에서 설명하는 용어는?

> 도시에서 주변의 촌락이나 중소 도시로 인구가 이동하는 현상으로, 일명 유턴(U-turn) 현상이라고도 한다.

① 도시화
② 역도시화 현상
③ 이촌 향도 현상
④ 인구 공동화 현상

**17** 다음 도시화 곡선에 대한 설명으로 옳은 것은?

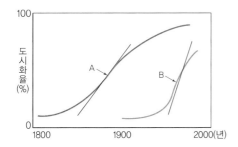

① A는 개발 도상국의 도시화 추세이다.
② A의 도시화는 짧은 시간에 빠르게 진행되었다.
③ B의 공업화 속도가 A의 공업화 속도보다 빠르다.
④ B의 도시화는 산업 혁명 이후 점진적으로 이루어졌다.

**18** 다음 도시화 곡선에 대한 설명으로 옳지 않은 것은?

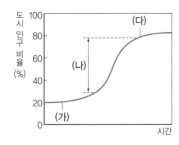

① (가) - 대부분 농업에 종사한다.
② (나) - 이촌 향도 현상이 나타난다.
③ (나) - 현재 선진국에서 나타난다.
④ (다) - 역도시화 현상이 시작된다.

**19** 다음 그래프에 대한 분석으로 옳은 것은?

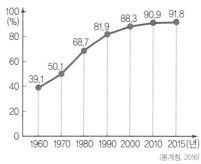

① 1960년대 이전: 인구 10명 중 9명은 도시에 거주하는 시기
② 1960년대 이후: 도시화가 종착 단계에 들어선 시기
③ 1970년대 이후: 인구의 절반 이상이 도시에 거주하는 시기
④ 현재: 도시화가 가속화 단계에 들어선 시기

**20** 도시화로 인해 도시에서 나타나는 문제점이 <u>아닌</u> 것은?

① 주택 부족　　　　② 환경 오염
③ 일자리 부족　　　④ 노동력 부족

**21** 다음과 같은 도시 문제가 생기는 가장 근본적인 원인은?

> • 일자리 부족
> • 환경 오염
> • 쓰레기 문제

① 저출산
② 고령화
③ 인구 분산 정책
④ 인구의 과도한 집중

**22** 다음은 어떤 도시 문제에 대한 해결 방안인가?

> • 혼잡 통행료 부과
> • 대중교통 수단 확충

① 환경 오염
② 주택 문제
③ 교통 문제
④ 일자리 부족 문제

**23** 도시 문제의 해결 방안으로 볼 수 없는 것은?

① 공공 주택 건설
② 생태 하천 복원
③ 도심 개발 사업 추진
④ 노후한 주거 지역 재개발

**24** 다음에 해당하는 도시는?

> 도심의 교통난을 해결하기 위해 굴절 버스, 버스 전용 차선 등을 도입하여 교통 혼잡 문제를 해결하였다.

① 빈              ② 울산
③ 쿠리치바        ④ 벵갈루루

**25** 살기 좋은 도시의 조건으로 옳지 않은 것은?

① 정치적 불안정
② 풍부한 일자리
③ 쾌적한 자연환경
④ 다양한 생활 편의 시설

**26** 다음 자료에 나타난 도시가 살기 좋은 도시인 가장 포괄적인 이유는?

| 순위 | 국가 | 도시명 |
|---|---|---|
| 1 | 오스트레일리아 | 멜버른 |
| 2 | 오스트리아 | 빈 |
| 3 | 캐나다 | 밴쿠버 |
| 4 | 캐나다 | 토론토 |
| 5 | 캐나다 | 캘거리 |

① 삶의 질이 높기 때문에
② 교통이 편리하기 때문에
③ 공업이 발달하였기 때문에
④ 관광 산업이 발달하였기 때문에

## **09** Ⅱ 사회2
# 글로벌 경제 활동과 지역 변화

## 1 농업 생산의 기업화와 지역 변화

### 1. 농업 생산의 세계화와 기업화

#### (1) 농업 생산의 세계화
##### ① 의미와 배경

| 의미 | 전 세계를 대상으로 농산물의 생산 및 판매가 이루어지는 현상 |
|---|---|
| 배경 | • 교통과 통신의 발달, 다국적 농업 기업(곡물 메이저[+])의 등장<br>• 생활 수준 향상으로 다양한 농산물에 대한 수요가 증가함<br>• 세계 무역 기구(WTO) 체제 출범, 자유 무역 확대 → 농산물 교역량 증가 |
| 영향 | 농산물 유통의 범위가 확대되고 국제적 이동이 활발해짐 |

**+ 곡물 메이저**

세계 곡물 시장에서 큰 영향력을 행사하고 있는 대형 곡물 무역 상사를 말한다.

##### ② 농업 생산 방식 변화

| 구분 | 과거 | 현재 |
|---|---|---|
| 형태 | 자급적 농업 | 상업적 농업 |
| 목적 | 생산자가 직접 소비 | 시장 판매 |
| 농업 규모 | 여러 종류의 작물을 소규모로 생산 | • 상품성이 높은 한두 가지 작물을 대규모로 생산<br>• 농업 생산의 다각화 |
| 생산 방법 | 가족 노동력 이용 | 대형 농기계 이용 |
| 사례 | 아시아 지역의 쌀 재배 등 | 낙농업, 원예 농업, 기업적 곡물 농업, 기업적 목축 등 |

#### (2) 농업 생산의 기업화
##### ① 의미와 배경

| 의미 | 막대한 자본과 뛰어난 기술을 보유한 기업이 농장을 운영하는 현상 |
|---|---|
| 배경 | 상업적 농업의 발달, 경제 활동의 세계화 |

##### ② 농업 방식

| 기업적 곡물 농업 및 목축 | 미국, 캐나다, 오스트레일리아 등과 같은 넓은 농업 지역에서 농기계를 이용하여 대규모로 이루어짐 |
|---|---|
| 플랜테이션 | 아프리카, 아시아의 개발 도상국에 진출한 다국적 농업 기업이 커피, 카카오 등의 기호 작물을 생산하여 전 세계로 유통함 |

##### ③ 특징
- 체계화 및 전문화: 자본과 기술을 갖춘 다국적 농업 기업이 농작물의 생산, 가공, 유통의 전 과정을 체계적으로 담당함
- 대량화: 농작물의 대규모 재배를 위해 대형 농기계 및 화학 비료 사용 등이 이루어짐
- 농작물의 가격 및 생산과 소비 구조에 영향을 줌

## 2. 농업 생산의 세계화 및 기업화에 따른 변화

### (1) 농작물 생산 지역의 변화

① 농업 생산 구조 및 토지 이용의 변화

| 상품 작물 재배 면적 확대 | 식량 작물을 재배하던 농경지가 상품 작물을 재배하기 위한 플랜테이션 농장으로 변함 <br> ⓓ 필리핀(바나나 농장), 베트남(커피 농장), 인도네시아(기름야자 농장) 등 |
|---|---|
| 사료 작물 재배 면적 증가 | 육류 소비 증가로 가축의 사료를 얻기 위해 사료 작물 재배 면적이 증가함 <br> ⓓ 남아메리카 아마존 열대 우림이 소를 사육하기 위한 목초지로 변화, 밀 재배 지역이 옥수수나 콩 재배지로 변화 |

② 환경 변화: 과도한 농약 및 비료 사용에 따른 토양 오염, 농장 확보를 위한 열대 우림 파괴 등의 문제가 발생함

### (2) 농작물 소비 지역의 변화

① 농작물 소비 특성의 변화

| 상업적 농축산물의 소비 증가 | • 식량 작물인 쌀, 밀 등의 곡물 소비가 감소함 <br> • 과일과 육류 등의 소비가 증가함 <br> • 패스트푸드의 소비가 증가함 |
|---|---|
| 외국산 농산물의 소비 증가 | • 가격이 상대적으로 저렴한 외국산 농산물의 수입이 증가함 <br> • 우리나라 농산물의 소비가 감소함 |

② 영향

| 긍정적 영향 | • 세계 각지에서 생산된 농산물을 쉽고 저렴하게 살 수 있음 <br> • 식생활이 다양해짐 |
|---|---|
| 부정적 영향 | • 수입 곡물 의존도가 높은 지역에서는 식량 자급률이 하락함 <br> • 외국계 기업농에 비해 국내 소규모 자영농은 어려움에 처함 <br> • 농산물의 생산 및 유통 과정에서 과도한 화학 약품 및 방부제 사용으로 안전성 문제가 제기됨 |

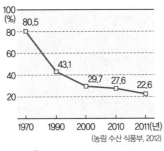

(농림 수산 식품부, 2012)

🔺 우리나라의 식량 자급률

---

### 콕콕 개념 확인하기

1. 전 세계를 대상으로 농산물의 생산 및 판매가 이루어지는 현상을 농업의 _____(이)라고 한다.
2. 오늘날 농업은 세계화 및 기업화로 (자급적, 상업적) 농업이 대중화되었다.
3. 농업 생산이 기업화되면서 (대규모, 소규모)로 작물을 재배하는 방식이 증가하고 있다.
4. 농업의 세계화로 (식량, 상품) 작물 중심 생산으로 변화하고 있다.

답  1. 세계화  2. 상업적  3. 대규모  4. 상품

# **2** 다국적 기업의 공간적 분업

## 1. 다국적 기업의 성장

### (1) 다국적 기업의 의미와 특징

| | |
|---|---|
| 의미 | 세계 여러 국가에 ●지사, 연구소, 생산 공장을 세우고 여러 나라를 대상으로 제품을 생산하고 판매하는 기업 |
| 등장 배경 | • 교통과 통신의 발달로 기업의 활동 제약이 감소함<br>• 세계 무역 기구(WTO)의 출범과 자유 무역 협정(FTA)의 증가로 다국적 기업의 수가 크게 증가함 |
| 특징 | • 다국적 기업이 세계 경제에서 차지하는 영향력이 점차 커지고 있음<br>• 초기에는 선진국의 기업이 많았지만, 최근에는 개발 도상국의 기업도 증가하는 추세임<br>• 공산품의 생산과 판매뿐만 아니라 농산물 생산, 에너지 자원 개발, 유통·금융 서비스의 제공 등 역할과 범위가 확대됨 |

### 쏙쏙 이해 더하기 　다국적 기업의 성장

• 다국적 기업의 매출액

• 다국적 기업의 성장 과정

| 단일 기업 단계 | 국내 확장 단계 | 해외 진출 단계 | 다국적 기업 단계 |
|---|---|---|---|
| 한 국가 내에서 단일 공장 성장 | 국내에서 지방에 공장을 건설하여 생산 기능 분리 | 해외에 영업 지점 건설 및 판매 시장 확대 | 본사, 생산 공장, 영업 지점 등이 여러 국가에 입지 |

### (2) 기능별 공간적 분업

#### ① 공간적 분업의 의미 및 배경

| | |
|---|---|
| 의미 | 관리, 연구, 생산 등 각 기능들이 서로 다른 지역에 입지하여 업무를 분담하는 현상 |
| 배경 | 기업의 규모가 커지면서 생산 비용 절감을 위해 각 기능에 따라 유리한 곳에 입지함 |

#### ② 다국적 기업의 기능별 입지 특성

| 본사 | 경영 및 자본 관리, 정보 수집 등에 유리한 선진국의 대도시에 입지함 |
|---|---|
| 연구소 | 연구 시설과 전문 인력이 풍부한 곳인 선진국에 입지함 |
| 생산 공장 | • 땅값과 노동비(임금)가 저렴한 개발 도상국에 입지함<br>• 해외 시장 개척과 무역 장벽을 극복하기 위해 선진국으로 진출하기도 함 |

### 꼼꼼 단어 돋보기

● 지사
본사의 관할 아래 일정한 지역에서 본사의 일을 대신 맡는 곳

▲ 다국적 기업의 공간적 분업

## ☆(3) 다국적 기업의 등장에 따른 변화

### ① 생산 공장이 들어선 지역(개발 도상국)

| 긍정적 영향 | • 일자리가 증가하여 지역 경제가 활성화됨<br>• 자본의 유입으로 지역 사회가 발전함<br>• 다국적 기업의 경영 기법이나 선진 기술을 습득함 |
|---|---|
| 부정적 영향 | • 다국적 기업의 본국에 대한 경제 의존도가 높아짐<br>• 환경 오염 방치 문제가 발생함<br>• 상대적으로 경쟁력이 약한 국내 기업은 쇠퇴함<br>• 이윤을 가로채 해외로 유출시킬 가능성이 있음<br>• 의사 결정이 외부에서 이루어져 갑자기 생산 공장이 폐쇄될 수 있음 |

### ② 생산 공장이 빠져나간 지역(선진국)

| 긍정적 영향 | • 세계 도시로 성장함<br>• 첨단 산업 및 고부가 가치 산업이 발달함 |
|---|---|
| 부정적 영향 | • 생산 공장의 이전으로 실업자가 증가함<br>• 산업 공동화 현상으로 지역 경제가 침체됨 |

---

### 콕콕 개념 확인하기

1. _____ 기업은 세계를 대상으로 생산, 판매 등의 활동을 한다.
2. 다국적 기업의 연구소는 전문 인력 확보가 유리한 (선진국, 개발 도상국)에 들어선다.
3. 다국적 기업의 생산 공장이 세워지면 지역 경제는 (활성화, 침체)된다.
4. 다국적 기업의 생산 공장은 임금이 저렴한 선진국에 들어선다. (O, X)
5. 지역의 기반을 이루던 산업이 다른 지역으로 이전하면서 해당 산업이 쇠퇴하는 현상을 _____ 현상이라고 한다.

답  1. 다국적  2. 선진국  3. 활성화  4. X  5. 산업 공동화

---

### 꼼꼼 단어 돋보기

● 산업 공동화 현상

지역에 입지해 있던 산업이 다른 지역이나 국가로 이전하면서 해당 산업이 쇠퇴하는 현상

# 3 서비스업의 세계화

## 1. 서비스업

### (1) 서비스업의 의미와 특징

| 의미 | • 1·2차 산업에서 생산한 상품을 다른 산업이나 소비자에게 제공하는 3차 산업<br>• 상품을 유통·판매하거나 인간 활동에 필요한 서비스를 제공하는 산업<br>• 광고, 교육, 법무, 위생, 환경 관련, 회계 서비스 등이 있음 |
|---|---|
| 분류 | • 소비자 서비스업: 소비자에게 직접 제공하는 서비스<br>　🖼 음식업, 숙박업, 소매업 등<br>• 생산자 서비스업: 기업 활동에 도움을 주는 서비스<br>　🖼 금융, 법률, 광고, 유통 등 |
| 특징 | • 소비자에 따라 원하는 서비스의 형태가 달라 기계화 및 표준화하기가 어려움<br>• 기계가 대신할 수 없기 때문에 고용 창출의 효과가 큼<br>• 경제 성장과 소득 수준 향상에 따라 서비스업에 대한 수요가 증가함<br>• 산업의 기계화로 인해 노동력이 서비스업으로 이동하면서 탈공업화 현상이 발생함 |

### (2) 서비스업의 세계화

| 의미 | 서비스업이 국경을 넘어 세계적으로 확대되는 현상 |
|---|---|
| 배경 | • 교통·통신의 발달로 국가 간 교류 증가<br>• 경제 활동의 시간적·공간적 제약 감소<br>• 다국적 기업의 활동 증가 |
| 특징 | 국가 간 교역의 유통·관광·교육·의료 등 다양한 분야에서 서비스업이 차지하는 비중이 높아지고 규모도 확대됨 |
| 공간적 분업 | 선진국의 기업들은 비용을 절감하기 위해 업무의 일부를 개발 도상국으로 분산함<br>　🖼 해외 콜센터 |

## 2. 서비스업의 세계화에 따른 변화

### ☆(1) 유통의 세계화[+]

| 배경 | • 인터넷과 같은 정보 통신 기술의 발달로 전자 상거래[+] 확대<br>• 다국적 기업의 활동 증가 |
|---|---|
| 특징 | 전자 상거래의 확대 → 택배 산업과 운수업의 활성화, 해외 직접 구매[+]증가, 다국적 유통업체의 출현, 대규모 물류 창고 발달 |
| 긍정적 영향 | • 소비자는 저렴한 가격에 물건을 구매할 수 있게 됨<br>• 소비 활동의 범위가 전 세계로 확대됨<br>• 다국적 대형 유통업체의 활동으로 일자리가 창출됨 |
| 부정적 영향 | • 영세한 유통업체 및 오프라인 상점이 쇠퇴함<br>• 재래시장 및 동네 상점의 상권이 위축됨<br>　🖼 온라인 서점의 발달로 동네에 있던 소규모 서점들은 거의 찾아볼 수 없게 되었으며, 외식업체들도 배달 위주의 매장으로 바뀌고 있음 |

[+] **유통의 세계화**
인터넷과 같은 통신 설비가 갖춰지고 물류 배송이 가능하다면 어느 곳에서나 서비스를 제공할 수 있다.

[+] **전자 상거래 방식**
직접 상점을 방문하지 않고도 상품 구매가 가능하며, 유통 단계가 오프라인보다 단순하다.

[+] **해외 직접 구매**
해외 상품을 직접 구매하여 국내로 배달받는 방식이다.

## (2) 관광의 세계화

| 배경 | • 교통·통신 기술의 발달: 공간적 제약 감소, 인터넷을 통해 여행 상품 직접 예약 가능, SNS를 통한 관광 정보 공유<br>• 소득 수준 향상과 여가 시간 증가 |
|---|---|
| 특징 | • 관광 지역과 관광 유형의 다양화<br>• 관광 산업이 발달한 지역의 관련 산업 성장 |
| 긍정적 영향 | • 관광객은 자유로운 여행이 가능해짐<br>• 관광지의 일자리 창출로 지역 경제 활성화<br>• 관광지의 기반 시설 개선 |
| 부정적 영향 | • 인터넷상의 지나친 가격 경쟁 및 과장 광고로 인한 관광객 피해 증가<br>• 무리한 관광지 개발로 인한 자연환경 훼손<br>• 지나친 상업화로 지역 고유 문화 훼손 |
| 대안 | 여행지의 생활 방식과 문화를 존중하는 공정 여행[+] |

**+ 공정 여행**

관광 지역의 환경을 파괴하지 않고 현지 주민에게 더 많은 혜택이 돌아가게 하는 여행 방식을 말한다.

## (3) 다양한 서비스업의 세계화

| 교육 분야 | 인터넷을 이용한 교육 서비스 지원 |
|---|---|
| 의료 분야 | 선진국의 의료 서비스 수요 증가로 의료 관광 서비스업 발달 |

### 콕콕 개념 확인하기

1. 기업 활동에 도움을 주는 서비스를 _____ 서비스업이라고 한다.
2. _____의 발달로 인터넷을 이용한 상품 구매가 증가하면서 택배 산업이 성장하였다.
3. 교통 및 통신의 발달에 따라 관광 산업이 활성화되었다. (O, X)
4. _____ 여행이란 여행지의 생활 방식과 문화를 존중하는 여행 방식이다.
5. 관광의 세계화는 지역 경제에 도움을 줄 수 있다. (O, X)

답  1. 생산자  2. 전자 상거래  3. O  4. 공정  5. O

**01** 과거와 현재의 농업 생산 방식을 비교한 것으로 옳지 않은 것은?

| 구분 | 과거 | 현재 |
|---|---|---|
| ① 형태 | 상업적 | 자급적 |
| ② 생산 방법 | 가족 노동력 이용 | 농기계 이용 |
| ③ 농업 규모 | 소규모 | 대규모 |
| ④ 사례 | 벼농사 | 원예 |

주목

**02** 다음 밑줄 친 농업에 해당하지 <u>않는</u> 것은?

> 세계화로 인해 농업 생산이 변화하고 있습니다. 산업화, 도시화가 진행되면서 비농업 인구가 증가하고 경제가 발달하여 생활 수준이 향상되자 농축산물에 대한 수요가 증가하고 있습니다. 이로 인해 특히 판매를 목적으로 하는 <u>농업</u>이 발달하고 있습니다.
>
> – ○○신문 –

① 낙농업　　　　　② 벼농사
③ 원예 농업　　　　④ 기업적 목축

**03** 다음과 같은 농업이 이루어지고 있는 지역은?

① 가나　　　　　　② 미국
③ 필리핀　　　　　④ 베트남

**04** 다음과 같은 농업 방식의 형태는?

> 아프리카, 아시아의 개발 도상국에 진출한 다국적 농업 기업이 커피, 카카오 등의 작물을 생산하여 전 세계로 유통한다.

① 낙농업　　　　　② 원예 농업
③ 플랜테이션　　　④ 기업적 목축

**05** 농업 생산의 세계화로 인한 토지 이용의 변화로 옳지 않은 것은?

① 사료 작물 재배 면적 감소
② 상품 작물 재배 면적 증가
③ 농장 개발에 따른 열대림 축소
④ 과도한 비료 사용으로 인한 토양 오염

**06** 다음과 같은 농업이 이루어지고 있는 지역을 지도에서 고르면?

> 넓은 농업 지역에서 농기계를 이용하여 기업적 곡물 농업 및 목축이 이루어지고 있다.

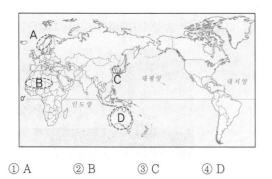

① A ② B ③ C ④ D

주목

**07** 농업 생산의 세계화로 인한 변화 모습으로 옳은 것은?

① 자급적 농업이 증가하였다.
② 육류 소비의 감소가 나타났다.
③ 상품 작물 재배 면적이 감소하였다.
④ 외국산 농산물의 수입이 증가하였다.

**08** 다국적 농업 기업의 등장으로 나타난 현상이 <u>아닌</u> 것은?

① 농업의 기계화가 이루어지고 있다.
② 농산물의 유통 범위가 축소되고 있다.
③ 화학 비료와 농약 사용이 증가하고 있다.
④ 세계 농산물의 가격에 큰 영향을 미치고 있다.

**09** 농업의 세계화와 기업화가 우리나라에 미친 긍정적인 영향은?

① 식생활의 단순화
② 식량 자급률 상승
③ 외국산 곡물 수입 감소
④ 세계 각지의 저렴한 농산물 수입

**[10~11]** 다음은 우리나라 △△ 기업의 기능별 입지를 나타낸 것이다. 이를 보고 물음에 답하시오.

**10** 위와 같은 기업을 무엇이라고 하는가?

① 국내 기업 ② 공정 기업
③ 윤리적 기업 ④ 다국적 기업

**11** 위에 나타난 기업에 대한 설명으로 옳은 것은?

① 규모가 작은 기업이다.
② 기업의 공간적 분업이 나타나고 있다.
③ 경영은 생산 공장에서 각자 이루어진다.
④ 세계 경제에서 차지하는 영향력이 작아지고 있다.

**12** 정보 수집과 자본 확보에 유리한 선진국에 입지하는 다국적 기업의 공간은?

① 본사
② 공장
③ 연구소
④ 판매 지사

주목

**13** 다음 학생의 질문에 대한 대답으로 알맞은 것은?

> ○○회사는 우리나라 기업인데 왜 공장이 멕시코에 있는 걸까?

① 땅값이 비싸기 때문이야.
② 임금이 저렴하기 때문이야.
③ 자본을 확보하기에 유리하기 때문이야.
④ 우수한 교육 시설이 풍부하기 때문이야.

**14** 다국적 기업의 특징으로 옳지 <u>않은</u> 것은?

① 주로 선진국의 기업이 많다.
② 여러 나라를 대상으로 판매하는 기업이다.
③ 오늘날 다국적 기업의 영향력은 커지고 있다.
④ 개발 도상국의 기업은 다국적 기업으로 성장할 수 없다.

주목

**15** 다국적 기업의 공장이 들어선 지역의 변화로 옳은 것은?

① 인구가 감소한다.
② 실업자가 증가한다.
③ 일자리가 증가한다.
④ 산업 공동화 현상이 발생한다.

**16** 다국적 기업의 생산 공장이 철수한 지역에서 나타날 수 있는 현상을 〈보기〉에서 고른 것은?

> **보기**
> ㄱ. 환경 오염 발생
> ㄴ. 산업 공동화 현상 발생
> ㄷ. 실업자 증가로 인한 지역 경제 침체
> ㄹ. 다국적 기업을 통한 기술 이전 효과

① ㄱ, ㄴ
② ㄱ, ㄷ
③ ㄴ, ㄷ
④ ㄷ, ㄹ

**17** 다음 산업에 대한 설명으로 옳지 <u>않은</u> 것은?

> 상품을 유통·판매하거나 인간 활동에 필요한 서비스를 제공하는 산업을 말한다.

① 고용 창출 효과가 크다.
② 기계화·표준화하기가 쉽다.
③ 관광, 의료, 유통업 등이 해당한다.
④ 관련 산업의 수요가 증가하고 있다.

**18** 소비자 서비스업에 해당하는 것을 〈보기〉에서 고른 것은?

> **보기**
>
> ㄱ. 숙박업 ㄴ. 유통업
> ㄷ. 광고업 ㄹ. 음식업

① ㄱ, ㄴ ② ㄱ, ㄹ
③ ㄴ, ㄷ ④ ㄷ, ㄹ

**19** ㉠, ㉡에 들어갈 내용을 바르게 연결한 것은?

> 서비스업의 세계화에 따라 택배 산업 등이 크게 성장하여 ( ㉠ )이/가 진행되고 있으며, 여가 및 관광 기회의 증가로 ( ㉡ )이/가 진행되고 있다.

| | ㉠ | ㉡ |
|---|---|---|
| ① | 관광의 세계화 | 유통의 세계화 |
| ② | 유통의 세계화 | 관광의 세계화 |
| ③ | 의료의 세계화 | 관광의 세계화 |
| ④ | 의료의 세계화 | 유통의 세계화 |

**20** 유통의 세계화의 배경으로 옳지 않은 것은?

① 보호 무역의 발달
② 전자 상거래 확대
③ 정보 통신 기술의 발달
④ 다국적 기업의 활동 증가

**21** 다국적 대형 유통업체의 등장으로 인한 부정적인 영향이 아닌 것은?

① 재래시장 쇠퇴
② 온라인 상점 쇠퇴
③ 영세한 유통업체 쇠퇴
④ 동네 상점의 상권 위축

**22** 전자 상거래의 발달로 인한 영향이 아닌 것은?

① 택배 산업이 발달하였다.
② 오프라인 매장이 증가하였다.
③ 해외 직접 구매가 가능해졌다.
④ 다국적 유통업체가 등장하였다.

**23** 관광의 세계화가 생활에 미친 부정적인 영향으로 옳은 것은?

① 관광지의 일자리가 감소하고 있다.
② 관광지의 기반 시설이 감소하고 있다.
③ 관광 지역과 관광 유형이 단순화되고 있다.
④ 무리한 관광지 개발로 자연환경이 훼손되고 있다.

**24** 서비스업의 세계화로 나타나는 사례로 적절하지 않은 것은?

① 동네 상점에서 물건을 구매하는 ☆☆씨
② 휴가 때 해외로 떠나 여행을 즐기는 ○○씨
③ 외국 물건을 인터넷 사이트에서 구매하는 ◇◇씨
④ 의료 시설을 이용하기 위해 한국에 방문한 외국인 △△씨

**25** 공정 여행의 사례로 적절한 것은?

① 해외 골프장에서 여가를 즐긴다.
② 상업적인 광고에 등장한 여행지를 즐겨 찾는다.
③ 숙소는 다국적 기업이 운영하는 호텔을 이용한다.
④ 지역 주민들이 운영하는 전통문화 여행 프로그램에 참여한다.

# 10

II 사회2

# 환경 문제와 지속 가능한 환경

## 1 기후 변화의 영향과 해결 노력

### 1. 전 지구적 차원의 기후 변화

#### (1) 기후 변화

| 의미 | 일정한 지역에서 장기간에 걸쳐 기후의 평균적인 상태가 변하는 현상 |
|---|---|
| 원인 | • 자연적 요인: 태양 활동의 변화, 대기·물·해양 등의 상호 작용, 화산 활동에 따른 화산재 분출 등<br>• 인위적 요인: 급격한 인구 증가에 따른 화석 연료 사용 증가, 산업화와 도시화로 인한 무분별한 개발 등 |
| 양상 | • 최근 100년간 지구의 평균 기온은 꾸준히 상승해 왔음<br>• 기후 변화에 따른 피해는 특정 지역에서만 발생하지 않고 전 지구적 차원으로 확산되고 있음<br>• 최근 기후 변화는 자연적 요인보다 인위적 요인의 영향이 큼 |

#### ☆(2) 지구 온난화

| 의미 | 온실가스의 농도가 증가하여 지구의 평균 기온이 점점 상승하는 현상 |
|---|---|
| 원인 | • 화석 연료 사용으로 인한 이산화탄소가 온실 효과를 발생시킴<br>• 열대림과 같은 삼림이 무분별하게 파괴되어 산소 공급이 줄어듦 |
| 과정 | 대기 중 온실가스의 농도 증가 → 온실 효과 심화 → 지구의 기온 상승 |

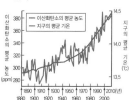

✚ 지구 평균 기온과 이산화탄소 농도 변화

#### ☆(3) 기후 변화의 영향

① 빙하 감소와 해수면 상승: 극지방이나 고산 지대의 빙하가 녹으면서 해수면이 상승함 → 해안 저지대의 침수나 홍수 피해가 증가함

　⑩ 방글라데시와 같은 해안 저지대 지역 침수, 투발루와 몰디브 등 섬나라들이 물에 잠길 위기에 놓인 경우 등

② 기상 이변 증가
 • 홍수, 가뭄, 태풍 등 자연재해의 발생 빈도가 증가함
 • 폭염 및 열대야와 같은 이상 기후 현상이 증가함
 • 사막화가 촉진되고 동식물의 서식지가 파괴됨

③ 생태계 변화
 • 작물 재배 지역의 변화: 농작물의 북한계선이 북상하여 열대 식물의 분포 범위 확대, 고산 식물의 멸종
 • 동물 서식지의 변화: 멸종 위기 동물 증가
 • 수온 변화로 인한 해양 생태계 변화
 • 해충이나 질병의 발생률이 증가함

✚ 기후 변화와 사막화

지구의 기온 상승으로 수분 증발량이 증가하여 건조한 땅이 많아지고 물이 부족해져 사막화가 촉진된다.

🔍 꼼꼼 단어 돋보기

● 북한계선

농작물이 기후 조건의 제한으로 더 이상 재배할 수 없는 지역적 한계를 나타내는 것

## 2. 기후 변화 문제의 해결 방안

### (1) 국제적 차원

① 국제 협력의 필요성: 기후 변화가 전 세계 대부분의 지역에 영향을 주기 때문에 국제 사회의 협력과 공동의 노력이 필요함

② 국제 협약 체결

| 기후 변화 협약 (1992) | 브라질 리우 환경 회의에서 온실가스 배출을 제한하기 위해 채택 |
|---|---|
| 교토 의정서 (1997) | 기후 변화 협약의 구체적 이행 방안으로 선진국의 온실가스 감축 목표치를 구체적으로 규정함 |
| 파리 협정(파리 기후 협약, 2015) | 2021년부터 발효된 새로운 기후 협약으로 선진국과 개발 도상국 195개국 모두에게 온실가스 배출량 감축 의무를 부여함 |

③ 국제 협력의 한계: 각국의 이해관계의 차이로 전 지구적 합의가 잘 이루어지지 않음

| 선진국의 입장 | • 온실가스 감축 방안을 제시함<br>• 온실가스 배출량이 급증하는 개발 도상국이 온실가스 감축에 적극 참여해야 한다고 주장함 |
|---|---|
| 개발 도상국의 입장 | • 오늘날 기후 변화는 선진국이 지금까지 배출한 온실가스의 영향이 크다고 주장함<br>• 경제 성장을 우선시하기 때문에 온실가스 배출량의 의무 감축에 소극적임 |

### (2) 국가적 차원

| 온실가스 배출량 감축 정책 실시 | • 탄소 배출권 거래 제도: 온실가스 배출 권리를 사고 팔 수 있도록 한 제도<br>• 녹색 성장 정책: 친환경 기술을 통해 녹색 기술이나 친환경 제품을 개발하는 정책 |
|---|---|
| 대체 에너지 개발 | 화석 연료를 대체할 수 있는 태양광, 풍력 등의 신·재생 에너지를 개발함 |

### (3) 개인적·시민 단체 차원

| 개인적 차원 | • 자신의 일상 행동이 환경에 영향을 크게 미침을 인식해야 함<br>• 쓰레기 분리배출, 일회용품 사용 줄이기, 재사용과 재활용하기, 친환경 제품 사용, 대중교통 이용 등을 실천해야 함 |
|---|---|
| 시민 단체 차원 | • 사람들의 환경 의식 개선을 위해 노력해야 함 예 지구촌 불끄기 운동<br>• 정부의 환경 정책을 감시해야 함 |

**+ 지구촌 불끄기 운동(어스 아워)**
매년 3월 마지막 주 토요일에 한 시간 동안 세계의 모든 등을 꺼서 세계 기후 변화의 의미를 되새기는 운동이다. 전 세계 유명 랜드마크가 참여하고 있다.

---

### 콕콕 개념 확인하기

1. 최근의 기후 변화는 인위적 요인보다 자연적 요인의 영향이 크다. (O, X)
2. 지구 온난화는 과도한 _____ 사용으로 인해 지구의 평균 기온이 점점 높아지는 현상이다.
3. 기후 변화로 인해 해수면이 상승하면서 저지대의 (가뭄, 홍수) 피해가 증가하고 있다.
4. 1997년에 선진국의 온실가스 감축 목표치를 규정한 _____ 의정서가 체결되었다.
5. 녹색 성장 정책 추진은 기후 변화의 해결을 위한 (개인적, 국가적) 차원의 노력이다.

답 1. X 2. 화석 연료 3. 홍수 4. 교토 5. 국가적

**꼼꼼 단어 돋보기**

● 신·재생 에너지
화석 연료를 변환하거나, 태양이나 바람 등을 변환하여 이용하는 재생 가능한 에너지

## 2 환경 문제 유발 산업의 이전

### 1. 환경 문제 유발 산업의 이전

#### (1) 산업 이전의 특징

| 배경 | • 다국적 기업의 국제 분업으로 인한 생산 공장 이전<br>• 농업 생산의 세계화로 인한 플랜테이션 농장 운영 |
|---|---|
| 특징 | • 생산 시설뿐만 아니라 환경 문제도 함께 따라가는 경향이 있음<br>• 주로 선진국에서 개발 도상국으로, 환경 오염에 관한 인식이 높은 나라에서 그렇지 못한 나라로 이동함 |

#### (2) 산업 이전의 유형

① 전자 쓰레기의 이동

| 선진국 | • 전자 쓰레기의 대부분이 선진국에서 배출됨<br>• 전자 제품의 사용 주기가 단축되면서 전자 쓰레기의 양이 증가함<br>• 자국의 환경·경제적 부담을 줄이기 위해 개발 도상국으로 수출함 |
|---|---|
| 개발<br>도상국 | • 금속 자원을 채취하기 위해 전자 쓰레기를 수입함<br>• 전자 쓰레기의 유해 물질 배출에 따른 환경 오염과 생태계 파괴가 발생함 |

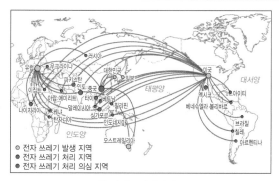

△ 전자 쓰레기의 이동

② 공해 유발 산업의 이전: 국가별로 산업화의 시기와 속도가 달라 산업의 국가 간 이동이 발생함

| 선진국 | • 환경 규제가 엄격함<br>• 개발보다 쾌적한 환경에 대한 요구가 높음<br>• 공해를 유발하는 산업을 개발 도상국으로 이전함 |
|---|---|
| 개발<br>도상국 | • 환경 규제가 약하고 환경 문제에 대한 주민의 인식이 약함<br>• 경제 성장을 우선시하는 정부 정책으로 인해 공해 유발 산업을 유치함<br>예 제철, 석유 화학, 금속 등 |

#### (3) 농장과 농업 기술의 이전

| 농장 이전 배경 | • 교통의 발달<br>• 선진국은 탄소 배출 비용을 절감하면서 임금과 지가가 저렴한 개발 도상국으로 농장을 이전하고 있음 |
|---|---|
| 농업 기술 이전의<br>영향 | • 긍정적 영향: 외화 수입과 일자리 증가 등으로 인한 지역 경제 활성화<br>• 부정적 영향: 토양의 황폐화, 화학 비료와 농약 사용에 따른 토양과 식수 오염 문제, 플랜테이션 농업 확대에 따른 식량 생산 부족 문제 등 |

✚ 전자 쓰레기

더는 가치가 없거나 수명이 다 된 휴대 전화, 컴퓨터 등 다양한 형태의 가전제품이나 부품에서 나오는 쓰레기로, 이러한 전자 쓰레기를 가공하고 처리하는 과정에서 유해 물질이 배출된다.

✚ 공해 유발 산업

폐수, 석면, 수은 등의 유해 물질을 배출하여 환경 문제를 일으키는 산업을 말한다.

✚ 농장 이전 사례

케냐 남서부에 위치한 나이바샤 호수 근처에는 물이 풍부하여 대규모 장미 농장이 들어서 있다. 이곳에서 생산된 꽃은 네덜란드의 꽃 시장을 거쳐 세계로 판매된다.

## 2. 환경 문제 유발 산업의 이전에 따른 영향

### (1) 유출 지역 및 유입 지역의 변화

① 양상: 환경 문제 유발 산업의 이전으로 인한 피해는 개발 도상국에 집중되기 때문에 환경 문제가 지역적으로 불평등하게 발생함

② 영향

| 구분 | 긍정적 영향 | 부정적 영향 |
|---|---|---|
| 유출 지역 (선진국) | 환경 문제가 해결됨 | 공장 시설 이전으로 일자리가 감소함 |
| 유입 지역 (개발 도상국) | 산업 시설의 유치로 일자리가 증가함 | • 환경 오염이 발생함<br>• 산업 재해 등 사고가 발생함<br>• 각종 질병에 노출됨 |

### (2) 환경 문제의 지역적 불평등 해결

① 해결 노력: 환경 문제 유발 산업의 유출 지역과 유입 지역이 함께 노력해야 함

② 해결 방안

| 선진국 | 기업들은 환경 오염을 최소화하고 안전한 생산 환경을 만들어야 함 |
|---|---|
| 개발 도상국 | 기업에 대한 환경 규제와 감시를 강화해야 함 |
| 국제 사회 | 유해 폐기물, 공해 유발 산업 등이 불법적으로 다른 지역에 확산되지 않도록 공동으로 대처해야 함<br>에 바젤 협약✛ |

✚ **바젤 협약(1989)**
유해 폐기물이 불법적으로 다른 지역에 확산되지 않도록 국가 간 유해 폐기물 거래를 규제하는 협약이다.

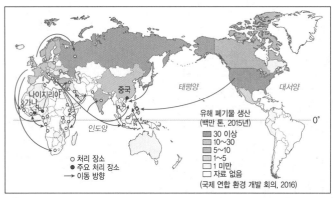

🔺 유해 폐기물의 이동

---

### 콕콕 개념 확인하기

1. 환경 문제 유발 산업의 (유출, 유입) 지역에서는 환경 오염이 발생한다.
2. 국제 사회는 유해 폐기물이 불법적으로 다른 지역에 확산되지 않도록 하기 위해 _____ 협약을 체결하였다.
3. 환경 문제 유발 산업은 주로 (선진국, 개발 도상국)에서 (선진국, 개발 도상국)으로 이전된다.
4. 가치가 없거나 수명이 다 된 휴대 전화 등의 부품에서 나오는 쓰레기를 _____ 쓰레기라고 한다.
5. 환경 문제 유발 산업의 국제적 이동은 환경 문제의 지역적 불평등을 약화시킨다. (O, X)

답 1. 유입 2. 바젤 3. 선진국, 개발 도상국 4. 전자 5. X

# 3 생활 속의 환경 이슈

## 1. 환경 이슈의 의미와 특징

| 의미 | 환경 문제 중에서 원인, 영향, 해결 방안 등이 입장에 따라 서로 다른 쟁점 |
|---|---|
| 특징 | • 시대나 공간적 규모에 따라 다양하게 발생함<br>• 개인이나 단체의 이해관계에 따라 갈등이 발생함 |

## 2. 주요 환경 이슈

### ☆(1) 미세 먼지

| 의미 | 공기 중에 떠다니는 눈에 보이지 않을 정도의 작은 먼지 |
|---|---|
| 발생 원인 | 흙먼지, 공장의 매연, 자동차 배기가스, 화력 발전소 등에서 생기는 매연, 건설 현장의 날림 먼지 등 |
| 영향 | • 호흡기 및 뇌, 심혈관 질환을 유발함<br>• 가시거리 미확보로 인해 항공기 및 여객선 운행에 차질이 발생함<br>• 반도체 등 정밀 산업의 불량률이 증가함 |
| 갈등 양상 | 노후 화력 발전 시설 폐쇄 문제나 노후 경유차 운행 정지를 둘러싼 논쟁 등 |

### ☆(2) 유전자 변형 식품(GMO)

| 의미 | | 유전자 재조합 기술을 통해 유전자를 변형시켜 새로운 성질의 유전자를 가지게 된 식품이나 농산물 |
|---|---|---|
| 갈등 양상 | 긍정적 입장 | • 특정 영양소 강화와 대량 생산이 가능하여 식량 부족 해결에 기여함<br>• 병충해에 강하기 때문에 농약 사용량이 감소함 |
| | 부정적 입장 | • 인체 유해성과 생태계에 미치는 영향이 검증되지 않음<br>• 재배 과정에서 환경과 생물 다양성을 위협함 |

### (3) •로컬 푸드 운동

| 의미 | 지역에서 생산된 먹거리를 그 지역에서 소비하자는 운동 |
|---|---|
| 배경 | 식품의 운송 과정에서 과도한 온실가스의 배출과 방부제 사용으로 푸드 마일리지가 높은 글로벌 푸드에 대한 대안으로 등장 |
| 영향 | • 화학 물질 사용을 줄여 먹거리의 안전성을 확보함<br>• 지역 농민의 안정적 소득 보장 및 지역 경제 활성화에 기여함<br>• 온실가스의 배출량이 감소함 |

### (4) 쓰레기 문제

| 발생 원인 | 더 많은 자원 소비, 일회용품과 포장재의 사용 증가 |
|---|---|
| 영향 | • 쓰레기 매립 지역에서 토양 오염이 발생함<br>• 쓰레기 소각 시 대기 오염이 발생함 |
| 갈등 양상 | 쓰레기 소각장이나 매립지 설치 등을 둘러싼 갈등 심화 |

### (5) 기타 환경 이슈

| 개발 관련 | • 원자력 발전소 등 혐오 시설 건립을 둘러싼 갈등 문제<br>• 케이블카 설치, 간척 사업 등 개발과 환경 보존을 둘러싼 갈등 |
|---|---|
| 생활 관련 | 주거지 및 공장 등에서 발생하는 소음 공해 |

**✚ 푸드 마일리지**

먹거리가 생산지에서 소비지까지 이동한 거리(km)에 식품 수송량(t)을 곱한 것으로, 푸드 마일리지가 낮을수록 배출되는 온실가스의 양과 방부제 사용량이 적다.

**🔍 꼼꼼 단어 돋보기**

● 로컬 푸드

대략 반경 50㎞ 이내의 지역에서 생산되어 장거리 운송을 거치지 않은 농산물

## 3. 환경 이슈를 해결하기 위한 방안

### (1) 개인적 차원

| 견해 정립 | 환경 이슈를 둘러싼 자신만의 의견을 정립해야 함 |
|---|---|
| 생활 속 환경 보전 | 자원 및 에너지 절약, 자전거 및 대중교통 이용, 일회용품 사용 자제, 에너지 효율 등급이 높은 제품 사용하기 등 |

### (2) 이해 당사자 차원

| 필요한 자세 | 개인, 시민 단체, 기업, 정부, 국제 사회가 환경 이슈에 관심을 갖고 합리적인 해결책을 찾아야 함 |
|---|---|
| 과정 | 다양한 집단의 의견을 검토하고 타당한 근거를 제시하면서 대안을 협의하는 토의 과정이 필요함 |

### 콕콕 개념 확인하기

1. _____ 먼지는 호흡기 및 뇌, 심혈관 질환을 유발한다.
2. _____ 운동은 지역에서 생산된 먹거리를 그 지역에서 소비하자는 운동이다.
3. 유전자 변형 식품은 인체 유해성이 검증되었다. (O, X)

답  1. 미세  2. 로컬 푸드  3. X

# 탄탄 실력 다지기

정답과 해설 48쪽

**01** 오늘날 기후 변화의 원인으로 옳은 것은?

① 급격한 인구 감소
② 무분별한 삼림 개발
③ 화석 연료 사용 감소
④ 대체 에너지 사용 증가

**02** 다음 현상의 주된 원인은?     **2019년 2회**

- 해수면 상승
- 빙하 면적 감소
- 기상 이변 증가

① 원유 유출      ② 지구 온난화
③ 방사능 오염      ④ 소음과 진동

**03** 오늘날 기후 변화에 대한 특징으로 옳지 <u>않은</u> 것은?

① 전 지구적인 차원에서 해결해야 할 문제이다.
② 최근 100년간 지구의 평균 기온이 상승하고 있다.
③ 장기간에 걸쳐 기후의 평균적인 상태가 변하는 현상이다.
④ 최근에는 인위적 요인보다 자연적 요인의 영향을 더 크게 받는다.

**주목**

**04** 다음 그래프에 나타난 현상의 영향으로 옳지 <u>않은</u> 것은?

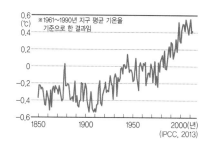

① 극지방 빙하의 양 증가
② 이산화탄소의 농도 증가
③ 지구의 평균 해수면 높이 증가
④ 태풍 등 자연재해의 발생 빈도 증가

**05** 기후 변화로 인해 나타나는 현상으로 옳지 <u>않은</u> 것은?

① 사막화 현상이 증가한다.
② 기상 이변이 자주 발생하고 있다.
③ 열대 식물의 분포 범위가 축소된다.
④ 해안 저지대 침수 현상이 나타나고 있다.

**06** 다음 설명에 해당하는 국제 협약은?

브라질 리우 환경 회의(1992)에서 온실가스의 배출을 제한하기 위해 채택한 협약이다.

① 파리 협정
② 교토 의정서
③ 기후 변화 협약
④ 생물 다양성 협약

**07** 다음 설명에 해당하는 국제 협약은?

> 2021년부터 발효된 새로운 기후 협약으로, 선진국과 개발 도상국 모두 온실가스 배출량을 감축해야 한다.

① 파리 협정
② 교토 의정서
③ 기후 변화 협약
④ 생물종 다양성 협약

**08** 기후 변화 문제를 해결하기 위한 국가적 차원의 방법으로 적절하지 <u>않은</u> 것은?

① 녹색 성장 정책 실시
② 신·재생 에너지 개발
③ 일회용품 사용하지 않기
④ 탄소 배출권 거래 제도 실시

**09** 환경 문제 유발 산업의 이전에 대한 설명으로 옳지 <u>않은</u> 것은?

① 공업뿐만 아니라 농업 이전도 포함된다.
② 산업이 이전할 경우 환경 문제도 동반한다.
③ 주로 개발 도상국에서 선진국으로 이전한다.
④ 주로 환경에 대한 인식이 낮은 나라로 이전한다.

**10** 환경 문제 유발 산업이 유출되는 지역에 대한 설명으로 옳은 것은?

① 주로 개발 도상국이 해당한다.
② 환경에 대한 규제가 엄격하다.
③ 환경에 대한 주민의 인식이 낮은 편이다.
④ 일자리가 증가하여 지역 경제가 활성화된다.

**11** (가)에 들어갈 내용으로 옳은 것은?

> 1970~1980년대 독일, 미국 등 국가들이 보유하고 있던 석면 공장은 한국이나 일본으로 옮겨갔다. 그 이유는 독일, 미국의 _____(가)_____.

① 임금이 저렴하기 때문이다.
② 환경 규제가 엄격해졌기 때문이다.
③ 개발에 대한 요구가 높아졌기 때문이다.
④ 개발 도상국 환경 문제를 함께 해결하려는 인식이 높아졌기 때문이다.

**12** 다음과 같이 농업이 이전한 원인으로 옳지 <u>않은</u> 것은?

선진국 → 농업의 이전 → 개발 도상국

① 교통의 발달로 이동이 쉬워졌다.
② 개발 도상국의 지가가 저렴하기 때문이다.
③ 개발 도상국의 임금이 저렴하기 때문이다.
④ 개발 도상국의 탄소 배출 비용을 줄이기 위해서이다.

**13** (가)에 들어갈 내용으로 옳은 것은?

> 케냐 남서부에 위치한 나이바샤 호수 근처는 물이 풍부하여 대규모 장미 농장이 들어서 있다. 이곳에서 생산된 꽃은 네덜란드의 꽃 시장을 거쳐 세계로 판매된다. 화훼 농업이 발달한 이후 나이바샤 호수에서는 _____(가)_____ 등의 문제가 나타나고 있다.

① 홍수가 발생하는
② 호수의 물의 양이 증가하고 있는
③ 화훼 단지를 만들어 숲이 많아지는
④ 농약과 비료를 사용하여 호수의 수질이 오염되는

**14** ㉠에 들어갈 용어로 옳은 것은?

> 휴대 전화, 컴퓨터 등 가전제품이나 부품에서 나오는 ( ㉠ )을/를 가공하고 처리하는 과정에서 유해 물질이 배출된다.

① 도시 광산　　　② 환경 이슈
③ 공해 산업　　　④ 전자 쓰레기

**15** 공해 유발 산업의 이전 사례에 해당하지 <u>않는</u> 것은?

① 한국 석면 공장의 중국 진출
② 중국에 일본 화학 공장 설립
③ 인도에 설립된 미국의 농약 제조 기업
④ 미국 다국적 기업의 아시아 지사 설립

**16** ㉠에 들어갈 내용으로 옳은 것은?

> 공해 유발 산업의 이동을 통해 선진국은 ( ㉠ ) 문제를 해결하게 되었다.

① 낮은 땅값　　　② 빈부 격차
③ 환경 오염　　　④ 물가 상승

**17** 다음 설명에 해당하는 협약은?

> 유해 폐기물이 불법적으로 다른 지역에 확산되지 않도록 공동으로 대처하기 위한 국제 협약이다.

① 런던 협약
② 바젤 협약
③ 기후 변화 협약
④ 생물종 다양성 협약

**18** 다음 지도를 통해 알 수 있는 사실은?

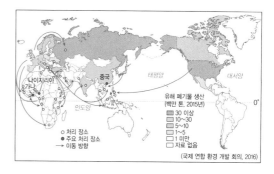

① 유해 폐기물은 대부분 개발 도상국에서 생산된다.
② 유해 폐기물은 대부분 친환경으로 처리되고 있다.
③ 유해 폐기물의 처리는 유럽에서 가장 많이 진행된다.
④ 유해 폐기물은 유럽, 아메리카 등 선진국에서 아시아와 아프리카 등의 개발 도상국으로 이동한다.

**19** 미세 먼지에 대한 설명으로 옳지 <u>않은</u> 것은?

① 기상 이변을 증가시킨다.
② 호흡기 질환을 유발한다.
③ 정밀 산업의 불량률이 증가한다.
④ 공장의 매연, 자동차 배기가스 등에서 발생한다.

**20** 유전자 변형 식품(GMO)에 대한 설명으로 옳은 것은?

① 지역 고유의 특산물을 가리킨다.
② 1년 내내 생산이 가능한 농산물을 의미한다.
③ 기업 차원에서 대량 생산하는 농산물을 말한다.
④ 새로운 성질의 유전자를 가지게 된 농산물을 의미한다.

**21** 유전자 변형 식품(GMO) 개발의 영향으로 옳은 것은?

① 병충해에 약해 농약 사용이 증가한다.
② 영양소가 부족한 편이나 대량 생산이 가능하다.
③ 세계의 식량 부족 문제 해결에 도움을 줄 수 있다.
④ 우수한 유전자를 가지고 있어 안심하고 먹을 수 있다.

**22** 다음과 같은 문제를 해결하고자 하는 환경 관련 이슈로 가장 적절한 것은?

> 식품은 먼 거리를 이동하는 과정에서 많은 이산화탄소가 배출될 뿐만 아니라, 신선도를 유지하고 오랫동안 보관하기 위해 방부제 등 화학 물질을 사용하게 된다.

① GMO
② 슬로푸드 운동
③ 푸드 마일리지
④ 로컬 푸드 운동

**23** 로컬 푸드 운동으로 기대할 수 있는 효과가 <u>아닌</u> 것은?

① 환경적 부담을 줄일 수 있다.
② 식량을 더 많이 생산할 수 있다.
③ 먹거리의 안전성을 확보할 수 있다.
④ 지역 농민들의 안정적 소득을 보장할 수 있다.

**24** 푸드 마일리지에 대한 설명으로 옳은 것은?

① 방부제 사용 정도를 알 수 없다.
② 식품 수송량과 수송 거리를 더해 구한다.
③ 푸드 마일리지가 낮을수록 배출되는 온실가스의 양은 적다.
④ 로컬 푸드는 해외 수입 농산물에 비해 푸드 마일리지가 높다.

Ⅱ 사회2

# 세계 속의 우리나라

## 1 우리나라의 영역과 독도

### 1. 우리나라의 영역

#### (1) 영역의 의미와 구성

| 의미 | • 한 국가의 주권이 미치는 공간적 범위<br>• 국민 생활이 이루어지는 생활 터전<br>• 외부의 침입으로부터 보호되어야 하는 공간 | |
|---|---|---|
| 구성 | 영토 | • 한 국가의 주권이 미치는 땅으로 국토의 면적과 일치함<br>• 영해와 영공 설정의 기준이 됨<br>• 간척 사업이나 해수면 상승 등으로 면적이 변화하기도 함 |
| | 영해 | • 영토 주변의 바다로 일반적으로 영해 기선으로부터 12해리까지의 바다<br>• 내륙 국가들은 영해가 존재하지 않아 해상 무역 등에 불리함 |
| | 영공 | • 영토와 영해의 수직 상공으로 일반적으로 대기권 내로 제한함<br>• 최근 항공 교통의 발달 및 국가 방위 측면에서 중요성이 커짐 |

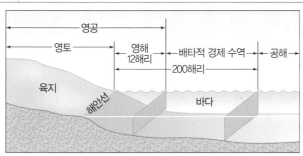

🔺 영역과 배타적 경제 수역

#### ⭐ (2) 우리나라의 영역

| 영토 | | • 구성: 한반도와 그 부속 도서<br>• 형태: 반도국으로 삼면이 바다로 둘러싸여 있음<br>• 총면적: 약 22.3만 km²(남한 면적은 약 10만 km²) – 꾸준한 간척 사업을 통해 면적이 넓어지고 있음<br>• 형태: 남북으로 긴 형태 |
|---|---|---|
| 영해 | 동해안, 제주도,<br>울릉도, 독도 | • 형태: 해안선이 단조롭고 섬이 적음<br>• 통상 기선, 즉 최저 조위선을 기준으로 12해리까지 설정 |
| | 서해안, 남해안 | • 형태: 해안선이 복잡하고 섬이 많음<br>• 직선 기선에서부터 12해리까지 설정 |
| | 대한 해협 | 일본과 거리가 가까워 3해리로 설정 |
| 영공 | | 우리나라 영토와 영해의 수직 상공으로, 항공 교통 및 인공위성 관측으로 인해 중요성이 증대됨 |

✚ 우리나라의 영해

### 🔍 꼼꼼 단어 돋보기

● **영해 기선**

영해의 기준이 되는 선

● **해리**

바다에서 거리를 잴 때 쓰는 단위
(1해리=1,852m)

● **최저 조위선**

썰물 시 수위가 가장 낮았을 때의 해안선

● **직선 기선**

가장 바깥쪽에 위치한 섬을 직선으로 연결한 선

### (3) 배타적 경제 수역(EEZ)

| 의미 | 영해 기선에서부터 200해리까지의 바다 중 영해를 제외한 바다 |
|---|---|
| 특징 | • 연안국의 어업 활동 및 자원 탐사·개발에 관한 경제적 권리 보장<br>• 연안국은 인공 섬을 만들거나 바다에 시설물을 설치하고 활용할 수 있음<br>• 영역에는 해당되지 않아 다른 국가의 선박·항공기의 자유로운 통행이 가능함 |
| 우리나라 | 중국, 일본과 배타적 경제 수역의 경계가 겹침 → 중국, 일본과의 어업 협정 체결을 통해 겹치는 해역은 공동으로 관리함 |

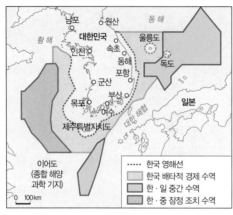

🔵 우리나라의 배타적 경제 수역

## 2. 영토의 동쪽 끝, 독도

### (1) 독도의 위치와 환경

| 위치➕ | • 경상북도 울릉군 울릉읍 독도리 → 울릉도의 동남쪽 87.4km에 위치<br>• 우리나라 가장 동쪽의 섬(극동) |
|---|---|
| 자연<br>환경 | • 형성: 동해의 해저에서 분출된 용암이 굳어져 형성된 화산섬으로, 제주도와 울릉도보다 먼저 형성됨 → 동도와 서도, 89개의 부속 도서<br>• 지형: 해안이 급경사를 이루어 거주 환경이 불리한 편임<br>• 기후: 난류의 영향으로 연교차가 작은 해양성 기후 → 온화하고 연중 강수가 고른 편임 |
| 인문<br>환경 | • 512년 신라가 우산국(울릉도)을 신라의 영토로 편입한 이후 우리의 영토가 됨<br>• 맑은 날 울릉도에서 육안으로 보이기 때문에 울릉도 주민들은 독도를 울릉도의 부속 도서로 인식해 옴<br>• 현재 우리나라 주민과 독도 경비대가 거주하며, 주민 생활 시설과 경비 시설이 설치되어 있음 |

### ⭐(2) 독도의 가치

| 영역적<br>가치 | • 우리 영토의 동쪽 끝을 확정하는 지점이자 배타적 경제 수역 설정의 중요한 기점<br>• 해상 및 항공 교통과 방어 기지로서 국가 안보에 중요한 군사적 요충지<br>• 동아시아 해상 주도권 경쟁에서 전진 기지 역할 |
|---|---|
| 경제적<br>가치 | • 풍부한 수산 자원: 한류와 난류가 만나는 조경 수역으로 플랑크톤과 어족 자원 풍부<br>• 풍부한 해저 자원: 메탄 하이드레이트와 해양 심층수 매장 |
| 환경·<br>생태적<br>가치 | • 지질학적 가치: 다양한 암석과 지형, 지질 경관이 분포하여 해저 화산의 형성과 진화 과정을 알 수 있음<br>• 생물학적 가치: 불리한 생태 환경(건조하고 척박한 토양, 화산암체)임에도 다양한 동식물이 서식하여 섬 전체가 '독도 천연 보호 구역'으로 지정됨 |

➕ 독도의 위치

➕ 메탄 하이드레이트

천연가스와 물이 결합된 95% 이상의 메탄으로 이루어진 고체 에너지로, 불을 붙이면 타기 때문에 '불타는 얼음'이라고 불린다. 이산화탄소를 거의 발생시키지 않아 미래의 에너지 자원으로 관심을 받고 있다.

➕ 해양 심층수

세균 번식이 없는 청정수로, 식수, 식품, 의약품, 화장품의 원료로 사용된다.

🔍 **꼼꼼 단어 돋보기**

● **연안국**

해당 바다 등과 인접해 있는 국가

### (3) 독도를 지키려는 노력

① 일본의 독도 영유권 주장: 1905년 독도를 강제적으로 자국 영토에 편입한 것을 근거로 지금까지 왜곡된 영유권 주장을 하고 있음

② 역사 속의 독도

| | |
|---|---|
| 「팔도총도」⁺ | • 『신증동국여지승람』에 수록된 지도로, 동해상에 독도와 울릉도를 표기<br>• 현존하는 우리나라 고지도 중 독도가 그려진 가장 오래된 지도 |
| 「삼국접양지도」⁺ | 일본에서 만든 지도로, 울릉도와 독도를 조선과 같은 색으로 그리고 '조선의 소유'라고 표기 |
| 연합국 최고 사령관 각서 제677호 | 제2차 세계 대전 이후 작성된 지도로, 독도를 우리나라 영토로 표기 |

③ 독도 지킴이 방안

| | |
|---|---|
| 개인적 차원 | 독도의 중요성을 인식해야 함 |
| 정부 및 시민 단체 차원 | 독도가 우리의 영토임을 국제 사회에 알리기 위한 활동을 전개해야 함 **예** 독도 문화 대축제, 해외 광고 등 |

**＋「팔도총도」**

**＋「삼국접양지도」**

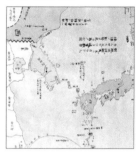

---

### 콕콕 개념 확인하기

1. 영해 기선으로부터 200해리에 이르는 수역 중 영해를 제외한 수역을 ＿＿＿＿＿＿＿＿(이)라고 한다.
2. 동해안의 영해를 정할 때에는 ＿＿＿＿＿ 기선, 서해안의 영해를 정할 때에는 ＿＿＿＿＿ 기선을 사용한다.
3. 독도에는 ＿＿＿＿＿＿＿＿＿와/과 해양 심층수가 매장되어 있다.

답 1. 배타적 경제 수역 2. 통상, 직선 3. 메탄 하이드레이트

---

## 2 세계화 시대의 지역화 전략

### 1. 지역화의 의미와 등장 배경

| | |
|---|---|
| 의미 | 특정 지역이 그 지역만이 가지고 있는 독특한 특성을 살려 세계의 정치·경제·사회·문화의 주체가 되는 현상 |
| 등장 배경 | • 세계화 시대에 지역 간의 교류가 활발해지고 지역 간 경쟁이 치열해지면서 지역의 경쟁력을 키우는 것이 중요해짐<br>• 세계화와 지역화는 동시에 나타남 |

### 2. 세계화 시대의 지역화 전략

#### (1) 지역화 전략

| | |
|---|---|
| 의미 | 지역의 경쟁력을 높이기 위해 경제적·문화적 관점에서 다른 지역과 차별화할 수 있는 전략 |
| 종류 | 지역 브랜드, 지리적 표시제, 장소 마케팅 |

**＋ 우리나라의 경쟁력 있는 여러 지역**

| | |
|---|---|
| 유네스코 세계 자연 유산 | 제주도의 한라산, 성산 일출봉, 거문 오름, 용암동굴 |
| 유네스코 세계 유산 | 서울의 종묘, 수원 화성, 경주 역사 유적 지구 등 |

## (2) 지역 브랜드

| 의미 | 지역에서 생산되는 상품이나 지역 자체에 고유한 상표를 부여한 제도 |
|---|---|
| 유의점 | • 해당 지역의 지역성이 잘 드러나는 로고, 슬로건, 캐릭터를 활용함<br>• 지방 자치 단체, 지역 주민, 기업 간의 긴밀한 협력이 필요함 |
| 사례 | 뉴욕의 'WE♥NYC', 평창의 'Happy 700', 서울의 'SEOUL, MY SOUL' 등 |
| 효과 | • 지역 브랜드의 가치가 높아지면 지역에 대한 신뢰도 높아져 관광객 증가와 관광 산업 발전으로 이어짐<br>• 지역 정체성을 강화시킬 수 있음 |

🔺 뉴욕의 'WE♥NYC'    🔺 평창의 'Happy 700'    🔺 서울의 'SEOUL, MY SOUL'

## (3) 지리적 표시제

| 의미 | 지리적 특성이 상품의 특성에 반영되고 우수성이 인정될 때 해당 지역에서 생산된 상품임을 표시할 수 있도록 국가가 허가해 주는 제도 |
|---|---|
| 사례 | 보성 녹차(우리나라 최초 등록), 횡성 한우, 성주 참외, 순창 고추장[+] 등 |
| 효과 | • 생산자는 안정적인 생산 활동을 할 수 있게 됨<br>• 소비자는 믿을 수 있는 상품을 구입할 수 있게 됨<br>• 지역 이미지를 개선하여 지역 경제 발전에 이바지함<br>• 지역 특산물 보호 및 지역 특화 산업으로 육성하여 농산물의 상품 경쟁력 향상 |

[+] 우리나라의 지리적 표시 상품

## (4) 장소 마케팅

| 의미 | 특정 장소를 매력적인 상품으로 개발하여 판매하려는 전략 → 다른 장소와 차별화된 매력을 부각해야 함 |
|---|---|
| 사례 | • 자연환경을 활용한 축제 개최: 함평 나비 축제, 보령 머드 축제<br>• 랜드마크와 같은 이미지 홍보: 파리 에펠탑, 뉴욕 자유의 여신상<br>• 박물관, 미술관 건축: 문경 석탄 박물관<br>• 스포츠, 문화 이벤트 행사 개최: 부산 국제 영화제<br>• 문화·역사적인 보존 가치 활용: 부산 감천 문화 마을, 안동 하회 마을 |
| 효과 | • 관광객 유치와 상품과 서비스 판매량의 증가로 지역 경제가 활성화됨<br>• 지역 주민들의 자긍심을 높여 줌 |

---

### 콕콕 개념 확인하기

1. 특정 지역이 세계의 정치·경제·사회·문화의 주체로 등장하는 현상을 _____(이)라고 한다.
2. 지역에서 생산되는 상품이나 지역 자체에 고유한 상표를 부여한 제도를 _____(이)라고 한다.
3. 지리적 특성이 상품의 특성에 반영되고 우수성이 인정될 때 해당 지역에서 생산된 상품임을 표시하는 제도를 _____(이)라고 한다.
4. _____은/는 특정 장소를 매력적인 상품으로 개발하여 판매하는 것을 말한다.

답  1. 지역화  2. 지역 브랜드  3. 지리적 표시제  4. 장소 마케팅

# 3 통일 한국의 미래

## 1. 통일의 필요성

### (1) 우리나라 위치의 지리적 중요성

| 위치 | 유라시아 대륙의 동쪽에 위치한 반도국으로 태평양과 인접해 있음 |
|---|---|
| 특징 | • 지리적 요충지이자 교통의 중심지로 북쪽으로 대륙, 남쪽으로 태평양 진출에 유리함<br>• 동아시아의 중심에 위치하고 있기 때문에 국제 흐름을 주도하여 세계의 중심지로 도약할 수 있음 |

### (2) 분단의 문제점과 통일의 필요성

① 분단의 문제점: 분단 비용 증가, 국토 공간의 불균형 심화, 국가 위상 약화, 민족 문화의 이질화 심화, 이산가족의 아픔 등

② 통일의 필요성

| 지리적 측면 | • 반도국의 이점을 활용하는 것이 가능하여 대륙과 해양을 연결하는 중심지 역할을 기대할 수 있음<br>• 국토 공간의 균형적 활용이 가능함 |
|---|---|
| 경제적 측면 | • 분단 비용을 절감하여 경제, 교육, 복지 분야에 사용할 수 있음<br>• 남한의 자본, 기술과 북한의 천연자원 및 노동력을 결합하여 국가 경쟁력을 강화시킬 수 있음 |
| 정치적 측면 | • 북한의 인권 문제를 개선하고 전쟁의 위협에서 벗어나게 됨<br>• 분단 국가의 통일로 세계 평화에 이바지하여 국가 위상이 높아짐 |
| 사회·문화적 측면 | • 이산가족과 실향민의 고통을 해소함<br>• 문화의 이질화를 극복하고 민족 정체성과 동질성을 회복함 |

## 2. 통일 이후 국토 공간의 변화

### (1) 통일 이후 국토 공간의 변화

① 하나 되는 국토: 삶의 터전 확대, 국토 공간의 균형 있는 개발

② 매력적인 국토 공간 조성

- 백두산, 금강산, 비무장 지대(DMZ) 등의 아름다운 생태 지역
- 서울, 개성 등에 있는 남북한의 역사 문화유산
- 생태·환경·문화가 어우러진 국토 공간 조성

③ 국제 물류 중심지로 성장: 유라시아 대륙과 태평양을 잇는 반도국이라는 지리적 이점을 이용하여 물류의 중심지로 성장할 수 있음

예 아시안 하이웨이, 유라시아 횡단 철도 건설

### (2) 통일 이후 생활 모습의 변화

① 이념 갈등 및 긴장 완화

- 분단 시대의 이념 갈등 완화
- 자유 민주주의적 이념 확대로 개인의 가치를 존중받을 수 있음

② 경제 발전: 생활권 확대로 거주, 직업 등 다양한 분야에서 선택의 기회가 확대되어 사회 구성원이 풍요로운 삶을 누릴 수 있게 됨

> **꼼꼼 단어 돋보기**
>
> ● 분단 비용
> 통일이 이루어지지 않았기 때문에 지출하고 있는 비용

(아시아 태평양 경제사회 이사회, 2016)

아시안 하이웨이는 아시아의 32개국을 연결하는 고속 도로망이다. 이 도로의 완공으로 아시아 국가 간 물적·인적 교류와 협력이 증대될 것이다.

**콕콕 개념 확인하기**

1. 우리나라는 (내륙국, 반도국)으로 유라시아 대륙과 태평양 진출에 (유리, 불리)하다.
2. 통일 이후 북한의 풍부한 (자본, 천연자원)과 남한의 (자본, 천연자원)이 결합하면 국가 경쟁력은 강화될 것이다.
3. 분단으로 인해 남북한이 부담하는 경제적 비용을 (통일, 분단) 비용이라고 한다.

답   1. 반도국, 유리   2. 천연자원, 자본   3. 분단

## 01 영역에 대한 설명으로 옳지 않은 것은?

① 국민 생활이 이루어지는 생활 터전이다.
② 한 국가의 주권이 미치는 공간적 범위이다.
③ 외부의 침입으로부터 보호되어야 하는 공간이다.
④ 모든 국가는 영토, 영해, 영공으로 이루어져 있다.

## 02 (가)에 들어갈 용어는?  2019년 2회

> 우리나라의 [ (가) ]은/는 한반도와 그 부속 도
> 서로 구성되어 있다.

① 영토
② 영해
③ 영공
④ 배타적 경제 수역

## 03 (가)에 들어갈 용어로 적절한 것은?  2018년 1회

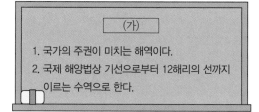

> (가)
> 1. 국가의 주권이 미치는 해역이다.
> 2. 국제 해양법상 기선으로부터 12해리의 선까지
>    이르는 수역으로 한다.

① 영토        ② 영해
③ 영공        ④ 공해

## 04 다음에서 설명하는 국가 영역은?  2020년 1회

> • 항공 교통과 국가 방위 측면에서 중요하다.
> • 일반적으로 대기권 내로 그 범위를 제한한다.
> • 국가의 주권이 미치는 땅과 바다의 수직 상공이다.

① 영공        ② 영토
③ 영해        ④ 공해

## 주목
## 05 배타적 경제 수역에 해당하는 것을 고르면?

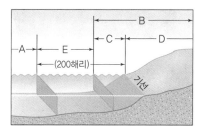

① A        ② E
③ C, E        ④ B, D

**06** 우리나라의 영토에 대한 설명으로 옳은 것은?

① 남북으로 긴 형태이다.
② 한반도만으로 구성되어 있다.
③ 간척 사업을 통해 면적이 좁아지고 있다.
④ 총면적은 약 22.3만 km²으로 남한 면적이 북한보다 넓다.

주목

**07** 우리나라의 영해에 대한 설명으로 옳지 <u>않은</u> 것은?

① 동해안은 통상 기선을 적용하고 있다.
② 대한 해협은 3해리까지를 적용하고 있다.
③ 서해안, 남해안은 12해리까지를 적용하고 있다.
④ 독도, 울릉도 주변은 직선 기선을 적용하고 있다.

**08** ㉠에 들어갈 내용으로 옳은 것은?

선생님! 대한 해협은 남해안과 영해 설정 방법이 왜 다를까요?

대한 해협은 ㉠

① 섬이 많기 때문이야.
② 수심이 얕기 때문이야.
③ 해안선이 단조롭기 때문이야.
④ 일본의 섬과 가깝기 때문이야.

**09** 배타적 경제 수역에 대한 설명으로 옳지 <u>않은</u> 것은?

① 국가의 영역에 포함되지 않는다.
② 연안국은 어업 활동을 할 수 있다.
③ 다른 국가의 선박이 자유롭게 통행할 수 없다.
④ 연안국은 해양 자원의 탐사나 개발이 가능하다.

**10** 다음에서 설명하는 섬은?　　　　　　2020년 1회

- 우리나라의 가장 동쪽에 있는 화산섬이다.
- 1999년에 천연 보호 구역으로 지정되었다.
- 해저에는 메탄 하이드레이트가 다량 매장되어 있다.

① 독도　　　　　　② 거제도
③ 마라도　　　　　④ 연평도

**11** 다음에서 설명하는 지역을 지도에서 고른 것은?

2019년 1회

- 우리나라 가장 동쪽에 위치함
- 해양 심층수, 메탄 하이드레이트 등의 해저 자원이 풍부함

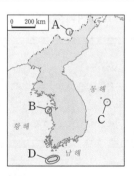

① A　　② B　　③ C　　④ D

**12** 독도의 인문 환경에 설명으로 옳지 <u>않은</u> 것은?

① 맑은 날 울릉도에서 육안으로 보인다.
② 주민과 독도 경비 대원 등이 상주하고 있다.
③ 행정 구역상 주소는 경상북도 울릉군 울릉읍 독도 리이다.
④ 조선 시대에 우산국을 편입하면서부터 우리나라의 영토가 되었다.

**13** 독도의 자연환경에 대한 설명으로 옳은 것은?

① 경사가 매우 완만한 편이다.
② 한류의 영향으로 연교차가 크다.
③ 온화하고 연중 강수가 고른 편이다.
④ 동도와 서도라는 2개의 큰 섬으로만 이루어져 있다.

**14** 다음 내용에서 설명하고 있는 독도의 가치는?

> 독도는 1982년 '독도 해조류 번식지'로 지정되었다가 1999년 천연기념물 제336호로 지정되면서 '독도 천연 보호 구역'으로 바뀌었다.

① 영역적 가치　　② 군사적 가치
③ 생태적 가치　　④ 경제적 가치

주목
**15** 독도의 가치에 대한 설명으로 옳지 <u>않은</u> 것은?

① 군사적 요충지이자 방어 기지이다.
② 우리 영토의 남쪽 끝을 확정짓는다.
③ 해저 화산의 형성 과정을 알 수 있다.
④ 조경 수역으로 수산 자원이 풍부하다.

**16** 독도가 우리 영토임을 알 수 있는 역사적 자료가 <u>아닌</u> 것은?

① 팔도총도
② 삼국접양지도
③ 시마네현 고시 제40호
④ 연합국 최고 사령관 각서 제677호

**17** 다음 설명에 해당하는 용어는?

> 특정 지역이 세계의 정치·경제·사회·문화의 주체가 되는 현상

① 세계화　　② 지역화
③ 도시화　　④ 지역 공동체

**18** 다음 빈칸에 들어갈 내용으로 가장 적절한 것은?

주제: (          )

〈사례 1〉 뉴욕시는 'WE♥NYC'이라는 도시 슬로건을 관광, 영화 등 여러 분야에 사용하고 있다.
〈사례 2〉 강원도 평창군은 'Happy 700'이란 슬로건으로 평창이 살기 좋은 특별한 장소라는 이미지를 만들기 위해 노력하고 있다.

① 지역화 전략
② 세계화 전략
③ 문화적 획일성 전략
④ 생태 도시 만들기 전략

**19** 다음 사례에 해당하는 지역화 전략은?

① 생태 도시
② 지역 브랜드
③ 장소 마케팅
④ 지리적 표시제

**20** 다음에서 설명하는 것은?　　　　　　　2018년 2회

• 특정 지역의 우수한 농산물, 가공품에 지역 이름을 표시하여 상표권, 지식 재산권을 보장
• 보성 녹차, 이천 쌀, 횡성 한우가 대표적인 사례

① 슬로 시티
② 공정 무역
③ 전통 마을
④ 지리적 표시제

**21** 다음의 사례를 통해 얻을 수 있는 효과로 옳지 않은 것은?

• 함평 나비 축제
• 보령 머드 축제

① 지역 주민의 자긍심을 높인다.
② 지역의 이미지 개선이 어렵다.
③ 지역 경제 활성화에 기여한다.
④ 축제로 인해 관광 산업이 발달한다.

**22** 우리나라의 지리적 위치에 대한 설명으로 옳지 않은 것은?

① 유라시아 대륙의 동쪽에 있다.
② 동아시아의 중심에 위치하고 있다.
③ 삼면의 바다를 통해 대서양으로 진출하기가 유리하다.
④ 지리적 요충지에 위치하여 대륙과 해양을 연결하기가 유리하다.

**23** 다음 지도를 통해 알 수 있는 우리나라의 지리적 특징으로 가장 적절한 것은?

① 분단 국가이다.
② 해양으로의 진출이 유리하다.
③ 유라시아 대륙의 주변부에 위치한다.
④ 분단으로 인해 섬처럼 고립되어 있다.

**24** 다음 학생의 대답으로 적절하지 <u>않은</u> 것은?

말풍선: 국토 분단으로 우리나라에서 발생하고 있는 문제점으로는 무엇이 있을까요?

① 이산가족의 아픔이 있어요.
② 막대한 국방비가 지출되고 있어요.
③ 국토 공간이 균형적으로 발전하고 있어요.
④ 남북한 주민 간 문화의 이질화가 심각해지고 있어요.

**25** 한반도 통일에 따라 예상되는 결과로 적절하지 <u>않은</u> 것은?
2017년 1회

① 이산가족 문제를 해결할 수 있을 것이다.
② 육로를 이용한 대륙 진출에 유리해질 것이다.
③ 남북 간에 사람과 자원의 흐름이 원활해질 것이다.
④ 남북 군사 대립에 따른 분단 비용이 증가할 것이다.

**26** 국토 통일 이후 다음 지도와 같이 교통로가 연결되었을 때 우리나라가 얻을 수 있는 효과가 <u>아닌</u> 것은?

① 아시아 국가 간 교류가 감소할 것이다.
② 우리나라가 동아시아의 무역 중심지가 될 수 있다.
③ 자동차를 타고 중국을 거쳐 동남아시아까지 갈 수 있다.
④ 유라시아 대륙과 태평양을 연결하는 물류의 중심지로 성장할 수 있다.

**27** 통일 이후 생활 모습의 변화로 옳은 것은?

① 생활권이 축소될 것이다.
② 이념 갈등이 확대될 것이다.
③ 사회주의 이념이 확대될 것이다.
④ 거주, 직업 등 다양한 분야에서 선택의 기회가 확대될 것이다.

# 12 더불어 사는 세계

## 1 지리적 문제의 현황

### 1. 지리적 문제

#### (1) 의미와 배경

| 의미 | 사람들이 살아가는 공간에서 발생하는 문제 |
|---|---|
| 배경 | 세계화로 지역 간 상호 작용이 활발해지면서 지구상의 다양한 지리적 문제가 등장함 |
| 발생 원인 | 국가 및 지역 간 불평등 심화, 종교 및 민족 차이, 자원을 둘러싼 대립, 환경 오염 물질의 장거리 이동 등 여러 요인이 복합되어 나타남 |

#### (2) 특징과 해결

| 특징 | 특정 지역만의 문제가 아니라 다른 지역과 연관되어 있기 때문에 해결을 위해 세계가 함께 노력해야 함 |
|---|---|
| 유형 | 기아 문제, 생물 다양성 감소 문제, 영역 분쟁 등 |
| 해결 노력 | 정부 차원의 국제 협력뿐만 아니라 개인적 차원의 관심과 참여가 필요함 |

### 2. 지구상의 다양한 지리적 문제

#### (1) 기아⁺ 문제

##### ① 의미와 영향

| 의미 | 식량 부족으로 인간이 생존하는 데 필요한 물과 영양소가 충분히 섭취되지 못한 상태 → '소리 없는 쓰나미'로 불림 |
|---|---|
| 영향 | • 단기적으로 면역력을 낮추어 전염병을 유행시킴<br>• 장기적으로 성장을 방해하여 노동 생산성을 떨어뜨림 |

##### ② 발생 원인

| 자연적 요인 | 가뭄, 홍수, 태풍, 병충해 등으로 인한 식량 생산량 감소 |
|---|---|
| 인위적 요인 | • 곡물 수요의 증대: 개발 도상국의 인구 급증에 따른 곡물 수요의 증가로 식량이 부족해짐<br>• 식량 작물의 용도 변화: 옥수수나 콩 등의 식량 작물이 가축 사료나 바이오 에너지의 원료로 사용되면서 작물의 가격이 상승함<br>• 식량 분배의 불균형: 곡물 대기업이 세계 곡물 시장을 장악하고 이윤 극대화를 위해 유통량을 조절하여 개발 도상국의 곡물 수입이 어려워짐<br>• 전쟁으로 인한 식량 생산 감소: 전쟁이 잦은 지역은 농사를 짓기 어려워 식량의 생산과 분배가 안정적으로 이루어지기 어려움 |

➕ 기아

전 세계적으로 어린이 3억 8,500만 명이 극심한 기아와 빈곤 속에서 살아가고 있다. 특히 사하라 사막 이남의 아프리카는 다른 어떤 지역보다 극빈층에 속한 어린이가 매우 많이 분포한다. 집중적 발달기에 있는 5세 미만 어린이가 기아와 빈곤으로 제대로 된 영양분을 공급받지 못하면 신체와 정신의 발달이 저해되는 등의 문제가 나타난다.

③ 현황 및 해당 지역

| 현황 | 40여 개국 8억 명 이상의 인구가 굶주림으로 고통을 겪고 있으며, 4명 중 1명 이상의 어린이가 영양 결핍 상태에 놓여 있음 |
| --- | --- |
| 해당 지역 | 사하라 사막 이남 아프리카, 일부 아시아 등 식량 생산에 비해 인구 증가율이 높은 곳 |

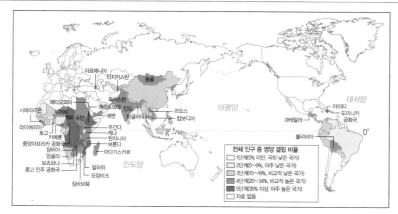

△ 세계의 기아 현황

④ 해결 노력: 개인 및 민간단체의 자발적 봉사, 국제기구의 노력 등

## (2) 생물 다양성[+] 감소 문제

① 의미와 발생 원인

| 의미 | 자연계에 존재하는 생물과 서식 환경의 다양성이 훼손되는 것 |
| --- | --- |
| 원인 | 지구 온난화와 같은 기후 변화, 열대 우림과 습지 감소로 인한 동식물의 서식지 파괴, 무분별한 남획, 인구 증가로 인한 농경지 확대, 외래종의 유입 등 |
| 영향 | • 인간이 이용 가능한 생물 종이 감소하여 인간 생존을 위협함<br>• 먹이 사슬이 끊겨 생태계가 파괴될 수 있음 |

② 해결 노력: 세계 자연 기금 설립, 생물 다양성 협약[+] 체결

## (3) 영역 분쟁

① 현황 및 원인

| 현황 | 영토 및 영해를 차지하기 위한 갈등과 분쟁이 끊임없이 일어나고 있으며 전쟁으로 확대되기도 함 |
| --- | --- |
| 원인 | • 영토 분쟁: 모호한 국경선 설정, 자원을 둘러싼 갈등, 종교·민족·언어 등의 차이<br>• 영해 분쟁: 해상 교통의 요지와 군사적 요충지 확보 경쟁, 해양 자원 확보를 위해 영해와 배타적 경제 수역을 둘러싼 갈등 |

② 영토 분쟁 사례

| 팔레스타인 | 아랍인(이슬람교)과 유대인(유대교) 간의 갈등 |
| --- | --- |
| 북아일랜드 | 영국으로부터의 독립을 요구하는 가톨릭교도와 개신교도 간의 갈등 |
| 카슈미르 | 인도(힌두교)와 파키스탄(이슬람교) 간의 갈등 → 현재 양국이 분할 통치하고 있음 |
| 아프리카 | 과거 유럽 강대국에 의해 설정된 국경선으로 인해 현재 국경과 부족 경계가 달라 내전과 난민이 발생함 |

**+ 생물 다양성**

생물이 가진 종의 다양성뿐만 아니라 이들이 서식하는 생태계의 다양성 모두를 포함한다. 이는 생태계가 스스로 회복할 수 있는 기본 조건이다.

**+ 생물 다양성 협약**

1992년 국제 연합(UN)에서 생물 종을 보호하고 생물 다양성을 유지하기 위해 채택한 협약이다. 우리나라는 1994년에 가입하였다.

**🔍 꼼꼼 단어 돋보기**

● 남획
짐승이나 물고기 따위를 마구 잡는 것

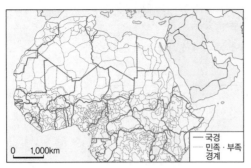

아프리카는 다양한 언어와 종교를 가지고 있으며, 부족 중심의 문화가 나타나는 지역이다. 그러나 유럽 열강에 의해 국경선이 설정되면서 서로 다른 문화와 언어를 가진 여러 부족이 하나의 국가로 묶이게 되었고, 그로 인한 부족 간의 분쟁이 끊이지 않고 있다.

③ 영해 분쟁 사례

| | |
|---|---|
| 센카쿠 열도 (댜오위다오) | • 해당 국가: 중국과 일본<br>• 갈등 배경: 현재 일본이 실효 지배하고 있음 → 서남아시아와 동북아시아를 잇는 해상 교통로이자 전략적 요충지이며, 최근 석유와 천연가스가 매장된 사실이 알려지면서 갈등이 심화됨 |
| 쿠릴 열도 (북방 4도) | • 해당 국가: 러시아와 일본<br>• 갈등 배경: 현재 러시아가 실효 지배하고 있으나 군사적 요충지이기 때문에 일본과 갈등을 빚고 있음 |
| 난사 군도 (스프래틀리 군도) | • 해당 국가: 중국, 타이완, 필리핀, 베트남, 브루나이, 말레이시아<br>• 갈등 배경: 인도양과 태평양을 잇는 해상 교통의 요충지로, 석유와 천연가스가 매장되어 있음 → 현재 6개국이 난사 군도의 50개의 섬을 각각 나누어 실효 지배 중임 |
| 카스피해 | • 해당 국가: 러시아, 이란, 카자흐스탄, 아제르바이잔, 투르크메니스탄<br>• 갈등 배경: 석유와 천연가스 지대의 영유권을 두고 분쟁 |
| 북극해 | • 해당 국가: 러시아, 캐나다, 미국, 노르웨이, 덴마크<br>• 갈등 배경: 석유와 천연가스 지대의 영유권을 두고 분쟁 |
| 포클랜드 제도 | • 해당 국가: 영국, 아르헨티나<br>• 갈등 배경: 현재 영국령에 속해 있지만, 가까운 위치에 있는 아르헨티나가 석유 지대에 대한 영유권을 주장하고 있음 |

④ 해결 노력: 해당 국가 간의 평화적 해결, 국제기구를 통한 해결

⬥ 세계의 주요 분쟁 지역

중국의 영토였던 센카쿠 열도는 청·일 전쟁 이후 일본의 영토로 귀속되었고, 1978년에 일본이 자국령으로 선포한 이후 갈등이 심화되고 있는 지역이다. 그 이유는 이곳이 해상 교통의 요충지일 뿐만 아니라, 주변 해역에 석유와 천연가스가 매장되어 있기 때문이다.

**콕콕 개념 확인하기**

1. _____ 문제는 인간이 생존하는 데 필요한 물과 영양소가 결핍된 상태를 말한다.
2. 기아 문제가 세계에서 가장 심각한 곳은 주로 선진국이다. (O, X)
3. _____ 문제는 자연계에 존재하는 생물과 서식 환경의 다양성이 훼손되는 것을 말한다.
4. _____ 지역은 아랍인과 유대인 간의 영역 갈등 지역이다.
5. _____ 지역은 러시아, 이란, 카자흐스탄, 아제르바이잔, 투르크메니스탄 간의 자원 분쟁 지역이다.

답   1. 기아   2. X   3. 생물 다양성 감소   4. 팔레스타인   5. 카스피해

## 2 발전 수준의 지역 차이

### 1. 발전 수준에 따른 국가 구분

### (1) 지역별 발전 수준 차이

| 발생 이유 | 자연환경, 천연자원, 기술, 자본, 인구, 교육, 제도 등이 지역마다 다르게 나타남 |
|---|---|
| 특징 | 세계화 시대에 접어들면서 국가 간의 발전 격차가 더욱 커짐 |
| 발전 지표⁺ | 1인당 국내 총생산, 인간 개발 지수(HDI), 기대 수명, 영아 사망률, 교사 1인당 학생 수, 성 불평등 지수, 성인 문자 해독률 등 |

### (2) 선진국과 개발 도상국의 발전 수준 차이

| 선진국 | • 18세기 후반 산업 혁명을 통해 일찍 산업화를 이룸<br>• 소득 수준이 높음<br>• 서부 유럽, 앵글로아메리카 등 주로 북반구에 위치함 |
|---|---|

**＋발전 지표**
개인, 지역, 국가 등의 발전 정도가 어느 수준인지 알려 주는 지표를 말한다.

**＋인간 개발 지수(HDI)**
실질 국민 소득, 교육 수준 등 인간의 삶과 관련된 자료를 조사하여 각국의 발전 수준을 평가하는 것으로 주로 선진국에서 높게 나타난다.

**＋성 불평등 지수**
유엔 개발 계획(UNDP)이 2010년부터 각국의 성 불평등성을 측정하기 위해 새로 도입한 지수를 말한다.

| | |
|---|---|
| 개발<br>도상국 | • 20세기 이후부터 현재까지 산업화가 진행 중임<br>• 소득 수준이 낮고 빈곤 상태인 국가도 많음<br>• 각종 시설 부족과 주거 환경 열악으로 삶의 질이 낮은 편임<br>• 대부분 사하라 이남 아프리카와 남아시아, 라틴 아메리카 등 남반구에 위치 |

## (3) 발전 지표에 따른 국가 구분

| 구분 | 선진국 | 개발 도상국 |
|---|---|---|
| 1인당 국내 총생산 | 많음 | 적음 |
| 인간 개발 지수(HDI) | 높음 | 낮음 |
| 성 불평등 지수 | 낮음 | 높음 |
| 영아 사망률 | 낮음 | 높음 |
| 기대 수명 | 높음 | 낮음 |
| 교사 1인당 학생 수 | 적음 | 많음 |
| 성인 문자 해독률 | 높음 | 낮음 |

▲ 국가별 1인당 국내 총생산

## 2. 발전 수준 향상을 위한 노력

### (1) 저개발 국가의 자체적 노력

| 경제 | • 사회 기반 시설 확충과 자원 개발 등으로 외국 자본과 기술 유치<br>• 농업 기술 개량, 품종 개발 등을 통한 식량 생산 증대 |
|---|---|
| 교육 | 교육의 보급으로 문맹률을 낮춤 |
| 정치 | 정치 참여 확대, 정치적 불안정 문제 해결, 여성의 권리 신장 |
| 보건 | 위생 및 보건 환경 개선 |
| 기술 | 적정 기술+제품의 도입 |

### (2) 저개발 국가의 노력 사례

| 보츠와나 | 다이아몬드 산업 개발을 통해 얻은 이익을 국내에 재투자함 |
|---|---|
| 볼리비아 | 에너지 자원 주권 운동을 통해 빈곤 문제 완화에 힘씀 |
| 르완다 | 여성 권리 신장·빈곤 퇴치에 힘씀 |
| 에티오피아 | 정치적 안정과 외국 자본 유치, 대외 경제 협력에 힘씀 |
| 부탄 | 행복 지수+를 통해 국민 삶의 질 측정 → 2010년 국민 행복 지수 1위 |

**➕ 적정 기술**

지속적인 생산과 소비가 가능하도록 만들어진 기술을 말한다. 적정 기술은 저개발 지역 주민들의 생활에 적합하게 설계된 재화와 서비스를 제공함으로써 소득을 증대시켜 준다.

**➕ 행복 지수**

국내 총생산, 기대 수명, 사회적 자본, 부패 지수, 관용 등 총 5개 지표를 종합한 결과로, 일부 저개발 국가에서도 높게 나타난다.

### (3) 저개발 국가 간 경제 협력체

| 등장 배경 | 국가 간 경쟁이 심화되면서 단일 국가가 선진국에 맞서기 힘듦 |
|---|---|
| 장점 | 선진국에 공동 대응 가능, 공동으로 자원 개발 및 수출 |
| 사례 | 서아프리카 경제 공동체(ECOWAS) |

### (4) 자체적 노력의 한계와 국제 협력의 필요성

| 한계점 | 기술 수준이 낮고 자본이 부족한 저개발 국가들의 노력만으로는 빈곤 문제 해결이 어려움 |
|---|---|
| 국제 협력의 필요성 | 국제 연합에서 2016년부터 '지속 가능한 발전 목표'를 정해 국제적인 지원과 협력을 확대하고 있음 |

---

**콕콕 개념 확인하기**

1. 저소득 국가는 대부분 사하라 이남 아프리카와 남아시아에 집중해 있다. (O, X)
2. 선진국과 저개발국 간의 발전 격차는 줄어들고 있다. (O, X)
3. _____은/는 각 국가의 실질 국민 소득, 교육 수준 등 인간의 삶과 관련된 지표를 조사하여 각국의 발전 수준을 평가하는 지수이다.

답 1. O  2. X  3. 인간 개발 지수

---

## 3 지역 간 불평등 완화를 위한 노력

### 1. 국제 사회의 노력

☆(1) 정부 간 국제기구의 노력

① 국제 연합(UN): 국제 평화 유지, 인권 및 자유 확보를 위해 노력하는 국제기구
② 국제 연합 산하 기구

| 세계 보건 기구(WHO) | 보건 위생 분야의 국제적 협력을 위한 기구 |
|---|---|
| 세계 식량 계획(WFP) | 식량 원조 및 긴급 구호를 위한 기구 |
| 유엔 난민 기구(UNHCR) | 난민들이 새로운 국적을 취득할 때까지 지원하는 기구 |
| 유엔 평화 유지군(UNPKF) | 세계 평화와 안전 유지를 위해 편성한 국제 군대 |
| 유엔 개발 계획(UNDP) | 개발 도상국에 대한 원조 계획을 조정하는 기구 |
| 유엔 인권 이사회(UNHRC) | 세계 인권 보호 및 증진을 위한 기구 |

### (2) 공적 개발 원조(ODA)

| 의미 | 선진국에서 개발 도상국의 경제 개발과 복지 증진을 위해 자원과 기술 등을 지원하는 것 |
|---|---|
| 특징 | • 경제 협력 개발 기구(OECD) 산하의 개발 원조 위원회(DAC)에서 주도함<br>• 과거 우리나라는 원조를 받았으나, 경제 성장 이후 한국 국제 협력단(KOICA)을 설립하여 저개발 국가를 원조하고 있음 |

➕ 한국 국제 협력단(KOICA)
1991년에 설립된 우리나라의 공적 대외 원조를 총괄하는 기관이다. 개발 도상국에 정부 차원의 개발을 원조하고 있다.

## (3) 국제 비정부 기구(NGO)의 노력

① 국제 비정부 기구(NGO): 세계적인 문제를 해결하기 위해 활동하는 민간단체로, 인도주의적 차원에서 구호 활동을 함

② 국제 비정부 기구의 종류

| 그린피스 | 국제 환경 보호 단체로 시작하여 지금은 핵 실험 반대, 기후 변화 억제, 삼림 보호 등을 위해 활동하는 단체 |
|---|---|
| 국경 없는 의사회 | 의료 혜택을 받지 못하는 사람들에 대한 긴급 구호를 실시하는 단체로, 1999년 노벨 평화상을 받음 |
| 국제 적십자사 | 재해 긴급 구호, 보건 활동을 전개하는 단체 |
| 옥스팜 | 빈곤 퇴치 및 기근 구제를 위해 활동하는 국제 구호 개발 기구 |
| 기타 | 세이브 더 칠드런, 국제 앰네스티, 유니세프, 월드 비전 등 |

## (4) 국제 사회 노력의 성과와 한계

| 성과 | 저개발 국가의 시급한 기아 문제를 일정 부분 해소함 |
|---|---|
| 한계 | • 당장의 기아 문제를 해결하기 어렵고 효과가 나타나기까지 시간이 걸림<br>• 단기적인 성장 위주의 지원은 오히려 자발적 성장을 저해할 수 있음 |

## 2. 개인적 차원의 노력
### (1) 공정 무역(fair trade)[+]

**+ 공정 무역 마크**

| 의미 | 저개발 국가의 생산자가 만든 친환경 상품을 직거래를 통해 공정한 가격으로 구매하여 노동에 대한 공정한 대가를 지불하고자 하는 윤리적 소비 운동 | |
|---|---|---|
| 상품 | 커피, 차, 카카오, 바나나, 목화 등 | |
| 효과 | 생산자 | • 아동과 부녀자의 노동 착취를 방지함<br>• 쾌적하고 안전한 노동 환경에서 일함<br>• 경제적 자립이 가능함<br>• 유통 비용을 절감함 |
| | 소비자 | • 저개발 국가의 어려운 사람들을 직접 도움<br>• 친환경 제품을 구입할 수 있음 |
| 한계 | 생산자 | 다국적 기업의 상품에 밀려 시장 확보가 어려울 수 있음 |
| | 소비자 | 가격이 저렴하지 않고 이용 가능한 제품이 적음 |

판매업자 93.8%
농민 1%
기타 5.2%
**일반 커피**

판매업자 50%
농민 6%
기타 44%
**공정 무역 커피**

🔺 공정 무역 커피의 이익 배분 구조

## (2) 세계 시민으로서의 자세와 역할

| 공동체 의식 함양 | • 빈곤과 기아 문제 해결을 위한 봉사 활동과 기부에 적극적으로 동참해야 함 <br> • 다양한 지리적 문제에 관심을 가지고 협력해야 함 |
|---|---|
| 환경 보호 | 일회용품 사용을 자제하는 등 친환경적인 행동을 실천해야 함 |

✚ 세계 시민

공동체 의식을 바탕으로 지구촌 문제를 해결하는 데 적극적으로 동참하고 실천하는 사람을 말한다.

### 콕콕 개념 확인하기

1. _____은/는 세계 평화와 안전 유지를 위해 편성한 국제 군대이다.
2. _____은/는 개발 도상국의 경제 개발과 복지 증진을 위해 자원과 기술 등을 지원하는 것을 말한다.
3. _____은/는 국제 환경 보호 활동을 하는 국제 비정부 기구이다.
4. _____ 무역이란 저개발 국가의 생산자에게 노동에 대한 공정한 대가를 지불하고자 하는 무역 형태이다.

답  1. 유엔 평화 유지군  2. 공적 개발 원조(ODA)  3. 그린피스  4. 공정

# 탄탄 실력 다지기

정답과 해설 52쪽

**01** 세계 지역에서 발생하는 지리적 문제의 원인으로 보기 어려운 것은?

① 지역 간 불평등
② 종교 및 민족 차이
③ 자원을 둘러싼 대립
④ 국제 사회의 공적 개발 원조

**02** 지구상의 다양한 지리적 문제에 대한 설명으로 옳은 것은?

① 지리적 문제들은 발생 원인이 동일하다.
② 지리적 문제의 원인은 여러 요인이 복합되어 있다.
③ 지리적 문제는 특정 대륙이나 지역에서만 발생한다.
④ 지리적 문제는 발생한 국가의 노력만으로 해결이 가능하다.

주목

**03** 다음 사례에 해당하는 지리적 문제는?

> • '소리 없는 쓰나미'로 불림
> • 세계 어린이 4명 중 1명 이상의 어린이가 영양 결핍 상태에 처함

① 기아 문제
② 종교 갈등 문제
③ 자원 갈등 문제
④ 민족 갈등 문제

**04** 기아 문제의 발생 원인으로 적절하지 <u>않은</u> 것은?

① 가뭄 등으로 인해 식량 생산량이 줄어들고 있다.
② 식량 작물이 바이오 에너지 원료로 사용되고 있다.
③ 전 세계에서 생산된 곡물이 불균등하게 분배되고 있다.
④ 개발 도상국의 인구가 감소하면서 곡물 수요가 감소하고 있다.

**05** ㉠에 들어갈 기아의 원인으로 가장 적절한 것은?

> 세계 식량 계획은 작년부터 아시아와 태평양에 닥친 엘니뇨가 곡물 수확에 악영향을 끼쳐 아프리카, 아시아, 남아메리카에서 식량 부족 사태가 발생할 수 있다고 전망하였다. 특히 아프리카 남부 지역의 ( ㉠ )이/가 심각한 수준이라고 설명하였다. 짐바브웨는 ( ㉠ )(으)로 농작물 수확량이 작년보다 절반 가량 떨어지고 옥수수 가격이 치솟자, 국가 비상 사태를 선언하였다.
>
> – ○○신문–

① 가뭄
② 전쟁
③ 식량 분배의 불균형
④ 바이오 에너지의 사용

**06** 다음 지도에서 기아 문제가 발생하는 지역은?

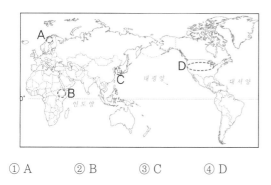

① A      ② B      ③ C      ④ D

**07** 생물 다양성이 감소하는 원인이 <u>아닌</u> 것은?

① 기후 변화
② 외래종 유입
③ 농경지 확대
④ 열대 우림 확대

주목

**08** 다음 현상이 지속될 때 나타날 수 있는 현상은?

인도네시아에는 경작지를 확보하여 기름야자 농장을 조성하다 보니 많은 열대림이 파괴되고 있다.

① 농경지가 축소된다.
② 생태계가 보호된다.
③ 생물 다양성이 감소한다.
④ 생물 서식 환경이 확대된다.

**09** 다음과 같은 협약을 채택한 목적으로 옳은 것은?

생물 다양성 협약은 1992년 국제 연합(UN)에서 생물 다양성을 유지하기 위해 채택한 협약이다.

① 국제 분쟁을 중재하기 위해서
② 세계의 생물 종을 보호하기 위해서
③ 국가 간 환경 오염 물질 이동을 막기 위해서
④ 저개발 국가의 기아 문제를 해결하기 위해서

**10** 영역 분쟁에 대한 설명으로 옳은 것은?

① 분쟁은 한 가지 이유로만 발생한다.
② 영해를 둘러싼 분쟁은 발생하지 않는다.
③ 영역 분쟁은 대부분 선진국 간에 발생하고 있다.
④ 영역 분쟁의 원인으로는 민족, 종교, 자원 등이 있다.

주목

**11** 동중국해에 위치한 지도의 A 지역에서 나타나는 영역 갈등을 표현한 내용으로 가장 적절한 것은?

① 쿠릴 열도는 누구의 것인가?
② 난사 군도를 둘러싼 치열한 경쟁
③ 중국은 댜오위다오, 일본은 센카쿠 열도
④ 카슈미르를 두고 경쟁하는 인도와 파키스탄

**12** 다음 A 지역에서 영토 분쟁이 일어나는 이유는?

① 종교 갈등　　　　② 언어 갈등
③ 자원 갈등　　　　④ 영해 갈등

**13** 다음 지도에 나타난 영역 분쟁 지역은?

① 북극해　　　　　② 난사 군도
③ 쿠릴 열도　　　　④ 센카쿠 열도

**14** 다음 지도에 나타난 영역 갈등의 원인으로 옳은 것은?

① 자원을 둘러싼 갈등
② 아랍인과 유대인 간의 갈등
③ 힌두교와 이슬람교 간의 갈등
④ 국경선과 부족의 경계선 불일치로 인한 갈등

**[15~16]** 다음은 지역별 발전 수준의 차이를 알 수 있는 지표들이다. 이를 보고 물음에 답하시오.

- 영아 사망률
- 성 불평등 지수
- 교사 1인당 학생 수

**15** 지표들의 수치가 높은 지역을 〈보기〉에서 고른 것은?

보기
ㄱ. 아프리카　　　　ㄴ. 서부 유럽
ㄷ. 라틴 아메리카　　ㄹ. 앵글로아메리카

① ㄱ, ㄴ　　　　　② ㄱ, ㄷ
③ ㄴ, ㄷ　　　　　④ ㄴ, ㄹ

주목
**16** 지표들의 수치가 낮은 지역에 대한 설명으로 옳은 것은?

① 삶의 질이 낮은 편이다.
② 소득 수준이 낮은 편이다.
③ 인간 개발 지수가 높은 편이다.
④ 현재까지 산업화가 진행 중인 국가들이다.

**17** 포클랜드 제도를 둘러싸고 갈등을 겪고 있는 국가로만 짝지어진 것은?

① 일본, 중국
② 필리핀, 베트남
③ 인도, 파키스탄
④ 영국, 아르헨티나

주목

**19** 저개발 국가의 빈곤 문제를 해결하기 위한 자체적 노력에 해당하지 <u>않는</u> 것은?

① 교육을 보급한다.
② 위생 상태를 개선한다.
③ 수확량이 많은 품종을 개발한다.
④ 공적 개발 원조를 통해 해결한다.

**20** 다음 사례에서 알 수 있는 빈곤을 극복하기 노력으로 옳은 것은?

> 오랜 내전 이후 르완다에서는 여성에게 전통적인 르완다의 기술을 사용하여 직물 짜는 방법을 가르치고 기초적인 생활을 할 수 있도록 도와주었다.

① 자원 확보
② 위생 환경 개선
③ 선진국의 지원 호소
④ 여성에게 일자리 지원

**18** 다음 사례를 통해 알 수 있는 저개발 국가가 해결한 문제는?

> 남아프리카에 있는 보츠와나는 1960년대 1인당 국민 총생산이 70달러 정도로 가난한 국가였으나 현재는 6,000달러가 넘는 국가로 발전하였다. 영토가 내륙에 있어 수출에 불리한 조건을 가진 보츠와나는 정부와 민간의 협력으로 다이아몬드 광산업 개발에 성공하였고, 수출로 얻은 소득을 교육 시설과 도로, 철도 등 기반 시설에 투자하였다.

① 전쟁          ② 빈곤
③ 성차별        ④ 자연재해

**21** 국제기구와 각 기구의 역할이 바르게 연결된 것은?

|   | 국제기구 | 역할 |
|---|---|---|
| ① | 세계 보건 기구 | 환경 문제 해결 |
| ② | 세계 식량 계획 | 기아 문제 해결 |
| ③ | 유엔 난민 기구 | 위생 및 보건 문제 해결 |
| ④ | 유엔 평화 유지군 | 아동 인권 보호 |

**22** ㉠에 들어갈 용어로 옳은 것은?

> 경제 협력 개발 기구 산하의 개발 원조 위원회(DAC)에서 주도하는 ( ㉠ )은/는 선진국이 개발 도상국을 지원하는 형태이다.

① 세계 식량 계획(WFP)
② 공적 개발 원조(ODA)
③ 세계 무역 기구(WTO)
④ 세계 보건 기구(WHO)

**23** 지역 간 불평등 완화를 위한 국제 사회의 노력 중 성격이 <u>다른</u> 하나는?

① 옥스팜
② 국제 적십자사
③ 유엔 개발 계획
④ 세이브 더 칠드런

**24** 다음과 같은 활동으로 지역 간 불평등을 완화하기 위해 노력하는 단체는?

> 인도네시아 제지 회사들의 과도한 삼림 벌채로 수마트라 호랑이의 서식지가 파괴되자 이를 반대하는 운동을 벌이고 있다.

① 그린피스
② 유니세프
③ 국제 적십자사
④ 국경 없는 의사회

**25** 다음 대화에서 알 수 있는 지역 간 불평등 완화를 위한 방법은?

우리가 사서 마시는 커피 한 잔이 공정한 세상을 만드는 데 이바지하고 있다니 기뻐!

맞아. 우리가 사용하는 물건의 수익금 중 일부가 저개발 국가의 어려운 사람들에게 돌아간다니 정말 뿌듯해.

① 보호 무역
② 공정 무역
③ 국제기구 활동
④ 국제 비정부 기구 활동

**26** 다음 자료를 통해 알 수 있는 내용으로 옳은 것은?

① 일반 커피는 직거래를 통해 공정한 가격으로 판매된다.

② 일반 커피는 공정 무역 커피에 비해 농민의 수익이 높다.

③ 공정 무역 커피는 저개발 국가 생산자들의 자립에 도움이 된다.

④ 공정 무역 커피가 일반 커피에 비해 판매업자에게 더 많은 이익이 돌아간다.

산을 움직이려는 자는
작은 돌을 들어내는 일로 시작한다.

– 공자

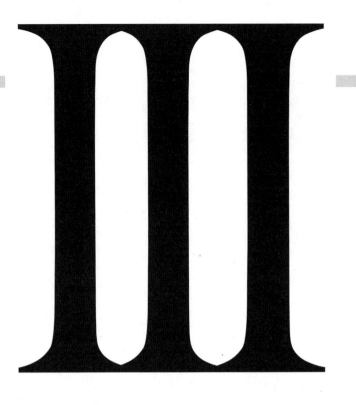

# 역사

**01**

Ⅲ 역사

# 선사 문화와 고대 국가의 형성

## 1 선사 문화와 고조선

### ☆1. 만주와 한반도의 구석기·신석기 문화

#### (1) 만주와 한반도의 구석기 시대

| 시기 | 약 70만 년 전부터 시작 |
|---|---|
| 도구 | • 뗀석기: 돌을 깨거나 떼어서 만든 도구 → 주먹도끼✝, 찍개, 슴베찌르개✝ 등<br>• 짐승의 뼈나 뿔로 만든 도구 |
| 경제 | 사냥, 채집, 고기잡이 |
| 주거 | 동굴이나 바위 그늘, 막집에서 거주 |
| 사회 | 무리 지어 이동하며 생활, 평등 사회 |
| 예술 | 사냥의 성공과 풍요를 기원하는 예술품을 제작하거나 동굴에 벽화를 그림 |
| 유적지 | 평남 상원 검은모루 동굴, 경기 연천 전곡리, 충북 청주(청원) 두루봉 동굴, 충남 공주 석장리, 충북 단양 수양개 등 |

✝ 주먹도끼

✝ 슴베찌르개

#### (2) 만주와 한반도의 신석기 시대

| 시기 | 약 1만 년 전부터 시작(빙하기가 끝나고 기후가 따뜻해지면서 작고 날쌘 동물 번성) |
|---|---|
| 도구 | • 간석기: 돌을 갈아서 만든 도구 → 돌낫, 돌보습, 갈판과 갈돌 등<br>• 토기: 음식의 조리와 저장을 위해 토기 제작 → 덧무늬 토기, 빗살무늬 토기 등 |
| 경제 | • 신석기 혁명: 농경과✝ 목축의 시작<br>• 여전히 사냥, 채집, 고기잡이 중심<br>• 의생활: 가락바퀴로 실을 뽑고, 뼈바늘로 옷을 지어 입음 |
| 주거 | 강가나 바닷가에 움집을 짓고 거주 |
| 사회 | • 정착 생활: 농사를 지으면서 한곳에 머물러 살기 시작함<br>• 평등 사회: 연장자나 지혜로운 사람이 지도자가 되어 부족을 이끎(계급은 없음) |
| 신앙 | • 애니미즘: 농사에 영향을 주는 자연 현상이나 자연물에 영혼이 있다고 믿음<br>• 토테미즘: 호랑이나 곰 등 특정한 동식물을 부족의 수호신으로 여기고 숭배함<br>• 샤머니즘: 영혼이나 하늘을 인간과 연결시켜 주는 무당과 그 주술을 믿음 |
| 예술 | 조개껍데기 예술품, 뼈로 만든 장신구, 동물 조각 등을 제작함 |
| 유적지 | 제주 한경 고산리, 서울 암사동, 부산 동삼동, 강원 양양 오산리 등 |

✝ 신석기 시대의 농경

신석기 시대부터 농경이 이루어졌으나, 이 시기에는 벼가 아닌 조, 피, 수수 등을 경작하였다.

🔼 갈판과 갈돌

🔼 빗살무늬 토기

🔼 가락바퀴와 뼈바늘

🔼 조개껍데기 예술품

**🔍 꼼꼼 단어 돋보기**

● 목축

소·말·양·돼지 등 가축을 기르는 일

## 2. 청동기 문화를 바탕으로 성립한 고조선

### (1) 만주와 한반도의 청동기 시대

| 시기 | 기원전 2000년경~기원전 1500년경부터 청동기 문화 확산 |
|---|---|
| 도구 | • 청동기: 주로 지배층의 무기나 장신구, 제사용 도구로 사용 → 비파형 동검, 거친무늬 거울, 청동 방울 등<br>• 간석기: 주로 생활 도구나 농기구로 사용 → 반달 돌칼(곡식의 이삭을 자르는 수확용 도구) 등<br>• 토기: 민무늬 토기, 미송리식 토기 등 |
| 경제 | • 농경이 본격적으로 이루어짐 → 주로 조·보리·콩 등 재배<br>• 한반도 남부 지역에서 벼농사 시작 |
| 주거 | • 야산이나 구릉에 움집을 짓고 거주(농사와 전쟁에 유리)<br>• 배산임수, 마을 규모 확대<br>• 울타리, 도랑 등 방어 시설 축조 |
| 사회 | • 계급 사회: 인구 증가, 잉여 생산물 발생 → 사유 재산 등장, 빈부 격차 발생, 정복 활동 → 계급 발생(지배 - 피지배의 관계)<br>• 제정일치 사회: 지배자인 군장이 정치와 종교 의식 주관<br>• 정복 전쟁이 활발하게 이루어짐<br>• 농경과 관련된 자연신(태양·물 등)에 대한 제사의 중요성이 커짐 |
| 유물 및 유적 | • 무덤: 경제력과 권력을 가진 지배 계급이 죽으면 그의 권위를 상징하는 거대한 무덤 축조(고인돌, 돌널무덤)<br>• 바위그림: 사냥과 고기잡이의 성공, 다산과 풍요를 기원(울주 대곡리 반구대 바위그림) |

⬆ 비파형 동검

⬆ 반달 돌칼

⬆ 민무늬 토기

⬆ 고인돌

### (2) 고조선의 성립과 발전

#### ① 고조선의 성립

| 건국 | • 청동기 문화를 바탕으로 한 우리 역사상 최초의 국가<br>• 기원전 2333년 단군왕검이 아사달을 도읍으로 홍익인간의 건국 이념을 내세우며 건국(『동국통감』의 기록에 따름) |
|---|---|
| 기록 | 『삼국유사』에 최초로 단군왕검의 고조선 건국 이야기 기록 |
| 범위 | • 만주 랴오닝 지방을 중심으로 한반도 서북부 지방까지 세력 확대<br>• 문화 범위 근거: 비파형 동검, 탁자식 고인돌의 분포 |
| 사회 | • 계급 사회: 강력한 왕이 등장하고 왕 아래 상·대부·장군 등의 관직을 둠, 지배층(정치·군사 업무 담당)과 피지배층(생산 담당)으로 나뉨<br>• 제정일치 사회(단군왕검의 칭호)<br>• 부족 연합 국가: 새로운 세력과 토착 세력의 결합<br>• 사회 질서 유지를 위한 엄격한 법인 8조법(범금 8조) 존재 → 3개 조항만이 전해짐<br>• 농경 중심 사회 |

**+ 청동기의 제작과 사용**

청동기는 원료를 구하기가 힘들고 만들기도 어려워 생활 도구로 사용하기에 적합하지 않았고, 당시 지배층만이 무기나 제사용 도구로 청동기를 소유할 수 있었다.

**+ 미송리식 토기**

**+ 울주 대곡리 반구대 바위그림**

**+ 고조선의 문화 범위**

**📖 꼼꼼 단어 돋보기**

**● 군장**

청동기 시대 이후에 등장한 부족의 우두머리로 권력을 가진 지배자

옛날 ⊙ 환인의 아들 환웅이 천부인 3개와 3,000명의 무리를 이끌고 태백산 신단수 밑에 내려왔는데 이곳을 신시라 하였다. 그는 ⓒ 풍백, 우사, 운사로 하여금 인간의 360여 가지의 일을 주관하게 하였는데 그중에서도 곡식, 생명, 질병, 형벌, 선악 등 5가지 일이 가장 중요한 것이었다. 이로써 인간 세상을 교화시키고 ⓒ 인간을 널리 이롭게 하였다. 이때 ⓔ 곰과 호랑이가 사람이 되기를 원하므로 환웅은 쑥과 마늘을 주고 이것을 먹으면서 100일간 햇빛을 보지 않는다면 사람이 될 것이라고 하였다. ⓜ 곰은 금기를 지켜 21일 만에 여자로 태어났고 환웅과 혼인하여 아들을 낳았다. 이가 곧 ⓗ 단군왕검이다.
— 일연, 『삼국유사』 —

⊙ 환인, 환웅: •선민사상
ⓒ 풍백, 우사, 운사(바람, 비, 구름의 주관자): 농경 사회
ⓒ 홍익인간: 건국 이념
ⓔ 곰, 호랑이: 토테미즘(동물 숭배)
ⓜ 웅녀와 환웅의 결합: 토착민과 유이민 세력의 결합
ⓗ 단군왕검: 단군은 '제사장', 왕검은 '정치적 지배자'를 의미(제정일치 사회)

② 고조선의 발전

| 기원전 4세기경 | 중국의 연과 맞설 정도로 성장 |
|---|---|
| 기원전 3세기경 | 부왕, 준왕 등 강력한 왕이 등장하여 왕위 세습 |
| 위만 조선 성립 (기원전 194) | • 진·한 교체기에 위만과 1,000여 명의 •유이민 이주 → 준왕은 위만에게 서쪽 지역의 수비를 담당하게 하였으나 위만이 세력을 키워 준왕을 몰아내고 왕이 됨<br>• 특징: 철기 문화의 본격적 수용 → 농업 생산력 증대, 중국의 한과 한반도 남부 세력 사이에서 •중계 무역을 통해 이익 독점 |
| 고조선 멸망 (기원전 108) | • 고조선의 성장을 경계한 한 무제의 침략 → 우거왕이 1년여 동안 항전하였으나 수도 왕검성 함락, 고조선 멸망<br>• 한이 옛 고조선의 땅 지배(4개의 군현 설치, 법률이 복잡해지고 사회가 각박해짐) |

➕ 위만
위만이 고조선으로 망명할 때 상투를 틀고 오랑캐의 옷(호복)을 입었다고 기록되어 있어 위만을 동이족 계통의 인물로 추측한다.

백성들에게 금하는 법 8조가 있었다. ⊙ 사람을 죽인 자는 즉시 죽이고, ⓒ 남에게 상처를 입힌 자는 곡식으로 갚는다. ⓒ 도둑질한 자는 노비로 삼는데, 용서받고자 하는 자는 한 사람마다 50만 전을 내야 한다.
— 『한서』 지리지 —

⊙: 개인의 생명 존중, 노동력 중시
ⓒ: 사유 재산 중시, 농업 중심 사회
ⓒ: 사유 재산 중시, 계급 사회

## 콕콕 개념 확인하기

1. 구석기 시대 사람들은 _____(이)나 바위 그늘, _____에서 생활하였다.
2. 신석기 시대에는 돌을 갈아서 만든 _____을/를 사용하였다.
3. 청동기 시대에는 한반도 남부 지역에서 _____농사가 시작되었고, 간석기인 _____(으)로 곡식을 수확하였다.
4. 고조선의 문화 범위를 알려 주는 근거는 _____ 동검, 탁자식 고인돌이다.

답  1. 동굴, 막집  2. 간석기  3. 벼, 반달 돌칼  4. 비파형

🔍 꼼꼼 단어 돋보기

● 선민사상
신에게 선택받은 민족이라는 자긍심

● 유이민
다른 지역으로부터 온 사람

● 중계 무역
다른 나라로부터 사들인 물자를 그대로 제3국으로 수출하는 형식의 무역

## ❷ 여러 나라의 성장

### 1. 철기의 보급

| 시기 | 기원전 5세기경 만주와 한반도에 보급 → 기원전 1세기경에 본격적으로 사용 |
|---|---|
| 도구 | • 철은 원료를 구하기 쉽고 재질이 단단하여 각종 생활 도구로 이용<br>• 철제 무기: 활발한 정복 전쟁을 통한 영역 확대 → 국가 형성<br>• 철제 농기구: 농업 생산력 향상으로 인구 증가<br>• 청동기: 장신구나 의례 도구로 사용, 한반도에 독자적인 청동기 문화 발달<br>• 토기: 민무늬 토기, 덧띠 토기, 검은 간 토기 |
| 사회 | • 만주와 한반도에 철기 문화를 바탕으로 한 새로운 국가 출현: 부여, 고구려, 옥저, 동예, 삼한<br>• 사회 계층화와 직업 전문화 |
| 교류 | • 중국과의 활발한 교류: 중국 화폐 발견(명도전·반량전·오수전), 경남 창원 다호리 유적에서 붓 출토(한자 사용 짐작)<br>• 일본과도 교류 |
| 무덤 | 독무덤(항아리), 널무덤(나무 널) |

**✛ 명도전**

**✛ 경남 창원 다호리 유적 출토 붓**

**✛ 독무덤**

---

**쏙쏙 이해 더하기**    한반도의 독자적인 청동기 문화 발달

🔺 세형 동검      🔺 잔무늬 거울      🔺 청동 도끼 거푸집

철기 시대에 한반도의 청동기 문화는 독자성을 띠며 발전한다. 이를 보여 주는 대표적인 유물로는 비파형 동검에 비해 더 가늘어진 모양을 띠며 '한국식 동검'이라고 불리는 세형 동검과 잔무늬 거울, 청동기 거푸집이 있다.

---

### 2. 여러 나라의 성장✛

### (1) 만주와 한반도 북부에서 등장한 국가

① 부여

| 건국 | 중국 쑹화강 유역의 넓은 평야 지대에서 여러 부족이 연합하여 건국 |
|---|---|
| 정치 | • 여러 부족의 연맹으로 국가 형성 → 왕권 미약<br>• 왕 아래 마가, 우가, 저가, 구가 등의 여러 가(加)들이 사출도를 다스림<br>• 대가들이 왕을 추대하고, 왕과 여러 가들이 함께 국가의 중요한 일을 결정함<br>• 대사자, 사자 등의 관리를 둠 |
| 경제 | 농경(밭농사)과 목축 발달, 말·주옥·모피 생산(특산물) |
| 풍속 | • 순장: 왕이 죽으면 많은 사람들을 껴묻거리와 함께 매장<br>• 우제점법: 소를 죽여 그 발굽을 보고 길흉을 판단하여 국가 중대사를 결정<br>• 형사취수제: 형이 죽으면 동생이 형수를 아내로 삼음 → 노동력 중시<br>• 엄격한 법: 살인자는 사형에 처하고 그 가족은 노비로 삼음, 간음한 자와 투기가 심한 부인은 사형, 물건을 훔치면 물건 값의 12배 배상(1책 12법) |
| 제천 행사 | 매년 12월에 영고 개최 |
| 의의 | 고구려와 백제의 뿌리가 됨 |

**✛ 여러 나라의 성장**

**✛ 사출도**

부여의 행정 구역을 의미하는데, 중앙은 왕이 다스리고 여러 가들은 각자의 영역을 독자적으로 다스렸다.

🔍 **꼼꼼 단어 돋보기**

● **껴묻거리**

무덤 안에 시신과 함께 묻는 물건(=부장품)

● **제천 행사**

풍년, 나라의 발전 등을 기원하며 하늘에 제사를 지내는 행사나라에는 군왕이 있다. 가축의 이름으로 관명을 정하여 마가·우가·저가·구가·대사·대사자·사자가 있다. 읍락에는 호민이 있으며 하호라 불리는 백성은 모두 노복과 같았다. 제가들은 별도로 사출도를 주관하는데, 큰 곳은 수천 가이며 작은 곳은 수백 가였다.

– 『삼국지』, 위서 동이전 –

② 고구려

| 건국 | 부여에서 이주해 온 주몽이 졸본 지역에서 압록강 토착 세력과 연합하여 건국 |
|---|---|
| 정치 | • 5부족 연맹 국가 → 왕권 미약<br>• 왕 아래 상가, 고추가 등 대가들이 각자의 영역을 다스림<br>• 왕과 대가들이 제가 회의에서 국가의 중요한 일을 결정함 |
| 경제 | 산악 지대에 위치하여 농경 불리 → 활발한 정복 활동(약탈 경제) → 옥저와 동예의 공납을 받음 |
| 풍속 | • 서옥제: 혼인 후 신랑이 신부 집 뒤편에 작은 별채(서옥)를 지어 생활하다가 자식이 자라면 처자식을 데리고 자기 집으로 돌아감(일종의 데릴사위제)<br>• 형사취수제: 부여와 마찬가지로 형이 죽으면 동생이 형수를 아내로 삼음 → 노동력 중시<br>• 무예 숭상: 활쏘기 등 수렵 대회 개최 |
| 제천 행사 | 10월에 동맹 개최 |

(2) 한반도에서 등장한 국가

① 옥저와 동예[+]

| 구분 | 옥저 | 동예 |
|---|---|---|
| 위치 | 함경도 동해안 지역 | 강원도 동해안 지역 |
| 정치 | • 군장 국가: 군장(읍군, 삼로)이 각각의 영역을 다스림(왕은 존재하지 않음)<br>• 일찍부터 고구려의 간섭을 받음 | |
| 경제 | 소금, 해산물 등 풍부 → 고구려에 공납을 바침 | • 해산물 풍부, 토지 비옥<br>• 특산물(단궁, 과하마, 반어피) → 고구려에 공납을 바침<br>• 방직 기술 발달 |
| 풍속 | • 민며느리제: 신부가 될 어린아이를 신랑 집에서 데려다 키운 후 성인이 되면 신랑 측에서 대가를 지불하고 혼인함<br>• 가족 공동 무덤: 가족이 죽으면 임시로 묻어 두었다가 나중에 뼈를 추려 함께 매장함 | • 족외혼: 같은 씨족끼리는 혼인하지 않음<br>• 책화: 다른 부족의 영역을 침범하면 노비나 소, 말 등으로 갚게 함<br>• 호랑이를 신으로 여김 |
| 제천 행사 | – | 매년 10월에 무천 개최 |

여자 나이 10살이 되기 전에 혼인을 약속한다. 신랑 집에서는 여자를 데려와서 기른다. 여자가 어른이 되면 친정으로 돌려보내고 신랑 집에서 돈을 낸 뒤 다시 데려온다.

– 『삼국지』, 위서 동이전 –

**[+] 옥저와 동예**

한반도 북부에 치우쳐 있어 발전이 늦었으며, 일찍부터 고구려의 간섭을 받아 연맹 왕국으로 발전하지 못하고 고구려에 흡수되었다.

**[+] 책화**

산천을 중시하여 각 부족의 영역을 함부로 침범하지 못하게 하였다. 만약 다른 부족의 생활권을 침범하면 노비나 소, 말 등으로 배상하게 하였다.

**꼼꼼 단어 돋보기**

● 공납
그 지방에서 나는 특산물을 바치는 일

● 데릴사위제
혼인이 이루어지면 남자가 여자의 집에서 살던 혼인 풍습

● 단궁
박달나무로 만든 활

● 과하마
작은 말

● 반어피
바다표범의 가죽

대군장이 없고, 한(漢) 이래로 후(侯)·읍군·삼로가 있어서 하호를 통치하였다. …… 그 풍속은 산천을 중요시
하여 산과 내마다 각기 구분이 있어 함부로 들어가지 않는다. 동성끼리는 결혼하지 않는다.
　　　　　　　　　　　　　　　　　　　　　　　　　　　　　　　　　　　　－「삼국지」 위서 동이전 －

② 삼한(마한, 진한, 변한)

| | | |
|---|---|---|
| 건국 | • 한반도 중남부 지역에서 여러 소국이 모여 건국[+]<br>• 마한: 삼한 중 가장 큰 세력으로 54개의 소국 중 목지국의 지배자가 마한<br>　왕으로 추대되어 삼한 전체를 이끎 → 백제로 발전<br>• 진한: 12개의 소국으로 구성 → 신라로 발전<br>• 변한: 12개의 소국으로 구성 → 가야 연맹으로 발전 | |
| 정치 | • 제정 분리 사회<br>• 정치: 군장(신지, 읍차 등)이 각 소국을 통치<br>• 제사: 천군이 신성 지역인 소도[+]에서 종교와 제사를 주관 | |
| 경제 | • 벼농사 발달: 농사에 적합한 기후 지역, 저수지 축조<br>• 변한의 철 생산: 질 좋은 철이 많이 생산되어 낙랑·왜에 수출, 화폐로 사용 | |
| 제천 행사 | 씨를 뿌리는 5월, 추수가 끝나는 10월에 계절제 개최 | |

**[+] 삼한의 건국**
고조선 멸망 이후 많은 유민들이 한반도 남부로 내려와 우수한 철기 문화를 전해 주고 토착 세력과 결합하여 삼한을 세웠다.

**[+] 소도**
군장의 영향력이 미치지 못하는 신성 지역으로, 이곳으로 죄인이 도망쳐도 잡지 못하였다.

**콕콕 개념 확인하기**

1. _____에는 왕 아래 마가, 우가, 저가, 구가 등이 다스리는 사출도가 있었다.
2. 고구려에는 일종의 데릴사위제인 _____(이)라는 혼인 풍습이 있었다.
3. _____에는 다른 부족의 영역을 침범하면 노비나 소, 말 등으로 갚게 하는 책화의 풍습이 있었다.
4. 삼한에서는 _____이/가 소도라는 신성 지역을 다스렸다.

　　　　　　　　　　　　　　　　　　답　1. 부여　2. 서옥제　3. 동예　4. 천군

## 3 삼국의 성립과 발전

### 1. 고대 국가의 성립

#### (1) 국가의 발전 과정과 중앙 집권 국가의 성립

① 국가의 발전 과정

| 군장 국가 | 연맹 왕국 | 중앙 집권 국가 |
|---|---|---|
| • 왕은 존재하지 않고 군장이 다스리는 국가<br>• 옥저, 동예, 삼한 | • 왕은 있으나 왕권이 미약한 국가<br>• 부여, 초기 고구려, 가야 | • 중앙의 왕에게 권력이 집중된 국가<br>• 고구려, 백제, 신라 |

② 중앙 집권 국가의 특징
　• 왕권 강화: 왕위 부자 상속 확립
　• 영토 확장: 활발한 정복 전쟁을 통한 영토 확장
　• 율령 반포: 관등제[+], 관복제[+] 마련 등 통치 체제 정비
　• 불교 수용: 백성의 사상적 통합 추구, 왕의 권위와 중앙 집권 체제 뒷받침

**[+] 관등제**
관리나 벼슬의 등급을 규정짓는 제도를 말한다.

**[+] 관복제**
옷의 색깔로 관리의 등급을 구분하는 제도이다.

## (2) 고구려의 건국과 성장

| 건국<br>(기원전 37) | 부여 계통의 유이민인 주몽(동명성왕)이 압록강 근처의 졸본에서 토착 세력과 연합하여 5부를 중심으로 한 연맹 왕국 건국 → 이후 1세기 초 유리왕 때 교통이 편리한 국내성으로 수도를 옮김 |
|---|---|
| 태조왕<br>(1세기 후반) | • 삼국 중 가장 먼저 중앙 집권 국가의 기틀 마련<br>• 계루부 고씨의 왕위 세습 확립(형제 상속)<br>• 옥저 정복, 요동 지방으로의 진출 시도 |
| 고국천왕<br>(2세기 후반) | • 부족적 성격의 5부를 행정적 성격의 5부로 개편: 5부의 독자성이 약화되고 그 지배자는 점차 귀족으로 편입됨 → 왕권 강화<br>• 왕위의 부자 상속 확립<br>• 진대법 실시: 봄에 곡식을 빌려주고 가을에 추수한 후 갚게 하는 빈민 구휼 제도, 재상 을파소의 건의로 시행 |
| 미천왕<br>(4세기 초) | • 낙랑군 등 중국 군현을 축출하여 대동강 유역 확보<br>• 요동으로 세력 확대 |
| 고국원왕<br>(4세기 중반) | • 중국 전연의 침입으로 국내성 함락<br>• 백제 근초고왕의 평양성 공격으로 고국원왕 전사 → 국가적 위기 |
| 소수림왕<br>(4세기 후반) | • 통치 체제 정비 노력 → 위기 극복, 중앙 집권 체제 강화<br>• 중국 전진으로부터 불교 수용<br>• 태학 설립: 유학 교육, 인재 양성 목적<br>• 율령 반포 |

**+ 5부**

계루부, 절노부, 관노부, 순노부, 소노부 5개의 부족을 말한다.

**+ 태학**

수도에 설립된 고구려의 최고 국립 교육 기관으로, 귀족의 자제들에게 유교 경전과 문학 등을 가르쳐 인재를 양성하였다.

## ☆(3) 백제의 건국과 성장

| 건국<br>(기원전 18) | • 부여·고구려계 유이민 세력(온조)과 한강 토착 세력이 연합하여 건국<br>• 마한의 백제국에서 시작하여 한강의 지리적 이점을 바탕으로 주변 소국 통합<br>• 수도: 한강 유역의 위례성(한성) |
|---|---|
| 고이왕<br>(3세기 중반) | • 중앙 집권 국가의 기틀 마련<br>• 좌평을 비롯한 관등제 정비, 관복제 제정<br>• 마한의 목지국을 병합하여 한반도 중부 지방 확보<br>• 중국과의 교류를 통해 발전된 문물 수용 |
| 근초고왕<br>(4세기 중반) | • 백제의 전성기<br>• 왕위의 부자 상속 확립<br>• 고구려 평양성을 공격하여 고국원왕을 전사시키고 황해도 일부 지역 차지<br>• 마한 전 지역 확보, 가야에 영향력 행사<br>• 해외 진출: 고구려와 신라 견제 목적 → 중국 남조의 동진 및 산둥 지방, 왜의 규슈 지방에 진출(칠지도 하사) |
| 침류왕<br>(4세기 말) | 중국 동진으로부터 불교 수용 |

**+ 4세기 백제의 발전**

**+ 칠지도**

백제 왕세자가 왜의 왕에게 하사한다는 내용이 새겨진 칼로, 근초고왕 시기에 만들어진 것으로 추정된다.

---

**쏙쏙 이해 더하기** | **백제 건국 세력이 부여·고구려계 유이민이라는 근거**

• 백제의 건국 설화에 백제의 시조인 온조가 고구려를 세운 주몽의 아들로 기록되어 있다.
• 백제 왕실이 부여씨를 사용하였다.
• 백제의 초기 무덤(예 서울 석촌동 고분군의 돌무지무덤) 양식이 고구려의 돌무지무덤(예 장군총) 양식과 유사하다.

### (4) 신라의 건국과 성장

| 건국<br>(기원전 57) | • 진한의 소국인 사로국에서 시작, 박혁거세가 경주 일대 6개 촌민의 추대를 받아 건국<br>• 수도: 금성(경주)[+]<br>• 초기에는 왕권이 미약하여 박, 석, 김의 세 성씨가 교대로 왕위 계승 |
|---|---|
| 내물왕<br>(4세기 후반) | • 중앙 집권 국가의 기틀 마련<br>• 왕권 강화: 김씨의 왕위 세습 확립, 지배자의 칭호로 '마립간'[+] 사용<br>• 영토 확장: 진한 지역 대부분 확보<br>• 고구려 광개토 대왕의 도움으로 왜군의 침입 격퇴 → 고구려의 간섭 심화, 고구려를 통해 중국의 선진 문물 수용<br>참고 고구려의 원조가 있었음을 보여 주는 근거: 광개토 대왕릉비, 호우명 그릇[+] |

[+] 신라의 불리한 지리적 여건

한반도 동남쪽에 위치하여 중국의 선진 문물 수용이 어려워 삼국 중에서 정치 발전이 가장 늦었다.

[+] 신라 왕호의 변천

거서간(귀인, 군장) → 차차웅(제사장) → 이사금(연장자) → 마립간(대군장) → 왕(중국식 칭호)

[+] 호우명 그릇(경주 호우총 출토 청동 '광개토 대왕'명 호우)

경주 호우총에서 발견된 청동 그릇으로, 그릇 밑바닥에 광개토 대왕의 묘호가 새겨져 있어 당시 신라에 미친 고구려의 영향력을 알 수 있는 유물이다.

### (5) 삼국의 통치 체제

| 구분 | | 고구려 | 백제 | 신라 |
|---|---|---|---|---|
| 지배층 | | 왕족(계루부 고씨),<br>5부의 귀족 | 왕족(부여씨),<br>8성의 귀족 | 왕족(김씨),<br>귀족(골품제) |
| 귀족 회의 | | 제가 회의 | 정사암 회의 | 화백 회의<br>(만장일치 방식) |
| 수상 | | 대대로 | 상좌평 | 상대등 |
| 행정 | 수도 | 5부 | 5부 | 6부 |
| | 지방 | 5부 | 5방 | 5주 |

## 2. 삼국의 발전과 경쟁

### (1) 고구려의 대외 팽창[+] 참고 고구려의 전성기

① 광개토 대왕(4세기 말~5세기 초)
  • 소수림왕 때의 체제 정비를 바탕으로 적극적인 대외 팽창 정책 추진
  • 거란, 후연 등을 공격하여 요동을 포함한 만주 대부분의 지역 차지
  • 백제 공격 → 한강 이북 지역 차지
  • 신라에 침입한 왜군 격퇴 → 신라에 대한 영향력 확대, 가야 지역까지 공격
  • '영락'이라는 독자적 연호 사용, 스스로 '태왕'이라 칭함
  • 아들인 장수왕이 광개토 대왕릉비를 세워 광개토 대왕의 업적 기록

② 장수왕(5세기)
  • 평양 천도: 국내성의 귀족 세력 약화, 남진 정책 추진 목적
  • 남진 정책을 통해 한강 이남 지역까지 차지 → 백제와 신라 압박 → 백제와 신라가 동맹 결성(나·제 동맹 성립)
  • 백제의 수도인 한성 함락, 백제 개로왕 전사 → 한강 유역 확보
  • 충주 고구려비를 세워 남한강 유역까지 진출하였음을 나타냄
    참고 충주 고구려비는 장수왕 때 세워진 것으로 추정됨

[+] 5세기 고구려의 발전

#### 📑 자료 스크랩　　광개토 대왕의 신라 원조

왕이 보병과 기병 5만을 보내 신라를 도와주었다. …… (광개토) 왕의 군대가 이르자 왜적이 도망하였다. 왜적을 쫓아 임나가라(가야)에 이르자 곧 복종하였다.
　　　　　　　　　　　　　　　　　　　　　　　　　　　　　　　　－ 광개토 대왕릉비 －

#### 🔍 꼼꼼 단어 돋보기

● 천도

수도를 옮김

### (2) 백제의 중흥 노력

#### ① 5세기 백제의 위기와 중흥 노력

| 개로왕 | 고구려 장수왕의 한성 공격으로 전사 |
| --- | --- |
| 문주왕 | 수도인 한성을 빼앗기고 웅진(오늘날 공주)으로 천도(475) → 한강 유역 상실 |
| 동성왕 | • 신라와 결혼 동맹을 체결하여 나·제 동맹 강화<br>• 신진 세력을 등용하여 귀족 세력 견제 |

#### ② 6세기 백제의 중흥 노력

| 무령왕<br>(6세기 초) | • 22담로에 왕족을 파견하여 지방 통제 강화<br>• 중국 남조와 외교 관계 강화 → 공주 무령왕릉 축조에 영향(중국 남조 양의 벽돌무덤 양식으로 지어짐) |
| --- | --- |
| 성왕<br>(6세기 전반) | • 수도 이전: 대외 진출에 유리한 사비(오늘날 부여)로 천도<br>• 국호 변경: 국호를 일시적으로 '남부여'로 바꿈<br>• 문화 교류: 왜에 불교를 비롯한 선진 문물 전파<br>• 중앙과 지방의 통치 제도 정비<br>• 신라 진흥왕과 연합 → 한강 하류 유역 일시적 회복 → 신라의 배신으로 한강 유역을 빼앗김(나·제 동맹 결렬) → 관산성 전투 패배(성왕 전사) |

### ☆(3) 신라의 발전과 영토 확장

#### ① 신라의 체제 정비와 발전

| 눌지왕<br>(5세기) | 백제 비유왕과 나·제 동맹 체결 |
| --- | --- |
| 지증왕<br>(6세기 초) | • 국호 변경: 신라<br>• 왕호 변경: 중국식 칭호인 '왕' 사용<br>• 이사부를 보내 우산국(울릉도) 일대 복속 → 신라 영토로 편입<br>• 우경 장려 → 농업 생산력 증대<br>• 지방 제도 정비, 지방관 파견 |
| 법흥왕<br>(6세기 전반) | • 통치 체제 확립: 병부 설치, 율령 반포, 관등제와 골품제 정비, 상대 등 설치<br>• 이차돈의 순교를 계기로 불교 공인<br>• 금관가야 병합 → 김해 지역 확보<br>• '건원'이라는 독자적 연호 사용 |

#### ② 신라의 한강 유역 진출

| 진흥왕<br>(6세기 중반) | • 신라의 전성기<br>• 화랑도를 국가 조직으로 개편 → 인재 양성, 계층 간의 대립 완화<br>• 불교 장려: 황룡사 건립, 불교 집회 개최<br>• 한강 유역 차지: 백제 성왕과 연합하여 고구려 공격 → 한강 상류 유역 차지 → 백제를 공격하여 한강 하류 유역도 장악<br>• 대가야 정복 → 낙동강 유역 차지, 가야 연맹 해체<br>• 영토 확장을 기념하기 위해 단양 신라 적성비와 4개의 순수비(서울 북한산 신라 진흥왕 순수비, 창녕비, 마운령비, 황초령비) 건립 |
| --- | --- |
| 신라의<br>한강 유역<br>확보의 의의 | • 삼국 간의 경쟁에서 유리한 위치 차지, 한반도의 주도권 장악 → 삼국 통일의 기틀 마련<br>• 한강 유역의 경제력 확보, 중국과 직접 교류 가능, 백제와 고구려의 연결 차단 |

**✚ 담로**

백제가 지방의 요지에 설치한 행정 구역으로, 지방에 대한 통제를 강화하기 위해 왕의 자제나 왕족을 보내 다스리게 하였다.

**✚ 6세기 신라의 발전**

**✚ 화랑도**

진골 출신의 화랑과 다양한 신분의 낭도로 구성된 신라의 청소년 단체이다. 진흥왕 때 국가 조직으로 정비되어 신라가 삼국을 통일하는 데 크게 기여하였다.

**🔍 꼼꼼 단어 돋보기**

● 우경

소를 이용하여 농사를 짓는 것

## 쏙쏙 이해 더하기 │ 신라의 신분 제도(골품제)

- **성립**: 중앙 집권 체제 정비 과정에서 지방의 부족장들을 왕 아래로 편입시키기 위해 세력의 크기에 따라 귀족의 등급을 나눈 신분 제도이다.
- **영향**: 혼인, 옷 색깔, 집의 크기 등 일상생활에도 영향을 끼쳤으며, 골품에 따라 관등 승진도 제한되었다.
- **분류**: 왕족인 성골과 진골, 귀족인 4~6두품, 그 이하는 평민으로 분류하였다.

**✚ 골품제**

| 등급 | 관등명 | 골품 | | | | 복색 |
|---|---|---|---|---|---|---|
| | | 진골 | 6두품 | 5두품 | 4두품 | |
| 1 | 이벌찬 | | | | | 자색 |
| 2 | 이찬 | | | | | |
| 3 | 잡찬 | | | | | |
| 4 | 파진찬 | | | | | |
| 5 | 대아찬 | | | | | |
| 6 | 아찬 | | | | | 비색 |
| 7 | 일길찬 | | | | | |
| 8 | 사찬 | | | | | |
| 9 | 급벌찬 | | | | | |
| 10 | 대나마 | | | | | 청색 |
| 11 | 나마 | | | | | |
| 12 | 대사 | | | | | 황색 |
| 13 | 사지 | | | | | |
| 14 | 길사 | | | | | |
| 15 | 대오 | | | | | |
| 16 | 소오 | | | | | |
| 17 | 조위 | | | | | |

### (4) 삼국의 한강 유역 확보

① 한강 유역 확보의 의미
- 위치적 측면: 한반도 중심에 위치하여 통치하기에 유리함
- 경제적 측면: 비옥한 평야 지대로 농경에 유리하고 상업과 교통의 요지에 해당함
- 외교적 측면: 중국과 직접 교류가 가능하여 외교적 우위를 차지할 수 있음

② 한강 유역 확보 순서
- 백제(4세기) → 고구려(5세기) → 신라(6세기)
- 각국이 전성기를 이룬 시기에는 반드시 한강 유역을 차지하였음

### (5) 가야 연맹의 성립과 발전

① 성립: 2세기 이후 옛 변한 지역(낙동강 하류 유역)에서 연맹 왕국 형성

② 가야 연맹의 변천[+]

**✚ 가야 연맹의 주도 세력 변화**

| 금관가야의 전기 가야 연맹 주도 | • 낙동강 하류 김해 지역의 금관가야(김수로왕의 건국 설화)를 중심으로 형성<br>• 질 좋은 철 생산과 교역으로 성장(원료인 덩이쇠를 화폐처럼 사용하기도 함)<br>• 제철 기술을 바탕으로 우수한 철기 제작<br>• 해상 활동에 유리한 위치로 낙랑·왜 등지에 철 수출<br>• 400년 고구려 광개토 대왕이 신라에 침입한 왜군을 격퇴하는 과정에서 금관가야 쇠퇴 → 연맹의 주도권 상실<br>• 신라 법흥왕에게 금관가야 멸망 |
|---|---|
| 대가야의 후기 가야 연맹 주도 | • 낙동강 서쪽 고령 지역의 대가야를 중심으로 형성<br>• 토지가 비옥하여 농경 발달, 철 생산으로 성장<br>• 삼국이 경쟁하는 틈을 타 세력 확장, 중국 남조 및 왜와 교류<br>• 신라 진흥왕에게 대가야 멸망[+] |

**✚ 가야 연맹이 중앙 집권 국가로 발전하지 못한 이유**

백제와 신라 사이에서 압박을 받았고 각 소국들이 독자적인 정치적 기반을 유지하고 있었기 때문이다.

⬆ 덩이쇠

⬆ 김해 대성동 고분군 출토 판갑옷(금관가야)

⬆ 고령 지산동 32호분 출토 금동관(대가야)

### 콕콕 개념 확인하기

1. 백제의 _____왕은 왕위의 부자 상속을 확립하고 백제의 전성기를 이끌었다.
2. 신라의 _____왕은 마립간이라는 왕호를 처음으로 사용하였다.
3. 고구려의 _____왕은 수도를 평양으로 옮기고 적극적인 _____ 정책을 추진하였다.
4. 신라의 법흥왕은 _____을/를 반포하고 _____을/를 공인하였다.
5. 백제의 성왕은 신라의 _____왕과 함께 한강 유역을 되찾았지만 _____ 전투에서 신라에게 패배하였다.

답  1. 근초고  2. 내물  3. 장수, 남진  4. 율령, 불교  5. 진흥, 관산성

## 4 삼국의 문화와 대외 교류

### 1. 삼국의 종교와 학문

#### (1) 삼국의 종교

##### ① 불교의 수용

| 수용<br>시기 | • 고구려: 소수림왕 때 중국 전진으로부터 수용<br>• 백제: 침류왕 때 중국 동진으로부터 수용<br>• 신라: 고구려에서 전래, 수용 과정에서 귀족들의 반발 → 6세기 법흥왕 때 이차돈의 순교를 계기로 공인 |
|---|---|
| 특징 | • 중앙 집권 국가로 발전하는 과정에서 왕권 강화와 백성의 사상적 통합을 위해 수용<br>• 왕실의 주도로 국가적 종교로 발전 → '왕즉불' 사상을 바탕으로 왕의 권위를 뒷받침, 불교식 왕명을 사용하기도 함<br>• 호국 불교: 국가의 안녕과 발전을 기원하며 거대한 사찰과 탑 건립 |

##### ☆ ② 불교 예술의 발달

| 구분 | 고구려 | 백제 | 신라 |
|---|---|---|---|
| 탑 | 주로 목탑으로 제작되어 현재는 전하지 않음 | • 익산 미륵사지 석탑<br>: 목탑 양식 계승, 금제 사리 봉안기 발견<br>• 부여 정림사지 5층 석탑<br>: 목탑 양식 계승 | • 경주 분황사 모전 석탑<br>: 돌을 벽돌처럼 깎아 축조<br>• 황룡사 9층 목탑(선덕여왕): 자장의 건의로 축조, 몽골의 침입으로 소실 |
| 사찰 | – | 미륵사(무왕) | 황룡사(진흥왕) |
| 불상 | 금동 연가 7년명 여래 입상 | 서산 용현리 마애여래 삼존상: 온화한 미소가 특징, '백제의 미소' | 경주 배동 석조 여래 삼존 입상 |

🔺 익산 미륵사지 석탑

🔺 부여 정림사지
5층 석탑

🔺 경주 분황사 모전 석탑

🔺 금동 연가 7년명
여래 입상

🔻 서산 용현리
마애여래 삼존상

🔺 경주 배동 석조 여래 삼존 입상

**🔍 꼼꼼 단어 돋보기**

● 왕즉불

'왕은 곧 부처'라는 사상

③ 도교의 수용

| 전래 | 일찍부터 중국에서 전래 → 산천 숭배와 신선 사상을 중심으로 귀족 사회에서 유행 |
|---|---|
| 관련 유물 | 고구려의 사신도 고분 벽화, 백제 금동 대향로, 백제의 산수무늬 벽돌 |

⬆ 강서대묘의 사신도 중 현무도(고구려)

⬆ 백제 금동 대향로

⬆ 산수무늬 벽돌(백제)

## (2) 삼국의 학문

① 유학의 발전

| 고구려 | • 태학: 중앙 최고의 유학 교육 기관, 유교 경전과 역사서 교육<br>• 경당: 지방 교육 기관, 한학과 무술 교육 |
|---|---|
| 백제 | 오경박사가 유학 교육 담당 |
| 신라 | 임신서기석(신라의 청년들이 유교 경전을 공부하겠다고 다짐한 내용이 기록되어 있음) |

② 역사책 편찬: 현재 전하지 않음

| 고구려 | 이문진이 『유기』 100권을 간추린 『신집』 5권 편찬(영양왕) |
|---|---|
| 백제 | 고흥이 『서기』 편찬(근초고왕) |
| 신라 | 거칠부가 『국사』 편찬(진흥왕) |

③ 과학 기술

| 천문학 | • 농업 발전과 왕의 정통성을 하늘과 연결하기 위해 천문 현상에 관심을 둠<br>• 고구려: 천문도(고분 벽화의 별자리 그림)<br>• 신라: 첨성대(선덕 여왕) |
|---|---|
| 금속 기술 | • 고구려: 철제 기구 생산 기술 발달<br>• 백제: 칠지도, 백제 금동 대향로<br>• 신라: 금 세공 기술 발달 |

## (3) 삼국 시대 사람들의 생활 모습

① 의식주

| 구분 | 귀족 | 평민 |
|---|---|---|
| 의생활 | 주로 화려한 비단옷을 입음 | 주로 베옷을 입음 |
| 식생활 | 주로 쌀, 가축, 해산물, 과일 등을 먹음 | 주로 수수, 보리, 조, 기장 등 잡곡을 먹음 |
| 주생활 | 기와집에서 생활하고, 곡식 및 수레를 보관하는 창고를 둠 | 초가집에서 생활함 |

✚ 임신서기석

✚ 첨성대

신라 선덕 여왕 때 건립된 것으로, 천문 관측 기구로 추정된다.

📖 **꼼꼼 단어 돋보기**

● 오경박사
유교의 다섯 가지 기본 경전을 통달한 박사에게 준 관직명

② 고분 양식

| 고구려 | • 초기: 돌무지무덤 (예) 장군총<br>• 후기: 굴식 돌방무덤 (예) 무용총 |
|---|---|
| 백제 | • 한성 시기: 돌무지무덤 (예) 서울 석촌동 고분<br>• 웅진 시기: 벽돌무덤((예) 무령왕릉), 굴식 돌방무덤<br>• 사비 시기: 굴식 돌방무덤 |
| 신라 | • 초기: 돌무지덧널무덤 (예) 천마총[+]<br>• 후기(통일 이후): 굴식 돌방무덤 |

③ 고분 벽화
   • 무덤 안 돌방의 벽면과 천장에 무덤 주인이나 불교, 도교에 관한 벽화를 그렸음
   • 당시 사람들의 •내세관을 엿볼 수 있음

**쏙쏙 이해 더하기** | **삼국 시대의 고분**

| 돌무지무덤 | 굴식 돌방무덤 | 돌무지덧널무덤 |
|---|---|---|
| 목곽 위로 돌을 쌓아 올리는 무덤 양식 | • 무덤 안에 돌로 된 방을 만들고 그 위에 흙을 덮는 무덤 양식으로 중국의 영향을 받음<br>• 방의 벽과 천장에 벽화를 그리기도 함<br>• 입구가 있기 때문에 도굴이 쉬움 | • 땅을 파서 목곽을 넣고 그 위에 돌을 덮은 후 봉토를 쌓아 올린 무덤 양식<br>• 구조상 벽화를 그릴 수 없기 때문에 벽화는 남아 있지 않음<br>• 도굴이 어려워 많은 껴묻거리가 남아 있음 |

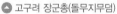
△ 고구려 장군총(돌무지무덤)

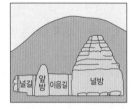
넘길 앞방 이음길 널방
△ 굴식 돌방무덤의 구조

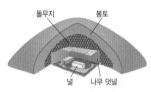
돌무지 봉토
널 나무 덧널
△ 돌무지덧널무덤의 구조

## 2. 삼국의 대외 교류

★(1) 일본과의 교류[+]  참고 6세기 후반에 발달한 일본의 고대 문화인 아스카 문화 형성에 영향을 줌

| 고구려 | • 혜자: 일본 쇼토쿠 태자의 스승<br>• 담징: 종이와 먹 제조법 전승, 일본 호류사 금당 벽화를 남겼다고 전해짐<br>• 일본 다카마쓰 고분에서 고구려의 수산리 고분 벽화와 비슷한 벽화 발견<br>　참고 인물의 복식, 벽화의 내용 등이 흡사함 |
|---|---|
| 백제 | • 삼국 중 일본에 가장 많은 영향을 줌<br>• 아직기, 왕인: 한자와 유학 전파<br>• 노리사치계: 성왕 때 일본에 불교 전파<br>• 오경박사, 역박사, 의박사 파견<br>• 칠지도: 일본과의 교류 확인 |
| 신라 | 제방 쌓는 기술('한인의 연못')과 배 만드는 기술 전파 |
| 가야 | • 토기 제작 기술 전파 → 일본 토기인 '스에키'에 영향<br>• 철 수출 |

**+ 천마총에서 출토된 천마도**

흙이 튀는 것을 방지하는 말다래에 그려진 말 그림이다.

**+ 미륵보살 반가 사유상**

삼국 시대의 반가 사유상과 일본의 반가 사유상은 그 형태가 매우 유사하다. 이를 통해 일본이 삼국의 영향을 받았음을 짐작할 수 있다.

△ 삼국 시대의 금동 미륵보살 반가 사유상

△ 일본 고류사 목조 미륵보살 반가 사유상

**꼼꼼 단어 돋보기**

● 내세관
사후 세계에 대한 관념

⬆ 수산리 고분 벽화(고구려)

⬆ 다카마쓰 고분 벽화(일본)

⬆ 스에키

## (2) 중국, 서역과의 교류

| | |
|---|---|
| 고구려 | • 고분 벽화를 통해 서역 국가들과 교류하였음을 알 수 있음(고구려의 고분인 각저총에 그려진 서역인의 모습⁺등)<br>• 중국 남북조와 교류하며 한자, 불교, 도교 수용 |
| 백제 | • 중국 남조의 영향을 받아 벽돌무덤인 공주 무령왕릉 제작<br>• 서해와 남해를 연결하는 해상 교역 주도 |
| 신라 | 고구려와 백제를 통해 중국과 교류 → 한강 유역을 차지한 이후 중국과 직접 교류 |

✚ 각저총 씨름도

**콕콕 개념 확인하기**

1. 산수무늬 벽돌, 백제 금동 대향로는 _____와 관련 있는 유물이다.
2. _____무덤은 벽화를 그릴 수 있고 도굴이 쉬운 구조이다.

답  1. 도교  2. 굴식 돌방

**꼼꼼 단어 돋보기**

● 서역
중국 서쪽에 있던 나라들을 이르는 말
(중앙아시아, 인도 등지)

# 탄탄 실력 다지기

**01** 구석기 시대의 생활 모습으로 옳은 것은?　　2019년 1회

① 뗀석기 사용
② 고인돌 제작
③ 비파형 동검 사용
④ 농경과 목축 시작

**주목**
**02** 다음 유물에 대한 옳은 설명을 〈보기〉에서 고른 것은?

▲ 주먹도끼

**보기**

ㄱ. 주로 농경에 사용되었다.
ㄴ. 사냥 도구로 사용되었다.
ㄷ. 돌을 깨뜨려 만든 도구이다.
ㄹ. 같은 시기에 가락바퀴와 뼈바늘이 출토되었다.

① ㄱ, ㄴ　　　　② ㄱ, ㄷ
③ ㄴ, ㄷ　　　　④ ㄴ, ㄹ

**03** 신석기 시대의 생활 모습으로 옳지 <u>않은</u> 것은?

① 옷을 지어 입기 시작하였다.
② 농경과 목축이 시작되었다.
③ 계급 발생으로 군장이 출현하였다.
④ 애니미즘, 토테미즘 사상이 나타났다.

**04** 다음 유물이 처음 제작된 시기의 특징으로 옳은 것은?
2019년 2회

▲ 빗살무늬 토기

① 고조선이 건국되었다.
② 지배 계급이 등장하였다.
③ 비파형 동검을 사용하였다.
④ 농경과 목축이 시작되었다.

**05** 구석기 시대와 신석기 시대를 비교한 내용으로 옳지 <u>않은</u> 것은?

| | 구분 | 구석기 시대 | 신석기 시대 |
|---|---|---|---|
| ① | 도구 | 간석기 | 뗀석기 |
| ② | 생활 | 사냥 | 농경 |
| ③ | 주거 | 동굴 | 움집 |
| ④ | 사회 | 평등 사회 | 평등 사회 |

**06** 다음 유물이 처음 제작되었던 시기는?　　2020년 1회

▲ 비파형 동검

① 구석기 시대　　　② 신석기 시대
③ 청동기 시대　　　④ 철기 시대


**07** 다음 유물이 제작된 시기의 생활 모습으로 옳은 것은?

▲ 반달 돌칼

① 평등 사회
② 고인돌 제작
③ 철제 농기구 보급
④ 농경과 목축 시작


주목
**08** 다음 유적이 처음으로 만들어진 시대의 생활 모습으로 가장 적절한 것은?　　2021년 1회

▲ 탁자식 고인돌

① 주로 동굴에서 생활하였다.
② 농경과 목축을 시작하였다.
③ 철제 농기구를 사용하였다.
④ 지배자인 군장이 등장하였다.


**09** 다음 내용에 해당하는 나라는?　　2017년 1회

> • 청동기를 배경으로 한 우리나라 최초의 국가
> • '널리 인간을 이롭게 한다'는 건국 이념
> • 나라를 다스리기 위한 8조의 법

① 동예　　　　　② 부여
③ 고구려　　　　④ 고조선


**10** (가)에 들어갈 칭호는?　　2018년 2회

> 　(가)　은/는 제사장이자 정치적 지배자를 의미하는 칭호로, 고조선이 제정일치 사회였음을 보여 준다.

① 우가　　　　　② 마립간
③ 상대등　　　　④ 단군왕검


**11** 다음 내용과 관련 있는 국가는?

> 당시의 사회상을 알려 주는 8조법

① 백제　　　　　② 신라
③ 고구려　　　　④ 고조선

**12** 철기의 보급으로 인한 사회 변화로 옳은 것은?

① 부족 간의 전쟁으로 인구가 감소하였다.
② 철제 농기구의 사용으로 농업 생산량이 증가하였다.
③ 우리 역사상 최초의 국가인 고조선이 등장하였다.
④ 연장자가 부족을 이끌어 가는 평등 사회로 변하였다.

**13** 다음 무덤이 널리 제작된 시대는?

▲ 독무덤

① 구석기 시대
② 신석기 시대
③ 청동기 시대
④ 철기 시대

**14** 다음 내용과 관련 있는 국가는?

| | |
|---|---|
| • 사출도 | • 순장 |
| • 연맹 왕국 | • 영고 |

① 부여
② 삼한
③ 동예
④ 고구려

**15** 다음 설명에 해당하는 국가는?

• 부여계 유이민인 주몽이 졸본에서 건국
• 혼인 풍습으로 서옥제가 있었고, 동맹이라는 제천 행사를 개최하였음

① 부여
② 신라
③ 옥저
④ 고구려

주목
**16** (가)에 해당하는 국가는?

(가) 의 특징

• 풍습: 민며느리제, 가족 공동 무덤
• 경제: 소금과 해산물이 풍부하였음

① 부여
② 옥저
③ 동예
④ 삼한

**17** 다음 설명에 해당하는 나라는?  2017년 2회

• 10월에 무천이라는 제천 행사를 열었다.
• 다른 부족의 영역을 침범하면 노비와 소, 말 등으로 배상해야 하는 책화의 풍습이 있었다.

① 동예
② 신라
③ 고려
④ 조선

**18** 다음에서 설명하는 제도의 명칭은?

> 동예에서는 다른 부족의 영역을 침범하면 노비나 소, 말 등으로 갚게 하였다.

① 소도
② 신지
③ 책화
④ 천군

**19** 다음 내용과 관련 있는 나라는?

> 소도는 군장 세력의 영향력이 미치지 못하는 지역으로 죄인이 도망쳐 와도 잡지 못하였다.

① 동예
② 부여
③ 삼한
④ 옥저

**20** 고대 국가의 발전 과정 중 (가) 국가의 특징으로 옳은 것은?

군장 국가 → 연맹 왕국 → (가) 중앙 집권 국가

① 도교 장려
② 율령 반포
③ 왕위 형제 상속
④ 군장 세력 강화

**21** 다음 정책을 시행한 고구려의 왕은? 2021년 1회

> • 불교 수용
> • 태학 설립
> • 율령 반포

① 광종
② 세종
③ 의자왕
④ 소수림왕

주목
**22** 다음에서 설명하는 백제의 왕은? 2020년 2회

> • 4세기 백제의 전성기를 이룸
> • 고구려를 공격하여 황해도 일부를 차지함
> • 마한 지역을 통합하고 왕위 부자 상속을 확립함

① 광해군
② 공민왕
③ 신문왕
④ 근초고왕

**23** 학생들의 수행 평가 과제의 주제로 적절하지 <u>않은</u> 것은?

이번 수행 평가 과제는 '삼국 시대 정치 제도 조사하기'입니다.

① 제가 회의를 주관하는 대대로
② 화백 회의를 주관하는 상대등
③ 정사암 회의를 주관하는 상좌평
④ 도병마사에서 국방 문제를 논의하는 문벌 귀족

**24** 다음에서 설명하는 고구려 왕은?　　　　2018년 2회

〈고구려의 발전〉

• 신라에 침입한 왜군을 격파
• 만주와 한반도 중부에 이르는 영토 확장
• 그의 아들 장수왕이 업적을 기리기 위해 비석 건립

① 법흥왕　　　　　② 무령왕
③ 고이왕　　　　　④ 광개토 대왕

**25** 다음 유물을 통해 알 수 있는 사실은?

▲ 호우명 그릇

① 장수왕과 관련된 유물이다.
② 신라가 고구려의 공격을 받았다.
③ 고구려가 한강 유역을 차지하였다.
④ 신라가 광개토 대왕의 도움으로 왜군을 격퇴하였다.

**26** 다음 내용에 해당하는 고구려의 왕은?　　　　2019년 1회

• 수도를 평양으로 옮겨 남진 정책을 추진함
• 백제를 공격하여 한강 유역을 차지함

① 성왕　　　　　② 장수왕
③ 진흥왕　　　　　④ 근초고왕

주목

**27** (가)에 해당하는 문화재는?　　　　2017년 1회

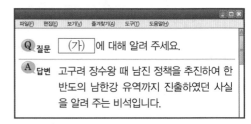

Q 질문　(가)에 대해 알려 주세요.

A 답변　고구려 장수왕 때 남진 정책을 추진하여 한
반도의 남한강 유역까지 진출하였던 사실
을 알려 주는 비석입니다.

① 척화비
② 탕평비
③ 충주 고구려비
④ 백두산정계비

**28** ㉠에 들어갈 백제 왕의 업적으로 옳은 것은?

신라의 진흥왕과 백제의 ( ㉠ )은/는 함께 한강
유역을 되찾았다.

① 사비 천도
② 22담로에 왕족 파견
③ 왕위 부자 상속 확립
④ 중앙 집권 국가의 기틀 마련

**29** 다음 설명에 해당하는 신라의 왕은?

• '신라'라는 국호와 '왕' 칭호를 사용함
• 이사부를 보내 우산국을 정복함

① 태종　　　　　② 광해군
③ 법흥왕　　　　　④ 지증왕

**30** 신라 법흥왕의 업적으로 옳은 것을 〈보기〉에서 고른 것은?　　　　　　　　　2020년 1회

> **보기**
> ㄱ. 불교 공인　　　　ㄴ. 율령 반포
> ㄷ. 경복궁 중건　　　ㄹ. 훈민정음 창제

① ㄱ, ㄴ　　　　　② ㄱ, ㄹ
③ ㄴ, ㄷ　　　　　④ ㄷ, ㄹ

**31** (가)에 들어갈 신라의 왕은?　　　　　2019년 2회

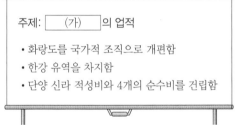

> 주제: ［　(가)　］의 업적
> • 화랑도를 국가적 조직으로 개편함
> • 한강 유역을 차지함
> • 단양 신라 적성비와 4개의 순수비를 건립함

① 신문왕　　　　　② 진흥왕
③ 장수왕　　　　　④ 근초고왕

**32** 신라 진흥왕의 업적을 〈보기〉에서 고른 것은?　　　　　　　　　2018년 1회

> **보기**
> ㄱ. 평양 천도　　　ㄴ. 마한 정복
> ㄷ. 화랑도 개편　　ㄹ. 한강 유역 확보

① ㄱ, ㄴ　　　　　② ㄱ, ㄹ
③ ㄴ, ㄷ　　　　　④ ㄷ, ㄹ

**33** 다음 왕들의 공통점으로 옳은 것은?

> • 근초고왕
> • 장수왕
> • 진흥왕

① 불교 수용
② 율령 반포
③ 한강 유역 차지
④ 중앙 집권 국가의 기틀 마련

**34** 신라가 다음과 같은 효과를 얻는 데 직접적인 계기가 된 사건은?

> • 고구려와 백제의 연결 차단
> • 바다를 통해 중국과 직접 교역

① 법흥왕이 골품제를 정비하였다.
② 지증왕이 우산국을 정복하였다.
③ 진흥왕이 대가야를 정복하였다.
④ 진흥왕이 한강 유역을 장악하였다.

**35** 대가야에 대한 설명으로 옳지 <u>않은</u> 것은?

① 옛 변한 지역에서 성장하였다.
② 후기 가야 연맹을 주도하였다.
③ 철 생산을 기반으로 성장하였다.
④ 신라 법흥왕에 의해 멸망하였다.

## 36 다음과 같은 문화유산을 남긴 국가는?

▲ 익산 미륵사지 석탑

① 가야      ② 백제
③ 신라      ④ 고구려

## 37 다음 유적을 만든 나라는?

2018년 1회

▲ 정림사지 5층 석탑     ▲ 무령왕릉

① 백제      ② 신라
③ 고려      ④ 조선

## 38 다음 유물과 관련된 사상은?

▲ 산수무늬 벽돌     ▲ 백제 금동 대향로

① 도교      ② 유교
③ 천주교      ④ 풍수지리설

## 39 다음 밑줄 친 '이 무덤'에 해당하는 것은?

> 이 무덤에 있는 널방의 벽면과 천장에 벽화를 그렸는데, 벽화를 통해 그 시대 사람들의 생활이나 내세관을 알 수 있다.

① 독무덤
② 고인돌
③ 굴식 돌방무덤
④ 돌무지덧널무덤

## 40 다음 그림에 나타나 있는 고분 양식은?

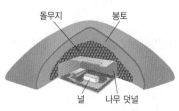

① 벽돌무덤
② 돌무지무덤
③ 굴식 돌방무덤
④ 돌무지덧널무덤

# 02 Ⅲ 역사
# 남북국 시대의 전개

## 1 신라의 삼국 통일

### 1. 수·당의 침략을 물리친 고구려

**(1) 동아시아의 정세**
① 6세기 말 동아시아의 정세: 수가 중국을 통일한 이후 고구려를 압박하기 시작함
② 남북 세력과 동서 세력의 대립: 자국의 이익을 추구하며 대립과 연합을 반복함
  • 남북 세력: 돌궐 – 고구려 – 백제 – 왜
  • 동서 세력: 수·당 – 신라

☆**(2) 고구려와 수의 전쟁**

| 배경 | 중국을 통일한 수 문제가 고구려에 복속 요구 → 고구려가 이를 거절하고 요서 지역 선제공격 |
|---|---|
| 경과 | • 수 문제가 30만 대군을 보내 고구려 공격 → 고구려군의 격퇴<br>• 수 양제가 113만 대군을 이끌고 고구려 공격 → 고구려군의 격퇴 → 수 장군 우중문이 이끄는 30만 별동대의 평양성 공격 → 을지문덕이 이끄는 고구려군이 살수(청천강)에서 격퇴(살수 대첩, 612) |
| 결과 | 고구려의 승리 → 수 멸망, 당 건국(618) |

> **🗂 자료 스크랩**  을지문덕이 수의 장군 우중문에게 보낸 시
>
> 신묘한 계책은 천문을 꿰뚫어 볼만하고,
> 오묘한 전술은 땅의 이치를 모조리 알도다.
> 전쟁에 이겨서 공이 이미 높아졌으니,
> 만족함을 알거든 그만두기를 바라노라.
>
> – 김부식, 『삼국사기』 –

**(3) 고구려와 당의 전쟁**

| 배경 | • 초기: 친선 관계 유지<br>• 당 태종 즉위 이후: 고구려 압박(적대 관계) → 국경에 천리장성을 쌓아 당의 공격에 대비함<br>• 연개소문의 정변: 연개소문이 •대막리지가 되어 권력 장악, 신라와 당에 대해 강경책 실시 |
|---|---|
| 경과 | 당 태종이 연개소문의 정변을 구실로 삼아 고구려 공격 → 당의 안시성 공격 → 성주와 백성들이 합심하여 승리(안시성 싸움, 645) |

**(4) 고구려와 수·당 전쟁의 의의와 영향**
① 의의: 수와 당의 고구려 지배 야욕을 좌절시킴(한반도의 방파제 역할 수행)
② 영향: 계속된 전쟁으로 고구려의 국력 쇠퇴

✚ 6세기 말 이후 동아시아의 정세

✚ **연개소문의 정변**

천리장성 축조 감독관으로 군사력을 장악한 연개소문은 영류왕과 신하들을 제거하고 보장왕을 옹립하여 실질적인 권력을 가지게 되었다.

🔍 **꼼꼼 단어 돋보기**

● 대막리지
고구려 말기에 행정·군사권을 장악한 최고 관직

▲ 고구려와 수·당의 전쟁

## 2. 신라의 삼국 통일

### (1) 신라와 당의 연합(나·당 동맹)

| 배경 | 백제 의자왕이 신라를 공격하여 대야성 등 40여 개의 성을 빼앗음 |
|---|---|
| 경과 | 신라가 고구려에 도움 요청 → 고구려의 거절 → 김춘추의 활약으로 나·당 동맹 체결(648) → 나·당 연합군 결성 |

### (2) 백제의 멸망과 부흥 운동⁺

| 배경 | 지배층의 사치와 분열, 정치 기강 혼란 |
|---|---|
| 경과 | 김유신이 이끈 신라군이 백제 공격 → 계백의 결사대가 황산벌 전투에서 신라군에 맞섰으나 패배 → 사비성 함락, 백제 멸망(660) |
| 부흥 운동 | • 주도 인물: 복신·도침(주류성), 흑치상지(임존성), 왕자 부여풍<br>• 백제 부흥군과 왜의 지원군이 백강(금강 하구) 전투에서 나·당 연합군에 패배(663), 지도층의 내분으로 실패 |

### (3) 고구려의 멸망과 부흥 운동⁺

| 배경 | • 수·당과의 거듭된 전쟁으로 국력 소모<br>• 연개소문 사후 연개소문의 아들들 사이에 권력 다툼 발생 |
|---|---|
| 경과 | 나·당 연합군이 고구려 평양성 공격 → 평양성 함락, 고구려 멸망(668) |
| 부흥 운동 | • 주도 인물: 고연무(오골성), 검모잠(한성), 안승<br>• 신라가 고구려 왕족 출신인 안승에게 보덕국을 세우게 하고, 보덕국의 왕으로 임명<br>• 지도층의 내분으로 실패 |

### (4) 나·당 전쟁⁺

| 당의 한반도 지배 야욕 | 당이 웅진도독부(옛 백제의 땅), 계림도독부(신라 땅), 안동도호부(옛 고구려의 땅) 설치 → 한반도 전체를 지배하려는 야욕을 보임 |
|---|---|
| 나·당 전쟁 | • 신라가 옛 백제의 땅 회복, 백제 유민에게 관직 하사, 고구려 부흥 운동 지원<br>• 매소성 전투에서 당의 육군을, 기벌포 전투에서 당의 수군을 크게 물리침 → 삼국 통일 완성(676) |

⁺ 백제와 고구려의 부흥 운동

🔍 꼼꼼 단어 돋보기

● 내분

특정 조직이나 단체 내부에서 자기 편끼리 일으킨 분쟁

● 도독부

당이 정복지에 세운 군사 통치 기구

### (5) 신라의 삼국 통일의 의의와 한계

| | |
|---|---|
| 의의 | • 우리 민족 최초의 통일<br>• 백제, 고구려 유민과 함께 당을 몰아냄<br>• 고구려·백제 문화 수용 → 민족 문화 발전의 토대 마련 |
| 한계 | • 통일 과정에서 외세(당)를 이용함<br>• 영토상 불완전한 통일(대동강 이북의 고구려 영토 상실)<br>**참고** 신라는 대동강~원산만을 경계로 삼국 통일을 이루었음 |

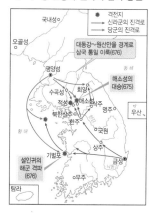

＋ 나·당 전쟁과 신라의 삼국 통일

---

**콕콕 개념 확인하기**

1. 고구려의 _____은/는 살수에서 수의 군대를 크게 물리쳤다.
2. 당의 침입에 대비하여 고구려는 국경에 _____을/를 쌓았다.
3. 백제의 _____은/는 황산벌 전투에서 김유신이 이끈 신라군에 패배하였다.
4. _____ 전투, _____ 전투에서 신라가 당을 물리치면서 삼국을 통일하였다.

답  1. 을지문덕  2. 천리장성  3. 계백  4. 매소성, 기벌포

---

## 2 남북국의 발전과 변화

### 1. 통일 신라의 발전

#### ☆(1) 강력한 왕권의 확립

| | |
|---|---|
| 무열왕<br>(김춘추) | • 최초의 진골 출신 왕<br>• 무열왕 직계 자손의 왕위 계승 확립 |
| 문무왕 | 고구려를 멸망시키고, 나·당 전쟁에서 승리하여 삼국 통일 완성 |
| 신문왕 | • 김흠돌의 난 등 진골 귀족들의 반란 진압 → 강력한 전제 왕권 확립<br>• 학문적, 정치적 조언자로 6두품 등용<br>• 관료전 지급, 녹읍 폐지 → 진골 귀족들의 경제적 기반 약화, 국가 재정 확보<br>• 지방 제도 정비: 9주 5소경<br>• 군사 제도 정비: 9서당 10정 편성<br>• 유학 교육 장려: 최고 교육 기관인 국학 설립 |

#### (2) 새로운 통치 제도의 마련

| | |
|---|---|
| 중앙 정치 기구 | • 집사부(왕의 직속 기구)와 중시(집사부의 장관)의 권한 강화 → 왕권 강화<br>• 화백 회의와 상대등의 권한 약화 → 진골 귀족 세력 약화 |
| 지방 행정 구역＋ | • 전국을 9주로 나누고, 주 아래에 군·현을 설치하여 지방관 파견<br>• 지방 요충지에 5소경 설치: 수도 금성(경주)이 동남쪽에 치우쳐 있는 점 보완, 지방 세력 감시, 지방 문화 육성 |
| 군사 조직 | • 중앙군(9서당): 백제 유민, 고구려 유민, 말갈인까지 포함하여 편성 → 민족 융합 도모<br>• 지방군(10정): 각 주에 1정씩 배치, 한주에는 2개의 정을 배치＋ |
| 토지 제도 | • 관료전: 관료의 등급에 따라 관직 복무의 대가로 받는 토지(˙수조권만 인정)<br>• 녹읍: 관직 복무의 대가로 받는 토지(수조권 인정, 노동력 징발 가능)<br>• 정전: 농민에게 지급하는 토지 |

＋ 통일 신라의 지방 행정 구역

＋ 한주에만 2개의 정을 배치한 이유

한주(漢州)는 국경 지대로, 관할 구역이 넓고 군사적으로 중요한 지역이었기 때문에 2개의 정을 배치하였다.

**꼼꼼 단어 돋보기**

● 수조권

세금을 걷을 수 있는 권리

## 2. 발해의 건국과 발전

### (1) 발해의 건국

① 건국: 옛 고구려 출신인 대조영이 동모산 부근에서 건국(698) → '남북국'의 형세를 이룸

② 주민 구성: 지배층은 대부분 고구려인, 피지배층은 대부분 말갈인

③ 고구려 계승 의식
- 지배층에 고구려인의 비중이 높았음
- 일본에 보낸 외교 문서에 발해 왕을 '고구려 왕(고려 국왕)'으로 칭함
- 고구려 문화를 계승함 **예** 온돌, 모줄임천장, 기와 등

### ☆(2) 발해의 성장과 쇠퇴

| | |
|---|---|
| 무왕 | • 당·신라와는 적대 관계, 돌궐·일본과는 친선 관계 유지<br>• 장문휴를 보내 당의 산둥반도 공격<br>• 독자적 연호 사용 ✚ |
| 문왕 | • 당과 교류하면서 친선 관계를 맺음 → 당의 문물제도 수용(3성 6부제 등)<br>• 신라도를 개설하여 신라와 교류, 일본과도 활발하게 교류<br>• 상경 용천부로 천도<br>• 독자적 연호, '황상'(황제) 칭호 사용 |
| 선왕 | • 발해의 전성기: 최대 영토 확보(옛 고구려 땅을 대부분 회복함)<br>• 이 무렵 중국으로부터 '해동성국(바다 동쪽의 융성한 나라)'으로 불림 |
| 멸망 | • 지배층의 권력 다툼으로 국력 약화<br>• 거란의 침입으로 멸망(926) → 이후 부흥 운동이 전개되었으나 실패 → 많은 유민들이 고려로 망명 |

✚ **발해의 연호 사용**

발해는 무왕 때 '인안', 문왕 때 '대흥' 등의 독자적인 연호를 사용하였다.

### (3) 발해의 통치 제도

| | |
|---|---|
| 중앙 정치 기구 ✚ | • 당의 3성 6부제를 수용하여 발해의 실정에 맞게 독자적으로 운영<br>• 3성: 정당성(최고 행정 기구, 장관 대내상), 선조성, 중대성<br>• 6부: 정당성 소속으로 행정 실무 담당, 유교식 명칭 사용 |
| 지방 행정 구역 ✚ | 5경 15부 62주로 편성 |
| 군사 조직 | 중앙군(10위), 지방군은 지방관이 지휘 |

✚ **발해의 중앙 정치 기구**

\*(  ) 안은 당의 관제

## 3. 신라의 동요와 후삼국의 성립

### (1) 신라 말의 사회 동요

① 귀족들의 왕위 다툼
- 배경: 소수 진골 귀족의 권력 독점 → 진골 귀족 간의 권력 다툼 발생
- 전개: 혜공왕 피살 이후 진골 귀족들의 왕위 쟁탈 심화
- 결과: 왕권 약화, 중앙 정부의 지방 통제력 약화 → 지방 세력의 반란, 농민 봉기 발생

② 지방 세력의 반란 ✚
- 김헌창의 난: 아버지 김주원(무열왕계)이 왕위에 오르지 못한 것에 불만을 품고 김헌창이 반란을 일으킴
- 장보고의 난: 해상 무역권을 장악한 장보고가 중앙의 권력 다툼에 관여하여 반란을 일으켰다가 살해됨

✚ **발해의 영역**

### (2) 농민 봉기의 발생[+]

| | |
|---|---|
| 배경 | 왕실과 중앙 귀족들의 부패와 사치, 녹읍 부활(대토지 소유 확대), 흉년과 자연재해·전염병 등 → 농민 생활 악화(토지를 잃고 노비가 되거나 도적이 되기도 함) |
| 계기 | 9세기 말 진성 여왕 때 정부의 조세 납부 독촉 |
| 전개 | 원종과 애노의 난, 양길의 난, 적고적의 난 등 |
| 결과 | 신라의 통치 체제 동요, 지방 호족 세력이 농민 봉기를 주도하면서 성장 |

[+] 신라 말의 사회 혼란

**📑 자료 스크랩**    **원종과 애노의 난**

진성 여왕 3년, 주와 군에서 공물과 부세를 바치지 않아 나라의 창고가 텅 비었다. …… 왕이 사자를 보내 독촉하니, 이로 인하여 곳곳에서 도적들이 벌 떼처럼 일어났다. 이때 원종과 애노 등이 사벌주(상주)를 근거지로 반란을 일으켰다.

– 김부식, 『삼국사기』 –

### ⭐ (3) 새로운 세력의 등장

| 구분 | 6두품 | 호족 |
|---|---|---|
| 출신 | 중앙 귀족 출신 | 지방 촌주, 군인 세력, 해상 세력, 낙향 귀족 세력, 농민 출신의 도적 등 |
| 특징 | • 삼국 통일 직후 왕의 정치적 조언자 역할<br>• 골품제로 인해 관직 승진 및 일상생활에 제한을 받았음 → 골품제의 모순 비판, 사회 개혁 요구 → 진골 귀족의 반대로 실패 | • 자신의 근거지를 중심으로 대토지와 사병 소유<br>• 지방의 실질적인 지배자로 경제권, 행정권, 군사권 장악<br>• 스스로 성주 또는 장군이라 칭함 |
| 사상 | 유학 | 풍수지리설, 선종 |
| 인물 | 최치원, 강수 등 | 견훤, 궁예, 장보고 등 |
| 의의 | 6두품과 호족이 연합하여 신라 정부에 대항, 새로운 사회 건설 추구 | |

### (4) 새로운 사상의 유행

① 선종: 기존에 유행하던 교종과 달리 누구나 수행을 통해 깨달음을 얻으면 부처가 될 수 있다고 주장 → 호족의 지원과 백성의 호응

② 풍수지리설
   • 산과 하천의 형세 등 지리적 환경이 인간의 길흉화복에 영향을 준다는 사상
   • 경주 중심 사고에서 벗어나 지방의 중요성을 강조 → 호족의 환영

**쏙쏙 이해 더하기**    **교종과 선종**

| 구분 | 교종 | 선종 |
|---|---|---|
| 분파 | 5교 | 9산 |
| 성격 | 불경과 교리 중시 | 참선과 정신 수양, 깨달음 중시 |
| 지지 세력 | 왕실, 중앙 귀족 | 지방 호족, 6두품, 농민 |
| 융성 시기 | 신라 중대(통일 후) | 신라 하대(말기) |

**🔍 꼼꼼 단어 돋보기**

● 적고적의 난
붉은 바지를 입은 농민 무리의 난

## (5) 후삼국의 성립[+]

| 구분 | 후백제 | 후고구려 |
|------|--------|----------|
| 건국 | • 군인 출신인 견훤이 호족의 지원을 받아 건국(900)<br>• 도읍: 완산주(전주) | • 신라 왕족 출신이라 자칭한 궁예가 양길의 밑에서 세력을 키운 후 독립하여 건국(901)<br>• 도읍: 송악(개성) |
| 중심 지역 | 전라도, 충청도 일대 | 강원도, 경기도 일대 |
| 특징 | • 백제 부흥을 내세움<br>• 신라에 적대적 | • 고구려 부흥을 내세움<br>• 국호 변경: 후고구려 → 마진 → 태봉<br>• 천도: 송악 → 철원 |
| 한계 | • 지나친 조세 수취<br>• 호족 세력 포섭 실패, 권력 다툼 | • 지나친 조세 수취<br>• 미륵 신앙을 이용한 가혹한 전제 정치 |

[+] 후삼국의 성립

---

### 콕콕 개념 확인하기

1. _____왕은 진골 귀족들의 경제적 기반을 약화시키기 위해 _____을/를 폐지하였다.
2. 고구려 출신 대조영이 _____을/를 건국하여 _____ 시대가 성립되었다.
3. 발해는 선왕 시기에 중국으로부터 _____(이)라고 불렸다.
4. 9세기 말 진성 여왕 때 상주에서 _____와/과 _____이/가 반란을 일으켰다.
5. 신라 말 _____와/과 6두품이 새로운 사회 건설을 도모하였다.
6. _____이/가 완산주에서 후백제를 건국하였고, _____이/가 송악에서 후고구려를 건국하였다.

답  1. 신문, 녹읍  2. 발해, 남북국  3. 해동성국  4. 원종, 애노  5. 호족  6. 견훤, 궁예

---

## 3 남북국의 문화와 대외 관계

## 1. 통일 신라의 문화

### ★(1) 불교의 발달과 대중화

| 의상 | • 당에 유학하고 돌아온 뒤 모든 것은 서로 조화를 이루고 있음을 강조한 화엄 사상[+] 주장, 신라 화엄종 개창<br>• 영주 부석사 등 사원 건립 |
|------|------|
| 원효 | • 화쟁 사상: 다양한 불교 종파 간의 조화와 화합을 강조<br>• 일심 사상: 모든 진리는 한마음에서 비롯된다는 사상<br>• '나무아미타불'만 외우면 극락에 갈 수 있다는 아미타 신앙을 통해 불교의 대중화에 힘씀 |
| 혜초 | 인도와 중앙아시아 등지를 다녀온 이후 『왕오천축국전』 저술 |

[+] 화엄 사상

'하나가 모든 것이요, 모든 것이 하나다.'라고 주장하면서 신라인의 정신적 통합을 추구하였다.

### (2) 불교 예술의 발달

| 건축 | • 경주 불국사, 경주 석굴암 본존불<br>• 뛰어난 건축과 과학 기술을 보여 줌 |
|------|------|
| 탑 | • 통일 이후 주로 3층 석탑 유행<br>• 경주 불국사 다보탑, 경주 불국사 3층 석탑(석가탑), 경주 감은사지 3층 석탑 |

| 승탑 | • 신라 말 선종의 영향으로 승려의 사리를 넣는 승탑과 탑비 유행<br>• 화순 쌍봉사 철감선사 승탑 |
|---|---|
| 범종 | • 상원사 동종: 현재 전하는 것 중 우리나라에서 가장 오래된 범종<br>• 성덕 대왕 신종: 우리나라에서 가장 큰 범종 → 통일 신라의 과학 기술과 금속 주조 기술이 매우 뛰어났음을 보여 줌 |
| 인쇄술 | 『무구정광대다라니경』: 석가탑에서 발견, 현재 전하는 것 중 세계에서 가장 오래된 목판 인쇄물 |

✚ 성덕 대왕 신종

경덕왕이 아버지 성덕왕의 업적을 기리기 위해 만든 종으로 맑고 장중한 소리로 유명하다(혜공왕 때 완성).

✚『무구정광대다라니경』

🔺 경주 석굴암 본존불

🔺 경주 불국사 다보탑

🔺 경주 불국사 3층 석탑

🔺 경주 감은사지 3층 석탑

🔺 화순 쌍봉사 철감선사 승탑

🔺 성덕 대왕 신종

## (3) 통일 신라의 유학

| 유학의<br>발달 | • 목적: 유학 교육 강화를 통한 왕권 뒷받침<br>• 국학 설립: 신문왕이 세운 유학 교육 기관, 지배층의 자제에게 유교 경전을 교육<br>• 독서삼품과 실시: 원성왕 때 실시, 국학 학생들의 유교 경전 이해 수준을 평가하여 관리로 채용함 → 진골 귀족의 반대로 실패 |
|---|---|
| 대표<br>유학자 | • 주로 6두품 출신이 많음(최치원, 강수, 설총)<br>• 최치원: 당의 빈공과에 합격한 뛰어난 문장가, 『계원필경』 등 저술, 진성 여왕에게 사회 개혁책인 시무 10여 조를 올림(수용되지 못함)<br>• 강수: 당에 보내는 외교 문서 작성<br>• 설총: 한자의 음과 뜻을 빌려 우리말을 표기하는 방식인 이두 정리, 유교 경전을 우리말로 표기, 『화왕계』 저술<br>• 김대문: 진골 귀족 출신, 『화랑세기』 등 저술 |

✚ 최치원

## (4) 귀족과 평민의 생활 모습

| 귀족 | • 통일 이후 영토 확장으로 경제력이 증가함<br>• 대토지와 많은 노비를 물려받아 호화롭게 생활함<br>• 화려한 기와를 올린 저택에 거주함<br>• 당이나 아라비아에서 사치품을 수입함 |
|---|---|
| 평민 | • 국가에 세금 납부, 성곽을 짓는 등 각종 노동력을 제공함<br>• 군사 훈련에 동원<br>• 주로 초가집에 거주함 |

🔍 꼼꼼 단어 돋보기

● 빈공과

당이 외국인에게 보게 하던 과거

## 2. 발해의 문화

**(1) 특징**: 고구려 문화 계승, 당의 문화 수용, 말갈 토착 문화 존중 → 융합적 문화

**(2) 고구려 문화 계승**

① 온돌, 석등[+], 불상(이불병좌상[+]), 연꽃무늬 수막새

② 굴식 돌방무덤(정혜 공주 묘)

**[+] 발해 석등**

⬆ 고구려(좌)와 발해(우)의 온돌 유적

⬆ 고구려(좌)와 발해(우)의 수막새

**[+] 이불병좌상**

**(3) 당 문화 수용**

① 수도 상경성의 구조가 당의 장안성(주작대로) 모방

② 3성 6부제, 벽돌 탑 건축 기법(영광탑)

**(4) 발해의 불교문화와 유학**

| | |
|---|---|
| 불교문화 | • 왕실의 적극적인 장려로 여러 사원 건축<br>• 상경성에 절터와 불상, 석등이 남아 있음<br>• 고구려 불교문화의 전통 계승, 당의 영향을 받기도 함 |
| 유학 | • 유학을 통치 이념에 반영함<br>• 주자감: 국립 교육 기관, 귀족 자제의 유학 교육 담당<br>• 6부의 명칭으로 유교적 명칭을 사용함<br>• 유학생이 당의 빈공과에 합격함 |

**(5) 귀족과 평민의 생활 모습**

| | |
|---|---|
| 귀족 | • 화려한 기와를 올린 저택에 거주함<br>• 대토지 소유, 당의 사치품을 수입하여 생활함 |
| 평민 | • 국가에 세금과 노동력을 제공함<br>• 궁전 밖에서 거주, 초가집이나 움집에서 생활함 |

## 3. 통일 신라의 대외 교류[+]

**[+] 통일 신라와 발해의 무역 활동**

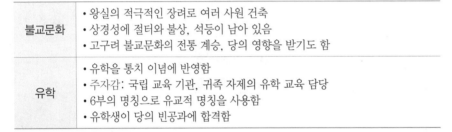

**(1) 당과의 교류**

① 당과 긴밀한 관계: 외교 관계 회복 이후 사신·유학생·승려 등이 교류하기 시작

② 당의 신라인 거주지

• 당의 산둥반도 일대에 거주

• 신라방(신라인의 집단 거주지), 신라소(신라인 감독 관청), 신라원(신라인이 지은 절), 신라관(신라 사신의 숙소) 설치

③ 당에 진출한 신라인

• 유학생: 6두품 출신(최치원 등)이 빈공과에 합격함

• 승려: 의상, 혜초 등

• 장보고: 당에서 귀국한 이후 완도에 군사 및 무역 기지인 청해진 설치 → 해적 소탕, 해상 무역권 장악

④ 교역

| 무역항 | • 울산항: 아라비아 상인까지 왕래한 국제 무역항<br>• 당항성: 서해안에 위치하여 주로 중국과의 교류에 이용 |
|--------|----------------------------------------------------------------------------------------|
| 수출품 | 금·은 세공품, 인삼 등 |
| 수입품 | 비단, 서적, 공예품, 약재 등 |

### (2) 일본과의 교류
① 교류: 당과 일본 사이에서 중계 무역을 담당, 신라의 불교 사상을 전파함
② 교역
  • 수출품: 금·은·철, 서적, 불경 등
  • 수입품: 직물 원료

## 4. 발해의 대외 교류[+]

### (1) 특징
① 교통로 설치: 5개의 교통로를 설치하여 여러 나라와 교류
② 주요 특산품: 철, 말, 자기, 모피 등

### (2) 당과의 교류
① 특징
  • 건국 초기에는 적대 관계였으나 문왕 때부터 친선 관계를 맺고 당의 제도를 수용함
  • 사신과 유학생 파견: 산둥반도에 발해관 설치, 유학생들이 당의 빈공과에 합격
② 무역로: 해로와 육로를 통해 교역
③ 수출품: 모피류, 인삼, 말 등
④ 수입품: 비단, 서적 등

### (3) 일본·신라와의 교류
① 일본과의 교류
  • 초기: 당과 신라를 견제하기 위한 군사적 목적에서 교류함
  • 8세기 후반: 활발한 경제적·문화적 교류가 시작되면서 많은 사신과 상인 왕래
② 신라와의 교류: 적대 관계였다가 문왕 때부터 신라도를 통해 교류하기 시작함

---

**콕콕 개념 확인하기**

1. _____은/는 일심 사상, 아미타 신앙을 통해 불교의 대중화에 힘썼다.
2. 발해의 문화는 _____ 문화를 계승하고 당과 말갈 문화의 영향을 받았다.
3. _____은/는 완도에 청해진을 세우고 해상 무역을 장악하였다.

답 1. 원효  2. 고구려  3. 장보고

---

**꼼꼼 단어 돋보기**

● 발해관
중국 당나라에 있던 발해의 사신들이 머물던 여관

**01** 6세기 후반 동아시아의 정세 중 남북 세력에 해당하지 않는 나라는?

① 수          ② 왜
③ 백제         ④ 고구려

주목
**02** ㉠에 들어갈 역사적 인물은?

> ( ㉠ )이/가 이끄는 고구려군이 살수에서 수의 30만 별동대를 격퇴하였다.

① 계백         ② 김유신
③ 연개소문      ④ 을지문덕

**03** 다음 빈칸에 들어갈 지역은?

> 연개소문의 정변을 구실로 당 태종이 고구려를 공격하였으나, ( )에서 성주와 백성이 합심하여 막아 냈다.

① 한성         ② 국내성
③ 안시성       ④ 평양성

**04** 다음 사건들을 일어난 순서대로 바르게 나열한 것은?

> ㄱ. 백제 멸망       ㄴ. 고구려 멸망
> ㄷ. 나·당 동맹 성립   ㄹ. 나·당 전쟁

① ㄱ ─ ㄴ ─ ㄷ ─ ㄹ
② ㄱ ─ ㄷ ─ ㄴ ─ ㄹ
③ ㄷ ─ ㄱ ─ ㄴ ─ ㄹ
④ ㄷ ─ ㄴ ─ ㄹ ─ ㄱ

**05** 백제 부흥 운동과 관련된 인물이 아닌 것은?

① 복신         ② 도침
③ 검모잠       ④ 흑치상지

**06** 다음 두 사건의 공통점은?

> • 매소성 전투
> • 기벌포 전투

① 신라의 당군 격퇴
② 고구려의 당군 격퇴
③ 고구려와 수의 전쟁
④ 백제와 신라의 전쟁

**07** 다음 내용에 해당하는 신라의 왕은?

- 최초의 진골 출신 왕
- 직계 자손의 왕위 세습 확립

① 무열왕　　　　② 신문왕
③ 경덕왕　　　　④ 문무왕

**08** 교사의 질문에 대한 학생의 답으로 가장 적절한 것은?

2017년 2회

신문왕이 이러한 정책을 실시한 목적은 무엇일까요?

〈신문왕의 정책〉
- 국학 설립
- 관료전 지급
- 9주 5소경 정비

① 불교를 공인하고자 하였어요.
② 신분 제도를 폐지하고자 하였어요.
③ 붕당의 폐단을 없애고자 하였어요.
④ 강력한 왕권을 확립하고자 하였어요.

<sup>주목</sup>
**09** 통일 직후 신라 신문왕이 왕권 강화를 목적으로 실시한 제도가 <u>아닌</u> 것은?

① 녹읍 폐지
② 관료전 지급
③ 청해진 설치
④ 6두품 등용

**10** 다음과 같은 이유로 설치한 통일 신라의 특별 행정 구역은?

- 수도가 동남쪽에 치우친 것을 보완
- 지방 세력 감시

① 5경　　　　② 8도
③ 15부　　　　④ 5소경

**11** 다음 설명에 해당하는 군사 조직은?

통일 이후 신라는 고구려, 백제 유민과 말갈인까지 포함하여 중앙군을 조직하였다.

① 별무반　　　　② 5군영
③ 9서당　　　　④ 2군 6위

**12** ㉠에 들어갈 나라는?

2019년 1회

( ㉠ )은/는 고구려 유민 대조영이 세운 나라야.

맞아. 이 나라는 고구려 계승 의식이 강했대.

① 백제　　　　② 발해
③ 부여　　　　④ 조선

**13** 발해가 고구려를 계승한 나라라는 근거로 적절하지 않은 것은?

① 고구려 문화를 계승하였다.
② 지배층이 대부분 고구려인이었다.
③ 촌락은 토착 세력가인 말갈인에게 다스리게 하였다.
④ 일본에 보낸 외교 문서에 발해 왕을 고려 국왕이라고 칭하였다.

**14** 다음에서 설명하는 발해의 왕은?

- 상경으로 천도
- 당의 문물과 제도 수용

① 무왕      ② 문왕
③ 선왕      ④ 대조영

주목
**15** 다음 중 ㉠에 들어갈 내용으로 가장 적절한 것은?

2020년 1회

〈발해의 발전 과정〉
- 고구려 유민 대조영이 건국함
- 무왕 때 당의 산둥 지방을 공격함
- 선왕 때      ㉠

① 경복궁을 중건함
② 평양으로 천도함
③ 해동성국이라 불림
④ 교정도감을 설치함

**16** 신라에서 다음과 같은 상황이 발생하였던 시기의 모습으로 옳은 것은?

진성 여왕 3년, 주와 군에서 공물과 부세를 바치지 않아 나라의 창고가 텅 비었다. …… 왕이 사자를 보내 독촉하니, 이로 인하여 곳곳에서 도적들이 벌 떼처럼 일어났다. 이때 원종과 애노 등이 사벌주를 근거지로 반란을 일으켰다.

– 「삼국사기」 –

① 왕권이 강화되었다.
② 지방 통제력이 강화되었다.
③ 농민 봉기로 사회 혼란이 심해졌다.
④ 집사부와 중시의 권한이 강화되었다.

주목
**17** 다음 설명에 해당하는 인물이 <u>아닌</u> 것은?

- 스스로 성주 또는 장군이라 칭함
- 대토지와 사병 소유

① 견훤      ② 궁예
③ 왕건      ④ 최치원

**18** 다음 설명에 해당하는 사상은?

2017년 1회

산과 물, 땅의 모양이 인간 생활에 영향을 준다는 사상으로, 신라 말 금성 중심의 생각에서 벗어나 지방의 중요성을 강조하여 지방 호족 세력의 환영을 받았다.

① 선종      ② 실학
③ 성리학      ④ 풍수지리설

**19** 신라 말에 유행한 풍수지리설에 대한 설명으로 옳은 것은?

① 진골 귀족의 환영을 받았다.
② 수도 금성의 중요성을 강조하였다.
③ 새로운 사회 건설에 영향을 주었다.
④ 정신 수양을 통한 해탈을 강조하였다.

**20** 신라 말에 유행한 선종에 대한 설명으로 옳지 않은 것은?

① 9산 성립
② 교리 중시
③ 호족과 농민의 호응
④ 정신 수양과 참선 중시

**21** 다음 설명에 해당하는 통일 신라의 승려는?

- 화엄 사상 주장
- 부석사 건립

① 묘청　　　　　② 원효
③ 의상　　　　　④ 혜초

**22** 다음 대화 내용에 해당하는 신라의 인물은?　2021년 1회

나무아미타불만 외우면 극락에 갈 수 있다고 하여 불교 대중화에 힘썼어.

또 불교 종파 간의 사상적 대립을 조화시키려고 노력하였지.

① 원효　　　　　② 김홍도
③ 이성계　　　　④ 정약용

**23** 다음 문화재를 남긴 나라는?

▲ 석굴암 본존불

① 백제　　　　　② 발해
③ 고구려　　　　④ 통일 신라

**24** 다음 문화재를 남긴 나라는?　2019년 1회

▲ 불국사 다보탑

① 백제　　　　　② 고구려
③ 고조선　　　　④ 통일 신라

**25** 다음 설명에 해당하는 통일 신라의 문화재는?

> 석가탑에서 발견된 현존하는 세계에서 가장 오래된 목판 인쇄물

① 초조대장경
② 팔만대장경
③ 직지심체요절
④ 무구정광대다라니경

주목

**26** 통일 신라가 다음과 같은 제도를 실시한 목적은?

> • 국학 설치
> • 독서삼품과 실시

① 불교의 대중화
② 유학 교육 강화
③ 일본으로 문화 전파
④ 발해와의 교류 확대

**27** 다음 인물들의 공통점으로 가장 적절한 것은?

> • 강수
> • 설총
> • 최치원

① 빈공과에 합격
② 6두품 출신의 유학자
③ 불교의 대중화에 기여
④ 진골 출신의 당 유학생

주목

**28** ㉠에 들어갈 대답으로 옳지 <u>않은</u> 것은?

발해가 고구려를 계승한 국가임을 보여 주는 문화적 근거를 말해 볼까요?

( ㉠ )입니다.

① 온돌
② 석등
③ 주작대로
④ 연꽃무늬 수막새

**29** (가)에 들어갈 나라는?

> 주제: 신라인의 [ (가) ] 진출
>
> • 거주지: 신라방, 신라소, 신라원, 신라관
> • 진출한 신라인: 최치원, 의상 등

① 수
② 당
③ 발해
④ 일본

**30** 발해의 대외 교류에 대한 설명으로 옳지 <u>않은</u> 것은?

① 5개의 교통로를 설치하였다.
② 신라와는 신라도를 통해 교류하였다.
③ 산둥반도에 발해관을 설치하여 당과 교류하였다.
④ 일본과는 적대 관계였기 때문에 교류하지 않았다.

# 03 Ⅲ 역사 고려의 성립과 변천

## 1 고려의 건국과 정치 변화

### 1. 고려의 건국과 태조의 정책

#### (1) 고려의 건국과 후삼국 통일

① 고려의 건국(918)
- 왕건의 성장: 궁예의 신하이자 송악의 호족 출신
- 궁예의 *실정(미륵불 자처, 포악한 정치)으로 신하들이 궁예 축출 후 왕건을 왕으로 추대함 → 국호를 '고려'라 하고 수도를 송악(개성)으로 정함

② 고려의 후삼국 통일 과정

| 927년 | 930년 | 934년 | 935년 | 936년 |
|---|---|---|---|---|
| 고려군이 공산(대구) 전투에서 후백제군에 패배 | 고려군이 고창(안동) 전투에서 후백제군에 승리 → 후삼국의 주도권 장악 | 발해 유민 포용 | • 후백제 견훤이 아들 신검에 의해 금산사에 유폐되었다가 탈출하여 고려로 귀순 <br> • 신라 경순왕이 스스로 고려에 항복 | 왕건이 이끄는 고려군이 신검의 후백제군 격파 (후백제 멸망) → 고려의 후삼국 통일 |

③ 후삼국 통일의 의의
- 6두품과 호족이 통일을 주도하면서 정치 세력이 확대됨
- 후삼국과 발해의 유민까지 포용하면서 민족의 통합을 꾀함
- 민족 문화 발전의 토대 마련

#### ☆(2) 태조 왕건의 정책

| 민생 안정책 | • 백성의 생활 안정을 위해 세금을 줄여 줌 <br> • 빈민 구제 기관인 흑창 설치 |
|---|---|
| 민족 융합 정책 | • 각 계층의 정치 세력 포용 <br> • 발해 유민까지 흡수 → 민족적 재통합 |
| 북진 정책 | • 국호 '고려': 고구려 계승 의식을 보여 줌 <br> • 서경(평양) 중시: 옛 고구려의 땅을 회복하기 위한 북진 정책의 전진 기지로 삼음 <br> • 발해를 멸망시킨 거란을 적대시함 <br> • 청천강~영흥만까지 영토 확장 |
| 호족 통합 정책 | • 포섭 정책: 혼인 정책, *사성 정책(왕씨 성 하사), 관직과 토지 수여 <br> • 견제 정책: 사심관 제도, 기인 제도 |
| 왕권 안정책 | 후대 왕들이 지켜야 할 훈요 10조를 남김 |

**+ 사심관 제도**

호족이나 공신을 출신 지역의 사심관으로 임명하여 지방에 대한 책임을 지게 하는 제도를 말한다.

**+ 기인 제도**

수도에 호족의 자제를 인질로 데려와 지방 행정의 자문 역할을 하게 했던 제도로, 호족을 견제하기 위해 실시한 제도이다.

📖 **꼼꼼 단어 돋보기**

● 실정
정치를 잘못함

● 사성
왕이 공신에게 성(姓)을 내려 주던 일

제1조 우리나라(고려)의 대업은 부처 덕분이니, 불교를 장려하라.
제2조 풍수 사상에 따라 사찰을 세우고, 함부로 짓지 말라.
제4조 중국의 문물과 예악을 따르되, 반드시 같게 할 필요는 없다. 거란은 짐승의 나라이니 그 풍속을 본
    받지 말라.
제5조 서경은 수덕이 순조로워 우리나라 지맥의 근본이니, 1년에 100일은 그곳에서 머물도록 하라.
제6조 연등회와 팔관회의 행사를 성대하게 열고 늘리거나 줄이지 말라.
제9조 관리들의 녹봉을 함부로 증감시키지 말고 농민 부담은 가볍게 하라.

불교 장려, 풍수지리 사상, 북진 정책, 주체적 외래문화 수용, 거란 적대 등의 내용이 담겨 있다.

## 2. 통치 체제의 정비

### (1) 왕권 강화와 정치의 변화

① 광종
  • 노비안검법 실시: 불법적으로 노비가 된 사람을 조사하여 본래의 신분인 양인
    으로 해방시켜 줌 → 호족의 경제적·군사적 기반 약화
  • 과거제 실시: 능력 있는 신진 관료 등용 → 왕권 강화
  • 황제를 칭하고 독자적인 연호(광덕·준풍) 사용, 호족과 공신 세력 숙청, 관리들의
    공복 제정
② 성종
  • 최승로의 시무 28조를 수용하여 유교 이념에 입각한 통치 체제 마련
  • 중앙: 2성 6부제 마련, 국자감 설치
  • 지방: 12목 설치, 지방관 파견

태조께서 나라를 통일한 후 군현에 수령을 두고자 하였으나 대개 초창기임으로 인하여 일이 번거로워 시행할 겨
를이 없었습니다. …… 청컨대 외관을 두소서. …… 불교를 행하는 것은 몸을 닦는 근본이며, 유교를 행하는 것은
나라를 다스리는 근원이니, 몸을 닦는 것은 내생을 위한 것이며, 나라를 다스리는 것은 곧 오늘의 일입니다.
                                                        – 「고려사절요」 –

### (2) 고려의 정치 제도

① 중앙 정치 기구: 당과 송의 제도를 수용하여 고려의 실정에 맞게 운영함

+ 고려의 중앙 정치 기구

| 2성 | • 중서문하성: 최고 관청, 중요 정책 논의 결정 기구, 장관은 문하시중<br>• 상서성: 6부를 통해 정책 집행 |
|---|---|
| 6부 | • 상서성 소속으로 행정 실무 담당<br>• 이부, 병부, 호부, 형부, 예부, 공부로 구성 |
| 중추원 | 왕명 전달, 군사 기밀 업무 |
| 어사대 | 관리 비리 감찰, 풍기 단속 |
| 삼사 | 회계 업무, 화폐와 곡식의 출납 담당 |
| 도병마사,<br>식목도감 | • 고려의 독자적인 회의 기구로 중서문하성과 중추원의 고위 관료들이<br>  모여 중요 정책을 의논함<br>• 도병마사: 국방과 군사 문제 담당<br>• 식목도감: 법률과 제도 제정 |

② 지방 행정 구역+

| 12목 | 성종 때 인구와 물자가 풍부한 주요 지역에 설치 → 지방관 파견 |
|---|---|
| 5도 | • 일반 행정 구역으로 안찰사 파견<br>• 도 아래 주·군·현 설치<br>• 주현: 지방관이 파견된 곳, 속현보다 적음<br>• 속현: 지방관이 파견되지 않은 곳, 향리가 실질적인 지방 행정 담당 |
| 양계 | • 군사 행정 구역으로 병마사 파견<br>• 북계와 동계 설치 |
| 경기 | 수도 개경과 주변 지역 |
| 3경 | 개경(개성), 서경(평양), 동경(경주) → 후에 동경 대신 남경(한양) 중시 |
| 특수 행정 구역 | • 특수 행정 구역으로 향·부곡(농업 지역), 소(수공업 지역)를 둠<br>• 향·부곡·소 거주민은 일반 군현민에 비해 차별을 받음 → 많은 세금 부담(국가가 필요로 하는 물품 생산) |

+ 고려의 지방 행정 구역

③ 군사 조직

| 중앙군 | • 2군: 궁궐과 왕실 수비<br>• 6위: 수도인 개경과 국경 방어 |
|---|---|
| 지방군 | • 주현군: 5도와 경기의 치안 유지<br>• 주진군: 양계의 국경 방어 |

④ 교육 및 관리 등용 제도

| 교육 제도 | • 중앙: 국자감(최고 교육 기관) 설치<br>• 지방: 향교 설치 |
|---|---|
| 관리 등용 제도 | • 음서제: 왕족, 공신, 5품 이상 고위 관료의 자제들이 무시험으로 관리가 됨<br>• 과거제: 광종 때 처음으로 실시하여 문과, 잡과, 승과를 실시함 |

## 3. 문벌 사회의 동요와 무신 정권의 성립

### (1) 문벌 사회의 성립

① 문벌
- 여러 세대에 걸쳐 중앙에서 고위 관직자를 배출한 가문
- 대표 가문: 경원 이씨(이자겸), 경주 김씨 등
- 과거와 음서를 통해 고위 관직 독점
- 공음전+을 비롯한 대토지 소유, 왕실과의 거듭된 혼인 관계로 권력 유지

② 문벌 사회의 모순
- 소수 가문의 주요 관직 독점 → 문벌 간의 갈등과 신진 세력의 불만 발생
- 경제적 수탈로 백성들의 불만 심화

### ☆(2) 문벌 사회의 동요

① 이자겸의 난(1126)

| 배경 | 왕실과의 거듭된 혼인을 통해 경원 이씨 가문이 권력 독점 |
|---|---|
| 경과 | 이자겸의 세력 확대 → 인종의 이자겸 제거 시도 → 이자겸과 척준경의 반란 → 인종이 척준경을 이용하여 이자겸 제거 → 척준경 축출 |
| 결과 | 문벌 사회의 동요, 왕실의 권위 하락 |

+ 공음전
5품 이상 관료에게 지급한 토지로 세습이 가능하였다.

② 묘청의 서경 천도 운동(1135)

| 배경 | 이자겸의 난 이후 왕권 약화, 금과의 사대 외교에 대한 불만, 문벌에 대한 반발, 인종의 정치 개혁 시도, 풍수지리설 유행 |
|------|------|
| 경과 | 묘청, 정지상 등 서경파가 서경(평양) 천도 및 금국 정벌 주장 → 개경파의 반대로 서경 천도 좌절 → 서경파가 서경에서 난을 일으킴 → 김부식이 이끄는 관군에 의해 진압 |
| 결과 | 왕권 약화, 문벌 사회의 모순 심화 |
| 의의 | 고려인의 자주 의식과 북진 정책 의지를 보여 줌 |

**쏙쏙 이해 더하기** 개경파와 서경파

| 구분 | 개경파 | 서경파 |
|------|--------|--------|
| 주요 인물 | 김부식 | 묘청, 정지상 |
| 대외 정책 | 사대 정책 | 북진 정책 |
| 사상 | 유교 | 풍수지리설, 전통 사상 |
| 역사의식 | 신라 계승 | 고구려 계승 |
| 주장 | 금에 사대 | 서경 천도, 금국 정벌 |

**자료 스크랩** 서경 천도 운동에 대한 신채호의 평가

이 싸움은 즉 낭가와 불가 양가 대 유가의 싸움이며, 국풍파 대 한학파의 싸움이며, 독립당 대 사대당의 싸움이며, 진취 사상 대 보수 사상의 싸움이니, …… 묘청의 천도 운동에서 묘청 등이 패하고 김부식이 이겼으므로 조선사가 사대적, 보수적, 속박적 사상인 유교 사상에 정복되고 말았다. 만약 김부식이 패하고 묘청 등이 승리하였더라면 조선사가 독립적, 진취적 방면으로 진전하였을 것이니, 이것이 어찌 일천년래 제일 대사건이라 하지 아니하랴.
– 신채호, 『조선사연구초』 –

## (3) 무신 정권의 성립과 변천
① 무신 정변의 발생

| 배경 | 의종의 실정, 무신에 대한 차별 대우, 하급 군인들의 불만 |
|------|------|
| 경과 | 정중부, 이의방 등이 정변을 일으킴(1170) → 문신 제거, 의종 폐위 → 무신 정권 수립 → 무신 간 권력 다툼 전개 |

② 초기 무신 정권
- 잦은 집권자의 교체: 정중부 → 경대승 → 이의민(천민 출신) → 최충헌(최씨 무신 정권)
- 정치 기반: 중방(무신들의 회의 기구, 무신 정권 초기의 최고 권력 기관)
- 군사 기반: 도방(경대승이 설치한 사병 부대)

③ 최씨 무신 정권의 성립

| 성립 | 최충헌 집권 이후 4대에 걸쳐 60여 년간 권력 유지 |
|------|------|
| 최씨 무신 정권의 변천 | • 최충헌 → 최우 → 최항 → 최의<br>• 최충헌: 교정도감 설치(국가 주요 정책 결정), 도방 확대<br>• 최우: 자기 집에 정방을 만들어 관리의 인사권 장악 |

**꼼꼼 단어 돋보기**

● 정변
쿠데타 등으로 대표되는 정치상의 큰 변동

| 구분 | 기구 | 권력자 | 역할 |
|---|---|---|---|
| 정치<br>기구 | 교정도감 | 최충헌 | • 최씨 무신 정권의 최고 권력 기구로 주요 정책 결정<br>• 장관: 교정별감(이후 무신 집권자가 세습) |
| | 정방 | 최우 | 인사 담당 |
| | 서방 | 최우 | 능력을 갖춘 문신 등용, 정책 자문 |
| 군사<br>기구 | 도방 | 경대승 | 사병 집단으로 최충헌이 재설치, 기능 확대 |
| | 삼별초 | 최우 | • 최씨 무신 정권의 군사 기구<br>• 좌별초, 우별초, 신의군으로 구성 |

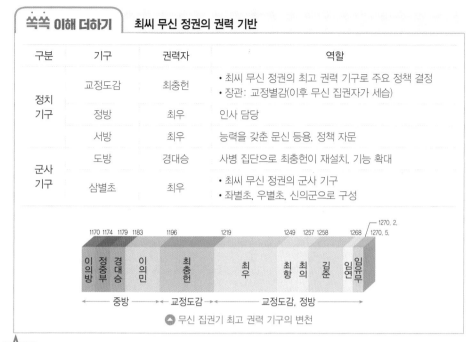

△ 무신 집권기 최고 권력 기구의 변천

## (4) 농민과 천민의 저항[+]

### ① 농민의 저항

| 배경 | 무신들의 토지 수탈, 과도한 세금 수취, 특수 행정 구역에 대한 차별 |
|---|---|
| 봉기 | • 망이·망소이의 난: 공주 명학소에서 특수 행정 구역인 소에 대한 차별<br>에 반발하며 봉기<br>• 김사미(운문)와 효심(초전)의 난 |

### ② 천민의 저항

| 배경 | 신분 질서의 동요, 신분 상승에 대한 기대감 |
|---|---|
| 봉기 | • 전주 관노비의 난<br>• 만적의 난: 최충헌 집권기에 개경에서 사노비 신분의 만적이 신분 해방을<br>외치며 봉기 계획 → 사전 발각으로 실패 |

[+] 무신 집권기 하층민의 봉기

### 자료 스크랩 | 만적의 난

만적 등이 노비들을 불러 모아서 말하기를, "장군과 재상에 어찌 타고난 씨가 있겠는가? 때가 되면 누구나 할 수 있는 것이다."라고 하였다. …… 만적 등 100여 명이 체포되어 강에 던져졌다.

– 『고려사』 –

### 콕콕 개념 확인하기

1. 왕건은 _____을/를 건국하고 후삼국을 통일하였다.
2. 광종은 _____을/를 실시하여 호족이 불법적으로 차지한 노비를 양인으로 해방시켰다.
3. _____와/과 식목도감은 고려의 독자적인 회의 기구이다.
4. 묘청은 _____ 천도와 금국 정벌을 주장하였다.
5. 최충헌은 _____을/를 설치하여 국가의 중요한 일을 결정하였다.

답 1. 고려  2. 노비안검법  3. 도병마사  4. 서경  5. 교정도감

## 2 고려의 대외 관계

### 1. 고려 전기의 대외 관계

#### (1) 고려 전기 동아시아의 정세[+]

① 다원적 국제 질서: 고려, 송, 거란, 여진이 주도

② 고려와 송의 관계
- 송: 거란을 견제하기 위해 고려와 친선 관계 유지
- 고려: 문화적·경제적 교류를 위해 송과 친선 관계 유지

③ 고려와 거란의 관계
- 거란은 고려와의 외교 희망
- 고려는 발해를 멸망시킨 국가라고 하여 거란을 적대시함
- 태조의 북진 정책과 충돌함
- 정종 때 광군을 조직하여 거란의 침입에 대비함

#### ☆(2) 거란의 침입과 격퇴

| | | |
|---|---|---|
| 1차 침입<br>(993) | 원인 | 고려의 거란 배척과 친송 정책 → 거란이 송을 공격하기 전에 자신을 배후에서 위협할 수 있는 고려를 누르기 위해 침입 |
| | 전개 | 거란 소손녕의 침입 → 서희의 외교 담판으로 강동 6주[+] 획득 |
| | 결과 | 송과의 국교 단절과 거란과의 교류 약속 |
| 2차 침입<br>(1010) | 원인 | 고려가 송과 계속 친선 관계 유지, 강조의 정변[+]을 구실로 침입 |
| | 전개 | 개경 함락 → 양규의 활약 → 강화 체결 |
| | 결과 | 고려 왕의 친조를 조건으로 철수 |
| 3차 침입<br>(1018) | 원인 | 고려 왕의 입조 회피, 고려가 거란의 강동 6주 반환 요구 거부 |
| | 전개 | 거란 소배압의 침입 → 강감찬이 이끄는 고려군이 거란군 격퇴(귀주 대첩, 1019) |
| | 결과 | • 고려, 송, 거란의 세력 균형<br>• 나성(개경 주위), 천리장성(압록강~도련포)을 축조하여 북방 민족의 침입에 대비<br>• 거란과 외교 관계 수립 |

#### (3) 여진과의 관계

① 고려 초: 여진이 고려를 부모의 나라로 섬김

② 12세기 초 여진 정벌
- 거란이 쇠퇴하자 여진족이 부족을 통일하고 세력 확대 → 국경에서 고려와 자주 충돌
- 윤관의 별무반[+] 편성 → 여진 정벌 → 동북 9성 축조 → 여진의 요구 등으로 동북 9성을 돌려줌

③ 여진의 성장
- 여진이 세력을 키워 금 건국(1115) → 금이 거란(요)을 멸망시키고, 송을 남쪽으로 몰아내며 중국 화북 지방 차지
- 금이 고려에 군신 관계 요구 → 이자겸 등 지배층이 수용 → 고려의 북진 정책 중단

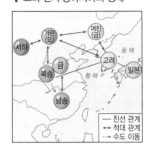

[+] 고려 전기 동아시아의 정세

[+] 강동 6주와 천리장성

[+] 강조의 정변

강조가 군사를 일으켜 목종을 폐위하고 현종을 즉위시킨 사건이다.

[+] 별무반

여진의 기병에 맞서기 위해 기병, 보병, 승병으로 구성된 부대이다.

#### 🔍 꼼꼼 단어 돋보기

● 입조

외국에서 온 사신이 조정 회의에 참석하는 일

### (4) 대외 무역[+]

| 특징 | • 활발한 대외 교류가 이루어짐<br>• 벽란도(예성강 하구)가 국제 무역항으로 번성, 중국·일본·아라비아 상인 왕래 |
|---|---|
| 송과의 교류 | • 수입품: 비단, 약재, 서적 등<br>• 수출품: 종이, 인삼, 나전 칠기, 화문석 등 |
| 거란, 여진과의 교류 | • 수입품: 모피, 말, 은 등<br>• 수출품: 농기구, 식량 등 |
| 일본과의 교류 | • 수입품: 수은, 유황 등<br>• 수출품: 인삼, 서적 등 |
| 아라비아와의 교류 | • 수입품: 수은, 향료, 보석 등<br>• 고려가 '코리아'라는 이름으로 서방 세계에 알려짐 |

[+] 고려의 대외 무역

## 2. 대몽 항쟁

### (1) 몽골의 침략과 대몽 항쟁

#### ① 13세기 동아시아의 정세

| 몽골의 건국 | 칭기즈 칸이 몽골 제국 건설, 세력 확장 |
|---|---|
| 몽골와의 접촉 | 몽골에 쫓겨 고려를 침입한 거란족을 함께 물리침(강동성 전투) → 외교 관계 성립, 몽골이 고려에 무리한 공물 요구 |

#### ② 몽골과의 전쟁

| | | |
|---|---|---|
| 1차 침입<br>(1231) | 원인 | 몽골 사신 저고여 피살 사건으로 외교 단절 |
| | 경과 | 몽골군의 의주 점령 → 박서의 활약(귀주성 전투) |
| | 결과 | 몽골의 개경 포위 → 몽골과 강화 체결 → 몽골 철수 |
| 2차 침입<br>(1232) | 원인 | 최우가 몽골의 간섭에 반발, 장기전을 준비하며 강화도 천도 |
| | 경과 | 몽골의 재침입 → 승려 김윤후와 처인 부곡민의 저항(처인성 전투), 초조대장경[+] 소실 |
| | 결과 | 몽골군 퇴각 |
| 3차 침입<br>이후 | 경과 | • 몽골이 금 정복 이후 침입 → 고려의 관리와 백성이 합심하여 저항<br>• 3차 침입: 팔만대장경 조판 시작, 황룡사 9층 목탑 소실<br>• 이후에도 여러 차례의 침입이 이어짐 |
| | 결과 | 몽골과의 강화 |

[+] 초조대장경

고려 현종 때 부처의 힘으로 거란군을 물리치고자 만든 우리 역사 최초의 대장경이다.

---

**쏙쏙 이해 더하기**　　**팔만대장경**

[◀] 팔만대장경판

[◀] 합천 해인사 장경판전

민심을 모아 부처의 힘으로 몽골군을 물리치고자 하는 염원으로 강화도에서 조판하기 시작하였다. 현재 합천 해인사 장경판전에 보관되어 있으며, 유네스코 세계 기록 유산으로 등재되었다.

## (2) 몽골과의 강화와 전쟁의 피해

① **몽골과의 강화와 개경 환도**: 최씨 무신 정권 붕괴 → 강화 체결 → 무신 정권의 개경 환도 거부 → 마지막 무신 집권자의 피살로 무신 정권 붕괴 → 고려 조정의 개경 환도(1270)

② **삼별초의 항쟁**

✚ 삼별초의 항쟁

| 배경 | 삼별초가 몽골과의 강화와 개경 환도에 반대 |
|------|------------------------------------------|
| 경과 | • 강화도(배중손) → 진도(배중손) → 제주도(김통정)로 이동하며 항쟁<br>• 고려와 몽골 연합군에 의해 진압됨 |
| 의의 | 고려인의 자주 의식 확인 |

③ 전쟁의 피해
- 인명 피해: 많은 사람이 죽고 몽골에 포로로 끌려감
- 국토 황폐화: 오랜 전쟁으로 국가 재정 악화
- 문화재 소실: 초조대장경, 황룡사 9층 목탑 소실

---

### 콕콕 개념 확인하기

1. 거란의 1차 침입 때 _____의 외교 담판으로 _____을/를 획득하였다.
2. 윤관은 _____을/를 조직하여 여진을 정벌하였다.
3. _____은/는 고려의 대표적인 국제 무역항이다.
4. 고려는 부처의 힘으로 몽골군을 물리치고자 하는 염원을 담아 _____을/를 제작하였다.
5. 몽골이 침입하자 최씨 무신 정권은 _____(으)로 수도를 옮겼다.

답  1. 서희, 강동 6주  2. 별무반  3. 벽란도  4. 팔만대장경  5. 강화도

---

## 3 몽골의 간섭과 고려의 개혁

### 1. 몽골의 간섭과 고려 사회의 변화

#### (1) 원의 내정 간섭

| 고려 왕을 통한<br>간접 지배 | 고려의 국왕은 원의 공주와 결혼 → 원의 부마국으로 지위 하락 |
|---|---|
| 정동행성 설치 | 일본 원정을 위해 설치하였다가 일본 원정 실패 후 고려의 내정 간섭 기구로 활용 |
| 영토 상실 | 쌍성총관부(철령 이북), 동녕부(서경), 탐라총관부(제주) 설치 |
| 다루가치 파견 | 감찰관인 다루가치를 파견하여 내정 간섭 및 공물 징수 감독 |
| 관제와 왕실<br>용어 격하 | 폐하 → 전하, 태자 → 세자 등으로 낮춰 부르게 함 |
| 인적 수탈 | 환관과 공녀 요구 |
| 물적 수탈 | 금, 은, 인삼, 약재, 매(응방을 통해 사냥) 등 수탈 |
| 사회 모습의<br>변화 | • 공녀 징발로 조혼 풍습 등장<br>• 몽골풍: 고려에서 유행한 몽골식 의복 및 음식 등 몽골 풍습(변발, 호복, 몽골어 등)<br>• 고려양: 원에서 유행한 고려의 풍습(상추쌈, 고려병 등) |

🔍 꼼꼼 단어 돋보기

● 환도
국난으로 정부가 다른 곳으로 옮겨 갔다가 수도로 돌아옴

● 부마
임금의 사위

● 조혼
어린 나이에 일찍 결혼하는 것

## (2) 권문세족의 등장

| 형성 | 원 간섭기에 원과 관련되어 권세를 얻은 친원 세력(예 몽골어에 능통한 역관, 원의 황실과 혼인 관계를 맺은 가문(기철), 환관 등), 기존 문벌 가문, 무신 정권기에 성장한 가문 등이 권문세족 형성 |
|---|---|
| 특징 | • 정치: 음서를 통해 고위 관직 독점<br>• 경제: 대농장 경영, 많은 노비 소유<br>• 대외: 친원파<br>• 사상: 불교 옹호 |
| 폐단 | 백성의 토지를 약탈하고 몰락한 농민을 노비로 삼아 국가 재정 악화 |
| 고려 정부의<br>개혁 시도 | 충선왕, 충목왕의 개혁 시도 → 원의 간섭, 개혁 추진 세력 미약, 권문세족의 반발 등으로 실패 |

## ☆(3) 공민왕의 개혁 정치

| 배경 | • 원·명 교체기에 고려에 대한 원의 내정 간섭이 약화된 틈을 타 개혁 추진<br>• 권문세족의 횡포 심화, 사회 모순 격화 |
|---|---|
| 반원 자주<br>정책 | • 친원 세력(기철 등) 숙청, 정동행성 이문소 폐지, 몽골풍 금지, 관제와 왕실 용어 복구<br>• 쌍성총관부를 공격하여 철령 이북의 땅 수복 |
| 왕권 강화<br>정책 | • 정방 폐지: 국왕이 인사권 장악<br>• 성균관 정비, 유학 교육 강화 → 신진 사대부가 성장하는 기반이 됨<br>• 신돈을 등용하여 전민변정도감 설치: 억울하게 노비가 된 사람들을 해방시켜 주고 권문세족이 불법적으로 차지한 토지를 원래의 주인에게 돌려줌 → 권문세족의 경제적 기반 약화와 재정 수입 확충 |
| 개혁<br>실패 | • 신돈 제거, 공민왕 시해<br>• 권문세족의 반발과 개혁 세력(신진 사대부) 미약<br>• 홍건적과 왜구의 침입으로 사회 혼란 가중 |

✚ 공민왕과 노국 대장 공주 영정

✚ 공민왕의 영토 수복

## ☆2. 새로운 세력의 등장과 고려의 멸망

### (1) 신진 사대부의 등장

| 성장 | • 주로 지방 향리나 하급 관리 집안 출신<br>• 유교 지식과 행정 능력을 바탕으로 과거를 통해 관리로 진출<br>• 공민왕 시기에 개혁 추진 세력으로 성장 |
|---|---|
| 특징 | 중소 지주 출신, 성리학 수용, 권문세족의 부패와 불교의 폐단 비판, 친명적 성격 |
| 분화 | • 개혁 방향을 둘러싼 갈등으로 분화<br>• 온건파 신진 사대부(이색, 정몽주): 고려 왕조를 유지하면서 개혁 주장<br>• 급진파 신진 사대부(정도전, 조준): 새로운 왕조의 개창을 주장 |

### (2) 신흥 무인 세력의 성장

| 성장 | • 홍건적과 왜구 격퇴 과정에서 이성계 등 신흥 무인 세력이 성장함<br>• 이성계를 중심으로 신진 사대부와 연합 |
|---|---|
| 홍건적<br>격퇴 | • 원 말기의 한족 반란군이 고려 침입 → 개경 함락, 공민왕이 복주(안동)로 피란<br>• 정세운, 이방실, 이성계 등이 격퇴 |
| 왜구 격퇴 | 최영, 이성계, 최무선(화포 사용), 박위(쓰시마섬 토벌) 등이 격퇴 |

✚ 정몽주

🔍 **꼼꼼 단어 돋보기**

● 수복
잃었던 땅이나 권리를 되찾음

| 구분 | 권문세족 | 신진 사대부 |
|---|---|---|
| 정계 진출 | 음서제 | 과거제 |
| 경제 기반 | 대농장 경영 | 중소 지주 |
| 대외 관계 | 친원파 | 친명파 |
| 성향 | 보수적 | 진취적 |
| 사상 | 불교 | 불교의 폐단 비판, 성리학 |

## (3) 위화도 회군과 고려의 멸망

### ① 위화도 회군

| 고려의 요동 정벌 추진 | 명의 철령 이북 영토 요구 → 우왕과 최영을 중심으로 요동 정벌 추진 → 이성계가 반대하였지만 최영의 지시로 출병 |
|---|---|
| 위화도 회군 | 이성계가 위화도에서 군대를 돌려 최영과 우왕을 몰아내고 정치적·군사적 실권 장악(1388) |

### ② 고려의 멸망

| 과전법 실시 | 조준 등 급진파 신진 사대부가 토지 개혁을 통해 신진 사대부의 경제적 기반과 국가 재정을 확보함(1391) |
|---|---|
| 온건파 신진 사대부 제거 | 정몽주 등 새 왕조 수립에 반대하던 세력을 제거함 |
| 고려의 멸망 | 정도전 등 급진파 신진 사대부들이 이성계를 왕으로 추대 → 고려 멸망, 조선 건국(1392) |

### 콕콕 개념 확인하기

1. 원은 철령 이북 지역에 _____을/를 설치하였으며, _____을/를 통해 고려의 내정에 간섭하였다.
2. 원 간섭기의 지배 세력인 _____은/는 음서를 이용하여 고위 관직을 독점하였다.
3. _____은/는 신돈을 등용하여 _____을/를 설치하고 개혁을 단행하였다.
4. 신진 사대부는 _____을/를 수용하여 사상적 기반으로 삼고 과거를 통해 중앙 정계로 진출하였다.
5. 고려 말에 홍건적과 왜구의 침입을 격퇴하는 과정에서 이성계 등 _____이/가 성장하였다.

답  1. 쌍성총관부, 정동행성  2. 권문세족  3. 공민왕, 전민변정도감  4. 성리학  5. 신흥 무인 세력

## 4 고려의 사회와 문화

### 1. 고려의 사회 모습

| 성격 | 양인과 천인으로 나뉜 신분제 사회 |
|---|---|
| 여성의 지위 | • 가정 내에서 차별받지 않음<br>• 재산을 자녀에게 균등하게 나누어 상속<br>• 아들딸 구별 없이 연령순으로 호적에 기록<br>• 아들이 없으면 양자를 들이지 않고 딸이 제사를 지냄<br>• 사위와 외손자에게까지 음서의 혜택이 주어짐 |
| 혼인 풍습 | 일부일처제가 원칙, 고려 후기 조혼 풍습 유행, 데릴사위제(처가살이)가 일반적, 외가와 친가 모두 중시 |

### 2. 학문과 사상의 발달

#### (1) 불교의 발달

① 불교의 발달과 쇠퇴

| 불교 정책 | • 발달 배경: 호국적 성격, 왕권 강화에 기여<br>• 태조: 연등회와 팔관회 개최, 훈요 10조에서 불교 행사 강조<br>• 광종: 승과 실시, 국사·왕사 제도 마련 |
|---|---|
| 불교 통합 운동 | • 배경: 종파 간 대립 심화<br>• 의천이 해동 천태종 창시 → 불교 통합 노력 → 의천 사후 교단 분열 |
| 불교 개혁 운동 | • 배경: 불교계 타락, 무신 집권 이후 선종 발달<br>• 결과: 지눌이 수선사 결사 제창 → 불교의 세속화 비판, 개혁 노력 |
| 불교 쇠퇴 | • 원 간섭기 이후 왕실·권문세족과 결탁하여 부패<br>• 신진 사대부가 불교의 폐단 지적 |

**＋의천**

② 불교 통합 운동

| 비교 | 창시자 | 특징 | 시기 | 주장 |
|---|---|---|---|---|
| 천태종 | 의천 | 교종 중심<br>선종 통합 | 고려 중기 | 교관겸수: 교리와 참선을 함께 닦아야 함 |
| 조계종 | 지눌 | 선종 중심<br>교종 포용 | 무신 집권기 | • 정혜쌍수: 선과 교를 함께 연마해야 함<br>• 돈오점수: 인간의 마음이 곧 부처라는 것을 깨닫고 꾸준히 수행해야 함 |

#### (2) 유학의 발달과 성리학의 수용

① 유학의 발달

| 전기 | • 광종의 과거제 실시 → 유교적 지식을 갖춘 관리 등용<br>• 성종 때 최승로의 시무 28조 수용 → 유교 정치 이념 확립 |
|---|---|
| 중기 | • 관학: 국자감(성종 때 개경에 설치, 후에 성균관으로 개칭), 향교(지방)<br>• 사학: 최충의 9재 학당을 비롯한 사학 12도 융성 → 관학 위축<br>• 관학 교육이 위축되자 정부가 관학 진흥책을 추진하기도 함 |
| 후기 | 성리학의 수용 |

**🔍 꼼꼼 단어 돋보기**

● 국사·왕사
나라나 왕의 스승이 될 자격이 있는 승려에게 주었던 최고 관직

② 성리학의 수용

| 성격 | • 인간의 심성과 우주의 원리를 철학적으로 탐구하는 학문으로 남송의 주희가 집대성함<br>• 불교와 권문세족의 폐단 비판 |
|---|---|
| 수용 과정 | 안향⁺이 최초로 소개 → 이제현, 이색, 정몽주, 정도전 등의 활동으로 확산 |
| 영향 | 신진 사대부의 사상적 기반이자 조선의 통치 이념이 됨 |

＋안향

### (3) 역사서의 편찬

| 중기 | 김부식의 『삼국사기』: 신라 계승 의식, 현존하는 우리나라 최고(最古)의 역사서 |
|---|---|
| 후기 | • 특징: 민족적 자주 의식 표현, 전통문화에 대한 올바른 이해 노력<br>• 이규보의 『동명왕편』: 고구려 계승 의식, 동명성왕(주몽)의 업적 기록<br>• 일연의 『삼국유사』: 최초로 단군왕검의 고조선 건국 이야기 기록<br>• 이승휴의 『제왕운기』: 단군 조선을 민족 최초의 국가로 기록<br>• 이제현의 『사략』: 성리학적 사관 입장에서 기록 |

**쏙쏙 이해 더하기**　『삼국사기』와 『삼국유사』

| 구분 | 『삼국사기』 | 『삼국유사』 |
|---|---|---|
| 저자 | 김부식 | 일연 |
| 시기 | 고려 중기 | 원 간섭기 |
| 서술 방식 | 기전체 | 기사본말체에 가까움 |
| 사관 | 보수적 유교 사관 | 자주적 사관 |

### (4) 도교와 풍수지리설

| 도교 | • 불로장생과 현세 구복 및 왕실의 번영 기원<br>• 도교 사원 건립, 초제(하늘에 지내는 제사) 거행 |
|---|---|
| 풍수지리설 | • 신라 말 도선이 도입한 이후 도참사상(예언 사상)과 결합<br>• 서경 천도와 북진 정책의 이론적 근거로 이용 |

## 3. 고려의 문화와 예술

### (1) 불교 예술

| 탑 | • 석탑: 평창 월정사 8각 9층 석탑(다각 다층탑), 개성 경천사지 10층 석탑<br>• 승탑: 선종의 영향, 팔각기둥, 여주 고달사지 승탑 |
|---|---|
| 불상 | • 대형 철불과 석불 제작, 자유분방한 양식<br>• 논산 관촉사 석조 미륵보살 입상, 하남 하사창동 철조 석가여래 좌상 등 |

🔺 평창 월정사　　🔺 개성 경천사지　　🔺 논산 관촉사 석조　　🔺 하남 하사창동
8각 9층 석탑　　　10층 석탑　　　　미륵보살 입상　　　철조 석가여래 좌상

## (2) 건축 양식

| | |
|---|---|
| 주심포<br>양식 | • 고려 전기에 유행<br>• 배흘림기둥, 공포가 기둥에만 있음<br>• 안동 봉정사 극락전<sup>+</sup>, 영주 부석사 무량수전<sup>+</sup>, 예산<br>  수덕사 대웅전 |
| 다포<br>양식 | • 고려 후기에 유행<br>• 웅장한 지붕과 화려한 꾸밈, 공포가 기둥 사이에도<br>  있음<br>• 황해도 사리원 성불사 응진전 |

+ 안동 봉정사 극락전

+ 영주 부석사 무량수전

## (3) 기타 예술

| | |
|---|---|
| 청자 | 11세기 순수 비색 청자 유행 → 12세기 상감 청자(상감법 이용) 유행 → 원 간<br>섭기 이후 쇠퇴 |
| 공예 | • 은입사 기술: 청동 향로 등 제작<br>• 나전 칠기 공예: 옻칠을 한 표면 위에 자개를 붙여 장식 |
| 그림 | • 산수화: 공민왕의 「천산대렵도」<br>• 불화: 혜허의 「관음보살도」, 「수월관음도」 |
| 음악 | 향악(우리의 고유 음악), 아악(송에서 수입) |

⬆ 청자 상감 운학문 매병

⬆ 「천산대렵도」

⬆ 「수월관음도」

## (4) 인쇄술

| | |
|---|---|
| 목판<br>인쇄술 | • 초조대장경: 거란의 침입을 격퇴하고자 제작, 몽골의 침입 때 소실<br>• 팔만대장경(재조대장경): 몽골 격퇴를 목적으로 제작, 유네스코 세계 기록<br>  유산으로 등재 |
| 금속 활자<br>인쇄술 | • 「상정고금예문」: 현재 전해지지 않음<br>• 「직지심체요절」<sup>+</sup>: 현재 전하는 것 중 세계에서 가장 오래된 금속 활자본 |

+ 「직지심체요절」

### 🔍 꼼꼼 단어 돋보기

● 상감법

그릇 표면에 무늬나 그림을 새기고 그
자리에 다른 색의 흙을 메우는 기법

**01** 고려의 후삼국 통일 과정 중 가장 나중에 일어난 사건은?

① 고려 건국
② 신라 멸망
③ 후백제 멸망
④ 후고구려 건국

주목
**02** (가)에 들어갈 고려의 왕은?

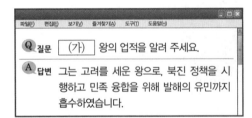

파일(F)  편집(E)  보기(V)  즐겨찾기(A)  도구(T)  도움말(H)

**Q** 질문  (가) 왕의 업적을 알려 주세요.

**A** 답변  그는 고려를 세운 왕으로, 북진 정책을 시행하고 민족 융합을 위해 발해의 유민까지 흡수하였습니다.

① 광종
② 성종
③ 공민왕
④ 태조 왕건

**03** 고려 태조 왕건의 정책으로 옳은 것은?    2016년 1회

① 경복궁 중건
② 노비안검법 실시
③ 사심관 제도 실시
④ 전민변정도감 설치

**04** 다음 중 ㉠에 들어갈 정책은?    2020년 2회

> 고려 광종은 [ ㉠ ]을 실시하여 호족이 불법으로 차지한 노비를 양인으로 해방시켜 호족 세력을 약화시키고자 하였다.

① 호패법
② 대동법
③ 과전법
④ 노비안검법

**05** ㉠에 들어갈 인물은?

> 고려 성종 때 ( ㉠ )의 시무 28조를 수용하여 유교 정치 이념을 채택하였다.

① 원효
② 지눌
③ 최승로
④ 최치원

**06** 다음 설명에 해당하는 고려의 정치 기구는?

> 중서문하성과 중추원의 고관이 모여 국방 문제와 관련된 정책을 의논하였다.

① 삼사
② 상서성
③ 어사대
④ 도병마사

**07** 고려의 지방 행정 조직에 대한 설명으로 옳은 것은?

① 9주 5소경을 두었다.
② 모든 군현에 지방관이 파견되었다.
③ 전국을 5경 15부 62주로 나누었다.
④ 특수 행정 구역인 향·부곡·소가 있었다.

**08** ㉠, ㉡에 들어갈 내용을 바르게 연결한 것은?

> 경원 이씨의 대표적 인물인 ( ㉠ )은/는 왕실과 거듭된 혼인 관계를 맺으면서 대표적인 ( ㉡ )(으)로 성장하였다. ( ㉠ )은/는 자신의 딸들을 왕비로 두어 최고의 권력자가 되었다.

|   | ㉠ | ㉡ |
|---|---|---|
| ① | 김부식 | 문벌 |
| ② | 김부식 | 권문세족 |
| ③ | 이자겸 | 문벌 |
| ④ | 이자겸 | 권문세족 |

주목
**09** 서경 천도 운동에 대한 설명으로 옳지 <u>않은</u> 것은?

① 금국 정벌을 주장하였다.
② 묘청과 정지상이 주도하였다.
③ 김부식에 의해 진압당하였다.
④ 신라 계승 의식을 보여 주었다.

**10** 무신 정변이 일어나게 된 원인으로 옳은 것은?

① 홍건적의 침입
② 무신에 대한 차별 대우
③ 몽골의 거듭된 고려 침입
④ 공민왕의 반원 자주 정책에 대한 반발

주목
**11** ㉠, ㉡에 들어갈 내용을 바르게 연결한 것은?

> 무신 정권 초기에는 ( ㉠ )에서 정책을 결정하였으나, 최씨 무신 집권기에는 ( ㉡ )이/가 최고 권력 기구로 기능하였다.

|   | ㉠ | ㉡ |
|---|---|---|
| ① | 정방 | 중방 |
| ② | 정방 | 교정도감 |
| ③ | 중방 | 정방 |
| ④ | 중방 | 교정도감 |

**12** 두 사람의 대화 내용에 해당하는 사건은?　　2017년 1회

① 만적의 난
② 김헌창의 난
③ 홍경래의 난
④ 망이·망소이의 난

**13** 다음 사건들을 일어난 순서대로 바르게 나열한 것은?

> ㄱ. 무신 정변 ㄴ. 만적의 난
> ㄷ. 이자겸의 난 ㄹ. 서경 천도 운동

① ㄱ - ㄴ - ㄷ - ㄹ
② ㄷ - ㄴ - ㄹ - ㄱ
③ ㄷ - ㄹ - ㄱ - ㄴ
④ ㄹ - ㄱ - ㄴ - ㄷ

**14** 대화에서 (가)에 해당하는 인물은? **2018년 1회**

(가) 이/가 거란과의 외교 담판을 통해 강동 6주를 획득했어.

다행이야. 나는 거란과 큰 전쟁이 일어날 줄 알았어.

① 서희 ② 윤관
③ 강감찬 ④ 김윤후

**주목**

**15** ㉠에 들어갈 북방 민족은?

> 주제: ( ㉠ )의 침입에 대한 고려의 대응
> • 윤관의 별무반 편성
> • 동북 9성 축조

① 거란 ② 돌궐
③ 몽골 ④ 여진

**16** 고려의 대외 관계에 대한 설명으로 옳지 <u>않은</u> 것은?

① 태조는 거란을 적대시하였다.
② 울산항이 최대 무역항이었다.
③ 송에서 비단, 약재, 서적 등을 수입하였다.
④ 아라비아 상인들에 의해 서방 세계에 '코리아'로 알려졌다.

**17** 다음 빈칸에 들어갈 지역은?

> 몽골의 침입 때 최우는 수도를 개경에서 ( ) (으)로 옮겨 장기전을 준비하였다.

① 진도 ② 강화도
③ 제주도 ④ 강동성

**18** ㉠에 해당하는 것은? **2019년 1회**

> 〈모둠 수행 과제 안내문〉
> • 과제: ( ㉠ )의 침입에 대한 극복 노력
> • 모둠별 수행 주제
>   - 1모둠: 팔만대장경 제작
>   - 2모둠: 삼별초의 저항
>   ⋮

① 몽골 ② 돌궐
③ 거란 ④ 여진

**19** ㉠에 들어갈 내용으로 옳은 것은?

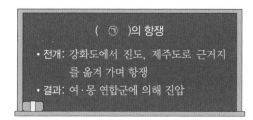

( ㉠ )의 항쟁
- 전개: 강화도에서 진도, 제주도로 근거지를 옮겨 가며 항쟁
- 결과: 여·몽 연합군에 의해 진압

① 정방　　　　　　② 도방
③ 삼별초　　　　　④ 별무반

**20** ㉠에 들어갈 문화유산의 제작 배경으로 옳은 것은?
2020년 1회

　㉠　은/는 부처의 힘으로 국난을 극복하고자 하는 염원에서 제작되었다. 현재 유네스코 세계 기록 유산에 등재되었으며 해인사에 보관되어 있다.

① 을미사변
② 몽골의 침입
③ 청·일 전쟁
④ 홍경래의 난

**21** 원의 내정 간섭과 관련된 내용으로 옳지 <u>않은</u> 것은?

① 관제와 왕실 용어를 높여 불렀다.
② 고려 왕은 원의 공주와 결혼해야 했다.
③ 원이 정동행성을 통해 내정을 간섭하였다.
④ 쌍성총관부가 설치되어 영토를 상실하였다.

**22** 다음과 같은 특징을 가진 고려의 지배 세력은?

- 원 간섭기에 형성된 친원 세력
- 음서를 통해 고위 관직 독점

① 호족　　　　　　② 무신
③ 문벌　　　　　　④ 권문세족

**23** 다음 정책을 시행한 고려의 왕은?
2019년 2회

- 쌍성총관부를 공격하여 철령 이북의 영토를 되찾음
- 신돈을 등용하여 전민변정도감을 설치함

① 왕건　　　　　　② 광종
③ 공민왕　　　　　④ 광해군

**24** 공민왕의 개혁 정책에 대한 설명으로 옳은 것은?

① 기철 등용
② 쌍성총관부 설치
③ 전민변정도감 설치
④ 정동행성과 정방 설치

**25** 고려 말 신흥 무인 세력이 성장하게 된 배경은?

① 거란과의 항쟁
② 몽골과의 항쟁
③ 묘청의 반란 진압
④ 홍건적과 왜구의 침입 격퇴

**26** 다음에서 설명하는 고려 후기 정치 세력은?

2020년 1회

> • 정몽주, 정도전 등이 대표적인 인물임
> • 권문세족의 비리를 비판하고 사회 개혁을 주장함
> • 성리학을 공부하고 과거를 통해 중앙 관리로 진출함

① 호족
② 진골
③ 문벌 귀족
④ 신진 사대부

**27** 신진 사대부에 대한 설명으로 가장 적절한 것은?

① 대농장과 많은 노비 소유
② 원 간섭기에 등장한 친원파
③ 공민왕의 개혁 정치에 동참
④ 음서를 통해 고위 관직 독점

주목
**28** 다음 사건들을 일어난 순서대로 바르게 나열한 것은?

> ㄱ. 조선 건국
> ㄴ. 과전법 실시
> ㄷ. 위화도 회군
> ㄹ. 요동 정벌 추진

① ㄱ - ㄴ - ㄷ - ㄹ
② ㄷ - ㄹ - ㄱ - ㄴ
③ ㄹ - ㄱ - ㄴ - ㄷ
④ ㄹ - ㄷ - ㄴ - ㄱ

**29** 고려 시대의 가족 제도에 대한 설명으로 옳지 <u>않은</u> 것은?

① 아들이 없으면 양자를 들였다.
② 호적에 연령순으로 기록되었다.
③ 재산의 균분 상속이 이루어졌다.
④ 사위와 외손자에게도 음서의 혜택이 주어졌다.

주목
**30** 다음 내용과 관련 있는 사상은?

> • 연등회와 팔관회 개최
> • 승과 실시, 국사와 왕사 제도 마련

① 유교　　　　　② 불교
③ 도교　　　　　④ 풍수지리설

**31** 다음 설명에 해당하는 승려는?

> • 교종을 중심으로 선종 통합 시도
> • 해동 천태종 창시

① 원효　　　　② 의상
③ 의천　　　　④ 지눌

**32** ㉠, ㉡에 들어갈 내용을 바르게 연결한 것은?

> 고려의 개경에는 (　㉠　)을/를 세우고, 지방에는
> (　㉡　)을/를 세워서 유학 교육을 실시하였다.

| | ㉠ | ㉡ |
|---|---|---|
| ① | 경당 | 국학 |
| ② | 국학 | 태학 |
| ③ | 향교 | 국자감 |
| ④ | 국자감 | 향교 |

**33** 고려 시대에 편찬된 역사서와 저자가 바르게 연결된 것은?

① 삼국유사 – 일연
② 제왕운기 – 이규보
③ 삼국사기 – 이승휴
④ 동명왕편 – 김부식

**34** 다음 문화재를 남긴 나라는?

▲ 청자 상감 운학문 매병

① 백제　　　　② 신라
③ 고려　　　　④ 조선

**35** 다음 설명에 해당하는 문화유산은?

> • 몽골 격퇴를 염원하는 마음을 담아 제작
> • 강화도에서 제작

① 초조대장경
② 팔만대장경
③ 상정고금예문
④ 직지심체요절

# 04 조선의 성립과 발전

**Ⅲ 역사**

## 1 통치 체제 정비와 대외 관계

### 1. 조선의 건국과 국가 기틀의 확립

**(1) 조선의 건국 과정**

① 고려의 요동 정벌 추진: 명의 철령 이북 영토 요구 → 고려의 요동 정벌 추진 → 이성계의 반대

② 위화도 회군(1388): 이성계가 위화도에서 회군 → 최영과 우왕 제거 → 정치적·군사적 실권 장악

③ 과전법 실시(1391): 정도전⁺등 급진파 신진 사대부가 토지 개혁을 통해 신진 관료들의 경제적 기반과 국가 재정 확보

④ 온건파 신진 사대부 제거: 정몽주 등 새 왕조 수립에 반대하던 세력 제거

⑤ 조선 건국(1392): 고조선을 계승한다는 뜻에서 국호를 '조선'으로 정함

⑥ 한양 천도(1394)

· 한반도의 중앙에 위치하며 한강이 흘러 육로와 수로 교통이 편리함

· 산으로 둘러싸여 있어 외적 방어에 유리하고, 풍수지리적으로 명당이었음

**(2) 건국 주도 세력:** 급진파 신진 사대부 + 신흥 무인 세력

**(3) 조선 건국의 의의**

① 능력을 중시하는 양반 관료제 사회

② 성리학을 국가의 통치 이념으로 삼음 → 불교는 점차 억압을 받음(⁺숭유억불 정책)

③ 백성을 근본으로 여기며, 인과 덕으로 다스리는 왕도 정치와 덕치주의를 추구함

### ☆ 2. 국가 기틀의 확립

**(1) 왕권 강화와 유교 정치의 발전**

| 태조 | · 조선 건국, 한양 천도<br>· 정도전을 중심으로 한 재상 중심의 정치 추구 |
|---|---|
| 태종 | · 왕자의 난을 통해 정도전 및 반대 세력을 제거하고 권력을 잡은 뒤 즉위<br>· 강력한 국왕 중심의 통치 체제: 6조 직계제 실시, 사병 철폐를 통해 군사권 장악<br>· 호패법 실시: 16세 이상의 모든 남자에게 발급된 일종의 신분증 → 조세·군역 부과에 활용 |
| 세종 | · 유교적 민본 정치: 왕권과 신권의 조화, 의정부 서사제 실시<br>· 집현전 설치: 학문과 정책 연구<br>· 경연을 활발히 실시<br>· 훈민정음 창제<br>· 과학 및 음악 등 민족 문화 발전<br>· 4군 6진 설치: 여진족을 몰아내고 현재와 같은 국경선 설정<br>· 이종무로 하여금 쓰시마섬을 정벌하게 함 |

**＋ 정도전**

이성계와 함께 조선을 건국한 공신으로 재상 중심의 정치를 주장하다가 이방원(태종)과 대립하여 죽임을 당하였다.

**＋ 호패**

호패에는 이름과 나이, 과거 합격 연도 등이 쓰여 있었다. 호패는 조세를 징수하거나 군역을 부과하는 기본 자료가 되었고, 신분에 따라 그 재질 등을 다르게 만들기도 하였다.

🔍 **꼼꼼 단어 돋보기**

● **숭유억불**

유교를 숭상하고 불교를 억압함

● **경연**

임금이 학문을 익히고 신하들과 국정을 협의하던 일

| 세조 | • 계유정난으로 정권을 장악한 후 단종을 몰아내고 즉위<br>• 단종의 복위를 꾀하였던 사육신 제거<br>• 6조 직계제 실시, 집현전과 경연 폐지, 『경국대전』+ 편찬 시작<br>• 직전법+ 실시: 현직 관리에게만 토지를 지급 |
|---|---|
| 성종 | • 『경국대전』 완성·반포: 유교적 법치 국가의 토대 마련<br>• 홍문관 설치: 집현전을 계승한 왕의 자문 기관, 경연 실시<br>• 훈구를 견제하기 위해 사림(김종직) 등용 |

+ 『경국대전』
조선 왕조의 기본 법전으로, 이·호·예·병·형·공전의 6전 체제로 구성되어 있다. 조선 왕조의 정치, 사회, 경제, 문화 등의 통치 제도를 담고 있다.

+ 과전법과 직전법
과전법은 경기 지역의 토지에 한하여 전·현직 관리에게 수조권(토지에서 조세를 거둘 수 있는 권리)을 준 제도이다. 점차 수조권을 지급할 관리의 수가 늘고 토지가 부족해지자, 세조 때 현직 관리에게만 수조권을 주는 직전법이 시행되었다.

## 쏙쏙 이해 더하기  6조 직계제와 의정부 서사제

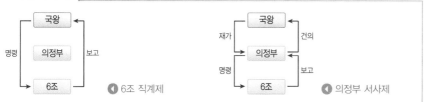

◀ 6조 직계제                    ◀ 의정부 서사제

• **6조 직계제**: 나랏일을 의정부를 거치지 않고 6조에서 곧바로 국왕에게 올려 국왕의 재가를 받아 시행하는 형식이다.
• **의정부 서사제**: 6조에서 올라오는 모든 일을 의정부에서 합의한 후 국왕에게 올려 결재를 받는 형식이다.

### (2) 조선 전기의 대외 관계: 사대교린 정책

| 명 | • 사대 정책: 작은 나라가 큰 나라를 섬기는 정책<br>• 태종 이후 사대 정책 시행: 경제·문화적 실리 외교 추진, 왕실의 안정 확보 |
|---|---|
| 여진 | • 교린 정책: 국가 간 대등한 위치에서 교류하는 정책 → 강경책과 회유책을 함께 시행<br>• 강경책: 세종 때 압록강 유역에 4군(최윤덕)과 두만강 유역에 6진(김종서)을 개척+하여 오늘날의 국경선 확정<br>• 회유책: 귀순 장려, 국경에 무역소 설치 |
| 일본 | • 교린 정책: 강경책과 회유책을 함께 시행<br>• 강경책: 세종 때 이종무가 왜구의 근거지인 쓰시마섬 토벌<br>• 회유책: 3포(부산포, 염포, 제포)를 개항하여 제한된 무역 허용 |
| 기타 | 류큐, 시암, 자와 등 동남아시아 지역과도 교류 |

+ 4군 6진의 개척

## 3. 통치 체제의 정비

### (1) 중앙 정치 조직+: 국왕을 정점으로 의정부와 6조 중심의 조직 마련

| 의정부 | • 3정승의 합의를 통해 국가의 중요 정책 결정(최고 통치 기구)<br>• 의정부 아래에 6조를 설치 |
|---|---|
| 6조 | 이조·호조·예조·병조·형조·공조로 구성, 행정 실무 집행 |
| 3사 | • 기능: 권력의 독점과 부정을 방지하기 위한 언론 기능 수행<br>• 사헌부: 관리의 비리 감찰, 풍기 단속<br>• 사간원: 왕의 잘못된 정치를 비판하는 간쟁 담당<br>• 홍문관: 왕의 자문에 응함, 경연 주관 |
| 승정원 | 왕의 비서 기관 → 왕권 강화 기구 |
| 의금부 | 왕의 직속 사법 기관으로 나라의 큰 죄인을 다스림 → 왕권 강화 기구 |
| 기타 | • 성균관: 최고 교육 기관<br>• 춘추관: 역사서의 편찬과 보관 담당<br>• 한성부: 수도 한양(한성)의 행정과 치안 담당 |

+ 조선의 중앙 정치 조직

## 🔍 꼼꼼 단어 돋보기

● 계유정난
수양 대군(세조)이 어린 조카(단종)의 왕위를 빼앗기 위해 일으킨 사건

## (2) 지방 행정 조직

### ① 지방 행정 구역
- 전국을 8도[+]로 나누고, 그 아래에 부·목·군·현을 둠
- 고려 시대에 존재했던 특수 행정 구역(향·부곡·소) 폐지, 군·현으로 승격

### ② 지방 행정의 운영

| 관찰사 | 8도에 파견되어 수령을 지휘·감독 |
|---|---|
| 수령<br>(사또) | • 8도 아래의 부·목·군·현에 파견 → 고려와 달리 대부분의 군현에 파견<br>• 행정, 사법, 군사를 담당하는 고을의 행정 책임자<br>• 역할: 호구 조사 및 조세 징수, 재판, 농업 장려, 지역 방어 등 |
| 향리 | • 6방(이방·호방·예방·병방·형방·공방)<br>• 역할: 수령의 행정 실무 보좌(고려 시대보다 권한 축소)<br>• 대대로 직역을 세습 |
| 유향소<br>(향청) | • 지방 양반들의 자치 조직(향촌 자치 기구)<br>• 역할: 수령 보좌, 향리 비리 감찰, 지방 여론 수렴, 백성 교화, 풍속 교정 |

**＋ 조선의 8도**

백두산 / 함경도 / 평안도 / 동해 / 강원도 / 황해도 / 경기도 / 충청도 / 전라도 / 경상도

## (3) 관리 등용 제도

| 과거[+] | • 자격: 양인 이상이면 응시 가능, 과거 준비에 많은 시간과 비용이 들어 현실적으로 상민은 응시가 어려웠음<br>• 문과: 문관 선발 시험, 주로 양반 자제들이 응시, 소과(생진과)·대과(문과)로 구성<br>• 무과: 무관 선발 시험, 양반 및 상민 자제들이 응시, 조선 시대부터 실시<br>• 잡과: 기술관 선발 시험, 주로 중인(기술관·향리의 자제)이 응시, 역과·율과·의과·음양과 실시 |
|---|---|
| 음서 | • 고려에 비해 혜택 축소, 가문보다는 개인의 능력 중시<br>• 공신이나 2품 이상 고위 관리의 자제를 무시험으로 관직에 등용 → 관직에 진출하더라도 과거에 합격하지 않으면 승진에 한계가 있었음 |
| 천거 | 고위 관리의 추천을 받아 관직에 등용, 중종 때 조광조의 건의로 현량과 실시 |

**＋ 조선의 과거 제도**

소과 → 대과(문과)(33명) → 문관
무과(28명) → 무관
잡과: 역과, 율과, 의과, 음양과 → 기술관

**＋ 소과**

문과의 소과는 생원과 진사의 자격을 얻는 시험이라 생진과라고도 하였다. 여기에 합격하면 성균관 입학 자격이 주어졌고, 문과의 대과에 응시할 수 있었다.

## (4) 교육 제도

| 목적 | 유교적 소양을 갖춘 관리 양성 → 유교 이념 확산 |
|---|---|
| 대상 | 법적으로 양인 이상이면 가능, 실제적으로는 양반 자제 중심 |
| 유학 교육 기관 | • 서당: 기초적인 유학 지식 교육<br>• 4부 학당(수도), 향교(지방): 유교 경전 교육<br>• 성균관: 최고 교육 기관, 높은 수준의 유학 교육 |
| 기술 교육 기관 | • 의학·법학·천문학·산학·외국어 교육 등 실시, 해당 관청에서 담당<br>• 유학 교육에 비해 천시를 받음 |

## (5) 군사 제도

| 대상 | 16세 이상 60세 이하의 양인 남자 |
|---|---|
| 중앙군 | 5위(수도 방어, 궁궐 수비) |
| 지방군 | • 각 도에 병영과 수영 설치<br>• 병마절도사와 수군절도사를 파견하여 각각 육군과 수군을 지휘하게 함 |
| 잡색군 | 일종의 예비군으로 서리, 노비 등이 소속 |

📖 **꼼꼼 단어 돋보기**

● **직역**
특정한 직업의 영역이나 범위

● **교화**
가르치고 이끌어서 좋은 방향으로 나아가게 함

### (6) 교통과 통신 제도

| 조운제 | 지방에서 거두어 조창에 보관해 둔 세곡(조세)을 수로나 해로를 이용해 중앙의 경창으로 운반 |
|---|---|
| 역원제 | • 관청의 공문 및 공물 수송을 위한 제도<br>• 교통의 요지에 30리마다 역(마패 소지자에게 역마 제공)과 원(숙박 시설 제공) 설치 |
| 봉수제 | 연기나 불을 이용해 국경의 위급 상황을 중앙에 신속히 전달하는 통신 제도 |

**콕콕 개념 확인하기**

1. 고려 말에 신진 사대부는 _____을/를 실시하여 신진 관료들의 경제적 기반을 마련하였다.
2. 세종은 학문 연구 기관인 _____을/를 설치하고 경연을 실시하였다.
3. 성종 때 _____을/를 완성하여 유교 중심의 국가 통치 질서를 확립하였다.
4. 건국 초기 조선은 명과는 _____ 관계를 맺고, 일본과 여진에 대해서는 _____ 정책을 실시하였다.
5. _____, 사헌부, 홍문관은 3사로, 권력의 독점과 부정을 방지하는 역할을 담당하였다.

답 1. 과전법 2. 집현전 3. 경국대전 4. 사대, 교린 5. 사간원

## 2 사림의 성장과 정치 변화

### 1. 사림의 성장과 사화

#### (1) 훈구와 사림

| 구분 | 훈구 | 사림 |
|---|---|---|
| 출신 | • 세조의 즉위를 도운 공신(한명회 등)<br>• 왕실과의 혼인을 통해 세력 기반을 다짐<br>• 대를 이어 권력을 독점함 | 지방에서 학문 연구와 교육에 힘쓴 유학자들 |
| 기원 | 조선 건국에 협력한 급진파 신진 사대부 | 조선 건국에 협력하지 않은 온건파 신진 사대부(정몽주, 길재의 학통 계승) |
| 경제 | 많은 토지와 노비 소유, 대지주 | 지방 중소 지주 |
| 정치 | 부국강병과 중앙 집권 추구 | 향촌 자치와 왕도 정치 추구 |

#### (2) 훈구와 사림의 갈등

① 사림의 정계 진출: 성종 때 김종직을 비롯한 영남 출신 사림이 3사에 진출하여 훈구의 부패와 권력 독점을 비판함 → 훈구와의 갈등으로 사화 발생

② 사화의 발생

| | 무오사화<br>(1498) | • 사림이 연산군과 훈구를 비판<br>• 훈구가 사초에 실린 김종직의 「조의제문†」을 구실로 삼아 사림을 공격 → 사림의 피해 |
|---|---|---|
| 연산군 | 갑자사화<br>(1504) | 연산군의 어머니 폐비 윤씨를 제거하는 데 일조한 세력이 화를 입음 → 훈구와 사림의 피해 |
| 중종반정(1506) | | 훈구가 연산군을 몰아내고 중종을 왕으로 세움 → 중종이 훈구를 견제하기 위해 사림(조광조 등)을 등용함 |

**✚「조의제문」**
대표적 사림인 김종직이 초나라 의제가 신하인 항우에게 죽임을 당한 것을 슬퍼하며 쓴 글이다. 훈구는 세조에 의해 쫓겨난 단종을 애도하고 세조를 비난한 글이라며 이를 구실로 사림을 공격하였다.

| 중종 | 기묘사화<br>(1519) | • 조광조의 개혁 정책: 도교 행사를 주관하는 소격서 폐지, 인재 추천제인 현량과 실시, 소학과 향약 보급, 경연 활성화, 일부 공신들의 위훈(잘못된 공적) 삭제 주장<br>• 훈구가 조광조의 급진적 개혁에 반발하여 조광조 등 사림을 몰아냄 |
|---|---|---|
| 명종 | 을사사화<br>(1545) | 외척 간(인종의 외척인 윤임 세력 vs 명종의 외척인 윤원형 세력)의 권력 다툼에 휩쓸려 사림이 피해를 입음 |

③ 사화의 결과: 네 차례의 사화에도 불구하고 사림은 향촌에서 서원과 향약을 기반으로 세력을 확장함 → 선조 때에는 사림이 중앙 정치 주도

## 2. 사림의 성장과 붕당의 형성

### (1) 사림의 세력 기반

① 서원

| 기능 | • 사림이 지방에 세운 사립 교육 기관<br>• 성리학 연구와 지방 양반 자제 교육 담당<br>• 유학자에 대한 제사 담당 |
|---|---|
| 기원 | 주세붕이 백운동 서원 설립(최초의 서원) → 이황의 건의로 최초의●사액 서원인 소수 서원이 됨 |
| 특징 | • 국가가 서원 설립을 장려하고 사액 서원 지정을 늘림<br>• 성리학 연구와 지방 문화 발달에 기여함<br>• 사림 세력이 서원을 중심으로 향촌 사회에서 세력을 확대함<br>• 붕당 형성의 토대가 됨 |

② 향약

| 의미 | • 마을 주민들의 향촌 자치 규약<br>• 상부상조의 전통＋유교 윤리＋향촌의 공동체 조직 |
|---|---|
| 보급 | 조광조와 이황, 이이 등의 학자가 보급 노력 |
| 기능 | • 유교의 덕목 실천, 향촌 사회의 질서 유지, 풍속 교화<br>• 서원과 함께 사림이 향촌 통제력을 강화하는 데 기여함 |
| 4대 덕목[+] | 덕업상권, 과실상규, 예속상교, 환난상휼 |

### (2) 사림의 집권과 붕당의 형성

① 사림의 집권: 16세기 후반 선조의 후원으로 사림 세력이 등용되면서 중앙 정치의 주도권 장악

② 붕당의 형성
  • 붕당의 의미: 정치적·학문적 의견을 같이하는 양반들의 무리
  • 붕당의 형성: 외척 세력의 정치 참여와 이조 전랑[+]의 임명 문제를 두고 사림이 동인과 서인으로 나뉨

③ 동인과 서인[+]

| 동인 | 서인 |
|---|---|
| 이황과 조식의 학통 계승 | 이이와 성혼의 학통 계승 |
| 영남학파(경상도), 강경파 | 기호학파(경기·충청 지역), 온건파 |

**＋ 향약의 4대 덕목**

| 덕업상권 | 좋은 일은 서로 권한다. |
|---|---|
| 과실상규 | 잘못된 것은 서로 규제한다. |
| 예속상교 | 예의 바른 풍속으로 교제한다. |
| 환난상휼 | 어려운 일은 서로 돕는다. |

**＋ 이조 전랑**

이조 전랑은 품계는 낮지만 중하급 관리와 3사 관리의 인사 추천권 및 자신의 후임자 추천권 등 중요한 권한을 가졌다.

**＋ 동인과 서인**

이조 전랑 자리를 두고 한성의 동쪽에 살고 있던 김효원과 한성의 서쪽에 살고 있던 심의겸이 대립하면서 각각의 세력을 동인과 서인이라 부른 데서 유래하였다.

**🔍 꼼꼼 단어 돋보기**

● 사액 서원

왕으로부터 서원의 이름과 토지, 노비, 서적을 하사받고 세금 면제의 혜택을 받는 서원

④ 붕당 정치의 전개
  - 선조 때 동인의 분화: 서인에 대한 입장 차이로 동인이 남인(온건파)과 북인(강경파)으로 나뉨
  - 광해군 때에는 북인이 서인과 남인을 배제하고 정권 독점
  - 인조 때에는 인조반정을 주도한 서인이 남인 일부 세력을 포용하여 정치 운영
  - 초기의 붕당 정치: 상대 붕당의 입장을 존중하면서 상호 비판과 견제가 이루어지는 건전한 정치가 행해짐

### 콕콕 개념 확인하기

1. 조선 건국에 참여하고 세조가 왕위에 오르는 데 공을 세운 사람들을 _____(이)라고 한다.
2. 훈구와 사림이 대립하여 사림이 큰 피해를 입은 사건을 _____(이)라고 한다.
3. _____은/는 성리학을 연구하고 양반 자제를 교육한 조선 시대 지방 사립 교육 기관이다.
4. 사림은 서원과 _____을/를 바탕으로 향촌 사회에서 영향력을 확대하였다.
5. 정치적·학문적 의견을 같이하는 양반들의 무리를 _____(이)라고 한다.

답  1. 훈구  2. 사화  3. 서원  4. 향약  5. 붕당

# 3 민족 문화의 발달과 사회 변화

## 1. 훈민정음 창제와 유교 윤리의 보급
### (1) 훈민정음의 창제와 보급

| 창제 배경 | 한자나 이두가 있었으나 백성들은 우리글이 없어 우리말을 표현하는 데 어려움을 겪음 |
|---|---|
| 창제와 반포 | 세종이 모든 말을 소리 나는 대로 쓸 수 있고 누구나 쉽게 배울 수 있는 28자의 표음 문자를 만들고(1443) 반포함(1446) |
| 보급 | 훈민정음으로 「용비어천가」, 「삼강행실도」 등을 편찬하여 보급함 |
| 의의 | • 과학적이고 독창적인 글자임<br>• 일반 백성들도 문자 생활이 가능해짐<br>• 백성에게 국가의 통치 이념을 쉽게 전달할 수 있게 됨<br>• 국문학과 민족 문화 발전의 계기가 됨 |

### (2) 유교 윤리의 보급

| 목적 | 성리학을 통치 이념으로 삼아 유교적 질서를 확립하고자 함 |
|---|---|
| 특징 및 영향 | • 모든 문물제도 정비의 기본 원리<br>• 지위에 맞는 역할이 있다는 명분론을 중시<br>• 지배층과 피지배층, 남성과 여성의 역할과 구분을 강조<br>• 가부장적 질서 강화 |
| 윤리·의례서 편찬 | • 「삼강행실도」: 충신, 효자, 열녀 이야기를 글과 그림으로 구성<br>• 「국조오례의」: 국가 행사의 절차와 예법 정리 |

**+ 훈민정음 창제에 대한 반발**
당시 관리·양반들은 중국의 글과 학문을 공부하지 않으면 우리 문화의 수준이 떨어질 것을 우려하여 훈민정음 창제를 반대하였다.

**+「용비어천가」**
세종 때 지어진 최초의 국문학 작품으로 왕실의 권위를 높이기 위해 조선 왕조의 위대함을 노래한 서사시이다.

**+「삼강행실도」**

## 2. 조선 전기 문화의 발달

### (1) 과학 기술의 발달

| | |
|---|---|
| 천문학 · 역법 | • 고구려의 천문도를 수정하여 『천상열차분야지도』[+](천문도, 태조)를 돌에 새겨 제작함<br>• 혼천의와 간의(천체 관측), 앙부일구(해시계), 자격루(물시계), 측우기(강우량 측정) 등을 제작하여 농사에 이용<br>• 한양(한성)을 기준으로 한 역법서인 『칠정산』 편찬 |
| 인쇄술 | 주자소를 설치하여 계미자(태종), 갑인자(세종) 등의 금속 활자를 주조함 |
| 무기 | 화차와 신기전(화약 달린 화살), 거북선, 비격진천뢰 개발 |

+ 『천상열차분야지도』 각석

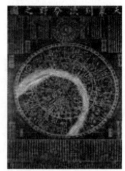

⬆ 앙부일구

⬆ 자격루

⬆ 측우기

### ⭐(2) 서적의 간행

| | |
|---|---|
| 역사서 | • 편찬 목적: 조선 건국의 정당성과 유교 통치 이념 강조<br>• 『고려사』, 『고려사절요』: 이전 왕조인 고려의 역사 정리<br>• 『동국통감』: 고조선부터 고려 말까지의 역사 정리<br>• 『조선왕조실록』: 왕의 통치를 기록한 책으로 태조 때부터 조선 말까지 편찬, 유네스코 세계 기록 유산으로 등재 |
| 법전 | 『경국대전』(성종): 국가 통치 체제의 완비 |
| 농서 | 『농사직설』(세종): 우리의 풍토에 맞는 농법 소개 |
| 지도 및 지리서 | • 편찬 목적: 국방 강화와 통치에 필요한 지리 정보 획득<br>• 『혼일강리역대국도지도』[+](태종): 현재 전하는 것 중 동양에서 가장 오래된 세계 지도<br>• 『팔도도』(태종): 전국 지도<br>• 『동국여지승람』(성종): 각 지역의 토지, 교통, 인물 등이 담긴 지리서 |
| 의서 | • 『향약집성방』(세종): 쉽게 구할 수 있는 약재를 활용한 질병 치료법 정리<br>• 『의방유취』(세종): 의학 백과사전 |

+ 『혼일강리역대국도지도』

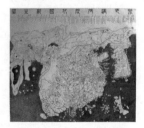

### (3) 양반 중심 문화의 발달

| 구분 | 15세기 | 16세기 |
|---|---|---|
| 그림 | • 안견의 『몽유도원도』: 세종의 아들 안평 대군이 꿈에서 본 이상 세계 표현<br>• 강희안의 『고사관수도』: 선비의 정신 세계 표현 | 사군자화, 초충도 등 |
| 자기 | 분청사기: 소박하고 자연스러움 | 백자: 깨끗하고 고상함 |
| 한문학 | 서거정의 『동문선』 | – |
| 음악 | • 종묘 제례악(세종): 궁중 음악인 아악을 정리<br>• 『악학궤범』(성종): 궁중 음악을 그림과 함께 설명 | – |

▲ 「몽유도원도」(안견)

▲ 「고사관수도」(강희안)

▲ 분청사기 음각 어문 편병

▲ 백자 달 항아리

**콕콕 개념 확인하기**

1. _____은/는 세종이 과학적인 원리를 담아 창제한 글자이다.
2. _____은/는 충신, 효자, 열녀 이야기를 글과 그림으로 구성한 책이다.
3. 조선에서는 물시계인 _____, 해시계인 _____을/를 만들어 시간을 측정하였다.
4. _____은/는 왕의 통치를 기록한 책으로 유네스코 세계 기록 유산으로 등재되어 있다.

답 1. 훈민정음 2. 삼강행실도 3. 자격루, 앙부일구 4. 조선왕조실록

## 4 왜란·호란의 발발과 영향

### 1. 일본의 침략과 조선의 대응

#### (1) 임진왜란의 발발

① 임진왜란 직전 동아시아의 정세

| | |
|---|---|
| 조선 | • 일본이 무역 확대를 요구하며 소란을 피우자, 일본과의 무역을 강하게 통제 → 조선과 일본의 갈등 고조<br>• 오랜 평화로 국방에 소홀, 군역 제도의 문란 → 국방력 약화 |
| 일본 | • 오랜 전투로 군사력 강화<br>• 도요토미 히데요시가 전국 시대의 혼란을 통일하고 불만 세력의 관심을 밖으로 돌리기 위해 대륙 진출 준비 |
| 중국 | 명의 쇠퇴, 만주 지역에서 여진 성장 |

② 임진왜란 발발

| | |
|---|---|
| 구실 | 명을 정벌하러 가는 데 길을 빌려 달라는 구실로 조선 침략(1592) |
| 과정 | 일본군 부산 상륙 → 부산진, 동래성 함락 → 충주 방어선 붕괴(신립의 패배) → 일본군의 한양 점령, 선조의 의주 피란, 명에 지원군 요청 → 평양과 함경도 일대까지 일본군 북상 |

### ☆(2) 임진왜란의 극복

#### ① 조선의 반격

| | |
|---|---|
| 수군의 활약 | 이순신이 이끄는 수군이 옥포, 사천, 당포, 한산도[+] 등에서 승리 → 서·남해안의 제해권[•] 장악, 일본군의 보급로 차단, 전라도 곡창 지대 방어 |
| 의병의 활약 | • 전직 관리, 농민, 승려 등 다양한 계층이 참여함<br>• 익숙한 지형을 이용하여 적은 병력으로 일본군에게 큰 타격을 줌<br>• 의병장: 곽재우, 고경명, 조헌, 사명 대사 유정, 서산 대사 휴정 등 |
| 명의 지원 | • 조선의 요청으로 명이 지원군을 파견<br>• 조·명 연합군이 평양성 탈환 |
| 관군의 활약과<br>휴전 회담 | • 김시민의 진주 대첩, 권율의 행주 대첩<br>• 조선과 명의 반격이 거세지자 일본이 명에 휴전 회담 제의 |

#### ② 일본의 재침입과 전쟁의 종결

| | |
|---|---|
| 정유재란<br>(1597) | • 3년여에 걸친 휴전 회담 결렬 → 일본군의 재침입<br>• 휴전기 동안 조선은 훈련도감 설치, 성곽 보강 등 국방력 강화에 힘씀 → 일본군의 침략을 효과적으로 방어, 이순신의 명량 대첩 |
| 전쟁의 종결 | 도요토미 히데요시의 사망 → 일본군 철수 → 이순신의 노량 해전 승리 (이순신 전사) → 전쟁 종결(1598) |

**➕ 한산도 대첩**

1592년 한산도 앞바다에서 조선 수군이 일본 수군을 크게 무찌른 전투로, 진주 대첩·행주 대첩과 함께 임진왜란의 3대 대첩으로 불린다.

● 임진왜란의 전개

### (3) 임진왜란의 영향

| | |
|---|---|
| 조선 | • 토지 황폐화, 인구 감소, 토지 대장과 호적 소실 → 국가 재정 악화<br>• 전쟁 중 노비 문서 소실, 전공을 세운 상민과 노비의 신분 상승 등으로 신분 질서 동요<br>• 문화재 약탈과 소실(경주 불국사, 경복궁, 사고 등) |
| 일본 | • 도쿠가와 이에야스의 에도 막부 수립<br>• 임진왜란을 통해 조선의 문화재와 기술자를 약탈하여 문화 발전을 이룸<br>• 조선과 국교 재개, 일본의 요청으로 통신사를 파견하여 조선의 선진 문물 전파 |
| 중국 | 명의 국력이 쇠퇴한 틈을 타 만주에서 여진족이 성장하여 후금 건국 |

**➕ 통신사**

**🔍 꼼꼼 단어 돋보기**

● 제해권

군사, 통상, 항해 등에 관하여 해상에서 가지는 권력

## 2. 광해군의 전후 복구 사업과 중립 외교

### (1) 전후 복구 사업

① 국방력 강화: 성곽과 무기 수리 등

② 국가 재정 확보: 양전 사업과 호적 정리, 대동법 시행

③ 민생 안정: 『동의보감』 편찬(허준) 및 보급

### (2) 중립 외교

| 배경 | 여진족의 누르하치가 후금 건국(1616) → 후금이 명을 공격 → 명은 조선에 지원군 요청 |
|---|---|
| 중립 외교 | • 임진왜란 때 조선을 도와준 명과 새롭게 성장하는 후금 사이에서 적절히 대처하는 실리적인 중립 외교 실시<br>• 강홍립 부대를 파견하고 그에게 명을 지원하되 상황에 따라 대처할 것을 명령 → 강홍립이 후금에 투항 |
| 결과 | 강성해진 후금의 침입을 피할 수 있었음 |

---

**자료 스크랩**  **광해군의 중립 외교(강홍립의 투항)**

강홍립이 장계를 올리기를, "신이 배동관령(背東關嶺)에 도착하여 먼저 통역관을 보내어 밀통하기를, '비록 명나라에게 재촉을 당하여 여기까지 오기는 하였으나 항상 진지의 후면에 있어서 접전(接戰)하지 않을 계획이다.'라고 하였기 때문에 전투에 패한 후에도 서로 잘 지내고 있습니다. 만일 화친이 속히 이루어진다면 신들은 돌아갈 수 있을 것입니다."라고 하였다.

　　　　　　　　　　　　　　　　　　　　　　　　　　　　　　－『광해군일기』－

## 3. 청의 침략과 조선의 대응

### (1) 인조반정

| 배경 | • 광해군과 북인의 중립 외교는 명에 대한 명분과 의리를 중시하는 서인에게 비판을 받음<br>• 광해군의 도덕적인 약점(인목 대비 유폐, 영창 대군 살해 등)이 빌미가 됨 |
|---|---|
| 과정 | 서인이 정변을 일으켜 광해군과 북인을 몰아내고 인조를 왕으로 추대함(1623) |

### (2) 호란의 발발과 영향

#### ① 정묘호란

| 배경 | • 서인 정권의 친명배금 정책(후금을 배척하고 명을 가까이하는 외교 정책)<br>• 이괄의 난 때 패한 잔당들이 후금에 투항하여 인조반정의 부당함을 고함 |
|---|---|
| 경과 | 후금의 침입 → 인조의 강화도 피신 → 정봉수, 이립 등 의병과 관군의 저항 |
| 결과 | 후금은 조선이 명과의 관계를 끊는다는 조건으로 화의를 맺고 철수(형제 관계 수립) |

#### ② 병자호란

| 배경 | 후금이 국호를 '청'으로 바꾸고 조선에 군신 관계 강요 → 조선의 거부 |
|---|---|
| 경과 | 조선 내 주화론과 주전론의 대립 속에서 주전론 우세 → 청 태종의 침략 → 한양 함락 → 인조의 남한산성 피신, 45일간 항전 → 주화론을 중심으로 화의 주장 → 인조의 항복(삼전도의 굴욕) |
| 결과 | • 청과 군신 관계를 맺음 → 청에 조공<br>• 왕자(소현 세자, 봉림 대군)와 신하, 백성이 포로로 청에 끌려감 |

**✚ 이괄의 난**

이괄이 인조반정의 공신 책봉에 불만을 품고 일으킨 난이다. 일부 반란 세력이 후금으로 도망가자 후금은 광해군을 위해 복수한다는 구실로 조선을 침략하였다.

**✚ 주화론과 주전론**

주화론은 일단 전쟁을 피하고 청과의 화의를 모색하여 국가 위기를 극복해야 한다는 입장이고, 주전론은 북방 오랑캐인 여진족과 끝까지 전쟁을 해야 한다는 입장이다.

🔺 정묘호란과 병자호란의 전개

③ 북벌 운동

| 배경 | 두 차례의 호란 이후 청에 대한 복수심 확대 → 청을 정벌(북벌)하여 청에 대한 치욕을 씻고자 함 |
|------|------|
| 주도 | 효종, 송시열 등의 서인 세력 |
| 내용 | 성곽 수리, 무기 정비, 군대 양성 |
| 결과 | • 청의 세력 확장으로 사실상 불가능<br>• 효종의 죽음으로 계획 실패 |

④ **나선 정벌**: 러시아가 청을 침략 → 청이 조선 효종에게 지원군 요청 → 조총 부대를 두 차례 파견하여 러시아군과 교전

⑤ **북학론 등장**: 청과의 교류가 활발해지며 청의 문물을 받아들여 부국강병을 이루자는 움직임이 나타남 → 실학에 영향을 줌

### 콕콕 개념 확인하기

1. _____은/는 향토 지리에 익숙한 점을 이용하여 임진왜란 때 크게 활약하였다.
2. 조선은 왜란 이후 일본과 국교를 회복한 후 일본에 _____을/를 파견하였다.
3. 광해군은 후금과 명 사이에서 실리적인 _____ 외교를 실시하였다.
4. 인조와 서인 세력의 친명배금 정책이 후금을 자극하여 _____이/가 일어났다.
5. 효종은 청에 대한 치욕을 씻고자 _____ 운동을 전개하였다.

답 1. 의병 2. 통신사 3. 중립 4. 정묘호란 5. 북벌

**01** 다음 조선의 건국 과정 중 밑줄 친 부분에 해당하는 인물은?

> 위화도 회군 → 과전법 실시 → 온건파 신진 사대부 제거 → 조선 건국

① 조준　　　　　② 정도전
③ 정몽주　　　　④ 이성계

**02** 자료에 해당하는 인물은?　　　　　2018년 2회

> **우리나라의 역사 인물**
> • 신흥 무인 세력으로 홍건적과 왜구를 격퇴
> • 급진파 신진 사대부와 손을 잡아 조선을 건국하면서 왕으로 즉위

① 견훤　　　　　② 이성계
③ 대조영　　　　④ 박혁거세

**03** 조선 태종이 다음과 같은 정책을 시행한 이유로 가장 적절한 것은?

> • 6조 직계제 실시
> • 사병 철폐

① 민족 문화 발전
② 유교적 민본 정치 실현
③ 왕권과 신권의 조화 추구
④ 국왕 중심의 통치 체제 마련

**04** ㉠에 들어갈 조선의 왕은?

> 주제: ( ㉠ )의 업적
> • 사병 철폐
> • 호패법 실시
> • 6조 직계제 실시

① 태종　　　　　② 세종
③ 세조　　　　　④ 성종

주목
**05** 다음의 업적을 남긴 조선의 왕은?　　　　2017년 1회

> • 측우기 제작
> • 칠정산 제작
> • 4군 6진 개척

① 태종　　　　　② 세종
③ 정조　　　　　④ 순조

**06** 세조가 시행한 정책이 아닌 것은?

① 직전법 실시
② 경국대전 완성
③ 6조 직계제 실시
④ 집현전과 경연 폐지

**07** ㈀에 들어갈 나라는?

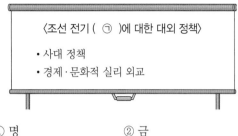

〈조선 전기 ( ㈀ )에 대한 대외 정책〉

• 사대 정책
• 경제·문화적 실리 외교

① 명　　　　　　② 금
③ 원　　　　　　④ 일본

**08** 조선의 중앙 정치 기구와 그 기능이 바르게 연결되지 **않은** 것은?

① 6조 – 왕의 비서 기관
② 한성부 – 한양의 치안 담당
③ 춘추관 – 역사서 편찬 담당
④ 의정부 – 국가의 중요 정책 결정

**09** 조선 시대에 다음 정치 기구가 담당한 기능은?

• 사헌부
• 사간원
• 홍문관

① 왕명 출납
② 행정 실무 집행
③ 역사서의 편찬
④ 권력의 독점과 부정 방지

**10** 조선의 지방 행정 조직에 대한 설명으로 옳은 것은?

① 5도에 안찰사가 파견되었다.
② 향리는 고을의 행정 책임자였다.
③ 유향소는 지방 양반들의 조직이었다.
④ 모든 군현에 수령이 파견되지 못하였다.

**11** 조선 시대 관리 등용 제도 및 교육 제도에 대한 설명으로 옳지 **않은** 것은?

① 문과에는 주로 양반이 응시하였다.
② 잡과에는 주로 중인이 응시하였다.
③ 고려 시대에 없었던 무과가 시행되었다.
④ 성균관에서는 의학, 법학 등을 가르쳤다.

**12** 다음 세력에 대한 설명으로 옳지 **않은** 것은?

세조가 단종을 몰아내고 왕위에 오르는 일에 협력하였던 공신들

① 훈구라고 한다.
② 많은 토지를 소유하였다.
③ 대부분 지방 향리 출신이었다.
④ 왕실과 혼인 관계를 맺으며 권력을 강화하기도 하였다.

**13** 사림의 정계 진출에 대한 설명으로 옳은 것은?

① 훈구의 비리를 비판하였다.
② 주로 승정원을 통해 진출하였다.
③ 성종이 최초로 조광조를 등용하였다.
④ 훈구를 도와 정치 개혁을 추진하였다.

**14** ㉠에 들어갈 내용으로 옳은 것은?

> 사림의 비판에 대한 훈구의 반격이 시작되면서 네 차례의 ( ㉠ )이/가 일어났다.

① 붕당
② 사화
③ 탕평책
④ 세도 정치

주목

**15** ㉠, ㉡에 들어갈 내용을 바르게 연결한 것은?

> ( ㉠ )은/는 소격서 폐지, 현량과 실시 등 개혁 정치를 추진하고 위훈 삭제를 주장하다가 ( ㉡ )사화로 제거되었다.

|  | ㉠ | ㉡ |
|---|---|---|
| ① | 김종직 | 무오 |
| ② | 김종직 | 기묘 |
| ③ | 조광조 | 기묘 |
| ④ | 조광조 | 무오 |

**16** 다음에서 설명하는 것은?　　　　　**2018년 1회**

> • 사림이 향촌에 세운 사립 교육 기관이다.
> • 경상북도 풍기에 주세붕이 최초로 설립하였다.

① 서당
② 향교
③ 서원
④ 성균관

**17** 다음 설명에 해당하는 교육 기관은?

> • 성리학 연구와 지방 양반 자제 교육 담당
> • 유학자에 대한 제사 담당

① 서원
② 서당
③ 성균관
④ 4부 학당

**18** 다음 설명과 관련 있는 것은?

> • 좋은 일은 서로 권한다.
> • 잘못된 것은 서로 규제한다.
> • 예의 바른 풍속으로 서로 교제한다.
> • 어려운 일은 서로 돕는다.

① 붕당
② 향약
③ 향교
④ 유향소

**19** ㉠, ㉡에 들어갈 내용을 바르게 연결한 것은?

> 사림 내부에서 ( ㉠ ) 임명 문제를 둘러싼 갈등으로 ( ㉡ )이/가 형성되었다.

|   | ㉠ | ㉡ |
|---|---|---|
| ① | 영의정 | 붕당 |
| ② | 영의정 | 사화 |
| ③ | 이조 전랑 | 붕당 |
| ④ | 이조 전랑 | 사화 |

**20** 훈민정음에 대한 설명으로 옳은 것은?

① 과학적이고 독창적인 글자이다.
② 한자의 뜻을 빌려 만든 글자이다.
③ 훈민정음으로 조선왕조실록이 편찬되었다.
④ 모든 학자들이 훈민정음 창제에 찬성하였다.

**21** 조선 전기에 다음과 같은 서적을 편찬한 목적은?

> • 삼강행실도
> • 국조오례의

① 과학 기술 발전
② 서민 문화 보급
③ 전제 왕권 확립
④ 유교 윤리 보급

**22** 다음에서 설명하는 과학 기구의 명칭은?

> • 물시계의 일종
> • 자동으로 북이나 종을 쳐 시간을 알림

① 거중기　　　　　② 자격루
③ 측우기　　　　　④ 앙부일구

**23** 조선 전기의 편찬 사업과 관련된 내용 중 <u>잘못</u> 연결한 것은?

① 농법 – 농사직설
② 지도 – 곤여만국전도
③ 역사 – 조선왕조실록
④ 지리 – 동국여지승람

**24** 조선 전기의 문화재가 <u>아닌</u> 것은?

①
▲ 천상열차분야지도

②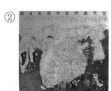
▲ 혼일강리역대국도지도

④
▲ 몽유도원도

③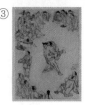
▲ 씨름

**주목**

**25** 다음에서 설명하는 사건은?　　　　　　　2020년 1회

> 도요토미 히데요시는 일본의 전국 시대를 통일한 후 대륙 침략을 결정하였다. 일본은 명을 정벌하러 가는 길을 빌려 달라는 구실로 조선을 침략하였다(1592년).

① 병자호란　　　　② 임진왜란
③ 귀주 대첩　　　　④ 살수 대첩

**26** 다음 사건들을 일어난 순서대로 바르게 나열한 것은?

> ㄱ. 행주 대첩
> ㄴ. 한산도 대첩
> ㄷ. 정유재란 발발
> ㄹ. 노량 해전 승리

① ㄱ - ㄴ - ㄷ - ㄹ
② ㄴ - ㄱ - ㄷ - ㄹ
③ ㄷ - ㄹ - ㄱ - ㄴ
④ ㄹ - ㄷ - ㄴ - ㄱ

**주목**

**27** 수행 평가 주제에 대한 탐구 내용으로 가장 적절한 것은?　　　　　　　2017년 1회

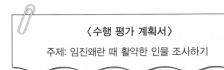

〈수행 평가 계획서〉
주제: 임진왜란 때 활약한 인물 조사하기

① 귀주에서 병사를 지휘하는 강감찬
② 별무반을 이끌고 여진족을 정벌하는 윤관
③ 한산도 앞바다에서 수군을 지휘하는 이순신
④ 살수에서 수나라 군대를 물리치는 을지문덕

**28** 학생들의 수행 평가 과제의 주제로 가장 적절한 것은?　　　　　　　2016년 2회

이번 수행 평가 과제는 '임진 왜란 당시 우리 민족의 항쟁에 대해 조사하기'입니다.

① 만주에서 일본군을 무찌르는 김좌진
② 한산도에서 왜군을 격퇴하는 이순신
③ 안시성에서 적과 싸우는 성주와 백성들
④ 살수에서 우중문 부대를 물리치는 을지문덕

**29** ㉠에 들어갈 내용으로 옳지 <u>않은</u> 것은?

임진왜란이 조선에 미친 영향에 대해 말해 볼까요?

( ㉠ )

① 토지가 황폐화되었습니다.
② 신분 질서가 동요하였습니다.
③ 이괄의 난으로 혼란해졌습니다.
④ 불국사, 경복궁 등이 소실되었습니다.

**30** 다음 설명에 해당하는 조선의 왕은?　　　2017년 2회

- 명과 후금 사이에 중립 외교를 추진하였다.
- 농민의 부담을 줄여 주기 위해 대동법을 실시하였다.

① 영조　　　　　② 세종
③ 광해군　　　　④ 연산군

**31** ㉠에 들어갈 내용으로 옳지 <u>않은</u> 것은?

조선 시대 광해군이 시행한 정책에 대해 말해 볼까요?

( ㉠ )

① 국방력을 강화하였어요.
② 친명배금 정책을 시행하였어요.
③ 동의보감을 편찬하도록 하였어요.
④ 호적을 정리해서 국가 재정을 확보하였어요.

**32** 다음 내용을 바탕으로 발생한 사건은?

- 광해군과 북인의 중립 외교를 비판하며 발생함
- 광해군의 도덕적인 약점이 배경이 됨

① 인조반정　　　② 무오사화
③ 중종반정　　　④ 갑자사화

**33** 다음 사건이 일어난 시기를 연표에서 고르면?

후금이 국호를 청으로 바꾸고 조선에 군신 관계를 요구해 왔다.

| | (가) | | (나) | | (다) | | (라) | |
|---|---|---|---|---|---|---|---|---|
| 광해군 즉위 | | 인조 반정 | | 정묘 호란 | | 병자 호란 | | 나선 정벌 |

① (가)　　② (나)　　③ (다)　　④ (라)

**34** ㉠에 해당하는 역사적 사건은?　　　2019년 1회

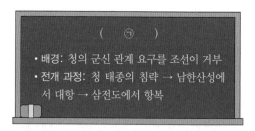
( ㉠ )
- 배경: 청의 군신 관계 요구를 조선이 거부
- 전개 과정: 청 태종의 침략 → 남한산성에서 대항 → 삼전도에서 항복

① 병자호란　　　② 신미양요
③ 임오군란　　　④ 임진왜란

**35** 다음과 같은 구호와 어울리는 조선의 왕은?

청을 물리쳐 호란으로 당한 치욕을 씻자!

① 인조　　　　　② 선조
③ 효종　　　　　④ 광해군

# 05 조선 사회의 변동

## 1 조선 후기의 정치 변동

### 1. 체제의 개편과 붕당 정치의 변질

#### (1) 통치 체제의 변화

① 정치적 변화: 비변사의 기능 강화

| 변화 | 비변사는 본래 국방 문제를 다루는 임시 회의 기구였음 → 양난 이후 국가의 모든 정책을 결정하는 최고 합의 기구로 발전(군사뿐만 아니라 외교, 재정, 인사 등 모든 국가 업무 관장) |
|---|---|
| 결과 | 의정부와 6조의 기능 유명무실화 |

**📑 자료 스크랩**  **비변사**

애초에 여진과의 전쟁 때문에 임시로 비변사를 설치했는데, …… 국가의 중요한 일들을 모두 맡긴 것은 아니었습니다. 그런데 오늘에 와서는 큰일이건 작은 일이건 중요한 것으로 취급하지 않는 것이 없어서, 의정부는 한갓 헛이름만 지니고 육조는 모두 그 직임을 상실하였습니다.

– 『효종실록』 –

② 조세 제도의 변화

| 전세 | 영정법 (인조) | • 내용: 풍흉에 관계없이 토지 1결당 쌀 4~6두로 고정하여 징수<br>• 결과: 운송비 등 각종 부가세 징수로 농민 부담 가중 |
|---|---|---|
| 공납 (토산물) | 대동법 (광해군 ~숙종) | • 배경: 방납의 폐단, 농촌 경제의 파탄<br>• 내용: 집집마다 거두던 토산물(현물) 대신 토지 1결당 쌀 12두 또는 옷감, 동전 등으로 징수<br>• 결과: 양반 지주의 부담 증가, 토지가 없는 농민의 부담 경감, 공인의 등장<br>• 영향: 공인의 활동 → 상품 화폐 경제 발달 |
| 군역 | 균역법 (영조) | • 내용: 군 복무 대신 내는 군포를 1년에 2필에서 1필로 줄여 줌<br>• 줄어든 재정 부족분은 결작(지주에게 토지 1결당 쌀 2두 부과), 어장세, 염전세, 선박세 등으로 보충함<br>• 결과: 농민 부담의 일시적 감소 → 지주가 결작을 소작농에게 전가하며 농민 부담 다시 증가 |

③ 군사 제도의 변화

| 중앙군 | 5군영 | • 구성: 훈련도감, 어영청, 총융청, 수어청, 금위영<br>• 훈련도감의 특징: 포수, 살수, 사수의 삼수병으로 구성(직업 군인) |
|---|---|---|
| 지방군 | 속오군 | • 구성: 양반부터 천민까지 모든 신분으로 구성<br>• 특징: 평상시에는 생업에 종사하다가 유사시 소집(예비군의 성격) |

**🔍 꼼꼼 단어 돋보기**

● 방납
공납을 대신 납부해 주는 행위

● 지주
토지의 소유자

## (2) 붕당 정치의 변질

### ① 예송

| 발생 시기 | 현종 | | |
|---|---|---|---|
| 의미 | • 효종과 효종비가 죽자 인조의 계비인 자의 대비가 상복을 입는 기간을 두고 벌어진 두 차례의 논쟁(왕실 의례 문제)<br>• 예법을 쟁점으로 붕당 간 입장 차이가 발생함 | | |
| 예송의 전개 | 1차 (기해예송) | • 계기: 효종의 죽음<br>• 주장: 서인(1년) vs 남인(3년)<br>• 결과: 서인 승리 | |
| | 2차 (갑인예송) | • 계기: 효종비의 죽음<br>• 주장: 서인(9개월) vs 남인(1년)<br>• 결과: 남인 승리 | |
| 영향 | 서인과 남인의 대립 격화 | | |

✚ 서인을 이끈 송시열

### 쏙쏙 이해 더하기    예송

차남으로서 왕위에 오른 효종의 정통성과 관련하여 1659년 효종의 사망 때와 1674년 효종비의 사망 때 두 차례에 걸쳐 일어난 사건이다. 인조의 계비였던 자의 대비의 상복 문제를 두고 서인은 효종이 큰아들이 아님을 이유로 왕과 사대부에게 동일한 예법이 적용되어야 한다는 입장에서 기년복(1년)과 대공복(9개월)을 주장하였고, 남인은 왕에게는 일반 사대부와는 다른 예법이 적용되어야 한다는 입장에서 3년복과 기년복(1년)을 각각 주장하며 대립하였다.

### ② 환국

| 발생 시기 | 숙종 |
|---|---|
| 의미 | 왕이 왕권 강화를 위해 의도적으로 집권 붕당을 급격하게 교체하는 현상 |
| 환국의 발생 | • 경신환국: 남인의 허적이 국가의 물건을 허락 없이 사용, 허적의 아들이 반역에 연루 → 남인이 축출되고 서인이 집권함, 남인 처벌에 대한 입장 차이로 서인이 노론(강경파)과 소론(온건파)으로 나뉨<br>• 기사환국: 희빈 장씨(장희빈)의 아들을 후계자로 정하는 데 반대한 서인이 쫓겨나고 남인이 집권함 → 인현 왕후 폐위, 희빈 장씨 왕비 책봉<br>• 갑술환국: 남인이 몰락하고 서인이 집권함 → 희빈 장씨 강등, 인현 왕후 복위 |
| 결과 | • 거듭된 환국으로 붕당 정치가 변질됨<br>• 상대 붕당에 대한 가혹한 보복으로 붕당 간의 공존 체제가 무너짐, 특정 붕당이 권력을 독점하는 현상이 나타남<br>• 3사의 언론 기능이 자기 붕당의 입장만을 대변하는 것으로 변질됨<br>• 왕위 계승 문제를 놓고 노론과 소론 간의 대립이 심화되면서 왕권이 약화됨 |

🔺 붕당 정치의 전개 과정

### 🔍 꼼꼼 단어 돋보기

● 연루
남이 저지른 범죄에 연관됨

● 복위
폐위되었던 왕이나 왕비가 다시 그 자리에 오름

## 2. 영조와 정조의 개혁 정치

### (1) 영조의 탕평책과 개혁 정책

| 탕평책<sup>+</sup> | • 이조 전랑의 권한 축소, 탕평비<sup>+</sup> 건립<br>• 붕당에 관계없이 탕평파를 육성하여 정치 운영<br>• 붕당의 근거지인 서원 대폭 정리 |
|---|---|
| 개혁 정책 | • 균역법 실시: 백성의 군역 부담을 줄여 줌<br>• 가혹한 형벌 금지, 신문고 제도 부활<br>• 청계천 정비: 홍수 예방, 가난한 백성에게 일자리 제공 |
| 편찬 사업 | 『속대전』(법전)·『동국문헌비고』(역대 문물 정리) 편찬 |

**📑 자료 스크랩**  **영조의 탕평책 추진**

붕당의 폐해가 요즘보다 심한 적이 없었다. 처음에는 학문의 문제에서 분쟁이 일어나더니 이제는 한쪽 사람들을 모두 역적으로 몰아붙이고 있다.

– 『영조실록』 –

### (2) 정조의 탕평책과 개혁 정책

| 탕평책 | • 영조의 정책을 계승하여 적극적인 탕평책 실시<br>• 노론의 정권 독점을 방지하기 위해 소론과 남인도 적극 등용 |
|---|---|
| 왕권 강화 | • 규장각 설치: 학문과 정책 연구 → 국왕의 정책 뒷받침<br>• 초계문신제 실시: 우수한 인재 육성<br>• 장용영 설치: 왕의 친위 부대 → 왕권을 뒷받침할 수 있는 군사적 기반 마련<br>• 수원 화성<sup>+</sup> 건설: 정치적 이상을 실현할 도시로 육성 |
| 민생 안정 | • 서얼에 대한 차별 완화: 서얼을 규장각 관리로 등용<br>• 통공 정책(신해통공): 육의전을 제외한 시전 상인의 금난전권을 폐지하여 자유로운 상업 활동을 보장 |
| 편찬 사업 | 『동문휘고』(외교 문서)·『탁지지』(재정 업무)·『대전통편』(법전) 편찬 |

### (3) 개혁 정책의 결과

| 탕평책의 결과 | • 왕권의 강화와 어느 정도 정치적 안정을 이룸<br>• 붕당의 폐단을 근본적으로 해결하지는 못함 → 정조 사후 왕권이 약화되며 세도 정치가 전개됨 |
|---|---|
| 학문과 문화 발달 | 학문(서학, 실학, 북학)과 회화(진경 산수화, 풍속화 등) 등이 발달함 |

## 3. 세도 정치와 삼정의 문란

### (1) 세도 정치의 전개

| 의미 | 왕실의 외척 세력이 권력을 독점하는 정치 형태 |
|---|---|
| 전개 | 순조, 헌종, 철종의 3대 60여 년간 노론의 안동 김씨, 풍양 조씨와 같은 특정 외척 가문이 권력을 독점함 |
| 폐단 | • 세도 가문이 비변사와 주요 관직 장악<br>• 왕권 약화, 의정부와 6조의 기능 약화<br>• 정치 기강의 문란: 매관매직, 과거제의 비리 증가, 삼정의 문란 |

**＋ 탕평책**

왕권 강화를 위해 붕당 간의 대립을 완화하고 세력 균형을 유지하는 정책을 말한다.

**＋ 탕평비**

**＋ 수원 화성**

**🔍 꼼꼼 단어 돋보기**

● 서얼

양반의 자손 중 첩의 자손을 이르는 말

● 금난전권

시전 상인들에게 부여한 권리로, 국가에 물품을 제공하는 대가로 난전(허가받지 않은 상인)을 단속할 수 있는 권한

● 매관매직

돈을 주고 관직을 사고파는 행위

## (2) 삼정의 문란

① 특징: 전정, 군정, 환곡의 문란 → 농민 수탈 심화

| 구분 | 기존 규정 | 세도 정치 시기의 문란 |
|---|---|---|
| 전정<br>(전세) | 토지 1결당 쌀 4~6두의 고정액을 거둠 | • 재정 부족을 이유로 여러 명목의 세금을 덧붙여 부과<br>• 농사를 지을 수 없는 황무지에도 세금 부과 |
| 군정<br>(군포) | 1년에 군포 1필을 거둠 | • 백골징포: 죽은 사람에게도 군포 징수<br>• 황구첨정: 어린아이에게도 군포 징수<br>• 인징: 도망간 이웃을 대신하여 징수<br>• 족징: 도망간 친족을 대신하여 징수 |
| 환곡<br>(환정) | 봄에 관청에서 곡식을 빌려주고 가을에 약간의 이자를 더해 갚게 하는 제도 | • 삼정 중에서도 환곡의 폐해가 가장 극심하였음<br>• 쌀을 강제로 대여해 주거나 빌리지 않은 사람에게도 이자를 받음<br>• 정해진 이자보다 높은 이자를 받는 고리대로 변질<br>• 겨나 모래를 섞어 빌려주고 좋은 쌀로 갚게 함 |

② 영향: 홍경래의 난 등 농민 봉기 발생의 배경이 됨

---

**📑 자료 스크랩**    조선 후기 군정의 문란

시아비 상복 막 벗고, 갓난아기는 배냇물도 마르지 않았는데
삼대(三代)의 이름이 군적에 모두 다 실렸으니
달려가 호소해도 범 같은 문지기 가로막고
이정은 호통치며 외양간 소까지 몰고 가네
– 정약용, 「애절양」의 일부 –

---

**콕콕 개념 확인하기**

1. _____은/는 양난 이후 최고의 권력 기구가 되었다.
2. 방납의 폐단을 해결하기 위해 실시된 _____은/는 토산물을 현물 대신 쌀이나 옷감, 동전 등으로 거두는 방식이다.
3. _____(이)란 현종 때 자의 대비가 상복을 입는 기간을 두고 벌어진 논쟁을 말한다.
4. 정조는 자유로운 상업 활동을 보장하기 위해 _____을/를 폐지하였다.
5. 순조 때부터 철종 때까지 3대 60여 년간 _____ 정치가 지속되었다.

답  1. 비변사  2. 대동법  3. 예송  4. 금난전권  5. 세도

---

## ❷ 사회 변화와 농민의 봉기

### 1. 경제와 사회의 변화

### (1) 농업의 발달

① 모내기법의 전국적 보급

| 방식 | 볍씨를 모판에 따로 키운 후 어느 정도 자란 모종을 논에 옮겨 심는 방법 |
|---|---|
| 발달 배경 | 조선 후기 수리 시설(저수지, 보 등)의 확충 |

| 영향 | • 한 사람이 농사지을 수 있는 토지 면적 확대 → 노동력 절감, 생산력 증대 |
|---|---|
| | • 벼와 보리의 이모작 확대 |
| | • 농민층의 분화: 소수의 부농과 대다수의 몰락한 농민으로 분화됨 |

② 농민층의 분화

| 배경 | 모내기법의 발달, 상품 작물(인삼, 담배, 약재 등) 재배 증가 |
|---|---|
| 분화 | • 부농: 일부 농민은 경작지를 크게 늘려 부유한 농민이 됨 |
| | • 빈농: 대다수의 농민은 토지를 잃고 소작농이 되거나 도시나 광산의 임노동자가 됨 |

## (2) 상업의 발달

① 배경: 모내기법의 보급으로 인한 농업 생산력 향상, 수공업 발달, 대동법의 시행으로 인한 상품 화폐 경제 발달, 도시 인구 증가 등 → 시장의 발달

② 상인의 성장

| 공인 | • 대동법의 시행으로 등장한 상인으로, 국가에 필요한 물품을 대신 구입해 주면서 성장함 |
|---|---|
| | • 공인이 동전을 받아 물품을 구입하면서 상평통보(동전)가 전국적으로 유통되고 상품 화폐 경제가 발달함 |
| | • 일부는 독점적 도매상인인 도고로 성장 |
| 사상 | • 시전 상인과 달리 국가의 힘을 빌리지 않고 상업 활동을 전개함 |
| | • 국제 무역과 국내 상업을 주도함 |
| | • 만상(의주, 대청 무역), 송상(개성, 청 – 일본 중계 무역), 내상(동래, 대일 무역) 등 일부 사상들은 청 및 일본과의 무역을 통해 많은 부를 축적함 |
| 보부상[+] | 지방 장시를 돌아다니며 전국적인 유통망을 형성함 |

③ 화폐의 유통

| 배경 | • 상업과 수공업의 발달로 화폐 수요 증가 |
|---|---|
| | • 공인에게 물품 구입 대금으로 상평통보 지급 |
| | • 세금, 지대 납부에도 동전 사용 |
| 전개 | 국가에서 발행한 동전인 상평통보가 전국적으로 유통됨 |
| 영향 | 상품 화폐 경제의 발달 |

**+ 보부상**

전국의 장시에서 활동한 상인으로 봇짐장수와 등짐장수를 아울러 일컫는 말이다.

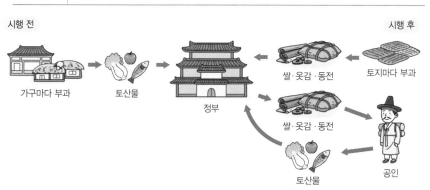

시행 전

가구마다 부과 → 토산물 → 정부

시행 후

토지마다 부과 → 쌀·옷감·동전 →

정부 → 쌀·옷감·동전 → 공인 → 토산물 →

🔵 대동법의 시행과 공인의 활동

🔍 꼼꼼 단어 돋보기

● 이모작

한 논에서 종류가 다른 두 농작물을 다른 시기에 재배하는 농사법

## 2. 신분제의 동요와 농민 봉기의 발생

### (1) 신분제의 동요

#### ① 양반층의 분화

| 배경 | 붕당 간의 권력 다툼과 세도 정치로 관직에 등용되지 못한 양반 수 증가 |
|---|---|
| 분화 | 권반(소수의 권력을 가진 양반), 잔반(몰락한 양반), 향반(벼슬을 하지 않고 권력을 얻지 못한 지방 양반)으로 분화 |

#### ② 중인층의 신분 상승

| 서얼 | 차별에 반대하는 집단 상소 운동을 전개하여 문과 응시 자격 획득 |
|---|---|
| 기술직 중인 | 관직 진출 제한을 없애 달라는 집단 상소 운동을 전개하였으나 실패함 |

#### ③ 상민의 신분 상승

| 배경 | 부농이나 대상인 등 부유한 상민 계층이 양반으로 신분 상승 시도 |
|---|---|
| 신분 상승 방법 | • 합법적 신분 상승: 공명첩, 납속<br>• 불법적 신분 상승: 족보 구매 또는 위조 |

#### ④ 노비의 감소

| 배경 | 노비들이 납속이나 군공, 도망 등을 통해 양인으로 신분 상승 |
|---|---|
| 결과 | • 노비종모법 실시(영조): 노비 소생의 신분을 어머니의 신분에 따라 결정하는 제도 → 양인 수를 증가시켜 국가 재정을 확보함<br>• 공노비 해방(순조): 세금을 내지 않는 노비를 해방시켜 국가 재정을 확보함 |

▲ 조선 후기 신분제의 동요

### ☆ (2) 농민 봉기의 발생

#### ① 농민 봉기의 발생 배경

- 조선 후기 농민 의식의 성장
- 농민 생활의 악화: 삼정의 문란, 자연재해, 전염병 등
- 예언 사상의 유행: 『정감록』을 통해 봉기의 정당성 주장
- 새로운 종교의 대두: 동학의 창시와 천주교(서학)의 교세 확장

---

**쏙쏙 이해 더하기** | 동학

| 창시 | 최제우가 천주교와 서양 세력에 반대하면서 유교, 불교, 도교, 민간 신앙을 융합하여 창시 |
|---|---|
| 주장 | 인내천('사람이 곧 하늘'이라는 평등사상) → 양반 중심의 신분 질서 비판 |
| 탄압 | 최제우 처형, 동학교도 탄압 |

**+ 공명첩**

받는 자의 이름을 기재하지 않은 관직 임명장을 말한다. 재물을 바친 사람에게 즉석에서 그 사람의 이름을 적어 넣어 명목상의 관직을 주었다.

└ 이름 적는 부분

**+ 납속**

국가에 재물을 바친 사람에게 관직을 주거나 노비에서 해방시켜 주는 등 일정한 혜택을 주는 정책을 말한다.

**+ 『정감록』**

이씨 왕조인 조선이 망하고 정씨 성을 가진 사람이 새로운 왕조를 세운다는 내용이 담긴 예언서를 말한다.

**+ 최제우**

**🔍 꼼꼼 단어 돋보기**

● 동요

어떤 상황이 혼란스럽고 흔들리고 있음

② 홍경래의 난(1811, 순조)[+]

| 원인 | 삼정의 문란과 세도 가문의 수탈, 평안도(서북 지방)에 대한 차별 대우 |
|---|---|
| 전개 | 홍경래(몰락 양반) 주도, 신흥 상공업 세력·광산 노동자·농민 등을 규합하여 봉기 → 정주성 등 청천강 이북 지역 장악 |
| 결과 | 정주성에서 관군에게 진압되며 실패 |
| 의의 | 이후 농민 봉기에 영향 |

③ 임술 농민 봉기(1862, 철종)[+]

| 원인 | 삼정의 문란, 탐관오리의 수탈 |
|---|---|
| 전개 | 경상 우병사 백낙신의 수탈 → 진주에서 유계춘(몰락 양반)과 농민이 봉기(진주 농민 봉기) → 진주성 점령 → 전국으로 확대 |
| 정부의 대응 | 삼정의 문란을 바로잡기 위해 삼정이정청 설치 → 성과를 거두지 못함 |
| 의의 | 농민들의 사회 의식 성장 |

[+] 19세기에 일어난 농민 봉기

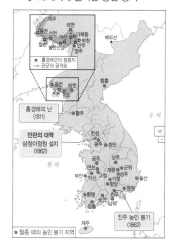

● 철종 때의 농민 봉기 지역

---

**콕콕 개념 확인하기**

1. 대동법의 실시로 등장한 상인을 _____(이)라고 한다.
2. 조선 후기에는 국가에서 발행한 화폐인 _____이/가 전국적으로 유통되었다.
3. 일부 부농은 이름이 비어 있는 관직 임명장인 _____을/를 사서 양반이 되기도 하였다.
4. _____의 난은 평안도 지역에 대한 차별과 세도 정권의 수탈에 저항하며 발생하였다.

답  1. 공인  2. 상평통보  3. 공명첩  4. 홍경래

---

# 3 학문과 예술의 새로운 경향

## 1. 새로운 학문의 발달

### ☆(1) 실학의 등장

① 등장 배경 및 특징

| 등장 배경 | • 조선 후기에 나타난 현실 문제(토지 소유나 소득 불균형 심화, 대다수 농민과 중소 상인 몰락 등)를 외면하는 성리학 비판<br>• 양명학, 고증학에 대한 관심 증가 |
|---|---|
| 특징 | 실용적·실증적 학문, 현실 문제를 해결하려는 개혁적 학문 |
| 의의 | 개화사상과 국학 발달에 영향을 줌 |
| 한계 | 실학자의 대부분이 정권에서 밀려난 남인이나 서얼이 많았기 때문에 현실 정치에 반영되지 못함 |

② 농업 중심 개혁론(중농학파): 토지 제도 개혁 주장

| 유형원 | 균전론 주장: 신분(관리, 선비, 농민 등)에 따라 토지 차등 분배 |
|---|---|
| 이익 | 한전론 주장: 생계유지를 위해 최소한의 토지를 영업전으로 설정하고, 영업전은 법으로 매매를 금지 |

| 정약용[+] | • 여전론 주장: 마을마다 공동 소유의 농장 마련, 공동 경작하고 수확물은 노동량에 따라 차등 분배<br>• 거중기·배다리 고안, 『목민심서』·『경세유표』 등 방대한 저술을 남김<br>• 실학을 집대성하였다는 평가를 받음 |
|---|---|

[+] 정약용

③ 상공업 중심 개혁론(북학파): 상공업 진흥, 기술 개발, 청의 문물 수용 주장

| 유수원 | 직업적 평등 강조 |
|---|---|
| 홍대용 | 서양 과학 기술의 수용 주장, 지구의 자전설(지전설) 주장 |
| 박지원 | 『열하일기』 저술, 양반 사회 비판, 수레와 선박 이용 및 화폐 사용 강조 |
| 박제가 | 『북학의』 저술, 청과의 교역 확대 및 소비의 중요성 강조 |

**📄 자료 스크랩** **박제가의 소비론**

재물은 우물과 같아서, 퍼내면 채워지고 이용하지 않으면 말라 버린다. 비단을 입지 않기 때문에 나라에 비단을 짜는 이가 없다. …… 농사하는 방법을 몰라서 흉년이 자주 들고 물건을 팔 줄 몰라서 이익이 박하다. 그러니 사민이 모두 곤궁해지고 서로 도울 길이 없다.

– 박제가, 『북학의』 –

## ☆(2) 서학의 전래

### ① 서학의 의미와 영향

| 의미 | 천주교를 비롯한 서양의 과학 기술, 문화 등을 모두 포함하는 서양의 학문<br>**참고** 좁은 의미에서 서학은 천주교를 뜻함 |
|---|---|
| 전래 | 중국을 왕래하는 사신(연행사 등)을 통해 전래 |
| 영향 | • 기술 발전: 자명종, 화포, 천리경, ●시헌력 도입 등<br>• 세계에 대한 인식 변화: 지전설 주장, 세계 지도인 「곤여만국전도」[+] 전래 |

[+] 「곤여만국전도」

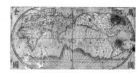

명에 와 있던 서양 선교사 마테오 리치가 제작한 세계 지도로, 선조 때 조선에 소개되어 조선인의 세계관에 크게 영향을 미쳤다.

### ② 천주교의 전파

| 확산 | 처음에 학문(서학)으로 전래 → 18세기 후반 남인 계열 학자들이 신앙으로 수용 → 상민과 부녀자의 호응 |
|---|---|
| 탄압 | 제사 의식을 거부하고, 평등사상 등을 내세워 정부의 탄압을 받음 |

## (3) 국학의 발달

### ① 발달 배경: 실학의 영향으로 우리 학문에 대한 관심이 높아짐

### ② 국학 연구

| 국어 | 신경준의 『훈민정음운해』, 유희의 『언문지』 |
|---|---|
| 역사 | • 안정복의 『동사강목』: 고조선부터 고려까지의 역사를 정리(우리 역사의 정통성과 독자성 강조)<br>• 유득공의 『발해고』: '남북국'이라는 용어 최초 사용, 발해를 우리 역사로 인식 |
| 지리 | • 이중환의 『택리지』: 각 지방의 자연환경과 인문 환경을 소개<br>• 정상기의 「동국지도」: 최초로 축척인 100리 척 사용<br>• 김정호의 「대동여지도」[+]: 기존 지도를 종합하여 만든 전국 지도, 산맥·하천·도로망 등 자세히 표시, 10리마다 눈금 표시 |
| 백과사전 | 이익의 『성호사설』, 이수광의 『지봉유설』 |
| 의학 | 허준의 『동의보감』, 이제마의 『동의수세보원』 |

[+] 「대동여지도」

**🔍 꼼꼼 단어 돋보기**

● 시헌력

청으로부터 전래되어 조선 효종 때부터 조선 말까지 사용된 역법

### (4) 학문과 문화 교류

| 연행사 | • 의미: 청의 수도인 베이징(연경)에 파견된 사신<br>• 역할: 외교 활동 및 청과의 학문 교류 담당<br>• 영향: 청의 학자와 서양 선교사를 통해 서양 문물을 접함, 북학파 형성에 영향을 줌 |
|---|---|
| 통신사 | • 의미: 왜란 이후 일본 에도 막부의 요청으로 국교가 재개되면서 일본에 파견한 공식 사신<br>• 역할: 양국 평화 유지에 기여, 조선의 선진 문물을 일본에 전파, 일본의 내부 정보 수집 및 새로운 문물 도입 |

## 2. 예술의 새로운 경향

### (1) 조선의 고유성 표현

① 발달 배경: 국학의 발달로 현실과 우리 문화에 대한 관심과 자부심이 높아짐

② 분야

| 진경<br>산수화 | • 중국의 화풍을 모방하던 기존의 산수화에서 탈피 → 우리나라의 아름다운 자연을 직접 눈으로 보고 사실적으로 그림<br>• 정선의 「금강전도」, 「인왕제색도」 등 |
|---|---|
| 서예 | 김정희의 추사체 |

⬆ 「금강전도」(정선)　　　⬆ 「인왕제색도」(정선)

### (2) 풍속화와 민화의 유행

① 발달 배경: 신분제의 동요 및 서민의 경제적 지위 향상

② 특징

| 풍속화 | • 당시 사람들의 생활 모습을 생동감 있게 표현함<br>• 김홍도: 「씨름」, 「서당」, 「무동」 등 주로 서민의 일상생활을 소재로 삼아 그림<br>• 신윤복: 「미인도」, 「단오풍정」, 「월하정인」 등 양반의 풍류나 부녀자의 모습, 남녀의 애정 등을 표현함 |
|---|---|
| 민화 | • 서민들의 현실적인 소망과 일상을 형식에 얽매이지 않고 자유롭게 표현함<br>• 까치, 호랑이, 소나무, 잉어, 문자 등 소재가 다양함<br>• 대부분 작가를 알 수 없음 |

⬆ 「씨름」(김홍도)　　　⬆ 「서당」(김홍도)　　　⬆ 「무동」(김홍도)

▲ 「미인도」(신윤복)

▲ 「단오풍정」(신윤복)

▲ 「까치호랑이(작호도)」

## 4 생활과 문화의 새로운 양상

### 1. 가부장적 가족 제도의 확립

**(1) 변화 배경**: 양 난 이후 성리학적 질서 강화(『주자가례』가 널리 보급) → 부계 중심의 가족 제도 성립

**+ 『주자가례』**
성리학을 집대성한 주희가 가정에서 성리학적 질서를 따르도록 하기 위해 예법을 정리한 책이다.

**(2) 변화 양상**

| 구분 | 조선 전기 | 조선 후기(17세기 중엽~ ) |
|---|---|---|
| 제사 | • 아들딸 상관없이 차례로 돌아가면서 제사를 지냄<br>• 아들이 없는 경우 딸과 외손자가 제사를 지냄<br>• 아들이 없어 양자를 들이는 경우는 별로 없었음 | • 장남이 제사를 지냄<br>• 아들이 없고 딸이나 서자가 있는 경우 대를 잇기 위해 양자를 들임 |
| 재산 상속 | 아들과 딸이 차별받지 않았음 | 장남을 우대하여 상속함 |
| 족보 | 아들딸 구분 없이 태어난 순서대로 적음 | 아들을 먼저 쓰고 딸은 적지 않거나 아들 다음으로 적음 |

**(3) 혼인 제도의 변화**: 신랑이 신부 집에서 혼인을 하고 신부를 맞아 오는 친영 제도 정착

### 2. 조선 후기 문화의 새로운 양상

**(1) 서민층의 성장**

| 배경 | • 농업과 상업이 발달하면서 중인과 상민층의 경제력 향상<br>• 서당 교육의 확대로 글을 읽고 쓸 줄 아는 서민이 늘어남 |
|---|---|
| 결과 | 서민 의식이 성장하며 서민 문화가 발달함 |

**🔍 꼼꼼 단어 돋보기**

● **부계**
아버지 쪽 혈통

● **서자**
양반과 양민 여성(첩) 사이에서 낳은 아들

## (2) 서민 문화의 발달

### ① 서민 문학

| 한글 소설 | • 『홍길동전』: 서얼 차별과 탐관오리 응징에 대한 내용을 담음<br>• 『춘향전』: 신분을 뛰어넘는 남녀 간의 애정을 담음<br>• 『심청전』: 효 이념을 전파함 |
|---|---|
| 사설시조 | 형식에 얽매이지 않고 서민의 솔직한 감정을 구체적으로 표현하거나 현실 사회를 풍자함 |

### ② 공연 예술

| 판소리 | • 한 명의 소리꾼이 고수(북 치는 사람)의 장단에 맞춰 창(노래)과 아니리 (말), 사설(이야기), 발림(몸짓)을 엮어서 표현함<br>• 「춘향가」, 「심청가」, 「흥보가」, 「수궁가」, 「적벽가」 |
|---|---|
| 탈춤 | • 양반의 위선과 사회 모순을 풍자함<br>• 봉산 탈춤, 안동 하회 별신굿 탈놀이가 대표적임 |

---

**콕콕 개념 확인하기**

1. 조선 후기에 서당 교육의 확대로 _____의 의식 수준이 성장하였다.

2. _____은/는 형식에 얽매이지 않고 서민의 솔직한 감정을 표현한 시조이다.

3. 소리꾼이 고수의 장단에 맞춰 창과 아니리, 사설, 발림을 엮어서 표현하는 것을 _____(이)라고 한다.

답   1. 서민   2. 사설시조   3. 판소리

# 탄탄 실력 다지기

## 01 ㉠에 들어갈 내용으로 옳은 것은?

조선 후기 비변사의 기능이 강화되면서 어떠한 변화를 가져왔을까요?

( ㉠ )

① 신분제가 폐지되었습니다.
② 농민의 부담이 감소하였습니다.
③ 의정부의 기능이 약화되었습니다.
④ 훈구와 사림의 갈등이 심해졌습니다.

## 02 다음 ㉠에 해당하는 조세 제도에 대한 설명으로 옳지 않은 것은?

조선 후기 정부는 집집마다 거두던 특산물 대신 쌀 또는 옷감, 동전 등으로 징수하는 ( ㉠ )을/를 실시하였다.

① 농민의 부담을 감소시켰다.
② 토지 1결당 쌀 12두를 징수하였다.
③ 방납의 폐단을 막기 위해 실시하였다.
④ 부족분은 양반 지주에게 결작을 거두었다.

## 03 다음 (가), (나)에 대한 설명으로 옳은 것을 〈보기〉에서 고른 것은?

양 난 이후 군사 제도를 개편하여 중앙군으로는 (가) 5군영 체제가 완성되었고, 지방군으로는 (나) 속오군이 편성되었다.

**보기**

ㄱ. (가)는 의무병이다.
ㄴ. 훈련도감은 (가)에 해당한다.
ㄷ. 어영청, 총융청은 (나)에 해당한다.
ㄹ. (나)에는 양반부터 천민까지의 모든 신분이 편제되었다.

① ㄱ, ㄴ      ② ㄱ, ㄷ
③ ㄴ, ㄷ      ④ ㄴ, ㄹ

**주목**
## 04 다음 논쟁이 일어난 시기로 옳은 것은?

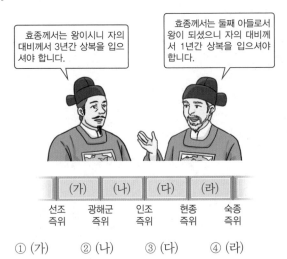

효종께서는 왕이시니 자의 대비께서 3년간 상복을 입으셔야 합니다.

효종께서는 둘째 아들로서 왕이 되셨으니 자의 대비께서 1년간 상복을 입으셔야 합니다.

| (가) | (나) | (다) | (라) |
|---|---|---|---|
| 선조 즉위 | 광해군 즉위 | 인조 즉위 | 현종 즉위 | 숙종 즉위 |

① (가)    ② (나)    ③ (다)    ④ (라)

**05** 다음 상황을 해결하기 위해 영조가 펼친 정책은?

2018년 1회

> 붕당의 폐해가 요즘보다 심한 적이 없었다. 처음에는 학문의 문제에서 분쟁이 일어나더니 이제는 한쪽 사람들을 모두 역적으로 몰아붙이고 있다.
> – 『영조실록』 –

① 납속책　　　　② 대동법
③ 영정법　　　　④ 탕평책

**06** 다음 비석을 세운 조선 시대 왕의 업적으로 옳지 <u>않은</u> 것은?

▲ 탕평비

① 균역법 시행　　② 탕평책 시행
③ 규장각 설치　　④ 청계천 정비

**07** 다음 설명에 해당하는 역사적 인물은?

**이달의 역사 인물**
• 영조의 손자로 탕평책을 실시하였다.
• 수원에 화성을 세웠다.

① 숙종　　　　② 정조
③ 순조　　　　④ 헌종

**08** 탕평책에 대한 설명으로 옳은 것은?

① 탕평책을 처음 시행한 왕은 선조이다.
② 훈구와 사림의 대립 완화를 목적으로 시행되었다.
③ 붕당에 관계없이 능력 있는 인물을 등용하려는 정책이다.
④ 숙종 때 본격적으로 탕평책이 실시되면서 왕권이 강화되었다.

**09** (가)에 들어갈 내용으로 옳지 <u>않은</u> 것은?

2019년 2회

조선 시대 정조가 시행한 정책에 대해 말해 볼까요?

(가)

① 규장각을 설립하였어요.
② 장용영을 설치하였어요.
③ 훈민정음을 창제하였어요.
④ 수원 화성을 축조하였어요.

**10** ㉠에 들어갈 말로 옳은 것은?

〈세도 정치 때 ( ㉠ )의 문란상〉

• 백골징포　　• 황구첨정
• 인징　　　　• 족징

① 전정　　　　② 공납
③ 군정　　　　④ 환곡

**11** ㉠에 들어갈 농법이 보급된 결과로 옳지 <u>않은</u> 것은?

> ( ㉠ )은/는 모를 모판에 키워 논에 옮겨 심는 방법으로, 조선 후기에 전국적으로 보급되었다.

① 농민층이 분화되었다.
② 쌀 생산량이 증가하였다.
③ 노동력이 많이 필요하게 되었다.
④ 벼와 보리의 이모작이 가능해졌다.

**12** 조선 후기의 경제에 대한 내용으로 옳은 것은?

① 지방 장시의 쇠퇴
② 시전 상인의 특권 강화
③ 상평통보의 전국적 유통
④ 대동법의 시행으로 보부상 등장

**13** 다음 설명에 해당하는 상인은?

> 대동법의 시행 이후 등장한 상인으로 공공 기관에서 필요한 물품을 대신 구입해 주었다.

① 만상     ② 송상
③ 공인     ④ 보부상

**14** 조선 후기 신분제의 변화로 옳지 <u>않은</u> 것은?

① 양반의 수가 증가하였다.
② 상민은 공명첩을 통해 신분 상승을 할 수 있었다.
③ 순조 때 공노비가 해방되어 노비의 수가 감소하였다.
④ 서얼은 신분 차별 반대 운동을 전개하였으나 실패하였다.

**15** 다음 설명에 해당하는 종교는?

> • 몰락 양반인 최제우가 창시
> • 인내천 사상을 내세움
> • 농민을 중심으로 확산됨

① 도교     ② 동학
③ 서학     ④ 천주교

**16** 다음 (가) 지역에서 일어난 농민 봉기는?

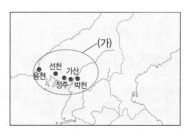

① 만적의 난
② 홍경래의 난
③ 임술 농민 봉기
④ 원종과 애노의 난

**17** 실학에 대한 설명으로 옳지 <u>않은</u> 것은?

① 실용적이고 실증적 학문이다.
② 실학자들은 주로 북인 출신이었다.
③ 국가 정책에 적극 반영되지 못하였다.
④ 형식에 치우친 성리학을 비판하였다.

**18** ㉠에 들어갈 조선 후기 실학자는?

> ( ㉠ )은/는 마을 단위의 토지 공동 경작, 노동량에 따른 분배를 주장하며 실학을 집대성하였다.

① 이익　　　　　② 박지원
③ 유형원　　　　④ 정약용

**19** ㉠에 해당하는 인물은?　　　　　2020년 1회

■ 역사 인물 카드 ■
• 이름: ( ㉠ )
• 생몰 연도: 1762년~1836년
• 주요 활동: 여전론 주장, 거중기 고안
• 주요 저서: 『목민심서』, 『경세유표』 등

① 허준　　　　　② 신채호
③ 정약용　　　　④ 장보고

**20** 다음 내용을 주장한 실학자에 대한 설명으로 옳은 것은?

> 재물은 우물과 같아서, 퍼내면 채워지고 이용하지 않으면 말라 버린다. 비단을 입지 않기 때문에 나라에 비단을 짜는 이가 없다.
>
> － 『북학의』 －

① 영업전 설정 주장
② 직업적 평등 강조
③ 지구의 자전설 주장
④ 소비의 중요성 강조

**21** 다음 내용과 관련된 조선 후기의 실학자는?

> • 열하일기 저술
> • 양반 사회 비판
> • 수레와 선박 이용 및 화폐 사용 강조

① 정약용　　　　② 홍대용
③ 박지원　　　　④ 박제가

**22** 밑줄 친 '이 사람'이 저술한 책은?　　　2017년 2회

> 이 사람은 북학파의 대표적인 학자로서 청의 선진 문물을 적극 수용할 것을 주장하였다. 또한 수레와 선박, 화폐를 이용한 상공업을 진흥해야 한다고 하였다.

① 열하일기　　　② 농사직설
③ 동의보감　　　④ 삼국사기

**23** 조선 후기에 등장한 서학과 관련된 것으로 옳지 <u>않은</u> 것은?

① 천리경
② 시헌력
③ 천주교
④ 혼일강리역대국도지도

**24** 조선 정부가 밑줄 친 '이 종교'를 탄압한 이유로 옳은 것은?

> <u>이 종교</u>는 서양 학문의 하나로 소개된 이후 신앙으로 받아들여졌다.

① 인내천 사상 강조
② 농민을 중심으로 전파
③ 실학에 대한 비판 강조
④ 조상에 대한 제사 의식 거부

**25** 다음과 같은 특징을 지닌 서적을 〈보기〉에서 고른 것은?

> 조선 후기 실학의 영향으로 우리 학문에 대한 관심이 높아지면서 국학이 발달하였다.

보기
ㄱ. 발해고　　　　　ㄴ. 택리지
ㄷ. 시헌력　　　　　ㄹ. 곤여만국전도

① ㄱ, ㄴ
② ㄱ, ㄷ
③ ㄴ, ㄷ
④ ㄴ, ㄹ

**26** 다음 ㉠에 들어갈 내용으로 옳은 것은?

주제: (　　㉠　　)

• 배경: 일본 에도 막부의 요청으로 파견
• 의의: 일본 문화 발전에 기여

① 수신사
② 통신사
③ 영선사
④ 연행사

주목

**27** 조선 후기 새로운 예술의 경향이 나타나 있는 작품이 아닌 것은?

①
▲ 몽유도원도

②
▲ 인왕제색도

③
▲ 씨름

④
▲ 까치호랑이

**28** 다음 설명에 해당하는 혼인 제도는?

> 신랑이 신부 집에서 혼인을 하고 신랑 집으로 신부를 맞아 오는 혼인 제도

① 서옥제　　　　　② 친영제
③ 데릴사위제　　　④ 민며느리제

주목

**30** ㉠에 들어갈 말로 옳은 것은?

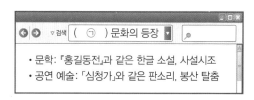

- 문학: 『홍길동전』과 같은 한글 소설, 사설시조
- 공연 예술: 『심청가』와 같은 판소리, 봉산 탈춤

① 귀족　　　　　② 서민
③ 양반　　　　　④ 노비

**29** 다음에서 설명하는 서민 문화는?　　　　2018년 1회

> 조선 후기 양반 사회를 비판하거나 서민들의 소망을 담은 작품이 유행하였다. 대표적인 것으로 『홍길동전』, 『춘향전』 등이 있다.

① 민화　　　　　② 탈춤
③ 사설시조　　　④ 한글 소설

# 06 Ⅲ 역사
# 근·현대 사회의 전개

## 1 국민 국가의 수립

### 1. 개항과 근대화 개혁

**(1) 흥선 대원군의 집권** [참고] 고종이 어린 나이에 왕위에 오르자 아버지 흥선 대원군이 섭정하였음

① 흥선 대원군 집권 무렵의 국내외 정세

| 국내 | 세도 정치로 인한 왕권 약화, 삼정의 문란 심화, 농민 봉기 발생 |
|---|---|
| 국외 | 이양선의 출몰, 서양의 통상 수교 요구, 외세의 압력으로 청과 일본이 개항 |

② 내정 개혁

| 왕권 강화 | 비변사 폐지, 의정부 기능 부활, 세도 가문 축출, 경복궁 중건 |
|---|---|
| 민생 안정 | 서원 철폐, 삼정의 개혁(양전 사업 실시, 호포제 실시, 사창제 실시) |

③ 대외 정책: 통상 수교 거부 정책 → 개항 거부, 근대화 지연

| 병인양요 (1866) | 병인박해(프랑스 선교사·조선인 천주교 신자 처형) → 프랑스 함대의 강화도 침입 → 한성근과 양헌수의 활약 → 외규장각의 문화재 약탈 |
|---|---|
| 신미양요 (1871) | 제너럴셔먼호 사건(1866) → 미군의 강화도 침입 → 어재연의 항전 → 미군 철수 → 흥선 대원군이 전국 각지에 척화비를 세워 통상 수교 거부 의지를 널리 알림 |

> **쏙쏙 이해 더하기**    **척화비에 새겨진 글**
>
>
> 서양 오랑캐가 침범해 오는데도 싸우지 않음은 화친하자는 것이요, 화친을 주장하는 것은 나라를 파는 것이다.
> – 척화비 –

**★ (2) 조선의 개항(강화도 조약 체결, 1876)**

① 배경

| 국내 | 통상 개화론의 대두, 흥선 대원군의 하야(통상 수교 거부 정책 완화) |
|---|---|
| 국외 | 운요호 사건을 계기로 일본이 조선에 문호 개방 강요 |

> **쏙쏙 이해 더하기**    **운요호 사건**
>
> 1875년 일본 군함 운요호가 강화도에 불법 침입하자 조선 수군이 경고 포격을 하였다. 운요호는 이를 구실로 초지진을 포격하는 등 인적·물적 피해를 입히고 퇴각하였다.

**✚ 경복궁 중건**

왕실의 위엄을 회복하기 위해 임진왜란 때 소실된 경복궁을 다시 지었다. 공사비를 마련하기 위해 원납전을 강제로 걷고, 고액 화폐인 당백전을 발행하였다. 또한 백성을 공사에 강제로 동원하여 이로 말미암아 양반과 농민의 불만이 높아졌다.

**✚ 호포제**

호(戶, 집) 단위로 군포를 부과하면서 양반도 군포를 내게 되었다.

**✚ 제너럴셔먼호 사건(1866)**

미국 상선 제너럴셔먼호가 대동강을 거슬러 올라와 평양에서 통상을 요구하고 난동을 부리다가 평양 관민에게 격침당한 사건이다.

**🔍 꼼꼼 단어 돋보기**

● 대원군
왕이 형제, 자손 등 후사가 없이 죽어서 종친 중에서 왕위를 계승하는 경우, 해당 왕의 친아버지에게 주던 칭호

● 이양선
'모양이 다른 배'라는 뜻으로, 다른 나라의 배를 이르는 말

② 강화도 조약의 주요 조항

| 제1관 | 조선은 자주국이며 일본과 똑같은 권리를 갖는다. → 청의 간섭을 배제하여 일본의 침략을 쉽게 하려는 의도 |
|---|---|
| 제4관 | 조선국은 부산 외에 두 항구를 개항하고 일본인이 와서 통상하도록 허가한다. → 3개 항구 개항(부산·인천·원산 개항), 일본인의 자유로운 무역 활동 보장 |
| 제7관 | 조선의 연해를 일본국의 항해자가 자유롭게 측량하도록 허가한다. → 해안 측량권 인정, 조선 침략을 위한 발판 마련 |
| 제10관 | 일본국 인민이 조선국 항구에서 죄를 지었거나 조선국 인민에 관계되는 사건은 모두 일본국 관원이 심판한다. → 영사 재판권(*치외 법권) 인정 |

③ 의의: 최초의 근대적 조약, 영사 재판권과 해안 측량권 등을 규정한 불평등 조약

## (3) 개화파⁺의 형성과 분화

① 개화파의 형성

| 1860년대 | 통상 개화론자: 박규수, 오경석, 유홍기 |
|---|---|
| 1870년대 | 개화파 형성: 김홍집, 김옥균, 김윤식, 어윤중 등 |
| 1880년대 | 온건 개화파와 급진 개화파로 분화 |
| 1890년대 | 갑오개혁, 을미개혁, 독립 협회 조직을 주도함 |

② 개화파의 분화: 개화파가 온건 개화파와 급진 개화파로 나뉨

| 구분 | 온건 개화파 | 급진 개화파 |
|---|---|---|
| 중심인물 | 김홍집, 김윤식, 어윤중 등 | 김옥균⁺, 박영효, 홍영식 등 |
| 개혁 모델 | 청의 양무운동(점진적 개혁) | 일본의 메이지 유신(급진적 개혁) |
| 주장 | 과학 기술과 무기만 도입 | 기술은 물론 사상과 제도까지 도입 |
| 성격 | 청과 우호 관계 | 정부의 사대 정책과 청의 간섭 반대 |

③ 개화 정책의 추진: 통리기무아문(개화 정책 총괄 기구) 설치, 별기군⁺(신식 군대, 일본인 교관 임명) 설치, 해외 시찰단 파견(수신사, 조사 시찰단, 영선사, 보빙사 등)

## ☆(4) 갑신정변(1884)

| 배경 | 임오군란⁺ 이후 청의 내정 간섭 강화, 정부의 소극적인 개화 정책, 일본의 군사적 지원 약속 |
|---|---|
| 주도 인물 | 김옥균, 서광범, 박영효, 홍영식 등 급진 개화파 |
| 목표 | 근대 국가 수립, *입헌 군주제, 민권 정치 추구(메이지 유신 모방) |
| 전개 | 조선에 주둔한 청군 일부 철수 → 우정총국 개국 축하연을 기회로 정변을 일으킴 → 14개조 개혁 정강 발표 → 청군의 개입으로 3일 만에 실패 |
| 영향 | • 청의 내정 간섭 심화, 일본의 경제적 침략 심화<br>• 한성 조약 체결(조선 – 일본): 조선이 일본에 배상금 지불<br>• 톈진 조약 체결(청 – 일본): 청과 일본이 조선에 파병 시 서로 사전 통보 약속 |
| 실패 이유 | 청의 개입, 일본에 의존, 일본의 약속 불이행, 민중의 지지 부족 |
| 한계점 | • 토지 제도 개혁은 이루어지지 않고 군사 개혁에 소홀하였음<br>• 일본(외세)에 의존하였음 |

**✚ 개화파**
북학파 실학자의 사상을 계승한 세력이다. 서양의 기술과 제도를 받아들여 근대 국민 국가를 수립하자고 주장하였다.

**✚ 김옥균**

**✚ 별기군**

**✚ 임오군란**
구식 군대의 군인들이 신식 군대(별기군)와의 차별 대우와 급료 미지급 등을 원인으로 1882년에 일으킨 난리이다.

갑신정변의 14개조 개혁 정강

1. 대원군을 가까운 시일 안에 돌아오게 하고 청에 조공하는 허례를 폐지할 것
2. 문벌을 폐지하여 인민 평등의 권리를 제정하고 능력에 따라 관리를 등용할 것
12. 재정은 모두 호조에서 관할케 하고 그 밖의 관청은 폐지할 것

## ⭐(5) 동학 농민 운동

### ① 배경

| 농민 불만 증대 | 삼정의 문란, 개항 이후 열강의 경제적 침탈과 개화 정책 실시 등에 따른 세금 증가, 탐관오리의 수탈 등 |
|---|---|
| 동학의 확산 | 인간 평등, 사회 개혁, 외세 배척 주장 |

### ② 전개⁺

| 고부 농민 봉기 | 전라도 고부 군수 조병갑의 횡포 → 전봉준을 중심으로 고부 농민 봉기를 일으킴(사발통문⁺ 작성) |
|---|---|
| 제1차 봉기 (반봉건) | 사태 수습을 위해 파견된 정부 관리가 농민 탄압, 농민군 봉기 → 황토현 전투, 황룡촌 전투 등에서 농민군이 승리 → 농민군의 전주성 점령 → 정부가 청에 지원군 요청 → 청군과 일본군의 조선 상륙 → 전주 화약 체결, 폐정 개혁안 실시를 조건으로 농민군 해산 → 농민 자치 기구인 집강소를 설치하고 개혁 추진 |
| 제2차 봉기 (반외세) | 조선 정부가 청·일 양국에 군대 철수 요구 → 일본군이 경복궁 무력 침범, 청·일 전쟁 발발 → 농민군 재봉기 → 공주 우금치 전투에서 농민군이 일본군과 정부군에 패배 → 전봉준 등 지도자 체포·처형 |

### ③ 의의: 갑오개혁에 영향, 항일 의병 운동의 토대 마련

폐정 개혁안 12개조

2. 탐관오리는 그 죄상을 조사하여 엄징한다.
5. 노비 문서를 소각한다.
7. 젊어서 과부가 된 여성의 재가를 허용한다.
10. 왜와 통하는 자는 엄중히 징벌한다.
12. 토지는 균등히 나누어 경작하게 한다.

– 오지영, 「동학사」 –

## (6) 갑오개혁과 을미개혁

| 배경 | 정부가 동학 농민군과 전주 화약을 맺은 후 교정청을 설치하여 개혁을 추진하려 함 → 일본이 이를 무력화하고 군국기무처 설치, 일본의 입맛에 맞는 개혁 추진 강요(김홍집 중심) |
|---|---|
| 전개 | • 제1차 갑오개혁: 군국기무처가 주도, 왕실 사무와 국정 사무 분리, 재정 일원화, 도량형 통일, 신분제·과거제 폐지, 고문과 연좌제 폐지, 과부의 재가 허용, 조혼 금지 등<br>• 제2차 갑오개혁: 군국기무처 폐지, 새로운 내각 구성 → 홍범 14조(개혁 기본 방향) 반포, 교육입국 조서 반포 등<br>• 을미개혁: 을미사변 이후 일본의 주도로 실시, 단발령⁺ 실시, 태양력 사용 등 |
| 의의 | 갑신정변과 동학 농민 운동의 요구 사항 일부 반영 → 신분제 폐지 |
| 한계점 | 일본의 주도, 토지 제도 개혁 미실시, 국방과 직결된 군제 개혁 소홀 |

➕ 동학 농민 운동의 전개

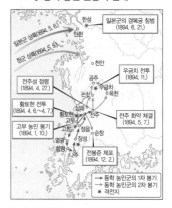

➕ 사발통문

고부 농민 봉기 발발 직전에 작성된 것으로, 탐관오리의 부패와 학정에 적극적으로 저항하려는 민중의 의지가 드러나 있다. 주모자가 누구인지 알 수 없도록 봉기에 동의한 사람들의 이름을 사발 모양으로 둥글게 서명하였다.

➕ 단발령

상투를 자르고 서양식으로 머리를 깎도록 한 조치를 말한다. 조선 사회는 부모에게서 받은 신체의 모든 것을 소중히 해야 한다는 유교 전통이 강하였다. 이로 인해 단발령에 대한 조선 사람들의 반발은 매우 거셌다.

🔍 **꼼꼼 단어 돋보기**

● 연좌제
범죄인과 특정한 관계에 있는 사람(친족 등)에게 연대 책임을 지게 하는 제도

1. 청에 의존하는 생각을 버리고 자주독립의 기초를 세운다. → 청의 종주권 부인(자주독립국 선포)
4. 왕실 사무와 국정 사무를 나누어 서로 혼동하지 않는다. → 왕실 사무와 국정 사무의 분리
6. 납세는 법으로 정하고 함부로 세금을 거두지 않는다. → 조세 징수의 합리화, 조세법 개정
7. 조세의 징수와 경비 지출은 모두 탁지아문에서 관할한다. → 재정의 일원화(재정의 효율적 운영)
13. 민법, 형법을 제정하여 함부로 감금 또는 징벌하지 못하게 하고 이로써 인민의 생명과 재산을 보전한다.
  → 법치주의에 의한 국민 보호, 전근대적 징벌 폐지
14. 문벌을 가리지 않고 인재 등용의 길을 넓힌다. → 문벌 폐지와 능력에 따른 인재 등용

## 2. 근대화와 자주화를 위한 노력

### (1) 을미사변과 아관 파천

#### ① 을미사변(1895)

| 배경 | • 청·일 전쟁에서 일본 승리, 시모노세키 조약(청−일) 체결 → 일본은 청으로부터 랴오둥반도와 타이완을 할양받음, 청은 조선에 대한 종주권 포기<br>• 삼국 간섭(1895): 러시아가 프랑스, 독일과 함께 일본에 랴오둥반도 반환 요구 → 일본의 굴복 → 조선에서 명성 황후를 비롯한 친러 세력 형성 |
|---|---|
| 발발 | 일본이 약화된 세력을 만회하고자 경복궁에 쳐들어가 명성 황후를 시해함 |
| 결과 | 일본의 압력으로 친일 내각 수립 → 을미개혁 추진 |

#### ② 아관 파천(1896)

| 배경 | 을미사변 이후 고종의 신변 위협, 러시아의 세력 만회 시도 |
|---|---|
| 발발 | 국왕의 신변 보호를 명목으로 고종이 러시아 공사관으로 처소 이동 |
| 결과 | • 친러 내각 수립, 러시아의 내정 간섭 심화<br>• 열강의 이권 침탈 심화: 광산 채굴권, 삼림 채벌권, 철도 부설권 등 침탈 |

### ☆ (2) 독립 협회

#### ① 창립

| 배경 | 아관 파천 이후 러시아를 비롯한 열강의 내정 간섭 및 이권 침탈 심화 |
|---|---|
| 창립 | • 서재필의 독립신문 창간 → 독립 협회 창립(1896)<br>• 서재필 등 개화파 지식인을 비롯하여 각계각층 참여 |

#### ② 활동

| 활동 목표 | • 자유 민권: 국민의 신체와 재산권 보호, 언론·출판·집회·결사의 자유 등 요구<br>• 자주 국권: 외세로부터의 독립 주장, 독립문 건립<br>• 자강 개혁: 교육과 산업 육성, 의회 설립 운동 전개 |
|---|---|
| 만민 공동회 | • 열강의 이권 침탈 저지: 러시아의 절영도 조차 요구 저지<br>• 우리나라 최초의 근대적 민중 집회 → 다양한 계층이 참여, 민권 의식 성장에 기여함 |
| 관민 공동회 | • 관민이 협력하여 의회 설립 추진<br>• 헌의 6조 결의 → 고종의 재가를 받아 중추원을 중심으로 의회 설립 추진 |
| 해산 | 보수파가 독립 협회를 공화정을 추구하는 단체라고 모함함 → 고종은 황제권을 약화시킨다고 여겨 독립 협회를 해산시킴(1898) |

**꼼꼼 단어 돋보기**

● 조차
조약에 따라 다른 나라의 영토를 유상 또는 무상으로 빌려 사용하는 것

## (3) 대한 제국

① 수립(1897): 국민들의 요구로 고종이 경운궁(덕수궁)으로 환궁 → 대한 제국 수립 선포(국호 '대한 제국', 연호 '광무'), 황제 즉위식 거행

② 광무개혁

| 개혁 방향 | 구본신참⁺에 입각한 점진적 개혁 |
|---|---|
| 정치 | 대한국 국제 반포(자주독립 국가 천명, 국가의 모든 권한이 황제⁺에게 있음을 밝힘), 독도를 관할 영토로 명시 |
| 경제 | 상공업 진흥 추진(근대적 공장·회사 설립), 재정 수입 증대 노력(양전 사업), 근대적 토지 소유 제도 확립(지계 발급) |
| 군사 | 황제가 군권 장악 |

### 📑 자료 스크랩  대한국 국제

**제1조** 대한국은 만국이 공인한 자주독립 제국이다.
**제2조** 대한국의 정치는 만세불변의 전제 정치이다.
**제3조** 대한국 대황제는 무한한 군권(君權)을 누린다.

### 쏙쏙 이해 더하기  1880~1890년대 주요 사건

| 1882 | 1884 | 1894 | 1895 | 1896 | 1897 |
|---|---|---|---|---|---|
| 임오군란 | 갑신정변 | 동학 농민 운동, 청·일 전쟁, 갑오개혁 | 삼국 간섭, 을미사변, 을미개혁, 을미의병 | 아관 파천, 독립 협회 창립 | 대한 제국 수립 |

## (4) 독도의 역사

① 신라: 지증왕 때 우산국(울릉도) 일대를 정벌한 이후 부속 섬으로 다스림

② 조선 후기: 숙종 때 안용복⁺이 일본에 건너가 우리의 영토임을 확인

③ 개항 이후: 일본이 태정관 지령을 통해 울릉도·독도가 일본과 관계없다고 명시

④ 대한 제국
  • 대한 제국 정부가 대한 제국 칙령 제41호를 통해 우리의 영토임을 명확히 함
  • 러·일 전쟁 때 일본이 시마네현 고시 제40호를 통해 강제로 자국 영토로 편입

⑤ 현재: 대한민국 경상북도 울릉군 소속으로 명백한 우리 영토임

### 쏙쏙 이해 더하기  독도가 우리 땅인 증거

| 「팔도총도」 | 『신증동국여지승람』에 수록된 지도로 울릉도와 독도를 우리 영토에 속하는 섬으로 표기 |
|---|---|
| 「삼국접양지도」 | 일본에서 만든 지도로 울릉도와 독도를 조선과 같은 색으로 그리고 '조선의 소유'라고 표기 |
| 대한 제국 칙령 제41호(1900) | 울릉도를 울도군으로 승격, 울릉군수가 울릉도와 함께 석도(독도)를 관할하도록 규정 |
| 연합국 최고 사령관 각서 제677호 부속 지도 | 제2차 세계 대전 이후 작성된 지도로 독도를 우리나라 영토로 표기 |

---

**✛ 구본신참**
'옛 제도를 근본으로 삼고 새로운 제도를 참고한다.'는 뜻이다.

**✛ 대한 제국의 황제권**
대한 제국은 군 통수권, 입법권, 행정권, 사법권, 외교권 등 모든 권한이 황제에게 집중되어 있는 전제 군주 국가였다.

**✛ 안용복**
동래 어민이었던 안용복은 울릉도에 몰래 침입하여 어업 활동을 하던 일본 어민들을 몰아내고 일본까지 건너가 울릉도와 독도가 조선의 영토임을 확인받고 돌아왔다.

## (5) 일제의 국권 침탈

| | |
|---|---|
| 한·일 의정서(1904) | 러·일 전쟁 중 체결, 일본이 한반도의 영토를 군사 기지로 마음대로 사용 |
| 제1차 한·일 협약(1904) | 일본이 조선에 고문 파견 → 내정 간섭 심화 |
| 을사늑약+ (제2차 한·일 협약, 1905) | • 대한 제국의 외교권 박탈<br>• 통감부 설치(초대 통감: 이토 히로부미), 내정 지배권 강화 |
| 고종의 강제 퇴위 (1907) | 일본이 헤이그 특사(을사늑약의 부당함을 알리는 특사) 파견을 구실로 고종 강제 퇴위 |
| 한국 병합 조약 (1910) | • 일본이 대한 제국을 강제 병합, 대한 제국의 국권 박탈<br>• 조선 총독부 설치: 최고 식민 통치 기구 |

### 📑 자료 스크랩  을사늑약

**제2조** 일본국 정부는 한국과 타국 간에 현존하는 조약의 실행을 완수하는 임무를 담당하고 한국 정부는 지금부터 일본국 정부의 중개를 거치지 않고서는 국제적 성질을 가진 어떤 조약이나 약속을 맺지 않을 것을 서로 약속한다. → 외교권 박탈

**제3조** 일본국 정부는 그 대표자로 한국 황제 폐하 밑에 1명의 통감을 두되 통감은 오로지 외교에 관한 사항을 관리하기 위하여 경성에 주재하고 …… → 통감부 설치

## (6) 애국 계몽 운동

| | | |
|---|---|---|
| 보안회(1904) | | 일본의 황무지 개간권 요구 저지 운동 전개 → 성공 |
| 신민회 (1907~1911) | 조직 | 안창호+, 이승훈, 양기탁 등이 비밀 결사로 조직 |
| | 목표 | 실력 양성을 통한 국권 회복, 공화정 추구 |
| | 활동 | • 교육: 대성 학교(안창호), 오산 학교(이승훈)<br>• 산업: 자기 회사 설립, 태극 서관 운영<br>• 독립운동 기지 건설: 남만주 삼원보에 신흥 강습소 설립 |
| | 해체 | 105인 사건+으로 와해 |

## 3. 독립을 위한 다양한 민족 운동

### (1) 1910년대 일제의 무단 통치

① 조선 총독부+ 설치: 식민지의 최고 통치 기구
② 헌병 경찰제 시행: 헌병 경찰이 일반 경찰 업무는 물론 행정 업무까지 관여
③ 언론·출판·집회·결사의 자유 박탈
④ 한국인의 정치 활동 금지 및 민족 운동 탄압(신민회 해산 등)
⑤ 일반 관리 및 교원들까지 제복을 입고 칼을 차게 함

### ☆ (2) 3·1 운동(1919)

① 배경

| | |
|---|---|
| 세계 정세의 변화 | 미국 대통령 윌슨이 민족 자결주의 제창 → 약소민족의 독립운동에 자극을 줌 |
| 국외 독립운동 | • 무단 통치로 인한 반일 감정 고조<br>• 신한 청년당의 외교 활동 → 김규식을 파리 강화 회의에 파견<br>• 도쿄 유학생들의 2·8 독립 선언 발표<br>• 만주에서 대한 독립 선언서 발표 |

**✚ 을사늑약 체결에 대한 저항**
• 장지연: 황성신문에 항일 논설인 「시일야방성대곡」 게재
• 안중근: 하얼빈에서 이토 히로부미 사살

**✚ 헤이그 특사**

▲ (왼쪽부터 이준, 이상설, 이위종) 고종의 밀명으로 네덜란드 헤이그에서 열린 만국 평화 회의에 을사늑약 체결의 부당함을 알리기 위해 파견되었다. 일본의 방해와 강대국의 외면으로 목적을 달성하지 못하였다.

**✚ 안창호**

**✚ 105인 사건**
안명근이 독립운동 자금을 모금하다가 적발되자 일제는 이를 데라우치 총독 암살 사건으로 조작하였다. 이때 600여 명의 민족 지도자들이 검거되고 그중 105명이 기소되었는데, 대부분이 신민회 회원이었다.

**✚ 총독**
일본의 육군·해군 대장 출신으로 입법·사법·행정·군 통수권을 장악하였다.

**🔍 꼼꼼 단어 돋보기**

● **민족 자결주의**
각 민족은 다른 민족의 간섭을 받지 않으며 정치적 운명 등 자기 민족 문제를 스스로 결정할 권리가 있다는 주장

② 전개

| 주도 | 종교계 민족 대표, 학생, 교사, 농민, 상인, 노동자 등 전 민족 |
|---|---|
| 전개 | 민족 대표 33인이 태화관에서 기미 독립 선언서 발표 → 탑골 공원에서 만세 시위 전개(비폭력 평화 시위), 전국 주요 도시에서 시위 전개 → 중소 도시, 농촌으로 시위 확산(민중이 주도하는 무력 투쟁으로 발전) |
| 해외 확산 | 만주, 연해주, 미주, 일본 등 |
| 일제의 탄압 | 군대와 경찰을 동원하여 무력 진압 → 제암리 학살 사건[+], 유관순 순국 |

③ 의의
- 우리 민족의 독립 의지를 전 세계에 알림
- 대한민국 임시 정부 수립의 계기
- 일제의 식민 통치 방식 변화: 무단 통치 → 이른바 '문화 통치[+]' 시행
- 독립운동의 분기점: 국외 무장 투쟁의 활성화, 독립운동 기반 확대
- 중국의 5·4 운동 등 다른 나라의 반제국주의 운동에 영향

**쏙쏙 이해 더하기** | 일제의 식민 통치 방식 변화

| 1910년대 | 무단 통치: 공포 분위기 조성 |
|---|---|
| 1920년대 | 민족 분열 통치: 이른바 '문화 통치' 표방, 실상은 친일 세력 양성을 통한 민족 분열 도모 |
| 1930년대 이후 | • 일제의 침략 전쟁 확대 → 민족 말살 통치[+] 시행<br>• 병참 기지화 정책, 황국 신민화 정책 실시, 인력과 물자 수탈 |

☆ **(3) 대한민국 임시 정부**

① 배경: 3·1 운동 이후 국내(서울), 국외(연해주, 상하이)에 여러 임시 정부 수립 → 체계적인 독립운동을 위한 통합 정부 수립의 필요성 대두

② 수립: 하나의 대한민국 임시 정부로 통합(1919. 9.), 일제의 영향력이 적고 외교 활동에 유리한 중국 상하이로 위치를 정함

③ 활동
- 민주 공화제 채택, 삼권 분립 적용
- 대통령 중심제: 이승만(대통령), 이동휘(국무총리)
- 연통제(국내 비밀 행정 조직)와 교통국(통신 기관) 운영, 독립 공채 발행, 독립 신문 간행, 외교 활동 전개(구미 위원부 등 설치)

④ 침체: 일제의 탄압, 연통제 붕괴 등 → 독립운동의 방향을 두고 국민대표 회의 개최 → 회의 결렬, 임시 정부의 침체

☆ **(4) 다양한 민족 운동**

① 실력 양성 운동: 경제·교육·산업 방면에서 일제와 경쟁할 수 있을 때까지 민족의 실력을 키우려는 민족 운동

| 물산 장려 운동 | • 1920년대 초 평양에서 조만식의 주도로 시작, 조선 물산 장려회 조직<br>• 민족 산업 육성을 통한 경제적 자립을 목표로 국산품 애용, 일본 상품 불매 운동 전개(구호: '내 살림 내 것으로', '조선 사람 조선 것') |
|---|---|
| 민립 대학 설립 운동 | • 일제의 한국인 차별 교육에 대항하여 우리 민족의 힘으로 대학을 설립하고자 함(구호: '한민족 1천만이 한 사람이 1원씩')<br>• 조선 민립 대학 기성회가 설립되어 모금 운동 전개 → 실패 |

[+] **제암리 학살 사건**
1919년 4월 일본군이 경기도 수원군(오늘날 화성) 제암리 주민들을 교회에 가둬 놓고 문을 잠근 뒤 무차별 사격을 가하여 23명을 학살하고 인근 교회와 민간에 불을 질렀던 사건이다.

[+] **문화 통치(민족 분열 통치)**
1920년대의 식민 통치 방침인 이른바 '문화 통치'는 한국인의 자유를 제한적으로 허용하는 것처럼 보이나, 사실상 한국인의 불만을 잠재우고 민족을 분열시키려고 한 일제의 기만적인 통치 술책이었다.

[+] 민족 말살 통치 관련 용어
- 황국 신민화: 일본 제국의 신민(신하된 백성)이 되는 것을 말함
- 내선일체: 일본(내지)과 조선은 하나임을 의미함
- 일선 동조론: 일본인과 조선인의 조상이 같음을 의미함

| 문맹 퇴치 운동 | • 문자 보급 운동: 조선일보 주도, 한글 교재 보급(구호: '아는 것이 힘, 배워야 산다')<br>• 브나로드 운동[+]: 동아일보 주도, 야학 개설, 한글 보급, 미신 타파 등 농촌 계몽 활동 전개 |
|---|---|

### ② 민족 협동 전선 운동

| 1920년대 민족 운동 | 민족주의 계열과 사회주의 계열로 나뉘어 전개 → 민족 협동 전선 운동 전개 |
|---|---|
| 6·10 만세 운동(1926) | 순종의 장례일에 맞추어 사회주의 세력, 민족주의 세력, 학생층이 대규모 만세 시위를 계획하였으나 사전에 발각되어 학생들 주도로 전개 |
| 신간회[+] 창립 (1927) | • 자치론을 주장하는 일부 민족주의 세력을 배제한 민족주의자와 사회주의자가 연합하여 창립<br>• 일제 강점기 최대 규모의 합법적 항일 운동 단체 |
| 광주 학생 항일 운동 (1929) | • 광주 지역에서 벌어진 한·일 학생들 간의 충돌이 발단 → 민족 차별 폐지·식민지 교육 제도 철폐 등을 요구하는 학생 시위 전개 → 전국으로 확산되어 대규모 시위 전개<br>• 3·1 운동 이후 최대 규모의 민족 운동<br>• 신간회는 진상 조사단을 파견하고 민중 대회를 개최하려 하였으나 일제의 방해로 중단 |

### ③ 나라 밖 무장 독립 투쟁[+]

| 1920년대[+] | • 봉오동 전투: 홍범도가 이끄는 대한 독립군이 중심이 되어 일본군 대파<br>• 청산리 대첩: 김좌진이 이끄는 북로 군정서군과 홍범도의 대한 독립군을 중심으로 한 연합 부대가 일본군 대파 |
|---|---|
| 1930년대 | 양세봉의 조선 혁명군, 지청천의 한국 독립군이 중국군과 함께 항일 전쟁 전개(한·중 연합 작전) |
| 중·일 전쟁 발발 이후 | • 조선 의용대 조직(1938): 김원봉 주도, 중국 관내에서 결성<br>• 한국광복군 창설(1940): 대한민국 임시 정부의 정규군, 연합군의 일원으로 대일 전쟁 수행 |

### ④ 의열 투쟁: 일제의 주요 기관 폭파, 고위 관리와 친일파 처단

| 의열단 | • 만주에서 김원봉의 주도로 조직(1919)<br>• 김익상, 김상옥, 나석주 등 활동 |
|---|---|
| 한인 애국단 | • 김구의 주도로 상하이에서 조직(1931)<br>• 이봉창(일본 도쿄에서 일왕 암살 시도), 윤봉길(중국 상하이 홍커우 공원에서 열린 일왕의 생일 및 상하이 점령 기념식장에 폭탄 투척)의 활동 |

### ⑤ 농민 운동: 암태도 소작 쟁의(소작료 인하 투쟁)
### ⑥ 노동 운동: 원산 총파업(노동 조건과 처우 개선 주장)

## 4. 대한민국 정부의 수립

### (1) 광복과 통일 정부 수립 노력
#### ① 광복 전후의 상황

| 광복 전 | 신국가 건설을 위한 준비: 대한민국 임시 정부의 건국 강령 발표 등 |
|---|---|

**+ 브나로드 운동 포스터**

브나로드는 19세기 후반 러시아의 청년들이 농촌의 민중 계몽을 위해 내세운 구호로 러시아어로 '민중 속으로'라는 뜻이다.

**+ 신간회 결성**

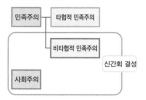

**+ 1920년대 무장 독립 투쟁**

🔍 **꼼꼼 단어 돋보기**

● 자치론

일제의 식민 통치를 인정하고, 일제가 허용하는 범위 내에서 자치권을 얻자는 주장

| 광복[+] (1945. 8. 15.) | 한국인의 꾸준한 독립운동, 제2차 세계 대전에서 연합국이 거둔 승리의 결실 |
|---|---|
| 광복 직후 | • 조선 건국 준비 위원회 조직: 여운형 주도, 민주 정부 수립 노력<br>• 이승만과 김구 등 국외에서 활동하던 독립운동가 귀국<br>• 북위 38도선을 경계로 미군과 소련군이 각각 남북을 분할 점령 → 군정 실시<br>• 모스크바 3국 외상 회의 개최(1945. 12.): 임시 민주 정부 수립, 미국, 영국, 중국, 소련 4개국이 미·소 공동 위원회 설치, 최고 5년간의 신탁 통치 등 결정 → 좌익과 우익의 대립 심화[+] |

② 통일 정부 수립을 위한 노력

| 미·소 공동 위원회 | 정부 수립 참여 단체를 둘러싸고 미국과 소련이 대립 → 성과를 거두지 못하고 결렬 |
|---|---|
| 정읍 발언(1946) | 이승만이 남한만의 단독 정부 수립 주장 |
| 좌우 합작 운동 (1946~1947) | 중도 세력(여운형, 김규식)이 통일 정부 수립을 목표로 전개, 좌우 합작 위원회 조직 → 성과를 거두지 못함 |
| 한국 문제의 유엔 상정 | 미국이 한국 문제를 유엔에 넘김 → 유엔에서 인구 비례에 의한 총선거를 통해 정부를 수립하기로 결정 → 소련과 북한의 거부 → 선거가 가능한 지역(남한)에서만 총선거 실시 결정 |
| 남한 단독 정부 수립 반대(1948) | • 남북 협상: 김구와 김규식이 통일 정부 수립을 위해 남북 지도자 회의를 개최하고 북측 지도부와 협상 → 성과를 거두지 못함<br>• 남한 단독 정부 수립을 반대하는 세력과 군경이 충돌하여 제주 4·3 사건, 여수·순천 10·19 사건 발생 → 진압 과정에서 많은 민간인 희생 |

**📄 자료 스크랩   정부 수립을 둘러싼 주장**

• 단독 정부 수립 주장(이승만의 정읍 발언)

이제 우리는 무기한 휴회된 공동 위원회가 재개될 기색도 보이지 않으며 통일 정부를 고대하나 상황이 되지 않으니 우리는 남한만이라도 임시 정부를 조직하여 38도 이북에서 소련이 철퇴하도록 세계 공론에 호소하여야 될 것이니 여러분도 결심하여야 될 것이다.

• 단독 정부 수립 반대(김구의 '삼천만 동포에게 읍고함')

우리가 기다리던 해방은 우리 국토를 양분하였으며, 앞으로는 그것을 영원히 양국의 영토로 만들 위험성을 내포하고 있다. …… 마음속의 38도선이 무너지고야 땅 위의 38도선도 철폐될 수 있다. …… 나는 통일된 조국을 세우려다가 38도선을 베고 쓰러질지언정 내몸의 구차한 안일을 취하여 단독 정부를 세우는 데는 협력하지 않겠다.

**(2) 대한민국 정부의 수립**

① 5·10 총선거 실시(1948. 5. 10.): 남한만의 단독 선거, 우리나라 최초의 민주·보통 선거 실시 → 2년 임기의 제헌 국회 의원 선출(제헌 국회 구성)
② 제헌 헌법[+] 공포(1948. 7. 17.): 제헌 국회에서 대한민국 국호와 헌법 제정 및 공포 (대통령 중심제, 민주 공화정 채택)
③ 대한민국 정부 수립 선포(1948. 8. 15.): 초대 대통령 이승만이 대한민국 정부 수립 선포 → 유엔이 선거 관리가 가능했던 한반도 내 유일한 합법 정부로 승인

---

**[+] 광복과 대한민국 정부 수립 과정**

| 1945. 8. | ● 광복 |
|---|---|
| 12. | ● 모스크바 3국 외상 회의 |
| 1946. 3. | ● 제차 미·소 공동 위원회 개최 |
| 6. | ● 이승만, 정읍 발언 |
| 1947. 11. | ● 남북한 총선거 결정 (유엔 총회) |
| 1948. 2. | ● 남한 단독 선거 결정 (유엔 소총회) |
| 4. | ● 남북 협상 |
| 5. | ● 5·10 총선거 |
| 7. | ● 제헌 헌법 공포 |
| 8. | ● 대한민국 정부 수립 |

**[+] 신탁 통치를 둘러싼 좌익과 우익의 대립**

모스크바 3국 외상 회의 결정안에 대해 김구, 이승만 등 우익 세력은 즉시 신탁 통치 반대 운동을 전개하였다. 좌익 세력 역시 초기에는 신탁 통치 반대 운동을 벌였으나, 회의 결정의 본질이 신탁 통치보다 임시 정부 수립에 무게가 있다고 보고, 회의 결정에 대한 총체적 지지로 입장을 바꾸었다.

**[+] 제헌 헌법 전문**

> 유구한 역사와 전통에 빛나는 우리 대한 국민은 기미 3·1 운동으로 대한민국을 건립하여 세계에 선포한 위대한 독립 정신을 계승하여…….

우리나라의 헌법 전문에는 대한민국 임시 정부의 법통을 계승한다는 문구가 명시되어 있다.

**🔍 꼼꼼 단어 돋보기**

● 신탁 통치
국제 연합(유엔)의 위임을 받은 국가가 독립 국가로서 자치 능력이 부족하다고 예상되는 국가를 통치하는 방식

1. 조선은 운요호 사건을 계기로 일본과 _____ 조약을 체결하였다.
2. 김옥균 등 급진 개화파가 우정총국 개국 축하연을 기회로 _____을/를 일으켰다.
3. 동학 농민군은 전주 화약 체결 이후 농민 자치 기구인 _____을/를 설치하였다.
4. 조선에서 명성 황후를 중심으로 친러 세력이 득세하자 일본이 _____을/를 일으켰다.
5. _____은/는 만민 공동회를 열어 열강의 이권 침탈을 비판하였다.
6. 일제는 _____ 운동의 영향으로 식민 통치 방식을 이른바 '문화 통치'로 바꾸었다.
7. 3·1 운동의 영향으로 _____ 정부가 수립되었다.
8. 1920년대 초 평양에서 국산품 애용 등을 주장하는 _____ 운동이 전개되었다.
9. 1929년 광주 지역 한·일 학생 간의 충돌이 발단이 되어 _____ 항일 운동이 전개되었다.
10. _____와/과 김규식이 통일 정부 수립을 위해 남북 협상을 전개하였다.

답 1. 강화도 2. 갑신정변 3. 집강소 4. 을미사변 5. 독립 협회 6. 3·1
7. 대한민국 임시 8. 물산 장려 9. 광주 학생 10. 김구

# 2 자본주의와 사회 변화

## 1. 개항 이후 경제 변화

### (1) 열강의 경제 침탈과 조선의 대응
① 조선의 개항: 일본과 강화도 조약(1876)을 맺어 개항 → 일본 상인은 개항장에서 특권을 누리며 무역 독점, 일본으로의 곡물 유출 심화
② 청 상인의 내지 통상이 허용되면서 청 상인 본격 진출
③ 청·일 상인 간의 경쟁 심화, 조선 상권 침탈 가속화
④ 열강의 경제 침탈: 청·일 전쟁과 아관 파천 이후 경제 침탈 본격화

### (2) 상권 수호 운동
최혜국 대우⁺ 조항에 근거하여 다른 국가 상인의 내륙 진출 허용 → 서울의 시전 상인들이 황국 중앙 총상회를 조직하여 대응

**+ 최혜국 대우**
한 나라가 어떤 외국에 부여하고 있는 가장 유리한 대우를 상대국에도 부여하는 일을 말한다. 조선이 미국과 맺은 조·미 수호 통상 조약(1882)에서 최혜국 대우 조항이 처음 규정되었다. 이후 청·일본·서양 열강들이 조선과 체결한 조약에도 최혜국 대우 조항이 포함되었다.

### (3) 방곡령

| 배경 | 개항 이후 일본으로의 곡물 유출이 늘어나면서 조선 내 쌀값 폭등 |
| --- | --- |
| 내용 | 일부 지방관이 국외로의 쌀 유출을 금지하는 명령(방곡령)을 내림 |
| 결과 | 일본이 절차상의 문제로 항의 → 조선이 배상금 지불, 방곡령 철회 |

### (4) 경제적 구국 운동

| 이권 수호 운동 | 아관 파천 이후 열강의 경제 침탈 심화 → 독립 협회, 보안회가 열강의 이권 침탈 저지 |
| --- | --- |
| 국채 보상 운동 | • 배경: 러·일 전쟁 이후 일본이 대한 제국에 차관 강요 → 일본에 많은 빚을 지게 됨<br>• 의미: 차관을 갚아 국권을 되찾자는 운동<br>• 전개: 대구에서 시작되어 전국으로 확산 → 통감부의 방해와 탄압을 받아 중단 |

**꼼꼼 단어 돋보기**

● 국채
나라가 지고 있는 빚

## 2. 일제의 경제 수탈

### (1) 토지 조사 사업(1910년대)

| 목적 | • 명분: 근대적 토지 소유권 확립<br>• 실상: 토지의 합법적 약탈, 식민 통치의 경제 기반 마련 |
|---|---|
| 원칙 | 기한부 신고제(복잡한 절차) |
| 결과 | • 미신고 토지, 국·공유지 등을 조선 총독부가 약탈 → 조선 총독부의 지세 수입 증가, 일본인과 동양 척식 주식회사에 싼값으로 토지를 넘김<br>• 대다수 농민이 소작농으로 전락 → 화전민 증가, 해외(간도, 연해주 등) 이주 증가 |

### (2) 산미 증식 계획(1920년대~1930년대 전반)

| 목적 | 일본 본토의 부족한 식량을 한반도에서 확보 |
|---|---|
| 내용 | 수리 시설 확충, 종자 개량, 비료 사용 확대를 통해 식량 증산 → 일본으로 반출 |
| 결과 | 증산량보다 많은 수탈 → 곡물 가격 폭등 → 만주에서 잡곡 등 수입, 한국의 식량 사정 악화 |

### (3) 병참 기지화 정책(1930년대 이후)

| 목적 | 일제의 침략 전쟁 확대로 군수 물자 필요 → 한국을 병참 기지로 이용 |
|---|---|
| 결과 | • 북부 지방에 군수 공업 및 중화학 공업 육성<br>• 국가 총동원법(1938) 제정<br>• 인적 자원 수탈: 징용, 징병, 학도병, 여자 정신 근로대, 일본군 '위안부' 강제 동원<br>• 물적 자원 수탈: 미곡 공출(군량미 확보), 식량 배급, 금속 공출(무기 제조) |

## 3. 한국 경제의 성장과 사회 변화

### (1) 국가 주도의 경제 성장

① 6·25 전쟁 이후: 미국의 원조 → 소비재 위주의 삼백 산업(제분·제당·면방직) 발달

② 1960~1970년대: 네 차례에 걸쳐 경제 개발 5개년 계획 추진

| 1960년대<br>(제1·2차) | • 수출 주도형 산업, 경공업(신발, 의류 등) 육성<br>• 경부 고속 국도 개통(1970) 등 산업 발전의 기반 마련 |
|---|---|
| 1970년대<br>(제3·4차) | • 중화학 공업(철강, 조선, 기계 등) 육성<br>• 고도성장('한강의 기적')과 수출 증대 이룩<br>• 1970년대 말 석유 파동으로 경제 위기 도래 |

③ 1980년대: 1980년대 중반부터 3저 호황(저유가, 저금리, 저환율)의 영향으로 경제 회복

④ 1990년대
- 경제 협력 개발 기구(OECD) 가입(1996)
- 외환 위기 도래(1997): 외환 보유고가 부족해지며 국제 통화 기금(IMF)으로부터 구제 금융 지원·관리를 받음 → 구조 조정, 부실기업 정리, 외국 자본 유치, 금 모으기 운동 등을 통해 조기 극복

⑤ 2000년대: 첨단 산업(정보 기술·전자 산업) 중심으로 성장, 세계 여러 국가와 자유 무역 협정(FTA) 체결

➕ **동양 척식 주식회사**

1908년 일제가 식민지 경제 수탈을 목적으로 설립한 회사로, 서울에 본점을 두었다. 토지 조사 사업으로 방대한 토지를 소유하게 되었다.

➕ **금속 공출**

놋그릇은 물론, 학교의 교문, 교회와 절의 종 등도 강제로 가져가 전쟁 무기를 만드는 데 사용하였다.

➕ **경부 고속 국도 개통**

🔍 **꼼꼼 단어 돋보기**

● **병참 기지**
전쟁에 필요한 인력과 물자를 관리·보급·지원하는 기지

● **공출**
전쟁에 필요한 물품을 확보하기 위해 필요한 양을 의무적으로 팔도록 강요한 정책

● **석유 파동**
석유 수출국 기구(OPEC)에 의해 석유 가격이 폭등하여 세계 경제가 크게 악화된 사건

### (2) 경제 성장에 따른 사회 변화

#### ① 농촌 및 노동 문제

| | |
|---|---|
| 농촌 문제 | • 배경: 저곡가 정책, 도시와 농촌의 격차 심화<br>• 1970년대: 새마을 운동 전개<br>• 1980년대 이후: 외국 농산물 수입 개방으로 농촌 경제 악화<br>• 최근: 농업의 기계화, 유통 구조 개선 등으로 농촌 문제 해결 노력 |
| 노동 문제 | • 배경: 열악한 근로 환경, 저임금 정책<br>• 노동 운동의 주장: 근로 기준법 준수, 노동자의 인권 보장 요구<br>• 전태일 분신 사건(1970) 이후 노동 운동 활성화<br>• 최근: 청년 실업, 외국인 근로자 문제, 비정규직 문제 등 발생 |

#### ② 도시 문제

| | |
|---|---|
| 배경 | 급격한 산업화와 도시화로 인해 도시로 인구가 집중되면서 발생 |
| 유형 | 교통 혼잡, 주택 부족, 환경 오염, 범죄, 소득 격차로 인한 사회 양극화 |

#### ③ 대중문화 발달

| | |
|---|---|
| 배경 | 교육 기회 확대, 경제 성장, 대중 매체(텔레비전, 라디오, 인터넷 등) 보급 |
| 대중문화 | 텔레비전을 중심으로 대중문화 확산, 대중가요의 인기 상승 → 한류(한국의 대중문화)가 세계적으로 유행 |
| 스포츠 | • 프로 야구를 비롯한 프로 스포츠 등장<br>• 1986년 서울 아시안 게임, 1988년 서울 올림픽 대회, 2002년 한·일 월드컵 대회, 2014년 인천 아시안 게임, 2018년 평창 동계 올림픽 대회 등 개최 |

#### ④ 국제 교류 활성화

• 유학, 이민, 취업, 국제결혼 등으로 다문화 사회로 변화
• 국제기구 가입, G20 정상 회의 개최 등으로 국제 사회에 참여 → 한국의 위상 성장

---

**콕콕 개념 확인하기**

1. 일제는 1910년대 _____ 사업을 실시하여 한국의 토지를 약탈하였다.
2. 1930년대 후반 이후 침략 전쟁을 확대한 일제는 우리나라의 여성을 일본군 '_____'(으)로 동원하여 성적 희생을 강요하였다.

답 1. 토지 조사 2. 위안부

---

## 3 민주주의의 발전

### 1. 독재 시도와 저항

#### (1) 대한민국 임시 정부와 대한민국 정부의 헌법

| | |
|---|---|
| 대한민국<br>임시 정부 | • 대한민국 임시 헌장(1919): 민주 공화정 체제 채택<br>• 건국 강령 발표: 조소앙의 삼균주의에 기초 |
| 대한민국<br>정부 | • 제헌 헌법: 제헌 국회에서 제정하여 공포(1948. 7. 17.)<br>• 민주 공화정과 대통령 간접 선거제를 채택함<br>• 내용: 주권 재민과 삼권 분립의 원칙, 국민의 권리와 국가의 의무 규정 |

**➕ 새마을 운동 노래**

> 새벽종이 울렸네, 새 아침이 밝았네.
> 너도나도 일어나 새마을을 가꾸세.
> 살기 좋은 내 마을 우리 힘으로
> 만드세.

**➕ 전태일 분신 사건**
박정희 정부 시기인 1970년에 서울 평화 시장의 노동자 전태일이 근로 기준법 준수를 요구하며 분신한 사건이다.

**➕ 조소앙의 삼균주의**
개인, 민족, 국가의 평등을 위해 정치적·경제적·교육적 균등을 실현해야 한다는 주장이다.

**🔍 꼼꼼 단어 돋보기**

● 대중문화
대중이 일상생활에서 쉽게 접하고 누리는 문화(가요, 영화, 드라마 등)

## (2) 이승만의 장기 집권과 4·19 혁명

### ① 이승만의 장기 집권(1948~1960)

| 발췌 개헌[+]<br>(1952) | • 배경: 제2차 국회 의원 선거에서 이승만 반대 세력이 국회 의원으로 대거 당선되며 국회 간선제를 통한 재선이 어려워짐<br>• 전개: 이승만 정부가 대통령 직선제로 개헌<br>• 결과: 이승만이 재집권에 성공 |
|---|---|
| 사사오입 개헌[+]<br>(1954) | • 전개: 초대 대통령에 한해 중임 제한을 적용하지 않도록 개헌<br>• 결과: 이승만의 3선 성공 |

### ⭐② 4·19 혁명(1960)

| 원인 | 이승만의 장기 집권 시도, 이승만 정부의 부정부패와 3·15 부정 선거 자행(1960) |
|---|---|
| 전개 | 부정 선거 규탄 시위 → 마산에서 김주열 학생의 시신 발견 → 학생과 시민들을 중심으로 전국적 대규모 시위(4. 19.) 전개 → 경찰이 시위대 무력 진압, 계엄령 선포 → 대학교수들의 시국 선언 발표 → 이승만 대통령 하야(4. 26.) |
| 결과 | 내각 책임제를 중심으로 하는 헌법 개정 → 장면 내각 수립(1960) |
| 의의 | 학생과 시민이 참여하여 독재 정권을 무너뜨린 최초의 민주주의 혁명 |

## ⭐(3) 박정희 정부(1963~1979)

### ① 5·16 군사 정변과 박정희 정부의 수립

| 5·16 군사 정변<br>(1961) | 박정희를 중심으로 한 군부 세력이 정변을 일으켜 권력 장악 → 군정 실시 |
|---|---|
| 박정희 정부의 수립 | • 수립: 대통령 중심제로 개헌 → 대통령 선거에서 박정희 당선(1963)<br>• 경제 성장에 필요한 자본 마련을 위해 일본과의 국교 정상화 추진 → 학생과 시민들의 반대 시위 → 한·일 협정 체결(1965)<br>• 베트남 파병: 미국과의 동맹 강화 및 외화·차관 확보를 위해 베트남 전쟁에 국군 파병 → 한국 청년들의 큰 희생과 고엽제 피해 등이 있었음<br>• 3선 개헌(1969)을 통해 대통령의 3회 연임 허용 → 장기 집권 토대 마련 |

### ② 유신 체제(1972~1979)

| 배경 | 박정희의 독재에 대한 반발 증대, 석유 파동으로 인한 경제 불안과 냉전 체제 완화로 반공 이념 약화(박정희 정부의 기반 약화) → 10월 유신 선포(1972), 헌법 개정(유신 헌법) |
|---|---|
| 유신 헌법[+] | • 통일 주체 국민 회의[+]에서 대통령 간접 선거, 대통령 중임 제한 폐지 → 사실상 영구 집권 가능<br>• 대통령이 국회 해산권, 긴급 조치권, 국회 의원 3분의 1 추천권 등을 가짐 |
| 유신 체제 반대 운동 | • 언론과 학생들의 유신 체제 반대 운동, 재야인사들의 민주 구국 선언문 발표(1976)<br>• 부·마 민주 항쟁(1979): 부산과 마산에서 유신 철폐를 요구하며 대규모 시위 전개 |
| 붕괴 | 정권 내부의 갈등으로 박정희 피살(10·26 사태, 1979) → 박정희 유신 체제 붕괴 |

---

**[+] 발췌 개헌**

정부가 제출한 대통령 직선제 안과 국회가 제시한 내각 책임제 헌안을 발췌하였다고 하여 붙여진 이름이다. 실제로 국회 제시안은 실현되지 않았다.

**[+] 사사오입 개헌**

당시 개헌안 통과를 위해서는 국회 재적 의원 203명 중 3분의 2 이상의 찬성표가 필요하였다. 표결 결과 찬성이 1표가 부족한 135명으로 나와 부결되었으나, 여당은 사사오입(반올림) 논리를 내세우며 개헌안을 통과시켰다.

**[+] 유신 헌법**

> 제39조 ① 대통령은 통일 주체 국민 회의에서 토론 없이 무기명 투표로 선거한다.
> 제53조 ② 대통령은 …… 국민의 자유와 권리를 잠정적으로 정지하는 긴급 조치를 할 수 있다.
> 제59조 ① 대통령은 국회를 해산할 수 있다.

**[+] 통일 주체 국민 회의**

국민의 직접 선거로 선출된 총 2,000~5,000명의 대의원으로 구성된 단체로 대통령이 의장이었다.

**🔍 꼼꼼 단어 돋보기**

● **내각 책임제**

내각이 의회 다수당에 의해 구성되고, 다수당이 내각을 책임지는 정치 체제(≒의원 내각제)

## ★ (4) 신군부의 등장과 민주주의의 발전

### ① 5·18 민주화 운동(1980)

| 배경 | • 12·12 사태: 전두환을 중심으로 한 신군부가 군사 정변을 일으킴(1979)<br>• 서울의 봄: 서울을 중심으로 민주화를 요구하는 대규모 시위 전개<br>• 신군부가 비상계엄 전국 확대, 정치 활동 금지 |
|---|---|
| 전개 | 광주에서 비상계엄 확대에 대한 저항 시위 발생(5. 18.) → 공수 부대를 동원하여 시위 진압 → 시민들이 시민군 조직·항쟁 → 계엄군에 의해 무력 진압 |
| 의의 | 1980년대 민주화 운동의 토대 |

### 📑 자료 스크랩  5·18 민주화 운동

우리는 왜 총을 들 수밖에 없었는가? 그 대답은 너무 간단합니다. 너무나 무자비한 만행을 더는 보고 있을 수만 없어서 너도나도 총을 들고 나섰던 것입니다. …… 정부 당국에서는 17일 야간에 계엄령을 확대 선포하고 …… 18일 오후부터 공수 부대를 대량 투입하여 시내 곳곳에서 학생, 젊은이들에게 무차별 살상을 자행하였으니! …… 20일 밤부터 계엄 당국은 발포 명령을 내려 무차별 발포를 시작했다는 것입니다.

– 「광주 시민군 궐기문」(1980. 5. 25.) –

### ② 전두환 정부 수립(1980~1987)

| 수립 | • 통일 주체 국민 회의에서 전두환 대통령 선출<br>• 7년 단임의 대통령 간접 선거로 개헌 후 재당선 |
|---|---|
| 주요<br>정책 | • 억압 정책: 민주화 운동 탄압, 언론 감시, 삼청 교육대 운영<br>• 유화 정책: 야간 통행금지 해제, 프로 야구 출범, 해외여행 자유화 등 |

### ③ 6월 민주 항쟁(1987)

| 배경 | 전두환 정부의 독재 정치에 대한 반발, 박종철 고문치사 사건[+] |
|---|---|
| 전개 | 대통령 직선제 요구 시위 전개 → 전두환 정부의 거부(4·13 호헌 조치), 시위 탄압 → 이한열이 최루탄 피격으로 의식 불명 → 시위 전국 확대 |
| 결과 | • 6·29 민주화 선언: 여당 대통령 후보인 노태우가 대통령 직선제 개헌 약속<br>• 5년 단임의 대통령 직선제로 개헌(현행 헌법) → 노태우 대통령 당선[+] |

## 2. 민주화 이후의 한국 사회

### (1) 민주주의의 정착  [참고] 선거를 통한 평화적인 정권 교체가 이루어졌음

| 노태우 정부<br>(1988~1993) | 사회주의 국가와 국교 수립(북방 외교), 서울 올림픽 대회 개최(1988), 남북한 유엔(UN) 동시 가입 |
|---|---|
| 김영삼 정부<br>(1993~1998) | • 금융 실명제 도입, 지방 자치제 전면 실시, '역사 바로 세우기' 진행<br>• 임기 말 외환 위기로 국제 통화 기금(IMF)의 금융 지원·관리를 받음 |
| 김대중 정부<br>(1998~2003) | • 금 모으기 운동 등을 통해 외환 위기 조기 극복<br>• 최초의 남북 정상 회담 개최(2000) → 김대중 대통령의 노벨 평화상 수상<br>• 2002년 한·일 월드컵 대회 개최 |
| 노무현 정부<br>(2003~2008) | • 제2차 남북 정상 회담 실시(2007)<br>• 과거사 규명을 위한 법 제정 |
| 이명박 정부<br>(2008~2013) | 친환경 녹색 성장 목표, 실용주의 노선 지향 → 경제 성장에 중점 |

**+ 박종철 고문치사 사건**

1987년 1월 서울대학교 박종철 학생이 경찰의 수사를 받는 과정에서 물고문으로 사망하였다. 당시 경찰은 '책상을 탁 치니 억 하고 죽었다.'라는 내용을 발표하면서 이 사건을 축소·은폐하고자 하였지만, 곧 물고문에 의한 것임을 시인하였다. 이 사건은 6월 민주 항쟁의 도화선이 되었다.

**+ 직선제 개헌 이후 정부의 변천**

노태우 정부
↓
김영삼 정부
↓
김대중 정부
↓
노무현 정부
↓
이명박 정부
↓
박근혜 정부
↓
문재인 정부

### (2) 민주주의의 발전

① 건강 보험, 국민연금, 노인 장기 요양 보험과 기초 연금 등 사회 복지 제도 확대
② 촛불 집회(2016~2017)와 같은 평화적인 방법으로 국민의 여론 표출

**콕콕 개념 확인하기**

1. 3·15 부정 선거를 계기로 _____ 혁명이 일어났다.
2. 박정희 정부는 국회 해산권, 긴급 조치권 등을 대통령에게 부여하는 _____ 헌법을 제정하였다.
3. 1987년 _____의 결과 5년 단임의 대통령 직선제로의 개헌이 이루어졌다.
4. _____ 정부는 외환 위기를 극복하고 최초의 남북 정상 회담을 개최하였다.

답 1. 4·19  2. 유신  3. 6월 민주 항쟁  4. 김대중

**➕ 6·25 전쟁의 전개 과정**

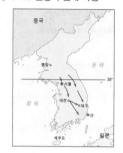

🔺 북한군의 남침

## 4 평화 통일을 위한 노력

### 1. 남북 분단과 6·25 전쟁

### (1) 남북 분단

① 배경: 광복 후 미국과 소련은 북위 38도선을 경계로 한반도를 분할 점령함
② 남한: 대한민국 정부 수립(1948. 8. 15.)
③ 북한: 김일성을 중심으로 조선 민주주의 인민 공화국 수립(1948. 9. 9.)

### ⭐(2) 6·25 전쟁[+]

① 배경: 북한이 소련과 비밀 군사 협정 체결, 중국과 소련의 북한 지원 약속, 미국의 애치슨 선언(미국이 태평양 방위선에서 한국 제외)과 미군의 철수

② 과정

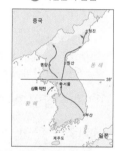

🔺 국군, 유엔군의 반격

| 전쟁 발발 | 북한이 선전 포고 없이 기습 남침(1950. 6. 25.) |
|---|---|
| 국군의 후퇴 | 서울 함락, 낙동강 전선까지 후퇴 |
| 유엔군 참전 | 국군과 유엔군의 연합군 편성 |
| 인천 상륙 작전 | 국군과 유엔군이 인천 상륙 작전으로 서울을 탈환하고 압록강 전선까지 진격 |
| 중국군 개입 | 북한의 요청으로 중국군 개입 → 흥남 철수 → 1·4 후퇴로 서울 다시 함락 → 서울 재탈환 → 전선의 교착(38도선 일대에서 공방전 전개) |
| 정전 협정 | 정전 회담 시작 → 이승만 정부의 반대 → 유엔군·북한군·중국군 대표가 정전 협정 체결(1953. 7.) |

🔺 중국군의 개입

③ 영향

- 사상자와 피난민, 전쟁고아 및 이산가족 발생
- 국토 황폐화, 산업 시설 파괴
- 남북 간 적대감 심화로 분단의 고착화
- 남북한 독재 체제 강화: 남한에서는 이승만 정부가 반공을 내세워 정권 연장, 북한에서는 김일성이 반대파를 제거하고 독재 강화

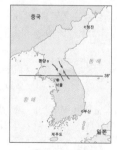

🔺 전선의 교착

## 2. 통일을 위한 노력

### (1) 정부별 통일 정책의 추진

| | |
|---|---|
| 박정희 정부 | • 닉슨 독트린†의 영향으로 냉전 체제가 완화되면서 남북 관계의 변화 시작<br>• 남북 적십자 회담: 이산가족 문제 논의<br>• 7·4 남북 공동 성명(1972): 남북한이 최초로 통일 방안 합의 → 자주·평화·민족적 대단결의 평화 통일 3대 원칙 합의 |
| 전두환 정부 | 최초의 이산가족 고향 방문과 예술 공연단 교환 |
| 노태우 정부 | • 남북한 유엔 동시 가입(1991)<br>• 남북 사이의 화해와 불가침 및 교류·협력에 관한 합의서(남북 기본 합의서) 체결, 한반도 비핵화 공동 선언 합의(1991) |
| 김대중 정부 | • 대북 화해 협력 정책(햇볕 정책) 추진<br>• 최초의 남북 정상 회담 개최(평양, 2000) → 6·15 남북 공동 선언 발표<br>• 경제·사회·문화 교류: 금강산 관광 사업, 경의선 복구 사업, 개성 공단 건설 합의, 이산가족 상봉 등 |
| 노무현 정부 | 제2차 남북 정상 회담 개최(평양, 2007) → 10·4 남북 공동 선언 발표 |
| 문재인 정부 | 남북 긴장 관계†해소를 통한 관계 개선 노력 → 남북 정상이 판문점에서 만나 4·27 판문점 선언 발표(제3차 남북 정상 회담, 2018) |

✚ 닉슨 독트린
1969년 미국 대통령 닉슨이 베트남 전쟁에서 철수하면서 발표한 외교 정책으로 이후 냉전 체제가 완화되었다.

✚ 남북 긴장 관계
북한의 핵 개발, 미사일 시험 발사, 금강산 관광객 피살 사건, 연평도 포격 사건 등으로 남북 관계가 악화되었다.

📄 **자료 스크랩**　　**통일을 위한 노력**

• 7·4 남북 공동 성명(1972)

> 첫째, 통일은 외세의 의존과 간섭 없이 자주적으로 해결하여야 한다. → 자주 통일
> 둘째, 통일은 상대방을 반대하는 무력행사에 의하지 않고 평화적 방법으로 실현해야 한다. → 평화 통일
> 셋째, 사상과 이념, 제도의 차이를 초월하여 우선 하나의 민족으로서 민족적 대단결을 도모해야 한다.
> 　　　→ 민족적 대단결

• 6·15 남북 공동 선언(2000)

> 1. 남과 북은 나라의 통일 문제를 그 주인인 우리 민족끼리 서로 힘을 합쳐 자주적으로 해결해 나가기로 하였다.
> 2. 남과 북은 나라의 통일을 위한 남측의 연합제 안과 북측의 낮은 단계의 연방제 안이 서로 공통성이 있다고 인정하고 앞으로 이 방향에서 통일을 지향해 나가기로 하였다.

### (2) 통일을 위한 과제

① 남북한은 군사적 긴장 완화를 위해 서로 노력해야 함
② 남한은 민주적 절차를 통해 남북한 간 교류 확대와 통일에 대한 입장을 조율하고, 통일 교육 실시 등을 통해 통일을 준비해야 함

**콕콕 개념 확인하기**

1. 6·25 전쟁 중 국군과 유엔군의 _____ 작전으로 서울을 탈환하였다.
2. _____(으)로 최초로 평화 통일의 3대 원칙을 확인하였다.
3. 제1차 남북 정상 회담에서 _____을/를 채택하였다.

답　1. 인천 상륙　2. 7·4 남북 공동 성명　3. 6·15 남북 공동 선언

**01** ㉠에 들어갈 내용으로 가장 적절한 것은?

> 〈흥선 대원군의 개혁 정치〉
>
> • 목표: ㉠
> • 내용: 비변사 폐지, 세도 가문 타파, 삼정의 개혁

① 왕권 강화
② 자영농 육성
③ 세도 정치 강화
④ 서양과의 통상 수교 거부

**02** 다음에서 설명하는 사건은? 2020년 1회

> 미국은 제너럴셔먼호 사건을 구실로 강화도를 공격하였다. 어재연 장군이 이끄는 조선군은 광성보에서 항전하였고, 조선이 수교 협상에 응하지 않자 미국은 단념하고 물러갔다.

① 신미양요      ② 간도 참변
③ 아관 파천      ④ 6·25 전쟁

**03** (가)에 들어갈 지역은? 2018년 2회

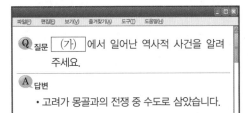

> 파일(F)　편집(E)　보기(V)　즐겨찾기(A)　도구(T)　도움말(H)
>
> **Q** 질문 　(가)　에서 일어난 역사적 사건을 알려 주세요.
>
> **A** 답변
> • 고려가 몽골과의 전쟁 중 수도로 삼았습니다.
> • 병인양요와 신미양요의 격전지였습니다.
> • 일본과 최초의 근대적 조약을 맺은 곳입니다.

① 진도      ② 강화도
③ 거문도      ④ 제주도

---

주목
**04** 강화도 조약에 대한 설명으로 옳지 않은 것은?

① 일본의 영사 재판권을 인정하였다.
② 우리나라 최초의 근대적 조약이다.
③ 운요호 사건을 계기로 체결되었다.
④ 일본과 실질적으로 평등한 위치에서 맺은 조약이다.

**05** 다음에 해당하는 인물은? 2018년 1회

> **이달의 역사 인물**
>
> • 급진 개화파의 대표적 인물이다.
> • 우정총국 개국 축하연을 기회로 정변을 일으켰다.

① 김옥균      ② 어윤중
③ 전봉준      ④ 최익현

**06** 다음 대화의 내용에 해당하는 종교는? 2018년 2회

> 최제우가 창시한 종교는 인내천을 내세워 농민의 지지를 받았지?
>
> 응. 접주였던 전봉준은 농민 운동을 이끌었어.

① 도교      ② 동학
③ 원불교      ④ 대종교

주목

**07** (가)에 들어갈 내용으로 가장 적절한 것은?

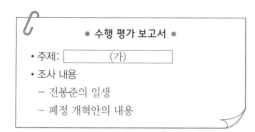

● 수행 평가 보고서 ●

• 주제:      (가)
• 조사 내용
  – 전봉준의 일생
  – 폐정 개혁안의 내용

① 홍경래의 난
② 동학 농민 운동
③ 임술 농민 봉기
④ 국채 보상 운동

**08** 다음 내용과 관련된 역사적 사건은?

• 왕실 사무와 국정 사무 분리
• 신분제 및 과거제 폐지, 조혼 금지, 과부 재가 허용

① 을미사변      ② 임오군란
③ 갑신정변      ④ 갑오개혁

**09** 밑줄 친 ㉠에 해당하는 사건은?     2018년 2회

    삼국 간섭을 계기로 조선이 러시아를 끌어들였다. 그러자 일본은 조선에서 약화된 영향력을 만회하기 위해 ㉠ 명성 황후를 시해하였다.

① 을미사변      ② 갑오개혁
③ 임오군란      ④ 간도 협약

**10** 다음 활동을 전개한 단체는?     2019년 2회

• 만민 공동회를 열어 열강의 이권 침탈을 비판함
• 언론·집회·결사의 자유 등을 요구하는 자유 민권 운동을 전개함

① 신민회
② 독립 협회
③ 조선어 학회
④ 조선 물산 장려회

**11** 밑줄 친 '이 단체'에 대한 설명으로 옳지 않은 것은?

    아관 파천 이후 조선에 대한 열강의 간섭이 더욱 심해졌다. 이러한 상황에서 서재필의 주도로 설립된 이 단체는 이권 침탈 반대와 근대적 정치 개혁을 요구하였다.

① 독립신문을 발간하였다.
② 고종이 단체를 해산시켰다.
③ 관민 공동회를 열어 공화정을 주장하였다.
④ 최초의 민중 집회인 만민 공동회를 열었다.

**12** 다음 정책을 시행한 나라는?

• '구본신참'을 기본 방향으로 하는 광무개혁 추진
• 황제권을 강화하는 대한국 국제 제정
• 토지 소유권을 인정하는 지계 발급

① 고려      ② 부여
③ 고구려      ④ 대한 제국

**13** 밑줄 친 '이 지역'에 대한 설명으로 옳지 <u>않은</u> 것은?

> 일본은 '다케시마의 날'을 지정하는 등 이 지역에 대한 영유권을 주장하고 있다.

① 한국 정부가 영토 주권을 행사하고 있다.
② 삼국접양지도에 조선의 영토로 표시되어 있다.
③ 일본이 대한 제국 칙령 제41호를 통해 불법으로 편입하였다.
④ 숙종 때 안용복이 일본으로 건너가 우리 영토임을 확인받았다.

주목
**14** ㉠에 들어갈 내용으로 옳은 것은?

> 일본은 대한 제국과 ( ㉠ )을/를 체결하여 대한 제국의 외교권을 박탈하고 통감부를 설치하였다.

① 방곡령                ② 을사늑약
③ 강화도 조약          ④ 한·일 의정서

주목
**15** 다음에서 설명하는 단체는?                    2021년 1회

> • 1907년 안창호, 양기탁 등이 조직한 비밀 결사
> • 대성 학교, 오산 학교를 설립하여 민족 교육 실시
> • 일제가 조작한 105인 사건으로 해체

① 삼별초                ② 화랑도
③ 신민회                ④ 별무반

**16** 1910년대 일제의 식민 통치 방식으로 옳은 것은?

① 문화 통치를 표방하였다.
② 헌병 경찰제를 실시하였다.
③ 황국 신민화 정책을 추진하였다.
④ 통감부를 통해 한국을 통치하였다.

**17** ㉠에 해당하는 사건은?                        2020년 1회

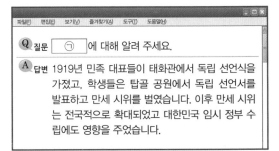

**Q** 질문  ㉠ 에 대해 알려 주세요.
**A** 답변 1919년 민족 대표들이 태화관에서 독립 선언식을 가졌고, 학생들은 탑골 공원에서 독립 선언서를 발표하고 만세 시위를 벌였습니다. 이후 만세 시위는 전국적으로 확대되었고 대한민국 임시 정부 수립에도 영향을 주었습니다.

① 3·1 운동
② 원산 총파업
③ 새마을 운동
④ 물산 장려 운동

**18** 3·1 운동의 의의로 적절하지 <u>않은</u> 것은?

① 대한민국 임시 정부 수립의 계기가 되었다.
② 일제가 헌병 경찰 제도를 강화하게 되었다.
③ 한국인의 자유를 제한적으로 허용하게 되었다.
④ 1920년대 이후 국외 무장 투쟁이 활성화되었다.

**19** ㉠에 들어갈 대답으로 옳은 것은?　　　　2019년 1회

3·1 운동을 계기로 조직되었고, 한국광복군을 창설한 조직은?

( ㉠ )입니다.

① 신민회
② 독립 협회
③ 독립 의군부
④ 대한민국 임시 정부

주목

**20** 대한민국 임시 정부에 대한 설명으로 옳은 것은?

① 3·1 운동을 계획하였다.
② 만민 공동회를 개최하였다.
③ 조선 의용대를 창설하였다.
④ 삼권 분립과 주권 재민의 원칙을 적용한 정부였다.

**21** (가)에 들어갈 내용으로 가장 적절한 것은?　　2019년 2회

● 수행 평가 보고서 ●

• 주제: 　(가)
• 조사 내용
　– 신사 참배 및 황국 신민 서사 암송 강요
　– 한국인의 성과 이름을 일본식으로 바꾸도록 강요

① 민족 말살 정책
② 토지 조사 사업
③ 국내 진공 작전
④ 국채 보상 운동

**22** 다음 내용에 해당하는 운동은?　　　　2017년 1회

• 1920년대 초 평양에서 조만식 등이 주도함
• '내 살림 내 것으로'라는 구호를 내세우며 국산품 애용 운동을 전개함

① 브나로드 운동
② 위정척사 운동
③ 동학 농민 운동
④ 물산 장려 운동

**23** 다음 설명에 해당하는 운동은?

• 고등 교육 기관 설립을 통한 실력 양성 추구
• '한민족 1천만이 한 사람이 1원씩'이라는 구호로 모금 운동 전개

① 형평 운동
② 브나로드 운동
③ 물산 장려 운동
④ 민립 대학 설립 운동

**24** 다음 설명에 해당하는 단체는?

　1927년 비타협적 민족주의자들과 사회주의자들이 협력하여 창립한 단체로, 민족 유일당 운동의 일환으로 설립되었다. 광주 학생 항일 운동이 일어나자 진상 조사단을 파견하기도 하였으나 일제의 방해로 중단되었다.

① 신민회　　　　　② 신간회
③ 의열단　　　　　④ 한인 애국단

**25** 교사의 질문에 대한 답으로 적절한 것은?  2019년 1회

다음 설명에 해당하는 민족 운동은 무엇일까요?

〈민족 운동의 전개〉
• 한일 학생 충돌이 계기가 되어 일어남
• 민족 차별 폐지 등을 요구하며 전국으로 확산됨

① 위정척사 운동
② 국채 보상 운동
③ 물산 장려 운동
④ 광주 학생 항일 운동

**26** 다음 설명에 해당하는 사건은?

홍범도가 이끄는 대한 독립군을 비롯한 독립군 연합 부대가 일본군과 싸워 크게 승리하였다.

① 살수 대첩        ② 귀주 대첩
③ 안시성 싸움      ④ 봉오동 전투

**27** 다음 설명에 해당하는 단체는?  2017년 2회

• 1940년 대한민국 임시 정부가 창설한 부대
• 일제가 태평양 전쟁을 일으키자 연합군과 공동 작전 수행

① 신민회        ② 보안회
③ 별기군        ④ 한국광복군

**28** 다음 설명에 해당하는 단체는?

1919년 만주에서 김원봉의 주도로 조직되었다. 일제의 고위 관리나 친일파 거두를 처단하고, 식민 통치 기관을 파괴하였다.

① 의열단            ② 한국광복군
③ 한인 애국단       ④ 북로 군정서

**29** 다음 내용에 해당하는 단체는?  2017년 1회

• 대한민국 임시 정부의 김구가 조직
• 이봉창이 도쿄에서 일본 국왕 암살 시도
• 윤봉길이 상하이에서 폭탄을 던져 일본군 장성 살상

① 신간회
② 만민 공동회
③ 한인 애국단
④ 조선 건국 동맹

주목
**30** 모스크바 3국 외상 회의에서 결정된 사항을 〈보기〉에서 고른 것은?

보기
ㄱ. 신탁 통치 실시
ㄴ. 남북한 총선거 실시
ㄷ. 남한의 단독 정부 수립
ㄹ. 미·소 공동 위원회 설치

① ㄱ, ㄴ        ② ㄱ, ㄹ
③ ㄴ, ㄷ        ④ ㄴ, ㄹ

**31** 다음과 같이 주장한 인물은?

> 무기한 휴회된 미·소 공동 위원회가 재개될 기색도 보이지 않으며, 통일 정부도 뜻대로 되지 않으니, 우리는 남한만이라도 임시 정부를 조직해야 한다.
>
> – 정읍 발언 –

① 김구
② 여운형
③ 이승만
④ 김규식

**32** (가)에 들어갈 내용으로 가장 적절한 것은?

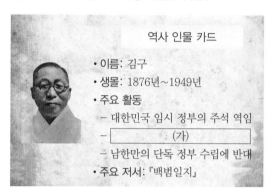

역사 인물 카드

· 이름: 김구
· 생몰: 1876년~1949년
· 주요 활동
  – 대한민국 임시 정부의 주석 역임
  – _____ (가) _____
  – 남한만의 단독 정부 수립에 반대
· 주요 저서: 『백범일지』

① 남북 협상 주도
② 대한매일신보 창간
③ 동학 농민 운동 주도
④ 조선 혁명 선언 작성

주목

**33** 대한민국 정부 수립 과정을 일어난 순서대로 나열한 것은?

> ㄱ. 제헌 헌법 공포
> ㄴ. 5·10 총선거 실시
> ㄷ. 대한민국 정부 수립 선포

① ㄱ – ㄴ – ㄷ
② ㄱ – ㄷ – ㄴ
③ ㄴ – ㄱ – ㄷ
④ ㄷ – ㄴ – ㄱ

**34** 다음 상황에 대응하기 위해 상인들이 만든 단체는?

> 청과의 조약 체결 이후 외국 상인의 내륙 진출을 허용하면서 조선의 산업이 크게 타격을 입게 되었다.

① 신민회
② 집강소
③ 황국 협회
④ 황국 중앙 총상회

**35** ㉠에 들어갈 용어는?

> 조선 쌀이 일본으로 대량 유출되자 국내에서는 식량이 부족해지고 쌀값이 폭등하였다. 이에 일부 지방관들은 ( ㉠ )을 선포하여 쌀 유출을 금지하였다.

① 단발령
② 방곡령
③ 회사령
④ 토지 조사령

주목

**36** 다음 설명에 해당하는 일제의 경제 수탈 정책은?

> 일제가 토지 소유 관계를 근대적으로 정리한다는 명분으로 실시한 경제 수탈 정책이다. 실질적으로는 한반도 내 토지의 합법적 약탈이 목적이었다.

① 방곡령
② 산미 증식 계획
③ 토지 조사 사업
④ 병참 기지화 정책

**37** 1930년대 이후 일본의 경제 수탈 정책에 대한 설명으로 옳지 않은 것은?

① 군수 공업을 육성하였다.
② 산미 증식 계획이 최초로 시행되었다.
③ 징병, 징용 등을 통해 인력을 수탈하였다.
④ 공출이라는 이름으로 각종 금속을 빼앗아 갔다.

**38** 다음과 관련된 문제는?　　　　2018년 2회

> 일제는 중·일 전쟁과 태평양 전쟁을 치르면서 수많은 여성을 전쟁터로 끌고 다니며 성적 희생을 강요했다.

① 일본군 '위안부'
② 일본 정치인들의 신사 참배
③ 일본의 독도 영유권에 대한 억지 주장
④ 일본으로 강제 징용된 한국인 노동자들에 대한 배상

**39** 6·25 전쟁 이후 1950년대 우리나라의 경제 상황으로 옳은 것은?

① 삼백 산업이 발달하였다.
② 두 차례의 석유 파동을 겪었다.
③ 3저 호황으로 경제가 성장하였다.
④ 제1차 경제 개발 5개년 계획을 추진하였다.

**40** 이승만 정부의 장기 집권을 위한 시도가 아닌 것은?

① 발췌 개헌
② 사사오입 개헌
③ 유신 헌법 제정
④ 3·15 부정 선거

**41** 4·19 혁명의 배경으로 옳은 것을 〈보기〉에서 고른 것은?　　2017년 2회

> **보기**
> ㄱ. 3·15 부정 선거
> ㄴ. 유신 체제의 성립
> ㄷ. 5·16 군사 정변
> ㄹ. 이승만의 장기 집권

① ㄱ, ㄴ
② ㄱ, ㄹ
③ ㄴ, ㄷ
④ ㄷ, ㄹ

**42** 4·19 혁명의 결과로 옳은 것은?

① 장면 내각이 수립되었다.
② 민주당 정권이 붕괴되었다.
③ 전두환 정권이 수립되었다.
④ 박정희가 대통령직에서 물러났다.

**43** (가)에 들어갈 내용으로 적절하지 않은 것은?

> 5·16 군사 정변으로 정권을 장악한 박정희 정부는 이후 　(가)　 등의 활동을 하였다.

① 베트남 파병
② 10월 유신 선포
③ 6·29 민주화 선언 발표
④ 한·일 국교 정상화 추진

**44** 다음 설명이 배경이 되어 나타난 역사적 사실은?　　2018년 2회

> 10·26 사태(1979) 이후 시민들의 민주화 요구가 높아졌다. 그러자 신군부는 비상계엄을 전국으로 확대하였고 광주에는 계엄군을 투입하였다.

① 4·19 혁명
② 새마을 운동
③ 5·18 민주화 운동
④ 부·마 민주 항쟁

**45** (가)에 들어갈 역사적 사건은?

● 이달의 역사적 사건: [ (가) ] ●
• 계기: 박종철 고문치사 사건
• 결과: 5년 단임의 대통령 직선제 개헌

① 4 · 19 혁명
② 6월 민주 항쟁
③ 5 · 16 군사 정변
④ 5 · 18 민주화 운동

**46** (가)에 해당하는 사건은?　　　　　2019년 2회

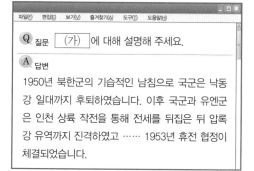

Q 질문 [ (가) ]에 대해 설명해 주세요.

A 답변

1950년 북한군의 기습적인 남침으로 국군은 낙동
강 일대까지 후퇴하였습니다. 이후 국군과 유엔군
은 인천 상륙 작전을 통해 전세를 뒤집은 뒤 압록
강 유역까지 진격하였고 …… 1953년 휴전 협정이
체결되었습니다.

① 6 · 25 전쟁　　　　② 4 · 19 혁명
③ 청 · 일 전쟁　　　　④ 청산리 대첩

주목

**47** 6 · 25 전쟁에 대한 설명으로 옳은 것은?

① 인천 상륙 작전은 실패하였다.
② 남한군의 선전 포고로 전쟁이 시작되었다.
③ 중국군의 개입으로 1 · 4 후퇴가 이루어졌다.
④ 북한은 미국의 지원을 받아 전쟁을 준비하였다.

**48** 다음의 내용이 포함된 선언의 명칭과 채택된 시기는?

자주 · 평화 · 민족적 대단결의 3대 통일 원칙 확인

① 4 · 27 판문점 선언 – 문재인 정부
② 7 · 4 남북 공동 성명 – 박정희 정부
③ 6 · 15 남북 공동 선언 – 김대중 정부
④ 10 · 4 남북 공동 선언 – 노무현 정부

**49** 다음과 같은 일이 일어났던 정부의 통일 노력으로
옳은 것은?

• 외환 위기 극복
• 2002 한 · 일 월드컵 대회 개최

① 남북 적십자 회담 개최
② 남북 기본 합의서 채택
③ 제1차 남북 정상 회담 개최
④ 남북한 국제 연합 동시 가입

**50** ㉠에 들어갈 내용은?　　　　　2020년 1회

〈수행 평가 계획서〉
• 주제: 김대중 정부 시기의 주요 사건
• 조사할 내용
 – 외환 위기 극복을 위한 노력
 – 노벨 평화상 수상
 – [ ㉠ ]

① 의열단 조직
② 헤이그 특사 파견
③ 강화도 조약 체결
④ 남북 정상 회담 개최

# 모바일 OMR 채점 & 성적 분석

**QR 코드를 활용하여, 쉽고 빠른
응시 – 채점 – 성적 분석을 해 보세요!**

**STEP 1** QR 코드 스캔

**STEP 2** 모바일 OMR 작성

**STEP 3** 채점 결과 & 성적 분석 확인

해당 서비스는 2025. 08. 31.까지만 이용하실 수 있습니다.

**▶ QR 코드는 어떻게 스캔하나요?**

① 네이버앱 ⇨ 그린닷 ⇨ 렌즈

② 카카오톡 ⇨ 더보기 ⇨ 코드 스캔(우측 상단 ┈ 모양)

③ 스마트폰 내장 카메라 사용(촬영 버튼을 누르지 않고 카메라
　화면에 QR 코드를 비추면 URL이 자동으로 뜬답니다.)

# 최종
# 실력점검

**01** (가)에 들어갈 내용으로 옳지 <u>않은</u> 것은?

지구의 모습에 대해 이야기 해 볼까요?

(가)

① 바다는 태평양, 인도양, 대서양 등으로 구분할 수 있습니다.
② 육지는 유럽, 아시아, 아프리카 등으로 구분할 수 있습니다.
③ 지구의 표면에서 차지하는 바다의 면적이 육지 면적보다 큽니다.
④ 지구의 표면은 약 70%가 육지, 약 30%가 바다로 구성되어 있습니다.

**02** 다음에서 설명하는 산맥을 〈보기〉에서 고른 것은?

> 고생대에 형성되어 해발 고도가 낮고 경사가 완만하며 지각이 안정되어 있다.

**보기**
ㄱ. 우랄산맥
ㄴ. 로키산맥
ㄷ. 히말라야산맥
ㄹ. 애팔래치아산맥

① ㄱ, ㄴ  ② ㄱ, ㄹ
③ ㄴ, ㄷ  ④ ㄴ, ㄹ

**03** 열대 우림 기후 지역 지역에서 볼 수 있는 문화 경관으로 가장 적절한 것은?

① 통나무집에서 사는 사람들
② 고상 가옥에서 사는 사람들
③ 주로 감자와 옥수수를 먹는 사람들
④ 온몸을 감싸는 헐렁한 옷을 입은 사람들

**04** 인간의 사회화 과정에 대한 설명으로 옳지 <u>않은</u> 것은?

① 유아기에는 기초적인 생활 습관을 배운다.
② 노년기에는 사회화 과정이 이루어지지 않는다.
③ 성인기에는 직장에서 업무에 필요한 지식을 익힌다.
④ 청소년기에는 공동체 생활에 필요한 규범을 배운다.

**05** 다음 설명에 해당하는 문화의 특성으로 가장 적절한 것은?

> 의식주와 같이 인간의 기본적인 삶과 관련된 문화나 결혼 및 장례 의식과 관련된 문화는 대부분의 사회에서 공통적으로 나타난다.

① 다양성  ② 전체성
③ 보편성  ④ 학습성

06 고대 아테네 민주 정치의 모습으로 옳은 것은?

① 대의 민주주의
② 간접 민주 정치
③ 보통 선거 확립
④ 직접 민주 정치

09 다음 설명에 해당하는 인권의 특징은?

> 누구도 함부로 침해할 수 없고 남에게 양도할 수 없는 권리

① 자연권
② 천부 인권
③ 보편적 권리
④ 불가침의 권리

07 다음과 같은 상황에서 적용될 수 있는 법의 영역은?

> • 가게에서 물건을 훔치다가 경찰에 붙잡혔다.
> • 불법 복제한 영화를 인터넷상에서 판매하다 적발되었다.

① 형법          ② 상법
③ 경제법        ④ 노동법

10 다음과 같이 공급 곡선의 이동이 나타나는 경우는?

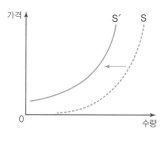

① 임금이 상승하였다.
② 공급자의 수가 늘어났다.
③ 생산 기술이 발전하였다.
④ 원료의 가격이 하락하였다.

08 고령화 사회의 해결 방안으로 적절하지 <u>않은</u> 것은?

① 정년을 연장한다.
② 연금을 축소한다.
③ 노인의 일자리를 창출한다.
④ 노인 상담 센터를 운영한다.

11 물가가 상승할 경우 불리해지는 사람은?

① 돈을 빌린 사람
② 부동산을 가진 임대업자
③ 매월 월급을 받는 회사원
④ 외국 물건을 수입해 오는 사람

**12** 다음 지역의 공통점으로 옳은 것은?

> • 동부 및 남부 아시아 지역
> • 갠지스강과 메콩강 일대

① 인구 유출 지역
② 벼농사에 불리한 지역
③ 전쟁과 분쟁이 일어나는 지역
④ 일자리가 풍부한 인구 밀집 지역

**13** 다음과 같은 특징이 나타나는 도시의 내부 구조는?

> 교통이 편리한 곳에 위치하여 도심의 기능을 분담한다.

① 부도심                ② 그린벨트
③ 위성 도시            ④ 중간 지역

**14** 농업 생산의 기업화로 나타난 현상으로 옳지 <u>않은</u> 것은?

① 다양한 식량 작물의 생산
② 다국적 농업 기업의 등장
③ 대형 농기계를 이용한 대량화
④ 농산물의 생산과 유통 전문화

**15** 다음 그래프와 같이 지구의 평균 기온이 변화하게 된 가장 직접적인 이유는?

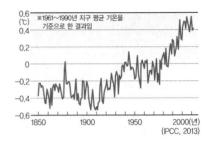

(IPCC, 2013)

① 오랜 가뭄
② 열대림 확산
③ 미세 먼지 증가
④ 화석 연료의 사용 증가

**16** 독도에 대한 설명으로 옳은 것은?

① 행정 구역상 강원도에 속한다.
② 우리나라의 가장 서쪽에 위치한 섬이다.
③ 우리나라에서 가장 마지막에 생긴 화산섬이다.
④ 현재 우리나라 주민과 독도 경비대가 거주하고 있다.

**17** 다음과 같은 풍속이 있었던 국가는?

> 산천을 중시하여 각 부족의 영역을 함부로 침범하지 못하게 하였다. 만약 다른 부족의 생활권을 침범하면 노비나 소, 말 등으로 변상하게 하였다.

① 부여                ② 옥저
③ 동예                ④ 삼한

**18** (가)에 들어갈 고구려의 왕은?

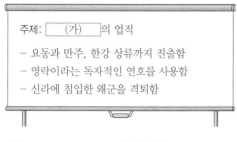

주제: ___(가)___ 의 업적

– 요동과 만주, 한강 상류까지 진출함
– 영락이라는 독자적인 연호를 사용함
– 신라에 침입한 왜군을 격퇴함

① 세종      ② 광해군
③ 근초고왕      ④ 광개토 대왕

**19** 다음 설명에 해당하는 인물은?

• 상주와 서남해안 지역 군인 출신
• 완산주를 도읍으로 후백제 건국

① 왕건      ② 견훤
③ 궁예      ④ 원효

**20** 다음에서 설명하는 고려의 왕은?

• 원·명 교체기를 이용하여 반원 자주 정책을 추진함
• 신돈을 등용하고 전민변정도감을 운영함

① 광종      ② 태종
③ 신문왕      ④ 공민왕

**21** 다음 중 가장 먼저 일어난 역사적 사건은?

① 조선 건국
② 과전법 실시
③ 위화도 회군
④ 온건파 신진 사대부 제거

**22** 조선 후기 학자와 저술이 바르게 연결되지 않은 것은?

① 유득공 – 발해고
② 이중환 – 성호사설
③ 안정복 – 동사강목
④ 정약용 – 목민심서

**23** 동학 농민 운동의 과정 중 일어난 사건에 대한 설명으로 옳지 않은 것은?

① 제1차 봉기 때 농민군이 전주성을 점령하였다.
② 정부와 전주 화약을 맺고 농민군이 해산하였다.
③ 청이 경복궁을 점령하고 청·일 전쟁을 일으켰다.
④ 우금치 전투에서 전봉준의 농민군이 패배하였다.

**24** 다음 인물에 대한 설명으로 옳은 것은?

나는 통일된 조국을 건설하려다가 38도선을 베고 쓰러질지언정 일신의 구차한 안일을 위해 단독 정부를 수립하는 데는 협력하지 아니하겠다.

① 좌우 합작 운동을 전개하였다.
② 조선 건국 준비 위원회를 결성하였다.
③ 대한민국 정부 초대 대통령으로 선출되었다.
④ 통일 정부 수립을 위해 남북 협상을 추진하였다.

**25** 다음 사실이 원인이 되어 일어난 사건은?

경찰의 고문으로 박종철이 사망하였고, 전두환 정부가 헌법을 수호하겠다는 입장을 밝히며 국민의 대통령 직선제 개헌 요구를 거부하였다.

① 4·19 혁명
② 6월 민주 항쟁
③ 물산 장려 운동
④ 5·18 민주화 운동

# 실전 모의고사 2회

자동채점 서비스

제한시간: 30분      정답과 해설 **78**쪽

## 01 다음에 해당하는 기후는?

- 편서풍의 영향으로 연중 강수량이 고름
- 곡물 재배와 가축 사육을 동시에 하는 혼합 농업이 이루어짐

① 고산 기후
② 사막 기후
③ 한대 기후
④ 서안 해양성 기후

## 02 다음에 나타난 문화 변용의 유형은?

우리나라에서는 가로쓰기 형식이 외국으로부터 도입되어 지금은 세로쓰기 형식이 거의 사라졌다.

① 문화 동화
② 문화 융합
③ 문화 병존
④ 문화 저항

## 03 자연재해와 그 대응 방안이 바르게 연결되지 <u>않은</u> 것은?

| | 자연재해 | 대응 방안 |
|---|---|---|
| ① | 홍수 | 인공 벽 설치 |
| ② | 지진 | 내진 설계 의무화 |
| ③ | 화산 활동 | 지속적인 관측 |
| ④ | 열대 저기압 | 시설물 점검 |

## 04 다음 설명에 해당하는 식량 작물은?

- 가축 사료용으로 사용됨
- 최근 바이오 에너지의 원료로 이용됨

① 콩
② 쌀
③ 밀
④ 옥수수

## 05 우리나라의 지방 자치 제도에 대한 설명으로 옳지 <u>않은</u> 것은?

① 지방 의회는 지역 정책을 결정한다.
② 지방 자치 단체장은 규칙을 제정한다.
③ 특별시, 광역시, 도는 기초 자치 단체에 해당한다.
④ 지방 자치 단체장은 주민이 선거를 통해 직접 선출한다.

## 06 다음 설명에 해당하는 용어는?

- 적도를 기준으로 북반구와 남반구로 구분함
- 기후대를 결정하는 기준이 됨

① 위도
② 경도
③ 날짜 변경선
④ 본초 자오선

**07** 다음 A, B 지형의 공통적인 형성 원인으로 옳은 것은?

① 조류의 침식
② 하천의 퇴적
③ 파랑의 침식
④ 석회암의 용식

**08** 다음에 해당하는 법에 대한 설명으로 옳은 것은?

> 혼인, 유언, 상속, 재산권, 계약, 손해 배상 등에 관한 내용을 다루는 법이다.

① 재판이 이루어지는 절차를 규정한다.
② 개인이나 기업 간의 상거래 관계를 규정한다.
③ 개인 간의 재산 관계나 가족생활 등을 규정한다.
④ 국민의 인간다운 생활을 보장하기 위해 만든 법이다.

**09** ㉠에 들어갈 내용으로 옳은 것은?

> • 국가의 모든 법과 제도는 ㉠ 에 따라 만들어진다.
> • ㉠ 을/를 통해 인권을 구체적으로 규정하여 실질적으로 보장한다.

① 헌법
② 법률
③ 명령
④ 규칙

**10** 다음과 같은 국회의 권한이 해당하는 것은?

> • 탄핵 소추 의결
> • 중요 공무원의 임명 동의

① 사법에 관한 권한
② 입법에 관한 권한
③ 재정에 관한 권한
④ 국가 기관 견제 권한

**11** 우리나라에서 계획 경제 체제의 요소를 도입한 이유는?

① 경제적 약자를 보호하기 위해서
② 기업가의 이익을 보호하기 위해서
③ 경제 활동의 자유를 보장하기 위해서
④ 국가가 개인의 경제 활동에 간섭하기 위해서

**12** 다음에 나타나 있는 '이익'에 대한 설명으로 적절하지 **않은** 것은?

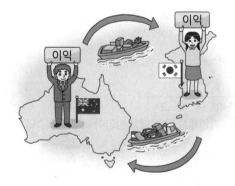

① 판매 시장이 확대된다.
② 국가 간 무역 마찰이 줄어든다.
③ 기업의 경쟁력이 강화될 수 있다.
④ 소비자는 상품 선택의 기회가 확대된다.

**13** 다음 ㉠이 해당하는 국제 사회의 행위 주체는?

> ㉠ 국경 없는 의사회는 의료 혜택을 받지 못하는 사람들에 대한 긴급 구호를 실시하는 의료 구호 단체이다.

① 국가
② 영향력 있는 개인
③ 정부 간 국제기구
④ 국제 비정부 기구

**14** 다음 그래프는 도시화 곡선을 나타낸 것이다. A~C 단계를 바르게 연결한 것은?

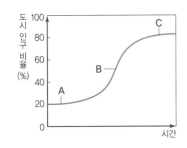

| | A | B | C |
|---|---|---|---|
| ① | 초기 | 종착 | 가속화 |
| ② | 초기 | 가속화 | 종착 |
| ③ | 가속화 | 종착 | 초기 |
| ④ | 가속화 | 초기 | 종착 |

**15** 다국적 기업의 생산 공장이 들어선 지역의 변화로 옳은 것은?

① 일자리 감소
② 지역 경제 활성화
③ 세계 도시로 성장
④ 산업 공동화 현상 발생

**16** 다음 사례에 해당하는 지리적 문제로 옳은 것은?

> • 농경지가 개발되면서 동식물의 서식지가 사라지고 있다.
> • 지구 온난화로 산호초에 붙은 해조류가 죽게 되고, 산호초가 하얗게 변하는 백화 현상이 나타나고 있다.

① 종교 갈등
② 기아 문제
③ 영역 갈등
④ 생물 다양성 감소

**17** 다음 유물이 처음 제작된 시기는?

▲ 가락바퀴

① 구석기 시대
② 신석기 시대
③ 청동기 시대
④ 철기 시대

**18** 신라 진흥왕이 실시한 정책을 〈보기〉에서 고른 것은?

보기
ㄱ. 불교 공인
ㄴ. 화랑도 개편
ㄷ. 한강 유역 차지
ㄹ. 쌍성총관부 수복

① ㄱ, ㄴ　　　　② ㄱ, ㄷ
③ ㄴ, ㄷ　　　　④ ㄴ, ㄹ

**19** 다음에서 설명하는 발해의 왕은?

• 당의 산둥반도 공격
• '인안'이라는 연호 사용

① 무왕　　　　② 문왕
③ 선왕　　　　④ 대조영

**20** 고려 광종이 시행한 정책이 아닌 것은?

① 과거제 실시
② 국자감 설치
③ 노비안검법 시행
④ 호족과 공신 숙청

**21** ㉠에 들어갈 나라는?

〈조선 전기 ( ㉠ )에 대한 대외 정책〉
• 회유책: 3포 개항
• 강경책: 쓰시마섬 정벌

① 명　　　　② 금
③ 원　　　　④ 일본

**22** 조선의 왕과 관련된 역사적 사실이 바르게 연결된 것을 〈보기〉에서 고른 것은?

보기
ㄱ. 광해군 – 환국
ㄴ. 현종 – 예송
ㄷ. 숙종 – 중립 외교
ㄹ. 정조 – 통공 정책

① ㄱ, ㄴ　　　　② ㄴ, ㄷ
③ ㄴ, ㄹ　　　　④ ㄷ, ㄹ

**23** (가)에 들어갈 역사적 인물은?

이달의 역사 인물 (가)
• 비변사를 폐지하고, 경복궁을 중건하였다.
• 통상 수교 거부 정책을 추진하였다.

① 순종
② 고종
③ 수양 대군
④ 흥선 대원군

**24** 1930년대 이후 일제의 식민 통치 정책으로 옳은 것은?

① 조선 총독부를 설치하였다.
② 보통 경찰제를 시행하였다.
③ 토지 조사 사업을 실시하였다.
④ 한국인의 성과 이름을 일본식으로 바꾸도록 강요하였다.

**25** 다음과 같은 시위의 결과로 옳은 것은?

① 유신 체제가 성립되었다.
② 장면 내각이 성립되었다.
③ 이승만이 대통령으로 선출되었다.
④ 발췌 개헌을 통해 대통령 직선제로 개헌하였다.

끝이 좋아야 시작이 빛난다.

– 마리아노 리베라(Mariano Rivera)

# 2025 중졸 검정고시 기본서 사회

| 발 행 일 | 2024년 7월 26일 초판 |
| --- | --- |
| 편 저 자 | 이재은 |
| 펴 낸 이 | 양형남 |
| 개 발 | 정상욱, 김민서 |
| 펴 낸 곳 | (주)에듀윌 |
| 등록번호 | 제25100–2002–000052호 |
| 주 소 | 08378 서울특별시 구로구 디지털로34길 55 |
| | 코오롱싸이언스밸리 2차 3층 |

**www.eduwill.net**

대표전화 1600-6700

# 여러분의 작은 소리
# 에듀윌은 크게 듣겠습니다.

본 교재에 대한 여러분의 목소리를 들려주세요.
공부하시면서 어려웠던 점, 궁금한 점,
칭찬하고 싶은 점, 개선할 점, 어떤 것이라도 좋습니다.

에듀윌은 여러분께서 나누어 주신 의견을
통해 끊임없이 발전하고 있습니다.

**에듀윌 도서몰 book.eduwill.net**
- 부가학습자료 및 정오표: 에듀윌 도서몰 → 도서자료실
- 교재 문의: 에듀윌 도서몰 → 문의하기 → 교재(내용, 출간) / 주문 및 배송

# 중졸·고졸 검정고시 답안지

## 학력구분

| 학력구분 | |
|---|---|
| 중졸 | ○ |
| 고졸 | ○ |

## 교시 표기란

| 교시 | 표기란 | 과목명 |
|---|---|---|
| 1 | ○ | |
| 2 | ○ | |
| 3 | ○ | |
| 4 | ○ | |
| 5 | ○ | |
| 6 | ○ | |
| 7 | ○ | |

※ 중졸 검정고시는 6과목임.

## 성명 (한글)

| 수 험 번 호 | | | | | | |
|---|---|---|---|---|---|---|
| ⓪ | ⓪ | ⓪ | ⓪ | ⓪ | ⓪ | ⓪ |
| ① | ① | ① | ① | ① | ① | ① |
| ② | ② | ② | ② | ② | ② | ② |
| ③ | ③ | ③ | ③ | ③ | ③ | ③ |
| ④ | ④ | ④ | ④ | ④ | ④ | ④ |
| ⑤ | ⑤ | ⑤ | ⑤ | ⑤ | ⑤ | ⑤ |
| ⑥ | ⑥ | ⑥ | ⑥ | ⑥ | ⑥ | ⑥ |
| ⑦ | ⑦ | ⑦ | ⑦ | ⑦ | ⑦ | ⑦ |
| ⑧ | ⑧ | ⑧ | ⑧ | ⑧ | ⑧ | ⑧ |
| ⑨ | ⑨ | ⑨ | ⑨ | ⑨ | ⑨ | ⑨ |

(1) / (2)

※ 응시자는 표기하지 마시오.

| 결시자표기란 | ○ |
|---|---|

| 감독관확인란 | |
|---|---|

※ 응시회차, 학력, 교시 풀이 후 감독란 넣임.

## 답란

| 문번 | 답란 |
|---|---|
| 1 | ① ② ③ ④ |
| 2 | ① ② ③ ④ |
| 3 | ① ② ③ ④ |
| 4 | ① ② ③ ④ |
| 5 | ① ② ③ ④ |
| 6 | ① ② ③ ④ |
| 7 | ① ② ③ ④ |
| 8 | ① ② ③ ④ |
| 9 | ① ② ③ ④ |
| 10 | ① ② ③ ④ |

| 문번 | 답란 |
|---|---|
| 11 | ① ② ③ ④ |
| 12 | ① ② ③ ④ |
| 13 | ① ② ③ ④ |
| 14 | ① ② ③ ④ |
| 15 | ① ② ③ ④ |
| 16 | ① ② ③ ④ |
| 17 | ① ② ③ ④ |
| 18 | ① ② ③ ④ |
| 19 | ① ② ③ ④ |
| 20 | ① ② ③ ④ |

| 문번 | 답란 |
|---|---|
| 21 | ① ② ③ ④ |
| 22 | ① ② ③ ④ |
| 23 | ① ② ③ ④ |
| 24 | ① ② ③ ④ |
| 25 | ① ② ③ ④ |

※ 수학 과목은 20문항임.

## 응시자 유의사항

1. 답안지는 지정된 필기도구(컴퓨터용 수성사인펜)만을 사용하여 아래 예시와 같이 표기해야 합니다.
   ("예시" ① 정답일 경우 : ● ② ③ ④ )

2. 수험번호 (1)란에는 아라비아 숫자를 쓰고, (2)란은 해당 숫자란에 까맣게 표기(●)해야 합니다.

3. 응시회차, 학력구분 및 교시란에는 반드시 까맣게 표기(●)해야 하고, 과목명란에는 해당 응시과목("예시" 국어)을 기재해야 합니다.

4. 답안지를 긁거나 구기면 안 되며 수정하거나 두개 이상 표기한 문항은 무효처리됩니다.

# 중졸·고졸 검정고시 답안지

| 문번 | 답란 | | | | 문번 | 답란 | | | | 문번 | 답란 | | | |
|---|---|---|---|---|---|---|---|---|---|---|---|---|---|---|
| 1 | ① | ② | ③ | ④ | 11 | ① | ② | ③ | ④ | 21 | ① | ② | ③ | ④ |
| 2 | ① | ② | ③ | ④ | 12 | ① | ② | ③ | ④ | 22 | ① | ② | ③ | ④ |
| 3 | ① | ② | ③ | ④ | 13 | ① | ② | ③ | ④ | 23 | ① | ② | ③ | ④ |
| 4 | ① | ② | ③ | ④ | 14 | ① | ② | ③ | ④ | 24 | ① | ② | ③ | ④ |
| 5 | ① | ② | ③ | ④ | 15 | ① | ② | ③ | ④ | 25 | ① | ② | ③ | ④ |
| 6 | ① | ② | ③ | ④ | 16 | ① | ② | ③ | ④ | | | | | |
| 7 | ① | ② | ③ | ④ | 17 | ① | ② | ③ | ④ | | | | | |
| 8 | ① | ② | ③ | ④ | 18 | ① | ② | ③ | ④ | | | | | |
| 9 | ① | ② | ③ | ④ | 19 | ① | ② | ③ | ④ | | | | | |
| 10 | ① | ② | ③ | ④ | 20 | ① | ② | ③ | ④ | | | | | |

※ 수학 과목은 20문항임.

**응시자 유의사항**

1. 답안지는 지정된 필기도구(컴퓨터용 수성사인펜)만을 사용하여 아래 예시와 같이 표기해야 합니다.
("예시" ① 정답일 경우 : ● ② ③ ④ )
2. 수험번호 (1)란에는 아라비아 숫자를 쓰고, (2)란은 해당 숫자란에 까맣게 표기(●)해야 합니다.
3. 응시회차, 학력구분 및 교시란에는 반드시 까맣게 표기(●)해야 하고, 과목명란에는 해당 응시과목("예시" 국어)을 기재해야 합니다.
4. 답안지를 긁거나 구기면 안 되며 수정하거나 두 개 이상 표기한 문항은 무효처리됩니다.

| 학력구분 | |
|---|---|
| 중졸 | ○ |
| 고졸 | ○ |

| 교시 | 표기란 | 과목명 |
|---|---|---|
| 1 | ○ | |
| 2 | ○ | |
| 3 | ○ | |
| 4 | ○ | |
| 5 | ○ | |
| 6 | ○ | |
| 7 | ○ | |

※ 중졸·고졸 검정고시는 6과목임.

**성명 (한글)**

**수험번호**

| (1) | | | | | | |
|---|---|---|---|---|---|---|
| (2) | ⓪ | ⓪ | ⓪ | ⓪ | ⓪ | ⓪ |
| | ① | ① | ① | ① | ① | ① |
| | ② | ② | ② | ② | ② | ② |
| | ③ | ③ | ③ | ③ | ③ | ③ |
| | ④ | ④ | ④ | ④ | ④ | ④ |
| | ⑤ | ⑤ | ⑤ | ⑤ | ⑤ | ⑤ |
| | ⑥ | ⑥ | ⑥ | ⑥ | ⑥ | ⑥ |
| | ⑦ | ⑦ | ⑦ | ⑦ | ⑦ | ⑦ |
| | ⑧ | ⑧ | ⑧ | ⑧ | ⑧ | ⑧ |
| | ⑨ | ⑨ | ⑨ | ⑨ | ⑨ | ⑨ |

※ 응시자는 표기하지 마시오.

| 결시자표기란 | ○ |
|---|---|

| 감독관확인란 | |
|---|---|

※ 응시회차, 학력, 교시 확인 후 감독관 날인.

# 중졸·고졸 검정고시 답안지

| 문번 | 답 란 | | | |
|---|---|---|---|---|
| 1 | ① | ② | ③ | ④ |
| 2 | ① | ② | ③ | ④ |
| 3 | ① | ② | ③ | ④ |
| 4 | ① | ② | ③ | ④ |
| 5 | ① | ② | ③ | ④ |
| 6 | ① | ② | ③ | ④ |
| 7 | ① | ② | ③ | ④ |
| 8 | ① | ② | ③ | ④ |
| 9 | ① | ② | ③ | ④ |
| 10 | ① | ② | ③ | ④ |

| 문번 | 답 란 | | | |
|---|---|---|---|---|
| 11 | ① | ② | ③ | ④ |
| 12 | ① | ② | ③ | ④ |
| 13 | ① | ② | ③ | ④ |
| 14 | ① | ② | ③ | ④ |
| 15 | ① | ② | ③ | ④ |
| 16 | ① | ② | ③ | ④ |
| 17 | ① | ② | ③ | ④ |
| 18 | ① | ② | ③ | ④ |
| 19 | ① | ② | ③ | ④ |
| 20 | ① | ② | ③ | ④ |

| 문번 | 답 란 | | | |
|---|---|---|---|---|
| 21 | ① | ② | ③ | ④ |
| 22 | ① | ② | ③ | ④ |
| 23 | ① | ② | ③ | ④ |
| 24 | ① | ② | ③ | ④ |
| 25 | ① | ② | ③ | ④ |

※ 수학 과목은 20문항임.

## 응시자 유의사항

1. 답안지는 지정된 필기도구(컴퓨터용 수성사인펜)만을 사용하여 아래 예시와 같이 표기해야 합니다.
   ("예시" ① 정답일 경우 : ● ② ③ ④ )
2. 수험번호 (1)란에는 아라비아 숫자를 쓰고, (2)란은 해당 숫자란에 까맣게 표기(●)해야 합니다.
3. 응시회차, 학력구분 및 교시란에는 반드시 까맣게 표기(●)해야 하고, 과목명란에는 해당 응시과목명("예시" 국어)을 기재해야 합니다.
4. 답안지를 긁거나 구기면 안 되며 수정하거나 두 개 이상 표기한 문항은 무효처리됩니다.

| 학력구분 | |
|---|---|
| 중졸 | ○ |
| 고졸 | ○ |

| 교시 | 표기란 | 과목명 |
|---|---|---|
| 1 | ○ | |
| 2 | ○ | |
| 3 | ○ | |
| 4 | ○ | |
| 5 | ○ | |
| 6 | ○ | |
| 7 | ○ | |

※ 중졸 검정고시는 6과목임.

| 성 명 (한 글) | | | | | | |
|---|---|---|---|---|---|---|
| 수험번호 | | | | | | |
| (1) | | | | | | |
| (2) | ⓪ | ⓪ | ⓪ | ⓪ | ⓪ | ⓪ |
| | ① | ① | ① | ① | ① | ① |
| | ② | ② | ② | ② | ② | ② |
| | ③ | ③ | ③ | ③ | ③ | ③ |
| | ④ | ④ | ④ | ④ | ④ | ④ |
| | ⑤ | ⑤ | ⑤ | ⑤ | ⑤ | ⑤ |
| | ⑥ | ⑥ | ⑥ | ⑥ | ⑥ | ⑥ |
| | ⑦ | ⑦ | ⑦ | ⑦ | ⑦ | ⑦ |
| | ⑧ | ⑧ | ⑧ | ⑧ | ⑧ | ⑧ |
| | ⑨ | ⑨ | ⑨ | ⑨ | ⑨ | ⑨ |

※ 응시자는 표기하지 마시오.

| 결시자표기란 |
|---|
| ○ |

| 감독관확인란 |
|---|

※ 응시회차, 학력, 교시 확인 후 감독란 날인.

# 이제 국비무료 교육도
# 에듀윌

수강생을 반겨주는 에듀윌의 환한 복도 (구로)

언제나 전문 학습 매니저와 상담이 가능한 안내데스크 (부평)

고품질 영상 및 음향 장비를 갖춘 최고의 강의실 (구로)

재충전을 위한 카페 분위기의 아늑한 휴게실 (부평)

다용도로 활용이 가능한 휴게실 (성남)

전기/소방/건축/쇼핑몰/회계/컴활 자격증 취득
국민내일배움카드제

### 에듀윌 국비교육원 대표전화

| | | |
|---|---|---|
| 서울 구로 | 02)6482-0600 | 구로디지털단지역 2번 출구 |
| 경기 성남 | 031)604-0600 | 모란역 5번 출구 |

| | | |
|---|---|---|
| 인천 부평 | 032)262-0600 | 부평역 5번 출구 |
| 인천 부평2관 | 032)263-2900 | 부평역 5번 출구 |

국비교육원
바로가기

2025 최신판

에듀윌
중졸 검정고시
기본서 사회

# 정답과 해설

eduwill

2025 최신판

에듀윌
중졸 검정고시
기본서 사회

2025 최신판

에듀윌
중졸 검정고시
기본서 사회

정답과 해설

eduwill

# 탄탄 실력 다지기

## I 사회 1

### 01 내가 사는 세계

| 01 | ③ | 02 | ① | 03 | ① | 04 | ① | 05 | ② |
|----|---|----|---|----|---|----|---|----|---|
| 06 | ③ | 07 | ② | 08 | ① | 09 | ④ | 10 | ③ |
| 11 | ① | 12 | ② | 13 | ① | 14 | ② | 15 | ① |
| 16 | ① | 17 | ④ | 18 | ① | 19 | ① | 20 | ① |
| 21 | ③ | 22 | ③ | 23 | ② | 24 | ② | 25 | ② |
| 26 | ③ | 27 | ④ |  |  |  |  |  |  |

### 01  ③

| 정답해설 | 지도의 구성 요소에는 축척, 방위, 기호, 등고선이 있다.
③ 위치는 사람이나 지역 등이 일정한 장소에 차지하고 있는 자리로, 위치를 통해 지역의 특징을 파악할 수 있다.

### 02  ①

| 정답해설 | 지도에 별도의 방위 표시가 없으면 지도의 위쪽이 북쪽을, 아래쪽이 남쪽을 나타낸다.

### 03  ①

| 정답해설 | 지형도는 지표의 형태 및 환경 등을 자세히 나타낸 지도이다.
| 오답해설 |
② 기후도는 기후의 지리적 분포를 나타낸 지도이다.
③ 관광 지도는 유명한 관광지, 관광 시설 등을 나타낸 지도이다.
④ 인구 분포도는 인구의 지역별, 산업별, 민족별 등의 분포 상태를 나타낸 지도이다.

### 04  ①

| 정답해설 | 세계 전도는 일반도에 해당하는 지도이다.
| 오답해설 | ②, ③, ④ 사용 목적에 따라 필요한 내용만 상세하게 나타낸 주제도에 해당한다.

### 05  ②

| 오답해설 |
① 지도의 축척은 1:50,000이다.
③ 별도의 방위 표시가 없으므로 지도의 위쪽이 북쪽이다.
④ C 지역은 논으로 이용된다.

### 06  ③

| 정답해설 | 좁은 지역의 위치를 표현할 때에는 주소(행정 구역), 랜드마크(어떤 지역을 대표하는 건물이나 상징물, 조형물 등), 지형지물 등을 이용한다. 넓은 지역의 위치를 표현할 때에는 대륙과 해양을 이용(지리적 위치)하거나, 위도와 경도를 이용(수리적 위치)하거나, 주변 국가를 이용(관계적 위치)한다.

### 07  ②

| 정답해설 | 집의 범위는 좁은 공간에 해당하기 때문에 랜드마크, 주소(행정 구역), 지형지물 등을 이용해서 위치를 나타낼 수 있다.

### 08  ①

| 정답해설 | 한 국가와 같이 넓은 공간의 위치를 정확하게 표현하기 위해서는 위도와 경도를 활용해야 한다.
| 오답해설 |
②, ③ 좁은 공간의 위치를 표현할 때 활용한다.
④ 한 국가의 대략적인 위치를 표현할 때 활용한다.

### 09  ④

| 정답해설 | A는 아프리카에 위치한 남아프리카 공화국, B는 아시아에 위치한 몽골, C는 오세아니아에 위치한 오스트레일리아, D는 북아메리카에 위치한 미국이다.

### 10  ③

| 정답해설 | 육지는 지표면의 약 30%, 바다는 지표면의 약 70%를 차지한다.

① 육지는 유럽, 아시아, 아프리카 등으로 구분한다.
② 바다는 태평양, 인도양, 대서양 등으로 구분한다.

## 11 ①

| 정답해설 | 위도 0°는 적도를 말한다. 적도를 기준으로 북위와 남위를 각각 0°~90°로 표현한다. 1884년 영국의 그리니치 천문대를 지나는 경선을 본초 자오선(경도 0°)으로 정하여 공식적인 경선 체계를 확정지었다.

## 12 ②

| 정답해설 | 우리나라는 북위 33°~43°(북반구 중위도), 동경 124°~132°에 위치하고 있으며, 유라시아 대륙의 동쪽 끝에 위치한 반도국으로 태평양과 접해 있다.

## 13 ①

| 정답해설 | 시차가 발생하는 이유는 지구가 하루(24시간)에 한 바퀴(360°)씩 자전하여 경도 15°마다 1시간의 차이가 발생하기 때문이다.

## 14 ②

| 정답해설 | 경도는 본초 자오선을 기준으로 북극과 남극을 연결하는 세로선인 경선으로 표현되는 각도를 말한다. 경도는 시간대를 결정하는 기준이 되기 때문에 세계 표준시, 날짜 변경선에 영향을 준다.

## 15 ①

| 정답해설 | 중국은 국토가 동서로 넓은 국가이지만 정치적·경제적인 이유로 베이징을 기준으로 한 개의 표준시를 사용하고 있다.

## 16 ③

| 정답해설 | 우리나라는 동경 124°~132°에 위치하지만 동경 135° 표준시를 사용한다. 영국(본초 자오선, 경도 0°)보다 동쪽에 위치하여 9시간이 빠르다(135°÷15°=9시간).

## 17 ④

| 정답해설 | 날짜 변경선은 동경 180°와 서경 180°가 만나는 선으로, 본초 자오선의 정반대에 있는 경도 180°선이다. 한 국가

안의 날짜가 달라지는 상황을 막기 위해 구부러진 형태의 날짜 변경선이 나타난다.

## 18 ①

| 정답해설 | 지구는 둥글기 때문에 위도에 따라 태양 에너지를 받는 양의 차이가 발생한다. 저위도 지역은 태양 에너지가 좁은 지역에 집중되며, 고위도 지역은 태양 에너지가 넓은 지역에 분산된다.

## 19 ①

| 정답해설 | 중위도 지역은 햇빛을 약간 비스듬히 받기 때문에 비교적 온화한 기후가 나타난다.
② 적도 지역은 태양 에너지가 수직으로 비추기 때문에 기온이 가장 높다.
③ 지구는 둥글기 때문에 저위도에서 고위도 지역으로 갈수록 기온이 낮아진다.
④ 햇빛이 수직으로 닿는 저위도 지역은 일 년 내내 기온이 높다.

## 20 ①

| 정답해설 | 저위도 지역은 기온이 높은 열대 기후가 나타나기 때문에 얇고 간편한 옷을 입는다.
② 저위도 지역은 덥기 때문에 개방적인 가옥 구조가 나타난다.
③ 중위도 지역은 기후가 비교적 온화하기 때문에 농업 발달에 유리한 편이다.
④ 고위도 지역은 춥기 때문에 폐쇄적인 가옥 구조가 나타난다.

## 21 ③

| 정답해설 | 중위도 지역은 북반구와 남반구의 계절이 반대로 나타난다.
①, ② 적도와 저위도 지역은 일 년 내내 태양열을 많이 받기 때문에 연중 높은 기온을 유지하며 계절의 변화가 거의 없다.
④ 고위도 지역은 일 년 내내 태양열을 적게 받기 때문에 연중 낮은 기온을 유지하며 계절의 변화가 거의 없다.

## 22 ③

| 정답해설 | 한국은 북반구의 중위도 지역에, 오스트레일리아는 남반구의 중위도 지역에 위치하고 있다. 지구의 자전축이 23.5°

기울어진 채 공전하기 때문에 북반구와 남반구의 중위도 지역은 계절이 반대로 나타난다.

## 23  ②

| 정답해설 | 중위도 지역은 북반구와 남반구의 계절이 반대로 나타난다. 우리나라와 마찬가지로 북반구인 A, C, D 지역의 계절이 여름이라면, 남반구인 B 지역의 계절은 겨울이다.

## 24  ②

| 정답해설 | 북반구에서는 남향집, 남반구에서는 북향집을 선호하며, 극지방에서는 극야 현상과 백야 현상이 나타난다. 남반구와 북반구는 계절이 반대이기 때문에 농산물의 수확 시기가 다르다.
② 계절의 변화가 뚜렷한 지역은 중위도 지역이다.

## 25  ②

| 정답해설 | 인터넷 전자 지도는 컴퓨터에 입력된 디지털 지리 정보를 인터넷으로 찾아볼 수 있는 지도이다. 인터넷 전자 지도는 확대 및 축소가 쉽고, 원하는 지점까지 최단 경로 파악이 가능하여 시간과 비용이 절약된다.

## 26  ③

| 정답해설 | 지리 정보 시스템(GIS)이란 컴퓨터를 이용하여 다양한 공간 정보와 속성 정보를 입력·저장·처리·분석·표현하는 종합적인 관리 시스템을 말한다. 환경 문제 및 재해·재난 예방 관리, 입지 선정이나 상권 분석, 도시 계획 관리, 교통 관리 등 다양한 분야에 활용되고 있다.
| 오답해설 |
① 지리 정보는 지속적으로 수정이 가능하다.
② 사용자의 필요에 따라 지리 정보를 이용하기가 용이하다.
④ 위성 위치 확인 시스템(GPS)에 대한 설명이다.

## 27  ④

| 정답해설 | 지리 정보 기술 중 일상생활에서 가장 많이 활용되고 있는 것은 위성 위치 확인 시스템(GPS)이다. 이는 인공위성을 통해 현재 위치를 파악하는 시스템으로, 내비게이션, 버스 도착 안내 시스템, 생활 정보 및 장소 찾기, 스마트폰 애플리케이션을 이용한 지도 서비스 등에서 활용되고 있다.

| 01 | ④ | 02 | ② | 03 | ④ | 04 | ③ | 05 | ④ |
|----|---|----|---|----|---|----|---|----|---|
| 06 | ② | 07 | ③ | 08 | ④ | 09 | ① | 10 | ③ |
| 11 | ③ | 12 | ① | 13 | ① | 14 | ① | 15 | ③ |
| 16 | ④ | 17 | ① | 18 | ② | 19 | ② | 20 | ① |
| 21 | ③ | 22 | ④ | 23 | ① | 24 | ④ | 25 | ② |
| 26 | ① | 27 | ④ | 28 | ③ | 29 | ④ | 30 | ③ |
| 31 | ② | 32 | ① | | | | | | |

## 01  ④

| 정답해설 | 기후 요인이란 기후 요소에 영향을 주는 원인으로, 위도, 대륙과 해양의 분포, 지형, 해류 등이 있다.
④ 강수량은 기후를 구성하는 기후 요소에 해당한다.

## 02  ②

| 정답해설 | 같은 위도라도 해양이 대륙보다 연교차가 작다.
| 오답해설 |
① 대륙은 해양보다 연교차가 크다.
③ 난류와 편서풍의 영향으로 대륙의 서안이 대륙의 동안보다 연교차가 작다.
④ 연평균 기온은 저위도(적도)에서 고위도(극지방) 지역으로 갈수록 낮아진다.

## 03  ④

| 정답해설 | 위도 20°~30°의 회귀선 부근은 강수량이 가장 적은 건조 지역으로 사막이 분포한다.

## 04  ③

| 정답해설 | 냉대 기후는 겨울이 춥고 길며 가장 추운 달의 평균 기온이 −3℃ 미만, 가장 따뜻한 달의 평균 기온이 10℃ 이상으로 기온의 연교차가 크다.

## 05  ④

| 정답해설 | 산업화와 도시화로 인해 더 많은 거주 공간이 필요해지면서 불리한 기후 조건을 극복하기 시작하였다. 즉, 자연환경보다 인문 환경을 더욱 중요시하게 되었다.

## 06 ②

| 정답해설 | 적도 부근의 해발 고도가 높은 지역은 일 년 내내 봄과 같이 온화한 고산 기후가 나타나는데, 특히 안데스산맥의 고산 지대에는 고산 도시가 발달하였다.

## 07 ③

| 정답해설 | 열대 우림 기후 지역에서는 매일 규칙적으로 한낮에 스콜이 내린다.
| 오답해설 |
① 열대 우림 기후 지역은 일 년 내내 기온이 높기 때문에 계절의 변화가 거의 없다.
② 침엽수림인 타이가 지대는 냉대 기후 지역에 분포한다.
④ 열대 우림 기후 지역에는 지구에 서식하는 동식물 종의 절반 이상이 분포하여 '생태계의 보고'로 불린다.

## 08 ④

| 정답해설 | 열대 기후는 가장 추운 달의 평균 기온이 18℃ 이상인 지역의 기후를 말한다. 그중 열대 우림 기후는 연중 강수량이 많은 기후이다.

## 09 ①

| 정답해설 | 제시된 모습은 열대 우림 기후 지역에서 볼 수 있는 고상 가옥이다. 열대 우림 기후 지역은 연중 강수량이 많기 때문에 지붕의 경사가 급하며, 지표에서 전달되는 열기와 습기, 해충 등을 피하기 위해 지면에서 높이 띄워 집을 짓는다.

## 10 ③

| 정답해설 | 지도에 표시된 지역은 적도 부근에 위치하고 있는 열대 우림 기후 지역이다. 열대 우림 기후 지역의 주민들은 더위를 피하기 위해 얇은 옷을 입으며, 음식이 쉽게 상할 우려가 있어 향신료를 많이 사용한 음식을 먹는다. 이동식 화전 농업이나 플랜테이션, 벼농사가 발달하였다.
③ 강수량이 많기 때문에 지붕의 경사는 급하다.

## 11 ③

| 정답해설 | 플랜테이션은 선진국의 자본 및 기술과 원주민의 저렴한 노동력을 이용하여 상품 작물을 대규모로 재배하는 농업 방식이다. 플랜테이션은 열대 우림 기후 지역을 중심으로 이루어지며 커피, 카카오, 천연고무, 차 등이 주로 재배된다.

## 12 ①

| 정답해설 | 최근 열대 우림 기후 지역에서는 열대 우림의 무분별한 개발로 원주민의 생활 터전이 파괴되고, 전통적인 생활 방식도 변화하고 있다. 또한 교통이 편리한 해안에서 무역이 활발하게 이루어져 도시가 발달하고 있으며, 자연환경과 관련된 관광 상품을 개발하여 관광객을 유치하고 있다.
① 농경지나 목초지 개간, 자원 개발, 도시 및 도로 건설 등으로 삼림을 벌채하면서 열대 우림의 면적이 감소하고 있다.

## 13 ①

| 정답해설 | 온대 기후 지역은 기온이 온화하고 강수량이 적당하여 농업 발달에 유리하다. 이 지역은 일찍부터 상공업과 도시가 발달한 세계적인 인구 밀집 지역이다.
| 오답해설 |
② 온대 기후 지역은 중위도 지역을 중심으로 분포한다.
③ 온대 기후 지역은 강수량이 적당하여 농업 발달에 유리하다. 강수량이 적어 농업에 불리한 지역은 건조 기후 지역이다.
④ 온대 기후 지역은 가장 추운 달의 평균 기온이 −3~18℃이다. 가장 추운 달의 평균 기온이 18℃ 이상인 지역은 열대 기후 지역이다.

## 14 ①

| 정답해설 | 제시된 기후 그래프는 지중해성 기후를 나타낸다. 지중해성 기후의 여름철은 고온 건조하고, 겨울철은 온난 습윤하다.

## 15 ③

| 정답해설 | 제시된 기후 그래프는 온대 계절풍 기후를 나타낸다. 온대 계절풍 기후 지역은 대륙의 동안에 위치하여 계절풍의 영향을 많이 받는다. 따라서 여름에는 고온 다습하고, 겨울에는 춥고 건조한 편이기 때문에 기온의 연교차가 매우 크다. 이 지역은 고온 다습한 여름철 계절풍으로 인해 벼농사가 발달하였다.

## 16 ④

| 정답해설 | 서안 해양성 기후 지역은 연중 바다에서 불어오는 편서풍의 영향으로 연중 강수량이 고르며, 흐린 날이 많아 맑은 날이면 주민들이 해변이나 공원에서 일광욕을 즐긴다. 또한 난류인 북대서양 해류의 영향으로 여름에는 서늘하고, 겨울에는 따뜻하여 기온의 연교차가 작은 편이다.

**17** ①

| 정답해설 | 서부 유럽은 전통적으로 혼합 농업이 발달하였으며, 오늘날에는 대도시나 교통이 편리한 곳을 중심으로 낙농업·원예 농업 등 상업적 농업이 발달하였다.

**18** ②

| 정답해설 | 제시된 기후 그래프는 중위도의 대륙 서안에 분포하는 서안 해양성 기후를 나타낸다. 이 지역은 바다에서 불어오는 편서풍의 영향으로 연중 강수량이 고르고, 난류인 북대서양 해류의 영향으로 여름에는 서늘하며, 겨울에는 따뜻하여 기온의 연교차가 작은 편이다.

**19** ②

| 정답해설 | 지중해 연안은 여름철이 고온 건조한 지중해성 기후가 나타나기 때문에 집의 외벽을 흰색으로 칠해 강한 햇빛이 흡수되는 것을 막는다.

**20** ①

| 정답해설 | 제시된 기후 그래프 중 (가)는 온대 계절풍 기후 지역, (나)는 서안 해양성 기후 지역을 나타낸다. 온대 계절풍 기후 지역에서는 고온 다습한 여름철 계절풍으로 인해 벼농사가 발달하였다. 서안 해양성 기후 지역에서는 일 년 내내 고른 강수량과 온화한 겨울철 기온으로 목초지 조성이 유리하여 곡물 재배와 가축 사육이 동시에 행해지는 혼합 농업이 발달하였다.

**21** ③

| 정답해설 | 지중해성 기후는 여름은 기온이 높고 강수량이 적으며(고온 건조), 겨울은 따뜻하고 강수량이 많은(온난 습윤) 편이다. 이 지역에서는 여름철의 맑고 쾌청한 날씨와 풍부한 일사량으로 일광욕을 즐기고, 포도, 올리브, 오렌지, 코르크 등을 재배하는 수목 농업이 발달하였다. 지중해성 기후는 남부 유럽의 지중해 일대(그리스, 이탈리아, 에스파냐 등), 미국 캘리포니아주의 태평양 연안 지역, 아프리카 북부와 남부 일부 지역 등에서 나타난다.

**22** ④

| 정답해설 | 건조 기후는 연 강수량이 250mm 미만인 사막 기후와 연 강수량이 250~500mm 미만으로 짧은 풀이 자라는 스텝 기후로 구분한다.

**23** ①

| 정답해설 | 사막 기후 지역은 일교차가 매우 큰 편이며, 강수량보다 증발량이 많기 때문에 식생 발달이 어렵고 나무가 거의 자라지 못한다. 사막은 모래사막과 암석 사막으로 구성되며, 암석 사막이 80%를 차지한다.

**24** ④

| 정답해설 | 사막 기후는 적도 부근에서 상승한 공기가 하강하는 지역으로 구름이 형성되지 않아 매우 맑은 남·북회귀선 부근 지역, 바다에 비해 수증기의 공급이 적은 대륙의 내륙, 기온이 높지 않아 대기가 안정되어 있어 공기가 상승하기 어려운 한류가 흐르는 해안에 주로 분포한다.
④ 유라시아 대륙의 서안 지역은 편서풍의 영향으로 연중 강수량이 고른 편이다.

**25** ②

| 정답해설 | 사막 기후 지역은 강수량이 매우 적기 때문에 가옥의 지붕은 평평하며, 물을 구하기 쉬운 오아시스 주변에서 대추야자, 밀 등을 재배하는 오아시스 농업이 발달하였다. 또한 모래바람과 강한 햇빛으로부터 피부를 보호하기 위해 온몸을 감싸는 헐렁하고 긴 옷을 입는다.
② 큰 일교차 때문에 집의 외벽은 두껍고, 창문이 작다.

**26** ①

| 정답해설 | 사막 기후 지역에서는 적은 강수량으로 인한 평평한 지붕, 큰 일교차를 극복하기 위한 두꺼운 벽, 모래바람을 막기 위한 작은 창문이 특징인 흙집이나 흙벽돌집을 지었고, 대추야자, 밀, 목화 등을 재배하는 오아시스 농업이 발달하였다.
| 오답해설 |
② 한대 기후 지역에 대한 설명이다.
③ 열대 기후 지역에 대한 설명이다.
④ 온대 계절풍 기후와 아시아의 열대 우림 기후 지역에 대한 설명이다.

**27** ④

| 정답해설 | 제시된 기후 그래프는 툰드라 기후를 나타낸다. 툰드라 기후는 가장 따뜻한 달의 평균 기온이 10℃ 미만으로, 짧

은 여름 동안 기온이 0℃ 이상으로 올라가며, 찬 공기로 인해 구름이 형성되기 어려워 강수량이 적은 편이다.

## 28 ③

| 정답해설 | 스텝 기후 지역에서는 나무와 가축의 가죽을 이용하여 만든 이동식 가옥에서 거주하며, 전통적으로 유목이 발달해 왔다. 최근에는 관개 시설을 확보하여 대규모 목축업이 행해지고 있다.
③ 사막 기후 지역의 주거 생활 모습이다.

## 29 ④

| 정답해설 | 지도에 표시된 지역은 툰드라 기후를 나타낸다. 툰드라 기후는 가장 따뜻한 달의 평균 기온이 10℃ 미만으로 식생이 자라기 어렵지만, 짧은 여름 동안 기온이 0℃ 이상으로 올라 이끼가 자란다.
| 오답해설 |
① 냉대 기후 지역에 대한 설명이다.
② 온대 기후 지역에 대한 설명이다.
③ 열대 우림 기후 지역에 대한 설명이다.

## 30 ③

| 정답해설 | 툰드라 기후 지역에서는 난방 열기 등으로 인해 가옥이 붕괴되는 것을 방지하기 위해 고상 가옥이 발달하였다.

## 31 ②

| 정답해설 | 툰드라 기후 지역은 일 년 중 대부분의 기간이 눈과 얼음으로 덮여 있고, 0℃가 넘어가는 짧은 여름 동안에만 풀과 이끼류 등이 자란다. 전통적으로 순록 유목이 이루어지고 고상 가옥을 볼 수 있다. 북극해 주변의 러시아와 캐나다 지역, 그린란드 해안 지역 등에서 툰드라 기후가 나타난다.

## 32 ①

| 정답해설 | 툰드라 기후 지역에서는 석유 등 자원 개발로 도로, 철도 등이 건설되면서 환경이 파괴되고, 지구 온난화로 땅이 많이 녹아 원주민의 생활 터전이 파괴되고 있다.
① 순록을 유목하던 원주민들이 전통적인 생활 방식을 버리고 도시에 정착하고 있다.

### 03 자연으로 떠나는 여행     44쪽

| 01 | ② | 02 | ③ | 03 | ③ | 04 | ④ | 05 | ① |
|----|---|----|---|----|---|----|---|----|---|
| 06 | ② | 07 | ① | 08 | ③ | 09 | ④ | 10 | ② |
| 11 | ③ | 12 | ④ | 13 | ② | 14 | ③ | 15 | ③ |
| 16 | ① | 17 | ② | 18 | ③ | 19 | ③ | 20 | ④ |
| 21 | ③ | 22 | ① | 23 | ④ | 24 | ④ | 25 | ④ |

## 01 ②

| 정답해설 | 지구 내부의 힘은 산맥, 화산과 같은 대지형을 형성하고, 지구 외부의 힘(태양 에너지)은 하천, 해안, 카르스트, 빙하, 사막 등과 같은 소지형을 형성한다.

## 02 ③

| 정답해설 | 고생대에 형성된 고기 습곡 산지는 오랜 침식으로 해발 고도가 낮고 완만하며 지각이 안정적이다. 신생대에 형성된 신기 습곡 산지는 형성 시기가 오래되지 않아 해발 고도가 높고 험준하며 지각이 불안정하다.

## 03 ③

| 정답해설 | A는 스칸디나비아산맥, B는 우랄산맥, C는 히말라야산맥, D는 그레이트디바이딩산맥이다. 제시된 내용은 신기 습곡 산지에 대한 설명이다. 신기 습곡 산지의 대표적 산맥으로는 히말라야산맥, 알프스산맥, 로키산맥, 안데스산맥이 있다.
| 오답해설 | ①, ②, ④ 고기 습곡 산지의 대표적 산맥이다.

## 04 ④

| 정답해설 | 산지는 방어에 유리하며, 서늘한 기후를 이용한 고랭지 농업 및 목축업이 발달한다. 또한 자연환경을 이용한 관광 산업이 발달하며, 지하자원이 풍부한 곳에서는 광업이 발달하기도 한다.

## 05 ①

| 정답해설 | 안데스 산지에서는 전통적으로 라마와 알파카 등을 기르는 방목 생활을 해 왔으며, 고대 문명(잉카 문명)의 발상지로 관광 산업이 발달하였다. 또한 저위도 지역 중 온화한 고산 기후가 나타나는 곳에 키토, 보고타와 같은 고산 도시가 발달하였다.
① 이목은 알프스 산지에서 볼 수 있는 생활 모습으로, 여름에는 산지로, 겨울에는 평지로 이동하며 가축을 기르는 방식이다.

## 06 ②

| 정답해설 | 지도에 표시된 지역은 고산 도시이다. 고산 도시는 해발 고도 2,000m 이상에 위치하여 연중 봄과 같이 온화한 고산 기후가 나타난다.

## 07 ①

| 정답해설 | A는 만, B는 곶이라고 부른다. 곶은 육지가 바다 쪽으로 돌출된 곳으로 침식 작용이 활발하여 주로 암석 해안이 발달한다. 만은 바다가 육지 쪽으로 들어간 곳으로 퇴적 작용이 활발하여 주로 모래 해안이 발달한다.

## 08 ③

| 정답해설 | 제시된 지형은 암석 해안에서 볼 수 있는 시 아치로, 이는 파랑(파도)의 침식 작용으로 만들어진다.

## 09 ④

| 정답해설 | 제시된 사진은 오스트레일리아의 암석 해안인 그레이트 오션 로드이다. 이곳에서는 파랑의 침식으로 형성된 해안 절벽(해식애), 시 스택 등을 볼 수 있다.

## 10 ②

| 정답해설 | 골드 코스트는 오스트레일리아 동부의 해안 도시로 길게 늘어져 있는 모래사장이 유명하다. 모래사장(사빈)은 파랑의 퇴적 작용으로 만들어진 해안 지형이다.

## 11 ③

| 정답해설 | 제시된 그림은 파랑의 침식 작용으로 형성된 시 스택(A), 해안 절벽인 해식애(B), 파랑의 퇴적 작용으로 형성된 모래사장인 사빈(C)이다.

## 12 ④

| 정답해설 | 해안 침식 지형(암석 해안)은 해안선이 바다 쪽으로 돌출된 곳(해안 돌출부)에서 파랑의 침식 작용으로 발달한다. 해안 절벽(해식애), 해식 동굴, 시 스택, 시 아치 등이 대표적이다.

## 13 ②

| 정답해설 | 해안 지역의 관광 산업 발달은 일자리 증가와 수익 증대로 지역 경제가 활성화되고 주민들의 삶의 질이 향상되는 등 긍정적 영향을 주기도 하지만, 휴양지 개발로 갯벌 등 해안 생태계가 파괴되고, 쓰레기 증가로 환경 오염이 증가하며, 지역 주민과 관광객의 문화적 갈등이 발생하는 등 부정적 영향도 발생한다.
② 관광지로의 개발이 가속화되면 전통문화는 파괴될 가능성이 높다.

## 14 ③

| 정답해설 | 우리나라의 산지는 오랜 침식으로 해발 고도가 낮고 경사가 완만한 편이다.
| 오답해설 |
① 태백산맥은 한반도 중남부의 동쪽에 치우쳐 있다.
② 우리나라는 산지가 많아 국토의 약 70% 정도를 차지한다.
④ 높은 산지는 주로 국토의 북동부에 분포한다.

## 15 ③

| 정답해설 | 설악산은 땅속 깊은 곳의 화강암이 오랜 기간 동안 침식을 받아 정상부에 바위가 드러나 있는 돌산이다. 지리산은 바위 위가 흙으로 두껍게 덮여 있는 흙산이다.

## 16 ①

| 정답해설 | 갯벌은 조류에 의해 운반되어 온 퇴적 물질이 해안에 오랫동안 쌓여 이루어지는 평탄한 지형으로, 밀물 때 바닷물에 잠기고 썰물 때 수면 위로 드러나는 지형이다. 갯벌은 주로 수심이 얕고 평평한 지형, 조석 간만의 차가 큰 곳, 하천 유입이 많은 곳에 발달하는데, 우리나라는 서·남해안에 널리 분포되어 있다.

## 17 ①

| 정답해설 | 우리나라는 태백산맥이 동쪽에 치우쳐 있어 동고서저의 지형이 나타난다. 북동부에는 높은 산지, 남서부에는 낮은 산지와 평야가 분포하여 큰 하천들은 대부분은 황해나 남해로 흘러가고, 동해로 흘러가는 하천은 길이가 짧고 경사가 급하다.

## 18 ③

| 정답해설 | 서해안은 해안선이 복잡하고 수심이 얕으며 조석 간만의 차가 크기 때문에 갯벌이 발달하였다. 반면 동해안은 해안선이 단조롭고 수심이 깊으며 조석 간만의 차가 작고, 주로 사빈이나 석호가 발달하였다.

**19** ③

| 정답해설 | 갯벌은 오염 물질 정화 기능을 담당하고, 염전이나 양식장으로 이용되며, 생태 학습장이나 머드 축제 등 관광 자원으로 개발된다.
③ 간척 사업으로 농경지나 공업 단지가 조성되면 갯벌 면적이 줄어들면서 생태계가 파괴된다.

**20** ④

| 정답해설 | 우리나라의 동해안은 동해로 흐르는 하천이 운반해 온 모래가 파랑에 의해 퇴적되어 형성된 모래 해안인 사빈이나 파랑의 퇴적 작용으로 모래가 만의 입구를 막아 형성된 호수인 석호가 발달하였다.
| 오답해설 | ㄱ, ㄴ, 서·남해안의 특징이다.

**21** ③

| 정답해설 | 여러 차례 화산 폭발을 통해 형성된 제주도는 한라산, 화구호(백록담), 기생 화산(오름), 용암 동굴(만장굴), 주상 절리, 성산 일출봉 등 뛰어난 관광 자원을 바탕으로 유네스코 세계 유산으로 지정되었다. 그중 주상 절리는 용암이 냉각되는 과정에서 수축되면서 다각형의 기둥 모양으로 쪼개져 형성된 것이다.

**22** ①

| 정답해설 | 제주도, 울릉도, 독도는 화산 지형으로 독특한 지형이 발달하였다. 제주도에서는 용암 동굴, 오름, 주상 절리와 같은 화산 지형을 볼 수 있다.
① 제주도 한라산 정상에는 화구호인 백록담이 있다.

**23** ④

| 정답해설 | 제주도(D)는 화산 폭발로 형성된 화산 지형이다. 백록담은 한라산의 분화구이자 화구호이고, 만장굴은 용암 동굴이며, 주상 절리는 용암이 급격히 식으면서 형성된 다각형 기둥 모양의 지형이다. 성산 일출봉은 정상 분화구의 가장자리가 성벽처럼 보인다 하여 '성산', 정상에서 보는 일출이 아름답다고 하여 '일출봉'이라는 이름이 붙여진 제주도의 대표적인 관광 명소이다.

**24** ④

| 정답해설 | 제시된 지형은 우리나라의 대표적인 석회 동굴로 카르스트 지형에 해당한다. 카르스트 지형은 석회암이 지하수나

빗물의 용식 작용으로 녹으면서 형성된다.

**25** ④

| 정답해설 | 카르스트 지형은 석회암의 용식 작용으로 만들어진다. 석회암은 주로 탄산칼슘으로 이루어져 있어 이산화 탄소를 포함하고 있는 빗물이나 지하수에 잘 녹는 성질이 있다. 중국의 구이린, 베트남의 할롱베이(하롱베이) 등의 탑카르스트는 탑 모양의 석회암 봉우리로, 주로 관광 자원으로 이용된다.

## 04 다양한 세계, 다양한 문화　　54쪽

| 01 | ① | 02 | ① | 03 | ② | 04 | ② | 05 | ③ |
|---|---|---|---|---|---|---|---|---|---|
| 06 | ④ | 07 | ④ | 08 | ④ | 09 | ③ | 10 | ③ |
| 11 | ② | 12 | ④ | 13 | ④ | 14 | ③ | 15 | ② |
| 16 | ④ | 17 | ③ | 18 | ② | 19 | ③ | 20 | ③ |
| 21 | ③ | 22 | ② | | | | | | |

**01** ①

| 정답해설 | 기후, 지형 등에 적응하는 방법이 지역마다 다르기 때문에 의식주를 비롯한 생활 양식이 다양하며, 종교와 같은 인문 환경의 영향으로도 문화는 다양하게 나타난다.
① 지역마다 자연환경과 인문 환경이 다르기 때문에 다양한 문화가 존재한다.

**02** ①

| 정답해설 | A는 유럽 문화권, B는 건조(이슬람) 문화권, C는 아프리카 문화권, D는 남부 아시아(인도) 문화권, E는 오세아니아 문화권, F는 라틴 아메리카 문화권이다. 제시된 설명은 유럽 문화권(A)과 관련 있다. 유럽 문화권은 크리스트교가 발달한 곳이며, 시민 혁명과 산업 혁명의 발상지이다.

**03** ②

| 정답해설 | 건조(이슬람) 문화권(B)은 주민 대부분이 이슬람교를 믿어 돼지고기와 술을 먹지 않는다. 북부 아프리카와 서남아시아 일대의 건조 기후 지역에 해당하며, 주민들은 주로 아랍어를 사용하고 유목, 오아시스 농업 등에 종사한다.

## 04  ②

| 정답해설 | 남부 아시아(인도) 문화권(D)은 힌두교와 불교의 발상지로, 종교 및 언어와 민족이 다양하고 복잡하다. 인도와 그 주변 국가(파키스탄, 방글라데시, 스리랑카)가 이에 해당한다.

## 05  ③

| 정답해설 | 오세아니아 문화권(E)은 영어를 사용하고, 크리스트교(개신교)를 믿는 비율이 높다.

## 06  ④

| 정답해설 | 라틴 아메리카는 과거 남부 유럽의 식민 지배를 받아 주로 에스파냐어를 사용하고, 브라질은 포르투갈어를 사용한다.
| 오답해설 |
① 북극 문화권에 대한 설명이다.
② 앵글로아메리카 문화권에 대한 설명이다.
③ 오세아니아 문화권에 대한 설명이다.

## 07  ④

| 정답해설 | A는 불교 문화권, B는 크리스트교 문화권, C는 이슬람교 문화권, D는 힌두교 문화권에 해당한다. 제시된 특징이 나타나는 종교 문화권은 힌두교 문화권(D)이다.

## 08  ④

| 정답해설 | A는 불교 문화권이다. 불교는 자비와 개인의 수양 및 해탈을 강조한다. 불교 사원에서는 불상을 모시는 불당, 부처의 사리를 보관하는 탑 등을 볼 수 있다.
| 오답해설 | ①, ②, ③ 이슬람교 문화권의 특징이다.

## 09  ③

| 정답해설 | 제시된 모습은 둥근 돔 형태의 모스크가 있는 이슬람 사원이다.

## 10  ③

| 정답해설 | 벼농사 발달에 유리한 지역은 아시아의 고온 다습한 계절풍 기후 지역(C), 하천 주변의 평야 지역이다.

| 오답해설 |
① 열대 기후 지역이다.
② 건조 기후 지역이다.
④ 한대 기후 지역이다.

## 11  ②

| 정답해설 | 제시된 왼쪽 자료는 열대 기후 지역의 전통 의상이고, 오른쪽 자료는 건조 기후 지역의 전통 의상이다. 열대 기후 지역은 연중 고온 다습하여 가벼운 옷차림을 하지만, 건조 기후 지역은 희고 긴 옷을 입어 모래바람과 햇빛으로부터 몸을 보호한다.

## 12  ④

| 정답해설 | 산업이 발달한 지역은 인구가 많고, 산업 시설과 고층 건물이 밀집되어 있으며, 주민들은 현대적인 도시 생활을 한다.
④ 잘 보존된 자연환경은 산업 발달 수준이 낮은 지역에서 주로 나타나는 문화 경관이다.

## 13  ④

| 정답해설 | 문화 전파란 한 지역의 문화가 다른 지역으로 이동하거나 퍼져나가는 현상으로, 문화 접촉이 반복되면서 그 결과로 나타난다.

## 14  ③

| 정답해설 | 문화 융합이란 기존 문화가 외부 문화와 만나 이전의 두 문화와는 다른 새로운 제3의 문화가 나타나는 현상을 말한다.

## 15  ②

| 정답해설 | 제시된 문화 변용은 문화 동화이다. 문화 동화는 기존의 문화가 외부 문화에 의해 완전히 흡수되거나 대체되는 현상을 말한다.
| 오답해설 |
①, ③ 문화 공존에 해당한다.
④ 문화 융합에 해당한다.

## 16 ④

| 정답해설 | 제시된 사례는 문화의 획일화를 보여 준다. 문화의 획일화란 한 지역의 문화가 다른 지역에서 비슷하게 나타나거나 전 세계적으로 같은 문화를 공유하는 현상을 말한다.

## 17 ③

| 정답해설 | 교통·통신의 발달로 세계화가 활발해지면서 문화의 세계화 현상뿐만 아니라 문화의 획일화 경향도 나타나고 있다. 외래문화가 유입되면 전통문화가 사라지기도 하고 문화적 다양성과 정체성이 약화되기도 한다.
③ 주로 서구 문화로 획일화되는 경향이 나타나고 있다.

## 18 ②

| 정답해설 | 제시된 내용은 서로 다른 문화를 가진 사람들이 한 지역 안에 모여 사는 문화 공존 지역을 보여 준다. 문화 공존 지역의 대표적 사례에는 스위스, 싱가포르, 말레이시아, 미국, 브라질 등이 있다.
② 벨기에는 언어 갈등을 겪고 있는 대표적인 지역이다.

## 19 ②

| 정답해설 | 벨기에는 북부 네덜란드 언어권과 남부 프랑스 언어권 간의 갈등 지역이고, 슬로바키아는 반드시 슬로바키아어를 사용해야 하는 언어법 제정으로 소수 민족과 갈등을 겪고 있는 지역이며, 캐나다 퀘벡주는 프랑스어를 사용하려는 퀘벡주의 독립 요구로 캐나다 정부와 갈등을 겪고 있는 지역이다.

## 20 ③

| 정답해설 | 카슈미르 지역은 인도(힌두교)와 파키스탄(이슬람교) 간의 종교 갈등이 일어나고 있는 지역이다.
| 오답해설 | ①, ②, ④ 언어로 인한 갈등을 겪고 있는 지역이다.

## 21 ③

| 정답해설 | 지도에 표시된 지역은 팔레스타인 지역으로 아랍인(이슬람교)과 유대인(유대교) 간의 종교 갈등 지역이다.

## 22 ②

| 정답해설 | 문화 갈등을 해결하기 위해서는 문화 상대주의 태도를 지녀야 하며, 여러 개의 공용어를 지정하고 종교의 자유를 법으로 보장해야 한다.
② 다양한 종교들로 이루어진 국가에서 하나의 국교만을 인정한다면 종교로 인한 문화 갈등이 커질 수 있다.

### 05 지구 곳곳에서 일어나는 자연재해　　63쪽

| 01 | ④ | 02 | ③ | 03 | ① | 04 | ④ | 05 | ④ |
|----|---|----|---|----|---|----|---|----|---|
| 06 | ① | 07 | ③ | 08 | ③ | 09 | ② | 10 | ② |
| 11 | ① | 12 | ③ | 13 | ② | 14 | ③ | 15 | ③ |
| 16 | ③ | 17 | ② | 18 | ④ | 19 | ④ | 20 | ④ |
| 21 | ④ | 22 | ② | 23 | ② | 24 | ④ | | |

## 01 ④

| 정답해설 | 쓰나미(지진 해일)는 지각 변동과 같은 지형과 관련된 자연재해(지질 재해)이다.
| 오답해설 | ①, ②, ③ 기후와 관련된 자연재해(기상 재해)이다.

## 02 ③

| 정답해설 | 기후와 관련된 자연재해에는 홍수, 가뭄, 열대 저기압, 폭설 등이 있다. 열대 저기압은 열대 해상에서 발생하여 중위도 지역으로 이동하는 저기압을 말하며, 홍수는 고온 다습한 계절풍의 영향을 받는 아시아 지역, 큰 하천의 하류 및 저지대 등지에서 발생한다.
③ 가뭄은 피해 속도는 느린 편이나, 피해 면적이 넓고 장기간에 걸쳐 점점 악화된다.

## 03 ①

| 정답해설 | 지진은 지각판의 경계 지역에서 지구 내부 에너지의 작용에 의해 발생한다. 건물과 도로 등 각종 시설의 파괴, 화재·지진 해일·산사태 등의 피해가 발생하기 때문에 정확한 예보 체계를 구축하고 내진 설계를 의무화해야 하며, 대피 훈련과 복구 체계를 마련하여 대비해야 한다.

## 04 ④

| 정답해설 | 지진 해일은 바다 밑에서 일어나는 지진이나 화산 폭발 등 급격한 지각 변동으로 인해 바닷물이 육지까지 밀려오는 현상으로, 쓰나미라고도 한다.

## 05 ④

| 정답해설 | 열대 저기압은 이동 경로 예측이 어렵고 강한 바람과 비를 동반하기 때문에 큰 피해를 입힌다. 또한 발생 지역에 따라 태풍, 사이클론, 허리케인으로 불린다.
④ 열대 저기압은 열대 해상에서 발생하여 중위도 지역으로 이동한다.

## 06 ①

| 정답해설 | 화산 활동은 주로 환태평양 조산대와 알프스·히말라야 조산대와 같이 지각판의 경계에서 발생하는 자연재해이다.

## 07 ③

| 정답해설 | 제시된 그림은 지진이나 화산 활동이 바다 밑에서 일어나 바닷물이 육지까지 밀려오는 현상인 지진 해일(쓰나미)을 보여 준다.

## 08 ③

| 정답해설 | 홍수는 특정 지역에 높은 강수 강도로 집중 호우가 발생하여 하천의 물이 크게 불어나 흘러넘치는 현상으로, 우리나라는 주로 여름철에 장마나 태풍에 의한 집중 호우의 영향으로 발생한다. 최근 도시화로 저지대에 대규모 피해가 발생하기도 한다.

## 09 ②

| 정답해설 | 가뭄이 지속되면 물이 부족해져 용수 부족으로 농작물 수확량이 감소한다. 또한 토양이 황폐화되고 사막화가 진행된다.

## 10 ②

| 정답해설 | 홍수는 토양에 영양분을 공급하여 땅이 비옥해지기 때문에 농사에 유리해지는 긍정적인 영향이 있다.

## 11 ①

| 정답해설 | 화산재가 쌓여 만들어진 토양은 비옥하여 농업 활동에 도움이 된다. 또한 땅속의 열에너지를 이용해 온천을 이용한 관광 산업이 발달하며, 지열 발전소가 세워지기도 한다.
① 지진이 발생하는 지역의 주민 생활 모습이다.

## 12 ③

| 정답해설 | 화산은 지하의 마그마가 지각을 뚫고 나와 분출하는 현상이며, 지진은 땅이 흔들리거나 갈라지는 현상이다.

## 13 ②

| 정답해설 | A는 알프스·히말라야 조산대, B는 환태평양 조산대이다. 조산대는 판과 판이 만나는 경계에 해당하기 때문에 지각이 매우 불안정하여 화산 활동과 지진이 자주 발생한다.
② 환태평양 조산대는 '불의 고리'라고도 불린다.

## 14 ③

| 정답해설 | 지진이 발생하는 지역에서는 내진 설계를 의무화해야 한다. 내진 설계는 지진과 같은 충격 흡수에 강한 자재를 사용하여 건물을 짓는 방식이다.

## 15 ③

| 정답해설 | 폭설은 짧은 기간 동안 많은 양의 눈이 내리는 현상을 말한다. 겨울에 눈이 빨리 흘러내릴 수 있도록 지붕의 경사를 급하게 만들고, 폭설이 내릴 경우 생활 공간을 확보하기 위한 가옥 구조가 발달하였다.

## 16 ③

| 정답해설 | 가뭄은 강수량이 부족한 기간이 오랫동안 지속되어 농작물의 생산뿐만 아니라 인간 활동에 지장을 주는 자연재해로, 진행 속도는 비교적 느리나 피해 범위가 넓다.

## 17 ②

| 정답해설 | 태풍(열대 저기압)은 적도 부근 열대 해상에서 발생하는 저기압으로, 강한 바람과 비를 동반하여 홍수·해일로 인한 풍수해, 막대한 인명·재산 피해를 입힌다. 태풍을 예방하기 위해서는 미리 하천과 제방을 점검하고, 배수 시설을 정비하며, 일기예보를 확인하고, 이동 경로와 영향권을 예측하여 주민들을 미리 대피시켜야 한다.

## 18 ③

| 정답해설 | 도시화로 인해 아스팔트 포장 면적이 증가하고, 녹지 면적이 감소하는 등의 무분별한 개발, 하천 직선화, 지구 온난화로 인한 해수면 상승 등은 홍수 피해를 증가시키는 요인이다.
③ 삼림 면적이 확대되면 홍수 피해를 줄일 수 있다.

## 19 ④

| 정답해설 | 지구 온난화로 인해 극심한 가뭄이 지속되거나, 지나친 방목 및 관개 농업으로 삼림과 초원이 파괴되면 사막화가 촉진된다.
| 오답해설 |
ㄱ. 인구 증가는 사막화의 원인이 될 수 있다.
ㄴ. 홍수 피해를 증가시키는 요인에 해당한다.

## 20 ④

| 정답해설 | 폭설 발생 시 신속한 제설 작업을 해야 한다. 무분별한 개발을 제한하여 홍수를 막아야 하고, 다목적 댐이나 저수지를 건설함으로써 가뭄에 대비해야 한다.
④ 해수 담수화 시설은 가뭄 발생 지역에 건설해야 한다.

## 21 ④

| 정답해설 | 녹색 댐은 숲을 가꾸어 숲이 빗물을 흡수하거나 흘려 보내도록 하여 홍수와 가뭄을 조절한다.

## 22 ②

| 정답해설 | 열대 저기압은 많은 비를 동반하여 더위를 해소하고 가뭄을 해결해 줄 수 있다. 또한 바닷물을 순환시켜 적조 현상을 완화하고 지구의 열 균형을 유지시켜 준다. 반면, 항만 시설이나 선박, 양식장 등을 파괴하는 등 막대한 인명·재산 피해를 입히기도 한다.

## 23 ②

| 정답해설 | 열대 저기압의 피해를 줄이기 위해서는 이동 경로와 영향권을 예측하여 주민들을 미리 대피시키고, 갯벌을 보존하며, 풍수해를 대비하여 시설물을 관리해야 한다.
② 폭설에 대한 대응 방안에 해당한다.

## 24 ④

| 정답해설 | A 지역은 사헬 지대로 사하라 사막에서 열대 아프리카로 넘어가는 중간 지대 성격을 띤 사하라 사막 남부의 초원 지대를 말한다. 지나친 농경지 개간과 방목이 이루어져 급격하게 초원이 사막으로 변하고 있는 지역이다.

### 06 자원을 둘러싼 경쟁과 갈등 74쪽

| 01 | ② | 02 | ③ | 03 | ③ | 04 | ③ | 05 | ④ |
|----|---|----|---|----|---|----|---|----|---|
| 06 | ① | 07 | ③ | 08 | ② | 09 | ③ | 10 | ④ |
| 11 | ④ | 12 | ③ | 13 | ② | 14 | ② | 15 | ① |
| 16 | ① | 17 | ④ | 18 | ④ | 19 | ④ | 20 | ④ |
| 21 | ② | 22 | ③ | 23 | ③ | 24 | ④ | 25 | ④ |
| 26 | ② | 27 | ③ | 28 | ② |    |   |    |   |

## 01 ②

| 정답해설 | 좁은 의미의 자원은 광물·에너지·식량 자원 등 천연자원만을 말한다.
| 오답해설 | ①, ③, ④ 인적·문화 자원으로 넓은 의미의 자원에 해당한다.

## 02 ③

| 정답해설 | 화력 발전은 화석 연료인 석탄을 이용하기 때문에 비재생 자원에 해당한다.
| 오답해설 | ①, ②, ④ 재생 자원에 해당한다.

## 03 ③

| 정답해설 | 가채 연수는 현재 파악된 매장량을 바탕으로 앞으로 그 자원을 몇 년간 사용할 수 있는지를 나타낸 지표이다. 이는 자원의 한정된 매장량을 뜻하는 유한성과 관련이 깊다.

## 04 ③

| 정답해설 | 자원의 편재성은 자원이 지구상에 고르게 분포하지 않고 특정 지역에 치우쳐 분포하는 것을 의미한다. 석유는 세계 매장량의 절반이 서남아시아의 페르시아만에 분포하고 있을 정도로 편재성이 크며, 이로 인해 국제 이동이 매우 활발하다.

## 05 ④

| 정답해설 | 석유는 비교적 좁은 지역에 분포되어 있어 자원의 편재성이 크기 때문에 국제 이동량이 많은 편이다. 서남아시아에 집중적으로 매장되어 있고, 현재 세계적으로 사용 비중이 가장 높은 에너지 자원이다.
| 오답해설 |
①, ③ 석탄에 대한 설명이다.
② 천연가스에 대한 설명이다.

## 06 ①

| 정답해설 | 화력 발전소의 연료로 사용되는 석탄은 매장량이 풍부하고 채굴 가능한 기간이 길어 산업 혁명의 바탕이 된 에너지 자원이지만, 오염 물질 배출로 인한 환경 문제를 발생시킨다.

## 07 ③

| 정답해설 | 천연가스는 에너지 효율이 높은 편으로, 상대적으로 대기 오염 물질 배출량이 적은 청정에너지이다.

## 08 ②

| 정답해설 | 제시된 지도는 쌀의 이동과 분포를 나타내고 있다. 쌀은 주로 아시아 계절풍 기후 지역의 평야에서 재배되며, 생산지에서 대부분 소비되기 때문에 밀에 비해 국제 이동량이 적다.

## 09 ③

| 정답해설 | 밀은 기후 적응력이 높아 서늘하거나 건조한 곳에서도 잘 자라기 때문에 널리 재배되고 있으며, 생산지와 소비지가 달라 국제 이동량이 많다.

## 10 ④

| 정답해설 | 옥수수는 육류 소비 증가로 인해 가축의 사료용으로 많이 사용되고 있고, 최근에는 바이오 에너지의 원료로 사용되고 있다.

## 11 ④

| 정답해설 | 자원의 편재성으로 인해 자원 보유국들이 자국에서 생산되는 자원에 대해 독점적 권리를 주장하는 자원 민족주의가 등장하기 시작하였다.

## 12 ③

| 정답해설 | 오리노코강 유역은 베네수엘라 볼리바르와 미국의 석유 기업이 석유 자원을 두고 갈등을 겪고 있는 지역이다.

## 13 ②

| 정답해설 | 카스피해는 석유와 천연가스 지대의 영유권을 확보하기 위해 연안국들이 갈등을 겪고 있는 지역이다.

## 14 ②

| 정답해설 | A는 카스피해, B는 북극해, C는 동중국해, D는 남중국해 지역이다. 제시된 내용은 북극해(B) 지역에서 석유 확보를 둘러싼 연안국들 간 갈등을 보여 주고 있다.

## 15 ①

| 정답해설 | 지도에 표시된 지역은 대표적인 물 분쟁 지역들이다. 터키·시리아·이라크가 티그리스강과 유프라테스강을 놓고 갈등을 빚고 있다. 강 상류에 위치한 국가들의 국토 개발 계획이 중·하류 지역의 물 공급 상황을 악화시키고 있기 때문이다. 인도와 방글라데시는 갠지스강의 농업 용수 확보 문제로 대립하고 있다.

## 16 ①

| 정답해설 | 자원은 일부 지역에 매장되어 편재성이 있으며, 매장량이 한정되어 있어 유한성이 있다. 인구의 증가로 자원의 소비량이 증가하고 있어 자원을 둘러싼 분쟁은 더욱 증가하고 있다.

## 17 ④

| 정답해설 | 물 자원을 확보하기 위해 댐이나 해수 담수화 시설을 건설하거나 지하수를 개발하기도 한다.
④ 화산 활동의 피해를 줄이기 위한 대응 방안이다.

## 18 ④

| 정답해설 | 노르웨이는 북해의 유전이 개발되면서 경제가 크게 성장한 국가이고, 오스트레일리아는 넓은 영토, 풍부한 자원, 뛰어난 기술력을 바탕으로 경제가 성장한 국가이다.

## 19 ④

| 정답해설 | 제시된 국가들은 자원은 풍부하지만 자원에 대한 인식 및 자본과 기술력이 부족하여 오히려 어려움을 겪고 있는 국가에 해당한다.

## 20 ④

| 정답해설 | 사우디아라비아는 석유 개발로 인해 유목민이 감소하고 경제가 크게 성장하였으며, 석유 수출로 얻은 이익을 사회 기반 시설에 투자하여 국민의 생활 수준이 높아졌다.

## 21 ②

| 정답해설 | 시에라리온은 세계적인 다이아몬드 생산국으로, 자원 개발로 인해 내전이 발생하고 빈부 격차가 심화되고 있다.

## 22 ③

| 정답해설 | 자원 개발로 생활 수준이 향상되기도 하지만, 환경 오염이 발생하거나 빈부 격차가 심화되기도 한다.
③ 자원은 풍부하지만 자원에 대한 인식 및 자본과 기술력이 부족하여 오히려 어려움을 겪고 있는 국가들도 있다.

## 23 ②

| 정답해설 | 제시된 국가들은 화산 지대에 위치한 국가들이다. 지열 에너지는 화산 지대에 입지하여 지하의 고온 증기를 이용하는 재생 에너지이다.

## 24 ④

| 정답해설 | 풍력 에너지는 바람이 강한 산지나 해안 지역에서 많이 활용하는 편이다. 우리나라에서는 제주도, 대관령 등의 지역이 대표적이다.

## 25 ④

| 정답해설 | 태양광 에너지는 일사량이 풍부하고 비가 거의 내리지 않는 건조 지역에서 얻기에 유리한 에너지이다.

## 26 ②

| 정답해설 | 제시된 사진은 풍력 에너지와 태양 에너지를 이용하고 있는 모습이다. 신·재생 에너지는 오염 물질 배출이 적고, 화석 연료의 고갈에 대비할 수 있다.

## 27 ③

| 정답해설 | 조력 에너지는 조석 간만의 차가 큰 해안에서 개발되는 신·재생 에너지로, 우리나라의 경우 조석 간만의 차가 큰 서해안에 발전소가 지어졌다.
③ 수력 에너지에 대한 설명이다.

## 28 ②

| 정답해설 | 풍력 에너지로 인해 자연환경 파괴 및 소음 문제가 발생하고 있다.

### 07 개인과 사회생활 85쪽

| 01 | ④ | 02 | ④ | 03 | ② | 04 | ③ | 05 | ② |
|----|----|----|----|----|----|----|----|----|----|
| 06 | ③ | 07 | ③ | 08 | ① | 09 | ③ | 10 | ③ |
| 11 | ④ | 12 | ③ | 13 | ② | 14 | ① | 15 | ③ |
| 16 | ① | 17 | ③ | 18 | ④ | 19 | ③ | 20 | ③ |
| 21 | ② | 22 | ② | 23 | ④ | 24 | ② | 25 | ① |
| 26 | ④ | 27 | ④ | 28 | ③ | 29 | ④ | | |

## 01 ④

| 정답해설 | 제시문을 통해 인간은 다른 사람과 관계를 맺고 살아가는 존재이며, 사회 구성원과의 지속적인 상호 작용을 통해 인간다운 존재로 성장함을 알 수 있다.

## 02 ④

| 정답해설 | 사회화는 한 사회의 문화를 공유하고 다음 세대에 전달하여 사회를 유지하고 발전시키는 사회적 측면의 기능을 담당한다.

| 오답해설 | ㄱ, ㄴ. 사회화의 개인적 측면에서의 기능이다.

## 03 ②

| 정답해설 | 제시된 사례는 재사회화와 관련이 있다. 재사회화란 사회의 변화에 적응하기 위해 새로운 지식이나 기술을 배우는 과정을 말한다. 노인들이 스마트폰 사용법을 배우는 것, 직장인의 외국어 공부, 이민자의 한글 교육 등이 이에 해당한다.

## 04 ③

| 정답해설 | 2차적 사회화 기관은 형식적·의도적으로 형성된 기관으로, 직장, 학교, 대중 매체가 이에 해당한다.

| 오답해설 | ㄱ, ㄷ. 1차적 사회적 기관에 해당한다.

## 05 ②

| 정답해설 | 제시된 사회화 기관은 또래 집단이다. 또래 집단은 1차적 사회화 기관으로, 놀이를 통해 공동체의 규칙과 질서 의식 등을 습득하며, 청소년기의 사회화에 큰 영향을 미친다.

| 오답해설 |
① 또래 집단은 1차적 사회화 기관에 해당한다.
③ 가정에 대한 설명이다.
④ 학교에 대한 설명이다.

## 06 ③

| 정답해설 | 학교는 사회생활에 필요한 지식과 규범 등을 배우는 공식적이고 지속적이며 체계적인 사회화 기관이다.

## 07 ③

| 정답해설 | 제시된 내용은 2차적 사회화 기관인 대중 매체에 대한 설명이다.

## 08 ①

| 정답해설 | 유아기에는 가정에서 기초적인 생활 습관과 언어를 배우는 사회화 과정이 이루어진다.

## 09 ③

| 정답해설 | 청소년기에는 2차 성징 등 급격한 신체적 변화를 겪으며 감정의 기복이 심해지고 충동적으로 행동하기도 하지만 추상적이고 논리적이며 합리적 사고가 가능해진다.
③ 청소년기는 자신만의 인격과 가치관을 형성해 가는 시기이다.

## 10 ③

| 정답해설 | 제시된 표현은 청소년기와 관련이 있다. 청소년기는 자아 정체성 형성에 가장 중요한 시기이다.

| 오답해설 |
① 청소년기에는 감정의 기복이 심하고 충동적으로 행동하기도 한다.
④ 청소년기에는 독립심이 강해지고 또래 집단의 영향을 많이 받는다.

## 11 ④

| 정답해설 | 자아 정체성이란 다른 사람과 구별되는 자신의 고유성을 깨닫고 자신의 특성과 역할을 명확히 이해하는 상태를 말한다.

| 오답해설 |
① 자아 정체성은 주로 청소년기에 형성된다.
② 자아 정체성은 다양한 사회화 기관을 통해 형성된다.

## 12 ③

| 정답해설 | 사회적 지위란 한 개인이 자신이 속한 집단이나 사회 내에서 차지하고 있는 위치를 말한다. 모든 개인은 사회적 지위를 가지며, 여러 집단 속에서 다양한 지위를 가진다.
③ 귀속 지위는 과거 전통 사회에서 중시되었다.

## 13 ②

| 정답해설 | ㉠, ㉢, ㉣은 성취 지위이고, ㉡은 귀속 지위이다.

## 14 ①

| 정답해설 | 제시된 내용은 귀속 지위에 대한 설명이다.
① 학생은 성취 지위에 해당한다.

## 15 ③

| 정답해설 | 제시된 지위들은 개인의 능력이나 노력으로 얻게 되는 성취 지위이다. 성취 지위는 현대 사회에서 중시하는 지위이다.

| 오답해설 | ②, ④ 귀속 지위에 대한 설명이다.

## 16 ①

| 정답해설 | ㉠은 귀속 지위이고, ㉡, ㉢, ㉣은 성취 지위이다.

## 17 ③

| 정답해설 | (가)는 귀속 지위이다. 귀속 지위는 태어나면서부터 자연적으로 갖게 되는 선천적 지위로, 남자, 여자, 아들, 양반, 인종 등이 이에 해당한다.
③ 의사는 성취 지위에 해당한다.

## 18 ④

| 정답해설 | 제시된 내용은 사회적 역할에 대한 설명이다. 역할을 제대로 수행하면 사회적으로 보상을 받지만, 잘못 수행하거나 충실히 수행하지 못하면 제재나 비난을 받게 된다.

## 19 ③

| 정답해설 | 역할 갈등이란 한 사람이 가지는 여러 지위에 따른 역할들이 서로 충돌하여 발생하는 갈등을 말한다.

## 20 ③

| 정답해설 | 제시문은 역할 갈등의 사례에 해당한다. 역할 갈등이란 한 사람이 가지는 여러 지위에 따른 역할들이 서로 충돌하여 발생하는 갈등을 말한다. 갈등을 일으키는 지위와 역할을 분석하여 기준을 정해 중요한 역할을 판단하고, 우선순위를 정한 후 중요한 역할부터 수행해야 한다.

## 21 ②

| 정답해설 | 사회 집단은 둘 이상의 사람이 모여 소속감을 가지고 지속적으로 상호 작용을 하는 집단을 말한다.

## 22 ②

| 정답해설 | 사회 집단은 둘 이상의 사람이 모여 소속감을 가지고 지속적으로 상호 작용을 하는 집단을 말한다.
| 오답해설 | ①, ③, ④ 소속감이 없으며, 지속적으로 상호 작용을 하지 않으므로 사회 집단으로 보기 어렵다.

## 23 ④

| 정답해설 | 사회 집단은 소속감을 기준으로 내집단과 외집단으로 나누며, 접촉 방식에 따라 1차 집단과 2차 집단으로 분류한다.
④ 2차 집단은 형식적이고 수단적인 만남을 바탕으로 형성된 집단을 말한다.

## 24 ②

| 정답해설 | 사회 집단은 결합 의지에 따라 공동 사회와 이익 사회로 분류할 수 있다. 공동 사회는 자신의 결합 의지와 상관없이 본능적·자연적으로 형성된 집단을 말하며, 이익 사회는 목표 달성을 위해 의도적으로 형성된 집단을 말한다.

## 25 ①

| 정답해설 | 구성원의 소속감에 따라 내집단(우리 집단)과 외집단(그들 집단)으로 구분할 수 있다.

## 26 ④

| 정답해설 | 제시문은 준거 집단에 대한 설명이다. 소속 집단과 준거 집단이 일치할 경우 소속 집단에 대해 만족과 자부심을 느끼게 되지만, 불일치할 경우 소속 집단에 대해 불만을 느끼기도 한다.

## 27 ④

| 정답해설 | A는 소속 집단인 인문계 고등학교와 준거 집단인 특성화 고등학교가 일치하지 않기 때문에 불만이 생긴 것이다.

## 28 ③

| 정답해설 | 차별은 차이를 인정하지 않고 자신과 다르다는 이유로 부당하게 대우하는 것으로, 정당하지 않기 때문에 경계해야 할 대상이다.

## 29 ④

| 정답해설 | 차별을 해결하기 위해 개인적 차원에서는 차이를 인정하고 다양성을 존중하는 태도를 함양하며, 다른 사람의 권리를 존중해야 한다. 사회적 차원에서는 차별을 금지하고 사회적 소수자를 보호할 수 있는 법과 제도를 마련하기 위해 노력해야 한다.
④ 차별은 개인적 차원과 사회적 차원의 노력이 병행되어야 한다.

| 01 | ④ | 02 | ④ | 03 | ④ | 04 | ② | 05 | ④ |
|---|---|---|---|---|---|---|---|---|---|
| 06 | ③ | 07 | ① | 08 | ③ | 09 | ② | 10 | ③ |
| 11 | ① | 12 | ① | 13 | ① | 14 | ④ | 15 | ④ |
| 16 | ③ | 17 | ④ | 18 | ③ | 19 | ③ | 20 | ④ |
| 21 | ① | 22 | ④ | 23 | ④ | 24 | ④ | | |

## 01   ④

| 정답해설 | 문화란 한 사회의 구성원들이 주어진 환경에 적응하면서 만든 생활 양식을 말한다.
| 오답해설 | ①, ②, ③ 자연 현상, 인간의 타고난 체질이나 생리적인 본능에 의한 행동, 개인적인 습관은 문화에 해당하지 않는다.

## 02   ④

| 정답해설 | 넓은 의미의 문화는 인간이 주어진 환경에 적응하면서 만들어 낸 공통의 생활 양식을 말한다.
| 오답해설 |
①, ③ 좁은 의미의 문화에 해당한다.
② 문화에 해당하지 않는다.

## 03   ④

| 정답해설 | 문화는 사회 구성원들이 사회생활을 통해 만들어 낸 공통의 생활 양식을 말한다. 후천적으로 학습된 행동, 지속적으로 반복되는 생활 양식 등은 문화에 해당하나, 생리적인 본능에 의한 행동, 유전적이거나 선천적인 행동, 개인의 독특한 버릇이나 습관 등은 문화에 해당하지 않는다.
④ 생리적인 본능에 의한 행동으로 문화에 해당하지 않는다.

## 04   ②

| 정답해설 | 문화의 특수성으로 인해 각 사회의 문화는 시대와 지역에 따라 여러 가지 모습으로 나타난다.

## 05   ④

| 정답해설 | 각 사회마다 그 사회가 처한 자연환경, 역사적 배경, 사회적 상황이 다르기 때문에 시대와 장소에 따라 문화가 다양하게 나타난다.

## 06   ③

| 정답해설 | 제시된 사례에는 문화의 학습성이 나타나 있다. 문화의 학습성이란 문화는 타고나는 것이 아니라 후천적으로 배우는 것임을 의미한다.

## 07   ①

| 정답해설 | 제시된 사례를 통해 알 수 있는 문화의 속성은 문화의 공유성이다. 문화의 공유성은 다른 사회 구성원들의 행동 및 사고를 예측하고 이에 따라 적절히 반응할 수 있게 한다.

## 08   ③

| 정답해설 | 문화는 고정된 것이 아니라 시간이 흐르면서 끊임없이 변화하는 변동성을 가진다.

## 09   ②

| 정답해설 | 문화의 변동성이란 시대의 흐름에 따라 새로운 문화가 추가되거나 사라지는 등 끊임없이 변화하는 것을 의미한다.
ㄱ, ㄹ. 문화의 변동성을 보여 주는 사례에 해당한다.
| 오답해설 |
ㄴ. 문화의 공유성을 보여 주는 사례에 해당한다.
ㄷ. 문화의 학습성을 보여 주는 사례에 해당한다.

## 10   ③

| 정답해설 | 영희는 자문화 중심주의의 태도를 보이고 있다. 자문화 중심주의란 자기 문화의 우수성만을 내세우고 다른 문화를 무시하는 태도로, 문화 간에 우열이 있다고 보는 입장이다.

## 11   ①

| 정답해설 | 제시된 사례는 중국의 중화사상으로, 이는 자문화 중심주의에 해당한다. 자문화 중심주의의 문제점은 문화 간 교류를 방해하고, 국수주의로 발전하여 국제적 고립을 초래할 수 있다는 것이다. 또한 문화 제국주의 침략을 정당화하는 근거로 이용될 수 있다.
| 오답해설 | ②, ③, ④ 문화 사대주의의 문제점에 해당한다.

## 12  ①

| 정답해설 | 문화 사대주의는 자기 문화를 낮게 평가하고 다른 사회의 문화만을 우수하다고 믿는 태도를 말한다.

| 오답해설 | ③ 문화 제국주의는 자기 문화의 우월성을 바탕으로 다른 문화에 자기 문화를 주입하려는 태도이다.

## 13  ①

| 정답해설 | 조장(鳥葬)이라는 티베트의 독특한 장례 문화를 그 사회가 처한 환경과 역사적 맥락 속에서 이해하고 있으므로 이는 문화 상대주의의 태도에 해당한다.

## 14  ④

| 정답해설 | 문화 상대주의는 한 사회의 문화를 그 사회의 사회적·역사적 맥락에서 이해하면서 문화를 평가의 대상으로 보지 않는 태도이다.
④ 문화 사대주의의 문제점과 관련이 있다. 문화 사대주의는 다른 사회의 문화를 더 좋은 것으로 보기 때문에 자기 문화의 주체성을 상실할 우려가 있다.

## 15  ④

| 정답해설 | 제시된 사례는 극단적 문화 상대주의와 관련이 있다. 극단적 문화 상대주의는 인간의 존엄성과 같은 인류의 보편적 가치를 무시하는 현상에 대해서도 그 문화가 처한 상황 속에서 이해해야 한다는 태도이다. 제시된 사례는 인류의 보편 윤리에 어긋나는 문화이므로 인정해서는 안 된다.

## 16  ③

| 정답해설 | 서로 다른 다양한 문화를 올바르게 이해하기 위해서는 문화 상대주의의 태도를 지녀야 한다. 문화 상대주의는 각각의 문화가 고유성과 가치를 지닌다고 보고, 그 문화가 형성된 상황이나 맥락에서 이해하며, 각 문화를 있는 그대로 인정해야 한다고 본다.
③ 문화를 절대적인 기준에 따라 평가하는 태도는 문화 사대주의와 자문화 중심주의이다. 문화 상대주의는 문화를 평가의 대상으로 보지 않는다.

## 17  ④

| 정답해설 | 제시된 내용은 문화 이해의 관점 중 총체론적 관점에 해당한다. 총체론적 관점은 문화를 전체적인 맥락 속에서 제

대로 이해할 수 있기 때문에 필요하다.

## 18  ③

| 정답해설 | 인터넷, 스마트폰 등 뉴 미디어의 등장으로 쌍방향 의사소통이 가능해졌으며, 문화 생산자로서 대중의 역할이 증대되었다.

## 19  ③

| 정답해설 | 대중 매체란 불특정 다수에게 동일한 정보를 대량으로 동시에 전달하는 수단으로, 대중문화의 형성에 큰 영향을 미친다.
③ 현대 사회에서 대중 매체의 중요성은 더욱 커지고 있다.

## 20  ④

| 정답해설 | 스마트폰, 인터넷, SNS 등 시간과 공간의 제약 없이 정보가 대량으로 확산되고 쌍방향 소통이 가능한 대중 매체를 뉴 미디어라고 한다.
| 오답해설 |
①, ② 기존의 대중 매체인 인쇄 매체에 해당한다.
③ 기존의 대중 매체인 음성 매체에 해당한다.

## 21  ①

| 정답해설 | 새로운 대중 매체인 뉴 미디어는 쌍방향 소통을 가능하게 하고, 정보의 능동적 활용이 가능하다. 인터넷, 스마트폰, SNS 등이 대표적이다.

## 22  ④

| 정답해설 | 대중문화란 대중 매체의 발달로 대중이 일상생활에서 쉽게 접하고 누릴 수 있게 된 문화이다.
④ 대중문화를 즐기기 위해서는 많은 비용이 필요하지 않다.

## 23  ④

| 정답해설 | 대중문화가 지나치게 상업화되면 선정적이고 쾌락적인 문화가 확산되어 문화의 질이 떨어질 수 있다.

## 24  ④

| 정답해설 | 대중문화를 수용할 때에는 비판적으로 평가하고 검

토하는 자세가 필요하고, 대중문화의 문제점을 지적하고 잘못된 정보에 대한 시정을 적극적으로 요구해야 하며, 주체적인 문화 생산자로서 미디어를 올바르게 활용해야 한다.

## 09 정치 생활과 민주주의

| 01 | ① | 02 | ③ | 03 | ④ | 04 | ④ | 05 | ① |
|----|---|----|---|----|---|----|---|----|---|
| 06 | ③ | 07 | ④ | 08 | ③ | 09 | ② | 10 | ④ |
| 11 | ③ | 12 | ④ | 13 | ① | 14 | ③ | 15 | ② |
| 16 | ① | 17 | ② | 18 | ③ | 19 | ④ | 20 | ② |
| 21 | ② | 22 | ② | 23 | ③ | 24 | ② | 25 | ④ |

### 01  ①

| 정답해설 | 좁은 의미의 정치는 정치인들이 정치권력을 획득·유지·행사하는 활동을 말한다. 넓은 의미의 정치는 사회 집단 안에서 발생하는 구성원 간의 대립과 갈등을 조정하고 해결하는 활동을 말한다.

### 02  ③

| 정답해설 | 좁은 의미의 정치는 정치인들이 정치권력을 획득·유지·행사하는 활동을 말한다.
| 오답해설 | ㄱ, ㄹ. 넓은 의미의 정치에 해당한다.

### 03  ④

| 정답해설 | 시민은 정치 현상에 관심을 가지고 적극적으로 정치에 참여해야 하며, 국가 기관이 정치권력을 올바르게 행사하도록 감시하고 견제해야 한다. 또한 공동체 의식을 가지고 사익과 공익의 조화를 추구해야 한다.

### 04  ④

| 정답해설 | 밑줄 친 '이것'은 고대 아테네에서 실시되었던 도편추방제로, 아테네의 직접 민주주의 요소이다.

### 05  ①

| 정답해설 | 고대 아테네에서는 시민이 민회에 직접 모여 국가의 중요한 일을 결정하였으며, 누구나 공직자가 될 수 있었다. 재판은 추첨을 통해 선정된 500명 정도의 배심원의 다수결로 판결을 내렸다.
① 고대 아테네에서는 성인 남자에게만 시민권이 주어졌고 여성, 노예, 외국인 등은 시민에 포함되지 않았다.

### 06  ③

| 정답해설 | 제시된 사례는 시민 혁명의 결과 발표된 문서에 대한 내용이다. 시민 혁명으로 의회를 중심으로 한 대의 민주 정치가 확립되었고, 왕권이 제한되고 시민의 자유와 권리가 확대되었으며, 근대 민주 정치가 등장하였다.
③ 근대 시민 혁명 이후에도 성별, 신분, 재산 등에 따라 정치 참여가 제한되었다. 참정권을 얻지 못한 사람들이 19~20세기에 참정권 확대 운동을 전개하였다.

### 07  ④

| 정답해설 | 시민 혁명의 결과 절대 왕정으로부터 벗어나 시민의 자유권과 평등권을 보장받게 되었으며, 근대 민주 정치가 등장하였다.

### 08  ③

| 정답해설 | 영국의 차티스트 운동은 노동자들의 선거권 요구 운동이며, 여성 참정권 운동은 여성들의 선거권 요구 운동이다. 이와 같은 운동이 전개된 이후에 보통 선거 제도가 확립되었다.

### 09  ②

| 정답해설 | 현대 민주 정치는 보통 선거의 실시로 일반 대중이 정치에 참여하는 대중 민주주의가 발달하였으며, 국민이 선출한 대표가 국민의 의사를 대신 결정하는 대의 민주주의가 발달하였다. 또한 오늘날에는 정보 통신 기술의 발달로 인해 전자 민주주의가 발달하였다.
② 인구가 많고 영토가 넓은 현대 국가에서는 대부분 간접 민주주의(대의 민주주의)를 채택하고 있다.

### 10  ④

| 정답해설 | 현대에는 국가의 영토가 넓어지고 인구가 많아지면서 국민이 선출한 대표자가 국가 의사를 결정하는 대의 민주주의(간접 민주 정치)가 등장하였다.

**11** ③

| 정답해설 | 제시문은 민주주의의 근본이념인 인간의 존엄성에 대한 설명이다. 인간의 존엄성을 실현하기 위해서는 자유와 평등이 보장되어야 한다.

**12** ④

| 정답해설 | 민주주의의 근본이념인 인간의 존엄성을 실현하기 위해서는 자유와 평등이 보장되어야 한다. 자유란 외부로부터 부당한 간섭을 받지 않는 것이며, 평등이란 동등하게 대우받는 것이다.
④ 현대 사회에서는 개인의 능력과 차이를 고려하여 사회적 약자를 배려하는 실질적 평등이 중요시되고 있다.

**13** ②

| 정답해설 | 제시된 제도들은 개인의 능력과 차이를 고려하여 사회적 약자를 배려하고 실질적 평등을 보장하기 위한 것이다.

**14** ③

| 정답해설 | 국민 주권의 원리는 나라를 다스리는 주권이 국민에게 있다는 원리이다. 이는 국민의 지지와 동의를 바탕으로 행사되는 국가 권력에 정당성을 부여해 준다.

**15** ②

| 정답해설 | 제시된 헌법 조항은 국가의 최고 권력인 주권이 국민에게 있다는 국민 주권의 원리를 말한다.

**16** ①

| 정답해설 | 제시문은 입헌주의의 원리로, 이는 국가 권력의 남용을 막고 국민의 자유와 권리를 보장하기 위함이다.

**17** ②

| 정답해설 | 권력 분립의 원리란 국가 권력을 입법권, 행정권, 사법권으로 분리하고 서로 다른 독립된 기관에 맡기는 것이다. 우리나라는 권력 분립을 위해 삼권 분립 제도를 운영하는데, 이는 국가 권력의 남용을 막고 국민의 기본권을 보장하기 위한 제도이다.

**18** ③

| 정답해설 | 대의 민주주의는 국민의 의사를 제대로 전달하지 못한다는 한계점이 있기 때문에 국민 투표 제도, 국민 소환 제도, 국민 발안 제도와 같은 직접 민주주의의 요소를 도입하고 있다.

**19** ④

| 정답해설 | 국민이 선거를 통해 의회 의원과 대통령을 선출하는 것은 대통령제의 특징이다. 대통령제에서는 국민에 의해 선출된 대통령이 행정부를 구성한다.

**20** ③

| 정답해설 | 의원 내각제는 국민의 선거를 통해 의회가 구성되며, 의회 다수당의 지도자가 총리가 되어 행정부(내각)를 구성하는 형태이다.

**21** ②

| 정답해설 | 의원 내각제에서 의회는 내각 불신임권을 행사할 수 있고, 내각은 의회를 해산할 수 있다.
| 오답해설 |
①, ④ 대통령제에 대한 설명이다.
③ 의원 내각제에서 총리는 법률안 제출권을 행사할 수 있다.

**22** ②

| 정답해설 | 제시된 그림은 의원 내각제를 보여 준다. 의원 내각제에서 입법부(의회)는 내각 불신임권을 행사할 수 있고, 행정부(내각)는 의회를 해산할 수 있다.

**23** ③

| 정답해설 | 대통령제는 입법부와 행정부가 엄격하게 분리되어 있는 권력 분립형이다. 우리나라, 미국, 브라질 등이 대통령제를 채택하고 있다.

**24** ②

| 정답해설 | 의원 내각제는 국민이 선거를 통하여 의회를 구성하면 다수당 대표가 총리가 되어 내각을 구성한다. 입법부와 행정부의 긴밀한 관계를 바탕으로 운영되며, 대표적으로 영국, 일본, 독일, 캐나다 등이 있다.

## 25 ④

| 정답해설 | 우리나라는 대통령제를 기본으로 행정부와 국회 간의 긴밀한 협조를 통해 효율적으로 국정을 운영하기 위해 의원 내각제 요소를 부분적으로 도입하고 있다.

<table>
<tr><td colspan="10">10 정치 과정과 시민 참여      116쪽</td></tr>
<tr><td>01</td><td>③</td><td>02</td><td>①</td><td>03</td><td>③</td><td>04</td><td>①</td><td>05</td><td>④</td></tr>
<tr><td>06</td><td>①</td><td>07</td><td>④</td><td>08</td><td>③</td><td>09</td><td>④</td><td>10</td><td>④</td></tr>
<tr><td>11</td><td>②</td><td>12</td><td>④</td><td>13</td><td>①</td><td>14</td><td>④</td><td>15</td><td>③</td></tr>
<tr><td>16</td><td>①</td><td>17</td><td>③</td><td>18</td><td>③</td><td>19</td><td>②</td><td>20</td><td>②</td></tr>
<tr><td>21</td><td>②</td><td>22</td><td>②</td><td>23</td><td>①</td><td>24</td><td>④</td><td>25</td><td>④</td></tr>
<tr><td>26</td><td>④</td><td>27</td><td>③</td><td>28</td><td>③</td><td>29</td><td>②</td><td>30</td><td>③</td></tr>
</table>

## 01 ③

| 정답해설 | 정치 과정이란 사회 구성원들의 다양한 이해관계가 표출되고 집약되어 정책으로 결정되고 집행되는 과정을 말한다.
| 오답해설 |
① 정책은 정책 평가를 통해 수정이 이루어진다.
② 경제 성장은 정치 과정의 목표 중 하나에 해당한다.
④ 과거에 비해 여러 개인과 집단의 정치 과정 참여 비중이 늘고 있다.

## 02 ①

| 정답해설 | 이익 집약은 정당이나 언론 등이 표출된 이익을 모아 여론으로 수렴하고 대안을 제시하는 과정을 말한다.

## 03 ③

| 정답해설 | 제시된 과정은 국회에서 법안을 통과시킨 것으로 이는 정책 결정 단계에 해당한다.

## 04 ①

| 정답해설 | 정치 과정은 '이익 표출 → 이익 집약 → 정책 결정 → 정책 집행 → 정책 평가'의 순으로 이루어진다. 따라서 순서대로 배열하면 'ㄱ-ㄴ-ㄷ-ㄹ-ㅁ'이다.

## 05 ④

| 정답해설 | 정치 주체는 정치 과정에서 영향력을 행사하는 국가 기관이나 개인 및 집단을 말한다. 그중 비공식적 정치 주체에는 시민, 언론, 정당, 이익 집단, 시민 단체 등이 있다.
| 오답해설 | ㄱ, ㄴ. 공식적 정치 참여 주체이다.

## 06 ①

| 정답해설 | 국회는 국민의 다양한 의사를 반영하여 법률을 제정하고 개정하는 국가 기관이다. 또한 국정 감사를 통해 국가의 중요 정책을 점검하기도 한다.

## 07 ④

| 정답해설 | 제시된 정치 참여 주체들은 정치 과정에 참여하여 이익을 표출하고 여론을 수렴하여 대안을 제시하는 정치 참여 주체이다.
| 오답해설 |
① 정당의 특징이다.
② 정책 결정의 주체는 국회와 정부이다.
③ 정당과 시민 단체의 특징이다. 이익 집단은 사익을 추구한다.

## 08 ③

| 정답해설 | 정당은 정치적 견해를 함께하는 사람들이 정권 획득을 위해 결성한 집단을 말한다. 각종 선거에 후보자를 추천하여 국민의 대표자를 배출하고, 여론을 형성하며, 정부 활동에 대해 감시하거나 정책 대안을 제시한다.
③ 정당은 공익을 추구하고 정치적 책임을 진다.

## 09 ④

| 정답해설 | 제시된 단체들은 이해관계를 같이하는 사람들이 사익을 실현하기 위해 만든 이익 집단이다. 이익 집단은 다양한 집단의 이익을 대변하여 정부와 국회에 압력을 행사하나 집단의 이익만을 추구할 경우 공익과 충돌하거나 사회 혼란을 야기할 수도 있다.

## 10 ④

| 정답해설 | 시민 단체는 공익 추구를 위해 시민들이 자발적으로 만든 집단으로, 시민의 정치 참여를 유도하며, 정책이 올바르게 결정되고 집행되는지 감시하고 비판하는 역할을 한다.

## 11 ②

| 정답해설 | 정당은 정권 획득을 목적으로 정치적 견해를 같이 하는 사람들이 모인 집단을 말한다. 정당은 국민의 지지를 얻기 위해 국민의 뜻을 파악하여 정당의 정책에 반영하고, 국민은 선거를 통해 정당에서 추천한 후보자에게 투표한다. 이를 통해 선출된 대표는 국민을 위해 정치 활동을 한다.

## 12 ④

| 정답해설 | 언론은 신문이나 인터넷 등의 대중 매체를 통해 정보를 전달하는 정치 주체로, 정부 정책에 대한 해설과 비판을 제공함으로써 여론 형성을 주도한다.
④ 언론은 객관적이고 공정한 보도를 해야 하며, 이를 위해서는 언론의 자유가 보장되어야 한다.

## 13 ①

| 정답해설 | 개인이 정치에 참여하는 방법에는 가장 기본적인 방법인 선거, 청원, 공청회나 토론회 참석, 언론 투고, 집회나 서명 운동 참여, SNS를 통한 의견 제시, 이익 집단·시민 단체·정당의 가입 등이 있다.
① 법률 제정의 주체는 국회이다. 국민의 의사가 법률 제정에 반영되지만 법률 제정을 개인적 차원의 정치 참여 방법으로 보기는 어렵다.

## 14 ④

| 정답해설 | 선거는 대의 민주주의 제도하에서 국민이 대표자를 선출하는 절차이자 가장 기본적인 정치 참여 수단으로 '민주주의의 꽃'이라고 불린다. 선거를 통해 대표자를 교체할 수 있기 때문에 대표자를 통제하는 수단이 된다. 더불어 국민의 동의와 지지를 바탕으로 선출된 대표자에게는 권력의 정당성이 부여된다.

## 15 ③

| 정답해설 | 비밀 선거는 투표자가 누구에게 투표하였는지 알 수 없게 하는 선거의 기본 원칙이다.
| 오답해설 |
① 평등 선거의 원칙에 어긋난다.
② 보통 선거의 원칙에 어긋난다.
④ 직접 선거의 원칙에 어긋난다.

## 16 ①

| 정답해설 | 보통 선거는 일정한 연령에 달하면 어떤 조건에 따른 제한 없이 선거권을 주는 원칙이다. 선거법 개정으로 2020년부터 만 18세 이상 국민에게 투표권이 주어졌다.

## 17 ③

| 정답해설 | 제시된 사례는 평등 선거의 원칙이 지켜지지 않은 경우이다. 평등 선거란 투표권의 개수와 가치에 차등을 두지 않고 같아야 한다는 민주 선거의 원칙이다.

## 18 ③

| 정답해설 | 필요한 경우 대리인을 통해 투표할 수 있는 것은 직접 선거의 원칙이 지켜지지 않은 경우이다. 직접 선거는 선거권자가 대리인을 거치지 않고 자신이 직접 투표소에 가서 투표하는 제도이다.
| 오답해설 |
① 투표의 가치에 차등을 두지 않고 모든 사람에게 동등한 가치의 한 표를 주는 원칙인 평등 선거에 대한 설명이다.
② 일정한 연령에 달하면 어떤 조건에 따른 제한 없이 선거권을 주는 원칙인 보통 선거에 대한 설명이다.
④ 선거권자가 누구에게 투표하였는지 알 수 없게 하는 원칙인 비밀 선거에 대한 설명이다.

## 19 ②

| 정답해설 | 선거구 법정주의란 게리맨더링을 방지하고 국민의 의사를 올바르게 반영하기 위해 국회에서 정한 법률에 따라 선거구를 정하는 것을 말한다.

## 20 ②

| 정답해설 | 우리나라는 특정 정당이나 후보에게 유리한 선거 결과가 나오는 것을 방지하기 위해 국회에서 정한 법률에 따라 선거구를 정하는 선거구 법정주의를 실시하고 있다.

## 21 ②

| 정답해설 | 선거 공영제란 선거 운동을 국가 기관이 관리하고, 선거 비용의 일부를 국가나 지방 자치 단체에서 부담하는 제도를 말한다. 선거 공영제는 후보자에게 균등한 선거 운동의 기회를 보장하기 위해 실시한다.

## 22 ②

| 정답해설 | 선거 관리 위원회는 선거와 국민 투표의 공정한 관

리를 담당하고, 정당과 정치 자금에 관한 사무를 담당하며 공정 선거와 선거 참여를 위한 각종 홍보 활동을 담당한다.
② 선거구는 국회에서 법률로써 정한다.

## 23  ①

| 정답해설 | 제시된 제도들은 공정한 선거를 위한 제도이다. 선거 공영제는 국가나 지방 자치 단체가 선거 운동을 관리하여 선거 비용의 일부를 부담하는 제도이며, 선거구 법정주의는 선거구를 법률에 의해 미리 획정하여 특정 후보자나 정당에 유리한 선거구가 만들어지는 게리맨더링을 방지하기 위한 제도이다. 우리나라에서는 선거 관리 위원회라는 독립적인 국가 기관을 두어 선거와 국민 투표의 공정한 관리를 위해 노력하고 있다.

## 24  ④

| 정답해설 | 지방 자치 제도는 지역 주민의 자발적 참여를 통해 민주주의를 실현하기 때문에 '풀뿌리 민주주의'라고 불린다. 또한 주민이 정치에 참여할 수 있는 기회가 확대되어 지역의 주인임을 배우게 되므로 '민주주의의 학교'라고도 불린다.

## 25  ④

| 정답해설 | 지방 자치 제도는 중앙 정부에 집중되어 있는 국가 권력을 지방으로 분산시켜 권력 분립을 실현한다. 더불어 지역의 실정에 맞는 업무와 정책을 추진하고, 주민 참여 기회를 확대시키며, 지역 주민의 자발적 참여를 통해 주민 자치를 실현함으로써 민주주의를 실현한다.
④ 지방 자치 제도는 중앙 정부의 기능을 지방 정부가 분담하도록 한다.

## 26  ④

| 정답해설 | 지방 자치 단체장과 지방 의회 의원 모두 주민의 직접 선거를 통해 선출된다.
| 오답해설 |
① 지방 의회는 지역 정책을 결정하고, 지방 자치 단체장은 지역 정책을 집행한다.
② 지방 의회는 조례를 제정하고, 지방 자치 단체장은 규칙을 제정한다.
③ 특별시, 광역시, 도는 광역 자치 단체에 해당한다.

## 27  ③

| 정답해설 | 광역 자치 단체는 특별시, 광역시, 도가 해당하고,

기초 자치 단체는 시, 군, 구가 해당한다.
| 오답해설 | ㄱ, ㄹ. 광역 자치 단체장에 해당한다.

## 28  ③

| 정답해설 | 제시된 지방 자치 단체는 광역 자치 단체장이다. 지방 자치 단체장은 규칙의 제정 및 개정, 지역의 행정 업무 및 정책 집행, 지역의 예산 수립 및 집행 등의 역할을 담당한다.
③ 지방 의회의 역할에 해당한다.

## 29  ②

| 정답해설 | 제시된 설명은 주민 참여 제도 중 주민 발의에 대한 것이다. 주민 발의란 주민이 지역에 필요한 조례안을 만들어 지방 의회에 제출하는 것을 말한다.

## 30  ③

| 정답해설 | 주민 소환 제도란 선출된 공직자가 주민의 의사에 반하는 직무를 수행할 경우 투표로 해임할 수 있는 것을 말한다.

## 11 일상생활과 법                                    129쪽

| 01 | ① | 02 | ③ | 03 | ① | 04 | ② | 05 | ① |
|----|----|----|----|----|----|----|----|----|----|
| 06 | ④ | 07 | ④ | 08 | ② | 09 | ② | 10 | ① |
| 11 | ② | 12 | ④ | 13 | ② | 14 | ② | 15 | ④ |
| 16 | ④ | 17 | ① | 18 | ② | 19 | ① | 20 | ② |
| 21 | ① | 22 | ② | 23 | ① | 24 | ④ | 25 | ① |

## 01  ①

| 정답해설 | 법 규범은 사회 구성원의 합의를 전제로 국가에서 정한 강제적인 사회 규범을 말한다. 법을 어기면 국가로부터 제재를 받는다.

## 02  ③

| 정답해설 | 법은 정의의 실현을 목적으로 행위의 결과만을 판단하며, 도덕은 선의 실현을 목적으로 행위의 동기만을 판단한다. 법은 강제성이 있기 때문에 위반 시 국가로부터 제재를 받는다.

**03** ①

| 정답해설 | A는 순수한 법의 영역이다. 주민 등록법, 도로 교통법 등이 이에 해당한다.

| 오답해설 |

②, ③ 순수한 도덕의 영역으로, B에 해당한다.

④ 도덕을 기반으로 만들어진 법의 영역으로, C에 해당한다.

**04** ②

| 정답해설 | 제시된 사회 규범은 법 규범에 해당한다. 법 규범은 다른 사회 규범에 비해 내용이 구체적이고 명확하며, 법을 어기면 국가로부터 제재를 받는다.

| 오답해설 |

① 관습에 대한 설명이다.

③ 법은 도덕을 바탕으로 만들어지는 경우가 많다.

④ 도덕에 대한 설명이다.

**05** ①

| 정답해설 | 제시된 내용은 정당한 몫이 각자에게 돌아가는 경우로, 이는 모든 사람이 각자 받아야 할 정당한 몫을 얻는 것을 뜻하는 정의가 실현된 것으로 볼 수 있다. 정의의 실현은 법이 추구하는 가장 중요한 목적이다.

**06** ④

| 정답해설 | 법은 규율하는 생활 영역에 따라 사법, 공법, 사회법으로 구분된다. 사법은 개인과 개인 사이의 사적 생활을, 공법은 개인과 국가 기관 또는 국가 기관 사이의 공적 생활을 규율한다. 사회법은 국가가 사적 영역에 개입하여 사회적 약자를 보호하기 위해 만든 법이다.

**07** ④

| 정답해설 | 사법은 개인과 개인 사이의 사적 생활을 규율하는 법으로, 개인의 자유와 권리가 중요시된 근대 이후부터 강조되기 시작되었으며, 민법과 상법이 이에 해당한다.

④ 공법에 대한 설명이다.

**08** ②

| 정답해설 | 제시된 사례에서는 상속 문제를 다루는 민법이 적용되어야 한다. 민법은 가족 관계 및 개인 간의 재산 관계 등을 규정한 법으로, 혼인, 유언, 상속, 재산권, 계약, 손해 배상 등에 관한 내용을 다룬다.

**09** ②

| 정답해설 | 공법의 한 종류인 형법은 범죄의 유형과 형벌의 내용을 규정한 법으로, 사회 질서를 유지하고 국민의 권리를 보호한다.

| 오답해설 |

①, ③ 민법과 상법은 사법에 해당한다.

④ 소비자 기본법은 사회법의 한 종류인 경제법에 해당한다.

**10** ①

| 정답해설 | 공법은 개인과 국가 간 또는 국가 기관 간의 공적인 생활 관계를 규율하는 법이다.

**11** ②

| 정답해설 | 제시문은 공법에 대한 설명이다. 헌법, 형법, 행정법, 소송법, 세법, 병역법, 선거법 등이 공법에 해당한다.

② 경제법은 사회법에 해당한다.

**12** ④

| 정답해설 | 사회법은 사회적·경제적 약자의 권리를 보호하고 사회 구성원의 최소한의 인간다운 생활을 보장하기 위해 만든 법으로, 경제법, 노동법, 사회 보장법으로 분류된다.

| 오답해설 |

ㄱ. 사법 영역에 해당한다.

ㄷ. 공법 영역에 해당한다.

**13** ②

| 정답해설 | 사회법은 산업 혁명 이후 빈부 격차, 환경 오염 등 여러 사회 문제가 발생하자 국가가 사적 영역에 개입하여 사회적 약자를 보호하기 위해 만든 법으로, 사법과 공법의 중간적 성격을 띤다.

② 근대 이전부터 중요시된 법은 국가를 통치하는 중요한 수단인 형법이다.

**14** ②

| 정답해설 | 사회법은 산업 혁명 이후 개인의 경제적 자유를 최대한 보장한 결과 빈부 격차, 노동자와 사용자 간 대립 등의 각

종 사회 문제가 발생하자 이를 해결하기 위해 국가가 적극적으로 사적 생활에 개입해야 한다는 요구가 커지면서 등장한 법이다. 제시된 사례는 노동 문제를 해결하기 위한 노동법과 관련이 있다.
② 형사 소송법은 공법 중 소송법에 해당한다.

## 15 ④

| 정답해설 | 사회법은 모든 국민의 최소한의 인간다운 생활을 보장하기 위해 국가가 사적 생활 영역에 개입하여 사회적 약자를 보호할 권리와 의무를 규율한 법이다.

## 16 ④

| 정답해설 | 재판을 통해 분쟁을 해결하고 국민의 이익을 보호하며, 사회 정의와 인권 보호를 실현한다.
④ 재판은 시간과 비용이 많이 들기 때문에 가장 바람직한 분쟁 해결 방법이라고 할 수 없다.

## 17 ①

| 정답해설 | 제시문의 내용은 개인 사이의 분쟁으로 손해 배상 청구 소송이 제기된 경우이므로 민사 재판에 해당한다. 민사 재판은 개인 간의 관계에서 발생한 분쟁을 해결하는 재판이다.

## 18 ②

| 정답해설 | 형사 재판은 강도, 절도, 폭행 등 범죄가 발생하였을 때 검사의 기소에 따라 법원이 범죄의 유무와 형벌의 양을 정하는 재판이다.

## 19 ①

| 정답해설 | 가사 재판은 이혼, 혼인, 상속 등 가족 관계에서 벌어진 다툼을 해결하는 재판이다.

## 20 ②

| 정답해설 | 제시된 내용은 민사 재판에 대한 설명이다. 민사 재판에서는 판사, 원고, 피고, 소송 대리인(변호사)이 참여한다.
② 형사 재판에서의 원고는 검사가 된다.

## 21 ①

| 정답해설 | 고소는 범죄 피해자가 범죄 사실을 직접 수사 기관에 신고하는 것이고, 고발은 제3자가 범죄 사실을 수사 기관에 신고하는 것을 말한다.

## 22 ②

| 정답해설 | 제시된 그림은 검사가 원고석에 앉아있는 형사 재판의 모습을 보여 준다. 형사 재판은 검사의 공소 제기(기소)로 재판이 시작된다.

## 23 ①

| 정답해설 | 제시된 제도들은 국민의 권리를 보호하기 위해 공정한 재판이 이루어지도록 실시되고 있는 제도이다.

## 24 ④

| 정답해설 | 심급 제도란 급을 달리하는 법원에서 여러 번 재판을 받을 수 있도록 하는 제도로, 상소 제도(항소, 상고)를 통해 재판을 청구할 수 있다.
| 오답해설 |
① 심급 제도는 공정한 재판을 위한 제도이다.
② 우리나라는 일반적으로 3심제를 채택하고 있다.
③ 2심 판결에 불복하여 3심 재판을 청구하는 것을 상고라고 한다.

## 25 ①

| 정답해설 | 재판 이외의 분쟁 해결 방안으로는 합의, 조정, 중재가 있는데, 이는 재판보다 시간과 비용이 적게 든다는 장점이 있다.

| 12 사회 변동과 사회 문제 | | | | | | | | 140쪽 |
|---|---|---|---|---|---|---|---|---|---|
| 01 | ③ | 02 | ② | 03 | ④ | 04 | ③ | 05 | ④ |
| 06 | ③ | 07 | ③ | 08 | ② | 09 | ④ | 10 | ① |
| 11 | ② | 12 | ① | 13 | ④ | 14 | ② | 15 | ③ |
| 16 | ② | 17 | ② | 18 | ④ | 19 | ② | 20 | ① |

## 01 ③

| 정답해설 | 사회 변동이란 정치, 경제, 사회 제도, 가치관 등이 시간의 흐름에 따라 부분적 또는 전체적으로 변화하는 현상을 말한다.

## 02 ②

| 정답해설 | 제시된 발명 시계를 통해 사회 변동의 속도가 점점 빨라지고 있음을 알 수 있다.

## 03 ④

| 정답해설 | 산업화는 농업 중심 사회에서 제조업·광공업·서비스업의 비율이 증가하여 산업 사회로 변화하는 현상을 말한다. 산업화로 대량 생산이 가능해지면서 생산성 증대에 따른 생활 수준의 향상이 나타났다. 반면 빈부 격차 심화, 환경 오염, 도시와 농촌의 격차 심화 등 각종 사회 문제도 발생하였다.
④ 산업화에 따라 농촌에서 도시로 인구가 집중되는 이촌 향도 현상이 나타났다.

## 04 ③

| 정답해설 | 정보화란 지식과 정보가 중심이 되어 사회의 변화를 이끌어 가는 현상을 말한다. 정보화로 다품종 소량 생산 체제가 확립되었고, 전자 민주주의가 실현되었으며, 가상 공간에서 새로운 인간관계가 형성되었다.

## 05 ④

| 정답해설 | 정보화로 인해 정보 격차 심화, 개인 정보 유출로 인한 사생활 침해, 인터넷 중독, 사이버 범죄 등의 사회 문제가 나타났다.
④ 노동자와 사용자 간 갈등 심화는 산업화에 따른 문제점이다.

## 06 ③

| 정답해설 | 제시된 사례는 세계화의 긍정적 영향을 나타낸다. 세계화로 인한 국가 간 상호 의존성 증대와 교류의 활성화 및 세계 문화의 등장을 보여 준다.
③ 세계화로 인해 국가 간 빈부 격차가 심화되고 있다.

## 07 ③

| 정답해설 | 한국 사회는 시민들의 저항을 통해 권위주의적 통치가 약화되고 민주주의가 정착되는 정치적 변동이 이루어졌다.
| 오답해설 |
① 한국 사회는 권위주의적 통치에서 민주주의 사회로 발전하였다.
②, ④ 시민의 저항을 통해 한국 사회의 민주화가 이루어졌다.

## 08 ②

| 정답해설 | 현재 한국 사회는 출산율이 매우 낮은 저출산·고령화 사회에 진입하였으며, 외국인 근로자와 결혼 이민자 등 이주 외국인의 유입이 증가하며 다문화 사회를 이루고 있다.
② 한국 사회는 1960년대 중반에 산업화 사회로 진입하였고, 1990년대에 정보화 사회로 진입하였다.

## 09 ④

| 정답해설 | 우리나라는 여성의 사회 진출 증가와 결혼 평균 연령 상승, 양육비와 사교육비 등 자녀 양육에 대한 부담 증가 등으로 인해 여성들이 출산을 기피하면서 출산율이 세계 최저 수준에 머무르고 있다.

## 10 ①

| 정답해설 | 제시된 내용은 저출산 현상의 원인과 대책에 해당한다.

## 11 ②

| 정답해설 | 고령화는 65세 이상 노년 인구가 차지하는 비율이 높아지는 현상을 말한다. 고령화로 생산 가능 인구가 줄어들면 노동력이 부족해지고, 이는 경제 성장 악화에 영향을 준다. 또한 노인 연금 및 복지 비용 등 노인 부양 부담이 증가하는 문제점이 있다.

## 12 ①

| 정답해설 | 밑줄 친 '현상'은 고령화 현상이다. 고령화 현상을 해결하기 위해서는 개인적 차원의 노후 대비는 물론 사회적 차원에서 일자리 확충, 연금 제도 마련 등 다양한 노인 복지 정책이 뒷받침되어야 하며, 사회 구성원들과의 정서적 유대감 형성을 위한 사회적 관계망의 확충이 필요하다.
① 고령화에 대비하여 노인 복지 정책을 확대해야 한다.

## 13 ④

| 정답해설 | 외국인 근로자, 결혼 이민자, 외국인 유학생 등의 유입으로 우리나라에 거주하고 있는 외국인의 수가 지속적으로 증가하고 있다. 이를 통해 우리나라가 다양한 인종, 민족, 종교, 문화를 가진 사람들이 함께 어우러져 살아가는 다문화 사회로 변화하고 있음을 알 수 있다.

## 14 ②

| 정답해설 | 우리나라는 결혼, 취업, 유학 등의 이유로 이민자가

늘어나면서 이주 외국인의 비중이 증가하고 있다. 특히 결혼 이민자의 증가로 다문화 가정 학생 수가 계속해서 증가하고 있다.

## 15 ③

| 정답해설 | 제시된 사례는 우리나라에서 기피하는 업종에 외국인 근로자가 그 자리를 채움으로써 노동력 부족 문제를 해소하는 모습을 보여 준다.

## 16 ②

| 정답해설 | 다문화 사회로의 변화는 새로운 문화가 유입되어 문화 경험의 기회가 확대되고 노동력이 확보된다는 긍정적 영향이 있다. 반면 이주민의 문화에 대한 이해가 부족하여 일어나는 차별 문제, 국내 노동자와 외국인 근로자 사이의 일자리 문제 등 여러 부정적 영향도 존재한다.
② 문화 상대주의 태도는 문화 갈등의 해결 방안이다.

## 17 ②

| 정답해설 | 사회 문제는 발생 원인이 사회에 있고, 인간의 노력으로 해결이 가능하며, 어느 사회에나 존재하지만 시대나 장소에 따라 다르게 나타날 수 있다. 사회 문제는 사회 구성원들에게 고통을 주기도 하지만, 이를 해결할 경우 사회 발전과 사회 통합에 기여한다.

## 18 ④

| 정답해설 | 선진국은 현재 저출산·고령화 현상으로 인한 노동력 부족 문제를 겪고 있다.
| 오답해설 | ①, ②, ③ 개발 도상국에서 나타나는 사회 문제이다.

## 19 ②

| 정답해설 | 실업 문제, 노사 갈등, 비정규직 근로자 증가, 고용 불안, 임금 격차 확대 등은 노동 문제와 관련이 있다.

## 20 ①

| 정답해설 | 사회 문제를 해결하기 위해서는 개인적 차원에서 공동체 의식을 바탕으로 사회 문제 해결에 적극 참여해야 하고, 국가적 차원에서 적절한 정책을 마련해야 하며, 국제적 차원에서 구체적이고 실질적인 국가 간 협력이 이루어져야 한다.
① 사회 문제의 해결을 위해서는 개인의 이익과 공동체의 이익의 조화가 필요하다.

# II 사회 2

## 01 인권과 헌법  155쪽

| 01 | ① | 02 | ③ | 03 | ③ | 04 | ③ | 05 | ③ |
|----|---|----|---|----|---|----|---|----|---|
| 06 | ④ | 07 | ④ | 08 | ② | 09 | ① | 10 | ④ |
| 11 | ② | 12 | ② | 13 | ① | 14 | ③ | 15 | ② |
| 16 | ④ | 17 | ① | 18 | ④ | 19 | ② | 20 | ③ |
| 21 | ④ | 22 | ① | 23 | ② | 24 | ③ | 25 | ④ |
| 26 | ③ | 27 | ④ |    |   |    |   |    |   |

## 01 ①

| 정답해설 | 인권은 인간이면 누구나 마땅히 누려야 할 권리로, 모든 사람이 동등하게 누리는 보편적 권리이고, 인간이 태어나면서부터 가지는 자연적 권리이다. 또한 누구도 함부로 침해할 수 없고 남에게 양도할 수 없는 불가침의 권리이다.

## 02 ③

| 정답해설 | 인권은 인종·성별·사회적 지위·종교 등과 관계없이 모든 사람이 동등하게 누리는 보편적 권리의 성격을 가진다.
| 오답해설 |
① 인권은 국가의 법으로 정하기 이전에 자연적으로 주어진 권리인 자연권의 성격을 갖는다.
② 인권은 태어나면서 하늘로부터 부여받은 당연한 권리라는 천부 인권의 성격을 갖는다.
④ 인권은 누구도 함부로 침해할 수 없고, 남에게 양도할 수 없는 불가침의 권리이다.

## 03 ③

| 정답해설 | 인권은 인간이면 누구나 누려야 할 권리로, 천부 인권, 보편적 권리, 불가침의 권리, 자연권의 성격을 지닌다.

## 04 ③

| 정답해설 | 국제 연합(UN)에서 채택된 세계 인권 선언은 인권 보장을 인류의 보편적 가치로 선포하고, 인권 보장의 국제적 기준을 명시하였다.

## 05 ③

| 정답해설 | 오늘날 대부분의 민주주의 국가에서는 헌법을 통해 추상적인 인권을 구체적으로 규정하여 실질적으로 보장하고 있다.

## 06 ④

| 정답해설 | 제시된 헌법 조항은 국민이 인간의 존엄과 가치 및 행복 추구권을 가진다는 것을 명시하고, 국민의 기본권을 보장하는 것이 국가의 의무임을 명시하고 있다.

## 07 ④

| 정답해설 | 사회권은 국민이 최소한의 인간다운 생활의 보장을 국가에 요구할 수 있는 적극적 권리로, 오늘날 복지 국가에서 그 중요성이 커지고 있다.

## 08 ②

| 정답해설 | 제시된 대화는 평등권을 침해받은 사례와 관련이 있다. 국민의 기본권 중 하나인 평등권은 모든 인간이 법 앞에서 평등하며, 성별·종교·사회적 신분에 의해 차별받지 않을 권리를 말한다.

## 09 ①

| 정답해설 | (가)는 자유권, (나)는 참정권, (다)는 청구권, (라)는 사회권에 대해 각각 규정하고 있다. 자유권은 국민이 국가 권력으로부터 간섭받지 않고 자유롭게 행동할 수 있는 권리이다.

## 10 ④

| 정답해설 | 청구권은 다른 기본권들이 침해되었을 때 국민이 국가에 대해 일정한 행위를 요구할 수 있는 권리로, 다른 기본권 보장을 위한 수단적 권리의 성격을 띤다.

## 11 ②

| 정답해설 | 참정권은 국민이 국가의 의사 결정 과정에 참여하여 국가를 통제할 수 있는 권리로, 선거권, 국민 투표권, 공무 담임권 등이 있다.

## 12 ②

| 정답해설 | 제시문은 사회권에 대한 설명이다. 사회권은 모든 국민이 국가에 최소한의 인간다운 생활의 보장을 요구할 수 있는 권리로, 인간다운 생활을 할 권리, 교육을 받을 권리, 근로의 권리, 사회 보장을 받을 권리, 쾌적한 환경에서 살 권리 등이 있다.
② 참정권에 해당하는 권리이다.

## 13 ①

| 정답해설 | 국민의 기본권을 제한할 경우 국민의 대표 기관인 국회가 제정한 법률로써만 제한할 수 있다.

## 14 ③

| 정답해설 | 국가 권력의 남용을 방지하고, 국민의 기본권을 충실히 보장하기 위해 기본권 제한의 한계를 헌법으로 규정하고 있다.

## 15 ②

| 정답해설 | 국민의 모든 자유와 권리는 국가 안전 보장, 질서 유지 또는 공공복리를 위하여 필요한 경우에 한하여 법률로써 제한할 수 있으며, 제한하는 경우에도 자유와 권리의 본질적인 내용을 침해할 수 없다.(헌법 제37조 제2항)

## 16 ④

| 정답해설 | 인권 침해는 국가 기관 또는 단체, 다른 사람에 의해 개인의 인권이 훼손되는 것을 말한다.
④ 장애인 주차 구역으로 지정된 곳에 비장애인이 주차하는 것을 금지하는 것은 합리적인 이유를 근거로 제한하는 경우이다.

## 17 ①

| 정답해설 | 법원은 법을 적용하여 각종 분쟁을 해결함으로써 국민의 침해된 권리를 구제하고 인권을 보장하는 국가 기관이다.

## 18 ④

| 정답해설 | 국가 인권 위원회는 개인의 인권 보호 및 향상에 관한 모든 사항을 다루는 인권 전담 기구이다.
| 오답해설 |
① 국가 인권 위원회는 입법부, 사법부, 행정부 어디에도 속하지 않는 독립된 국가 기관이다.
② 국가 인권 위원회는 법원과 같은 강제력은 없고, 문제점에 대한 개선을 권고한다.
③ 인권 보호를 위한 법률을 제정하는 곳은 국회이다.

## 19 ②

| 정답해설 | 제시된 그림은 헌법 재판소에서 이루어지고 있는 헌법 소원 심판의 모습이다. 헌법 소원 심판은 국민의 제청으로

국가 기관이나 공권력이 국민의 기본권을 침해하였는지를 심판하는 것이다.

## 20 ③

| 정답해설 | 헌법 재판소는 국회가 만든 법률이 헌법에 위반되는지 법원이 제청할 경우 위헌 법률 심판을 통해 그 법률의 위헌 여부를 심판한다.
| 오답해설 | ② 헌법 소원 심판은 공권력 또는 법률에 의해 헌법상 기본권을 침해당한 국민이 권리 구제를 청구할 경우 이를 심판하는 것이다.

## 21 ③

| 정답해설 | 국민 권익 위원회는 국민의 고충 민원을 해결하고 행정 심판을 처리하며, 공직 사회의 부패 예방에 힘쓰는 국가 기관이다.

## 22 ①

| 정답해설 | 타인에 의한 인권 침해 발생 시 민사 소송을 통해 인권 침해로 인한 손해 배상을 요구할 수 있고, 고소 또는 고발을 통해 수사 기관에 처벌을 요구할 수 있다.
| 오답해설 | ②, ③, ④ 국가 기관에 의한 인권 침해 시 구제 방안이다.

## 23 ②

| 정답해설 | 한국 소비자원은 물건을 구입한 소비자가 피해를 입은 경우 구제받을 수 있도록 도와주는 국가 기관이다.

## 24 ③

| 정답해설 | 근로자는 임금을 받기 위해 사용자에게 노동을 제공하는 사람을 말한다.
③ 자영업자는 스스로 사업체를 운영하는 사람이므로 근로자에 해당하지 않는다.

## 25 ④

| 정답해설 | 우리나라는 최저 임금법, 근로 기준법 등 근로자의 권리 보장을 위한 법을 규정하고 있다. 특히 노동 3권은 경제적 약자인 근로자가 사용자와 대등한 위치에서 근로 조건을 결정할 수 있도록 하기 위한 근로자의 권리로, 법으로 규정되어 있다.

④ 소비자 기본법은 소비자의 권리를 보호하기 위한 법이다.

## 26 ③

| 정답해설 | 정당한 이유 없이 해고하거나 임금을 제때 주지 않는 경우, 근로 계약서를 작성하지 않는 경우는 모두 노동권 침해의 사례에 해당한다.
③ 최저 임금보다 적게 주는 것이 노동권 침해의 사례에 해당한다.

## 27 ④

| 정답해설 | 노동권을 침해받은 경우에는 고용 노동부에 진정서를 제출하거나, 법원에 민사 소송을 제기하여 임금 체불 및 미지급에 대해 구제받을 수 있다. 부당 해고에 대해서는 노동 위원회에 구제 신청을 할 수 있다.
④ 행정 심판이란 행정 기관의 부당한 행정 처분에 대해 상급 행정 기관에 고쳐 달라고 요구하는 제도이다.

## 02 헌법과 국가 기관
167쪽

| 01 | | 02 | | 03 | | 04 | | 05 | |
|----|---|----|---|----|---|----|---|----|---|
| 01 | ③ | 02 | ② | 03 | ③ | 04 | ④ | 05 | ② |
| 06 | ② | 07 | ③ | 08 | ③ | 09 | ③ | 10 | ③ |
| 11 | ① | 12 | ① | 13 | ③ | 14 | ① | 15 | ④ |
| 16 | ① | 17 | ② | 18 | ③ | 19 | ③ | 20 | ④ |
| 21 | ① | 22 | ② | 23 | ④ | 24 | ② | 25 | ④ |
| 26 | ② | 27 | ④ | | | | | | |

## 01 ③

| 정답해설 | 현대 국가에서는 직접 민주 정치가 실시되기 어렵기 때문에 국민이 뽑은 대표들로 구성된 의회에서 법이나 정책을 만드는 대의 민주 정치(간접 민주 정치)가 실시되고 있다.

## 02 ②

| 정답해설 | 입법부(국회)는 현대 대의 민주주의의 핵심으로, 국민이 선출한 대표로 구성된다. 법률의 제정 및 개정, 헌법 개정안 의결, 국정 감사 및 조사, 예산안 심의·확정 등을 담당하는 국민의 대표 기관이다.

## 03 ③

| 정답해설 | 국회는 각 지역구에서 다수의 득표로 당선된 지역구 국회 의원과 각 정당이 얻은 득표수에 비례하여 당선된 비례 대표 국회 의원으로 구성된다.
| 오답해설 |
① 국회 의장은 국회 의원이 선출한다.
② 국회 의원은 국민이 선출한다.
④ 최소 200명 이상의 국회 의원으로 국회를 구성해야 한다.

## 04 ④

| 정답해설 | 본회의는 국회 의원들이 모여 국회의 의사를 최종적으로 결정하는 회의로, 매년 1회 열리는 정기회와 필요에 따라 수시로 열리는 임시회가 있다.
④ 본회의에서는 재적 의원 과반수의 출석과 출석 의원 과반수의 찬성으로 의사 결정이 이루어진다.

## 05 ②

| 정답해설 | 국회의 위원회는 각 분야를 전담할 목적으로 항상 활동하는 상임 위원회와 특별한 안건이 생겼을 때에만 활동하는 특별 위원회로 구성된다.

## 06 ②

| 정답해설 | 교섭 단체는 국회 운영 일정 등 국회 의원의 다양한 의사를 사전에 통합하고 조정하는 역할을 담당한다.

## 07 ③

| 정답해설 | 법률 제정 및 개정권, 헌법 개정안 제안 및 의결권, 외국과의 조약 체결 동의권은 입법 기관으로서 국회의 권한이다.
③ 헌법 재판소의 역할이다.

## 08 ③

| 정답해설 | 국회는 법률 제정 및 개정, 헌법 개정안 의결, 예산안 심의·확정, 행정 각부의 국정 감사 및 조사 등을 담당하는 국민의 대표 기관이다.
③ 대통령의 권한에 해당한다.

## 09 ③

| 정답해설 | 제시된 모습은 공익을 실현하기 위해 외교, 국방, 노동, 환경, 교육 등 분야별로 여러 가지 정책을 세우고 실행하는 행정부와 관련 있다.

## 10 ③

| 정답해설 | 행정 국가화 현상이란 다른 국가 기관에 비해 행정부의 역할이 상대적으로 확대되는 현상을 말한다. 현대 복지 국가로 접어들면서 행정부의 역할이 강조되고 전문화되어 나타나는 현상이다.

## 11 ①

| 정답해설 | 대통령은 행정부의 최고 책임자로, 국민의 직접 선거에 의해 선출된다. 대통령의 임기는 5년으로 중임할 수 없고, 국무 회의의 의장으로서 행정부의 최종적인 권한과 책임을 지닌다.

## 12 ①

| 정답해설 | 행정부는 대통령, 국무총리, 국무 회의, 행정 각부, 감사원으로 이루어져 있다.
① 행정부의 최고 책임자는 대통령이다.

## 13 ③

| 정답해설 | 제시문은 감사원에 대한 설명이다. 감사원은 대통령 직속 기관으로 행정부의 최고 감사 기관이자 독립적인 지위를 가진 헌법 기관이다.

## 14 ①

| 정답해설 | 대통령은 행정부의 최고 책임자로 국민의 직접 선거에 의해 선출되고, 임기는 5년으로 중임할 수 없으며, 국무 회의의 의장으로 중요 정책을 결정한다. 더불어 대통령은 국가 원수로서의 권한을 갖는다.
| 오답해설 |
② 감사원장은 대통령 직속 기관으로 행정부 최고 감사 기관이자 헌법상 독립적인 지위를 가진 감사원의 책임자이다.
③ 국무총리는 행정 각 부처를 총괄하는 행정부의 2인자이다.
④ 대법원장은 사법부의 최고 법원인 대법원의 우두머리이자 사법부의 장이다.

## 15 ④

| 정답해설 | 대통령은 대외적 국가 대표로서 외국과 조약 체결 및 비준권을 행사하며, 국가가 긴급한 상황에 놓였을 때 긴급 명령이나 계엄을 선포할 수 있다.

ㄱ. 행정부 수반으로서 대통령의 권한에 해당한다.
ㄴ. 국회의 권한에 해당한다.

## 16 ①

| 정답해설 | 제시된 사례에는 국가 원수로서의 대통령의 권한이 나타나 있다. 대통령은 대외적 국가 대표로 외교 사절을 임명하거나 맞이하고 파견할 수 있으며, 외국과 조약 체결 및 비준권을 행사할 수 있다.

## 17 ②

| 정답해설 | 대통령은 행정부 수반으로서의 권한과 국가 원수로서의 권한을 갖는다. 행정부 수반으로서의 권한에는 행정부 지휘·감독권, 고위 공무원 임명권, 국군 통수권, 국무 회의 의장 겸직권 등이 있다. 국가 원수로서의 권한에는 외국과의 조약 체결 및 비준권, 국정 조정권, 긴급 명령 및 계엄 선포권, 헌법 기관 구성권(국가 기관 장 임명권) 등이 있다.
② 사법부(법원)의 역할이다.

## 18 ③

| 정답해설 | 대통령은 행정부의 최고 책임자로 국민의 직접 선거에 의해 선출되며, 임기는 5년으로 중임할 수 없다.

## 19 ③

| 정답해설 | 사법이란 법적 분쟁 발생 시 법을 적용하고 판단하는 국가의 작용으로, 법원(사법부)이 담당한다.

## 20 ④

| 정답해설 | 제시된 내용은 사법권의 독립을 보장하기 위해 실시하고 있는 제도이다. 사법권의 독립이란 재판이 독립적으로 이루어지는 것을 의미하며, 이를 실현하기 위해서는 법원과 법관의 독립이 전제되어야 한다.

## 21 ①

| 정답해설 | 대법원은 사법부의 최고 법원으로 최종적인 재판을 담당한다. 고등 법원의 판결에 불복한 상고 사건 및 특허 법원의 판결에 불복한 상고 사건을 재판하고, 명령·규칙·처분의 최종 심사권을 갖는다.

## 22 ③

| 정답해설 | 대법원은 사법부의 최고 법원으로 고등 법원의 판결에 불복한 상고 사건(3심)을 재판한다.
| 오답해설 |
① 군사 법원은 군인의 형사 재판을 담당한다.
② 가정 법원은 가사 사건과 소년 보호 사건을 재판한다.
④ 고등 법원은 지방 법원에서 올라온 항소 사건을 재판한다.

## 23 ④

| 정답해설 | 헌법 재판소는 헌법의 해석과 관련된 정치적 사건을 사법적 절차에 따라 심판하는 헌법 재판 기관이자 헌법을 수호하고 기본권을 보장하는 독립된 국가 기관이다. 헌법 재판소는 위헌 법률 심판, 탄핵 심판, 위헌 정당 해산 심판, 헌법 소원 심판, 권한 쟁의 심판을 담당한다.

## 24 ②

| 정답해설 | 헌법 소원 심판은 국가 기관에 의해 기본권을 침해당한 국민이 직접 헌법 재판소에 공권력 및 법률에 대해 그 정당성 여부를 심판해 달라고 청구하는 제도이다.

## 25 ④

| 정답해설 | 법원은 재판을 하다가 법률이 헌법에 위반되는지 여부가 문제가 될 경우 헌법 재판소에 법률 심판을 제청할 수 있다. 이를 위헌 법률 심판 제청권이라고 한다.

## 26 ②

| 정답해설 | 헌법 재판소의 재판관은 9명의 헌법 재판관으로 구성되고, 정치적 중립을 보장하기 위해 국회, 대통령, 대법원장이 각각 3명씩 지명하며, 임기는 6년으로 연임이 가능하다. 헌법 재판소장은 국회의 동의를 얻어 대통령이 임명한다.

## 27 ④

| 정답해설 | 오늘날 대부분의 민주 국가에서는 국가 기관의 권력 남용을 방지하고 국민의 기본권을 보장하기 위해 국가 권력을 나누어 서로 다른 기관이 담당하도록 하고 상호 간에 견제할 수 있는 권한을 부여하고 있다.

| 01 | ③ | 02 | ① | 03 | ① | 04 | ① | 05 | ② |
|----|---|----|---|----|---|----|---|----|---|
| 06 | ① | 07 | ④ | 08 | ② | 09 | ③ | 10 | ② |
| 11 | ② | 12 | ① | 13 | ② | 14 | ④ | 15 | ④ |
| 16 | ② | 17 | ② | 18 | ② | 19 | ④ | 20 | ③ |
| 21 | ④ | 22 | ① | 23 | ② | 24 | ② | 25 | ④ |
| 26 | ② | 27 | ③ | 28 | ④ |  |  |  |  |

## 01 ③

| 정답해설 | 인간의 욕구를 충족시켜 주는 눈에 보이는 물건을 재화, 인간의 필요와 욕구를 충족시켜 주는 사람의 행위를 서비스라고 한다. 생산은 재화와 서비스를 만들거나 그 가치를 증대시키는 활동을 말하고, 분배는 생산 활동에 참여한 사람들에게 그 대가를 나누어 주는 활동을 말한다.
③ 서비스를 구매한 것으로, 이는 소비 활동에 해당한다.

## 02 ①

| 정답해설 | 가계는 소비의 주체로, 소비 활동에 필요한 소득을 얻기 위해 기업이나 정부에 생산 요소(노동, 토지, 자본)를 제공하는 역할을 한다.

## 03 ①

| 정답해설 | 정부는 가계와 기업이 낸 세금을 바탕으로 국민 생활에 필요한 재화와 서비스를 생산·공급하고 공공 업무 수행에 이용되는 재화와 서비스를 소비하는 주체이다.
| 오답해설 |
② 기업은 재화나 서비스를 생산하는 주체이다.
③ 가계는 생산 활동에 참여하고 소득을 얻어 소비를 하는 주체이다.
④ 외국은 무역의 주체이다.

## 04 ①

| 정답해설 | 노동, 토지, 자본을 기업(ⓒ)에 제공하는 경제 주체는 가계이다.

## 05 ②

| 정답해설 | 기업(ⓒ)은 가계로부터 노동, 토지, 자본을 제공받아 생산을 담당하는 경제 주체이다.

| 오답해설 |
① 정부에 대한 설명이다.
③ 가계에 대한 설명이다.
④ 기업은 최소의 비용으로 최대의 이윤을 얻는 것을 목표로 한다.

## 06 ①

| 정답해설 | 노동에 대한 대가는 임금, 토지에 대한 대가는 지대, 자본에 대한 대가는 이자이다.

## 07 ④

| 정답해설 | 인간의 욕구는 무한한 데 비하여 그것을 충족시켜 줄 수 있는 자원이 상대적으로 부족한 것을 자원의 희소성이라고 한다.

## 08 ②

| 정답해설 | 인간의 욕구는 무한한 데 비하여 그것을 충족시켜 줄 수 있는 자원이 상대적으로 부족한 것을 자원의 희소성이라고 한다. 이는 자원의 양과 인간의 욕구에 따라 달라지는 상대적인 개념으로, 지역이나 시대에 따라 달라진다.

## 09 ③

| 정답해설 | 기회비용은 경제 활동에서 여러 가지 선택 가능한 대안 중에서 하나를 선택할 때 포기하는 것 중 가장 가치가 큰 것이다.

## 10 ②

| 정답해설 | 주식 투자를 선택하였을 경우 예금 20만 원의 이자 수익을 포기해야 한다. 따라서 주식 투자 선택에 따른 기회비용은 20만 원이다.

## 11 ②

| 정답해설 | 합리적 선택을 위해서는 비용이 같다면 편익이 큰 것을 선택해야 하고, 편익이 같다면 비용이 작은 것을 선택해야 하며, 편익이 기회비용보다 커야 한다.
② 기회비용이 최소화되는 것을 선택해야 한다.

## 12 ①

| 정답해설 | 자원의 희소성으로 인해 경제 문제가 발생한다. 그

중 '누구를 위하여 생산할 것인가'는 분배 방식의 문제와 관련 있다.

## 13 ②

| 정답해설 | 시장 경제 체제는 모든 경제 활동이 시장에서의 자유 경쟁을 통해 이루어지는 경제 체제로, 경제 활동의 자유, 사유 재산 제도와 사적 이익 추구가 보장된다.

## 14 ④

| 정답해설 | 계획 경제 체제는 사유 재산을 원칙적으로 부정하기 때문에 개인의 근로 의욕이 저하되고 경제적 효율성이 악화되는 문제가 나타난다.
| 오답해설 | ㄱ, ㄴ. 시장 경제 체제의 문제점이다.

## 15 ④

| 정답해설 | 헌법 제119조 제1항은 시장 경제 체제의 요소이며, 제2항은 경제적 약자 보호와 경제 질서 유지를 위해 국가의 개입을 허용하는 계획 경제 체제의 요소이다. 우리나라는 시장 경제 체제를 기본 원칙으로 하되, 정부 개입을 어느 정도 인정하는 혼합 경제 체제의 특징을 갖고 있다.

## 16 ②

| 정답해설 | 기업은 재화나 서비스를 생산하는 생산 활동의 주체로, 최소의 비용으로 상품을 생산하여 최대의 이윤을 얻기 위해 노력한다.

## 17 ②

| 정답해설 | 제시문은 기업이 일자리를 제공하여 실업률이 감소하였음을 보여 준다. 기업은 근로자를 고용하여 가계에 일자리와 소득을 제공하는 역할을 담당한다.

## 18 ②

| 정답해설 | 기업은 사회적 책임을 다하기 위해 공정 거래법 등 법률을 준수하고 건전한 이윤을 추구해야 하며, 근로자와 소비자에게 대한 책임을 져야 한다. 또한 생산 활동으로 발생하는 환경 오염을 최소화해야 한다.
② 장애인을 고용하지 않는 것은 기업이 사회적 책임을 다하지 않는 경우에 해당한다.

## 19 ④

| 정답해설 | 제시된 내용에 해당하는 자세는 기업가 정신으로, 이는 새로운 생산 기술 개발 및 시장 개척, 새로운 경영 방식 도입, 신제품 개발 등에 해당한다.

## 20 ③

| 정답해설 | 자산 관리란 자신이 벌어들인 소득을 바탕으로 생애 주기에 따른 소득과 소비를 고려하여 자산을 운영하는 것을 말한다.

## 21 ④

| 정답해설 | 금융 자산은 현금, 예금, 주식, 채권, 보험, 펀드 등 눈에 보이지 않는 형태의 자산이고, 실물 자산은 주택이나 토지와 같은 부동산, 자동차, 귀금속이나 골동품과 같은 동산 등 눈에 보이는 형태의 자산이다.

## 22 ①

| 정답해설 | A 시기는 중·장년기로, 소득과 소비가 모두 많은 시기이다. 결혼, 출산, 양육, 주택 마련 등으로 소비가 크게 증가하고 은퇴 준비와 노후 대비 자금의 마련이 필요한 시기이다.

## 23 ②

| 정답해설 | 노년기는 은퇴로 인해 소득이 감소하지만 노후 생활로 인한 소비는 지속되는 시기이다.

## 24 ②

| 정답해설 | 자산 관리는 안정적인 경제생활을 위해 어떻게 자산을 운영할지를 계획하고 관리하는 것을 말한다. 합리적인 자산 관리를 위해서는 투자한 자산이 안전하게 보전될 수 있는 정도인 안전성(㉠), 투자한 자산으로부터 기대할 수 있는 수익의 정도인 수익성(㉡), 보유하고 있는 자산을 쉽게 현금화할 수 있는 정도인 유동성(㉢)을 고려해야 한다.

## 25 ④

| 정답해설 | 제시된 금융 자산 중 안전성이 높은 순서는 예금 > 채권 > 주식이다. 예금은 안전성이 높으나 수익성이 낮고, 주식은 수익성이 높으나 안전성이 낮다.

## 26 ②

**| 정답해설 |** 예금은 정해진 이자를 기대하고 은행 등 금융 기관에 돈을 맡기는 방식으로 안전성이 높으나 수익성이 낮다.

## 27 ③

**| 정답해설 |** 유동성(환금성)은 보유하고 있는 자산을 쉽게 현금화할 수 있는 정도를 말한다. 부동산은 매매하는 데 많은 시간이 걸리고 매매가 쉽지 않기 때문에 유동성이 낮다.

## 28 ④

**| 정답해설 |** 신용이란 미래의 어느 시점에 갚기로 약속하고 상품을 사거나 돈을 빌릴 수 있는 능력을 말한다. 신용이 나쁜 경우에는 신용 카드 발급, 취업, 비자 발급, 휴대 전화 가입 등 각종 경제 활동이 제한되기도 한다.

**| 오답해설 |**

① 신용 거래는 현금 없이 거래가 가능하고 현재 소득보다 많은 소비가 가능하기 때문에 과소비를 할 우려가 있다.

② 신용이 나쁘면 경제 활동에 제한을 받지만 모든 경제 활동을 할 수 없는 것은 아니다.

③ 신용 거래는 현재 소득보다 많은 소비가 가능하다.

## 04 시장 경제와 가격
190쪽

| 01 | ② | 02 | ④ | 03 | ④ | 04 | ④ | 05 | ② |
|---|---|---|---|---|---|---|---|---|---|
| 06 | ③ | 07 | ③ | 08 | ③ | 09 | ③ | 10 | ③ |
| 11 | ④ | 12 | ③ | 13 | ③ | 14 | ① | 15 | ③ |
| 16 | ④ | 17 | ③ | 18 | ① | 19 | ③ | 20 | ③ |
| 21 | ④ | 22 | ③ | 23 | ③ | 24 | ③ | | |

## 01 ②

**| 정답해설 |** 교환의 편리를 위해 거래를 하는 시장이 형성되었고, 화폐의 등장으로 시장은 더욱 발달하게 되었다.

**| 오답해설 |**

① 공급자와 수요자가 만나야 시장이 형성된다.

③ 구체적인 장소가 없는 눈에 보이지 않는 시장도 존재한다.

④ 생산 요소도 시장에서 거래된다.

## 02 ④

**| 정답해설 |** 화폐는 '물품 화폐(라) – 금속 화폐(다) – 지폐(나) – 신용 화폐(가) – 전자 결제' 순으로 발달하였다.

## 03 ④

**| 정답해설 |** 생산 요소 시장은 생산에 필요한 노동, 토지, 자본 등의 생산 요소가 거래되는 시장이다. 취업 박람회, 부동산 시장, 노동 시장 등이 이에 해당한다.

**| 오답해설 |** ㄱ, ㄷ. 생산물 시장에 해당한다.

## 04 ④

**| 정답해설 |** 인터넷 쇼핑몰 등 전자 상거래는 구체적 장소가 없고 거래 모습이 드러나지 않는 시장이므로 '눈에 보이지 않는 시장'이다.

**| 오답해설 |**

① (가)는 소비자를 대상으로 판매하는 소매 시장이다.

② 주식 시장은 (나)와 같은 유형의 시장으로 눈에 보이지 않는 시장이다.

③ 대형 할인점은 (가)와 같은 유형의 시장으로 눈에 보이는 시장이다.

## 05 ②

**| 정답해설 |** 시장의 발달로 인해 분업과 특화가 촉진되었고, 특정 분야를 전문화하여 생산하는 사람이 늘어나게 되었다. 또한 시장을 통해 거래에 들어가는 시간과 비용이 감소하고 상품의 정보를 쉽게 얻을 수 있게 되었다.

② 자급자족 경제란 스스로 물건을 만들어 사용하는 것을 말한다.

## 06 ③

**| 정답해설 |** 수요량은 일정한 가격 수준에서 수요자가 구입하고자 하는 양이다.

## 07 ③

**| 정답해설 |** 수요 법칙이란 상품의 가격이 상승하면 수요량이 감소하고, 가격이 하락하면 수요량이 증가하는 현상을 말한다.

③ 컴퓨터 가격이 오르면 수요량이 감소한다.

## 08 ③

| 정답해설 | 공급 법칙은 상품의 가격이 상승하면 공급량이 증가하고, 상품의 가격이 하락하면 공급량이 감소하는 현상을 말한다. 가격과 공급량은 비례 관계에 있으므로 공급 곡선은 우상향 곡선이다.

## 09 ③

| 정답해설 | 제시된 현상은 공급 법칙의 사례이다. 가격과 공급량은 비례 관계에 있기 때문에 공급 곡선은 우상향 곡선이다.

## 10 ③

| 정답해설 | 시장에서 수요량과 공급량이 일치하여 균형을 이루는 지점에서 균형 가격이 형성되는데, 이는 시장 가격이라고도 한다.

## 11 ④

| 정답해설 | ㉠은 수요 곡선, ㉡은 공급 곡선이다. 수요량과 공급량이 일치하는 지점인 1,000개에서 형성된 500원이 시장 가격이다. 가격이 1,000원일 때 수요량은 500개, 공급량은 1,200개이므로 700개의 초과 공급이 발생한다.

## 12 ③

| 정답해설 | 수요량과 공급량이 일치하는 지점에서 균형 거래량은 60개이고, 균형 가격은 2,000원이다.

## 13 ③

| 정답해설 | 시장 가격(균형 가격)은 수요량과 공급량이 일치하는 지점에서 결정된다. 제시된 표에서는 수요량과 공급량이 300개로 일치하는 1,000원에서 균형 가격이 결정된다.

## 14 ①

| 정답해설 | 가격이 600원에서 300원으로 하락할 때 수요량은 200개에서 300개로 증가하며, 공급량은 200개에서 100개로 감소한다. 따라서 200개(300개-100개)만큼의 초과 수요가 발생한다.

## 15 ③

| 정답해설 | 제시된 내용은 대체재와 관련 있다. 대체재는 한 상품을 대신하여 사용할 수 있는 경쟁 관계의 재화를 말한다.
③ 커피와 설탕은 함께 소비할 때 더 큰 만족을 얻을 수 있는 보완재이다.

## 16 ④

| 정답해설 | 삼겹살과 상추는 함께 소비할 때 더 큰 만족을 얻을 수 있는 보완재이다. 제시문에서는 삼겹살이라는 보완재의 가격 변화로 상추의 수요가 증가하는 현상이 나타났다.

## 17 ③

| 정답해설 | 수요의 변화 요인에는 소득의 변화, 인구수의 변화, 선호도의 변화, 대체재와 보완재의 가격 변화 등이 있다.
| 오답해설 | ㄱ, ㄹ. 공급의 변화 요인에 해당한다.

## 18 ①

| 정답해설 | 토마토에 대한 선호도 증가로 토마토에 대한 수요가 증가하면 수요 곡선은 오른쪽으로 이동한다.

## 19 ③

| 정답해설 | 수요가 증가하면 수요 곡선이 오른쪽으로 이동하여 균형 가격은 상승하고, 균형 거래량도 증가한다.

## 20 ③

| 정답해설 | 생산 기술이 발전하면 공급이 증가하므로 공급 곡선은 오른쪽으로 이동한다. 따라서 균형 가격은 하락하고, 균형 거래량은 증가한다.

## 21 ④

| 정답해설 | 어떤 상품의 공급자의 수가 감소하거나 생산 요소의 가격(원자재, 임금, 이자, 지대 등)이 상승하면 공급이 감소한다.

## 22 ③

| 정답해설 | 제시된 그래프는 공급 곡선이 오른쪽으로 이동한 것으로, 이는 공급이 증가하는 경우이다. 공급의 증가 요인에는

생산 기술의 발전, 생산 요소(원자재, 임금, 이자, 지대)의 가격
하락, 공급자의 수 증가 등이 있다.
| 오답해설 |
① 수요의 감소 요인이다.
② 수요의 증가 요인이다.
④ 공급의 감소 요인이다.

## 23 ③

| 정답해설 | 시장 가격이 하락하면 소비자는 소비를 늘리고자 하
므로 소비량이 증가하고, 생산자는 생산을 줄이고자 하므로 공
급량이 감소한다.

## 24 ③

| 정답해설 | 시장 가격은 한 사회에서 필요로 하는 적정한 양의
상품이 생산되어 효율적으로 배분되도록 하며, 소비자에게는
무엇을 얼마만큼 소비할 것인지를, 생산자에게는 무엇을 얼마
만큼 생산할 것인지를 알려 주는 신호등과 같은 역할을 한다.

## 05 국민 경제와 국제 거래 201쪽

| 01 | ④ | 02 | ④ | 03 | ③ | 04 | ③ | 05 | ④ |
|----|---|----|---|----|---|----|---|----|---|
| 06 | ② | 07 | ① | 08 | ④ | 09 | ① | 10 | ② |
| 11 | ③ | 12 | ② | 13 | ② | 14 | ② | 15 | ④ |
| 16 | ① | 17 | ② | 18 | ② | 19 | ② | 20 | ② |
| 21 | ③ | 22 | ④ | 23 | ② | 24 | ① | 25 | ② |
| 26 | ④ | 27 | ② | 28 | ② | 29 | ① | 30 | ② |
| 31 | ④ | 32 | ① | 33 | ① | 34 | ① | 35 | ② |

## 01 ④

| 정답해설 | 국내 총생산(GDP)은 일정 기간 동안 한 나라 안에
서 새롭게 생산된 최종 생산물의 가치를 화폐 단위로 합산한 것
으로, 한 나라의 경제 규모와 생산 능력을 알려 주는 지표이다.

## 02 ④

| 정답해설 | 국내 총생산(GDP)은 일정 기간 동안 한 나라 안에서
생산된 최종 생산물의 가치를 시장 가격으로 합한 것을 말한다.
④ 생산자의 국적에 상관없이 한 나라의 국경 안에서 생산된 것
만 포함된다.

## 03 ③

| 정답해설 | 최종 생산물인 빵의 가치는 200만 원이므로 국내 총
생산은 200만 원이다.

## 04 ③

| 정답해설 | 밑줄 친 '이것'은 국내 총생산(GDP)이다. 가사 노동
이나 봉사 활동 등은 포함되지 않기 때문에 경제 활동 규모를
정확히 나타내지 못하며, 빈부 격차에 관한 정보나 실질적인 삶
의 질 수준을 파악하기 어렵다는 한계점이 있다.
③ 국내 총생산을 통해 한 나라의 전체적인 생산 수준 및 경제
활동 규모를 알 수 있다.

## 05 ④

| 정답해설 | 갑국이 을국보다 국내 총생산이 많기 때문에 전체
생산 규모는 갑국이 을국보다 크다. 그러나 1인당 국내 총생산
은 을국이 갑국보다 많기 때문에 을국이 갑국보다 국민들의 평
균적인 소득 수준이 높다.
| 오답해설 |
① 1인당 국내 총생산은 국내 총생산(GDP)을 그 나라의 인구
수로 나눈 것이므로 을국의 인구수는 갑국보다 적다.
② 나라별 복지 수준의 차이는 알 수 없다.
③ 전체 생산 수준은 갑국이 을국보다 크다.

## 06 ②

| 정답해설 | 경제가 성장하면 일자리와 국민 소득이 증가하고,
물질적 풍요 등 전반적인 생활 수준이 향상된다.
| 오답해설 |
ㄴ. 경제 성장으로 환경 오염이 증가한다.
ㄷ. 경제 성장으로 빈부 격차가 늘어난다.

## 07 ①

| 정답해설 | 경제의 성장을 위해 기업가는 기업가 정신을 발휘하
여 생산성을 향상시키고, 정부는 합리적인 법과 제도를 마련해
야 하며, 근로자는 생산성 향상을 위해 지속적으로 자기 계발을
해야 한다.
① 소비자는 경제 성장을 위해 합리적인 소비와 저축을 해야 한다.

## 08 ④

| 정답해설 | 인플레이션은 물가가 지속적으로 상승하는 경제 현

상을 말한다.

## 09 ①

| 정답해설 | 물가 지수란 기준 연도의 물가를 100으로 하여 비교 연도의 물가 수준을 나타낸 것이다. 올해 물가 지수가 150이므로 이는 전년도 대비 50% 상승한 것이다.

## 10 ②

| 정답해설 | 제시된 사례는 시중에 공급되는 통화량이 증가하여 화폐의 가치가 하락하고 물가가 상승한 경우를 보여 준다.

## 11 ③

| 정답해설 | 제시된 사례는 임금이나 원자재의 가격 상승 등으로 인해 생산비가 상승하면서 물가가 상승한 경우를 보여 준다.

## 12 ②

| 정답해설 | 인플레이션으로 인해 화폐 가치가 하락하면서 실물 자산 보유자(부동산, 물건 등의 소유자), 채무자, 수입업자 등은 유리한 입장이 되고, 금융 자산 소유자(현금·예금 보유자, 연금 생활자), 임금 근로자, 채권자, 수출업자 등은 불리한 입장이 된다.

## 13 ②

| 정답해설 | 물가 안정을 위해 중앙은행은 통화량 감축 및 이자율 인상을 통해 소비를 억제하고 저축을 유도해야 하며, 정부는 재정 지출 축소와 세금 확대를 통한 총수요 감소 정책을 시행해야 한다.

## 14 ②

| 정답해설 | 생산 활동이 가능한 만 15세 이상 인구를 노동 가능 인구라고 하고, 노동 가능 인구 중 일할 능력과 의사가 있는 사람(취업자＋실업자)은 경제 활동 인구에 해당하며, 노동 가능 인구 중 일할 능력이나 일할 의사가 없는 사람은 비경제 활동 인구에 해당한다.
② 실업자는 일할 능력과 의사가 있음에도 불구하고 일자리를 갖지 못한 사람이다.

## 15 ④

| 정답해설 | 실업자는 일할 능력과 의사가 있음에도 불구하고 일

자리를 갖지 못한 사람이다. 취업을 목표로 이력서를 쓰고 있는 대학 졸업생은 일할 능력과 의사가 있으므로 실업자에 해당한다.
| 오답해설 | ①, ②, ③ 일할 능력이 있으나 일할 의사가 없기 때문에 실업자에 해당하지 않는다.

## 16 ①

| 정답해설 | 실업은 인적 자원의 낭비, 생계형 범죄 증가, 빈곤층 증가, 사회 보장비 지출의 증가로 정부의 재정 부담이 증가하는 등의 부정적 영향을 끼친다.

## 17 ②

| 정답해설 | 계절적 실업은 계절에 따라 발생하는 실업을 말한다.

## 18 ③

| 정답해설 | 마찰적 실업은 더 나은 일자리를 구하기 위해 취업이나 이직을 위한 과정에서 일시적으로 발생하는 실업을 말한다.

## 19 ②

| 정답해설 | 구조적 실업은 기계화, 자동화, 정보화 등 산업 구조의 변화로 인한 실업을 말한다.

## 20 ②

| 정답해설 | 제시문에 나타난 실업은 더 나은 일자리를 구하기 위해 일시적으로 발생하는 마찰적 실업에 해당한다. 마찰적 실업을 줄이기 위해 정부에서는 고용 지원 센터와 직업 정보 센터 운영, 취업 박람회 개최 등을 통해 다양한 일자리 정보를 제공해야 한다.
| 오답해설 |
① 구조적 실업에 대한 대책이다.
③, ④ 계절적 실업에 대한 대책이다.

## 21 ③

| 정답해설 | 실업이 발생하면 소득 상실로 인해 생계유지가 곤란해지고, 자아실현의 기회 박탈로 무력감과 좌절감을 느끼게 되며, 가족들에게까지 고통을 주어 안정적인 가정생활을 어렵게 한다. 또한 인적 자원의 낭비로 경제 성장을 저해하고, 가족 해체, 빈곤 확산, 생계형 범죄 증가 등 사회 불안을 초래한다. 정부 입장에서는 실업률이 증가하면 사회 보장비 지출 증가로 이어져 재정 부담이 증가한다.

**22**  ④

| 정답해설 | 바람직한 노사 관계의 확립을 위해 기업가와 근로자는 상호 공존하는 관계임을 인식해야 하며, 기업가와 근로자 간의 원활한 의사소통을 위한 협의체를 마련해야 한다.
④ 노사 관계에서 갈등이 발생할 경우 기업가와 근로자 간의 대화가 우선시되어야 한다.

**23**  ②

| 정답해설 | 생산비의 차이로 인해 국가 간 상품, 서비스, 생산 요소들이 국경을 넘어 이동하는 것을 국제 거래라고 한다.

**24**  ①

| 정답해설 | 국제 거래에서는 서로 다른 화폐를 사용하므로 화폐 간 교환 비율인 환율을 고려해야 한다.

**25**  ②

| 정답해설 | 국가마다 보유하고 있는 자원의 종류와 양이 다르기 때문에 생산 비용의 차이가 발생한다. 이로 인해 국가마다 분업 및 특화를 통해 상품을 생산하고 교환하면 거래의 이익을 얻을 수 있어 국제 거래가 발생한다.

**26**  ④

| 정답해설 | 국제 거래는 재화와 서비스를 생산하는 데 필요한 생산 요소의 종류와 양이 국가마다 다르며, 자연환경 또한 다르기 때문에 발생한다. 국제 거래를 통해 거래 당사국 모두 이익을 얻을 수 있다.

**27**  ②

| 정답해설 | 국제 거래로 인해 경쟁력을 갖추지 못한 국내 기업은 피해를 입고, 무역 의존도가 높은 국가는 해외의 경제 상황에 크게 영향을 받으며, 무역 마찰이 발생할 가능성이 증가한다.
② 국제 거래는 세계 시장을 대상으로 판매하기 때문에 상품 시장이 확대된다.

**28**  ②

| 정답해설 | 제시된 현상은 세계화에 따른 국제 거래의 확대와 관련된 모습이다. 교통 및 통신 수단의 발달, 세계 무역 기구(WTO)의 출범으로 인한 자유 무역 확대, 자유 무역 협정

(FTA) 체결의 증가 등으로 국제 거래가 확대되고 있다.
② 자유 무역의 확대로 국제 거래가 확대되었다.

**29**  ①

| 정답해설 | 자유 무역 협정(FTA)이란 국가 간 교역을 할 때 무역 장벽을 완화하거나 제거하려는 목적으로 체결된 협정을 말한다.

**30**  ②

| 정답해설 | 세계 무역 기구(WTO)는 자유 무역을 확대하고 회원국 간의 통상 분쟁을 해결하며 국제 교역을 촉진하기 위해 1995년에 설립된 국제기구이다. 세계화의 가속화로 인해 세계 무역 기구(WTO)의 역할이 더욱 증대되고 있다.

**31**  ④

| 정답해설 | 세계화 시대에 등장한 지역 경제 협력체는 지리적으로 인접한 국가들이 회원국 사이에 무역 장벽을 낮춰 국제 경쟁력을 높이기 위해 결성되었다.

**32**  ①

| 정답해설 | 외화의 공급이란 외화가 국내로 들어오는 것을 말한다. 외화의 공급 요인으로는 상품의 수출, 외국인의 국내 여행 및 국내 유학, 차관 도입, 외국인의 국내 투자 등이 있다.
| 오답해설 | ㄷ, ㄹ. 외화의 수요 요인에 해당한다.

**33**  ①

| 정답해설 | 외국 화폐와 자국 화폐의 교환 비율을 환율이라고 하며, 외국 화폐 1단위와 교환되는 자국 화폐의 양으로 표현한다.

**34**  ①

| 정답해설 | 환율이 하락하면 원화 가치가 상승하기 때문에 우리 수출품의 가격이 상승하여 수출이 감소하고 수입이 증가한다. 또한 수입 원자재의 가격 하락으로 국내 물가는 안정되며, 외국인의 국내 여행은 불리해진다.

**35**  ②

| 정답해설 | 환율이 상승하면 원화 가치가 하락하기 때문에 우리 수출품의 가격이 하락하여 수출이 증가하고 수입이 감소한다.

외국인의 국내 여행은 유리해지고, 내국인의 해외여행은 불리해진다.

## 06 국제 사회와 국제 정치

213쪽

| 01 | ③ | 02 | ② | 03 | ① | 04 | ① | 05 | ③ |
|----|---|----|---|----|---|----|---|----|---|
| 06 | ③ | 07 | ③ | 08 | ① | 09 | ② | 10 | ② |
| 11 | ② | 12 | ③ | 13 | ③ | 14 | ③ | 15 | ③ |
| 16 | ④ | 17 | ④ | 18 | ② | 19 | ① | 20 | ① |

### 01   ③

| 정답해설 | 국제 사회에서는 힘의 논리가 작용하고 각 국가들이 자국의 이익 추구를 우선시하기 때문에 국가 간 갈등이 일어나기도 한다. 그러나 세계화로 국제 협력이 점차 확대되고 있다.
③ 국제 사회에는 갈등을 해결할 중앙 정부가 존재하지 않는다.

### 02   ②

| 정답해설 | 제시문은 강대국으로 이루어진 5개 상임 이사국의 영향력이 크다는 것을 보여 주고 있다. 이렇게 국제 사회의 각 국은 원칙적으로 평등한 주권을 지녔지만 실제로는 힘의 논리가 작용한다.

### 03   ①

| 정답해설 | 국가는 일정한 영토와 국민을 바탕으로 하는 주권을 가진 집단으로, 국제 사회에서 가장 기본이 되는 행위 주체이다.

### 04   ①

| 정답해설 | 정부 간 국제기구는 각국 정부를 회원으로 하는 국제 사회의 행위 주체이다. 국제 연합(UN), 유럽 연합(EU), 경제 협력 개발 기구(OECD), 세계 무역 기구(WTO), 국제 통화 기금(IMF) 등이 이에 해당한다.
| 오답해설 |
② 국가에 대한 설명이다.
③ 국제 비정부 기구에 대한 설명이다.
④ 정부 간 국제기구는 참여국의 이해관계를 조정하는 역할을 한다.

### 05   ③

| 정답해설 | 국경 없는 의사회, 국제 적십자사 등은 국제 비정부 기구(NGO)로, 개인이나 민간단체를 회원으로 하는 자발적 시민 단체이다.

### 06   ③

| 정답해설 | 그린피스, 국제 사면 위원회(국제 앰네스티) 등은 국제 비정부 기구(NGO)로, 오늘날 시민 사회의 영향력이 강화되면서 그 역할이 확대되고 있다.
| 오답해설 | ㄱ, ㄹ. 정부 간 국제기구에 해당한다.

### 07   ③

| 정답해설 | 전직 국가 원수, 노벨상 수상자, 종교인, 운동 선수 등 국제적으로 영향력이 있는 개인이나 각국의 지방 정부, 소수 인종, 소수 민족도 국제 사회의 행위 주체가 될 수 있다. 특히, 세계화로 인해 국제 사회에서 다국적 기업의 영향력이 확대되고 있다.

### 08   ①

| 정답해설 | 국제 사회의 갈등은 영역, 자원, 민족, 언어, 종교, 가치관이나 이념의 차이 등 여러 가지 원인이 복잡하게 얽혀 나타나는 경우가 많다. 또한 국제 사회는 자국의 이익을 추구하는 과정에서 끊임없이 경쟁하며, 지나친 경쟁은 갈등으로 이어진다.
① 국가 간 경쟁은 점점 치열해지고 있다.

### 09   ②

| 정답해설 | 제시문은 세계 시장을 차지하기 위한 다국적 기업 간 경쟁의 모습을 보여 주고 있다.

### 10   ②

| 정답해설 | 냉전 체제 종식 후 이념 문제보다는 자국의 경제적 이익을 중시하면서 영토나 자원을 둘러싼 갈등, 민족과 종교의 갈등, 환경 문제 등 다양한 분야에서 갈등이 일어나고 있다.

### 11   ②

| 정답해설 | 난사 군도와 시사 군도를 포함하는 남중국해는 석유, 천연가스 등이 풍부한 것으로 알려지면서 중국, 베트남, 필리핀, 말레이시아 등 주변국 간의 영유권 분쟁이 나타나고 있다.

## 12 ③

| 정답해설 | 이스라엘 – 팔레스타인 분쟁 지역에서는 유대교(이스라엘)와 이슬람교(팔레스타인) 사이의 종교 대립이 나타나고 있다.

## 13 ③

| 정답해설 | 외교란 한 국가가 국제 사회에서 자국의 이익을 위해 평화적으로 수행하려는 모든 행위로, 국가 간 분쟁 해결 및 예방이나 자국의 대외적 위상과 국제적 영향력 향상을 위해 필요하다.

## 14 ③

| 정답해설 | 외교란 국제 사회에서 한 국가가 자국의 이익을 힘의 논리가 아닌 평화적으로 실현하기 위해 수행하는 모든 대외적 활동을 말한다.

## 15 ③

| 정답해설 | 국제 사회의 공존을 위해 개별 국가는 국제법을 준수하고 다양한 국제기구에 참여해야 하며, 세계 시민 의식 함양을 통해 공존을 위한 노력을 해야 한다.
③ 강대국의 힘이 아닌 평화적인 방법으로 국제 사회의 공존을 이루어야 한다.

## 16 ④

| 정답해설 | 일본이 독도의 영유권을 주장하는 이유는 독도와 그 주변 지역을 군사적 거점으로 활용하고, 독도 주변의 풍부한 해양 자원을 차지하기 위해서이다.

## 17 ④

| 정답해설 | 독도는 역사적·지리적·국제법적으로 명백한 우리 영토이고, 현재 우리나라가 확고한 주권을 행사하고 있으므로 외교적 교섭이나 사법적 해결의 대상이 아니다.

## 18 ②

| 정답해설 | 일본의 역사 교과서 왜곡은 과거에 대한 성찰과 반성이 없는 모습이다. 비슷한 사례로는 일본군 '위안부' 문제, 강제 징용 및 강제 징병 문제, 야스쿠니 신사 참배 문제, 독도 영유권 주장 등이 있다.

## 19 ①

| 정답해설 | 중국은 동북공정을 통해 한반도 북부와 만주에 있었던 우리의 역사를 모두 중국의 역사라고 주장하고 있다. 또한 중국 어선이 우리나라 배타적 경제 수역을 침범하면서 갈등을 빚고 있으며, 불법 복제 등 한류 저작권 침해 사례도 증가하고 있다.
① 일본과의 갈등 사례에 해당한다.

## 20 ①

| 정답해설 | 동북공정이란 현재 중국의 영토(만주 지역)에서 활동하였던 고조선, 고구려, 발해를 중국사로 편입시켜 중국 내 소수 민족의 독립을 막아 현재의 영토를 확고히 하기 위해 중국이 추진하고 있는 역사 왜곡 사업이다.
① 자국의 역사 교과서에 독도를 자국의 영토라고 서술하여 우리나라와 외교적 갈등을 빚고 있는 국가는 일본이다.

### 07 인구 변화와 인구 문제
225쪽

| 01 | 02 | 03 | 04 | 05 |
|---|---|---|---|---|
| ③ | ② | ③ | ② | ① |
| 06 ② | 07 ③ | 08 ① | 09 ② | 10 ① |
| 11 ③ | 12 ② | 13 ④ | 14 ③ | 15 ② |
| 16 ③ | 17 ④ | 18 ② | 19 ④ | 20 ③ |
| 21 ② | 22 ③ | 23 ④ | 24 ④ | 25 ④ |
| 26 ② | 27 ② | | | |

## 01 ③

| 정답해설 | 세계의 인구는 지구상에 고르게 분포하지 않고 일부 지역에 집중해 있다.

## 02 ②

| 정답해설 | 세계의 인구는 주로 북반구 중위도(20°～40°) 지역과 농업 발달에 유리한 냉·온대 기후 지역에 가장 많이 밀집되어 있다.
| 오답해설 |
① 인구는 전 세계에 불균등하게 분포되어 있다.
③ 산지 지역보다 하천 유역의 인구 밀도가 높다.
④ 아시아 대륙에 가장 많은 인구가 분포하고, 오세아니아 대륙에 가장 적은 인구가 분포하고 있다.

## 03 ③

| 정답해설 | 험준한 산지, 사하라 사막 등의 건조 기후, 아마존 밀림 등의 열대 기후, 극지방과 시베리아 등의 한대 기후, 교통이 불편한 지역, 전쟁 발발 지역 등은 인구 희박 지역에 해당한다. (가)는 극지방에 해당하는 툰드라 지역으로 매우 추운 한대 기후의 특징이 나타난다.

## 04 ②

| 정답해설 | 지형, 기후, 식생, 토양 등은 자연적 요인으로, 과거 농경 사회에서 중시한 요인이다.
② 교통은 인문·사회적 요인으로 산업화 이후 중시하는 요인이며, 오늘날 영향력이 커지고 있다.

## 05 ①

| 정답해설 | 산업이 발달하고 일자리가 풍부한 지역, 교육 및 문화 기반이 잘 갖추어진 지역 등은 사회적·경제적 요인으로 인한 인구 밀집 지역에 해당한다.
| 오답해설 | ②, ③, ④ 자연적 요인으로 인한 인구 밀집 지역에 해당한다.

## 06 ②

| 정답해설 | 적도 주변이나 한대 및 건조 기후 지역은 척박한 기후 조건으로 인해 인구가 희박한 곳이다.
| 오답해설 | ㄴ, ㄷ. 인구 밀집 지역에 해당한다.

## 07 ③

| 정답해설 | 동부 및 동남아시아 지역(C)은 계절풍 지대로 일찍이 벼농사가 발달하여 인구가 많고, 인구 밀도도 매우 높다.

## 08 ①

| 정답해설 | 서부 유럽(A)은 산업이 발달하고 일자리가 풍부하여 인구가 밀집된 곳이다.

## 09 ②

| 정답해설 | 1960년대 이전 우리나라는 농업 사회로, 자연적 요인의 영향이 컸기 때문에 평야가 발달하여 농업에 유리한 남서부 지역에 인구가 밀집되어 있었다.

## 10 ①

| 정답해설 | 산업화 이후 이촌 향도 현상이 나타나면서 산업이 발달하고 각종 시설이 풍부한 수도권이나 남동 해안 지역, 대도시 지역에 인구가 밀집되기 시작하였다.
① 남서부 지역은 평야가 발달하여 산업화 이전에 인구가 집중된 곳이다.

## 11 ③

| 정답해설 | 인구의 흡인 요인에는 높은 임금, 풍부한 일자리, 풍부한 생활 편의 시설, 좋은 교육 시설, 쾌적한 주거 환경, 편리한 교통 등이 있고, 인구의 배출 요인에는 빈곤, 낮은 임금, 부족한 일자리, 부족한 생활 편의 시설, 불편한 교통, 환경 오염, 열악한 주거 환경, 전쟁과 분쟁 등이 있다.

## 12 ③

| 정답해설 | 과거에는 종교적 이동과 강제적 이동의 비중이 컸고, 오늘날에는 경제적 이동과 자발적 이동의 비중이 크며, 여행·관광·유학 등 국가 간 일시적 이동이 증가하고 있다.

## 13 ④

| 정답해설 | 제시된 내용은 내전을 피해 이동하는 모습을 보여 주고 있다. 난민의 이동은 정치적 이동으로, 주로 아프리카, 서남아시아 등지에서 발생한다.

## 14 ③

| 정답해설 | 제시된 지도에는 아시아, 라틴 아메리카 대륙의 개발 도상국에서 유럽, 북아메리카 등 선진국 지역으로의 이동이 나타나 있다. 이는 일자리를 찾아 이동하는 경제적 이동에 해당한다.

## 15 ②

| 정답해설 | 산업화 시기의 개발 도상국에서는 이촌 향도 현상이 나타났으며, 산업화를 이미 거친 선진국에서는 쾌적한 환경을 찾아 도시의 인구가 주변 지역으로 이동하는 역도시화 현상이 나타났다.
② 개발 도상국은 이촌 향도 현상이 활발하게 일어난다.

## 16 ③

| 정답해설 | 제시된 인구 이동은 역도시화 현상이다. 이는 이미

산업화를 이룬 선진국에서 발생하고 있는 현상이다.

## 17 ④

| 정답해설 | 우리나라의 인구는 일제 강점기에는 만주나 연해주로 이동하거나 일자리를 찾아 광공업이 발달한 북부 지방으로 이동하였고, 광복 이후에는 해외로 나갔던 동포들이 귀국하였다. 1960년대 이후부터는 산업화에 따라 수도권과 대도시, 신흥 공업 도시로 이동하는 이촌 향도 현상이 발생하였다.
④ 1990년대 이후에는 대도시 인구의 일부가 쾌적한 환경을 찾아 주변 지역으로 이동하는 역도시화 현상이 발생하였다.

## 18 ②

| 정답해설 | 1960년대 이후에는 서울, 부산 등 대도시로 인구가 이동하였다.
| 오답해설 |
① 6·25 전쟁 때 피난을 위해 남부 지방으로 대규모 이동하는 모습이다.
③ 1990년대 이후 대도시 인구의 일부가 쾌적한 환경을 찾아 주변 지역으로 이동하는 역도시화 현상이 나타나고 있다.
④ 일제 강점기에 만주나 연해주로 이동하거나 일자리를 찾아 광공업이 발달한 북부 지방으로 이동하는 모습이다.

## 19 ④

| 정답해설 | 개발 도상국의 인구가 선진국으로 유입되면서 선진국 내에서 원주민과 이주민 간의 일자리 경쟁이나 문화적 갈등이 발생할 수 있다.
| 오답해설 | ①, ②, ③ 인구가 유출된 개발 도상국에서 나타날 수 있는 문제이다.

## 20 ③

| 정답해설 | 이촌 향도는 농촌 인구가 도시로 이동하는 현상을 말한다. 우리나라는 1960년대 이후부터 시작된 급격한 도시화로 인해 농촌 문제(노동력 부족 문제, 경지 이용률 하락 등)와 도시 문제(과다한 인구와 산업의 집중으로 발생하는 주택·교통·상하수도 문제, 환경 문제 등)가 함께 발생하였다.

## 21 ②

| 정답해설 | 세계 인구가 급격하게 변화한 이유는 산업 혁명 이후 의학 기술이 발달하면서 평균 수명이 연장되고 사망률이 낮아졌기 때문이다.

| 오답해설 |
① 산업 혁명 이후 사망률이 감소하였다.
③ 산업 혁명 이후 선진국의 인구가 빠르게 증가하였다.
④ 제2차 세계 대전 이후부터 개발 도상국의 인구가 빠르게 증가하였다.

## 22 ③

| 정답해설 | 고령화는 전체 인구 중 65세 이상 인구가 차지하는 비율이 증가하는 현상을 말한다. 제시된 그래프에서는 65세 이상 인구 비율이 계속 높아지고 있고 그 비율이 7% 이상이므로 고령화 사회에 진입했음을 알 수 있다.

## 23 ③

| 정답해설 | 고령화는 의료 기술의 발달과 생활 수준의 향상으로 평균 수명이 늘어난 반면, 여성의 사회 진출 증가 등으로 출산율이 감소하였기 때문에 발생한다.

## 24 ④

| 정답해설 | 제시된 그림은 피라미드형인 개발 도상국의 인구 구조로, 유소년층의 비율이 높은 형태이다. 개발 도상국에서는 높은 출산율로 인해 식량 부족, 인구 부양력 부족, 일자리 부족 문제 등이 나타난다.
| 오답해설 | ㄱ, ㄴ. 선진국의 인구 문제이다.

## 25 ④

| 정답해설 | 제시된 그림은 방추형인 선진국의 인구 구조로, 유소년층이 적고 노년층이 많은 형태이다. 선진국은 고령화 사회로, 의료 및 노인 부양비 증가 등이 나타난다.

## 26 ②

| 정답해설 | 제시된 자료는 저출산·고령화로 인해 발생하는 문제에 대한 해결책이다.

## 27 ②

| 정답해설 | 저출산 문제를 해결하기 위해서는 출산 및 육아 비용 지원 등 각종 출산 장려 정책이 마련되어야 한다. 또한 가족 친화적 가치관과 양성평등 문화가 확립되어야 한다.
② 인구 과잉 문제에 대한 해결 방안이다.

| 01 | ④ | 02 | ③ | 03 | ③ | 04 | ③ | 05 | ③ |
|----|----|----|----|----|----|----|----|----|----|
| 06 | ① | 07 | ③ | 08 | ① | 09 | ④ | 10 | ④ |
| 11 | ② | 12 | ④ | 13 | ② | 14 | ④ | 15 | ① |
| 16 | ② | 17 | ③ | 18 | ③ | 19 | ③ | 20 | ④ |
| 21 | ④ | 22 | ③ | 23 | ③ | 24 | ③ | 25 | ① |
| 26 | ① | | | | | | | | |

### 01 ④

| 정답해설 | 도시는 정치·경제·문화의 중심지로 각종 편의 시설 및 기능이 집중되어 있다.

| 오답해설 | ①, ②, ③ 촌락에 대한 설명이다.

### 02 ③

| 정답해설 | 주민의 직업이 다양한 도시는 인구 밀도가 높지만, 주민의 직업이 단순한 촌락은 인구 밀도가 낮다.

③ 도시는 2·3차 산업이, 촌락은 주로 1차 산업이 발달하였다.

### 03 ③

| 정답해설 | ㄱ은 현대 도시, ㄴ은 근대 도시, ㄷ은 고대 도시, ㄹ은 중세 도시에 대한 설명이다. 도시는 '고대 도시 – 중세 도시 – 근대 도시 – 현대 도시' 순으로 발달하였다.

### 04 ③

| 정답해설 | 18세기 후반의 산업 혁명 이후 석탄 산지를 중심으로 발달한 도시는 근대 공업 도시이다.

### 05 ③

| 정답해설 | 제시된 사례에 해당하는 도시는 자연과 인간이 공존하고 있는 생태 도시들이다.

### 06 ①

| 정답해설 | 제시문은 전 세계적으로 중심지 역할을 수행하는 세계 도시에 대한 설명이다. 세계 도시는 뉴욕, 파리, 런던, 도쿄 등 주로 선진국에 위치한다.

| 오답해설 |

② 일 년 내내 온화한 날씨가 나타나는 고산 도시에 해당한다.

③ 문화 유적이 많은 역사·문화 도시에 해당한다.

④ 해상 교통이 발달한 도시에 해당한다.

### 07 ③

| 정답해설 | 지역 분화는 접근성, 지가(땅값), 지대의 차이로 도시 내부의 기능과 역할이 분리되면서 비슷한 기능들끼리 모이는 현상을 말한다.

### 08 ①

| 정답해설 | 도시의 중심부에 위치한 도심은 중심 업무 지구(CBD)를 이루며, 관청·은행·백화점·회사 등이 밀집되어 있어 낮에는 인구와 자동차가 많으나 밤이 되면 감소하는 인구 공동화 현상이 발생한다. 도심에서는 교통이 편리하고, 땅값이 비싼 편이다.

### 09 ④

| 정답해설 | 인구 공동화 현상은 도심 지역의 주거 기능 약화로 도심의 주간 인구는 많으나, 야간 인구가 적어지는 현상을 말한다.

### 10 ④

| 정답해설 | 도심에서 외곽 지역으로 갈수록 지가가 저렴하여 넓은 땅을 확보할 수 있기 때문에 대규모 아파트 단지, 공장, 학교 등이 입지한다.

| 오답해설 | ①, ②, ③ 외곽 지역에서 도심으로 갈수록 나타나는 현상이다.

### 11 ②

| 정답해설 | 도심과 주변을 연결하는 교통의 요지에 형성된 부도심은 도심의 기능을 분담하는 역할을 한다.

| 오답해설 |

ㄴ. 위성 도시는 대도시에 과다하게 집중된 행정·주거·군사 등의 기능을 분담한 도시이다.

ㄹ. 도시와 농촌의 경관이 혼재하는 곳은 주변 지역이다.

### 12 ④

| 정답해설 | 개발 제한 구역(그린벨트)은 도시의 무분별한 팽창을 방지하기 위해 농업·임업 목적 이외의 토지 이용을 제한하는 지역이다.

**13** ②

| 정답해설 | A는 도심 지역으로, 지가가 가장 높으므로 건물의 높이가 높다.
| 오답해설 | ③, ④ 주변 지역에 대한 설명이다.

**14** ④

| 정답해설 | A는 도심, B는 부도심, C는 주변 지역, D는 개발 제한 구역(그린벨트)이다. 제시문은 개발 제한 구역(그린벨트)에 대한 설명이다.

**15** ①

| 정답해설 | 위성 도시는 대도시에 과다하게 집중된 행정·주거·군사 등의 기능을 분담한 도시이다. 성남(주거), 과천(행정), 안산(공업), 의정부(군사) 등이 대표적이다.

**16** ②

| 정답해설 | 제시된 설명은 역도시화 현상에 관한 것이다. 역도시화 현상은 도시화율이 종착 단계에 있을 때 나타난다.

**17** ③

| 정답해설 | A는 선진국, B는 개발 도상국의 도시화 곡선이다. 선진국은 산업 혁명 이후 도시화가 완만하게 진행되었으나, 개발 도상국은 제2차 세계 대전 이후 급속하게 산업화가 이루어졌다. 급속하게 도시화가 이루어진 개발 도상국이 선진국보다 공업화 속도가 빠르다.

**18** ③

| 정답해설 | (가)는 초기 단계로, 농업 중심의 사회이다. (나)는 가속화 단계로, 산업화를 계기로 이촌 향도 현상이 발생하면서 급격한 도시화가 이루어진다. (다)는 종착 단계로, 대도시권이 확대되고 역도시화 현상이 나타나기도 한다.
③ 가속화 단계는 현재 개발 도상국이 해당한다.

**19** ③

| 정답해설 | 1970년대는 도시 인구가 급증하는 가속화 단계로, 인구의 절반 이상이 도시에 거주하는 시기였다.
| 오답해설 |
① 1960년대 이전은 산업화 이전으로 농촌에 인구가 거주하던 시기이다.

② 1960년대 이후는 도시화가 빠르게 진행되는 가속화 단계이다.
④ 현재는 인구 10명 중 9명이 도시에 거주하는 종착 단계에 이르렀다.

**20** ④

| 정답해설 | 도시화 과정에서 한정된 공간에 인구와 기능이 지나치게 도시로 집중되면서 주택 부족, 일자리 부족, 교통 혼잡, 환경 오염, 쓰레기 문제 등의 각종 도시 문제가 발생하였다.
④ 인구가 많기 때문에 노동력 부족 문제는 도시 문제에 해당하지 않는다.

**21** ④

| 정답해설 | 인구가 도시로 과도하게 몰려 들면서 도시 지역에서 주택난, 환경 오염, 범죄 문제와 같은 여러 가지 문제가 발생하게 되었다.

**22** ③

| 정답해설 | 도로 환경 개선, 혼잡 통행료 부과, 대중교통 수단 확충, 대중교통과 자전거 이용 장려 등은 도시의 교통 문제를 해결하기 위한 방안이다.

**23** ③

| 정답해설 | 도시 문제는 도시로 인구와 각종 기능이 집중되면서 나타나게 되었다.
③ 도심 개발 사업을 추진하는 것은 도심으로 인구와 기능을 더욱 집중하게 만드는 정책이다.

**24** ③

| 정답해설 | 브라질의 쿠리치바는 세계 최초로 중앙 버스 전용 차선제를 실시하여 환승 시스템을 완벽하게 갖추었고, 굴절 버스를 도입해 승객들의 승하차 시간을 줄였다. 쿠리치바는 저비용으로 교통난을 해결하며 친환경 연료를 사용하여 매연을 60%까지 줄이는 등 획기적인 성과를 거두었다.

**25** ①

| 정답해설 | 살기 좋은 도시의 조건에는 쾌적한 자연환경, 높은 경제 수준, 낮은 범죄율, 정치적 안정, 다양한 문화의 공존, 주민 간의 원활한 소통 등이 있다.

## 26 ①

| 정답해설 | 살기 좋은 도시란 주민의 삶의 질이 높은 도시를 말한다. 제시된 국가들은 삶의 질이 높은 국가들이다.

## 01 ①

| 정답해설 | 가족 대대로 농사를 지었던 자급자족적 농업 형태가 기업적으로 생산하는 상업적 농업으로 변화하였다.

## 02 ②

| 정답해설 | 낙농업, 원예 농업, 기업적 목축, 기업적 곡물 재배 등 판매를 통해 이익을 추구하는 것을 상업적 농업이라고 한다.
② 벼농사는 과거의 자급적 농업의 형태이다.

## 03 ②

| 정답해설 | 제시된 사진은 대형 농기계를 이용한 기업적 곡물 농업을 보여 주고 있다. 기업적 곡물 농업은 미국, 캐나다, 오스트레일리아 등과 같은 넓은 농업 지역에서 농기계를 이용하여 대규모로 이루어지고 있다.

## 04 ③

| 정답해설 | 아프리카, 아시아의 개발 도상국에 진출한 다국적 농업 기업이 커피, 카카오 등의 기호 작물을 생산하여 전 세계로 유통하는 방식을 플랜테이션이라고 한다.

## 05 ①

| 정답해설 | 식량 작물을 재배하던 농경지가 상품 작물을 재배하기 위한 플랜테이션 농장으로 변하면서 과도한 농약 및 비료 사용에 따른 토양 오염, 농장 확보를 위한 열대 우림 파괴 등의 문제가 발생하였다.
① 육류 소비가 증가하면서 가축의 사료를 얻기 위해 사료 작물을 재배하는 면적이 증가하였다.

## 06 ④

| 정답해설 | A는 노르웨이, B는 사헬 지대, C는 대한민국, D는 오스트레일리아이다. 오스트레일리아는 기업적 곡물 농업 및 목축업이 행해지고 있는 대표적인 국가이다.

## 07 ④

| 정답해설 | 농업 생산의 세계화로 가격이 상대적으로 저렴한 외국산 농산물의 수입이 증가하였고, 자국 농산물의 소비는 감소하였다.
| 오답해설 |
① 상업적 농업이 증가하였다.
② 육류 소비의 증가가 나타났다.
③ 상품 작물 재배 면적이 증가하였다.

## 08 ②

| 정답해설 | 다국적 농업 기업의 출현으로 농작물의 대규모 재배를 위해 대형 농기계 및 화학 비료 사용 등이 이루어지고 있다. 또한 다국적 농업 기업은 세계 농작물의 가격 및 생산과 소비 구조에 큰 영향을 미치고 있다.
② 세계 시장 확대로 농산물의 유통 범위는 더욱 확대되고 있다.

## 09 ④

| 정답해설 | 농업의 세계화와 기업화로 인해 세계 각지에서 생산된 농산물을 쉽고 저렴하게 살 수 있게 되면서 식생활의 다양화라는 긍정적인 효과를 가져왔다.
| 오답해설 |
① 식생활의 다양화를 가져왔다.
② 식량 자급률은 하락하고 있다.
③ 외국산 곡물 수입은 증가하고 있다.

## 10 ④

| 정답해설 | 세계 각지에 판매 지사, 연구소, 생산 공장을 세우고 여러 나라를 대상으로 제품을 생산하고 판매하는 기업을 다국적 기업이라고 한다.

## 11 ②

| 정답해설 | 다국적 기업은 기업의 규모가 커지면서 생산 비용 절감을 위해 각 기능에 따라 유리한 곳에 입지하는 공간적 분업을 시행하였다.
| 오답해설 |
① 규모가 큰 기업이다.
③ 경영은 본사에서 이루어진다.
④ 세계 경제에서 차지하는 영향력이 커지고 있다.

## 12 ①

| 정답해설 | 다국적 기업의 본사는 다양한 정보 수집과 자본 확보에 유리한 선진국에 입지한다.

## 13 ②

| 정답해설 | 우리나라의 다국적 기업은 저렴한 지가와 임금을 확보하기 위해 개발 도상국인 멕시코에 공장을 입지하게 되었다.

## 14 ④

| 정답해설 | 다국적 기업이 세계 경제에서 차지하는 영향력이 커지고 있다. 초기에는 선진국의 기업이 많았지만, 최근에는 개발 도상국의 기업도 증가하는 추세이다.

## 15 ③

| 정답해설 | 다국적 기업의 공장이 들어선 지역에서는 일자리가 증가하여 지역 경제가 활성화된다.

## 16 ③

| 정답해설 | 생산 공장이 철수할 경우 산업 공동화 현상(지역에 입지해 있던 산업이 다른 지역이나 국가로 이전하면서 해당 산업이 쇠퇴하는 현상)으로 일자리 감소, 실업자 증가로 인한 지역 경제 침체 등의 문제점이 나타난다.
| 오답해설 | ㄱ, ㄹ. 다국적 기업의 생산 공장이 들어선 지역의 특징이다.

## 17 ②

| 정답해설 | 제시된 산업은 서비스업이다. 서비스업에는 교육, 유통, 관광, 의료 등이 있으며, 서비스업은 기계가 대신할 수 없기 때문에 고용 창출의 효과가 크다.

② 소비자에 따라 원하는 서비스의 형태가 달라 기계화·표준화 하기가 어렵다.

## 18 ②

| 정답해설 | 소비자 서비스업이란 소비자에게 직접 제공하는 서비스로, 음식업, 숙박업, 소매업 등이 있다.
| 오답해설 | ㄴ, ㄷ. 생산자 서비스업에 해당한다.

## 19 ②

| 정답해설 | 택배 산업과 운수업의 활성화, 전자 상거래의 확대 등으로 유통의 세계화가 진행되고 있으며, 소득 수준 향상과 여가 시간 증가로 관광의 세계화가 진행되고 있다.

## 20 ①

| 정답해설 | 자유 무역의 확대로 거래의 제약이 거의 없어졌으며, 교통과 정보 통신의 발달, 다국적 기업의 활동 증가, 전자 상거래의 증가 등으로 생산과 소비를 연결해 주는 유통업이 전 세계적으로 확대되고 있다.

## 21 ②

| 정답해설 | 다국적 대형 유통업체의 등장으로 지역의 영세한 유통업체들이 피해를 입을 수 있고, 오프라인 상점 및 재래시장과 동네 상점의 상권이 위축될 수 있다.
② 온라인 상점이 아닌 오프라인 상점이 쇠퇴하게 된다.

## 22 ②

| 정답해설 | 전자 상거래의 영향으로 상품의 유통 단계가 줄어들고, 택배 산업이 활성화되었으며 다국적 유통업체가 등장하였다.
② 전자 상거래의 발달로 온라인 매장이 증가하였다.

## 23 ④

| 정답해설 | 관광의 세계화로 무리한 관광지 개발이 이루어져 자연환경이 훼손되기도 한다.
| 오답해설 |
① 관광지의 일자리가 증가한다.
② 관광지의 기반 시설이 증가하거나 개선된다.
③ 관광 지역과 관광 유형이 다양화되고 있다.

## 24 ①

| 정답해설 | 서비스의 세계화란 서비스업이 국경을 넘어 세계적으로 확대되는 현상을 말한다.

## 25 ④

| 정답해설 | 공정 여행이란 관광 지역의 환경을 파괴하지 않고 현지 주민에게 더 많은 혜택이 돌아가게 하는 여행 방식을 말한다.

## 10 환경 문제와 지속 가능한 환경 257쪽

| 01 | ② | 02 | ② | 03 | ④ | 04 | ① | 05 | ③ |
|----|---|----|---|----|---|----|---|----|---|
| 06 | ③ | 07 | ① | 08 | ③ | 09 | ③ | 10 | ② |
| 11 | ② | 12 | ④ | 13 | ④ | 14 | ④ | 15 | ④ |
| 16 | ③ | 17 | ② | 18 | ④ | 19 | ① | 20 | ④ |
| 21 | ③ | 22 | ④ | 23 | ② | 24 | ③ |    |   |

## 01 ②

| 정답해설 | 오늘날 급격한 인구 증가로 화석 연료 사용이 증가하고, 산업화와 도시화로 인한 무분별한 삼림 및 토지 개발로 온실 효과가 나타나고 있다.

## 02 ②

| 정답해설 | 지구 온난화 현상은 지구 표면의 평균 기온이 상승하는 현상으로, 화석 연료의 사용 증가로 이산화탄소 양이 증가하면서 발생하는 온실 효과가 원인이다. 지구 온난화로 해수면 상승, 저지대 침수, 난류성 어족 증가, 생태계 변화, 기상 이변 등의 심각한 피해가 발생하고 있다.

## 03 ④

| 정답해설 | 최근 100년간 지구의 평균 기온은 꾸준히 상승해 왔으며 기후 변화에 따른 피해는 특정 지역에서만 발생하지 않고 전 지구적 차원으로 확산되고 있다.
④ 최근 기후 변화는 자연적 요인보다 인위적 요인의 영향이 크다.

## 04 ①

| 정답해설 | 제시된 그래프는 온실가스 농도가 증가하여 지구의 평균 기온이 점점 상승하는 지구 온난화 현상을 보여 주고 있다. 지구 온난화 현상으로 빙하가 녹으면서 해수면이 상승하게 되며, 태풍 등 자연재해의 발생 빈도가 증가하는 등 기상 이변이 증가한다.
① 평균 기온의 상승으로 극지방 빙하의 양은 감소한다.

## 05 ③

| 정답해설 | 기후 변화로 홍수, 가뭄, 태풍 등 자연재해의 발생 빈도가 증가하고 사막화가 촉진되어 동식물의 서식지가 파괴된다. 또한 빙하가 녹으면서 해수면이 상승하여 해안 저지대의 침수나 홍수 피해가 증가한다.
③ 농작물의 북한계선이 북상하여 열대 식물의 분포 범위가 확대된다.

## 06 ③

| 정답해설 | 제시된 설명은 기후 변화와 관련된 국제 협약 중 브라질 리우 환경 회의에서 온실가스의 배출을 제한하기 위해 채택한 기후 변화 협약에 대한 내용이다.

## 07 ①

| 정답해설 | 파리 협정(파리 기후 협약, 2015)은 교토 의정서를 대체할 새로운 기후 협약으로, 2020년 이후 선진국과 개발 도상국인 195개국 모두 온실가스 배출량을 감축해야 한다는 내용을 담고 있다.

## 08 ③

| 정답해설 | 온실가스 배출량 감축을 위한 국가적 차원의 방법으로는 탄소 배출권 거래 제도와 녹색 성장 정책 시행, 대체 에너지 개발 등이 있다.
③ 개인적 차원의 방법에 해당한다.

## 09 ③

| 정답해설 | 환경 문제 유발 산업의 이전은 생산 시설의 이전뿐만 아니라 환경 문제도 동반하며, 농업 이전도 포함된다. 주로 선진국에서 개발 도상국으로, 환경 오염에 관한 인식이 높은 나라에서 그렇지 못한 나라로 이동한다.

## 10 ②

| 정답해설 | 환경 문제 유발 산업을 유출하는 선진국은 환경 규제가 엄격하며, 개발보다 쾌적한 환경에 대한 요구가 높다.
| 오답해설 | ①, ③, ④ 환경 문제 유발 산업의 유입 지역에 대한 설명이다.

## 11 ②

| 정답해설 | 환경 문제를 유발하는 산업이 아시아로 옮겨간 이유는 독일, 미국 등 선진국에서 경제 발전 이후 환경의 중요성에 대한 인식이 높아졌고, 정부의 규제가 강화되었기 때문이다.

## 12 ④

| 정답해설 | 선진국은 자국의 탄소 배출 비용을 절감하면서 임금과 지가가 저렴한 개발 도상국으로 농장을 이전하고 있다.

## 13 ④

| 정답해설 | 화훼 농업이 발달한 이후 나이바샤호에서는 호수의 수량 감소, 화학 비료와 농약 사용에 따른 수질 오염 문제가 발생하고 있다.

## 14 ④

| 정답해설 | 더는 가치가 없거나 수명이 다 된 휴대 전화, 컴퓨터 등 다양한 형태의 가전제품이나 부품에서 나오는 쓰레기를 전자 쓰레기라고 한다.
| 오답해설 |
① 도시 광산은 산업 원료가 되는 금속 자원을 폐기물에서 뽑아내는 활동을 말한다.
② 환경 이슈는 환경 문제 중에서 원인과 해결 방안이 입장에 따라 서로 다른 것을 말한다.

## 15 ④

| 정답해설 | 공해 유발 산업이란 매연, 폐수, 석면, 수은 등 유해 물질을 배출하여 심각한 환경 문제를 일으키는 산업을 말한다.

## 16 ③

| 정답해설 | 환경 문제 유발 산업의 이전으로 선진국은 자국의 환경 오염 문제를 해결할 수 있게 되었다.

## 17 ②

| 정답해설 | 국제 사회는 1989년 유해 화학 물질과 산업 폐기물의 유통을 규제하기 위한 바젤 협약을 체결하였다.

## 18 ④

| 정답해설 | 유해 폐기물은 대부분 유럽, 아메리카 등 선진국에서 생산되어 아시아와 아프리카 등의 개발 도상국에서 처리된다.

## 19 ①

| 정답해설 | 미세 먼지란 흙먼지, 공장의 매연, 자동차 배기가스, 화력 발전소 등에서 생기는 매연, 건설 현장의 날림 먼지 등에서 발생하는 먼지를 말한다. 미세 먼지는 호흡기 및 심혈관 질환을 유발하고, 반도체 등 정밀 산업의 불량률을 증가시킨다. ① 기후 변화, 특히 지구 온난화의 영향이다.

## 20 ④

| 정답해설 | 유전자 변형 식품(GMO)이란 유전자 공학 기술을 이용하여 특정 기능을 강화하거나 유전자를 변형시켜 새로운 성질의 유전자를 가지게 된 농산물을 말한다.

## 21 ③

| 정답해설 | 유전자 변형 식품(GMO)은 특정 영양소 강화와 대량 생산이 가능하여 식량 부족 해결에 기여한다.
| 오답해설 |
① 병충해에 강해 농약 사용이 감소한다.
② 특정 영양소를 강화시켜 대량 생산할 수 있다.
④ 인체 유해성과 생태계에 미치는 영향이 검증되지 않았다.

## 22 ④

| 정답해설 | 로컬 푸드 운동이란 식품의 운송 과정에서 과도한 온실가스의 배출과 방부제 사용으로 푸드 마일리지가 높은 글로벌 푸드에 대한 대안으로 등장한 것으로, 지역에서 생산된 먹거리를 그 지역에서 소비하자는 운동이다.

## 23 ②

| 정답해설 | 로컬 푸드 운동은 화학 물질 사용을 줄여 먹거리의 안전성을 확보할 수 있고, 지역 농민의 안정적 소득 보장 및 지역 경제 활성화에 기여한다.

② 유전자 변형 식품(GMO)에 대한 설명이다.

## 24 ③

| 정답해설 | 푸드 마일리지는 식품 수송량(t)×생산지에서 소비지까지 이동한 거리(km)로, 푸드 마일리지가 낮을수록 배출되는 온실가스의 양과 방부제 사용량이 적다.

| 오답해설 |

① 방부제 사용 정도를 알 수 있다.

② 식품 수송량과 수송 거리를 곱해 구한다.

④ 로컬 푸드는 해외 수입 농산물에 비해 푸드 마일리지가 낮다.

## 11 세계 속의 우리나라 267쪽

## 01 ④

| 정답해설 | 영역은 한 국가의 주권이 미치는 공간적 범위로 국민 생활이 이루어지는 생활 터전이자 외부의 침입으로부터 보호되어야 하는 공간이다.

④ 내륙 국가의 영역은 영토와 영공으로만 이루어져 있다.

## 02 ①

| 정답해설 | 영토는 한 국가의 주권이 미치는 땅으로, 영해와 영공 설정의 기준이 된다. 우리나라의 영토는 한반도와 그 부속 도서로 구성되어 있다.

## 03 ②

| 정답해설 | 영해는 한 국가의 주권이 미치는 영토 주변의 바다로, 일반적으로 영해 기선으로부터 12해리까지의 바다를 말한다.

## 04 ①

| 정답해설 | 영공은 한 국가의 주권이 미치는 영토와 영해의 수직 상공으로, 일반적으로 대기권 내로 제한한다.

## 05 ②

| 정답해설 | A는 공해, B는 영공, C는 영해, D는 영토, E는 배타적 경제 수역이다. 영역은 영해, 영토, 영공으로 이루어지고, 배타적 경제 수역은 영해 기선에서부터 200해리까지의 바다 중 영해를 제외한 바다를 말한다.

## 06 ①

| 정답해설 | 우리나라의 영토는 남북으로 긴 형태이다.

| 오답해설 |

② 한반도와 그 부속 도서로 구성되어 있다.

③ 간척 사업을 통해 면적이 넓어지고 있다.

④ 총면적은 약 22.3만 km²이며, 남한 면적은 약 10만 km²으로 북한보다 좁다.

## 07 ④

| 정답해설 | 동해안, 제주도, 독도, 울릉도는 해안선이 단조롭기 때문에 통상 기선(최저 조위선)으로부터 12해리까지 적용하고 있다. 서해안과 남해안은 해안선이 복잡하고 섬이 많기 때문에 직선 기선으로부터 12해리까지 적용한다. 대한 해협은 일본과 거리가 가까워 3해리까지로 설정하고 있다.

## 08 ④

| 정답해설 | 대한 해협은 일본과 거리가 가까워 직선 기선으로부터 3해리까지만 설정하고 있다.

## 09 ③

| 정답해설 | 배타적 경제 수역(EEZ)은 국가의 영해에는 포함되지 않아 다른 국가의 선박이나 항공기의 자유로운 통행이 가능하고, 연안국의 어업 활동 및 자원 탐사·개발에 관한 경제적 권리가 보장된다.

## 10 ①

| 정답해설 | 독도는 우리나라의 가장 동쪽의 섬으로 경상북도 울릉군 울릉읍 독도리에 위치하고 있다. 독도에는 풍부한 수산 자원과 메탄 하이드레이트, 해양 심층수 등 해저 자원이 매장되어 있다. 또한 독도는 그 생태학적 가치를 인정받아 섬 전체가 천연 보호 구역으로 지정되었다.

## 11 ③

| 정답해설 | A는 백두산, B는 태안반도, C는 독도, D는 제주도이다. 독도는 풍부한 수산 자원과 해저 자원이 매장되어 있어 경제적 가치가 높다. 한류와 난류가 만나는 조경 수역에 위치하여 플랑크톤과 어족 자원이 풍부하고, 메탄 하이드레이트와 해양 심층수가 매장되어 있다.

## 12 ④

| 정답해설 | 독도는 맑은 날 울릉도에서 육안으로 보이기 때문에 오래 전부터 울릉도 주민들은 독도를 울릉도의 부속 도서로 인식해 왔고, 현재 우리나라 주민과 독도 경비대가 거주하여 주민 생활 시설과 경비 시설이 설치되어 있다.
④ 512년 신라가 우산국(울릉도)을 신라의 영토로 편입한 이후 우리의 영토가 되었다.

## 13 ③

| 정답해설 | 독도는 해양성 기후가 나타나 온화하고 연중 강수가 고른 편이다.
| 오답해설 |
① 해안이 급경사를 이룬다.
② 난류의 영향으로 연교차가 작다.
④ 동도와 서도, 89개의 부속 도서로 이루어진 섬이다.

## 14 ③

| 정답해설 | 제시문은 독도의 환경·생태적 가치에 대한 설명이다. 독도는 불리한 생태 환경(건조하고 척박한 토양, 화산암체)임에도 다양한 동식물이 서식하여 1999년 섬 전체가 독도 천연보호 구역으로 지정되었다.

## 15 ②

| 정답해설 | 독도는 해상 및 항공 교통과 방어 기지로서 국가 안보에 중요한 군사적 요충지이며, 다양한 암석과 지형, 지질 경관이 분포하여 해저 화산의 형성과 진화 과정을 알 수 있다. 또한 한류와 난류가 만나는 조경 수역으로 플랑크톤과 어족 자원이 풍부하다.
② 우리 영토의 극동으로 동쪽 끝을 확정짓는 지점이다.

## 16 ③

| 정답해설 | 팔도총도는 현존하는 우리나라 고지도 중 독도가 그려진 가장 오래된 지도이며, 일본에서 만든 삼국접양지도는 울릉도와 독도를 조선과 같은 색으로 표기하고 있다. 제2차 세계 대전 이후 작성된 연합국 최고 사령관 각서 제677호에서는 독도를 우리나라 영토로 표기하고 있다.
③ 시마네현 고시 제40호는 일본이 1905년 독도를 일방적으로 일본 영토인 시마네현에 편입시킨 사실을 알린 것이다.

## 17 ②

| 정답해설 | 제시문은 지역화에 대한 설명이다. 세계화 시대에 지역 간의 교류가 활발해지고 지역 간 경쟁이 치열해지면서 지역의 경쟁력을 키우는 것이 중요해졌다.

## 18 ①

| 정답해설 | 지역화 전략이란 지역의 경쟁력을 높이기 위해 경제적·문화적 관점에서 다른 지역과 차별화할 수 있는 전략으로, 지역 브랜드, 지리적 표시제, 장소 마케팅이 있다.

## 19 ②

| 정답해설 | 지역 브랜드는 지역에서 생산되는 상품이나 지역 자체에 고유한 상표를 부여한 제도로, 해당 지역의 지역성이 잘 드러나는 로고, 슬로건, 캐릭터를 활용한다.

## 20 ④

| 정답해설 | 지리적 표시제는 상품의 품질, 명성, 특성 등이 근본적으로 해당 지역에서 비롯되는 경우 지역의 생산품임을 증명하고 표시하는 제도이다. 소비자는 제품에 대한 정확한 정보를 알 수 있어 품질을 신뢰할 수 있고, 생산자는 상품 홍보를 통해 경제적인 효과를 거둘 수 있다. 미국의 플로리다 오렌지, 인도의 다즐링 홍차, 프랑스의 카망베르 치즈, 우리나라의 보성 녹차, 순창 고추장, 횡성 한우 등이 이에 해당한다.

## 21 ②

| 정답해설 | 제시된 사례들은 장소 마케팅의 사례로 자연환경을 활용한 축제에 해당한다. 지역 축제를 통해 관광 산업이 발달하면 상품과 서비스 판매량이 증가하여 지역 경제가 활성화된다. 또한 지역 축제는 지역 주민들의 자긍심을 높여 준다.
② 지역의 이미지 개선 효과를 가져온다.

## 22  ③

| 정답해설 | 우리나라는 유라시아 대륙의 동쪽에 위치한 반도국으로 태평양과 인접해 있으며, 지리적 요충지로 대륙과 해양으로 진출하기가 유리하다. 또한 동아시아의 중심에 위치하고 있기 때문에 국제 흐름을 주도할 수 있다.
③ 태평양으로 진출하기가 유리하다.

## 23  ②

| 정답해설 | 우리나라는 삼면이 바다로 둘러싸인 반도국으로 해양 진출이 유리하다.

## 24  ③

| 정답해설 | 분단으로 인해 분단 비용 증가, 국가 위상 약화, 민족 문화의 이질화 심화, 이산가족의 아픔 등의 문제점이 발생하고 있다.
③ 국토 공간의 불균형이 심화되고 있다.

## 25  ④

| 정답해설 | 한반도 통일에 따라 대륙과 해양의 물적·인적·문화적 교류가 유리해지고, 남한과 북한 지역의 개발 불균형을 극복할 수 있으며, 분단 비용(군사비 등)의 감소로 경제 발전이 가능하고, 이산가족의 고통이 해소되며, 문화적 이질화 극복을 통해 민족의 동질성 회복이 가능해질 것이다. 또한 민족 통합을 통한 발전과 번영, 세계 평화와 발전에도 공헌할 수 있다.

## 26  ①

| 정답해설 | 제시된 그림은 아시아의 32개국을 연결하는 교통망인 아시안 하이웨이를 보여 주고 있다. 이 도로의 완공으로 우리나라는 아시아 국가와의 물적·인적 교류와 협력이 증대될 것이며, 유라시아 대륙과 태평양을 잇는 반도국이라는 지리적 이점을 이용하여 물류의 중심지로 성장할 수 있다.

## 27  ④

| 정답해설 | 통일 이후 생활권 확대로 거주, 직업 등 다양한 분야에서 선택의 기회가 확대되어 사회 구성원이 풍요로운 삶을 누릴 수 있다. 또한 자유 민주주의적 이념의 확대로 이념 갈등은 해소될 것이다.

---

12 더불어 사는 세계

## 12 더불어 사는 세계　　　　　280쪽

| 01 | ④ | 02 | ② | 03 | ① | 04 | ④ | 05 | ① |
|----|---|----|---|----|---|----|---|----|---|
| 06 | ② | 07 | ④ | 08 | ③ | 09 | ② | 10 | ④ |
| 11 | ③ | 12 | ① | 13 | ③ | 14 | ④ | 15 | ② |
| 16 | ③ | 17 | ④ | 18 | ② | 19 | ④ | 20 | ④ |
| 21 | ② | 22 | ② | 23 | ③ | 24 | ① | 25 | ② |
| 26 | ③ |   |   |   |   |   |   |   |   |

## 01  ④

| 정답해설 | 국가 및 지역 간 불평등 심화, 종교 및 민족 차이, 자원을 둘러싼 대립, 환경 오염 물질의 장거리 이동 등 여러 요인이 복합되어 지구상에 다양한 지리적 문제가 발생하고 있다.
④ 지리적 문제의 해결 방안이다.

## 02  ②

| 정답해설 | 여러 요인이 복합되어 지구상에 다양한 지리적 문제가 발생하고 있다.
| 오답해설 |
① 기아, 오랜 가뭄 등 그 원인이 다양하고 복합적이다.
③, ④ 지리적 문제는 특정 지역만의 문제가 아니라 다른 지역과 연관되어 있기 때문에 문제 해결을 위해 전 세계가 함께 노력해야 한다.

## 03  ①

| 정답해설 | 기아 문제는 인간이 생존하는 데 필요한 물과 영양소가 충분히 섭취되지 못한 상태로, '소리 없는 쓰나미'로 불린다.

## 04  ④

| 정답해설 | 기아 문제의 원인에는 이상 기후, 다양한 식량 작물의 용도 변경, 지속된 전쟁으로 인한 농경의 어려움, 식량 분배의 불균형 등이 있다.
④ 개발 도상국의 인구 급증에 따른 곡물 수요의 증가로 식량이 부족해지고 있다.

## 05  ①

| 정답해설 | 제시문은 엘니뇨와 같은 이상 기후로 인해 가뭄 현상이 나타나 식량 부족 사태가 발생하였음을 보여 준다.

## 06 ②

| 정답해설 | 기아 문제는 사하라 사막 이남 아프리카, 일부 아시아 등 식량 생산에 비해 인구 증가율이 높은 곳에서 주로 발생한다. B는 아프리카 대륙의 소말리아로, 계속되는 내전과 가뭄으로 식량 위기가 발생하고 있다.

## 07 ④

| 정답해설 | 기후 변화, 열대 우림과 습지 감소로 인한 동식물의 서식지 파괴, 무분별한 남획, 농경지 확대, 외래종의 유입 등으로 생물 다양성이 감소하고 있다.

## 08 ③

| 정답해설 | 열대림의 파괴가 지속된다면 동식물이 살아갈 곳을 잃게 되어 자연계에 존재하는 생물과 그들이 서식하는 환경이 피해를 입고 생물 종의 다양성이 감소하게 된다.

## 09 ②

| 정답해설 | 생물 다양성 협약은 1992년 브라질 리우에서 열린 국제 연합 환경 개발 회의에서 생물 다양성의 보전을 위해 체결한 국제 협약이다.

## 10 ④

| 정답해설 | 모호한 국경선 설정, 자원을 둘러싼 갈등, 종교·민족·언어의 차이 등 여러 가지 원인으로 영역 분쟁이 발생한다.
| 오답해설 |
① 분쟁의 원인은 여러 가지가 있다.
② 영해를 둘러싼 영역 분쟁은 빈번하게 발생하고 있다. 센카쿠 열도 분쟁, 카스피해 분쟁 등이 이에 해당한다.
③ 영역 분쟁은 개발 도상국과 선진국을 가리지 않고 나타난다.

## 11 ③

| 정답해설 | A 지역은 동중국해에 위치한 센카쿠 열도(댜오위다오)이다. 석유와 천연가스가 매장된 사실이 알려지면서 이 지역을 두고 중국과 일본이 갈등을 빚고 있다.

## 12 ①

| 정답해설 | A 지역은 카슈미르 지역으로 종교의 차이로 인도(힌두교)와 파키스탄(이슬람교) 간의 영토 분쟁이 일어나고 있는 지역이다.

## 13 ③

| 정답해설 | 지도에 표시된 지역은 쿠릴 열도(북방 4도)로, 일본과 러시아 사이의 영유권 갈등이 일어나고 있는 지역이다.

## 14 ④

| 정답해설 | 아프리카는 유럽 열강에 의해 국경선이 설정되면서 서로 다른 문화와 언어를 가진 여러 부족이 하나의 국가로 묶이게 되었고, 그로 인한 부족 간의 분쟁이 끊이지 않고 있다.

## 15 ②

| 정답해설 | 경제 수준이 낮은 지역에서는 영아 사망률, 성 불평등 지수, 교사 1인당 학생 수가 높게 나타난다. 이 지표들은 주로 아프리카 및 서남아시아, 라틴 아메리카의 개발 도상국에서 높게 나타난다.

## 16 ③

| 정답해설 | 제시된 지표들이 낮은 국가들은 선진국으로, 서부 유럽, 오세아니아와 앵글로아메리카가 이에 해당한다. 이들 지역은 산업 혁명을 통해 일찍이 산업화를 이루었으며, 1인당 국내 총생산, 인간 개발 지수, 기대 수명이 높게 나타나고, 삶의 질이 높다.

## 17 ④

| 정답해설 | 포클랜드 제도는 현재 영국령에 속해 있지만, 가까운 위치에 있는 아르헨티나가 석유 지대에 대한 영유권을 주장하면서 영국과 갈등을 겪고 있다.

## 18 ②

| 정답해설 | 보츠와나는 저개발 국가로 빈곤 문제를 해결하기 위해 노력하고 있다.

## 19 ④

| 정답해설 | 저개발 국가들은 식량 생산량을 늘리기 위해 품종을 개발하고 풍부한 자원을 바탕으로 산업을 발전시켜야 하며, 사회 기반 시설과 자원 개발에 대한 투자를 늘려야 한다. 또한 교육의 보급으로 문맹률을 낮추고, 정치적 불안정 문제를 해결해야 한다.
④ 공적 개발 원조(ODA)는 다른 나라로부터 도움을 받는 것이다.

## 20  ④

| 정답해설 | 제시문에서는 여성들에게 기술을 가르쳐 기초적인 생활을 할 수 있도록 도와주고 있다.

## 21  ②

| 정답해설 | 세계 식량 계획(WFP)은 식량 원조 및 긴급 구호를 위한 기구이다.

| 오답해설 |

① 세계 보건 기구(WHO)는 위생 및 보건 문제를 해결하는 기구이다.

③ 유엔 난민 기구(UNHCR)는 난민들이 새로운 국적을 취득할 때까지 지원하는 기구이다.

④ 유엔 평화 유지군(UNPKF)은 세계 평화와 안전 유지를 위해 편성한 국제 군대이다.

## 22  ②

| 정답해설 | 경제 협력 개발 기구 산하의 개발 원조 위원회(DAC)가 주도하는 공적 개발 원조는 미국과 독일 등의 선진국을 중심으로 아프리카와 남아시아 등 저개발 국가들에게 도움을 주고 있다.

## 23  ③

| 정답해설 | 옥스팜, 국제 적십자사, 세이브 더 칠드런은 세계적인 문제를 해결하기 위해 활동하는 민간단체로, 인도주의적 차원에서 구호 활동을 하는 국제 비정부 기구(NGO)에 해당한다.

③ 유엔 개발 계획(UNDP)은 국제 연합(UN) 산하 기구로, 개발 도상국에 대한 원조 계획을 조정하는 국제기구이다.

## 24  ①

| 정답해설 | 환경 보호를 위한 활동을 전개하는 국제 비정부 기구(NGO)는 그린피스이다.

## 25  ②

| 정답해설 | 공정 무역이란 저개발 국가의 생산자가 만든 친환경 상품을 직거래를 통해 공정한 가격으로 구매하여 노동에 대한 공정한 대가를 지불하고자 하는 무역 방식을 말한다.

## 26  ③

| 정답해설 | 공정 무역 제품을 소비하면 개발 도상국의 가난한 생산자가 경제적 자립을 할 수 있도록 도와줄 수 있다.

| 오답해설 |

① 공정 무역 커피가 직거래를 통해 공정한 가격으로 판매된다.

② 일반 커피는 공정 무역 커피에 비해 농민의 수익이 낮다.

④ 일반 커피가 공정 무역 커피에 비해 판매업자에게 더 많은 이익이 돌아간다.

# Ⅲ 역사

## 01 선사 문화와 고대 국가의 형성
304쪽

| 01 | ① | 02 | ③ | 03 | ③ | 04 | ④ | 05 | ① |
|----|---|----|---|----|---|----|---|----|---|
| 06 | ③ | 07 | ② | 08 | ④ | 09 | ④ | 10 | ④ |
| 11 | ④ | 12 | ② | 13 | ④ | 14 | ① | 15 | ④ |
| 16 | ② | 17 | ① | 18 | ③ | 19 | ③ | 20 | ② |
| 21 | ④ | 22 | ④ | 23 | ④ | 24 | ④ | 25 | ④ |
| 26 | ② | 27 | ③ | 28 | ① | 29 | ④ | 30 | ① |
| 31 | ② | 32 | ④ | 33 | ③ | 34 | ④ | 35 | ③ |
| 36 | ② | 37 | ① | 38 | ① | 39 | ③ | 40 | ④ |

### 01 ①

| 정답해설 | 구석기 시대에는 주먹도끼, 찍개 등 뗀석기를 이용하였고, 사냥, 채집, 고기잡이 등을 통해 식량을 얻었다. 그로 인해 이동 생활을 하여 동굴이나 바위 그늘, 막집에 거주하였다.
| 오답해설 |
②, ③ 청동기 시대에는 농업 생산력이 증대되어 계급이 발생하면서 지배자가 나타나게 되었고, 지배자의 청동 검인 비파형 동검이 만들어졌으며 무덤인 고인돌이 축조되었다.
④ 신석기 시대에 농경과 목축이 시작되었다.

### 02 ③

| 정답해설 | 제시된 유물은 돌을 깨뜨려 만든 뗀석기인 주먹도끼로, 주로 사냥 도구로 사용되었다. 뗀석기를 사용했던 시기는 구석기 시대이다.
| 오답해설 |
ㄱ. 농경은 신석기 시대부터 시작되었다.
ㄹ. 신석기 시대에는 가락바퀴를 이용해 실을 뽑고 뼈바늘로 옷을 지었다.

### 03 ③

| 정답해설 | 신석기 시대에는 가락바퀴와 뼈바늘로 옷을 지어 입기 시작하였고, 농경과 목축이 처음으로 시작되었다. 또한 자연 현상이나 자연물에 영혼이 깃들어 있다고 믿는 사상인 애니미즘과 특정한 동식물을 부족의 수호신으로 여겨 숭배하는 토테미즘 사상이 나타났다.
③ 청동기 시대에 계급이 발생하고 군장이 출현하였다.

### 04 ④

| 정답해설 | 신석기 시대에는 농경과 목축의 시작으로 움집을 만들어 정착 생활을 하였다. 간석기를 도구로 이용하고, 음식의 조리와 저장을 위해 빗살무늬 토기 등의 토기를 사용하였으며, 가락바퀴와 뼈바늘을 이용해 옷과 그물을 제작하였다.
| 오답해설 |
① 고조선은 청동기 문화를 바탕으로 세워졌다.
②, ③ 청동기 시대에 계급이 분화되어 지배·피지배의 구분이 생겨났다. 지배층은 비파형 동검 등 청동 검을 소유하였다.

### 05 ①

| 정답해설 | 구석기 시대에는 돌을 깨뜨리거나 떼어서 만든 뗀석기를 사용하였고, 신석기 시대에는 돌을 갈아서 만든 간석기를 사용하였다.

### 06 ③

| 정답해설 | 제시된 유물은 청동기 시대에 만들어진 청동 검인 비파형 동검이다. 청동기 시대에는 벼농사가 시작되었고, 농업의 발달과 함께 빈부 격차가 발생하면서 계급 사회가 성립되었다. 이 시기에는 지배층의 무기나 장신구로 청동기를 제작하였으며, 야산이나 구릉 지대에 직사각형이나 원형의 움집을 짓고 거주하고, 민무늬 토기를 사용하였다. 또한 지배층의 무덤으로 고인돌을 축조하였다.

### 07 ②

| 정답해설 | 제시된 유물은 곡식의 이삭을 자르는 도구인 반달 돌칼이다. 반달 돌칼은 간석기의 한 종류로, 청동기 시대에 등장하였다. 청동기 시대에는 지배층의 무덤으로 고인돌이 만들어졌다.
| 오답해설 |
① 구석기·신석기 시대는 계급이 없는 평등 사회였고, 청동기 시대에 계급이 나타났다.
③ 철기 시대에 철제 농기구가 보급되어 농업 생산력이 향상되었다.
④ 신석기 시대에 농경과 목축이 시작되었다.

### 08 ④

| 정답해설 | 고인돌은 계급이 발생한 청동기 시대의 대표적인 무덤이다. 거석으로 만들어져 대규모의 노동력이 동원되어야 축조할 수 있었으리라 추측되고, 함께 출토된 청동 검을 통해 지배자(족장, 군장)의 무덤으로 여겨진다.

① 구석기 시대에는 이동 생활을 하여 주로 동굴이나 막집에서 거주하였다.

② 신석기 시대에는 농경과 목축이 시작되어 한곳에 정착하여 살기 시작하였다.

③ 철기 시대에 철제 농기구를 사용하여 농업 생산량이 증대되었다.

## 09 ④

| 정답해설 | 고조선은 단군왕검이 홍익인간의 건국 이념을 바탕으로 세운 우리 역사상 최초의 국가이다. 농경 중심의 청동기 문화를 바탕으로 하였으며, 개인의 생명과 재산을 중시하고 사회 질서를 유지하기 위한 8조법(범금 8조)이 있었다.

## 10 ④

| 정답해설 | 단군왕검은 우리 역사상 최초의 국가인 고조선을 건국한 것으로 알려진 인물이자, 제사장과 정치 지배자를 겸하는 고조선의 최고 지배자를 일컫는 말이다. 즉, 단군왕검이라는 칭호는 고조선이 제정일치 사회임을 보여 준다.

## 11 ④

| 정답해설 | 우리 역사상 최초의 국가인 고조선에는 사회 질서 유지를 위한 8조법(범금 8조)이 있었다고 전해진다.

## 12 ②

| 정답해설 | 철제 농기구의 사용으로 농업 생산량이 증가하여 인구가 크게 증가하였다.

| 오답해설 |
① 철기의 보급으로 농업 생산력이 향상되었고 인구 부양력이 증가하여 인구가 증가하였다.

③ 고조선은 청동기 문화를 바탕으로 등장한 국가이다.

④ 신석기 시대는 연장자(지도자)가 부족을 이끌어 가는 평등 사회였다.

## 13 ④

| 정답해설 | 제시된 유물은 철기 시대의 무덤 형태인 독무덤으로, 두 개의 항아리를 이어 만들었다.

## 14 ①

| 정답해설 | 부여는 왕이 중앙을 다스리고 마가, 우가, 저가, 구

가 등의 가(加)들이 별도의 행정 구역인 사출도를 다스리는 연맹 왕국이었다. 부여에는 왕이나 귀족이 죽으면 노비 등을 함께 매장하는 순장 풍습이 있었으며, 매년 12월에 영고라는 제천 행사를 개최하였다.

## 15 ④

| 정답해설 | 고구려는 부여에서 내려온 주몽이 건국했다고 전해지는 국가이다. 산악 지대인 졸본을 수도로 삼아 농경에 불리하였고, 그로 인해 약탈 경제가 발달하였다. 혼인 풍습으로는 일종의 데릴사위제인 서옥제가 있었고, 10월에 동맹이라는 제천 행사를 열었다.

## 16 ②

| 정답해설 | 옥저에는 신부가 될 어린아이를 신랑 집에서 데려다 키운 후 성인이 되면 신랑 쪽에서 대가를 지불하고 신부로 맞는 민며느리제라는 혼인 풍습이 있었다. 또한 가족이 죽으면 시신을 임시로 묻어 두었다가 나중에 뼈를 추려 한 목곽에 매장하는 가족 공동 무덤의 풍습이 있었다.

## 17 ①

| 정답해설 | 동예는 해산물이 풍부하고 토지가 비옥하였으며, 단궁, 과하마, 반어피 등의 특산물이 있었다. 또한 족외혼, 책화의 풍습이 있었고, 매년 10월에 무천이라는 제천 행사를 열었다.

## 18 ③

| 정답해설 | 제시된 내용은 동예의 풍습인 책화이다.

## 19 ③

| 정답해설 | 제시된 설명은 삼한에 있었던 소도와 관련이 있다. 소도는 천군이 종교와 제사를 주관하며 다스리는 신성 지역으로, 정치적 지배자인 군장의 세력이 미치지 못하였다. 이는 삼한이 제정 분리 사회였음을 보여 준다.

## 20 ②

| 정답해설 | 중앙 집권 국가의 특징으로는 왕권 강화를 위한 왕위 부자 상속 확립, 영토 확장, 율령 반포, 불교 수용 등이 있다.

## 21 ④

| 정답해설 | 4세기 후반 고구려 소수림왕은 중국으로부터 불교

를 수용하고 율령을 반포하였으며, 수도에 태학을 설립하여 중앙 집권 체제를 완성하였다.

| 오답해설 |

① 광종은 고려 초기의 왕으로, 노비안검법과 과거제를 실시하여 호족 세력을 약화시키고자 하였다.

② 세종은 조선 전기의 왕으로, 의정부 서사제를 실시하여 왕권과 신권의 조화를 꾀하였다. 4군과 6진을 개척하여 오늘날과 비슷한 국경선을 확립하였으며, 훈민정음을 반포하는 등 민족 문화의 기틀을 마련하였다.

③ 의자왕은 백제의 마지막 왕이다. 의자왕 재위 초기인 7세기 중엽 백제는 신라의 여러 성을 공격하여 빼앗는 등 신라를 강하게 압박하였으나, 나·당 연합군의 공격으로 660년에 멸망하였다.

## 22    ④

| 정답해설 | 백제 근초고왕은 고구려의 평양성을 공격하여 고국원왕을 전사시키고 황해도 일부 지역을 차지하였으며, 중국 남조의 동진 및 산둥 지방, 왜의 규슈 지방까지 진출하였다.

## 23    ④

| 정답해설 | 도병마사는 고려 시대에 고위 관료들이 모여 국방 문제를 논의한 기구이다.

| 오답해설 |

① 고구려에서는 제가 회의라는 귀족 회의에서 수상인 대대로를 선출하였다.

② 신라에는 화백 회의라는 귀족 회의가 있었으며, 이는 만장일치제로 운영되었다. 귀족들의 수장인 상대등이 의장으로서 회의를 주관하였다.

③ 백제에서는 정사암 회의라는 귀족 회의에서 수상인 상좌평을 선출하였다.

## 24    ④

| 정답해설 | 광개토 대왕은 요동 지방을 포함한 만주 대부분의 땅과 한강 이북을 차지할 정도로 영토를 넓혔고, 신라에 군사를 보내 왜군을 물리치기도 하였다. 아들 장수왕이 세운 광개토 대왕릉비에 그의 업적이 기록되어 있다.

## 25    ④

| 정답해설 | 제시된 호우명 그릇은 경주 호우총에서 발견된 청동 그릇으로, 그릇 바닥면에 광개토 대왕의 묘호가 새겨져 있어 당시 신라에 침입한 왜의 군대를 고구려 광개토 대왕의 도움으로 격퇴하였음을 보여 주는 유물이다.

## 26    ②

| 정답해설 | 고구려의 전성기인 5세기 장수왕 때 수도를 평양으로 옮기고 남진 정책을 본격적으로 추진하자, 백제와 신라는 나·제 동맹을 결성하여 고구려에 대항하였다. 이후 장수왕은 백제를 공격하여 한강 유역을 차지하였다.

## 27    ③

| 정답해설 | 충주 고구려비는 국내에 유일하게 남아 있는 고구려 비석으로, 고구려의 전성기(5세기)인 장수왕 시기에 남한강 유역의 여러 성을 공략하여 개척한 후 세운 기념비로 추정된다.

## 28    ①

| 정답해설 | 백제의 성왕은 당시 수도였던 웅진(오늘날 공주)에서 넓은 평야가 있고 해상 교통에 유리한 지역인 사비(오늘날 부여)로 수도를 옮겨 백제의 중흥을 꾀하였다. 6세기 중반에는 신라의 진흥왕과 함께 한강 유역을 일시적으로 되찾았으나 진흥왕의 배신으로 한강 유역을 상실하였다.

| 오답해설 |

② 백제 무령왕 때 22담로에 왕족을 파견하였다.

③ 백제 근초고왕 때 왕위 부자 상속을 확립하였다.

④ 백제 고이왕 때 중앙 집권 국가의 기틀을 마련하였다.

## 29    ④

| 정답해설 | 신라 지증왕은 6세기 초에 '신라'라는 국호를 사용하고, 최고 지배자의 칭호로 중국식 호칭인 '왕'을 사용하였다. 또한 이사부를 보내 우산국(울릉도) 일대를 복속시켜 신라의 영토로 편입시켰고, 농업 생산력을 향상시키기 위해 우경을 장려하였다.

| 오답해설 |

① 태종은 조선 초기의 왕으로, 사병을 혁파하고 6조 직계제를 실시하여 왕권을 강화하고자 하였다. 또한 태종 때 전국의 인구를 파악하고 조세 수취와 역 징발에 활용하기 위해 호패법을 실시하였다.

② 광해군은 조선 중기의 왕으로, 임진왜란 이후 명과 강성해지는 후금 사이에서 중립 외교를 추진하였다.

③ 법흥왕은 신라의 왕으로, 병부를 설치하고 율령을 반포하였으며, 불교를 공인하여 통치 체제를 정비하였다.

## 30    ①

| 정답해설 | 신라의 법흥왕은 병부 설치, 율령 반포, 관등제와 골품제 정비 등 통치 체제 확립을 위한 정책을 펼쳤다. 또한 이

차돈의 순교를 통해 불교를 공인하였고, 독자적 연호(건원)를 사용하였으며, 김해의 금관가야를 병합하였다.

| 오답해설 |

ㄷ. 조선 고종 때인 흥선 대원군 집권기에 경복궁이 중건되었다.

ㄹ. 조선 세종이 과학적이고 독창적인 우리 글자인 훈민정음을 창제·반포하였다.

## 31  ②

| 정답해설 | 신라 진흥왕(6세기)은 화랑도를 국가적 조직으로 개편하는 등 내부적으로 정치적 안정을 꾀하여 기반을 다졌다. 이후 한강 유역과 함흥평야, 낙동강 유역까지 영토를 넓히고, 이를 기념하기 위한 단양 신라 적성비와 4개의 순수비를 건립하는 등 대외 팽창 정책을 추진하였다.

## 32  ④

| 정답해설 | 신라 진흥왕은 원시 사회의 청소년 집단에서 기원한 화랑도를 국가적인 조직으로 정비하여 국가의 기반을 다졌고, 대대적인 정복 활동을 통해 한강 유역까지 영토를 넓혔다.

| 오답해설 |

ㄱ. 5세기 고구려 장수왕 때 수도를 평양으로 옮겼다.

ㄴ. 4세기 백제 근초고왕 때 마한 전 영역을 정복하였다.

## 33  ③

| 정답해설 | 백제의 근초고왕, 고구려의 장수왕, 신라의 진흥왕은 한강 유역을 차지하면서 전성기를 이끌었던 삼국의 왕이다.

## 34  ④

| 정답해설 | 신라는 진흥왕 때 한강 유역을 차지하여 중국과 직접 교류할 수 있게 되었고, 백제와 고구려의 연결을 차단하여 삼국 통일의 기반을 마련하였다.

## 35  ④

| 정답해설 | 고령 지방을 중심으로 성장한 대가야는 후기 가야 연맹을 이끌었으나, 신라 진흥왕에 의해 멸망하였다.

## 36  ②

| 정답해설 | 익산 미륵사지 석탑은 목탑 양식으로 만들어진 백제의 탑이다.

## 37  ①

| 정답해설 | 제시된 유적은 백제의 대표적인 탑인 부여 정림사지 5층 석탑과 중국 남조 양의 영향을 받아 벽돌무덤 양식으로 만들어진 공주 무령왕릉이다.

## 38  ①

| 정답해설 | 제시된 유물은 도교와 관련된 백제의 유물이다. 도교는 중국으로부터 전래되어 산천 숭배 신앙과 신선 사상을 중심으로 귀족 사회에서 유행하였다.

## 39  ③

| 정답해설 | 굴식 돌방무덤은 무덤 안에 돌로 된 방을 만들고 위에 흙을 덮는 무덤 양식으로, 무덤 안 널방의 벽면이나 천장에 무덤 주인의 모습이나 생활 모습, 불교나 도교의 색채가 드러난 벽화를 그렸다.

## 40  ④

| 정답해설 | 돌무지덧널무덤은 땅을 파서 목곽을 넣고 그 위에 돌을 덮은 후 봉토를 쌓아 올린 무덤 양식으로, 구조상 벽화를 그릴 수 없었다. 또한 도굴이 어려워 많은 껴묻거리가 남아 있다.

| 02 남북국 시대의 전개 | | | | | | | | 320쪽 |
|---|---|---|---|---|---|---|---|---|---|
| 01 | ① | 02 | ④ | 03 | ③ | 04 | ③ | 05 | ③ |
| 06 | ① | 07 | ① | 08 | ④ | 09 | ③ | 10 | ④ |
| 11 | ③ | 12 | ② | 13 | ③ | 14 | ② | 15 | ③ |
| 16 | ③ | 17 | ④ | 18 | ④ | 19 | ③ | 20 | ② |
| 21 | ② | 22 | ① | 23 | ② | 24 | ④ | 25 | ④ |
| 26 | ② | 27 | ② | 28 | ③ | 29 | ② | 30 | ④ |

## 01  ①

| 정답해설 | 6세기 후반 동아시아 정세는 남북 세력과 동서 세력의 대립으로 나타났다. 남북 세력은 돌궐·고구려·백제·왜이고, 동서 세력은 신라와 수(당)의 연합이었다.

## 02  ④

| 정답해설 | 살수 대첩은 612년 을지문덕이 이끄는 고구려군이

살수(청천강)에서 수의 30만 별동대를 격퇴한 사건이다.

**03** ③

| 정답해설 | 연개소문이 대막리지가 되어 신라와 당에 강경책을 실시하자 당 태종이 연개소문의 정변을 구실로 고구려를 공격하였다. 이때 요동성, 백암성 등이 함락당하였으나, 안시성에서 성주와 백성들이 힘을 합쳐 막아 냈다.

**04** ③

| 정답해설 | 신라의 삼국 통일은 '나·당 동맹 성립(648) → 백제 멸망(660) → 고구려 멸망(668) → 나·당 전쟁 → 삼국 통일(676)'의 순으로 이루어졌다.

**05** ③

| 정답해설 | 백제 부흥 운동을 주도한 인물에는 복신과 도침(주류성), 흑치상지(임존성), 왕자 부여풍이 있다. 백제 부흥 운동은 지도층의 내분과 백강 전투에서의 패배로 실패하였다.
③ 검모잠은 고구려 부흥 운동을 이끌었다.

**06** ①

| 정답해설 | 매소성 전투와 기벌포 전투에서 신라가 당에 승리하면서 삼국 통일을 완성하였다.

**07** ①

| 정답해설 | 신라 무열왕(김춘추)은 최초의 진골 출신 왕으로 직계 후손이 8세기 후반까지 왕위를 세습하였다.

**08** ④

| 정답해설 | 신라가 삼국을 통일한 이후 즉위한 신문왕은 최고 교육 기관인 국학을 설립하여 유교 교육을 강화하고, 관료전을 지급하고 진골 귀족의 경제적 기반이었던 녹읍을 폐지하였다. 또한 지방의 행정 구역을 9주 5소경으로 정비하였다. 이는 모두 귀족과 지방 세력을 견제하고 왕권을 강화하기 위한 정책이었다.

**09** ③

| 정답해설 | 신라 신문왕은 관료전 지급과 녹읍 폐지를 통해 진골 귀족들의 경제적 기반을 약화시키고 강력한 전제 왕권을 확립하였다. 또한 학문적·정치적 조언자로 6두품을 등용하여 왕권 강

화 정책을 뒷받침하였다.
③ 청해진은 신라 흥덕왕 때 장보고가 완도에 설치한 군사 및 무역 기지이다.

**10** ④

| 정답해설 | 신라는 통일 이후 지방 행정 구역을 9주 5소경으로 정비하였다. 5소경은 수도 금성(경주)이 동남쪽에 치우쳐 있는 것을 보완하고, 지방 세력 감시와 지방 문화 육성을 위해 전국의 요충지에 설치되었다.

**11** ③

| 정답해설 | 통일 신라의 중앙군은 9서당이다. 9서당은 민족 융합을 위해 신라인, 백제 유민, 고구려 유민, 말갈인 등으로 구성되었다.

**12** ②

| 정답해설 | 발해는 698년 옛 고구려 출신 대조영이 고구려 유민과 말갈인을 이끌고 세운 나라로 고구려 계승 의식이 강하였다. 발해의 고구려 계승 의식은 발해가 일본에 보낸 국서, 온돌과 석등 등 문화유산을 통해 엿볼 수 있다.

**13** ③

| 정답해설 | 발해는 지배층이 대부분 고구려인이라는 점, 일본에 보낸 외교 문서에 발해 왕을 고구려 왕(고려 국왕)으로 칭한 점, 온돌, 석등, 수막새 등에서 엿볼 수 있는 고구려 문화와의 유사성 등을 토대로 고구려 계승 의식이 강하였음을 알 수 있다.
③ 말갈인과의 융합을 위해 실시한 제도로, 고구려 계승 의식의 근거로 보기는 어렵다.

**14** ②

| 정답해설 | 발해 문왕은 당과 교류하기 시작하면서 당의 문물제도(3성 6부제)를 수용하였고, 수도를 상경 용천부로 옮겼다.

**15** ③

| 정답해설 | 고구려 계승 의식을 바탕으로 한 발해는 698년 옛 고구려 출신인 대조영이 고구려 유민과 말갈인을 모아 건국한 국가이다. 발해의 세력이 커지자 당이 주변국을 끌어들여 발해를 압박하였고, 이에 무왕은 장문휴를 보내 당의 산둥반도를 공격하였다. 발해의 전성기인 9세기 선왕 때에는 중국으로부터

바다 동쪽의 융성한 나라라는 뜻의 '해동성국'으로 불렸다.

| 오답해설 |

① 경복궁은 조선 고종 때 흥선 대원군이 중건하였다.

② 평양 천도는 고구려 장수왕 때 이루어졌다.

④ 교정도감은 고려 무신 집권기에 최충헌이 설치한 기구이다.

## 16 ③

| 정답해설 | 9세기 말 신라에서는 왕실과 중앙 귀족들의 부패와 사치, 녹읍 부활, 자연재해와 전염병 등으로 농민 생활이 악화되었고, 진성 여왕 때 정부의 세금 독촉으로 농민 봉기가 발생하였다.

| 오답해설 | ①, ②, ④ 삼국 통일 직후의 상황이다.

## 17 ④

| 정답해설 | 호족은 스스로 성주 또는 장군이라 칭하며 지방 행정을 장악하고 독자적 세력을 형성하여 신라 말 6두품과 함께 반신라 세력으로 성장하였다. 대표적인 호족으로는 견훤, 궁예, 왕건, 장보고 등이 있다.

④ 최치원은 6두품 출신 유학자이다.

## 18 ④

| 정답해설 | 풍수지리설은 산세나 지형이 인간의 길흉화복에 영향을 끼친다는 사상으로, 신라 말 승려 도선에 의해 도입되어 지방 호족 세력의 환영을 받았다.

## 19 ③

| 정답해설 | 풍수지리설은 경주 중심에서 벗어나 지방의 중요성을 강조하여 신라 말 선종과 함께 호족의 호응을 얻었다.

## 20 ②

| 정답해설 | 신라 말에는 참선과 정신 수양을 중시하는 새로운 불교 종파인 선종이 유행하였는데, 경전과 교리를 중시한 교종과 달리 일상에서의 깨달음을 긍정하여 지방 호족과 농민의 호응을 얻었다.

② 교종에 대한 설명이다.

## 21 ③

| 정답해설 | 의상은 당에 유학하고 돌아온 뒤 화엄 사상을 주장하면서 신라에 화엄종을 개창하고 영주 부석사 등 사찰을 건립하였다.

## 22 ①

| 정답해설 | 원효는 일심 사상, 화쟁 사상, 아미타 신앙을 강조하였다. 일심 사상은 모든 진리는 한마음에서 비롯된다는 사상이고, 화쟁 사상은 다양한 불교 종파의 조화와 화합을 강조하는 사상이다. 아미타 신앙은 '나무아미타불'만 외우면 극락의 세계로 갈 수 있다는 사상으로 불교 대중화에 기여하였다.

| 오답해설 |

② 김홍도는 주로 서민의 생활 모습을 소재로 한 풍속화를 그린 조선 후기의 대표적인 화가이다.

③ 이성계(조선 태조)는 고려 말 성장한 신흥 무인 세력으로, 고려 조정의 실권을 장악한 후 조선을 건국하였다.

④ 정약용은 조선 후기 실학을 집대성한 학자로『목민심서』,『경세유표』,『흠흠신서』 등 수많은 저서를 남겼고, 거중기·배다리 등을 고안하였다.

## 23 ④

| 정답해설 | 경주 석굴암 본존불은 통일 신라의 문화유산으로 뛰어난 조형미와 과학 기술을 보여 준다.

## 24 ④

| 정답해설 | 다보탑과 석가탑(불국사 3층 석탑)은 통일 신라 때 세워진 경주 불국사 내에 있는 화강암 석탑이다. 대웅전을 향해 서서 보면 왼쪽(서쪽)에 석가탑이, 오른쪽(동쪽)에 다보탑이 있다. 석가탑은 전형적인 통일 신라의 석탑 양식을 갖추고 있으며, 다보탑은 이와 달리 독특한 형식을 보인다.

## 25 ④

| 정답해설 | 『무구정광대다라니경』은 경주 불국사 3층 석탑(석가탑)에서 발견되었다. 현재 전하는 것 중 세계에서 가장 오래된 목판 인쇄물이다.

## 26 ②

| 정답해설 | 신라 신문왕이 설치한 국학은 유학 교육 기관이고, 원성왕이 실시한 독서삼품과는 유교 경전의 내용을 토대로 시험을 치러 관리를 채용하는 제도이다. 모두 유학 교육의 강화를 위해 시행되었다.

## 27 ②

| 정답해설 | 강수, 설총, 최치원은 신라의 6두품 출신 유학자이

다. 이들은 신라의 명문장가로 손꼽히는데, 설총은 신문왕에게 『화왕계』를 지어 바친 일화가 유명하다. 최치원은 당에서 빈공과에 합격하고 돌아와『계원필경』등을 저술하고, 사회 개혁을 위해 진성 여왕에게 시무 10여 조를 바쳤다.

| 오답해설 |

① 최치원에 대한 설명이다.

③ 원효에 대한 설명이다.

## 28 ③

| 정답해설 | 발해가 고구려 문화를 계승한 근거로는 온돌, 석등, 불상(이불병좌상), 연꽃무늬 수막새, 굴식 돌방무덤(정혜 공주묘) 등이 있다.

③ 발해의 수도 상경성에 있는 주작대로는 당 문화 수용과 관련이 있다.

## 29 ②

| 정답해설 | 신라가 당과 외교 관계를 회복한 이후 사신·유학생·승려 등이 교류하기 시작하면서 당의 산둥반도 일대에 신라인 거주지가 생겼다.

## 30 ④

| 정답해설 | 발해는 5개의 교통로를 설치하고 여러 나라와 교류하였다. 건국 초기에는 당·신라와 적대 관계였으나 문왕 때부터 교류하기 시작하였다.

④ 일본과는 당과 신라를 견제하기 위한 군사적 목적으로 교류하다가, 8세기 후반에 경제적·문화적 교류가 활발하게 이루어졌다.

## 03 고려의 성립과 변천 338쪽

| 01 | ③ | 02 | ④ | 03 | ③ | 04 | ④ | 05 | ③ |
|----|---|----|---|----|---|----|---|----|---|
| 06 | ④ | 07 | ④ | 08 | ③ | 09 | ④ | 10 | ② |
| 11 | ④ | 12 | ① | 13 | ④ | 14 | ① | 15 | ④ |
| 16 | ② | 17 | ② | 18 | ① | 19 | ③ | 20 | ② |
| 21 | ① | 22 | ④ | 23 | ④ | 24 | ③ | 25 | ④ |
| 26 | ④ | 27 | ③ | 28 | ④ | 29 | ① | 30 | ② |
| 31 | ③ | 32 | ④ | 33 | ① | 34 | ③ | 35 | ② |

## 01 ③

| 정답해설 | 고려의 후삼국 통일 과정은 '후백제 건국 → 후고구려 건국 → 고려 건국(918) → 발해 멸망(926) → 견훤 귀순(935) → 경순왕 항복(신라 멸망, 935) → 후백제 멸망(936) → 후삼국 통일(936)' 순으로 이루어졌다.

## 02 ④

| 정답해설 | 고려 태조(왕건)는 고구려 계승 의식을 가지고 북진 정책을 시행하였으며 북진 정책의 전진 기지로 서경(평양)을 중시하였다. 또한 후삼국을 통일하면서 발해 유민까지 흡수하여 실질적인 민족 융합을 이끌어 냈다.

## 03 ③

| 정답해설 | 고려 태조(왕건)는 왕권 강화와 민생 안정을 위해 노력하였다. 사심관 제도는 왕권의 강화를 위하여 지방 호족 세력을 그 지역의 사심관으로 임명하였던 일종의 호족 통제 정책이었다.

| 오답해설 |

① 조선의 왕궁인 경복궁은 임진왜란 때 불탔다가 흥선 대원군 집권기에 중건되었다.

② 고려 광종은 노비안검법을 실시하여 호족에 의해 불법적으로 노비가 된 이들을 본래의 신분인 양인으로 해방시켰다.

④ 고려 공민왕 때 전민변정도감을 설치하고 신돈을 등용하여 권문세족이 빼앗은 토지를 원래 주인에게 돌려주고 불법적으로 노비가 된 이들을 본래의 신분으로 회복시켰다.

## 04 ④

| 정답해설 | 고려 광종은 불법적으로 노비가 된 사람을 조사하여 양인으로 해방시켜 주는 제도인 노비안검법을 실시하였다. 이를 통해 호족의 경제적·군사적 기반을 약화시키고 왕권을 강화하였다.

## 05 ③

| 정답해설 | 고려 성종은 최승로의 시무 28조를 수용하여 유교 정치 사상을 통치의 근본이념으로 삼고 여러 제도를 정비하였다.

## 06 ④

| 정답해설 | 도병마사는 고려의 독자적인 회의 기구로, 중서문하성과 중추원의 고위 관료들이 모여 군사와 국방 문제를 의논하였다.

## 07  ④

| 정답해설 | 고려에는 특수 행정 구역인 향·부곡·소가 있었다. 이곳의 거주민은 일반 군현민에 비해 차별을 받았고, 국가에 많은 세금을 납부해야 했다.

| 오답해설 |

① 통일 신라의 지방 행정 구역이다.

② 고려 시대에는 지방관이 파견된 주현보다 지방관이 파견되지 않은 속현이 더 많았다.

③ 발해의 지방 행정 구역이다.

## 08  ③

| 정답해설 | 경원 이씨인 이자겸은 대표적인 문벌이다. 이자겸은 왕실과의 거듭된 혼인을 통해 자신의 딸들을 왕비로 두어 왕권을 위협할 정도의 권력을 가졌다.

## 09  ④

| 정답해설 | 묘청, 정지상 등은 풍수지리 사상을 바탕으로 서경 천도와 금국 정벌을 통한 북진 정책을 주장하였다. 이들은 서경 천도가 좌절되자 서경에서 반란을 일으켰으나 개경파인 김부식이 이끈 관군에 의해 진압당하였다.

④ 묘청 등 서경파는 고구려 계승 의식을 표방하였다.

## 10  ②

| 정답해설 | 고려 시대의 무신들은 문신에 비해 차별 대우를 받고 있었는데, 이를 배경으로 1170년에 무신 정변이 일어났다.

## 11  ④

| 정답해설 | 중방은 무신 정권 초기의 최고 권력 기구이다. 교정도감은 최충헌이 설립한 이후 최씨 무신 정권의 최고 권력 기구가 되었다.

## 12  ①

| 정답해설 | 만적의 난(1198)은 최충헌 집권기에 사노비 만적이 중심이 되어 계획한 신분 해방 운동이다. 무신 집권기에는 지나친 조세 수취, 특수 행정 구역에 대한 지나친 세금 부과, 고리대를 통한 토지 약탈, 유민이나 도적이 된 백성의 증가 등으로 인해 하층민의 봉기가 자주 일어났다.

| 오답해설 |

② 김헌창의 난(822)은 통일 신라 헌덕왕 때 웅천주(공주) 도독 김헌창이 일으킨 반란이다.

③ 홍경래의 난(1811)은 조선 후기에 세도 정치와 평안도(서북 지역)에 대한 차별에 반발하여 홍경래가 농민, 상공업자 등을 모아 일으킨 반란이다.

④ 망이·망소이의 난(1176)은 고려 무신 집권기에 공주 명학소의 망이·망소이 형제가 소의 차별에 반발하며 일으켰다.

## 13  ③

| 정답해설 | '이자겸의 난(1126) → 묘청의 서경 천도 운동(1135) → 무신 정변(1170) → 만적의 난(1198)'의 순으로 발생하였다.

## 14  ①

| 정답해설 | 서희는 거란의 1차 침입 당시 거란 장수 소손녕과 외교 담판을 벌여 옛 고구려의 영토였던 강동 6주를 회복하였다. 거란의 2차 침입 때에는 양규의 활약으로 거란군을 격파하였고, 거란의 3차 침입 때에는 강감찬이 귀주에서 거란군을 대파하였다(귀주 대첩, 1019).

## 15  ④

| 정답해설 | 12세기 초 여진이 성장하면서 고려의 북진 정책과 충돌하였다. 고려는 윤관의 건의로 별무반을 조직해 여진을 정벌하였고, 여진의 근거지에 동북 9성을 쌓았다.

## 16  ②

| 정답해설 | 고려는 송, 거란, 여진 등과 교류하였다. 고려는 송으로부터 비단, 약재, 서적 등을 수입하고, 인삼 등을 송에 수출하였다. 고려 시대에는 예성강 하구의 벽란도가 최대 무역항으로 성장하였는데, 이곳에 아라비아 상인이 드나들며 고려가 서방 세계에 '코리아'라는 이름으로 알려지기 시작하였다.

② 울산항은 신라의 국제 무역항으로 기능하였다.

## 17  ②

| 정답해설 | 몽골의 1차 침입 이후 당시 무신 집권자였던 최우는 수도를 개경에서 강화도로 옮겨 해전에 약한 몽골과의 장기전을 준비하였다.

## 18  ①

| 정답해설 | 몽골이 고려를 침입하자 고려 조정은 수도를 개경에서 강화도로 옮기고, 부처의 힘으로 위기를 극복하고자 팔만대

장경을 제작하였다. 최씨 무신 정권 몰락 후 고려 조정이 몽골과 강화를 체결하고 개경으로 환도하려 하자, 삼별초는 강화도에서 진도, 제주도로 이동하며 대몽 항쟁을 전개하였다.

## 19 ③

| 정답해설 | 삼별초는 고려 조정이 몽골과 강화를 맺고 개경으로의 환도를 결정하자 강화도에서 진도, 제주도로 이동하며 대몽 항쟁을 이어 나갔으나, 제주도에서 고려와 몽골 연합군에 의해 진압당하였다.

## 20 ②

| 정답해설 | ㉠은 팔만대장경이다. 고려의 뛰어난 목판 인쇄술을 보여 주는 팔만대장경은 몽골 침입 때 부처의 힘으로 위기를 극복하고자 제작되었다. 현재 합천 해인사 장경판전에 보관되어 있으며, 유네스코 세계 기록 유산으로 등재되어 있다.

## 21 ①

| 정답해설 | 원은 정동행성을 이용하여 고려의 내정에 간섭하였으며, 고려 왕이 원의 공주와 결혼하면서 고려는 원의 부마국으로 지위가 하락하였다. 또한 원이 쌍성총관부를 설치함으로써 철령 이북 지역의 영토를 상실하였다.
① 고려의 관제와 왕실 용어를 낮춰 부르게 하였다.

## 22 ④

| 정답해설 | 권문세족은 원 간섭기에 형성된 지배 세력으로, 음서를 통해 고위 관직을 독점하고 대농장과 많은 노비를 소유하였다.

## 23 ③

| 정답해설 | 고려 공민왕은 원·명 교체기를 이용하여 반원 자주 정책과 왕권 강화를 위한 개혁을 추진하였다. 정동행성의 일부 기능 폐지, 쌍성총관부를 공격하여 철령 이북의 영토 회복, 친원 세력 숙청, 몽골풍 금지, 관제 복구 등 반원 자주 정책을 펼쳤다. 또한 왕권을 강화하기 위해 정방을 폐지하였고, 신돈을 등용하여 전민변정도감을 설치하였다.

## 24 ③

| 정답해설 | 고려 공민왕은 신돈을 등용하여 전민변정도감을 설치하도록 하였다. 이 기구를 통해 억울하게 노비가 된 사람들을 본래의 신분으로 해방시켜 주고, 권문세족이 불법적으로 차지

한 토지를 원래의 주인에게 돌려주었다.
| 오답해설 | ①, ②, ④ 고려 말 공민왕은 반원 자주 정책을 펼쳤다. 대표적인 친원 세력인 기철을 숙청하고, 쌍성총관부를 공격하여 철령 이북의 땅을 되찾았으며, 내정을 간섭하던 정동행성의 일부 기능을 폐지하였다. 또한 왕권 강화를 위해 인사권을 가지고 있던 정방을 폐지하였다.

## 25 ④

| 정답해설 | 고려 말 홍건적과 왜구의 침입을 격퇴하는 과정에서 이성계 등 신흥 무인 세력이 성장하였다.

## 26 ④

| 정답해설 | 고려 말 공민왕이 유학 교육을 강화하면서 성리학을 수용한 신진 사대부가 성장하였다. 이들은 주로 지방의 향리, 중소 지주 출신으로 과거를 통해 중앙 관리로 진출하였으며, 불교의 폐단과 권문세족의 부패를 비판하였다.

## 27 ③

| 정답해설 | 신진 사대부는 지방의 향리 출신으로 과거를 통해 중앙 관리로 진출하였다. 이들은 공민왕의 개혁 정치에 동참하면서 성장하였다.
| 오답해설 | ①, ②, ④ 권문세족에 대한 설명이다.

## 28 ④

| 정답해설 | 고려의 멸망과 조선의 건국 과정은 '요동 정벌 추진 → 위화도 회군(이성계, 1388) → 과전법 실시(1391) → 고려 멸망, 조선 건국(1392)'의 순으로 이루어졌다.

## 29 ①

| 정답해설 | 고려 시대에 여성은 가정 내에서 차별받지 않았다. 호적에는 아들딸 구별 없이 태어난 순서대로 기재되었고, 재산도 균분 상속되었으며, 음서의 혜택이 사위와 외손자 등에게도 적용되었다.
① 고려 시대에는 아들이 없으면 딸이 제사를 지냈다. 아들이 없을 때 양자를 들이는 풍속은 조선 후기에 일반화되었다.

## 30 ②

| 정답해설 | 고려 태조(왕건)는 연등회, 팔관회와 같은 불교 행사를 개최하였으며, 훈요 10조에서도 연등회와 팔관회의 성대

한 개최를 당부하였다. 고려 광종 때부터는 승려를 대상으로 한 승과가 실시되었다.

## 31 ③

| 정답해설 | 고려 중기의 승려 의천은 교관겸수를 내세우며 교종을 중심으로 선종을 통합하고자 하였다. 의천은 이를 위해 해동 천태종을 창시하였다.

## 32 ④

| 정답해설 | 고려는 개경(수도)에 최고 교육 기관인 국자감을 세우고, 지방에 향교를 세워 유학 교육을 실시하였다.

## 33 ①

| 정답해설 | 일연이 쓴 『삼국유사』는 단군왕검의 고조선 건국 이야기를 최초로 기록한 역사서이다.
| 오답해설 |
② 『제왕운기』는 이승휴가 저술하였다.
③ 『삼국사기』는 김부식이 저술하였다.
④ 「동명왕편」은 이규보가 저술하였다.

## 34 ③

| 정답해설 | 제시된 유물은 고려의 대표적인 상감 청자인 청자 상감 운학문 매병이다. 상감 청자란 그릇 표면에 무늬나 그림을 새기고 그 자리에 다른 색의 흙을 메워 만든 청자를 말한다.

## 35 ②

| 정답해설 | 팔만대장경은 고려 시대에 몽골의 침입으로 대구 부인사에 보관되어 있던 초조대장경이 소실되자 부처의 힘으로 몽골군을 물리치겠다는 소망으로 제작되었다.

### 04 조선의 성립과 발전
355쪽

| 01 | ③ | 02 | ② | 03 | ④ | 04 | ① | 05 | ② |
|----|---|----|---|----|---|----|---|----|---|
| 06 | ② | 07 | ① | 08 | ① | 09 | ④ | 10 | ③ |
| 11 | ④ | 12 | ③ | 13 | ① | 14 | ② | 15 | ③ |
| 16 | ③ | 17 | ① | 18 | ② | 19 | ③ | 20 | ① |
| 21 | ④ | 22 | ② | 23 | ② | 24 | ③ | 25 | ② |
| 26 | ③ | 27 | ③ | 28 | ③ | 29 | ③ | 30 | ③ |
| 31 | ② | 32 | ① | 33 | ③ | 34 | ① | 35 | ③ |

## 01 ③

| 정답해설 | 이성계와 급진파 신진 사대부들은 정몽주 등 새 왕조 수립에 반대하던 온건파 신진 사대부를 제거하였다.

## 02 ②

| 정답해설 | 이성계는 조선의 건국자로, 새 왕조를 개창했기 때문에 태조라 불린다. 고려 말 홍건적을 물리치고, 왜구를 소탕하는 등 고려에서 최영과 더불어 신흥 무인 세력으로 성장하였다. 1392년 공양왕으로부터 왕위를 빼앗아 왕위에 올랐으며, 국호를 조선이라 하고, 수도를 지금의 서울인 한양으로 옮겼다.

## 03 ④

| 정답해설 | 조선 태종(이방원)은 강력한 국왕 중심의 통치 체제를 마련하기 위해 6조 직계제를 실시하고 사병을 철폐하였다.
| 오답해설 | ①, ②, ③ 조선 세종과 관련 있는 설명이다.

## 04 ①

| 정답해설 | 조선 태종(이방원)은 강력한 국왕 중심의 통치 체제를 확립하기 위해 6조 직계제와 사병 철폐를 시행하였다. 또한 16세 이상의 모든 남자들에게 호패를 소지하도록 한 호패법을 시행하여 이를 조세 수취와 군역 부과에 활용하였다.

## 05 ②

| 정답해설 | 조선 세종 때 집현전을 설치하여 학문을 장려하고, 훈민정음을 창제하였다. 이와 더불어 우리 실정에 맞는 역법서인 『칠정산』을 만들었고, 측우기와 같은 과학 기구가 제작되는 등 백성들의 생활에 실질적으로 도움이 되는 문화 정책이 추진되었다. 대외적으로는 여진족이 조선의 북쪽 지방을 약탈하자 여진족을 정벌하고 4군 6진을 설치하였다.

## 06 ②

| 정답해설 | 수양 대군(조선 세조)은 계유정난을 통해 정권을 장악한 후 단종을 몰아내고 왕위에 올랐다. 세조는 집현전과 경연을 폐지하고, 6조 직계제를 시행해 왕권을 강화하였으며, 현직 관리에게만 토지의 수조권을 지급하는 직전법을 시행하였다.
② 『경국대전』은 조선 세조 때 편찬하기 시작하여 성종 때 완성·반포하였다.

## 07 ①

| 정답해설 | 조선은 태종 때부터 경제·문화적 실리를 취하고 국가의 안정을 확보하기 위해 명에 사대 정책을 시행하였다.

## 08 ①

| 정답해설 | 조선은 의정부(국가의 중요 정책 결정), 6조(행정 실무 담당), 3사(사간원·사헌부·홍문관, 언론 기능), 승정원(왕의 비서 기관), 의금부(국왕 직속 사법 기관), 한성부(한양의 행정·치안 담당), 춘추관(역사서 편찬·보관) 등의 중앙 정치 기구를 마련하여 중앙 집권적 통치 체제를 정비하였다.

## 09 ④

| 정답해설 | 제시된 기구들은 3사로, 왕과 관리를 견제하여 권력의 독점과 부정을 방지하기 위해 설치되었다.

## 10 ③

| 정답해설 | 유향소는 지방 양반들의 모임으로, 지방의 향촌 자치를 주관하여 수령 보좌, 향리 감찰, 풍속 교정, 여론 수렴 등의 역할을 담당하였다.
| 오답해설 |
① 8도에 관찰사가 파견되었다. 안찰사는 고려 시대에 5도에 파견된 지방관이다.
② 수령이 고을의 행정 책임자였다. 향리는 수령을 보좌하였다.
④ 고려 시대와 달리 조선 시대에는 대부분의 군현에 수령이 파견되었다.

## 11 ④

| 정답해설 | 조선에서는 문과(주로 양반 응시), 무과(주로 양반 및 상민 응시), 잡과(주로 중인 응시)가 시행되었다.
④ 의학, 법학 교육은 해당 관청에서 별도로 맡아 실시하였다.

## 12 ③

| 정답해설 | 제시문은 훈구에 대한 설명이다. 훈구 세력은 많은 토지와 노비를 소유한 대지주였으며, 일부는 왕실과 혼인 관계를 맺으며 권력을 강화하기도 하였다.
③ 사림에 대한 설명이다.

## 13 ①

| 정답해설 | 조선 성종 때 최초로 김종직을 비롯한 영남 출신 사림이 3사로 진출하여 훈구의 부패와 권력 독점을 비판하기 시작하였다.

## 14 ②

| 정답해설 | 사림이 훈구의 부패와 권력 독점을 비판하면서 사림과 훈구의 갈등이 본격화되었다. 이후 네 차례에 걸친 사화가 발생하면서 사림이 큰 피해를 입었다.

## 15 ③

| 정답해설 | 조광조는 도교 행사를 주관하는 소격서 폐지와 학문과 덕이 뛰어난 인재 추천제인 현량과 실시를 추진하고, 거짓된 공훈을 삭제하는 위훈 삭제를 주장하였다. 이러한 조광조의 급진적 개혁에 반발한 훈구 세력이 조광조 등의 사림을 몰아낸 사건이 기묘사화(1519)이다.

## 16 ③

| 정답해설 | 서원은 조선 중기 이후 선현에 대한 제사를 지내고 후학을 양성하기 위해 전국 곳곳에 세운 사립 교육 기관이다. 조선 중종 때 안향을 추모하기 위해 주세붕이 세운 백운동 서원이 시초로, 국가로부터 면세·면역의 혜택을 받았고 토지·노비·서적 등을 하사받았다.

## 17 ①

| 정답해설 | 제시된 설명은 지방의 사립 교육 기관이었던 서원에 대한 설명이다. 서원은 성리학 연구와 지방 문화 발달에 기여하였고, 향촌에서 사림의 기반이 되었다.

## 18 ②

| 정답해설 | 제시문은 향약의 4대 덕목이다. 향약이란 마을 주민들의 향촌 자치 규약으로 상부상조의 전통에 유교 윤리가 더해져 만들어졌다.

**19** ③

| 정답해설 | 붕당이란 정치적·학문적 의견을 같이하는 양반들의 무리를 말한다. 조선 선조 때 외척의 정치 참여 문제와 이조전랑의 임명 문제를 둘러싸고 사림 내부에서 갈등이 일어났다. 결국 사림은 동인과 서인으로 나뉘어 붕당을 형성하였다.

**20** ①

| 정답해설 | 훈민정음은 조선 세종이 창제한 과학적이고 독창적인 28자의 표음 문자이다. 세종은 훈민정음으로 「용비어천가」 등을 지어 보급하였다. 일부 신하들은 중국의 글자를 쓰지 않고 훈민정음을 창제하는 것에 반대하였으나, 훈민정음의 창제로 일반 백성들도 문자 생활을 할 수 있게 되었다.

**21** ④

| 정답해설 | 제시된 서적들은 조선 전기에 편찬된 대표적인 윤리·의례서이다. 조선은 성리학을 통치 이념으로 삼아 유교적 질서를 확립하고자 각종 윤리·의례서를 편찬하였다. 『삼강행실도』는 충신·효자·열녀의 이야기를 글과 그림으로 정리한 윤리서이고, 『국조오례의』는 조선 왕실의 의례 절차를 정리한 의례서이다.

**22** ②

| 정답해설 | 자격루는 조선 세종 때 만들어진 물시계이다. 시보 장치가 장착되어 있어 자동으로 종·북·징을 쳐 시간을 알렸다.

**23** ②

| 정답해설 | 조선 전기에 만들어진 지도로는 「혼일강리역대국도지도」(세계 지도), 「팔도도」(전국 지도)가 있다.
②「곤여만국전도」는 조선 후기에 중국으로부터 들어온 세계 지도이다.

**24** ③

| 정답해설 | ③「씨름」은 조선 후기에 김홍도가 그린 풍속화이다.
| 오답해설 |
①「천상열차분야지도」는 고구려의 천문도를 수정하여 조선 태조 때 제작한 천문도이다.
②「혼일강리역대국도지도」는 조선 태종 때 제작된 현재 전하는 것 중 동양에서 가장 오래된 세계 지도이다.
④「몽유도원도」는 조선 전기의 대표적인 그림으로, 안견이 세종의 아들인 안평 대군의 꿈속 이야기를 듣고 그렸다.

**25** ②

| 정답해설 | 임진왜란은 조선 선조 때인 1592~1598년에 두 차례에 걸쳐서 일본이 조선을 침략한 사건이다. 초반에는 조선이 고전을 면치 못하였으나 이순신이 이끄는 수군과 의병의 활약, 조·명 연합군의 활약 등으로 일본군을 무찌르면서 전쟁이 끝났다.

**26** ②

| 정답해설 | 임진왜란은 '일본군의 대규모 침략 → 부산진 함락 → 한양 함락 → 한산도 대첩(ㄴ) → 행주 대첩(ㄱ) → 정유재란 발발(ㄷ) → 도요토미 히데요시 사망 → 명량 대첩 → 노량 해전 승리(ㄹ)' 순으로 이루어졌다.

**27** ③

| 정답해설 | 임진왜란 당시 이순신이 이끄는 수군이 한산도, 명량, 노량 등지에서 일본군에 승리하였다.
| 오답해설 |
① 고려 시대에 거란이 침입해 오자 강감찬이 귀주에서 이를 물리쳤다(귀주 대첩).
② 고려 시대에 여진이 성장하여 고려와 마찰을 빚자 윤관이 별무반을 이끌고 여진을 정벌하였다.
④ 고구려의 을지문덕은 살수에서 수나라의 침략을 물리쳤다(살수 대첩).

**28** ②

| 정답해설 | 이순신이 이끌었던 수군이 한산도 등지에서 승리하면서 서남해안의 제해권을 장악하고 일본군의 보급로를 차단하였으며, 전라도 곡창 지대를 방어할 수 있었다.
| 오답해설 |
① 김좌진은 일제 강점기에 청산리 대첩을 승리로 이끌었다.
③ 7세기 당이 고구려를 침입해 오자 안시성에서 성주와 백성들이 당의 대군을 물리쳤다(안시성 싸움).
④ 7세기 수가 고구려를 침입해 오자 을지문덕이 살수에서 수의 대군을 물리쳤다(살수 대첩).

**29** ③

| 정답해설 | 임진왜란의 결과 조선은 토지의 황폐화, 토지 대장과 호적 소실로 인한 국가 재정 악화, 공명첩 발행 등으로 인한 신분 질서 동요, 문화재 약탈과 소실(불국사, 경복궁, 사고 등) 등 큰 피해를 입었다.

③ 조선 인조 때인 1624년에 이괄이 인조반정의 공신 책봉에 불만을 품고 반란을 일으켰다(이괄의 난).

## 30 ③

| 정답해설 | 조선 광해군은 임진왜란 이후 산업 재건, 국방 강화, 토지 대장·호적 정비 등 전후 복구 사업에 힘썼고, 공납의 폐단을 개선하기 위해 대동법을 실시하였다. 또한 임진왜란 때 도움을 준 명과 새롭게 성장하는 후금 사이에서 실리적인 중립 외교 정책을 폈다.

## 31 ②

| 정답해설 | 조선 광해군은 임진왜란 이후 국방력 강화에 힘썼고 호적을 정리해서 국가 재정을 확보하였다. 또한 허준이 『동의보감』을 편찬하도록 지원하였다.
② 광해군은 명과 후금 사이에서 중립 외교를 시행하였다.

## 32 ①

| 정답해설 | 조선 광해군의 중립 외교는 명에 대한 명분과 의리를 중시하는 서인에게 비판받았다. 또한 광해군이 인목 대비를 유폐하고 이복동생인 영창 대군을 사사한 일(폐모살제)이 빌미가 되어 서인의 주도로 인조반정이 일어났다.

## 33 ③

| 정답해설 | 후금이 국호를 청으로 바꾸고 조선에 군신 관계를 요구하였으나 조선이 이에 응하지 않자, 청 태종이 직접 군대를 이끌고 조선을 침공하였다(병자호란, 1636).

## 34 ①

| 정답해설 | 후금이 국호를 청으로 변경한 후 조선에 군신 관계를 요구하였으나 조선이 청의 요구를 거절하였다. 이를 계기로 청이 조선을 침략하였다(병자호란, 1636). 청군에 한양을 점령당하자 인조가 남한산성으로 피란하여 45일간 항전하였다. 결국 조선은 청에 굴복하여 강화를 맺고 군신 관계를 수립하였다. 서울 삼전도비는 병자호란 때 청 태종이 조선 인조의 항복을 받고 자신의 공덕을 자랑하기 위해 세운 전승비이다.

## 35 ③

| 정답해설 | 두 차례의 호란 이후 청을 정벌하여 청에 대한 치욕을 씻어야 한다는 북벌 운동이 일어났다. 북벌 운동은 조선 효종과 송시열 등 서인 세력이 주도하였다.

## 05 조선 사회의 변동　　372쪽

| 01 | ③ | 02 | ④ | 03 | ④ | 04 | ④ | 05 | ④ |
| 06 | ③ | 07 | ② | 08 | ③ | 09 | ③ | 10 | ③ |
| 11 | ③ | 12 | ③ | 13 | ③ | 14 | ④ | 15 | ② |
| 16 | ② | 17 | ② | 18 | ④ | 19 | ③ | 20 | ④ |
| 21 | ③ | 22 | ① | 23 | ④ | 24 | ④ | 25 | ① |
| 26 | ② | 27 | ① | 28 | ② | 29 | ④ | 30 | ② |

## 01 ③

| 정답해설 | 비변사는 국방 문제를 다루는 임시 기구로 설치되었다가 양 난을 거치며 국가의 모든 정책을 결정하는 최고 합의 기구가 되었다. 그 결과 의정부와 6조의 기능이 약화되었다.

## 02 ④

| 정답해설 | 방납(공납을 대신 납부해 주는 행위)의 폐단으로 농촌 경제가 파탄나자 조선 후기에 대동법이 시행되었다. 집집마다 거두던 토산물(현물) 대신 토지 1결당 쌀 12두나 옷감, 동전 등을 거두면서 농민의 부담은 감소하였고, 양반 지주의 부담은 증가하였다.
④ 조선 영조 때 균역법의 실시에 따라 재정이 부족해지자 이를 보충하기 위해 지주에게 결작을 징수하고, 부유한 평민에게 선무군관포를 걷었다.

## 03 ④

| 정답해설 | 조선 후기 중앙군은 훈련도감, 어영청, 총융청, 수어청, 금위영의 5군영으로 편제되었다. 훈련도감은 복무의 대가로 급료를 받는 직업 군인으로 이루어졌다. 지방군은 양반부터 천민까지 모든 신분으로 구성된 속오군으로, 평상시에는 생업에 종사하다가 전쟁 시 소집되는 예비군 성격을 가진 군인이었다.

## 04 ④

| 정답해설 | 예송이란 조선 현종 때 일어났던 사건으로, 효종과 효종비가 죽자 인조의 계비인 자의 대비가 상복을 입는 기간을 두고 서인과 남인 사이에 벌어진 논쟁(왕실 의례 문제)이다.

## 05 ④

| 정답해설 | 탕평책은 어느 한 곳에 치우치지 않고 여러 붕당에서 인재를 고루 등용하는 정책이다. 노론의 전제화를 막기 위해 영조와 정조 재위기에 탕평책이 실시되었다.

## 06 ③

**| 정답해설 |** 제시된 비석은 조선 영조가 성균관에 세운 탕평비이다. 영조는 왕권 강화를 위해 붕당 간의 세력 균형을 유지하려는 탕평책을 시행하였고, 민생 안정을 위해 균역법을 시행하여 농민의 부담을 줄여 주었으며, 홍수에 대비하여 청계천을 정비하였다.

③ 규장각은 조선 정조가 설치한 정책 연구 기관이다.

## 07 ②

**| 정답해설 |** 조선 정조는 할아버지인 영조의 탕평책을 계승하여 적극적인 탕평책을 추진하였다. 또한 규장각과 장용영을 설치하였으며, 수원에 화성을 건설하여 정치, 경제, 군사적 기능을 갖춘 이상 실현의 도시로 육성하였다.

## 08 ③

**| 정답해설 |** 조선 영조와 정조 때 본격적으로 시행되었던 탕평책은 왕권 강화를 위해 붕당 간의 세력 균형을 유지하고, 붕당에 관계없이 능력 있는 인물을 등용하려는 정책이다.

## 09 ③

**| 정답해설 |** ③ 조선 전기의 왕인 세종이 훈민정음을 창제·반포하였다.

**| 오답해설 |** ①, ②, ④ 조선 정조는 왕권 강화를 위해 적극적인 탕평책을 실시하였고, 학문 및 정책 연구 기관인 규장각과 국왕 친위 부대인 장용영을 설치하였다. 또한 정약용이 고안한 거중기를 이용하여 수원 화성을 축조하였다.

## 10 ③

**| 정답해설 |** 제시된 자료에서는 세도 정치기 군정의 문란과 관련된 사례를 보여 주고 있다. 16~60세 양인 남자는 군 복무 대신 1인당 1년에 군포 1필을 내야 했다. 세도 정치기에는 군정이 문란해져 죽은 사람이나 노인, 어린아이 등 군역의 의무가 없는 사람에게까지 군포를 거두었다.

## 11 ③

**| 정답해설 |** ㉠에 들어갈 농법은 모내기법이다. 모내기법의 시행으로 벼와 보리의 이모작이 가능해졌고, 노동력이 절감되면서 쌀의 생산량이 증가하였다. 일부 농민들은 모내기법의 시행으로 부농으로 성장하였지만 대다수는 빈농·소작농으로 전락하여 농민층이 분화되었다.

## 12 ③

**| 정답해설 |** 조선 후기는 조선 전기에 비해 상업이 크게 발달하였다. 전국 주요 상업 도시에서 사상(만상, 송상, 내상 등)이 성장하였고, 대동법의 시행으로 등장한 공인과 지방 장시를 연결한 보부상의 활동이 두드러졌다. 또한 화폐 경제가 발달하여 상평통보가 전국적으로 유통되었다.

**| 오답해설 |**

① 지방 장시가 상설화되고 보부상이 활발하게 활동하며 지방 상권이 더욱 발달하였다.

② 조선 정조 때 통공 정책(신해통공)의 시행으로 시전 상인의 특권이 약화되었다.

④ 대동법의 시행으로 공인이 등장하였다.

## 13 ③

**| 정답해설 |** 공인은 대동법의 시행으로 등장한 상인이다. 국가에 필요한 물품을 대신 구입해 주면서 성장하였다.

## 14 ④

**| 정답해설 |** 조선 후기에는 양반의 수 증가, 공명첩·납속 등을 통한 상민의 신분 상승, 노비의 감소로 신분제가 동요하였다.

④ 조선 후기에 서얼은 차별에 반대하는 집단 상소 운동을 전개하여 문과 응시 자격을 획득하였다.

## 15 ②

**| 정답해설 |** 동학은 최제우가 천주교에 반대하면서 유교, 불교, 도교, 민간 신앙을 융합하여 창시한 종교이다. 평등사상인 인내천 사상을 담고 있어 농민을 중심으로 유행하였다.

## 16 ②

**| 정답해설 |** (가) 지역에서 발생한 농민 봉기는 홍경래의 난이다. 홍경래의 난은 조선 순조 때 삼정의 문란과 세도 가문의 수탈, 평안도(서북 지방)에 대한 차별 대우가 원인이 되어 일어났다.

**| 오답해설 |**

① 고려 무신 집권기에 노비 만적이 신분 해방을 꾀하여 봉기를 계획하였다(만적의 난).

③ 조선 철종 때 삼정의 문란과 탐관오리의 횡포에 반발하여 진주 농민 봉기가 일어났으며 봉기가 전국적으로 확산되었다(임술 농민 봉기).

④ 신라 말인 진성 여왕 때 정부의 조세 독촉에 반발하여 원종과 애노가 봉기를 일으켰다(원종과 애노의 난).

**17** ②

| 정답해설 | 실학은 성리학을 비판하면서 등장한 실용적·실증적·개혁적 학문이다. 대부분의 실학자가 정권에서 밀려난 남인 계열이나 서얼이었기 때문에 실학이 현실 정치에 반영되기 어려웠다는 한계점이 있다.

**18** ④

| 정답해설 | 대표적인 중농학파 실학자인 정약용은 마을 단위로 공동의 농장을 소유하고 이를 공동으로 경작한 뒤 노동량에 따라 차등 분배하자는 여전론을 주장하였다.

**19** ③

| 정답해설 | 정약용은 실학을 집대성하였다는 평가를 받는 학자이다. 그는 『목민심서』, 『경세유표』, 『흠흠신서』 등 수많은 저서를 남겼고, 수원 화성 축조에 활용된 거중기를 설계하였다.

**20** ④

| 정답해설 | 제시문은 중상학파 실학자인 박제가가 저술한 『북학의』이다. 이 책에서 박제가는 재물을 우물에 비유하며 소비의 중요성을 강조하였다.

**21** ③

| 정답해설 | 중상학파 실학자인 박지원은 「양반전」 등 한문 소설을 저술하여 양반의 위선과 무능을 비판하였고, 수레와 선박 이용, 화폐 사용을 주장하였다.

**22** ①

| 정답해설 | 『열하일기』는 조선 정조 때 북학파(중상학파) 실학자인 박지원이 청나라의 실상을 직접 목격하고 이를 생생하게 기록한 여행기이다.
| 오답해설 |
② 『농사직설』은 조선 세종 때 농민들의 실제 경험을 토대로 우리 실정에 맞는 농법을 소개한 농서이다.
③ 『동의보감』은 조선 광해군 때 허준이 우리나라와 중국의 의서를 모아 엮은 책이다.
④ 『삼국사기』는 고려 중기 김부식이 유교적 합리주의 사관에 따라 저술한 역사서이다.

**23** ④

| 정답해설 | 넓은 의미의 서학은 천주교를 비롯한 서양의 과학 기술, 문화 등을 모두 포함하는 서양의 학문을 말한다.
④ 현존하는 동양의 세계 지도 중 가장 오래된 지도인 「혼일강리역대국도지도」는 조선 전기인 태종 때 제작되었다.

**24** ④

| 정답해설 | 천주교는 중국을 왕래하는 사신들을 통해 학문의 형태인 서학으로 전래되었다가 18세기 후반 신앙으로 수용되었다. 유교의 제사 의식을 거부하고 평등사상을 내세워 정부로부터 탄압을 받았다.

**25** ①

| 정답해설 | 조선 후기에 우리 문화에 대한 관심이 높아지며 국학이 발달하였다. 국어, 역사, 지리 등의 연구가 활발하게 전개되었는데, 유득공은 '남북국'이라는 용어를 최초로 사용한 역사서인 『발해고』를 저술하였고, 이중환은 각 지역의 자연환경, 풍속 등을 서술한 인문 지리서인 『택리지』를 지었다.
| 오답해설 | ㄷ, ㄹ. 시헌력은 조선 후기에 도입된 청의 역법이고, 「곤여만국전도」는 서양 선교사 마테오 리치가 제작한 세계 지도이다. 이는 모두 조선 후기 서양 문물의 수용과 관련이 있다.

**26** ②

| 정답해설 | 통신사는 임진왜란 이후 일본의 요청으로 일본에 파견된 공식 사절단이다. 임진왜란으로 단절된 일본과의 국교가 재개되며 에도 막부의 요청으로 다시 파견되었다. 통신사는 조선 문물을 일본에 전달하여 일본 문화 발전에 기여하였다.

**27** ①

| 정답해설 | 조선 후기에는 정선의 「인왕제색도」로 대표되는 진경 산수화와 김홍도의 「씨름」과 같은 풍속화가 유행하였다. 또한 서민들의 현실적인 소망과 일상을 그린 민화가 유행하기도 하였다.
① 「몽유도원도」는 조선 전기에 안견이 세종의 아들 안평 대군의 꿈을 소재로 그린 작품이다.

**28** ②

| 정답해설 | 조선 후기에는 성리학적 사회 질서가 강화되어 부계 중심의 가족 질서가 확립되었다. 상속과 제사 등에서 아들딸의 구별을 두어 아들을 우대하였고, 양자를 들이는 풍습이 일반화

되었으며, 신랑이 신부를 맞아 오는 혼인 제도인 친영 제도가 정착되었다.

## 29 ④

| 정답해설 | 조선 후기에는 중인·상민층의 경제력 향상과 서당 교육의 확대 등으로 서민 문화가 발달하였다. 한글 소설, 사설 시조, 판소리, 탈춤, 민화 등을 통해 서민층의 생활 모습과 감정을 사실적으로 표현하였다. 이 중 『홍길동전』, 『춘향전』 등은 대표적인 한글 소설이다.

## 30 ②

| 정답해설 | 조선 후기 서민층의 경제력이 향상되면서 서민 문화가 발달하였다. 한글 소설이나 사설시조와 같은 서민 문학이 등장하고, 판소리와 탈춤과 같은 공연 예술이 유행하였다.

### 06 근·현대 사회의 전개 　394쪽

| 01 | ① | 02 | ① | 03 | ② | 04 | ④ | 05 | ① |
|----|---|----|---|----|---|----|---|----|---|
| 06 | ② | 07 | ② | 08 | ④ | 09 | ① | 10 | ② |
| 11 | ③ | 12 | ④ | 13 | ③ | 14 | ② | 15 | ② |
| 16 | ② | 17 | ① | 18 | ② | 19 | ④ | 20 | ④ |
| 21 | ① | 22 | ④ | 23 | ④ | 24 | ② | 25 | ② |
| 26 | ④ | 27 | ④ | 28 | ① | 29 | ③ | 30 | ② |
| 31 | ④ | 32 | ① | 33 | ③ | 34 | ④ | 35 | ② |
| 36 | ③ | 37 | ② | 38 | ① | 39 | ① | 40 | ③ |
| 41 | ② | 42 | ① | 43 | ③ | 44 | ④ | 45 | ② |
| 46 | ① | 47 | ③ | 48 | ② | 49 | ④ | 50 | ① |

## 01 ①

| 정답해설 | 고종의 즉위로 정권을 잡은 흥선 대원군은 왕권 강화를 위해 세도 정치 일소, 삼정 개혁 등 각종 내정 개혁을 시행하였다.

## 02 ①

| 정답해설 | 신미양요는 미국 상선 제너럴셔먼호가 대동강을 거슬러 와 평양에서 통상을 요구하며 난동을 일으켰다가 평양 관민에 의해 불탄 사건(제너럴셔먼호 사건, 1866)을 계기로 발생하였다. 1871년에 미국 함대가 강화도를 공격하였지만 어재연

이 이끄는 조선군은 광성보에서 항전하였고 결국 미국 함대는 철수하였다.

## 03 ②

| 정답해설 | 강화도는 수많은 역사적 사건들과 관련이 깊은 지역이다. 고려 시대에 몽골이 침입해 오자 최씨 정권이 개경에서 수도를 옮긴 곳이고, 조선 말 병인양요(1866)와 신미양요 (1871)의 격전지였다. 또한 운요호 사건을 계기로 조선이 외국과 맺은 최초의 근대적 조약이자 불평등 조약인 강화도 조약 (1876)이 체결된 곳이다.

## 04 ④

| 정답해설 | 일본은 운요호 사건(1875)을 일으켜 조선에 문호 개방을 강요하였다. 이를 계기로 조선과 일본 사이에 강화도 조약 (1876)이 체결되었다. 강화도 조약은 외국과 맺은 최초의 근대적 조약이자 일본의 영사 재판권 등이 규정된 불평등 조약이다.

## 05 ①

| 정답해설 | 제시된 인물은 갑신정변을 주도한 김옥균이다. 갑신 정변(1884)은 김옥균, 박영효, 서광범, 홍영식 등 급진 개화파가 근대 국가 수립을 목표로 일으킨 정치 개혁 운동이다. 우정 총국 개국 축하연을 기회로 정변을 일으켜 개화당 정부를 구성하고 개혁 정치를 추진하였지만 청군의 개입으로 3일 만에 실패하였다.
| 오답해설 |
② 어윤중은 온건 개화파의 대표적인 인물이다.
③ 전봉준은 동학 농민 운동을 이끈 인물이다.
④ 최익현은 1870년대 개항 반대 운동과 1900년대 을사의병을 이끈 인물이다.

## 06 ②

| 정답해설 | 동학은 조선 후기에 경주 지방의 몰락 양반 최제우가 유교, 불교, 도교와 민간 신앙을 접목하여 창시한 종교이다. 인내천(사람이 곧 하늘)을 중심으로 평등사상을 강조하였다. 세상을 어지럽히고 백성을 속이는 종교라 하여 교조 최제우가 처형당하는 등 정부의 탄압을 받았다. 이후 1894년에 동학교도가 중심이 된 동학 농민 운동이 일어났다.

## 07 ②

| 정답해설 | 동학 농민 운동은 1894년 고부 군수 조병갑의 횡포

와 착취가 발단이 되었다. 전봉준을 중심으로 고부에서 농민군을 조직해 일으킨 반봉건 봉기에서 시작되어 이후 반외세 운동으로 확대된 민중 운동이다.

| 오답해설 |

① 홍경래의 난(1811)은 조선 후기 세도 정치로 인한 정치 기강 문란과 평안도(서북 지역)에 대한 차별에 반발하여 일어난 봉기이다.

③ 임술 농민 봉기(1862)는 조선 후기 삼정의 문란과 탐관오리의 횡포에 반발하여 진주 지역에서 시작되어 전국에서 일어난 봉기이다.

④ 국채 보상 운동(1907)은 일본이 대한 제국에 강요한 차관을 갚아 국권을 되찾고자 한 경제적 구국 운동이다.

## 08  ④

| 정답해설 | 갑오개혁은 왕실 사무와 국정 사무 분리, 신분제 및 과거제 폐지, 과부의 재가 허용 등을 주요 내용으로 한 정부 주도의 근대화 개혁이다.

| 오답해설 |

① 을미사변(1895)은 조선에서 명성 황후를 중심으로 한 친러 세력의 힘이 커지자 일본이 이를 만회하기 위해 명성 황후를 시해한 사건이다.

② 임오군란(1882)은 급료 미지급, 신식 군대(별기군)와의 차별에 반발하여 구식 군대의 군인이 일으킨 난리이다.

③ 갑신정변(1884)은 김옥균 등 급진 개화파가 정부의 친청 사대 정책, 소극적인 개화 정책 추진 등에 반발하여 우정총국 개국 축하연을 기회로 일으킨 정변이다.

## 09  ①

| 정답해설 | 을미사변(1895)은 조선에서 명성 황후를 중심으로 한 친러 세력이 득세하고 일본의 영향력이 약화되자, 일본군과 일본 낭인들이 궁궐에 침입하여 명성 황후를 시해하는 만행을 저지른 사건이다.

## 10  ②

| 정답해설 | 독립 협회(1896~1898)는 서재필, 이상재 등을 비롯한 진보적 개화 지식인이 중심이 되고 광범위한 시민층이 참여하여 만든 우리나라 최초의 민중 단체이다. 독립 협회는 독립신문을 발간하고 독립문을 건립하였다. 또한 만민 공동회를 개최하여 이권 수호 운동을 전개하였고, 관민 공동회를 통해 의회 설립을 추진하였다.

## 11  ③

| 정답해설 | 밑줄 친 '이 단체'는 독립 협회이다. 독립 협회는 관민 공동회에서 헌의 6조를 결의하고 의회 중심의 입헌 군주제를 주장하였다. 보수 세력이 독립 협회가 공화정을 추구한다고 모함하면서 대한 제국의 고종이 독립 협회를 해산시켰다.

## 12  ④

| 정답해설 | 제시된 정책은 대한 제국이 실시한 광무개혁이다. 대한 제국은 대한국 국제를 선포하여 황제의 무한한 권한을 강조하였다. 또한 양전 사업을 실시하여 국가 재정을 확보하고 근대적 토지 소유 증명서인 지계를 발급하였으며, 상공업 진흥을 위해 근대적 산업 시설을 설립하였다.

## 13  ③

| 정답해설 | 독도는 삼국 시대부터 우리 영토였다. 독도가 우리 땅이라는 증거는 역사 속의 각종 문서에 기록되어 있다.

③ 대한 제국 칙령 제41호는 대한 제국 시기에 발표된 칙령으로, 울릉 군수가 울릉도와 함께 석도(독도)를 관할하도록 규정한 내용을 담고 있다.

## 14  ②

| 정답해설 | 일본의 강요로 1905년 을사늑약이 체결되어 대한 제국의 외교권이 박탈당하고 통감부가 설치되었다.

| 오답해설 |

① 방곡령은 1880~1890년대에 조선 지방관이 일본으로의 곡물 유출을 막기 위해 내린 명령이다.

③ 강화도 조약(1876)은 조선이 일본의 강요에 의해 체결한 조선 최초의 근대적 조약이다. 해안 측량권과 영사 재판권을 인정해 주는 등 불평등한 내용을 담고 있는 조약이다.

④ 한·일 의정서(1904)는 러시아와의 전쟁을 일으킨 일본이 한반도의 군사적 요충지를 마음대로 사용하기 위해 대한 제국에 강요한 조약이다.

## 15  ③

| 정답해설 | 신민회는 안창호, 양기탁 등이 1907년에 조직한 비밀 결사이다. 민족 교육 기관과 회사를 설립하는 등 애국 계몽 운동을 전개하였다. 1911년, 일제가 조작한 105인 사건으로 신민회가 와해되었고, 신민회 인사들은 만주로 활동 무대를 옮겨 독립운동 기지 건설에 앞장섰다.

| 오답해설 |

① 삼별초는 고려 무신 집권기 최씨 정권의 군사 조직이다. 무신 정권이 몰락하고 고려 조정이 몽골과 강화를 체결하여 개경으로 환도하려 하자 강화도에서 진도, 제주도로 이동하며 대몽 항쟁을 펼쳤다.

② 화랑도는 원시 사회의 청소년 집단에서 기원한 청소년 수련 단체로, 신라 진흥왕 때 국가적인 조직으로 정비되어 삼국 통일에 공헌하였다.

④ 별무반은 고려 시대에 윤관이 여진 정벌을 위해 기병을 강화하여 신기군, 신보군, 항마군으로 편성한 부대이다.

## 16  ②

| 정답해설 | 1910년대 일제는 무단 통치를 시행하였다. 조선 총독부를 설치하고 헌병 경찰제를 시행하였으며, 한국인의 정치 활동을 금지하고 민족 운동을 탄압하였다.

| 오답해설 |

① 1920년대에 일제는 이른바 '문화 통치'를 표방하며 우리 민족의 분열을 꾀하였다.

③ 1930년대 이후 일제는 한국인을 침략 전쟁에 원활하게 동원하기 위해 황국 신민화 정책을 추진하였다.

④ 통감부는 을사늑약의 체결로 1906년에 설치된 내정 간섭 기구이다. 1910년 일본이 한국을 강제로 병합한 후에는 최고 식민 통치 기구로 조선 총독부를 설치하였다.

## 17  ①

| 정답해설 | 3·1 운동은 1919년 3월 1일 일본의 식민지 지배에 항거하여 일어난 거족적인 민족 운동으로, 우리 민족의 독립 결의와 자주 정신을 보여 주었다. 이후 중국의 5·4 운동 등 다른 나라의 반제국주의 운동에 영향을 주었고, 대한민국 임시 정부 수립의 계기가 되었다.

## 18  ②

| 정답해설 | ② 1920년대 일제는 보통 경찰 제도를 시행하였다.

| 오답해설 | ①, ③, ④ 3·1 운동을 계기로 일제의 통치 방식이 무단 통치에서 한국인의 자유를 제한적으로 허용하는 이른바 '문화 통치'로 변화하였다. 또한 대한민국 임시 정부가 수립되는 계기가 되었고, 이후 국외 무장 투쟁이 활성화되었다.

## 19  ④

| 정답해설 | 1919년 3·1 운동으로 대한민국 임시 정부가 수립되었다. 대한민국 임시 정부는 삼권 분립에 기초한 우리나라 최초의 민주 공화제 정부였고, 독립운동을 총지휘하는 중추적 역할을 수행하였다. 한국광복군은 대한민국 임시 정부 직속 군대로 1940년 중국 충칭에서 조직되었다. 대일 선전 포고, 연합군의 일원으로 인도·미얀마 전선에 참전하였고, 미국과 연계하여 국내 진공 작전을 준비하였으나 끝내 실행에 옮기지 못하였다.

## 20  ④

| 정답해설 | 대한민국 임시 정부는 최초의 민주 공화제 정부로, 삼권 분립과 주권 재민의 원칙을 적용하였다.

| 오답해설 |

① 3·1 운동이 계기가 되어 수립되었다.

② 독립 협회에 대한 설명이다.

③ 대한민국 임시 정부 정규군으로 한국광복군이 창설되었다.

## 21  ①

| 정답해설 | 일제는 1930년대 침략 전쟁을 확대하며 한국인을 전쟁에 원활하게 동원하기 위해 민족 말살 정책을 실시하였다. 황국 신민화를 내세운 이 정책은 중·일 전쟁 발발 이후 더욱 강화되었다. 내선일체, 일선 동조론 등을 강조하고, 신사 참배, 황국 신민 서사 암송, 궁성 요배, 일본식 성명으로의 개명 등을 강요하였으며, 우리말 사용을 금지하고 학술·언론 단체를 해산시켰다.

## 22  ④

| 정답해설 | 물산 장려 운동은 1920년대 초 조만식 등이 평양에서 조선 물산 장려회를 창립하고 서울에서 조직을 확대하여 전국으로 확산시킨 경제적 자립 운동이다. 민족 자본과 민족 산업의 육성을 목적으로 일본 상품 배척, 국산품 애용 등을 주장하였다.

| 오답해설 |

① 브나로드 운동은 1930년대 전반에 동아일보 주도로 전개된 문맹 퇴치 운동이다.

② 위정척사 운동은 1860년대 이후 양반 유생을 중심으로 전개되었다. 이들은 성리학을 수호하고 성리학 이외의 것들을 배척하여 개항과 정부의 개화 정책 추진 등에 반발하였다.

③ 동학 농민 운동은 1894년 동학 농민군이 고부에서의 농민 봉기를 시작으로 전개한 반봉건·반외세 운동이다.

## 23  ④

| 정답해설 | 민립 대학 설립 운동은 1920년대 초반에 전개된 실력 양성 운동의 일환이다. 이상재·윤치호 등이 조직한 조선 민립 대학 기성회가 중심이 되어 고등 교육 기관인 대학 설립을

위한 모금 활동을 전개하였으나 일제의 탄압으로 큰 성과를 거두지 못하였다.

| 오답해설 |

① 형평 운동은 1923년 진주에서 시작된 백정의 사회적 차별 철폐 운동이다.

② 브나로드 운동은 1930년대 전반에 동아일보 주도로 전개된 문맹 퇴치 운동이다.

③ 물산 장려 운동은 1920년대 전반에 전개된 국산품 애용 운동이다.

## 24 ②

| 정답해설 | 비타협적 민족주의 세력과 사회주의 세력의 협력을 통해 창립된 신간회(1927)는 일제 강점기 최대 규모의 합법적 항일 결사 단체이다. 정치·경제적 각성, 민족의 단결, 기회주의자 배격을 강령으로 내세워 일제의 식민 통치 정책을 비판하였고, 민족의식을 고취시키며 민족의 권익을 지키기 위한 활동을 전개하였다.

## 25 ④

| 정답해설 | 광주 학생 항일 운동(1929)은 광주에서 일어난 학생 항일 운동으로, 식민지 교육 철폐 등을 주장하였다. 신간회의 지원으로 범국민적 항일 운동으로 발전하였는데, 이 운동은 3·1 운동 이후 최대 규모의 민족 운동이었다.

## 26 ④

| 정답해설 | 봉오동 전투(1920)는 만주 봉오동에서 홍범도가 이끄는 대한 독립군 등의 연합 부대가 일본군을 대파한 전투이다.

## 27 ④

| 정답해설 | 중국 충칭으로 지도부를 옮긴 대한민국 임시 정부는 함께 이동한 독립군 부대를 재편성하여 1940년에 한국광복군을 창설하였다. 인도·미얀마 전선에서 대일전에 참여하였고, 미국의 지원 아래 국내 진공 작전을 계획하였다.

## 28 ①

| 정답해설 | 의열단은 일제의 주요 시설과 요인에 대한 개별 무장 투쟁을 목표로, 1919년 만주에서 김원봉 등이 설립한 조직이다. 당시 일부 인사들은 3·1 운동과 같은 평화 시위로는 독립을 달성할 수 없다고 판단하여 일제에 대한 직접적인 항쟁을 강조하며 의열단을 조직하였다. 주요 활동으로는 1921년 김익상의 조선

총독부 폭탄 투척, 1923년 김상옥의 종로 경찰서 폭탄 투척, 1926년 나석주의 동양 척식 주식회사 폭탄 투척 의거 등이 있다.

## 29 ③

| 정답해설 | 한인 애국단은 대한민국 임시 정부의 김구가 중국 상하이에서 일본 요인 암살을 목적으로 조직한 의열 단체이다. 단원으로는 일본 국왕에게 폭탄을 던진 이봉창, 중국 상하이 홍커우 공원에서 일본 장성들에게 폭탄을 던진 윤봉길 등이 있다.

| 오답해설 |

① 신간회는 비타협적 민족주의자와 사회주의자가 협력하여 설립한 단체이다.

② 만민 공동회는 독립 협회가 개최한 민중 집회이다.

④ 조선 건국 동맹은 여운형 등이 광복에 대비하여 국내에서 비밀리에 조직한 건국 준비 단체이다.

## 30 ②

| 정답해설 | 광복 이후 미국·영국·소련의 대표들이 러시아 모스크바에 모여 한반도 문제를 논의하였다(모스크바 3국 외상 회의). 모스크바 3국 외상 회의의 주요 결정 사항에는 한반도에 임시 민주 정부 수립, 미·소 공동 위원회 설치, 최대 5년간의 신탁 통치 실시가 있다.

## 31 ③

| 정답해설 | 이승만은 정읍 발언(1946. 6.)을 통해 남한만의 단독 정부 수립을 주장하였다.

## 32 ①

| 정답해설 | 김구는 3·1 운동 이후 중국 상하이의 대한민국 임시 정부 조직에 참여하였다. 한인 애국단을 결성하여 이봉창, 윤봉길 등의 의거를 지휘하였고, 1940년에는 임시 정부 주석으로 선임되었다. 광복 이후에는 남한만의 단독 선거를 반대하며 남북 협상을 주도하였다.

| 오답해설 |

② 대한매일신보는 양기탁과 영국인 베델의 주도로 창간되었다.

③ 동학 농민 운동을 주도한 대표적인 인물은 전봉준이다.

④ 조선 혁명 선언은 의열단의 활동 강령으로, 신채호가 작성하였다.

## 33 ③

| 정답해설 | 대한민국 정부 수립은 '5·10 총선거 실시(1948. 5. 10.) → 제헌 헌법 공포(1948. 7. 17.) → 대한민국 정부 수립 선포(1948. 8. 15.)' 순으로 이루어졌다.

## 34 ④

| 정답해설 | 한성의 시전 상인들은 황국 중앙 총상회를 조직하여 외국 상인의 상권 침탈에 대응하였다.

## 35 ②

| 정답해설 | 방곡령의 방곡이란 '곡물을 막는다.'라는 뜻이다. 개항 이후 일본의 경제 침탈에 맞서 시행한 정책으로, 조선에서 재배한 곡물이 일본으로 유출되는 것을 막는 조치였다. 하지만 일본의 압력으로 인해 제대로 시행되지 못하고 대부분 철회되었다.

| 오답해설 |
① 상투를 자르고 머리를 서양식으로 깎게 하는 것으로, 을미개혁으로 시행되었다.
③, ④ 1910년대 일제의 식민 통치 정책이다.

## 36 ③

| 정답해설 | 제시문의 경제 수탈 정책은 1910년대 일제의 경제 침탈인 토지 조사 사업이다. 토지 조사 사업의 시행 결과 일본인 대지주의 증가로 지주제가 강화되고 대다수의 한국 농민들은 소작농으로 전락하였다.

## 37 ②

| 정답해설 | 1930년대 이후 일제의 경제 수탈 방식은 병참 기지화 정책이다. 이 정책의 시행으로 군수 공업이 육성되고, 각종 인적·물적 자원이 수탈되었다.
② 산미 증식 계획은 1920년대 최초로 시행된 일제의 미곡 경제 수탈 정책이다. 1930년대 전반에 중단되었다가 군량미 확보를 위해 재개되었다.

## 38 ①

| 정답해설 | 일본군 '위안부'는 일제 강점기에 일본군 위안소에 끌려가 성적 희생을 강요당한 여성을 뜻한다. 일본군 '위안부'는 일본군에 의해 조직적이고 강압적으로 동원되었지만 일본 정부는 위안부는 민간 업자들이 모집해 운영한 것으로, 일본군이나

정부는 관여하지 않았다면서 배상을 거부하였다. 그러나 1992년 자료를 통해 일본군의 동원과 강제성이 드러나자 마지못해 형식적 사과를 하였고, 배상 문제는 한·일 협정을 통해 모두 마무리되었다는 입장을 유지하고 있다.

## 39 ①

| 정답해설 | 6·25 전쟁 이후 미국의 원조로 소비재 위주의 삼백 산업(제분, 제당, 면방직)이 발달하였다.

| 오답해설 |
② 1970년대에 두 차례의 석유 파동을 겪어 경제 위기를 맞이하였다.
③ 1980년대에는 저유가, 저금리, 저환율의 3저 호황으로 석유 파동으로 맞이한 경제 위기를 극복하고 경제가 성장을 이루었다.
④ 박정희 정부 시기인 1960~1970년대에 네 차례에 걸친 경제 개발 5개년 계획이 추진되었다.

## 40 ③

| 정답해설 | 이승만 정부는 발췌 개헌을 통해 대통령 직선제로 개헌하여 재집권에 성공하였으며, 장기 집권을 위해 초대 대통령에 한해 중임 제한을 폐지하는 사사오입 개헌을 단행하였다. 또한 1960년 정·부통령 선거에서 자유당 후보인 이기붕의 부통령 당선을 위해 3·15 부정 선거를 저질렀다.
③ 박정희 정부는 1972년 유신 헌법으로 개헌하여 장기 집권을 꾀하였다.

## 41 ②

| 정답해설 | 4·19 혁명은 학생과 시민들이 3·15 부정 선거, 자유당 정권의 부정부패와 독재 등을 규탄하는 대규모 시위를 전개하여 이승만 대통령을 하야시키고 자유당 정권을 무너뜨린 민주 혁명이다.

| 오답해설 |
ㄴ. 박정희는 남북 분단의 현실과 국제 사회의 변화에 능동적으로 대처한다는 명분 아래 대통령의 권한을 크게 강화하고 국민의 기본권을 제한한 유신 헌법을 만들어 독재 정권 체제(유신 체제)를 수립하였다.
ㄷ. 5·16 군사 정변(1961)은 박정희를 비롯한 일부 군인들이 정변을 일으켜 권력을 장악한 사건이다.

## 42 ①

| 정답해설 | 이승만이 하야하면서 자유당 정권이 붕괴하고 내각

책임제로의 개헌이 이루어져 장면을 국무총리로 하는 장면 내각이 수립되었다.

## 43  ③

| 정답해설 | 박정희 정부는 베트남 파병을 통해 미국과의 동맹을 강화하였으며, 한·일 협정 체결로 일본과 국교 정상화를 이루었다. 1972년에는 유신 체제를 수립하여 독재 체제를 확고히 하였다.

③ 6월 민주 항쟁의 결과 당시 여당의 대표이자 대통령 후보였던 노태우가 대통령 직선제 개헌 요구를 수용하겠다는 내용의 6·29 민주화 선언을 발표(1987)하였다.

## 44  ③

| 정답해설 | 1979년 12·12 사태를 계기로 실권을 장악한 전두환 중심의 신군부 세력이 국민의 민주화 요구를 억압하고 비상계엄을 전국으로 확대하자, 광주를 중심으로 대규모 민주화 시위가 전개되었다(5·18 민주화 운동, 1980). 광주 학생과 시민이 시민군을 조직하여 저항하였고, 이를 진압하는 과정에서 수많은 희생자가 발생하였다.

## 45  ②

| 정답해설 | 전두환 정부에 대한 민주화 요구가 거세지는 가운데 박종철 고문치사 사건, 4·13 호헌 조치를 계기로 전국적인 6월 민주 항쟁이 발생하였다. 그 결과 대통령 직선제 요구를 수용하는 6·29 민주화 선언이 발표되었다.

## 46  ①

| 정답해설 | 6·25 전쟁(1950~1953)은 북한군의 기습 남침으로 시작되었다. 북한군이 3일 만에 서울을 점령하자 이승만 정부는 수도를 부산으로 옮기고, 국군은 낙동강 부근까지 후퇴하였다. 이에 유엔군이 참전하여 국군과 유엔군의 연합군이 인천 상륙 작전을 성공시키며 서울을 되찾았다. 이후 중국군의 개입으로 국군과 유엔군은 다시 후퇴(1·4 후퇴)하였으나 반격에 성공하여 서울을 재탈환하였고, 38도선 부근에서 공방전을 벌이다가 1953년 7월 정전 협정을 체결하여 휴전이 성립되었다.

## 47  ③

| 정답해설 | 국군과 유엔군은 인천 상륙 작전으로 서울을 탈환하였으나 북한의 요청으로 중국군이 전쟁에 개입하면서 후퇴하게 되고(1·4 후퇴), 서울이 다시 함락당하였다.

| 오답해설 |
① 인천 상륙 작전의 성공으로 서울을 되찾았다.
② 북한군의 남침으로 전쟁이 시작되었다.
④ 북한은 소련의 지원을 받아 전쟁을 준비하였다.

## 48  ②

| 정답해설 | 박정희 정부는 7·4 남북 공동 성명(1972)을 통해 분단 이후 최초로 자주·평화·민족적 대단결이라는 3대 평화 통일 원칙에 합의하였다.

## 49  ③

| 정답해설 | 제시된 사례는 김대중 정부 시기 때의 일이다. 김대중 정부는 평양에서 제1차 남북 정상 회담을 개최하였고 그 결과 6·15 남북 공동 선언에 합의하였다(2000).

| 오답해설 |
① 박정희 정부 시기에 남북 적십자 회담이 개최되어 이산가족 문제를 논의하였다.
②, ④ 노태우 정부 시기에 남북한이 유엔에 동시 가입하였으며, 남북 기본 합의서가 채택되었다.

## 50  ④

| 정답해설 | 제1차 남북 정상 회담(2000)은 분단 이후 최초로 남북 정상 간의 만남이 성사되어 한국의 김대중 대통령과 북한의 김정일 국방 위원장이 평양에서 개최한 회담이다. 6·15 남북 공동 선언 발표 이후 개성 공단 건설, 경의선 복원, 금강산 관광 사업 등 다양한 교류와 협력을 추진하였다.

| 01 | ④ | 02 | ② | 03 | ② | 04 | ② | 05 | ③ |
|----|---|----|---|----|---|----|---|----|---|
| 06 | ④ | 07 | ① | 08 | ② | 09 | ④ | 10 | ① |
| 11 | ③ | 12 | ④ | 13 | ① | 14 | ① | 15 | ④ |
| 16 | ④ | 17 | ③ | 18 | ④ | 19 | ② | 20 | ④ |
| 21 | ③ | 22 | ② | 23 | ③ | 24 | ④ | 25 | ② |

## 01  ④

| 정답해설 | 육지는 지표면의 약 30%, 바다는 지표면의 약 70%를 차지한다.

## 02  ②

| 정답해설 | 제시문은 고기 습곡 산지에 대한 설명이다. 고기 습곡 산지는 오랜 침식으로 해발 고도가 낮고 지각이 안정된 산맥이다. 대표적으로 스칸디나비아산맥, 우랄산맥, 애팔래치아산맥, 그레이트디바이딩산맥이 있다.

## 03  ②

| 정답해설 | 열대 우림 기후 지역은 높은 기온으로 인해 개방적인 가옥 구조가 나타나며, 고상 가옥, 수상 가옥이 발달하였다.

## 04  ②

| 정답해설 | 사회화는 자신이 속한 사회의 언어, 규범, 행동 양식 등을 배우고 내면화하는 과정을 말한다. 사회화의 내용이나 방식은 사회마다 다를 수 있으나 태어나는 순간부터 평생에 걸쳐 이루어진다.
② 노년기에도 취미나 자기 계발을 위해 새로운 지식과 행동 양식을 배우는 사회화 과정, 특히 재사회화가 이루어진다.

## 05  ③

| 정답해설 | 어느 시대, 어느 사회에서나 공통의 문화 현상이 나타나는 것을 문화의 보편성이라고 한다.

## 06  ④

| 정답해설 | 고대 아테네에서는 민회와 도편 추방제 등 모든 시민이 직접 참여하여 국가의 중요한 일을 결정하는 직접 민주 정치의 모습이 나타났다.

## 07  ①

| 정답해설 | 제시문의 내용은 범죄를 저지른 경우에 해당한다. 따라서 범죄의 유형과 형벌의 종류를 규정한 형법이 적용되어야 한다.

## 08  ②

| 정답해설 | 고령화 문제의 해결 방안으로는 근로자의 정년 연장 및 노인 일자리 창출을 위한 정책 마련, 사회적 차원의 연금 제도 마련, 노인 복지의 확대를 위한 정책 마련 등이 있다.

## 09  ④

| 정답해설 | 인권은 누구도 함부로 침해할 수 없고, 남에게 양도할 수 없는 불가침의 권리이다.

## 10  ①

| 정답해설 | 공급이 감소하면 제시된 그래프와 같이 공급 곡선이 왼쪽으로 이동한다. 공급 감소 요인으로는 생산 요소의 가격 상승, 공급자의 수 감소, 상품 가격의 상승 예상 등이 있다.

## 11  ③

| 정답해설 | 물가가 상승하면 화폐 가치가 하락하기 때문에 금융 자산을 보유한 사람보다는 실물 자산을 보유한 사람이 유리해진다. 또한 돈을 빌려준 사람보다 돈을 빌린 사람이 유리해지고, 우리나라 물건의 가격이 상승하기 때문에 외국 물건이 상대적으로 저렴해져 수입업자가 유리해진다.

## 12 ④

| 정답해설 | 제시된 지역은 일자리가 풍부하고 교통이 편리하여 인구가 밀집되어 있는 곳이다.

## 13 ①

| 정답해설 | 도심과 주변을 연결하는 교통의 요지에 형성된 부도심은 도심의 기능을 분담하는 역할을 한다.

| 오답해설 |

② 그린벨트(개발 제한 구역)는 도시의 무질서한 팽창을 막고, 도시 주민들에게 녹지 공간을 제한하기 위해 설정된 구역이다. 이곳에서는 농업·임업 목적 이외의 토지 이용은 제한된다.

③ 위성 도시는 대도시 밖 교통의 요지에 위치한 도시로, 대도시의 인구와 기능을 분산하는 역할을 담당한다.

④ 중간 지역은 도심과 주변 지역 사이에 위치하여 도심을 둘러싸고 있는 지역이다. 상가, 주택 단지, 학교, 공장 단지 등이 섞여 있다.

## 14 ①

| 정답해설 | 농업 생산의 기업화로 다국적 농업 기업이 등장하면서 농산물의 생산과 유통이 전문화되고 대형 농기계와 화약 비료를 사용하면서 농산물의 대량 생산이 이루어졌다.

① 기업이 농산물을 대량 생산하면서 식량 작물보다 원예 작물이나 기호 작물 등 상품 작물이 다양하게 재배되었다.

## 15 ④

| 정답해설 | 제시된 그래프는 지구의 평균 기온이 점점 상승하는 지구 온난화 현상을 보여 주고 있다. 지구 온난화의 원인으로는 화석 연료의 사용 증가와 열대림 감소 등이 있다.

## 16 ④

| 정답해설 | 독도는 우리나라 영토 중에서 가장 동쪽에 위치한 섬으로, 경상북도 울릉군에 속하며, 우리나라에서 가장 오래된 화산섬이다. 현재 우리나라 주민과 독도 경비대가 거주하고 있다.

## 17 ③

| 정답해설 | 제시된 풍속은 동예의 책화이다.

## 18 ④

| 정답해설 | 고구려 광개토 대왕은 요동과 만주 등지로 진출하였고, 한강 상류 유역을 차지하였다. 또한 '영락'이라는 독자적인 연호를 사용하였고, 400년에는 신라 내물왕의 요청에 따라 군대를 이끌고 가 신라에 침입한 왜군을 격퇴하였다.

## 19 ②

| 정답해설 | 서남해안 지역 군인 출신인 견훤은 900년에 완산주를 도읍으로 후백제를 건국하였다.

| 오답해설 |

① 왕건(고려 태조)은 고려를 건국하고 후삼국을 통일한 인물이다. 호족을 회유하고 견제하기 위한 여러 정책을 폈고, 민생 안정을 위해 흑창을 설치하였으며, 후대 왕이 지켜야 할 훈요 10조를 지었다.

③ 궁예는 후고구려를 건국한 인물로, 미륵 신앙을 이용한 전제 정치를 펴 왕건 등 신하들에게 축출당하였다.

④ 원효는 통일 신라 시기에 활동한 승려이다. 아미타 신앙, 무애가 등을 통해 불교의 대중화에 힘썼다.

## 20 ④

| 정답해설 | 고려 공민왕은 원·명 교체기의 혼란스러운 상황을 이용하여 반원 자주 정책을 추진하였다. 기철로 대표되는 친원 세력을 숙청하고, 원의 간섭으로 격하된 관제를 복구하였으며, 쌍성총관부를 공격하여 영토를 회복하였다. 또한 신돈을 등용하여 전민변정도감의 운영을 맡겨 불법적으로 신분과 토지를 빼앗긴 사람에게 이를 회복시켜 주었다.

## 21 ③

| 정답해설 | 조선의 건국은 '위화도 회군(1388) → 과전법 실시(1391) → 정몽주 등 온건파 신진 사대부 제거 → 조선 건국(1392)'의 순으로 이루어졌다.

## 22 ②

| 정답해설 | 조선 후기에는 실학의 영향으로 우리 학문에 대한 관심이 높아지면서 국학(우리 역사, 지리, 국어)이 발달하였다.

② 이중환은 인문 지리서인 『택리지』를 저술하였다. 『성호사설』은 중농학파 실학자인 이익이 저술한 책이다.

## 23 ③

| 정답해설 | 동학 농민 운동의 제1차 봉기 당시 농민군은 전주성

을 점령하고 정부와 전주 화약을 체결한 후 자진 해산하였다. 이후 일본군이 경복궁을 무력으로 점령하고 청·일 전쟁이 발발하자 제2차 봉기가 일어났다. 그러나 공주 우금치 전투에서 농민군이 정부군과 일본군의 연합군에 패배하고 전봉준 등 농민군 지도자도 체포되었다.

③ 일본은 1894년에 경복궁을 무력으로 점령하고 청·일 전쟁을 일으켰다.

## 24 ④

| 정답해설 | 제시된 인물은 김구이다. 김구는 유엔 소총회에서 남한만의 단독 선거가 결정되자 이에 반대하며 통일 정부 수립을 위한 남북 협상을 전개하였다.

| 오답해설 |

① 여운형, 김규식 등 중도 세력은 단일 정부 수립을 위해 좌우 합작 운동을 전개하였다.

② 여운형은 광복 직후 조선 건국 준비 위원회를 결성하였다.

③ 이승만은 1948년 대한민국 정부의 초대 대통령으로 선출되었다.

## 25 ②

| 정답해설 | 제시된 내용은 6월 민주 항쟁(1987)의 원인이 되었다. 박종철 고문치사 사건과 전두환 정부의 4·13 호헌 조치 등에 반발하여 대통령 직선제 개헌을 요구하는 대대적인 시위가 전개되었다(6월 민주 항쟁). 이후 여당 대통령 후보인 노태우가 시국 수습 방안으로 6·29 민주화 선언을 발표하여 국민의 직선제 개헌 요구를 수용하였다.

| 오답해설 |

① 이승만 정부의 독재 정치와 부정부패, 3·15 부정 선거가 원인이 되어 4·19 혁명(1960)이 일어났다.

③ 1920년대에 국산품 애용을 통해 민족 산업을 육성하자는 물산 장려 운동이 전개되었다.

④ 신군부의 비상계엄 전국 확대 조치에 반대하며 5·18 민주화 운동(1980)이 일어났다.

| | | | | | | | | | |
|---|---|---|---|---|---|---|---|---|---|
| 01 | ④ | 02 | ① | 03 | ① | 04 | ④ | 05 | ③ |
| 06 | ① | 07 | ③ | 08 | ③ | 09 | ① | 10 | ④ |
| 11 | ① | 12 | ② | 13 | ④ | 14 | ② | 15 | ② |
| 16 | ④ | 17 | ② | 18 | ③ | 19 | ① | 20 | ② |
| 21 | ④ | 22 | ③ | 23 | ④ | 24 | ④ | 25 | ② |

## 01 ④

| 정답해설 | 서안 해양성 기후 지역은 바다에서 불어오는 편서풍의 영향으로 연중 강수량이 고르고, 난류인 북대서양 해류의 영향으로 여름이 서늘하고 겨울에는 따뜻하여 기온의 연교차가 작은 편이다. 기후가 목초지 조성에 유리하여 곡물 재배와 가축 사육을 동시에 하는 혼합 농업이 이루어진다.

## 02 ①

| 정답해설 | 제시된 사례는 문화 동화에 해당한다. 문화 동화란 기존의 문화가 외부에서 들어온 문화에 의해 완전히 흡수되거나 대체되는 현상을 말한다.

## 03 ①

| 정답해설 | ① 인공 벽 설치는 화산 활동의 대책이다.

| 오답해설 |

② 지진은 내진 설계를 의무화하여 대비해야 한다.

③ 화산 활동은 지속적으로 관측하면서 용암이 거주 지역을 덮치지 않도록 인공 벽이나 인공 하천을 만들어야 한다.

④ 열대 저기압은 풍수해를 대비하여 시설물을 점검·관리해야 한다.

## 04 ④

| 정답해설 | 옥수수는 육류 소비가 증가하면서 가축 사료용으로 사용되거나 최근 바이오 에너지의 원료로 사용되고 있다.

## 05 ③

| 정답해설 | ③ 특별시, 광역시, 도는 광역 자치 단체에 해당한다.

| 오답해설 |

①, ② 지방 의회는 조례 제정 및 정책을 결정하고, 지방 자치 단체장은 규칙 제정 및 정책을 집행한다.

④ 지방 자치 단체장과 지방 의회 의원은 모두 지역 주민의 직접 선거를 통해 선출된다.

## 06  ①

| 정답해설 | 위도 0°, 즉 적도를 기준으로 지구를 북반구와 남반구로 구분한다. 위도는 기후대를 결정하는 기준으로, 저위도 지역은 열대 기후, 중위도 지역은 온대 기후, 고위도 지역은 한대 기후가 나타난다.

## 07  ③

| 정답해설 | A는 시 스택, B는 해안 절벽(해식애)이다. 이는 파랑의 침식 작용으로 형성된 지형으로 암석 해안에서 볼 수 있는 지형이다.

## 08  ③

| 정답해설 | 제시문은 가족 관계 및 개인 간의 재산 관계 등을 규정한 민법에 대한 설명이다. 민법은 혼인, 유언, 상속, 재산권, 계약, 손해 배상 등에 관한 내용을 다룬다.
| 오답해설 |
① 재판의 절차를 규정해 놓은 법은 공법의 한 종류인 소송법이다.
② 개인이나 기업 간의 상거래 활동 등 경제 관계를 규율한 법은 사법인 상법이다.
④ 사회 구성원의 최소한의 인간다운 생활을 보장하기 위해 만들어진 법은 사회법이다.

## 09  ①

| 정답해설 | 헌법은 국가의 최고법으로써 국민의 기본권과 국가의 통치 원리를 명시한 법이다.

## 10  ④

| 정답해설 | 제시된 권한은 국회가 행정부나 사법부를 견제하는 권한에 해당한다.

## 11  ①

| 정답해설 | 우리나라는 시장 경제 체제를 기본으로 하되 경제적 약자를 보호하기 위해 어느 정도 국가의 개입을 허용하는 계획 경제 체제의 요소를 도입하고 있다.

## 12  ②

| 정답해설 | 제시된 그림은 국제 무역의 당사국 모두가 국제 무역을 통해 이익을 얻고 있는 모습을 보여 주고 있다. 국제 거래를 통해 상품의 판매 시장이 확대되고, 기업의 경쟁력이 강화될 수 있다.
② 국제 무역의 확대로 국가 간 무역 마찰은 증가한다.

## 13  ④

| 정답해설 | 국경 없는 의사회는 국제 비정부 기구(NGO)로, 개인이나 민간단체를 회원으로 하며 국경을 넘어서 활동하는 자발적 시민 단체이다.

## 14  ②

| 정답해설 | A 단계는 도시화율이 20% 정도인 초기 단계이고, B 단계는 곡선이 급변하면서 상승하는 가속화 단계이며, C 단계는 도시화율이 80% 이상인 종착 단계이다.

## 15  ②

| 정답해설 | 다국적 기업을 유치한 지역은 일자리가 증가하여 지역 경제가 활성화된다. 또한 다국적 기업의 경영 기법이나 선진 기술을 습득할 기회를 얻는다.
| 오답해설 | ④ 생산 공장이 빠져나간 지역에서는 산업 공동화 현상이 발생하기도 한다.

## 16  ④

| 정답해설 | 제시된 사례를 통해 세계적으로 자원 소비가 증가하고 인구가 증가하면서 생태계가 파괴되고 지구상의 생물 다양성이 감소하고 있음을 알 수 있다.

## 17  ②

| 정답해설 | 제시된 유물은 신석기 시대부터 사용된 가락바퀴이다. 뼈바늘과 함께 옷과 그물을 제작하는 데 사용되었다.

## 18  ③

| 정답해설 | 신라 진흥왕은 화랑도를 국가 조직으로 개편하여 인재를 육성하였고, 한강 유역을 차지하여 신라의 전성기를 이끌었다.
| 오답해설 |
ㄱ. 신라 법흥왕 때 이차돈의 순교를 계기로 불교가 공인되었다.

ㄹ. 고려 공민왕은 쌍성총관부를 공격하여 원에게 빼앗긴 영토
   를 회복하였다.

## 19  ①

| 정답해설 | 발해 무왕은 장문휴를 보내 당의 산둥반도를 공격하
는 등 당과 적대 관계를 유지하였고, 독자적 연호인 '인안'을 사
용하였다.

## 20  ②

| 정답해설 | 고려 광종은 호족과 공신을 숙청하고, 과거제와 노
비안검법을 시행하여 왕권을 강화하고자 하였다.
② 수도에 국립 교육 기관인 국자감을 설치한 왕은 고려 성종이다.

## 21  ④

| 정답해설 | 조선은 일본에 대해 회유책과 강경책을 동시에 실시
하는 교린 정책을 시행하였다. 세종 때 이종무로 하여금 쓰시마
섬을 정벌하게 하였고, 이후 3포를 개항하여 제한된 무역을 허용
하였다.

## 22  ③

| 정답해설 | 조선 광해군 때 중립 외교가 시행되었고, 현종 때
두 차례의 예송이 전개되었으며, 숙종 때 세 차례의 환국이 발
생하였다. 정조 때는 자유로운 상업 활동을 보장하기 위해 통공
정책이 단행되었다.

## 23  ④

| 정답해설 | 흥선 대원군은 왕권 강화를 위해 내정 개혁을 실시
하고 왕실의 위엄을 회복하기 위해 경복궁을 중건하였으며, 대
외적으로는 통상 수교 거부 정책을 추진하였다.

## 24  ④

| 정답해설 | 1930년대 이후 일제는 한국인을 침략 전쟁에 원활
하게 동원하기 위해 민족 말살 통치를 실시하였다. 이 시기에는
한국인의 성과 이름을 일본식으로 바꾸도록 강요하였고, 황국
신민화 정책이 시행되었다. 또한 여성들을 일본군 '위안부'로 강
제 동원하고, 우리 민족에 대한 인적·물적 수탈을 자행하였다.
| 오답해설 |
①, ③ 1910년대 무단 통치 시기의 정책이다.
② 1920년대 민족 분열 통치 시기의 정책이다.

## 25  ②

| 정답해설 | 제시된 그림은 3·15 부정 선거에 반발하여 일어난
4·19 혁명(1960)에 대한 것이다. 마산 앞바다에서 김주열 학생
의 시신이 발견되면서 시위가 전국적으로 확산되었고, 혁명의
결과 이승만 대통령이 하야하며 자유당 정권이 붕괴되었다. 이
후 선거에서 민주당이 승리하면서 장면을 국무총리로 하는 내
각이 성립되었다.